TABLE GÉNÉRALE

ALPHABÉTIQUE ET RAISONNÉE DES MATIÈRES CONTENUES

DANS LE

RÉPERTOIRE DE JURISPRUDENCE

ET DANS LE RECUEIL ALPHABÉTIQUE DES

QUESTIONS DE DROIT

DE M. MERLIN,

SUIVIE DE TABLES : 1° DES LOIS ROMAINES ; 2° DES LOIS FRANÇAISES AVANT 1789 ;
3° DES LOIS FRANÇAISES ET ACTES DU GOUVERNEMENT DEPUIS 1789 ; 4° DES LOIS ÉTRANGÈRES,
5° DES AUTEURS CITÉS DANS LES DEUX OUVRAGES.

PAR L. RONDONNEAU,

ANCIEN PROPRIÉTAIRE ET FONDATEUR DU DÉPOT DES LOIS,

RÉDACTEUR ET ÉDITEUR DE LA COLLECTION GÉNÉRALE DES LOIS, DEPUIS 1789 JUSQU'A 1819,
IMPRIMÉE A L'IMPRIMERIE ROYALE AVEC L'AUTORISATION DE MONSEIGNEUR LE GARDE DES SCEAUX,
ET DE LA TABLE ALPHABÉTIQUE DES MATIÈRES DE CETTE COLLECTION.

PARIS.

J. P. RORET, ÉDITEUR, QUAI DES AUGUSTINS, N. 17 BIS;
GARNERY, RUE DE L'OBSERVANCE, N. 10.

1829.

TABLES PARTICULIÈRES

DES

LOIS ROMAINES,

FRANÇAISES ET ÉTRANGÈRES,

ET DES AUTEURS

CITÉS DANS LE RÉPERTOIRE DE JURISPRUDENCE ET DANS LES QUESTIONS DE DROIT;

AVEC L'INDICATION, PAR ORDRE ALPHABÉTIQUE, DE TOUS LES MOTS DE MATIÈRES SOUS LESQUELS M. MERLIN LES A APPLIQUÉS, COMMENTÉS ET INTERPRÉTÉS.

AVIS AU LECTEUR.

J'ai adopté, 1° pour les lois romaines, l'ordre alphabétique connu pour la division des différentes parties du *Corpus juris civilis*; 2° pour les lois françaises, avant et depuis 1789, l'ordre chronologique; 3° pour les coutumes, l'ordre alphabétique; 4° pour les Codes civil, de procédure, de commerce, d'instruction criminelle, pénal et forestier, l'ordre numérique des articles; 5° pour les lois étrangères, le classement par ordre alphabétique des puissances; 6° enfin l'ordre alphabétique pour les jurisconsultes, publicistes et auteurs, dont je donne le titre des ouvrages avant le renvoi aux mots de matières sous lesquels M. Merlin les a cités.

Ainsi que je l'ai fait dans la Table générale des matières qui précède, j'indique dans ces Tables particulières, par la lettre R, les mots de matières du Répertoire de jurisprudence, et par la lettre Q, ceux des Questions de droit.

Ire TABLE. — LOIS ROMAINES.

CHAPITRE Ier.—*Loi des douze Tables.*

Voyez les mots *Ab irato*, sect. I. — Agnats. R. — Aînesse, § II, Q. — Calomnie. — Concussion. — Double lien, sect. I, § I. — Emancipation, § I. — Exhérédation.—Héritier, sect. I, § II. — Inofficiosité, § I. — Institution d'héritier, sect. V, § I. — Invetison. — Legs, sect. III. — Licitation. — Mort civile, § I. — Occupation, § III, art. 2. — Portion disponible, n. 2. —Prescription, sect. I, § VIII, et II, § II. — Prétérition. — Prodigue, § V, n. 4. — Rapport à succession, § I, n. 1. — Représentation (droit de), sect. I, § I, R. — Rescision, § IV, Q. — Servitude, § XX. — Testament, sect. I, § I, art. 1. — Tutelle, sect. II, § I et II. — Vol, sect. II, § I, R.

CHAPIRTE II. — *Institutes.*

Loi *De Actionibus*, liv. IV, tit. VI. — Voyez les mots Échange, n. 2. — Option en matière de legs. R. — Papier monnaie, § IV, Q. — Parricide.—Question préjudicielle.—Subrogation de chose, sect. I, R.

De adoptionibus, liv. 1, tit. II. V. Puissance paternelle, sect. II, R.

De Curatoribus, liv. I, tit. 23. V. Prodigue, § V, n. 4. — Sourd-muet, n. 1, R.

De Donationibus, liv. II, tit. 7.—V. Legs, sect. I. — Quarte trébellianique; § III. — Substitution contractuelle, § II. R.

De Emptione et Venditione, liv. III, tit. 24. — V. Subrogation de chose, sect. II, § II. — Vente, § I, art. 5, § V, R.

De Excusationibus tutorum, liv. I, tit. 25. — V. Tutelle, sect. III, et sect. IV, § I, R.

De Exheredatione liberorum, liv. II, tit. 13. — V. Prétention, § I, Q.— Révocation de testament, § II, R.

De Fidéi commissariis heredit, liv. II, tit. 25.—V. Bénéfice d'inventaire, § V, art. I, Q. — Institution d'héritier, sect. II. — Legs, sect. I. R. — Quarte falcidie, § I, III, IV et V. — Révocation de substitution, § I. — Substitution fidéicommissaire, sect. VI, § II, sect. VII, § II, et sect. X. R.

De Fide jussoribus, liv. II, tit. 21, V. Caution, § IV. — Intérêt, § III. R.

De Heredibus instituendis, liv. II, tit. 14.—V. Condition, sect. II, § IV. — Institution d'héritier, sect. IV, et sect. VII. R.

De Hereditatibus quæ ab intestat, liv. III, tit. 1.—V. Légitimation, sect. III. R.

De Heredum qualitate et differentiá, liv. II, tit. 19. — V. Bénéfice d'inventaire, § V, art. 1. Q. — Choix, § I. R. — Héritier, § I. Q. — Institution d'héritier, sect. V, § I. — Substitution directe, § I. R.

De Injuriis et famosis libellis, liv. IV, tit. 4.—V. Intervention, § II. R.

De Inofficioso testamento, liv. II, tit. 18. — V. Inofficiosité, § III. — Légitime, sect. V. — Portion disponible, n. 2. R.

De Interdictis, liv. IV, tit. 15. — V. Interdit en matière possessoire.— Prescription, sect. I, § V, art. 3. — Rébellion, § III, n. 16. R.

De Inutilibus stipulationibus, liv. III, tit. 20. — V. Convention, § IV. — Dernier ressort, § VI. — Peine contractuelle, § I, II. — Preuve, sect. I. — Puissance paternelle, sect. III. § IV. R. — Requête civile, § VII. Q. — Substitution fidéicommissaire, sect. XV.— Viduité, n. 4. R.

De Legatis, liv. II, tit. 20. — V. Institution d'héritier, sect. I, IV, V, § I. — Légataire, § VII. — Legs, sect. III. — Option en matière de legs n. 1, 6. — Peine testamentaire, n. 1. — Quarte falcidie, § IV. R. — Règle coutumière. — Révocation de donation, § II. R. — Testament, § XIV. Q.

De Lege falcidiá, liv. II, tit. 22. — V. Légataire, § VI, VII. — Quarte falcidie, § II. R.

De Legitimá agnatorum successione, liv. III, tit. 2. — V. Double lieu, sect. I, § I. R.

De Legitimá parentúm tutelá, liv. I, tit. 18.—V. Tutelle, sect. II, § II. R.

De Mandato, liv. III, tit. 27. — V. Novation, § IV. — Révocation de procureur, § I. R.

De Militari testamento, liv. II, tit. II. — V. Mariage, § VIII. Q.

De Nuptiis, liv. I, tit. 10. — V. Légitimation, sect. II.— Légitimité, sect. I. — Mariage, sect. III. — Motifs des lois. R.

De Obligationibus, liv. III, tit. 14. — V. Effet rétroactif, sect. III, § I. — Novation, § I. R.

De Obligationibus quæ ex delicto, liv. IV, tit. 1.—V. Vol, sect. I. R. — § IV. Q.

De Obligationibus quæ quasi ex delicto, liv. IV, tit. 5.— V. Impubère, § III. R.

De Obligationibus quæ quasi ex contractu, liv. III, tit. 28. —V. Effet rétroactif, sect. III, § IV, V, VI. R.—Subrogation, § I. Q.

De Officio judicis, liv. IV, tit. 17. — Appel, § XIV. Q. — V. Licitation, § I et II. R.

De Patriá potestate, liv. I, tit. 9. — V. Adoption, § II. Q. — Puissance paternelle, sect. I, II. — Usufruit paternel, § I. R.

De Perpetuis et tempor. act., liv. 4, tit. 12. — V. Novation, § I. — Prescription, sect. III, § VII. — Vol, sect. IV, § III. R.

Per quas personas cuique acquiritur, liv. II, tit. 9. — V. Usufruit paternel, § V. R.

De Publicis judiciis, liv. IV, tit. 18. — V. Fornication. R.

De Pupillari substitutióne, liv. II, tit. 16. — V. Substitution directe, § II et III. R.

Quibus alienare licet vel non, liv. II, tit. 8. — V. Subrogation de personne, sect. II, § VIII. R.

Quibus modis jus patr. potestatis, liv. I, tit. 12. — V. Double lieu, sect. I, § I. — Autorisation maritale, sect. VII. — Mariage, sect. III. — Puissance paternelle, sect. II. — Succession, sect. I, § II, art. 3. R.

Quibus modis testamenta infirm., liv. II, tit. 17. — V. Quarte trébellianique, § III.—Requête civile, n. 15. — Révocation de testament, § I, III et V. — Testament, sect. II, § V. R.

Quibus modis re contrahitur oblig., liv. III, tit. 15. — V. Novation, § I. R.

Quibus modis tutela finitur, liv. I, tit. 22. — V. Emancipation, § I. R.

Quibus non est permissum facere test., liv. II, tit. 12. — V. Impubère, § II, — Testament, sect. I, § I, art. 1 et 3. — § VI. R.; et § III. Q.

Qui testamento tutores dari possunt, liv. I, tit. 14. — V. Interdiction, § V et VI. — Tutelle, section II et III, § I. R.

De Rebus corporalibus et incorpor., liv. II, tit. 2. — V. Conquête, § I. Q.

De Rerum divisione, liv. II, tit. 1. — V. Amélioration. — Chose jugée. — Cimetière. — Domaine. — Gains nuptiaux, § II. — Institution d'héritier, sect. V, § III. — Prise maritime, § I. — Rivière, § I. — Témoin judiciaire, § 1, art. 3.—Usufruit, § IV. — Vente. R.

De Senatus-consulto Tertulliano, liv. III, tit. 3. — V. Double lieu, sect. I, § I. — Légitime, sect. VIII. R.

De Servitutibus prædiorum, liv. II, tit. 5.—V. Servitude, § IX, X, XII.— Usage (droit d'), § VII et X. Q.

De Singulis rebus per fideicommissum relictis, liv. II, titre 24. — V. Substitution fidéicommissaire, sect. VI, § I. R.

Si quadrupes pauperiem fecisse dicatur, liv. IV, tit. 9. — V. Dommage. R.

De Societate, liv. III, tit. 26. — V. Prescription, sect. III, § II. R.

De Testamentis ordinandis, liv. II, tit. 10.—V. Légataire, § VII. — Requête civile, n. 15. — Témoin instrumentaire, § II, n. 5, 2° et suiv. — Testament, sect. II, § II, art. 7. R. — § XIV et XVII. Q.

De Tutelis, liv. I, tit. 13. — V. Tutelle, sect. I et suiv. R.

De Usucapionibus, livre II, tit. 6. — V. Prescription, sect. § VI, art. 2, quest. 6. R.

De Usu et habitatione, liv. II, tit. 5.—V. Cantonnement, § IX. Q. — Usage (droit d'), sect. I. R.

De Usufructu, liv. II, tit. 4. — V. Mort civile, § I.— Tiers détenteur, n. 4. — Usufruit, § IV. R.

De Verborum obligationibus, liv. III, tit. 16. — V. Condition. — Effet rétroactif, sect. III, § I. R.

CHAPITRE III. — Digeste.

De Abigeis, liv. 47, tit. 14. — V. Usufruit, § V. R.

De Acceptilatione, liv. 46, tit. 4. — V. Novation, § IV. Q.

De Accusationibus et inscript., liv. 48, tit. 2. — V. Ministère public, sect. V et VI. R.

De Actione rerum amotarum, liv. 25, tit. 2. — V. Vol, § II. Q.

De Actionibus empti et venditi, liv. 19, tit. 1. — V. Atermoiement, § II. Q. — Echange, n. 2. — Fait. — Fumiers. R. — Héritier, § III. Q. — Hypothèque, § IV *bis*. R.; et XVIII. Q. — Intérêt, § IV. — Meubles. R. — Mines, § V. Q. — Peine contractuelle, § I, II. — Prescription, sect. I, § V, art. 5. — Privilége de créance, sect. V, n. 5. — Renonciation à une succession future, § II, n. 5. — Tenue par loi, § II. — Vente, § II. — Voisinage, § IV. R.

De Adimendis vel transferendis legatis, liv. 34, tit. 4. — V. Révocation de codicille, § IV; — de donation, § II; — de legs, § II; — de testament, § I. — Subrogation de chose, section II, § I. — Testament, sect. II, § III, art. 2, n. 6. R.

De Administratione et periculo tutorum, liv. 26, tit. 7. — V. Alimens, § IV. — Double lien, sect. I, § I. — Compulsoire, § II. — Curateur, § II et IX. — Légataire, § V. — Légitimité, sect. I. — Meubles (legs de). R. — Mines, § I. Q. — Mineur, § II. R. — Papier monnaie, § IV. Q. — Prescription, sect. I, § VII, art. 2, quest. XV. — Propre, § V, n. 2. — Puissance paternelle, sect. III, § III. — Rente constituée, § XI, n. 5. — Représentation d'actes, n. 10. — Substitution fidéicommissaire, sect. XVII. — Transaction, § I. R. — Tuteur, § I. Q — Tuteur en chef. R.

De Administratione rerum, liv. 50, tit. 8. — V. Compte, § I. Q. — Légataire, § VII. R.

De Adoptionibus et emancipat. liv. 1, tit. 7. — V. Adoption, § III. R.; et § II, VI et VII. Q. — Assignation, § XIII. Q. — Dévolution coutumière, § II. — Donation, sect. II, § III. — Education, § I. — Emancipation, § I. R. — Hypothèque, § IV *bis*. Q — Juridiction gracieuse. — Légitimation, sect. III. — Légitime, sect. V. — Mariage, § I. — Nom, § III. — Parricide, n. 3. — Puissance paternelle, sect. VI, § I, II et IV. — Révocation d'adoption. — Tutelle, sect. III. R.

De Adquirendâ vel amittendâ hereditate, liv. 29, tit. 2. V. Acquiescement, § VII. Q. — Autorisation maritale, sect. VI, § II. — Choix, § I. R. — Complainte, § III. Q. — Condition, sect. II, § V, art. 5. R. — Emigré, § XV. — Féodalité, § V. Q. — Héritier, sect. II, § I, sect. VI, § X. R. — Hypothèque, § IV. Q. — Ignorance, § II. — Inscription hypothécaire, § V. — Institution contractuelle, § XI. — Institution d'héritier, section V, § I — Interruption de prescription. — Légataire, § I, IV, V. — Légitimation, sect. II. — Légitime, sect. VIII. — Mariage, p. 757. R. — Mines, § I. — Mutation, § III. Q. — Partage, § I, XI. — Procuration, II. R. — Puissance paternelle, sect. III, § IV. — Pignoratif (contrat), § II. R. — Contrat pignoratif. Q. — Possession, § I, IV. R. — Prescription, sect. I, § V, art. 5; § VI, art. 2 et 7; sect. III, § II et VII. — Recélé, n. 2. — Renonciation, § II. — Renonciation à la communauté, n. 5. — Renonciation à une succession échue, § I, n. 5. — Rescision, n. 6 *bis*. — Sourd-muet, n. 1. — Substitution directe, § II. R. — Substitution fidéicommissaire, § IX. Q. — Surenchère, n. 3. — Testament, sect. I, § I, art. 1, sect. II, § IV, art. 6. — Tradition. — Voie de fait, § I. R.

De Adquirendo rerum dominio. — V. Fruits, n. 4. — Hérédité. — Légitime, sect. VIII. — Legs, sect. IV. — Majorité, § V. R. — Mines, § I. Q. — Servitude, § XXXIV. R. — Succession vacante, § II. Q. — Usufruit, § IV. — Usufruit paternel, § V. — Vente, § I, art. 5. R.

De Ædilitio edicto, liv. 21, tit. 1. — V. Appel, § IX. Q. — Effet rétroactif, sect. III, § III, art. 5. — Garantie, § VIII. — Ignorance, § II. R. — Inscription hypothécaire, § II. Q. — Loi, § VI. — Mois. — Nom, § III. R. — Option, § I. Q. — Prescription, sect. II, § III. — Privilége de créance, sect. V, n. 5. — Rédhibitoire, n. 1. R. — Résolution, § I. Q. — Usage, § I. R.

De Agnoscendis et alendis liberis, liv. 25, tit. 3. — V. Alimens, § I et VIII. — Légitime, sect. VIII. — Légitimité, section II, IV. R.; § II. Q. — Puissance paternelle, sect. II, — Question d'état, § II, III. — Rapport à succession, § IV, art. 2. R.

De Aleatoribus, liv. 2, tit. 5. — V. Gageure, n. 2. — Prodigue, § 5, n. 4. R.

De Alienatione judicii mutandi causâ, liv. 4, tit. 7. — V. Usufruit, § III et suiv. R.

De Alimentis vel cibariis legatis, liv. 34, tit. 1. — V. Alimens, § VIII. — Condition, sect. II, § III. — Exposition de part, n. 4. — Légataire, § VI, VII. — Legs, sect. IV, § V. — Quarte falcidie, § I. — Révocation de codicille, § I, IV. R. — Révocation de testament, § I. Q.

De Annuis legatis, liv. 33, tit. 1. — V. Acte sous-seing privé. — Alimens. — Condition, sect. II, § III. — Fiduciaire, n. 2. — Institution d'héritier, sect. VI. — Légataire, § III. — Legs, sect. IV, VII. — Mode. — Substitution fidéicommissaire, sect. XVI. — Usufruit, § IV. R.

De Appellationibus et relationibus, liv. 49, tit. 1. — V. Appel, § I et II. — Chose jugée, § XI. Q. — Domaine public, § V. R. — Nation, § II. Q.

De Appellationibus recipiendis, liv. 49, tit. 5. — V. Acquiescement, § XXII. R. — Appel, § II. Q. — Autorisation maritale, sect. VI, § II. — Cassation. R. — Chose jugée, § XVIII. Q. — Nullité, § I et VI. R. — Opposition (tierce), § IX. Q. — Préparatoire (jugement). Q. — Preuve, sect. II, § III, art. 1. — Question d'état, § III. R.

De Aquâ et aquæ pluviæ et arcendæ, liv. 39, tit. 3. — V. Cimetière. R. — Communaux, § VII. Q. — Déguerpissement, § II. — Eaux pluviales. — Prescription, sect. II, § XXIV. — Servitude, § III, n. 1. — Usage (droit de), sect. II, § V. R.

De Aquâ quotidianâ et æstivâ, liv. 43, tit. 20. — V. Abreuvoir. — Communaux, § VII. Q. — Noblesse, § VI. — Partage, § I. — Partage, § X. — Prescription, sect. II, § XXIV. — Servitude, § XIV et XXXIII. R.

De Arboribus cædendis, liv. 43, tit. 27. — V. Arbre. R.

Arborum furtim cæsarum, liv. 47, tit. VII. — Arbre. R.

De Auctoritate et consensu tutor. liv. 26, tit. 8. — V. Autorisation maritale, sect. VI, § I. — Légataire, § IV. — Légitimité, p. 566. R. — Partage, § III. — Résolution, § I. Q.

De Auro, Argento, Mundo, etc., liv. 34, tit. 2. — V. Legs, sect. IV. — Nantissement, § I. — Préciput conventionnel, § II, n. 2. — Réserve coutumière, § VI, art. 1, n. 2. R. — Substitution fidéicommissaire, § V et VII. Q.

De Bonis damnatorum, liv. 48, tit. 20. — Confiscation. R. — Emigré, § XV. Q. — Légitime, sect. VIII. — Mariage, section II. — Représentation (droit de), sect. IV, § III. R.

De Bonis libertorum, liv. 38, tit. 2. — V. *Ab irato*, sect. I. — Emigration, § XVIII. — Légitime, sect. III et VIII. R. — Option, § I. Q.

De Bonis eorum qui ante sentent., liv. 48, tit. 21. — V. Légitimation, sect. II. — Vol, sect. IV, § III. R.

De Bonorum possessionibus, liv. 37, tit. 1. — V. Adoption, § III. — Emigration, § XVIII. — Légitime, sect. III et VIII,

Q. — Legs, sect. III. R. — Papier monnaie, § IV. Q. — Révocation de testament, § III. — Testament, sect. I, § I, art. 3, et § VI. R.

De Bonorum possessione contra tabb., liv. 37, tit. 4. — V. Légitime, sect. VIII. — Prescription, sect. III, § VII. R. —

De Bonorum possessione secundum tabb., liv. 37, tit. 2. — V. Legs. — Mort civile, § I. — Requête civile, n. 13. — Révocation de testament, § IV et V. — Testament, sect. II, § I, art. 4. R.

De Calumniatoribus, liv. 3, tit. 6. — V. Prescription, section III, § VII. R.

De Capite minutis, liv. 4, tit. 5. — V. Effet rétroactif, section III, § V. — Emigration, § XIX. — Habitation, sect. I, § III. R. — Inscription hypothécaire, § I. Q. — Légataire, § II. — Mort civile, § II. — Puissance paternelle, sect. III, § IV. — Réversion, sect. I, § I, art. 2. R.

De Captivis et Postliminio, liv. 49, tit. 15. — V. Divorce, sect. IV, § X. — Emigration, § VI. R. — Emigrés, § XV. Q. Légitimité, sect. I. R. — Légitimité, § V. Q. — Mariage, sect. II et III. — Mort civile, § II. — Prise maritime, § III, art. 1. — Puissance paternelle, sect. II. R.

De Carboniano edicto, liv. 37, tit. 10. V. Féodalité, § V. Q. — Légitimité, sect. IV. R.

De Cessione bonorum, liv. 42, tit. 3. — V. Acceptation de communauté. — Cession de biens. — Subrogation de personne, sect. 2, § II. R.

De Collatione, liv. 37, tit. 6. — V. Hypothèque, § IV bis. Q. — Propre, § IV, n. 11. — Puissance paternelle, sect. II. — Rapport à succession, § I, n. 1; § V; § VII. R.

Commodati vel contra, liv. 13, tit. 6. — V. Faute, n. 8. — Incendie, § II. — Partage, § XI. R. — Rente foncière, § XIII. Q. — Surenchère, n. 3. R.

Communia prædiorum tam urb., liv. 8, tit. 4. — V. Cantonnement. Q. — Servitude, § XII; § XVI; § XXXII. — Tour de l'Echelle, § I. — Usage (droit d'), sect. II, § II; § VI. R. — Usage (droit d'), § III. — Vaine pâture, § I. Q.

Communi dividundo, liv. 10, tit. 3. — V. Communaux. — Licitation, § I et II. R. — Location. Q. — Partage, § I et X. — Pressoir. — Prescription, sect. III, § III. — Rente seigneuriale, § II, n. 6. R. — Retrait successoral. Q. — Servitude, § XV. — Substitution fidéicommissaire, sect. XV. R.

De Compensationibus, liv. 16, tit. 2. — V. Compensation, § I, III. R. — Papier monnaie, § IV. Q. — Réparation civile, § V, n. 6. R.

De Concubinis, liv. 25, tit. 7. — V. Adoption. — Adultère. — Légitimation, sect. II et III. R.

De Condictione furtivâ, liv. 13, tit. 1. — V. Amélioration. — Délit forestier, § XIX. R.

De Condiction indebiti, liv. 12, tit. 6. — V. Arrérages. R. — Cassation, § XXXI, n. 4. — Caution, § IV. R. — Chose jugée, § II bis. Q. — Ignorance, § I et II. — Intérêt, § III. — Legs, sect. II. — Libération (legs de). — Puissance paternelle, sect. III, § IV. — Transaction, § II et V. R.

De Condictione ob turpem causam, liv. 12, tit. 5. — V. Causes des obligations, § II. Q. — Viduité, n. 5. R.

De Condictione sine causâ, liv. 12, tit. 7. — V. Causes des obligations, § I. R. — Chose jugée, § VIII. Q.

De Conditionibus et Demonstrationibus, liv. 35, tit. 1. — V. Adoption, § VI. Q. — Anonyme. R. — Concubinage. Q. — Condition, § I, sect. I, § IV, n. 2; sect. II, § III, n. 2; § IV; § V, art. 5; § VI, art. 2, 4. — Emigration, § XVIII. — Enfant, § II. — Gains nuptiaux, § VII. — Héritier, sect. VII. — Institution contractuelle, § V. — Institution d'héritier, sect. IV. — Légataire, § II, VI, VII. — Légitime, sect. VIII. — Legs, section II, III et IV. R. — Legs, § I. Q. — Majorat, § V. — Mode;

— Noces (secondes), § I. — Novation, § IV. — Peine testamentaire, n. 9, 11. — Puissance paternelle, sect. V. — Rappel à succession, sect. I, § I, n. 5. — Révocation de codicille, § I. — Révocation de legs, § II. — Réserve coutumière, § III, n. 5. — Substitution directe, § I. — Substitution fidéicommissaire, sect. VIII. — Command, sect. X, XII et XVII. — Testament, sect. II, § I, art. 4. R.; et § XV. Q.

De Conditionibus institutionum, liv. 28, tit. 7. — V. Accroissement, n. 2. — Condition, sect. II, § III, V, art. 5; et VI, art. 2. — Conjonctive. — Institution d'héritier, sect. III et IV. — Mode. — Partage, § I. — Puissance paternelle, sect. V et VI, § IV. — Substitution fidéicommissaire, sect. XV. — Testament, sect. II, § I, art. 4. R. — Testament, § III. Q. — Viduité, n. 4. R.

De Confessis, liv. 42, tit. 2. — V. Héritier, § VIII. Q. — Ignorance, § II. — Preuve, sect. II, § I. R.

De Confirmando tutore vel curatore, liv. 26, tit. 3. — V. Education, § I. — Légataire, § IV. — Tutelle, sect. II, § I. R.

De Conjungendis cum emancipato, liv. 37, tit. 8. — V. Exhérédation, § III. — Légitime, sect. VIII. — Puissance paternelle, sect. I. R.

De Constitutionibus principum, liv. 1, tit. 4. — V. Domicile, p. 193. R. — Douanes, § V. Q. — Loi, § XI. — Prescription, sect. II, § VI. — Renonciation, § II. R.

De Contrahendá emptione, liv. 18, tit. 1. — V. Donation, § V. Q. — Double écrit, n. 11. — Ignorance, § II. — Légitime, sect. VIII. R. — Loyers et fermages, § I. Q. — Mode. — Monnaie, § IV. — Pacte commissoire, n. 4. R. — Papier monnaie, § V. Q. — Prescription, sect. I, § V, art. 2. — Privilége de créance, sect. V, n. 5. — Rapport à succession, § III, n. 5. R. — Rescision, § IV. Q. — Servitude, § XXXIV. — Subrogation de chose, sect. II, § II. — Tradition. — Transaction, § V. — Vente, § I, art. 1, 2, 3, § IV. R.; et § X. Q.

De Curatore bonis dando, liv. 42, tit. 7. — V. Curateur, § VI. — Succession vacante, § II. Q.

De Curatoribus furioso et aliis, etc., liv. 27, tit. 10. — Curateur, § IX. — Education, § I. — Effet rétroactif, p. 245. — Légitime, sect. VII. — Prodigue, § IV, n. 2; § V, n. 4; § VI, n. 1 et 2. — Substitution directe, § III. — Testament, sect. I, § I, art. 1. R.

De Custodiâ et exhibitione reorum, liv. 48, tit. 3. — V. Bris de prison. R.

De Damno infecto, liv. 39, tit. 2. — V. Cours d'eau, n. 5. — Dénonciation de nouvel œuvre. — Moulin, § VII. R.

De Decretis ab ordine faciendis, liv. 50, tit. 9. — V. Ignorance, § I. R.

De Decurionibus et filiis eorum, liv. 50, tit. 2. — V. Noblesse, § VI. R.

Depositi vel contra, liv. 16, tit. 3. — V. Atermoiement, § II. Q. — Confession. R. — Confession, § II, IV. — Emigré, § V. Q. — Peine contractuelle, § IV. — Pignoratif (contrat), § II. — Puissance paternelle, sect. III, § IV. — Testament, sect. II, § VI. R.

De Distractione pignorum, liv. 20, tit. 5. — V. Faculté de rachat, n. 13. R. — Garantie, § VI. — Hypothèque, § V. Q.

De Diversis temporalibus prescrip., liv. 43, tit. 3. — V. Jour bissextile. — Prescription, sect. I, § I; § V, art. 3, art. 4; — Prescription, sect. II, § II; § VII; § XIII, sect. III. § III. R.

De Divisione rerum et qualitate, liv. 1, tit. 8. — V. Clôture, § I. R.

De Divortiis et repudiis, liv. 24, tit. 2. — V. Articles de mariage. — Divorce, sect. II. — Mariage, sect. II. — Réversion, sect. I, § I, art. 1. R.

De Doli mali et metûs exceptione, liv. 44, tit. 4. — V. Délégation de dette. — Garantie, § VIII. R. — Hypothèque, § IV *bis.* Q. — Légataire, § V. — Libération (legs de). — Inscription, sect. II, § XV. R.

De Dolo malo, liv. 4, tit. 5. — V. Affirmation, n. 7. R. — Arbitres, § XIV, art. 2. — Atermoiement, § II. Q. — Compensation. — Dot. — Habitation, sect. I, § I. — Option en matière de legs, n. 2. — Péremption, sect. I. — Prescription, section II, § XV; sect. III, § VII. R. — Rescision, § IV. Q. — Simulation, § III, V. — Vol, sect. IV, § II. R.

De Donationibus, liv. 39, tit. 5. — V. Acte sous-seing-privé. — Alimens, § V. R. — Concubinage. Q. — Délégation de dette. — Donation, sect. I, § III, IV, sect. VIII, § I. — Don mutuel, § III. R. — Dot, § IV. Q. — Habitation, sect. I, § III. — Héritiers, § III. — Légitime, sect. VIII. — Légitimité, section I. — Mode. — Mort civile, § I. — Pension, § II. — Puissance paternelle, sect. III, § IV. — Quarte falcidie, § II. — Rapport à succession, § III, n. 47; § IV, n. 2. R. — Revendication, § I. — Révocation de donation, § II. Q. — Révocation de procureur, § I. R. — Stipulation pour autrui. Q. — Testament, sect. II, § IV, art. 5. R. — Testament, § XIV. Q. — Vente, § 1, art. 5. R.

De Donationibus inter virum et uxorem, liv. 24, tit. 1. — V. Arbitres, § XIV, art. 2. Q. — Avantages entre époux, § IX. R. — Avantages entre époux, § I. Q. — Conventions matrimoniales, § II. — Donation, sect. XI. Q. § II, III. — Dot, § V. R. — Dot, § V. Q. — Femme, n. 9. — Jugement, § VII *bis.* — Légataire, § IV. — Légitime, sect. VIII. — Mariage, sect. II. — Mort, § II. — Présomption, § III. — Puissance paternelle, sect. III, § IV. — Quarte falcidie, § I. — Quarte trébellianique, § IV. — Rapport à succession, § III, n. 8; § IV, art. 2. — Revendication, § I. — Réversion, sect. I, § II, art. 1. R. — Révocation de donation, § IV. Q. — Sénatus-consulte velléien, § I. — Simulation, § V. R. — Testament, § XVIII. Q.

De Dote prælegatâ, liv. 33, tit. 4. — V. Entravestissement, sect. II, § III. R. — Légataire, § VII. — Legs, sect. III. — Quarte falcidie, § I. R.

De Dotis collatione, liv. 37, tit. 7. — V. Alimens, § I. — Légataire, § VII. R.

De Duobus reis constituendis, liv. 45, tit. 2. — V. Billet, p. 126. R. — Chose jugée, § XVIII. Q.

De Edendo, liv. 2, tit. 13. — V. Action *ad exhibendum,* § I. Q. — Compulsoire, § II. — Moulin, § XII. — Représentation d'actes. R.

De Effractoribus et expilatoribus, liv. 47, tit. 18. — V. Bris de prison. R.

De Eo per quem factum, liv. 2, tit. 10. — V. Prescription, sect. II, § III. R.

De Eo quod certo loco dari oportet, liv. 13, tit. 4. — V. Fait. R. — Papier monnaie, § V. Q. — Payement, n. 10. R.

De Evictionibus, liv. 21, tit. 2. — V. Appel, § II. Q. — Autorisation maritale, sect. X. R. — Chose jugée, § XI. Q. — Dation en payement. — Eviction. R. — Garantie, § III. R.; § VI. Q. — Garantie des créances. — Légitime, sect. VIII. — Loi, § VI. R. — Mines, § V. Q. — Peine contractuelle, § II. — Prescription, sect. I, § V, art. 5. — Quarte falcidie, § IV. R. — Réversion, § I. Q. — Tenue par loi, § II. R.

De Exceptione rei judicatæ, liv. 44, tit. 2. — V. Acquiescement, § XXIII. Q. — Cassation. — Chose jugée, § I *bis;* § XI *bis;* § XV, XVII. R.; § IX et § XVIII. — Conventions matrimoniales, § II. — Faillite et banqueroute, sect. II, § II, art. 2. R. — Faux, § VI. Q. — Héritier, § VIII. — Inscription hypothécaire, § III. Q. — Opposition (tierce), § II. art. 5. R. — Option, § I. Q. — Quint naturel, § III. — Succession, sect. I, § II, art. 5. R. — Triage, § II. — Usage (droit d'), § VII. — Vaine pâture, § I. Q.

De Exceptione rei venditæ et trad., liv. 21, tit. 5. — V. Hypothèque, § IV *bis.* Q.

De Exceptionibus, prescriptionibus, liv. 44, tit. 1. — V. Chose jugée, § XVIII. — Héritier, § III. — Hypothèque, § IV. Q. — Mariage, sect. V. — Présomption, § II. R.

De Excusationibus, liv. 27, tit. 1. — V. Légitime, sect. I. — Prescription, sect. I, § I. — Tutelle, sect. IV, § I. R.

De Exercitariâ actione, liv. 14, tit. 1. — V. Armement. — Police et contrat d'assurance, § I, n. 54. — Usufruit paternel, § V. R.

Ad Exhibendum, liv. 10, tit. 4. — V. Action *ad Exhibendum,* § I. Q. — Représentation de choses. R.

Ex quibus causis majores, liv. 4, tit. 6. — V. Tutelle, section IV, § I. R.

De Extraordinariis cognit., liv. 50, tit. 13. — V. Honoraires, § I. — Notaire, § VI, n. 4. — Pacte de *quotalitis.* — Puissance paternelle, sect. IV. R,

Familiæ erciscundæ, liv. 10, tit. 2. — V. Absent, chap. I. — Airures. — Choix, § I. R. — Démission de biens, § IV. — Droits successifs, § I. Q. — Héritier, sect. VI, § X. R. — Héritier, § III. Q. — Légitime, sect. VIII. R. — Légitimité, § V. Q. — Licitation, § I et II. — Mariage. — Partage, § I et II. R.; § III. Q. — Partage d'ascendant, n. 1. — Puissance paternelle, sect. IV. — Rapport à succession, § 1, n. 2; § IV, art. 2; § VIII. R. — Rente seigneuriale, § II, n. 6. R. — Retrait successoral. Q. — Servitude, § XV. R. — Sœur, § I. Q. — Substitution fidéicommissaire, sect. XII, § III. R.

De Feriis et dilationibus, liv. 2, tit. 12. — V. Appel, section I, § V. — Délai, sect. I, § III. — Juridiction gracieuse. — Prescription, sect. II, § II. R.

De Fidei commissariis libertatibus, liv. 40, tit. 5. — V. Acte sous-seing-privé, § II. — Clause codicillaire. — Condition, sect. II, § III. — Légataire, § IV, VII. — Legs, sect. II. — Mode. — Obreptice. — Substitution fidéicommissaire, sect. XVII. — Testament, sect. II, § V. R. — Testament, § XVIII. Q.

De Fidei instrumentorum, liv. 22, tit. 4. — V. Action *ad exhibendum,* § I. — Contrat judiciaire, § II. Q.

De Fide jussoribus et mandatoribus, liv. 46, tit. 1. — V. Autorisation maritale, sect. III, § II. — Effet rétroactif. R. — Inscription hypothécaire, § I. Q. — Prescription, sect. I, § II; sect. III R. — Subrogation, § I. Q. — Subrogation de personne, sect. II, § V. R.

De Fundo dotali, liv. 23, tit. 5. — V. Aliénation. — Dot, § VIII. R. — Hypothèque, § IV *bis.* Q. — Puissance maritale, sect. II, § II, art. 1. R.

Finium regundorum, liv. 10, tit. 1. — V. Legs, section IV. R.

De Furtis, liv. 47, tit. 2. — V. Curateur, § II. — Faux, sect. I, § IV. — Légataire, § III, V. — Lettre. — Puissance maritale, sect. II, § III. — Puissance paternelle, sect. III, § IV. R. — Rescision, § IV. Q. — Subrogation de chose, sect. II, § I. — Transaction, § I. — Vente, § I, art. 5. — Vol, sect. I; sect. II, § II. R.

De Glande legendâ, liv. 43, tit. 28. — V. Prescription, sect. I, § I; sect. II, § II. R.

De Gradibus et affinibus, liv. 58, tit. 10. — V. Affinité. — Empêchement de mariage, § IV. — Légitimation, sect. II. — Succession, sect. I, § II, art. 5. R.

De Heredibus instituendis, liv. 28, tit. 5. — V. Anonyme. R. — Bénéfice d'inventaire, § V, art. 1. — Concubinage. Q.

Effet rétroactif, sect. III, § V. — Fidéicommis tacite, n. 5. — Filiation, p. 567. — Institution contractuelle, § VI; § XIII. — Institution d'héritier, sect. I; sect. II; sect. IV; sect. V, § I et III; sect. VII. — Légataire, § II, III. — Légitime, sect. VIII. — Legs, sect. II, III et VII. — Majorat, § V. R. — V. Payement, § II. Q. — Peine testamentaire, n. 5. — Quarte falcidie, § I. — Quarte trébellianique, § III. R. — Révocation de donation, § III. Q. — Subrogation de chose, sect. II, § I. — Substitution directe, § I et II. — Substitution fidéicommissaire, sect. VIII. — Suggestion, § I. — Testament, sect. I, § IV; section II, § I, art. 4; § III, art. 5, n. 13. R. — Testament, § XIV et § XV. Q.

De Hereditate vel actione venditâ, liv. 18, tit. 4. — V. Billet de commerce, § II. Q. — Clameur, § I. — Droits successifs. — Garantie des créances. R. — Hypothèque, § XVIII. Q. — Privilége de créance, sect. V. — Quarte falcidie, § II et IV. — Transport, n. 2. R.

De Hereditatis petitione, liv. 5, tit. 3. — V. Amélioration. R. — Avantages entre époux, § IX. — Biens nationaux, § I. Q. — Délaissement par hypothèque, n. 5. R. — Expropriation forcée, § VII. Q. — Faux, § VI. Q. — Héritier, § III. Q. — Imputation par échelette. — Legs, sect. VII. — Succession, sect. I, § VI. R.

De His quæ in testamento delentur, liv. 28, tit. 4. — V. Requête civile, n. 13. R. — Testament, § XVI. Q.

De Eis quæ pœnæ causâ reliquuntur, liv. 34, tit. 6. — V. Ainesse, § II. Q. — Legs, sect. III. — Peine testamentaire, n. 1. R.

De His quæ pro non scriptis habentur, liv. 34, tit. 8. — V. Alimens, § VIII. — Légataire, § II. — Legs, sect. IV. — Révocation de testament, § I. R.

De His quæ ut indignis aufer., liv. 34, tit. 9. — V. Adultère, § II. Q. — Concubinage, n. 2. R. et Q. — Fidéicommis tacite, n. 3 et 5. — Inofficiosité, § III. — Jugement, § VII *bis.* — Légataire, § IV. — Légitime, sect. V. — Peine testamentaire, n. 11. — Puissance paternelle, sect. III, § IV. — Quarte falcidie, § III et IV. — Quarte trébellianique, § IV. R. — Revendication, § I. Q. — Révocation de donation, § II. — Révocation de legs, § II. — Substitution fidéicommissaire, section V, § I, et sect. XVII. — Testament, sect. II, § I, art. 6, et § V. R. — Testament, § XVIII. Q.

De His quæ effuderint vel dejecerint, liv. 9, tit. 3. — V. Dommage. — Puissance paternelle, sect. III, § II. — Incendie, § II. R.

De His qui notantur infamiâ, liv. 3, tit. 2. — V. Date, § V. Q. — Interrogatoire sur faits et articles. — Légitime, section III. — Prescription, sect. II, § XXV. R.

De His qui sui vel alieni juris sunt, liv. 1, tit. 6. — Éducation, § I. — Légitimité, sect. I, II et IV. R. — Légitimité, § II et V. Q. — Présomption, § III. — Puissance paternelle, sect. II et III, § IV.

De Homine libero exhibendo, liv. 43, tit. 29. — V. Représentation de personnes. R.

De Impensis in res dotalis factis, liv. 25, tit. 1. — V. Fumiers. R. — Légitime, § VIII. Q.

De Incendio, ruinâ, naufragio, liv. 47, tit. 9. — V. Incendie, § I. — Résolution, § I. Q. — Voie de fait, § I. R.

De In diem addictione, liv. 18, tit. 2. — Bénéfice d'inventaire, § V, art. 1. Q. — Condition, sect. II, § V, art. 3. — Prescription, sect. I, § VII, art. 2, quest. 14. R.

De in Integrum restitutionibus, liv. 4, tit. 1. — V. Rescision, n. 7. R.

De Injuriis et famosis libellis, liv. 47, tit. 10. — V. Autorisation maritale, sect. II. — Ignorance, § II. — Interrogatoire sur faits et articles. — Intervention, § II. — Juge de paix,

§ XVIII. — Légitime, sect. III. — Puissance paternelle, section III, § IV. — Voie de fait, § I. R.

De Injusto, rupto, irrito facto testam., liv. 28, tit. 3. — V. Émigré, § III. Q. — Inofficiosité, § IV. — Institution d'héritier, sect. I; sect. V, § I. — Légitimité, sect. IV. — Mariage, sect. III. — Mort civile, § I. R. — Mort civile, § II. — Papier monnaie, § IV. Q. — Requête civile, n. 13. — Révocation de testament, § I, II et III. R. — Révocation de testament, § II. Q. — Testament, sect. I, § IV et sect. II. R.

De In jus vocando, liv. 2, tit. 4. — V. Assignation, § V. Q. — Citation en jugement. — Clain, II, III. — Émigration, § XVIII. R. — Mort civile, § III. Q. — Présomption, § III. R.

De In litem jurando, liv. 12, tit. 5. — V. Serment en plaids. R.

De Inofficioso testamento, liv. 5, tit. 2. — V. *Ab irato,* sect. I. — Alimens, § IV. — Dévolution coutumière, § II. R. — Héritier, § VIII. Q. — Inofficiosité, § II, III. — Légataire, § II, VII. — Légitime, sect. III, V, VI et VIII. — Légitimité, sect. I, § II et VII. R. — Option, § I. Q. — Partage d'opinions, n. 1. — Prescription, sect. I, § VII, art. 2, quest. 15; sect. II, § XXV. R. — Prétérition, § I, II. Q. — Portion disponible, n. 2. — Puissance paternelle, sect. IV. — Quarte falcidie. — Quarte trébellianique, § V. — Question d'état, § III. — Substitution directe, § III. R.

In quibus causis pignus vel hypothéc., liv. 20, tit. 2. — V. Nantissement, § II. — Privilége de créance, sect. III, § II, n. 4. R.

Id rem verso, liv. 15, tit. 3. — V. Puissance paternelle, sect. III, § III. R. — Société, § II. Q.

De Institoriâ actione, liv. 14, tit. 3. — V. Incendie, § II. R. — Option, § I. Q. — Puissance paternelle, sect. III, § III. — Révocation de procureur, § I. R.

De Instructo vel instrumento legato, liv. 33, tit. 7. — V. Institution contractuelle, § VI. — Legs, sect. IV. — Révocation de legs, § II. R.

De Interdictis, liv. 43, tit. 1. — V. Prescription, sect. I, § V, art. 3; sect. II, § XXV. R.

De Interdictis et relegatis, liv. 48, tit. 22. — V. Arbitres, § XIV, art. 5. Q. — Domicile, § IV. — Jugement, § VIII. R. — Légitimité, § V. Q. — Mort civile, § I. R. — Mort civile, § III. Q.

De Interrogationibus in jure faciendis, liv. 2, tit. 1. — V. Compellation, R. — Héritier, § VIII. Q. — Interrogatoire sur faits et articles. R. — Légitimité, § V. Q.

De Itinere actuque privato, liv. 43, tit. 19. — V. Tour de l'échelle, § I. R.

Judicatum solvi, liv. 47, tit. 7. — V. Étranger, § IV. R. et Q.

De Judiciis et ubi quis agere, liv. 5, tit. 1. — V. Arbitres, § XIV, art. 2, 8. — Biens nationaux, § III. Q. — Clain, § II. — Commission, sect. I, § I. — Compte. — Condition, sect. I, § V, n. 2. — Conventions matrimoniales, § II. — Curateur, § I. R. — Date, § V. Q. — Déclinatoire, § II. — Délit forestier, § XIII. R. — Dernier ressort, § XI. — Domaine public, § VI. Q. — Domicile. — Effet rétroactif, sect. III, § II, art. 5. — Étranger, § II. — Hypothèque, sect. II, § II. — Interruption de prescription. — Juridiction gracieuse. — Légataire, § VI. — Loi. — Ministre public, sect. V et VI. — Opposition (tierce), § II, art. 4. — Prescription, sect. I, § V, art. 4. R. — Prorogation de juridiction, § I. Q. — Puissance maritale, sect. II, § II, art. 2. — Puissance paternelle, sect. III, § II, III et IV. — Révocation de procureur, § I. — Succession, sect. I, § VI. R. — Tribunal d'appel, § V. Q. — Testament, sect. I, § I, art. 1. — Usufruit, § IV. R.

De Jure aureorum annalorum, liv. 40, tit. 10. —V. Nom, § III. R.

De Jure codicillorum, liv. 29, tit. 7. — V. Héritier, § III. Q. — Institution d'héritier, sect. I; sect. III; sect. V, § III. — Légataire, § VI. R. — Mort civile, § II. Q. — Opposition (tierce), § II, art. 5. — Quarte falcidie, § III. — Révocation de codicille, § I et V. — Révocation de testament, § III et V. R. — Subtitution fidéicommissaire, § III. Q. — Testament, sect. I, § IV; sect. II, § I, art. 4 et 5. R. — Testament, § IX. Q.

De Jure deliberandi, liv. 28, tit. 8. — V. Héritier, sect. II, § I et II. — Légataire, § IV, VI, VII. — Prescription, sect. I, § VII, art. 2, quest. 10. — Puissance maritale, sect. II, § III, n. 2, 5, 6. — Quarte falcidie, § III. — Substitution directe, § II. R.

De Jure dotium, liv. 23, tit. 3. — V. Conventions matrimoniales, § I et II. — Déguerpissement, § III. — Dot, § II, V, VII, X, XI et XV. — Enfant chéri. — Entravestissement, sect. II, § III. R. — Expropriation forcée, § VII. — Hypothèque, § IV *bis*. Q. — Institution contractuelle, § IX. — Légataire, § VII. — Légitime, sect. VIII. — Mari, § II. — Mariage, sect. III. — Mineur, § V. — Option en matière de legs, n. 1. — Paraphernal, sect. I, § I. — Partage d'opinions, n. 1. R. — Prescription, § VI. — Retrait successoral. Q. — Réversion, sect. I. § II, art. 1. R. — Réversion, § I. — Séparation de biens, § II. Q. — Subrogation de chose, sect. II, § I. — Substitution contractuelle, § IV. R. — Usage (droit d'), § VII. Q.

De Jure fisci, liv. 49, tit. 14. — V. Compulsoire, § II. — Fidéicommis tacite, n. 4. R. — Hypothèque, § V. Q. — Institution contractuelle, p. 502. — Légataire, § III. — Légitimité, sect. I. R. — Mort civile, § III. Q. — Réparation civile, § IV. — Représentation (droit de), sect. IV, § III. — Représentation d'actes, n. 10. R. — Révocation de donation, § II. Q. — Révocation de substitution, § I. — Testament, sect. I, § IV. R.

De Jure immunitatis, liv. 50, tit. 6. — V. Renonciation, § II. — Tutelle, sect. IV, § I. R.

De Jure jurando sive volunt, liv. 12, tit. 2. — V. Affirmation, n. 7. R. — Chose jugée, § II *bis*; § XVIII. Q. — Convention, § VI. — Interrogatoire sur faits et articles. — Jugement, § III. — Novation, § IV. R. — Option, § I. Q. — Puissance maritale, sect. II, § II, art. 2. — Prescription, sect. II, § III et XXV. R. — Serment, § I, II; § II, art. 1; § III, n. 3. — Serment en plaids. — Témoin judiciaire, § III, art. 6. — Testament, sect. IV, § III. — Transaction, § I. R.

De Jurisdictione, liv. 2, tit. 1. — V. Arbitres, § XIV, art. 3, 8. Q. — Commission, sect. I, § I. — Déclinatoire, § I. — Dernier ressort, § IV, VI, VII *bis*, IX. R. — Dernier ressort. § XI. Q. — Domicile élu, § II. — Hypothèque, sect. I, § V. — Ignorance, § I. — Jugement, § VIII. — Juridiction déléguée. — Mariage, sect. IV. — Prodigue, § V, n. 1. — Preuve, section II, § III, art. 1. — Testament, sect. II, § II, art. 1; sect. II, § IV, art. 5. R.

De Juris et facti ignorantia, liv. 22, tit. 6. — V. Contribution foncière, § II. Q. — Erreur, n. 5. — Héritier, sect. II, § II. — Ignorance, § I et II. R. — Rente foncière, § XX. Q. — Testament, sect. II, § V. R.

De Justitia et jure, liv. 1, tit. 1. — V. Effet rétroactif, sect. III, § III, art. 1. — Etranger. — Hypothèque, sect. I, § V. R.

De Legationibus, liv. 50, tit. 7. — V. Ministre public, sect. II, § II. R.

De Legatis et fideicommissis, liv. 30, 31 et 32, tit. 1. — V. Absent, chap. I. — Accroissement, n. 2. R. — Adoption, § VI. — Avantages entre époux, § IX. — Cassation, § XXXI, n. 4. Q. — Choix, § I. — Clause codicillaire. —Compulsoire, § II. — Condition, sect. II, § III et IV. R. — Conquêts, § I. Q. — Conventions matrimoniales, § I. — Déguerpissement, § I. — Don mutuel, § V. — Dot, § II, § XI. — Emigration, § XVIII. — Entravestissement, sect. II, § III. R. — Expropriation forcée, § VII. Q. — Fiduciaire, n. 2. — Gains nuptiaux, § VII. — Héritier, sect. VI, § X. R. — Héritier, § III. Q. — Institution contractuelle, § VI et XI. — Institution d'héritier, sect. II; sect. VI; et sect. VII. — Invetison. — Légataires, § I, II, III, IV, V, VI, VII. — Légitimation, sect. II. — Légitime; sect. VIII. — Legs, sect. I, II, III, IV, VI et VII. R. — Legs, § I. Q. — Loi, § V. — Majorat, § V. — Meubles (legs de). — Mode. R. — Mort civile, § II. Q. — Nullité, § VI. R. — Option, § I. Q. — Partage, § I, II et III. R. — Partage, § V. Q. — Peine testamentaire, n. 7, 10, 11. — Prélegs, § I, n. 1, 3 et 4. — Prescription, sect. III, § III. — Prétérition, § II. — Promesse de changer de nom. — Propre, n. 1. — Puissance paternelle, sect. III, § IV. — Quarte falcidie, § I et V. — Question d'état, § III. — Rapport à succession, § II, art. 3; § III, n. 10; § VIII. — Règle coutumière. — Renonciation, § I, n. 3, et § II. — Requête civile, n. 13. — Réserve, sect. V, n. 6. — Réserve coutumière, § VI, art. 1, n. 2, et art. 3, n. 2. R. — Retrait successoral. Q. — Réversion, sect. II, § I, n. 3. Révocation de codicille, § I et IV. — Révocation de donation, § II. — Révocation de legs, § II. — Révocation de substitution, § I. — Révocation de testament, § I. R. — Sœur, § I. Q. — Subrogation de chose, sect. I. — Substitution fidéicommissaire, sect. II, § I, sect. IV, V, § I; sect. VI, § II; sect. VII, § I; sect. VIII; sect. IX, X; sect. XII; sect. XIII; sect. XV; sect. XVI; sect. XVII. R. — Substitution fidéicommissaire, § II; § IV; § VIII et § X. Q. — Succession vacante, § II. Q. — Suggestion, § II. — Testament, sect. 1, § II, art. 2 et § VI; sect. II, § I, art. 3, § III, art. 2, n. 6, § IV, art. 1 et 5; § VI; sect. III. R. — Testament conjonctif, § I. Q. — Tutelle, sect. II, § I. R. — Usage (droit d'), § VII. Q. — Usufruit, § IV. — Usufruit paternel, § V. — Vente, § VIII. — Virile, § I. R.

De Lege commissaria, liv. 18, tit. 3. — V. Option, § I. Q. — Pacte commissoire, n. 1. — Résolution, n. 5. R.

De Lege cornelia de falsis, liv. 48, tit. 12, — V. Faux, sect. I, § IV. R. — Faux, § XIII. Q. — Légataire, § II. — Légitime, sect. V. — Legs, sect. IV. — Supposition de part, § II. R. — Tribunal d'appel, § V. Q.

De Lege julia de annona, liv. 48, tit. 12. — V. Monopole. R.

De Lege pompeja de parricid., liv. 48, tit. 9. — V. Parricide, n. 1. — Prescription, sect. III, § VII. — Puissance paternelle, sect. I. R.

Ad Legem aquiliam, liv. 9, tit. 2. —V. Condition, sect. II, § III. — Dommage. — Incendie, § II. — Légataire, § IV. — Preuve, sect. II, § I. — Révocation de testament, § IV. — Testament, sect. IV, § I. — Voie de fait, § I. R.

Ad Legem corneliam de sicariis, liv. 48, tit. 8. —V. Avortement. — Ignorance, § I. — Indignité. — Légataire, § II. R.

Ad legem falcidiam, liv. 35, tit. 2. — V. Adventifs. — Compulsoire, § II. R. — Héritier, § XI. Q. — Légataire, § VII. — Legs, sect. III. R. — Legs, § I. Q. — Libération (legs de). — Majorat, § V. R. — Papier monnaie, § IV. Q. — Quarte trébellianique, § V. — Représentation d'actes, n. 10. R. — Retrait successoral. Q. — Subrogation de chose, sect. II, § I. R. — Substitution fidéicommissaire, § X. Q. — Testament, sect. I, § IV. R. — Testament, § XIV. Q.

Ad Legem juliam de adulteriis, liv. 48, tit. 5. —V. Adultère, p. 148. R. — Arbitres, § XIV, art. 5. Q. — Autorisation maritale, sect. II. — Délai, sect. I, § III. — Ignorance, § I; § II. — Légitimation; sect. II; sect. III. — Légitimité, sect. II. — Puissance paternelle, sect. I et et II. — Témoin instrumentaire, § II, n. 3, 5, et suiv. R.

Ad Legem juliam peculatûs et de sacrilegiis, liv. 48, tit. 13. V. Sacrilége, n. 1. R.

Ad Legem juliam de vi publicâ, liv. 48, tit. 6. — V. Ministère public. — Rébellion, § III, n. 16. R.

De Legibus, liv. 1, tit. 3. V. Absent, chap. III. R. — Arbitres, § XIV, art. 2. — Avantages aux héritiers présomptifs, § II, IV et VI. — Avantages entre époux, § III. Q. — Clandestinité, sect. II, § II. — Condition de manbournie. — Contrainte par corps, n. 20. R. — Contrat de mariage, § V. — Dépôt nécessaire. Q. — Dérogation. — Domicile élu, § II. — Donation, sect. VI, § III. R.—Douanes, § V. Q.—Droits successifs, n. 12. R. — Enregistrement, § XIV. Q. — Etat civil. R. — Expert, § III. Q. — Faux, sect. I, § V, XV. R. —Féodalité, § V. Q. — Héritier, sect. I, § I. — Inscription hypothécaire, § V. — Institution d'héritier, sect. I. — Interpellation, n. 3. R. — Opposition aux jugemens par défaut, § VII. Q. — Juré, jury, § IV. — Légataire, § VI. — Légitime, sect. II; section V. — Legs, sect. II. — Liquidation. — Loi, § V; § X; Mainété. — Motifs des lois. R. — Préparatoire (jugement). Q. — Prescription, sect. I, § III; sect. II, § III et V. R. — Preuve, § VII. Q. — Prise à partie, § IV. — Puissance maritale, sect. II, § III, n. 6. — Puissance paternelle, sect. IV. — Quarte falcidie, § I. — Rapport à succession, § IV, art. 2; § V. — Renonciation à une succession échue, § II. — Représentation (droit de), sect. II, § V. — Réserve coutumière, § III, n. 5. — Saisie immobilière, § VI, art. 1, n. 10. — Signature, § III, art. 2, n. 11. R.; et § II. Q. — Société, § I, II. Q. — Subornation, n. 5 *bis.* — Substitution fidéicommissaire, sect. I, § XIV; et sect. VIII. R.; et § X. Q. — Témoin instrumentaire, § II, n. 5, 26°. — Testament, sect. I, § III, art. 3. R.; et § XV. Q. — Triage, n. 5 et 8. R. — Tribunal d'appel, § V. Q. — Virile, § III. R.

De Legitimis tutoribus, liv. 26, tit. 4.—V. Tutelle, sect. II, § II; et sect. III. R.

De Libellis dimissoriis, liv. 49, tit. 6. — V. Apôtres. R.

De Liberali causâ, liv. 40, tit. 12. — V. Question d'état, § III. R. — Rente foncière, § XXII. Q. — Succession, § XI. Q.

De Liberatione legatâ, liv. 34, tit. 5. — V. Avantages aux héritiers présomptifs, § II. — Confession, § II. Q. — Légataire, § V. — Legs, sect. II et sect. IV. — Libération (legs de). Quarte falcidie, § IV.—Révocation de legs, § II.—Testament, sect. II, § VI. R.

De Liberis et posthumis, liv. 28, tit. 2. — V. Condition, sect. II, § VI, art. I. — Dot, § VIII. — Institution d'héritier, sect. V, § I; § III; sect. VI. — Légitimation, sect. II; sect. III. — Légitime, sect. VII et sect. VIII. — Peine testamentaire, n. 11. — Puissance paternelle, sect. I. — Révocation de testament, § I et II. R.

De Libellis exhibendis, liv. 43, tit. 30. — V. Education, § I. — Puissance paternelle, sect. VI, § II. — Représentation de personnes. R.

De Litigiosis, liv. 44, tit. 6. — V. Peine testamentaire, n. 11. R.

Locati conducti, liv. 19, tit. 2. — V. Bail, § III, VI, X, et XI.—Domestique, n. 2. R.—Donation, § V. Q.—Honoraires, § I. — Ignorance, § II. — Incendie, § II. — Intérêt, § IV. R. — Loyers et fermages, § I. Q. — Transaction, § V. — Vente, § I, art. 2. R.

De Magistratibus conveniendis, liv. 27, tit. 8.—V. Preuve, sect. I. — Tutelle, sect. II, § V. R.

Mandati vel contra, liv. 17, tit. 1. — V. Alimens, § I. — Autorisation maritale, sect. III, § II. R. — Compte courant, § I. Q. — Délégation de dette. — Délit forestier, § XIX. R. — Endossement, § I. Q. — Héritier, p. 384. R.; et § III. Q. — Hypothèques. — Honoraires, § I. — Ignorance, § I. — Mandat. — Notaire, § VI, n. 4. — Novation, § IV. — Prescription, section I, § VII, art. 2, ques. 6. — Rente constituée, § XI, n. 5. — Vocation de procureur, § I. — Sénatus-consulte velléien, § I. —Transcription au bureau des hypothèques, § III.—Vente, § I, art. 5. R.

De Manumissionibus, liv. 40, tit. 1.— V. Substitution fidéicommissaire, sect. XII, § III. — Mort civile, § I. R.

De Manumissis testamento, liv. 40, tit. 4. — V. Condition sect. II, § III. — Legs, sect. III. — Testament, sect. III. R.

De Manumissis vindictâ, liv. 40, tit. 2. — V. Assignation, § XIII. Q. — Donation, sect. II, § III. — Juridiction gracieuse. — Mariage. — Révocation de procureur, § I. R.

De Minoribus XXV annis, liv. 4, tit. 4. — Age. — Délai, sect. I, § III. — Dot, § II. — Echange, n. 2. — Effet rétroactif, sect. III, § II, art. 9. R. — Hypothèque, § IV. Q. — Ignorance, § I. — Jour bissextile. — Légataire, § IV. — Legs, sect. VII. — Mineur, § I et suiv. R. — Mineur, § II. Q. — Prescription, sect. 1; § VII, art. 2, quest. 1 et 2. — Prescription, sect. II, § 1. Rescision, n. 6 et 7. R. — Rescision, § III. Q. — Substitution directe, § I. R.

De Mortis causâ donationibus, liv. 39, tit. 6. — Appropriance, § II. — Émission de biens, § III. — Donation, sect. I, § III, IV. R. — Donation, § VI. Q. — Legs, sect. I; sect. IV. — Puissance paternelle, sect. III et IV. — Substitution fidéicommissaire, sect. VI, § II. — Testament, sect. II, § IV, art. 3. R.

De Muneribus et honoribus, liv. 50, tit. 4. — V. Arbitres, § XIV, art. 8. Q. — Honoraires, § I.—Puissance paternelle, sect. III, § III. R.

Ad Municipalem, liv. 50, tit. 1. — V. Bourgeois, § I. — Déclinatoire, § I. — Domicile, § II, IV, V. R. — Prorogation de juridiction, § I. — Garantie, § VII. Q.—Hypothèque, sect. II, § II. — Puissance paternelle, sect. III, § IV. R.

De Notalibus restituendis, liv. 40, tit. 2.—V. Légitimation, sect. III. — Nom, § III. R.

Nautæ, Caupones, Stabul., liv. 4, tit. 9.—Dommage. — Incendie, § II. — Vol, sect. II, § III; sect. IV, § III. R.

De Nautico fænore, liv. 22, tit. 2. — Grosse aventure.— Police et contrat d'assurance, § I, n. 54. R.

De Statu defunctorum, liv. 40, tit. 15. — Mariage, p. 759. R.

De Negotiis gestis, liv. 5, tit. 5. — V. Acquiescement, § VII. Q. — Affaire. — Alimens, § IV. R. — Bénéfice d'inventaire, § V, art. 1. Q. — Clain de rétablissement. R. — Hypothèque, § IV *bis.* — Intérêt, § II. Q. — Légitime, sect. VIII. Obreptice. R. — Prescription, § XV. Q. — Payement, n. 2. — Rapport à succession, § IV, art. 2.— Représentation (droit de), sect. IV, § III. — Voisinage, § IV. R.

Ne Quid in loco publico vel itin., liv. 43, tit. 8.—V. Emigré, § III. Q. — Nom, § III. R.

De Novationibus et delegat., liv. 46, tit. 2.—V. Arrérages. Emigration, § IX. R. — Inscription hypothécaire, § I.—Mines, § I. Q. — Novation, § I, III, IV, VI. R. — Réunion. Q.

De Noxalibus actionibus, liv. 9, tit. 4. — V. Incendie, § II. — Puissance paternelle, sect. III, § II. R. — Rescision, § IV. — Retrait successoral. Q.

De Obligationibus et Actionibus, liv. 44, tit. 7. — V. Condition, § I. — Conquêt, § I.— Démission de biens, § I. Q. — Domicile élu. — Dot, § II. R.— Douaire, § II. Q. — Hypothèques. — Légataire, § VI. — Lettre de change. R. — Mineur, § I. Q. — Mort civile, § I. — Novation, § I. — Peine contractuelle, § II, III. — Prescription, sect. II, § II. R. — Protêt, § II. Q. — Puissance paternelle, sect. III, § IV et V.— Rénonciation à une succession future, § II, n. 5.—Révocation de procureur, § I. — Substitution fidéicommissaire, sect. XIII. — Testament, sect. II, § V. — Viduité, n. 4. R.

De Obsequiis parentibus et patr. præst., liv. 57, tit. 15.— V. Infamie. R.

De Officio assessorum, liv. 4, tit. 12.—V. Arbitres, § XIV, art. 2. Q. — Honoraires, § I. R.

De Officio præfecti vigilum, liv. 4, tit. 15.—V. Incendie, § II. R.

De Officio præsidis, liv. 4, tit. 18. — V. Juridiction gracieuse. R.

De Officio prætorum, liv. 4, tit. 44. — V. Effet rétroactif, sect. III, § XIV.— Erreur, n. 6. — Juridiction gracieuse. — Témoin instrumentaire, § II, n. 5, 26°. R.

De Officio proconsulis, liv. 4, tit. 16. — V. Assignation, § XIII. Q. — Juridiction gracieuse. — Mariage. R.

De Operibus publicis, liv. 50, tit. 10. — V. Biens nationaux, § II. Q.

De Operis libertorum, liv. 58, tit. 1. — V. Confession, § II. Q.

De Operis novi nunciatione, liv. 59, tit. 1.—V. Dénonciation de nouvel œuvre. — Inscription hypothécaire, § V. R.— Usage (droit d'), § VII. Q.

De Optione vel electione legatâ, liv. 33, tit. 5. — V. Habitation, sect. I, § I. — Legs, sect. VII. — Option en matière de legs, n. 2, 5, 7 et 9. R.

De Origine juris, liv. 4, tit. 2. — V. Code. R.

De Pactis, liv. 2, tit. 14. — V. Causes des obligations, § I. — Chose jugée, § XVIII. — Confession, § II. Q.—Convention, § V. — Déclinatoire, § I. — Déguerpissement, § III. — Légataire, § IV. — Loi, § VIII. — Novation, § I et IV. — Pacte de *quota litis*. — Partage, § I. — Peine contractuelle, § II. — Prescription, sect. I, § II. — Présomption, § III. — Procuration, § II. — Promesse de changer de nom. — Puissance paternelle, sect. III, § IV. — Rappel à succession, sect. IV, § I, n. 4. — Dénonciation, § I; n. 3. R. — Rente viagère, § I. Q. — Réserve coutumière, § I, art. 1. — Révocation de substitution, § II. — Simulation, § V. R. — Sœur, § I. — Stipulation pour autrui. Q.— Substitution fidéicommissaire. — Succession future, n. 19.—Transaction, § V. R. — Vente, § X. Q.

De Pactis dotalibus, liv. 25, tit. 4. — V. Conventions matrimoniales, § II. — Dot, § V. — Institution contractuelle, § III.— Mort.—Sénatus-consulte velléien, § II. — Simulation, § V.—Transaction, § V. R.

De Peculio, liv. 15, tit. 1. — V. Effet rétroactif. — Légitimité, sect. IV. R. — Opposition (tierce), § III. Q. — Puissance paternelle, sect. III, § II, III. — Quarte falcidie, § IV. R. — Vente, § II. Q.

De Pecunia constitutâ, liv. 13, tit. 5. — V. Legs, § V. R.

De Periculo et commodo rei venditæ, liv. 18, tit. 6. — V. Condition, sect. II, § V, art. 3.—Incendie, § II.—Héritier, sect. VII. — Legs, sect. III. — Rapport à succession, § VIII. — Substitution fidéicommissaire, sect. XV. — Vente, § V. R.

De Pignoratitia actione, liv. 13, tit. 7. — V. Contrat pignoratif. — Expropriation forcée, § VIII. — Hypothèque, § IV *bis*. Q. — Ignorance, § II. R. — Imputation par échelette. Q. — Pignoratif (contrat), § II. — Privilége de créance, sect. III, § II, n. 4. — Subrogation de personne, sect. II, § IV. — Vol, sect. I. R.

De Pignoribus et hypoth., liv. 20, tit. 1. — V. Arrérages, § I. — Chose jugée, § XI. Q. — Claim de rétablissement. — Condition, sect. II, § V, art. 5. — Date, n. 6. R.; et § II. Q. — Hypothèque, § IV *bis*. Q.—Hypothèque, sect. II, § III. R., et § IV *bis*. Q. — Légitimation, sect. II. R. —Lettres de ratification, § I. Q. — Mise de fait, § IV. — Mode. — Opposition (tierce), § II, art. 5, 4. — Pacte commissoire, n. 2. — Privilége de créance, sect. III, § II, n. 4; sect. IV, § V, n. 2. R. — Résolution, § I. Q. — Révocation de donation, § I. — Saisie exécution, § I, n. 10. — Servitude, § XIV. — Usufruit, § IV. R.

De Pœnâ legatâ, liv. 33, tit. 9. — V. Aînesse, § II. Q. — Meubles (legs de). — Peine testamentaire, n. 7. — Servitude, § IV. R.

De Pœnis, liv. 48, tit. 19. — V. Assignation, § VI. Q.— Bris de prison. — Choix, § I. — Domicile. — Incendie, § I. — Indices, n. 5.—Mort civile, § I. — Prescription, sect. III, § VII. — Puissance paternelle, sect. VI, § II. — Révision de procès, § III, art. 4. R.

De Pollicitationibus, liv. 50, tit. 12. — V. Biens nationaux, § II. Q. — Legs, sect. IV. R. — Testament, § XVIII. Q.

De Popularibus actionibus, liv. 47, tit. 23. — V. Faux, § VI. Q.

De Postulando, liv. 3, tit. 1. — V. Arbitres, § XIV, art. 8. — Hypothèque, § IV *bis*. Q.

De Præscriptis verbis, liv. 19, tit. 5. — V. Démission de biens, § III. Q. — Gageure, n. 5 et 7. R. — Hypothèque, § IV *bis*. Q.

De Prævaricatione, liv. 47, tit. 15. — V. Transaction, § II. R.

De Precario, liv. 43, tit. 26. — V. Incendie, § II. — Précaire. — Prescription, sect. I, § V, art. 4. R.

De Probationibus et Præsumtionibus, liv. 22, tit. 5. — V. *Ab irato*, sect. III. R. — Causes des obligations, § I. — Hypothèque, § IV *bis*. Q. — Ignorance, § II. — Incendie, § II. — Indices, n. 2 et 5. — Interruption de prescription. — Légitimité, sect. I et sect. II. R. — Légitimité, § II. Q. — Legs, sect. IV. R. — Mariage, § VIII. Q. — Moyens de faux.— Preuve, sect. II, § I. — Prescription, sect. II, § XXIV. — Puissance paternelle, sect. III, § IV. — Révocation de legs, § II. — Révocation de procureur, § I. — Subrogation de chose, sect. II. — Testament, sect. II, § VI. R.

De Procuratoribus, liv. 3, tit. 3. — V. Acquiescement, § XVIII. R.—Arbitres, § XIV, art. 3. Q.—Compellation. R. — Hypothèque, § IV. Q. — Puissance paternelle, sect. III, § IV. — Révocation de procureur, § I et II. R.

Pro Donato, liv. 41, tit. 6. — V. Appropriance, § II. R. — Donation, § V. Q. — Simulation, § V. — Transaction, § V. R.

Pro Emptore, liv. 41, tit. 4.—V. Fait du souverain.—Ignorance, § I. — Prescription, sect. I, § V, art. 5 et 4; sect. VI, art. 5 et 4. — Prodigue, § V, n. 4. R.

Pro Herede, liv. 41, tit. 5. — V. Prescription, sect. I, § V, art. 1. R.

Pro Socio, liv. 17, tit. 2. — V. Appel, § I. — Arbitres, § XIV, art. 8. Q. — Continuation de communauté, § I. R. — Coupier. Q. — Dot, § II et V. — Faute, n. 8. — Incendie, § II. — Indivis. — Institution contractuelle, § III. R. — Intérêt, § II. — Option, § I. Q. — Légitimité, sect. II. — Legs, sect. VII.—Partage, § I. — Peine contractuelle, § II. — Rapport à succession, § II, art. 5. — Société, sect. I, III, VI, VIII. R.; et § II. Q.— Surenchère, n. 5. — Transaction, § II. — Vol, sect. II, § II. R.

Pro suo, liv. 41, tit. 10. — V. Prescription, sect. I, § VI, art. 7. R.

De Publicianâ in rem actione, liv. 6, tit. 2. — V. Possession, § V. — Prescription, sect. I, § VI, art. 2. R.

De Publiciis judiciis, liv. 48. tit. 1. — V. Mort civile, § III. Q.

Quæ in fraudem creditorum, liv. 42, tit. 8. —V. Conventions matrimoniales, § II. — Créancier. — Curateur, § VI. — Dot, § XV. R. — Dot, § IV. Q.— Expropriation forcée, § II. Q. — Légataire, § IV, VI. — Légitime, sect. VIII. R.—Payement, § II. Q. — Rapport à succession, § III, n. 8. — Stellionat, n. 7. — Substitution fidéicommissaire, sect. XVI. R.— Usufruit paternel, § I. Q.

Quæ res pignori vel hypoth., liv. 20, tit. 3. — V. Hypothèque, sect. I, § IV. R.

Quæ sententiæ sine apellat.; liv. 49, tit. 8. —V. Communauté de biens entre époux, § V. — Compte, § I. Q. — Nullité, § VII. — Substitution fidéicommissaire, sect. VIII. — Témoin judiciaire, § I, art. 6. R. — Union de créanciers, § II. Q.

De Questionibus, liv. 48, tit. 18. — V. Adultère, n. 8 bis. — Jugement, § III. — Suggestion. R.

Quando appellandum sit, liv. 49, tit. 4. — V. Apôtres. — Délai, sect. I, § III. — Nullité, § I. — Prescription, sect. I, § I. — Tutelle, sect. IV, § VI. R.

Quando dies legatorum, liv. 36, tit. 2. — V. Condition, sect. II, § III. — Entravestissement, sect. I, § I. — Legs, section IV; § V; sect. VII. — Novation, § III. — Option en matière de legs, n. 9. — Quarte falcidie, § III. — Substitution fidéicommissaire, sect. VIII, X et XV. R.

Quando dies ususfructus, liv. 7, tit. 3. — V. Legs, § V. — Usufruit, § I et suiv. R.

Quarum rerum actio non datur, liv. 44, tit. 5. — V. Chose jugée, § XVIII. Q.

Quemadmodum servitutes amitt., liv. 8, tit. 6.—V. Prescription, sect. I, § V, art. 3; § VI, art. 3. — Servitude, § XI, XXI et XXXIII. R.

Quibus ex causis in possess., liv. 42, tit. 4.—V. Hypothèque, § IV. Q.

Quibus modis pignus vel hypoth., liv. 20, tit. 6.—V. Bail, § VII. — Hypothèque, sect. II, § III. — Légitime, sect. VIII. — Partage, § VI. — Radiation des hypothèques, n. 6. R. — Résolution, § I. Q.

Quibus modis ususfruct., vel usus amitt., liv. 7, tit. 4. — V. Habitation, sect. I, § III. — Légitime, sect. VIII. — Usufruit, § III et V, R.

De quibus rebus adeund. judic., liv. 2, tit. 2. — V. Connexité, § I. R. — Péremption, § VI. Q.

Qui et à quibus manumissi liberi, liv. 40, tit. 9. — V. Mariage, sect. II. — Substitution fidéicommissaire, sect. XII. § III. R.

Qui petant tutor vel curator, liv. 26, tit. 6. — V. Noces (secondes), § II. R.

Qui potiores in pignore, liv. 20, tit. 4.—V. Compensation, § I. — Hypothèque, sect. I, § IV; sect. II, § III. R.; § III, et § IV bis. Q. — Legs, sect. III. — Saisie réelle, n. 6. R. — Subrogation, § I. Q. — Subrogation de personne, sect. II, § IV et VIII. — Tenue par loi, § IV. R.

Quis ordo in possess. servetur, liv. 58, tit. 15. — V. Choix, § I. — Prescription, sect. I, § VI, art. 7. R.

Qui satis dare cogantur, liv. 2, tit. 8. — V. Appel, § I. Q. — Caution *judicatum solvi*. — Nantissement, § I. — Représentation de personnes. R.

Qui sine manumissione ad libert., liv. 40, tit. 8. — V. Révocation de substitution, § II. R.

Qui testamenta facere possunt, liv. 28, tit. 1. — V. Clause codicillaire. — Divorce, sect. IV, § X. — Institution d'héritier, sect. V, § I. — Légitimité, sect. IV. R. — Mort civile, § II. Q. — Requête civile, n. 15. — Révocation de testament, § 1 et IV. R. — Succession future (pacte sur). Q. — Suggestion, § II. — Témoin instrumentaire, § II, n. 3 et 5; § II, n. 3, 2° et suiv. — Testament, sect. I, § I, art. 1, 6; sect. II, § 1, art. 6, 7; § II, art. 7; § III, art. 2, n. 6; art. 3, n. 14 et 15; art. 8; sect. IV, § I et suiv. R.; et § XIV et XVII. Q.

Quod cujuscunque universit. nom., liv. 3, tit. 4.—V. Banalité, § II. — Commune, § I. Q. — Légataire, § II. R.

Quod cum eo qui in alienâ potest., liv. 14, tit. 5. — V. Appel, § IX. Q. — Chose jugée, § XV bis. R.— Hypothèque, § IV. R. — Option, § I. Q.

Quod falso tutore auctore gest., liv. 27, tit. 6. — V. Curateur, § II. R.

Quod jussu, liv. 15. tit. 4. — V. Hypothèque, § IV bis. Q. — Puissance paternelle, sect. III, § III et V. R.

Quod legatorum, liv. 43, tit. 3. — V. Entravestissement, sect. II, § II. — Légataire, § V. — Testament, sect. III. R.

Quod metus causâ gestum erit, liv. 4, tit. 2.—V. Crainte, § II. Q. — Filiation. R. — Hypothèque, § IV. Q. — Profession monastique, § I, n. 7. — Vol, sect. I, n. 6 et 8. R.

Quod quisque juris in alterum stat., liv. 2, tit. 2. — V. Banalité, § II. Q. — Révision de procès, § III, art. 4. R.

Quod vi aut clam, liv. 43, tit. 24. — V. Prescription, section I, § VI, art. 7. — Voie de fait, § I. R.

Ratam rem haberi, liv. 46, tit. 8. — V. Tenue par loi, § II. R.

De Rebus auctoritate judicis possidendis, liv. 42, tit. 5. — V. Hypothèque, sect. I et IX; sect. II, § III. — Incendie, § II. — Séparation de patrimoines, § III. — Subrogation de personne, sect. II, § II et VIII. — Substitution directe, § II et § III. R.

De Rebus creditis, liv. 12, tit. 1. — V. Conventions matrimoniales, § I. — Anonyme. — Créancier. — Délai, sect. I, § I. R. — Hypothèque, § III. Q. — Institution d'héritier, sect. IV. — Libération (legs de). — Monnaie, § IV. — Payement, n. 6, 7. R. — Testament, § XV. Q. — Usufruit; § IV. R.

De Rebus dubiis, liv. 54, tit. 5. — V. Convention, § VII. — Hypothèque, sect. II, § II. R. — Hypothèque, § XVI. Q. — Institution d'héritier, sect. V, § I; et sect. VI. — Légataire, § II, III, IV, VII. — Legs, sect. IV. — Mort. — Révocation de legs, § II. — Substitution fidéicommissaire, sect. V, § I; sect. VIII. — Témoin instrumentaire, § II, n. 5, 1°. — Testament, sect. II, § I, art. 4; sect. II, § III, art. 1. R.

De Rebus eorum qui sub tutelâ, liv. 27, tit. 9. — V. Absent, chap. 1. — Acte sous seing privé, § II. — Dévolution coutumière, § II. R. — Hypothèque, § IV. Q. — Légataire, § IV. — Mineur, § III. — Partage, § II. R.; et § III. Q.

De Receptis qui arbitr., liv. 4, tit. 8. — V. Appel, § I. — Arbitrage. R. — Arbitres, § XIV et suiv. Q. — Autorisation maritale, sect. II. R. — Chose jugée, § XVIII. — Date, § V. Q. — Jugement, § III. — Légitimité, sect. IV. — Partage d'opinions, n. 1. R. — Peine compromissoire, § I. Q. — Peine contractuelle, § III. R. — Testament, § XIV. Q.

De Regulâ catoniana, liv. 34, tit. 7. — V. Avantages entre époux, § IX. Q. — Conventions matrimoniales, § I. — Effet rétroactif, sect. III, § V. R. — Hypothèque, § IV bis. Q. — Institution d'héritier, sect. V, § III. — Légataire, § III.—Legs, sect. III. — Règle coutumière. R.

De Regulis juris, liv. 50, tit. 17. — V. *Ab irato*, sect. 1

et III. — Absent, chap. III. — Acte sous seing privé, § II.— Actes légitimes. R. — Adoption, § VIII. — Adultère, § VIII. Q. — Appel, sect. I, § V. R. — Appel, § IX. — Arbitres, § XIV, art. 2. Q.—Autorisation maritale, sect. VII *bis* et section X. R. — Avantages aux héritiers présomptifs, § II. Q. — Bâtard, sect. II, § IV. — Cabaret. — Choix, § I. — Chose jugée, § XIV, XVIII. — Claim, § III. — Code. — Condition, sect. II, § III. R. — Commune, § III. — Communaux, § X. Q. — Contre-lettre, § III. — Conquêts, § I. Q. — Conseil. — Contrainte par corps, n. 20. R., et § XI. Q. — Convention, § IV, VI et VII. — Conventions matrimoniales, § I et II. R. — Décès, § I. Q. — Délai, sect. I, § III. R. — Délit, § II. Q. Délit forestier, § II et XIX. R. — Dernier ressort. Q. — Dérogation — Divorce, sect. IV, § IX. — Domicile élu, § II. R. — Donation, § V. Q. — Don mutuel, § III. — Effet rétroactif, sect. III, § II, art. 7. R. — Effet rétroactif de la loi du 17 nivose an 2. Q. — Emigré, § V. — Emphytéose, § III. — Engagement, § II. Q. — Faillite, sect. I, § IV. — Fait. — Fait du souverain. — Faute. R. — Féodalité, § V. Q. — Gains nuptiaux, § II. — Hérédité. — Héritier, sect. VII. R. — Hypothèque, § IV *bis*. Q. — Incendie, § II. R. — Institution contractuelle, § VIII. R.; et § II. Q. — Institution d'héritier, section I; sect. V, § I et III. — Impuissance, n. 2. — Interpellation, n. 2. — Inscription de faux, § I. R. — Inscription hypothécaire, § II. Q. — Jugement, § III. — Légataire, § I, IV.— Légitimation, sect. II, § II; sect. III. — Légitime, sect. II; sect. III; sect. VIII. — Legs, sect. IV. — Lettre, n. 6. R. — Location. Q.—Loi, § VI et VIII. R.—Loyers et fermages, § I. Q. — Mariage, sect. III. — Mois. — Mort civile, § II. — Nantissement, § I. — Novation, § III. — Nullité, § VI. — Partage d'opinions, n. 1. — Peine contractuelle, § I. — Péremption, sect. II, § II. — Pignoratif (contrat), § II. — Prescription, section I, § VII, art. 2, quest. 5. — Présomption, § III. R.—Prétérition, § II. Q.—Prodigue, § V, n. 5; § VI, n. 1; et § VIII et IX. R. — Prodigue. Q. — Promesse de changer de nom. R. Protêt, § VIII. Q. — Puissance paternelle, sect. II; sect. III, § IV; sect. VII. — Rappel à succession, sect. I, § I, n. 4. — Rapport à loi, § IV, u. 6. — Ratification, n. 9. — Règles de droit. R. — Rente foncière, § X. — Rente viagère, § I. Q. — Renonciation, § I, n. 1, 2 et 5; § II. — Renonciation à une succession échue, § II. R. — Résolution, § I. — Revendication, § I. Q. — Réversion, sect. II, § I, n. 4. — Révocation de codicille, § IV. — Révocation de testament, § V. R., et § I. Q. —Saisie immobilière, § VI, art. 1, n. 9. —Séparation de corps, § IV, n. 4. — Serment en plaids. — Substitution directe, § II. R. — Substitution fidéicommissaire, § VIII. — Terrage, § I. Q. — Testament, sect. II, § III, art. 1, art. 2, n. 8; § V. — Tour de l'échelle, § III.—Transaction, § II, V.—Tribunal de police, sect. II, § III. — Usage, § I. — Usufruit paternel, § V. R. — Vente, § X. — Vente publique de meubles, § II. Q. — Voie de fait, § I. R.

De Re judicata, liv. 42, tit. 1. — V. Alimens, § V. R. — Appel, § II. — Arbitres, § XIV, art. 2 et suiv. Q. — Autorisation maritale, sect. II. R. — Chose jugée, § II et XI. Q. — Claim. — Collusion. — Curateur, § II. — Dot, § V. — Effet rétroactif, sect. III, § IX. — Grossesse, n. 1. — Héritier, section VII. — Jugement, § I, III. — Motifs des jugemens, n. 7. — Novation, § I. — Opposition (tierce), § II, art. 5; art. 7. — Partage d'opinions, § II. — Substitution directe, § I. R. — Tribunal d'appel, § V. Q. — Tutelle, sect. IV, § V. R.

De Rei vindicatione, liv. 6, tit. 1. — V. Amélioration. R. — Appel, § XIV. — Communaux, § X et XI. Q. — Incendie, § II. — Légataire, § VI. — Legs, sect. IV. — Option en matière de legs. — Preuve, sect. I. — Puissance paternelle, section I. — Revendication, § I et suiv. R. —Revendication, § I. Q. —Succession, sect. I, § VI. R.

De Religiosis et sumptibus fun., liv. 11, tit. 7.—V. Exécuteur testamentaire. — Frais funéraires. — Légataire, § VII.

Légitime, sect. VIII. — Patronage, § I. — Voie de fait, § I. R.

De Re militari, liv. 49, tit. 6. — V. Bris de prison. R.

De Remissionibus, liv. 43, tit. 25. — V. Profession monastique, § I, n. 7. R.

De Rescindenda venditione, liv. 18, tit. 5. — V. Arrérages. — Effet rétroactif, sect. III, § III, art. 5.—Hypothèque, sect. I, § XIII. — Lésion, § I. — Pignoratif (contrat), § II. R. —Hypoth., sect. I, § XIII.

De Ritu nuptiarum, liv. 23, tit. 2. — V. Adoption, § VIII. Q. — Adultère, n. 8 *bis*. — Affinité. — Conventions matrimoniales, § I. — Dot, § I. — Education, § I. — Empêchemens de mariage, § IV. — Impuissance. — Légitimation, sect. II. Légitimité, sect. I. R. — Légitimité, § V. Q. — Mariage, section III. — Nullité, § VI. — Prescription, sect. I, § III. — Puissance paternelle, sect. III, § IV. R.

De Senatoribus, liv. 1, tit. 9. — V. Arbitres, § XIV, art. 2. Q. — Puissance paternelle, sect. II.— Quarte trébellianique, § V. R.

De S.-consulto macedoniano, liv. 14, tit. 6. — V. Acte sous seing privé, § II. R. — Compte courant, § I. — Hypothèque, § [illegible] *bis*. Q. — Ignorance, § I. — Puissance paternelle, sect. [illegible] § IV. — Témoin instrumentaire, § 2, n. 5 26°. R.

De S.-consulto silaniano, liv. 29, tit. 5.—V. Féodalité, § V. Q. — Ignorance, § I. — Indignité. R.

Ad S.-consultum tertullianum, liv. 38, tit. 17. — V. Emphytéose, § III. Q. — Héritier, sect. II, § I.—Noces (secondes), § II. — Représentation (droit de), sect. II, § V. R.

Ad S.-consultum treballianum, liv. 36, tit. 1. — V. Bénéfice d'inventaire, § V, art. 1. Q. — Domicile élu, § II. — Entravestissement, sect. I, § I. — Fiduciaire, n. 1. R. — Hypothèque, § IV *bis*. Q. — Institution contractuelle. — Institution d'héritier, sect. III. — Légataire, § VII. — Légitime, sect. II; sect. VIII. — Legs, sect. IV; § V; sect. VII. — Mort. — Mort civile, § I. — Partage, § I. — Puissance paternelle, sect. III, § IV. — Quarte falcidie, § II et IV. — Quarte trébellianique, § III, IV et V. — Rapport à succession, n. 12, 15. — Révocation de testament, § I. R. — Société d'acquêts. Q. — Substitution directe, § I. — Substitution fidéicommissaire, sect. VIII, X, XII, XIII, XIV, XV et XVI. R.; § II et VIII. Q. — Testament, sect. IV, § I et suiv. — Transaction, § V. R.

Ad Senatus-Consultum turpillianum, liv. 48, tit. 16.— V. Garantie, § VII. Q. — Réparation civile, § II, n. 5 *bis*. R.

Ad Senatus-Consultum vellejanum, liv. 16, tit. 1. — V. Autorisation maritale, sect. III, § II. — Dot, § VIII. — Effet rétroactif, sect. III, § III, art. 1 et 7. — Mode. — Sénatus-consulte velléien, § I. R. — Velléien (sénatus-consulte). Q.

De Sententiam passis et restitutis, liv. 48, tit. 23. — V. Emigration, § IX. R. — Emigré, § III. — Inscription hypothécaire, § I. Q.

De Separationibus, liv. 42, tit. 6. — V. Option, § I. Q. — Prescription, sect. I, § I. — Séparation de patrimoine, § II, III, IV, V. R.

De Servis exportandis, liv. 18, tit. 7. — V. Institution contractuelle. — Peine contractuelle, § III. — Révocation de substitution, § II. R.

De Servitute legata, liv. 33, tit. 3. — V. Voisinage, § IV. R.

De Servitutibus, liv. 8, tit. 1. — V. Cimetière. R. — Location. Q. — Prescription, sect. I, § VI, art. 5. — Servitudes, § I et suiv. — Vaine pâture, § II, art. 2. R.

De Servitutibus prædiorum rustic., liv. 8, tit. 5.—V. Biens nationaux, § I. Q. — Moulin, § VII. — Prescription, sect. I, § VII, art. 2, quest. 15. — Puissance paternelle, sect. III, § III. —Servitude, § XII, XIII, XXI, XXIX, XXX, XXXI, XXXII. — Usage (droit d'), sect. II, § V. R.; et § VII. Q.

De Servitutibus prædiorum urbanorum, liv. 8, tit. 2. — V. Servitude, § IX. R.; § III. Q. — Tour de l'échelle, § I. — Voie de fait, § I. R.

De Servo corrupto, liv. 11, tit. 5.—V. Légitime, sect. VII. — Suggestion, § I. R.

Si Ager vectigalis, liv. 6, tit. 5. — V. Emphytéose, § VI. — Rente seigneuriale, § II, n. 6. R.

Si à Parente quis manu missus, liv. 57, tit. 12. — V. Légitime, sect. III. R.

Si Cui plus quàm per L. falcid., liv. 55, tit. 5. — V. Légitime, sect. VIII. — Quarte falcidie, § I et II. R.

Si Mensor falsum modum dixerit, liv. 11, tit. 6. —V. Nullité, § V. R.

Si Pars hereditatis petatur, liv. 5, tit. 4. — V. Légitime, sect. VIII. R.

Si Pendente appellatione, liv. 49, tit. 13. — V. Tutelle, sect. IV, § VI. R.

Si Quadrupes pauperiem fec. dic., liv. 9, tit. 1. — V. Fourrière. R. — Rescision, § IV. Q.

Si Quid in fraudem patroni, liv. 58, tit. 5.—V. Donation, sect. VI, § IV. R.—Fait du souverain, § I. Q. — Légitimation, sect. III. — Légitime, sect. VIII. R.

Si Quis aliquem testari prohib, liv. 29, tit. 6. — V. Indignité. — Légataire, § II. — Testament, sect. IV, § I et suiv. R.

Si Quis cautionibus in judic. sist., liv. 2, tit. 2.—V. Appel, sect. I, § V. — Ignorance, § I. — Novation, § IV. — Peine contractuelle, § IV. — Représentation de personnes. R.

Si Quis in jus vocatus non ierit, liv. 2, tit. 5. — V. Ignorance, § I. R.

Si Quis omissâ causâ testamenti, liv. 29, tit. 4. — V. Entravestissement, sect. II, § III. — Légataire, § IV. — Substitution directe, § II. R.

Si Servitus vindicetur, liv. 8, tit. 5. — V. Chose jugée, § XVIII. Q. — Déguerpissement, § I. — Dénonciation de nouvel œuvre. — Eaux pluviales. — Fumiers. — Gibier, n. 8. Servitude, § XIV et XXXV. — Tour de l'échelle, § I. — Voisinage, § III. R.

Si Tabulæ testamenti extabunt, liv. 57, tit. 2. — V. Représentation (droit de), sect. I, § I. — Révocation de testament, § V. R.

Si Tutor vel curat. magistratus creatus, liv. 49, tit. 10.— V. Tutelle, sect. IV, § VI. R.

Si Usufructus petatur, liv. 7, tit. 6.—V. Tour de l'échelle, § III. — Usufruit, § I et suiv. R.

De Solutionibus et liberationibus, liv. 46, tit. 5. — V. Arbitres, § XIV, art. 2. — Cassation, § XXXI, n. 4. Q.—Claim de rétablissement.— Compensation.— Condition, sect. I, § III, n. 2; sect. II, § VI, art. 2. — Consignation, n. 29. — Dot, § VII. R. — Émigré, § V. R. — Héritier, § III. Q. — Imputation de payement. — Légataire, § VI. — Novation, § IV. R. — Papier monnaie, § V. Q. — Payement, n. 2. — Prescription, sect. I, § II. — Puissance paternelle, sect. III, § IV. — Rapport à succession, § VIII. R. — Rescision, § IV. Q. — Réversion, sect. II, § II, art. 4, n. 5. — Révocation de procureur, § I. — Subrogation de chose, sect. II, § I. — Subrogation

de personne, sect. II, § V et VIII. — Voie de fait, § I. R.

De Soluto matrimonio, liv. 24, tit. 5. — V. Adultère, § VIII, IX. Q. — Aliments, § V. R. — Avantages aux héritiers présomptifs, § II. Q. — Dot, § II, XI et XIII. — Enfant, § II. — Gains nuptiaux, § II et VI. R. — Héritier, § I. — Hypothèque, § IV. Q. — Légataire, § VII. — Mariage, sect. II. R. — Mines, § I Q. — Nantissement, § I. R. — Prescription, § VII. Q. — Puissance paternelle, sect. III, § III et IV. —Rapport à succession, § VIII. R. — Réversion, § I. Q. — Séparation de biens, sect. II, § I et II. R. — Substitution fidéicommissaire, § VIII. Q. — Usufruit, § IV. R.

De Sponsalibus, liv. 23, tit. 1. — V. Articles de mariage. — Fiançailles. — Peine contractuelle, § I. — Puissance paternelle, sect. III, § IV. R.

De Statu hominum, liv. 1, tit. 5. — V. Avortement. — Chose jugée, § XVIII. — Effet rétroactif, sect. III, § V. R. — Héritier, § VIII. Q. — Légitimation, sect. II. — Légitimité, sect. II. R.; et § I. Q. — Question d'état, § III. — Succession, sect. I, § II, art. 5. R.

De Statu liberis, liv. 40, tit. 7. — V. Condition, sect. II, § III. — Domestique, n. 5. R.

De Stellionatus, liv. 47, tit. 20. — V. Faux, sect. I, § IV. R.

De Stipulatione servorum, liv. 45, tit. 5. — V. Qui. R.

De Successorio edicto, liv. 38, tit. 9. — V. Appel, sect. I, § V. — Choix, § I. — Délai, sect. I, § III. — Double lieu, sect. I, § I. — Héritier, sect. II, § II. — Légataire, § IV. — Meubles (legs de). — Représentation (droit de), sect. II, § III. R.

De Suis et legitimis heredibus, liv. 58, tit. 16.—V. Douaire, sect. III, § II. R. — Émigré, § XV. Q. — Héritier, sect. VI, § VIII. — Légitimité, sect. II. R.; § I et V. Q. — Peine testamentaire, n. 11. — Propre, § V, n. 2. — Renonciation à une succession future, § III. — Substitution directe, § I. — Succession, sect. I, § II, art. 1. R.

De Suppellectili legatâ, liv. 55, tit. 10. — V. Autorisation maritale, sect. VI, § II. — Legs, sect. IV. — Prodigue, § V, n. 4. — Rapport à succession, § II, art. 2, n. 2. — Servitude, § IX. R.

De Superficiebus, liv. 43, tit. 18. — V. Adultère, § VIII. — Biens nationaux, § I. Q.

De Termino moto, liv. 47, tit. 21. — V. Bornage. R.

Testamenta quemadmodum aperiantur, liv. 29, tit. 3. — V. Mariage, § VIII. Q. — Quarte falcidie. — Substitution directe, § II. — Testament, sect. II, § III, art. 3, n. 13. — Transaction, § II. R.

De Testamentariâ tutelâ, liv. 26, tit. 2. — V. Révocation de testament, § I. — Tutelle, sect. I; sect. II, § I; sect. III, sect. IV, § I. R.

De Testamento militis, liv. 29, tit. 1. — V. Concubinage, n. 2. — Effet rétroactif, sect. III, § V. — Institution d'héritier, sect. II et V, § I et III. — Légataire, § IV, VI, VII. — Révocation de codicille, § IV et V. — Révocation de testament, § IV, V et VI. — Substitution fidéicommissaire, sect. XVII. — Testament, sect. II, § III, art. 2, n. 6; art. 5 et art. 8, § IV, art. 4, et § V. R.; et § VI. Q.

De Testibus, liv. 22, tit. 5. — V. Arbitres, § XIV, art. 5. Q. — Devoirs de loi, § I. — Entravestissement, sect. II, § I. — Faux témoignage, n. 1. — Impubère, § III. — Légitimité, sect. III. — Nom, § III. — Prescription, sect. II, § II. — Prodigue, § V, n. 5. — Témoin instrumentaire, § II, n. 5, 5° et suiv. — Témoin judiciaire, § I, art. 1 et suiv. R.

De Transactionibus, liv. 2, tit. 15. — V. Aliments. — Convention, § VII. —Curateur, § II. — Légataire, § IV. — Légitimité, sect. II. — Peine, n. 2 et 3. R. — Rente foncière, § XXII. Q. — Testament, sect. II, § V. — Transaction, § I et suiv. R.

De Tributoriâ actione, liv. 14, tit. 4. — V. Option, § I. Q.

De Tritico, vino, vel oleo legato, liv. 33, tit. 6. — V. Acte sous seing privé, § II. — Legs, sect. IV. — Option en matière de legs. R.

De Tuteld et rationibus distrahendis, liv. 27, tit. 3. — V. Alimens, § I. R. — Subrogation de personne, sect. II, § V. — Transaction, § I. — Tutelle, sect. IV, § II. R.

De Tutelis, liv. 26, tit. 1. — V. Interdiction, § V. —Juridiction gracieuse. — Puissance paternelle, sect. III, § III et IV; sect. VI, § VII. — Tutelle, sect. II et suiv. R.

De Tutoribus et curatoribus datis, liv. 26, tit. 5. — V. Curateur, § IX. — Juridiction gracieuse. — Peine contractuelle, § I. — Tutelle, sect. IV, § V. — Tuteurs en chef. R.

Ubi pupillus educari, liv. 27, tit. 2. — V. Alimens, § IV. — Dot, § I. — Suggestion. R.

Unde legitimi, liv. 58, tit. 7. — V. Héritier, sect. II, § II. R. — Légitimité, § V. Q.

De Usu et habitatione, liv. 7, tit. 8. — V. Habitation, sect. I, § II. — Mort civile, § I. R. — Hypothèque, § IV bis. Q. — Servitude, § IV. R.

De Usu et usufructu legato, liv. 33, tit. 2. — V. Absent, chap. III. R. — Biens nationaux, § I. — Expropriation forcée, § VII. Q. — Habitation, sect. II. R. — Hypothèque, § IV bis. Q. — Inscription hypothécaire, § V. — Légataire, § VII. — Réserve coutumière, § VI, art. 1, n. 2. — Servitude, § I. —Usufruit, § I et suiv. R.

De Usufructu accrescendo, liv. 7, tit. 2. — V. Alimens. — Déguerpissement, § I et VII. — Inscription hypothécaire, § V. — Légitime, sect. VIII. — Legs, sect. IV. — Mariage, sect. V. — Partage, § I. — Quint naturel, § III. — Servitude, § XI. R.— Substitution fidéicommissaire, § V. — Usage (droit d'), § X. Q. — Usufruit, § I et suiv. R.

De Usufructu earum rerum quæ usu consumuntur, liv. 7, tit. 5. — V. Meubles (legs de). R. — Substitution fidéicommissaire, § V et VII. Q. — Usufruit, § I, II, III, IV et V. R.

De Usufructu et quemadmodum quis utatur, liv. 7, tit. 1. V. Quint naturel, § III. R.

De Usufructuariis et quemadmodum caveat, liv. 7, tit. 9. — V. Habitation, sect. I, § II. — Inscription hypothécaire, § V. — Usage (droit d'). R.

De Usuris et fructibus, liv. 22, tit. 1.—V. Acte sous seing privé, § II. — Clause résolutoire. — Fiduciaire, n. 1.—Fruits n. 3. R.

De Usuris et fructibus, liv. 22, tit. 1. — V. Imputation par échelette. — Inscription hypothécaire, § I. Q.— Intérêt, § IV. — Légitime, sect. VIII et IX. — Legs, sect. IV. — Prescription, sect. II, § XIII. R. — Religionnaires (biens de), § II. Q. — Rente constituée, § I, n. 3; § II, art. 2; § XI, n. 4, 5. — Société, sect. VI, § II. — Usufruit, § IV. R.

De Usurpationibus et usucapionibus, liv. 41, tit. 3.—Délai, sect. I, § III. R. — Féodalité, § V. — Hypothèque, § IV bis. Q. — Interruption de prescription. — Prescription, sect. I,

§ I; § V, art. 3 et 4; sect. II, § II et XXV. — Servitude, § XX. — Voisinage, § VI. R.

Ut in possessionem legatorum, liv. 36, tit. 4. — Contribution foncière, § II. Q. — Entravestissement, sect. II, § II. R. — Hypothèque, § IV bis. Q. — Ignorance, § I. R.

Ut legatorum seu fideicommissorum, liv. 36, tit. 3. — V. Hypothèque, § IV bis. Q. — Substitution fidéicommissaire, sect. VIII et XIV. R.

De Vacatione et excusatione, liv. 50, tit. 5.—V. Arbitres, § XIV, art. 8. Q. — Tutelle, sect. IV, § I. R.

De Ventre in possessionem mittendo, liv. 37, tit. 9. — V. Condition, sect. II, § VI, art. 1. R.

De Verborum obligationibus, liv. 45, tit. 1. — V. Appel, sect. I, § V. — Condition, sect. I, § II, IV, n. 2. — Convention, § IV, VI et VII. — Conventions matrimoniales, § I. — Créancier. — Délai, sect. I, § III. — Dot. R. — Domaine public, § IV. — Donation, § V. Q. — Don mutuel, § III. — Émigration, § XVIII. — Gageure, n. 7. R. — Hypothèque, § IV. Q. — Incendie, § II. — Intérêt, § IV. — Juré, jury, § IV. — Légitime, sect. III. — Mineur, § I. — Mort civile, § I. R. — Nation, § II. Q. — Nullité, § I et VII. — Peine, n. 1, 2, 3. R. — Peine compromissoire, § I. Q. — Peine contractuelle, § I, II, III, IV. — Preuve, sect. II, § III, art. 1. — Promesse de changer de nom. — Puissance paternelle, sect. III, § IV. — Renonciation à une succession future, § II, n. 3. R. — Rente foncière, § XX. — Rescision, § IV. — Résolution, § I. Q. — Réversion, sect. I, § II, art. 1. — Révocation de donation, § I. — Sourd-muet, n. 1. R. — Stipulation pour autrui. Q. — Succession future, n. 3. — Testament, sect. II, § III, art. 3, n. 15. R. — Usage (droit d'), § VII. Q. — Viduité, n. 4. R.

De Verborum significatione, liv. 50, tit. 16. —V. Accroissement, n. 2. R. — Aval. Q. — Autorisation maritale, sect. II. R.— Bénéfice d'inventaire, § V, art. 1. Q. — Billet. —Choix, § I. R. — Peine compromissoire, § I. Q. — Conjonctive. R. — Continuation de communauté, § V. Q. — Convention, § VII. — Délai, sect. I, § III. —Disjonctive. — Divorce, sect. II. — Droits successifs, n. 9. — Enfant, § II. — Entravestissement, sect. I, § I. R. — Expropriation forcée, § VII. — Féodalité, § V. Q.—Gains nuptiaux, § II. R.— Héritier, sect. VI, § XII, — Inscription hypothécaire, § V. — Institution contractuelle. § II. — Institution d'héritier, sect. IV et V, § III. — Jour bissextile. — Légataire, § VII. — Légitime, sect. II. — Legs, section III. — Nantissement, § I. — Nom, § III. — Nullité, § VI. Partage, § XI.—Prescription, sect. I, § V, art. 4, art. 7; § VI, VII, art. 2, quest. XV. — Prise à partie, § I. — Rébellion, § III, n. 16. R. — Rente foncière, § XVI. Q. — Réversion, sect. II; § II, n. 8, art. 5, n. 5. — Réserve, sect. I, § I, n. 5. R. — Révocation de donation, § II. Q. — Servitude, § IX et XVII. R. — Substitution fidéicommissaire, § III. Q. — Succession, sect. I. § VI. R. — Succession future (pacte sur la). Q. — Suggestion. R. — Testament, § XIII et XVII. Q. — Usufruit, § IV. R.

De Vi et vi armatâ, liv. 43, tit. 16. — V. Autorisation maritale. — Prescription, sect. II, § XXV. — Rébellion, § III, n. 16. — Voie de fait, § I. R.

De Vulgari et pupillari substitutione, liv. 28, tit. 6. — V. Choix, § I. — Clause codicillaire.—Substitution contractuelle, § V et XIII. — Institution d'héritier, sect. II. — Légitimation, sect. III. — Légitime, sect. VIII. — Majorat, § V. R. —Payement, § II. Q. —Quarte falcidie, § II. — Substitution directe, § I, II, III et IV. R.

CHAPITRE IV. — *Code.*

De Accusationibus et inscript., liv. 9, tit. 2. — V. Faux, § VI. Q. — *Non bis in idem*, n. 1. R.

De Acquirendâ et retinendâ possess., liv. 7, tit. 52. — V. Nantissement, § I. — Prescription, sect. I, § V, art. 2, 3; § VI, art. 6 et 7. — Puissance paternelle, sect. VI, § II. — Vaine pâture, § I, art. 1. R.

De Actionibus empti et venditi, liv. 4, tit. 49. — V. Hypothèque, § IV *bis*. Q.

De Administratione tutorum vel curatorum, liv. 5, tit. 57. — V. Absent, chap. 3. — Condition, sect. II, § VI, art. 2. — Mineur, § I. — Payement, n. 3. — Puissance paternelle, sect. IV. — Serment, § I, art. 2. — Tutelle, sect. III, § III, art. 1. R.

De Adoptionibus, liv. 8, tit. 48. — V. Adoption, § III, IV. — Parricide, n. 3. R.

De Advocatis diversorum judiciorum, liv. 2, tit. 7. — V. Avocat, § X. — Collusion. R.

De Ædificiis privatis, liv. 8, tit. 10. — V. Servitude, § III. Q. — Tour de l'échelle, § I. — Vue, § II. R.

De Agricolis et censitis, liv. 2, tit. 47. — V. Terrage, § I. Q.

De Alendis liberis ac parent., liv. 5, tit. 25. — V. Éducation, § I. R.

De Annali exceptione italici, liv. 7, tit. 40. — V. Légitime, sect. V. — Puissance paternelle, sect. IV. — Prescription, sect. I, § VII, art. 2, quest. III, XI et XV. R.

De Apparitoribus magistrorum milit., liv. 12, tit. 55. — V. Puissance paternelle, sect. IV. R.

De Appellationibus, liv. 7, tit. 62. — V. Apôtres. R. — Appel, § I, II, V, IX. — Incident, § VII. Q. — Dernier ressort, § IV, VI, VII. — Jugement, § III. — Prescription, section I, § I. — Terrage. R.; et § I. Q. — Tutelle, sect. IV, § VI. R.

Arbitrium tutelæ, liv. 5, tit. 52. — V. Connexité, § I. — Présomption, § II. R.

De Auctoritate præstandâ, liv. 5, tit. 59. — V. Indivis. — Parricide, n. 3. R.

De Bonis auctoritate judicis possidend., liv. 7, tit. 72. — V. Hypothèque, sect. I, § IX. R. — Option, § I. Q.

De Bonis maternis et materni gen., liv. 6, tit. 60. — V. Légitime, sect. V. — Légitime administration. — Puissance paternelle, sect. IV. — Usufruit paternel, § V. R.

De Bonis proscriptorum seu damnat., liv. 9, tit. 49. — V. Légitime, sect. VIII. R.

De Bonis quæ liberis in potest., liv. 6, tit. 61. — V. Hypothèque, sect. II, § II. — Légataire, § IV. — Légitime, sect. V et sect. VII. — Légitime administration. — Prescription, sect. I, § VII, art. 2, quest. 3. — Puissance paternelle, sect. III, § IV et sect. IV. R. — Rente foncière, § X. Q. — Réversion, section I, § II, art. 1. R.; et § I. Q. — Suggestion. — Transaction, § 1. — Usufruit paternel, § I et suiv. R., et § L. Q.

De Bonis vacantibus, liv. 10, tit. 10. — V. Succession, sect. I, § II, art. 1. R.

De Caducis tollendis, liv. 6, tit. 51. — V. Féodalité, § V. Q. — Légataire, § V, VII. — Légitime, sect. VIII. — Legs, § V. Peine. — Peine testamentaire, n. 11. — Quarte falcidie, § IV. — Règle coutumière. — Substitution fideicommissaire, sect. XVII. R.

De Calumniatoribus, liv. 9, tit. 46. — V. Présomption, § IV. — Réparation civile, § II, n. 3 *bis*. R.

De Castrensi omnium palatin. peculio, liv. 12, tit. 51. — V. Puissance paternelle, sect. IV. R.

De Codicillis, liv. 6, tit. 56. — V. Clause codicillaire. — Révocation de codicille, § IV. — Testament, sect. I, § I, art. 1, § IV; sect. II, § I, art. 4, sect. II, § IV, art. 1. R.; et § III. Q.

De Collatione donatorum, liv. 10, tit. 28. — V. Enfant chéri. R. — Expropriation forcée, § VII. Q. — Héritier, section II, § II; sect. VI, § X. — Peine testamentaire, n. 11. — Rapport à succession, § IV, art. 2, et § VIII. R.

De Collatione dotis, liv. 10, tit. 29. — V. Loi, § V. — Primogéniture, § III. — Rapport à succession, § I, n. 2; et § II, art. 3; et § III, n. 2. R.

De Collationibus, liv. 6, tit. 20. — V. Bénéfice d'inventaire. — Légitime, sect. VIII. — Puissance paternelle, sect. IV. — Rapport à succession, § II, art. 3; § III, n. 1, art. 4, n. 2; § V, VI et VII. — Renonciation à une succession future, § III. — Réversion, sect. I, § I, art. 2. R.

De Collusione delegendâ, liv. 7, tit. 20. — V. Collusion. R.

De Commodato, liv. 4, tit. 23. — V. Compensation. R.

Communia de legatis et fideicommiss., liv. 6, tit. 43. — V. Garantie, § VII. — Légataire, § VI. — Légitime, sect. X. R. — Légitime, § VIII. — Option, § I. Q. — Prescription, section I, § VII, art. 2, quest. 10. — Quarte falcidie, § IV. — Substitution fidéicommissaire, sect. XII, § III; et sect. XV. R.; et § IV. Q.

Communia de successionibus, liv. 6, tit. 59. — V. Double lien, sect. I, § I. — Empêchemens de mariage, § IV. — Usufruit paternel. R.

Communia utriusque judicii, liv. 5, tit. 58. — V. Absent, chap. 1. R. — Expert, § III. Q. — Légitime, sect. VIII. — Partage, § II. R.; et § III. Q. — Réversion, sect. I, § I, art. 1. — Vente, § I, art. 1. R.

Communi dividundo, liv. 3, tit. 57. — V. Communaux. R. — Légitime, § VIII. Q. — Licitation, § I et II. — Prescription, sect. II, § XIII. — Réserve coutumière, § VI, art. 1, n. 2. R.

De Compensationibus, liv. 4, tit. 31. — V. Comparaison d'écriture. — Compensation, § II. R. — Papier monnaie, § IV. Q.

De Concubinis, liv. 5, tit. 26. — V. Concubinage. Q. — Empêchemens de mariage, § IV. R.

De Conditione ex lege et sine causâ, liv. 4, tit. 9. — V. Cause des obligations, § I. Q.

De Condictione ob causam datorum, liv. 4, tit. 6. — V. Honoraires, § I. — Légataire, § VII. — Mode. R.

De Condictione ob turpem causam, liv. 4, tit. 7. — V. Concubinage. R.

De Conditionibus insertis, liv. 6, tit. 46. — V. Autorisation maritale, sect. II. — Condition, sect. II, III, n. 2. R. — Rente foncière, § X. Q.

De Consortibus ejusdem litis, liv. 5, tit. 40. — V. Péremption, § VI. Q.

De Constitutâ pecuniâ, liv. 4, tit. 18. — V. Acte sous seing privé, § II. — Lettre et Billet de change, § II. R.

De Consulibus, liv. 12, tit. 5. — V. Puissance paternelle, sect. VI, § III.

De Contrahendâ emptione et venditione, liv. 4, tit. 38. — V. Donation, § V. Q. — Légitimité, sect. I. R. — Revendication, § I. Q. — Réversion, sect. I, § II, art. 1.—Simulation, § V. R.

De Contrahendâ et Committendâ stipulatione, liv. 8, tit. 58. — V. Clause résolutoire. — Peine contractuelle, § III. — Réversion, sect. I, § I, art. 2. — Témoin instrumentaire, § II, n. 8. R.

De Contrario judicio tutelæ, liv. 5, tit. 58. — V. Tutelle, sect. III. R.

Creditorem evictionem pignoris, liv. 8, tit. 46. — V. Tenue par loi, § II. R.

De Crimine sacrilegi, liv. 9, tit. 29. — V. Sacrilége, n. 1. R.

De Crimine stellionatus, liv. 9, tit. 34. —V. Faux, sect. I, § IV. R.

De Curatore furiosi vel prodigi, liv. 5, tit. 70. — V. Serment, § I, art. 2. R.

De debitoribus civitatum, liv. 11, tit. 32. — V. Rente constituée, § I, n. 5. R.

De Decurionibus et filiis eorum, liv. 10, tit. 51. — V. Puissance paternelle, sect. III, § III. R.

Depositi vel contra, liv. 4, tit. 34. — V. Compensation.— Legs, sect. IV.—Rapport à succession, § II, art. 5.—Intérêt, § IV. R.

De Dignitatibus, liv. 12, tit. 1. — V. Arbitres, § XIV, art. 2. — Mariage, § VII. Q.

De Dilationibus, liv. 5, tit. 2. — V. Délai, sect. I, § III. R.

De Distractione pignorum, liv. 8, tit. 28. — V. Expropriation forcée, § VIII. Q.

Divortio facto apud quem, liv. 5, tit. 24. — V. Éducation, § I. R.

De Dolo malo, liv. 2, tit. 21. — V. Prescription, sect. II, § V. — Simulation, § IV. R.

De Donationibus, liv. 8, tit. 54. — V. Acte sous seing privé, § II. R. — Démission de biens, § III. Q. — Donation, sect. V, § I, art. 1, sect. VI, § III. R. — Don mutuel, § V. Q. — Légitime, sect. VIII. — Novation, § I. — Puissance paternelle, sect. III, § IV. — Simulation, § V. — Tradition. R.

De Donationibus ante nuptias, liv. 5, tit. 3. — V. Légitime, sect. VIII. — Nantissement, § I. R.

De Donationibus inter virum et uxorem, liv. 5, tit. 16. — V. Adventifs. — Concubinage, n. 2. — Mariage, sect. II, § II. — Révocation de donation, § II. R.

De Donationibus quæ sub modo, liv. 8, tit. 55. — V. Acte sous seing privé, § II. — Donation, sect. VIII, § II. — Dot, § XVII. — Substitution contractuelle, § V. — Mode. — Réversion, sect. I, § II. R. — Révocation de donation, § III. Q. — Révocation de substitution, § II. — Substitution fidéicommissaire, sect. VI, § II, et sect. VII, § I. R.; § III. et § IV. Q.

De Dote cautâ non numeratâ, liv. 5, tit. 15. — V. Dot, § III. R.

De Dotis promissione, liv. 5, tit. 11. — V. Dévolution coutumière, § II. — Dot, § II. — Novation, § I. —Renonciation à une succession échue, § II. R. — Substitution fidéicommissaire, § VIII. Q.

De Duobus reis stipulandi et promitt., liv. 8, tit. 40. —

V. Interruption de prescription. — Prescription, sect. III, § II. R.

De Edendo, liv. 2, tit. 1. — V. Compulsoire. — Représentation d'actes. R.

De Edicto divi Hadriani tollendo, liv. 6, tit. 33. — V. Légataire, § II. Q.

De Emancipationibus liberorum, liv. 8, tit. 49. — V. Émancipation, § I. R. — Émigré, § III. Q. — Puissance paternelle, sect. VI, § I. R.

De Episcopali audientiâ, liv. 1, tit. 4. — V. Serment, § I, art. 2. — Tutelle, sect. II, § I. — Tuteurs en chef. R.

De Episcopis et clericis, liv. 1, tit 3. — V. Célibat, § IV. — Fornication. — Indignité. — Institution d'héritier, sect. V, § I, et sect. VI. — Légitime, sect. VIII. — Legs, sect. IV et sect. VII. R. — Mariage, § V. Q. — *Non bis in idem*, n. 1. Preuve, sect. II, § I. — Puissance paternelle, sect. III, § III, sect. IV et VI, § III. — Quarte falcidie, § I. — Rapt, n. 2. — Serment, § I, art. 2. — Tutelle, sect. III et sect. IV, § I. — Vœux, sect. II, § III. R.

De Errore advocatorum, liv. 2, tit. 10. —V. Prescription, sect. I, § I. R.

De Errore calculi, liv. 2, tit. 5. — V. Compte, § I. Q.

Etiam ob chirograph., liv. 8, tit. 27. — V. Retrait conventionnel, n. 5. R.

De Evictionibus, liv. 8, tit. 45. — V. Appel, § II. — Chose jugée, § XI. Q. — Échange, n. 2. — Endossement, n. 13. — Garantie, § III. R. — Héritier, § III. Q. — Hypothèque, § IV bis. — Subrogation de personne, sect. II, § IV. — Vente, § V. R.; et § II. Q.

De Exceptionibus seu prescript., liv. 8, tit. 56. — V. Compte, § III. — Exception. — Prescription, sect. I, § III et § XXV. R.

De Excusationibus tutorum et curat., liv. 5, tit. 62. — V. Prescription, sect. II, § II. — Renonciation, § II. — Tutelle, sect. IV, § I. R.

Ex quibus causis infam. irrog., liv. 2, tit. 12. — V. Interrogatoire sur faits et articles. — Légitime sect. III. R.

De falsâ monetâ, liv. 9, tit. 24. — V. Bouillir. R.

Familiæ erciscundæ, liv. 5, tit. 56. — V. Legs, sect. II. — Licitation, § I et II. — Propre, § IV, n. 2. — Quarte falcidie, § IV. — Quarte trébellianique, § VI. — Rapport à succession, § II, art. 5; § III, n. 17 et 18. R. — Révocation de testament, § II. Q.

De Feriis, liv. 5, tit. 12. —V. Fête, n. 4. R.

De Fidei commissis, liv. 6, tit. 42. — V. Acte sous seing privé § II. — Clause codicillaire. — Légataire, § VII. — Legs, sect. VII. — Majorat, § V. — Mode.— Révocation de codicille, § I et IV. R. — Révocation de testament, § I. Q. — Substitution fidéicommissaire, sect. VII, § I; sect. VIII et XV. R.; § III et X. Q. — Suggestion, § II. — Testament, sect. II, § I, art. 5; sect. II, § V. R.; et § XVIII. Q.

De Fide instrumentorum, liv. 4, tit. 21. — V. Acte notarié, n. 8. R.; et § III. Q. — Appel, § II. Q. — Légitimité, section III. R.; et § I. Q. — Preuve, sect. II, § III, art. 1. — Représentation d'actes, n. 2. R. — Serment, § I. — Signature, § III. — Succession, § XI. Q. — Vente, § I, art. 5. R.

De Fidejussoribus et mandat., liv. 8, tit. 41. — V. Chose jugée, § XVIII. — Émigré, § X. Q. — Représentation de personnes. R.

De Fide jussoribus minorum, liv. 2, tit. 24. — V. Hypothèque, § IV. Q.

De Fide jussoribus tutoribus vel curatoribus, liv. 5, tit. 57. — V. Tutelle, sect. II, § V. R.

De Filiis familias et quemadmodum, liv. 10, tit. 60. —V. Puissance paternelle, sect. III, § III. R.

De Fundis et saltibus rei dom., liv. 2, tit. 66. — V. Fourrière. R.

De Fundis patrimonialibus, liv. 2, tit. 64. — V. Bail, § V. — Déguerpissement, § II. — Prescription, sect. I, § VII, art. 2, quest. 8. R. — Usage (droit d'), § VII. Q.

De Fundo dotali, liv. 5, tit. 23. — V. Dot, § IV. — Légitime, § VIII. Q. — Paraphernal, sect. I, § V. R.—Partage, § III. Q.

De Furtis et servo corrupto, liv. 6, tit. 2. — V. Autorisation maritale, sect. VII *bis*. R. — Option, § I. Q. — Vol, section III, § II. R.; § I et IV. Q.

De Generali abolitione, liv. 9, tit. 45. — V. Prescription, sect. I, § VII, art. 2, quest. XV; sect. III, § VII. — Révision de procès, § III, art. 4. R.

De Hæreticis et munichæis, liv. 1, tit. 5. — V. Institution d'héritier, sect. V, § I. — Témoin judiciaire, § I, art. 4.

De Heredibus instituendis, liv. 6, tit. 24. — V. Acroissement. — Institution d'héritier, sect. II, sect. IV, sect. V, § I. — Quarte falcidie, § I. — Révocation de testament, § I. — Testament, sect. I, § IV. R.

De Hereditate vel act. vend., liv. 4, tit. 59.—V. Clameur, § I. — Endossement, n. 15. R.

De His quæ pœnæ nomine, liv. 6, tit. 41. — V.-Peine testamentaire, n. 3, 4, 5. — Puissance paternelle, sect. V. R.

De His quæ sub modo legata, liv. 6, tit. 45. — V. Mode. R.

De His quæ vi metusve causâ, liv. 2, tit. 20. — V. Hypothèque, § IV. — Signature, § II. Q.

De His qui recusare non possunt, liv. 9, tit. 1. — V. Noblesse, § VII. R.

De His quibus ut indign. hered., liv. 6, tit. 55. — V. Indices, n. 6. — Indignité. — Légataire, § V. R. — Mariage, § VIII. Q.

De His qui in priorum credit., liv. 8, tit. 19.—V. Claim de rétablissement. R. — Émigré, § V. Q. — Subrogation de personne, sect. II, § IV. R.

De His qui numero liberorum, liv. 10, tit. 51. — V. Tutelle, sect. IV, § II. R.

De His qui parentes vel liber., liv. 9, tit. 17. — V. Parricide, n. 1. R.

De His qui sibi adscribunt, liv. 9, tit. 23. — V. Légataire, § II. R.

De His qui sponte publ. mun., liv. 10, tit. 45. — V. Renonciation, § II. R.

De His qui veniam ætatis impetraverunt, liv. 2, tit. 45. —V. Age.—Emancipation, § II. R. — Hypothèque, § IV. Q. — Mineur, § IX. R. — Substitution fidéicommissaire, § X. Q.

De Imponendâ lucrativâ descriptione, liv. 10, tit. 55. — V. Legs, sect. IV, R. — Prescription, sect. I, § VI, art. 11. R.

De Impuberum et aliis substitutionibus, liv. 6, tit. 26. — V. Exhérédation, § VII. — Institution d'héritier, sect. VI. — Légitime, sect. VII. —Substitution directe, § I, II, III. R. — Substitution-fidéicommissaire, § III. Q. — Testament, sect. I, § I, art. 1. R.

De incestis et inutilibus nuptiis, liv. 5, tit 5. — V. Concubinage, n. 2. R. et Q. — Effet rétroactif, sect. II. — Ignorance, § II. — Jugement, § VII *bis*. — Légitimation, sect. II. R. — Légitimité, § V. Q. — Mariage, sect. III. R. — Revendication, § I. — Séparation de corps. Q.

De Incolis et ubi quis domicilium, liv. 10, tit. 59. — V. Domicile, § II, IV. R. — Mariage, § VII. Q.

De Indictâ viduitate, liv. 5, tit. 40.—V. Noces (secondes), § I. — Viduité, n. 4. R.

De Infantibus expositis, liv. 6, tit. 52. — V. Alimens, § I, art. 1. — Amélioration. — Exposition de part, n. 2. R.

De Infirmandis pœnis, liv. 8, tit. 58. — V. Institution d'héritier, sect. V, § I. — Légataire, § II. R.

De Ingenuis manumissis, liv. 7, tit. 44. —V. Diffamation. R. — Succession, § XI. Q.

De Ingratis liberis, liv. 8, tit. 50. — V. Adoption, § III.— Légitime, sect. VIII. — Mineur, § I et IX. R.

De In jus vocando, liv. 2, tit. 2. — V. Ignorance, § I. R.

De Inofficiosis donationibus, liv. 5, tit. 29.—V. Légitime, sect. II, sect. VIII, sect. IX. — Propre, § IV, n. 11.—Réserve, sect. V, n. 6. R.

De Inofficiosis dotibus, liv. 5, tit. 50. — V. Dot; § II. — Légitime, sect. VIII. R.

De Inofficioso testamento, liv. 5, tit. 28. — V. *Ab irato*, sect. II, IV. — Autorisation maritale, sect. II. — Dot, § II. — Double lien, sect. I, § I. — Inofficiosité, § III. — Institution d'héritier, sect. V, § I. — Légitime, sect. II, sect. III, sect. V, sect. VI, sect. VIII et sect. IX et X. R., et § VIII. Q. — Legs, sect. VII. — Prescription, sect. I, § 1, § VII, art. 2, quest. 15, — Primogéniture, § III. — Puissance paternelle, sect. V. — Rapport à succession, § III, n. 17. — Réserve, sect. III, § II, n. 1, sect. VI, n. 6 et 7. — Réserve coutumière, § IV et V, n. 10. — Substitution directe, § II. — Transaction, § V. R.

In quibus causis pignus, — liv. 8, tit. 15. — V. Hypothèque, § IV. Q.

De Institutionibus et substitutionibus, liv. 6, tit. 25.—V. Choix, § I. — Condition, sect. II, § III, R. — Condition, § I, Q. — Institution contractuelle, § V. — Majorat, § V. — Substitution directe, § I et II. R.

De In integrum restitut., liv. 2, tit. 22.—V. Héritier, sect. VII. R.

Inter alios acta vel judicata, liv. 7, tit. 60.—V. Prescription, sect. III, § II. R.

De Interdicto matrimonio, liv. 5, tit. 6.—V. Tutelle, sect. III. R.

De judæis et cœlicolis, liv. 1, tit. 9. — V. Fornication.— Juifs; sect. I, § I. R.

De Judiciis, liv. 5, tit. 1.—V. Appel, § I et VIII. Q.—Bâtard, sect. II, § IX. —Chose jugée, § I, *bis*. — Compte, § III. — Connexité, § I. — Dernier ressort, § XII. R.— Héritier, § III, § I. — Honoraires, § I. —Parricide, n. 5. — Péremption, sect. I, § I. — Question d'état, § I. — Témoin instrumentaire, § II, n. 3, 26° R.

De Jure deliberandi, liv. 6, tit. 50, V. Appel, § II. Q.—V. Bénéfice d'inventaire. R.—Féodalité, § V. Q.—Héritier, sect. II, § I. R.; et § XI. Q.—Ignorance, § I.—Institution contractuelle, § XI. — Légitime, sect. V. — Mois. — Protêt, § VI, n. I. R.

De Jure domini impetrando, liv. 8, tit. 54.—V. Expropriation forcée, § VIII. Q.

De Jure dotium, liv. 5, tit. 42.—V. Adventiis.—Autorisation maritale, sect. II. — Dot, § I. R. — Hypothèque, § IV *bis* et XIII. Q. — Paraphernal, sect. I, § II. — Prescription, sect. I, § VII, art. 2, quest. X. — Puissance maritale, sect. II, § II, art. 1. — Réversion, sect. I, § I, art. 2 et § II, art. 1. — Séparation de biens, sect. II, § I. — Simulation, § V. — Transaction, § V. — Usufruit, § IV. R.

De Jure emphiteutico, liv. 4, tit. 66. — V. Bail, § V. — Commise emphytéotique. — Déguerpissement, § II. — Emphytéose, § I. R.; et § III. Q. — Franc alleu, § III. R. — Moulin, § I, Q. — Prescription, sect. I, § I R. — Rente foncière, § XIV. Q. — Rente seigneuriale, § II, n. 6. R. — Rescision, § IV. Q.

De Jure fisci, liv. 10, tit. 1. — V. Fisc. — Prescription, sect. II, § VII. R.

De Jure reipublicæ, liv. 11, tit. 29. — V. Appel, § VIII. Q. — Hypothèque, sect. II, § II. R.

De Juris et facti ignorantiâ, liv. 1, tit. 18. — V. Choix, § I. R. — Testament, § XVIII. Q. — Transaction, § V. R.

De Latinâ libertate tollendâ, liv. 7, tit. 6. V. Testament, sect. II, § I, art. 5. R.

De Legatis, liv. 6, tit. 37. — V. Légataire, § V. — Substitution fidéi-commissaire, sect. XVII. R.

Ad Legem corneliam de falsis, liv. 9, tit. 22. — V. Comparaison d'écritures. — Faux, sect. I, § IV. — Moyens de faux. — Prescription, sect. II, § XVI, ect III, § XIV. — Preuve, sect. II, § II. — Témoin instrumentaire, § II, n. 8. R.

Ad Legem falcidiam, liv. 6, tit. 50. — V. Légitime, sect. VIII. — Quarte falcidie, § I. — Quarte trébellianique, § III, IV. R.

Ad Legem juliam de adulteriis, et stupris, liv. 9, tit. 9. — V. Adultère, n. 11, 8, 18. R.; § VII, VIII, IX et X. Q. — Bigamie. — Présomption, § III. R.

Ad Legem juliam majestatis, liv. 9, tit. 8. — V. Institution d'héritier, sect. V, § I. — Légitime, sect. VIII. — Preuve, sect. III. — Quarte falcidie. R.

Ad Legem juliam repetundarum, liv. 9, tit. 27. — V. Office, n. 1. R.

De Legibus et constitutionibus principum, liv. 1, tit. 14. — V. Appel, § XIV, art. 1, 21. Q. — Effet rétroactif, sect. I, II; sect. III, § I. — Filiation, n. 20. R. — Hypothèque, § IV *bis*. Q. — Interprétation. R. — Mariage, § III. Q. — Nullité, § I. R. — Péremption, § VI. Q. — Promesse de changer de nom. — Rente constituée, § XI, n. 2. — Testament, sect. II, § III, art. 5, n. 28. — Usage, § I, II, et sect. II, § V. R.

De Legitimâ tutelâ, liv. 5, tit. 50. — V. Tutelle, sect. III. R.

De Legitimis heredibus, liv. 6, tit. 58. — V. Double lien, sect. I, § I. — *Paterna paternis*, sect. I. — Représentation (droit de), sect. I, § II, sect. II, § III. R.

De Liberali causâ, liv. 7, tit. 16. — V. Confession, § I. Q. Légitimité, sect. IV. R.

De Litigiosis, liv. 8, tit. 37. — V. Legs, sect. IV. R.

De Liberis præteritis vel exher., liv. 6, tit. 28. — V. Inofficiosité, § II. R.

De Locato et conducto, liv. 4, tit. 65. — V. Biens nationaux, § III. Q.

De longi temporis præscriptione, liv. 7, tit. 22. — V. Prescription, sect. I, § VI, art. 2, quest. VI. — Puissance paternelle, sect. VI, § II. R.

De Magistratibus conveniendis, liv. 5, tit. 75. — V. Tutelle, sect. I, § V. R.

Mandati vel contra, liv. 4, tit. 55. — V. Droits litigieux, § II. Q. — Droits successifs, n. 12. R. — Intérêt, § II. Q. — Novation, § VI. — Simulation, § III. R.

De Metallariis et metallis, liv. 11, tit. 6. — V. Mines, § I. R.

De Mutatione nominis, liv. 9, tit. 25. — V. Nom, § III. R.

De Naturalibus liberis, liv. 5, tit. 27. — V. Adoption. — Alimens, § I. — Empêchemens de mariage, § IV. — Légitimation, sect. I, II, § II. — Succession, sect. I, § II, art. 5. R.

De Naufragiis, liv. 11, tit. 5. — V. Occupation, § III, art. I. R.

De Nautico fœnore, liv. 4, tit. 33. — V. Grosse aventure. R.

Ne de statu defunctorum, liv. 7, tit. 21. — V. Interruption de prescription. — Légitimité, sect. IV. R.

De Negotiis gestis, liv. 2, tit. 19. — V. Alimens, § I. — Dot, § XIII. — Héritier, sect. II, § I. R.

De Non numeratâ pecuniâ, liv. 4, tit. 30. — V. Atermoiement, § II. Q. — Dot, § III. R. — Effet rétroactif, sect. III, § III. — Prescription, sect. I, § I, sect. II, § XXV. — Présomption, § II. — Preuve, sect. II, § I. — Testament, sect. II, § VI. R.

De Novationibus et delegationibus, liv. 8, tit. 42. — V. Délégation de dette. R.; et § II. Q. — Transport, n. 2. R.

De Novi operis nunciatione, liv. 8, tit. 11. — V. Servitude, § XXXV. R.

De Nuptiis, liv. 5, tit. 4. — V. Empêchemens de mariage, § IV. R. — Dot, § V. Q. — Légitimité, sect. I, III. R. § I, et V. Q. — Testament, sect. I, § I, art. 1. R.

De Obligationibus et actionibus, liv. 4, tit. 10. — V. Légitime, § VIII. Q. — Simulation, § V. R.

De Officio præfecti prætorio Africæ, liv. 1, tit. 27. — V. Justice, § II. R.

De Officio proconsulis, liv. 1. tit. 35. — V. Justice, § II, R.

De Omni agro deserto, liv. 11, tit. 58. — V. Déguerpissement, § I. R.

De Ordine cognitionum, liv. 7, tit. 19. — V. Héritier, § III. Q. — Parricide, n. 5. — Prescription, sect. II, § XVI. — Question préjudicielle. R.

De Ordine judiciorum, liv. 5, tit. 8. — V. Dernier ressort, § XII. — Question d'état, § I et II. R.

De Pactis, liv. 2, tit. 3. — V. Acte sous seing-privé, § II. — Alimens § I. — Autorisation maritale, sect. II. R. — Domicile élu, § II. R. — Emphytéose, § III. Q. — Fait. — Loi, § VIII. — Nantissement, § I. — Partage, § II. R. — Peine compromissoire, § I. Q. — Prescription, sect. I. § I. — Rappel à succession, sect. IV, § I, n. 4. — Renonciation à une succession future, § III et § V. — Résolution, n. 5. R. — Succession future (pacte sur une). Q. — Tradition. — Transaction, § V. — Tribunal de commerce, n. 5. R.

De Pactis conventis, liv. 5, tit. 14. — V. Bureau de paix, § IX. Q. — Dot, § V. R.; et § II. Q. — Effet rétroactif, sect. III, § II, art. 5. — Institution contractuelle, § I. — Paraphernal, sect. I, § III, IV, V. — Réversion, sect. I, § I, art. 1. R. — Succession future (pacte sur.) Q.

De Pactis inter emptorem et vendit., liv. 4, tit. 54. — V. Faculté de rachat, n. 15. R. — Option, § I. Q. — Résolution, n. 5. R.

De Pactis pignorum, liv. 8, tit. 35. — V. Clain de rétablissement. — Effet rétroactif, sect. II. — Pacte commissoire, n. 4. R. — Séparation de corps. Q.

De Pascuis publicis et privatis, liv. 11, tit. 60. — V. Fourière. R.

De Patriâ potestate, liv. 8, tit. 47.—V. Emancipation, § I.— Puissance paternelle, sect. III et sect. VI, § II. R. — Religionnaires (biens de), § II. Q.

De Patribus qui filios suos distrax., liv. 4, tit. 43.— V. Puissance paternelle, sect. I. R.

De Peculio ejus qui libertatem meruit, liv. 7, tit. 23. —V. Puissance paternelle, sect. IV. R.

De Pedaneis judicibus, liv. 3, tit. 5.— V. Arbitres, § XIV, art. 8. Q.

De petitione hereditatis, liv. 3, tit. 31. — V. Acte sous seing-privé, § II. R.— Contribution foncière, § II. —Dernier ressort, § X. Q. — Fruits, n. 5. — Hérédité. R. — Héritier, § III. Q.— Ignorance, § I.— Légitime, sect. VIII.—Subrogation de chose, sect. I. — Succession, sect. I, VI. R.

De Pignoratitiâ actione, liv. 4, tit. 24. — V. Prescription, sect. I, § VI, art. 2, quest. III. R.

De Pignoribus et hypothecis, liv. 8, tit. 14.—V. Collusion. — Discussion. R. — Faculté de rachat, § II. Q. — Hypothèque, sect. I, § IX, XV. — Subrogation de personne, sect. II, § III. — Tenue par loi, § IV. R.

Plus valere quod agitur quam quod, liv. 4, tit. 22. — V. Simulation, § III. R.

De Pœnis, liv. 9, tit 47.— V. Impubère, § III.—Jugement, § III. — Présomption, § IV. — Preuve, sect. II, § I. — Représentation (droit de), sect. IV, § III. R.

De Posthumis heredibus institut., liv. 6, tit. 29. — V. Condition, sect. II, § VI, art. 1. — Héritiers, sect. VI, § VIII. R. — Vie. Q.

De Post liminio reversis, liv. 8, tit. 51. — V. Légitime, sect. IX. — Mort civile, § I et § II. R.

De Postulando, liv. 2, tit. 6. — V. Honoraires, § I. R.

De Prædiis decurionum, liv. 10, tit. 33. — V. Lésion, § I. R.

De Prædiis et aliis rebus minorum, liv. 5, tit. 71. —V. Absent, chap. I. — Curateur, § II. R. — Fait du souverain, § I. — Légitime, § VIII. — Mineur, § I. Q. — Obreptice. — Partage, § X. R.; et § III. Q. — Transaction, § I. R.

De Præscriptione longi temporis, liv. 7, tit. 33.—V. Hypothèque, § XIII. Q.—Prescription, sect. I, § V. art. 3 ; sect. II, § XIII. — Servitude, § XXII. R.

De Præscriptione XXX vel XL ann. liv. 7, tit. 39. — V. Gains nuptiaux, § V, § X. — Héritier, sect. II, § I. R.— Hypothèque, § XIII. Q. — Légitime, sect. V.—Prescription, sect. I, II, V, § I, art. 4; VI, art. 4 ; VII, art. 2, quest. 1, 2, 3, 8, 11, 12, 18; sect. II, § XIX, XX; sect. III, § VI. R.—Prescription, § II, VI, IX, XV. Q. — Saisie réelle, n. 4. — Substitution fidéicommissaire, sect. XIII. R.

De Prætorio pignore, liv. 8, tit. 22.—V. Hypothèque, sect. II, § III. R.

De Precibus imperatori offerendis, liv. 1, tit. 19. — V. Émigré, § III. Q. — Rente foncière, § I, n. 8. — Révision de procès, § I. R.

De Privilegio fisci, liv. 7, tit. 75.—V. Hypothèque, § IV. Q. —Nantissement, § II.—Subrogation de personne, sect. II, § II. R.

De Probationibus, liv. 4, tit. 19. — V. Absent, chap. III, sect. I. — Hérédité. —Légitimité, sect. III. — Présomption, sect. III, § VII.— Preuve, sect. I et sect. II, § II. R. — Rente foncière, § XVI. Q. — Testament, sect. II, § IV, art. 6. R.

De Procuratoribus, liv. 2, tit. 13. — V. Bureau de paix, § IX. — Commune, § V.— Curateur, § I. — Dot, § II. Q.— Mineur, § VIII. — Paraphernal, sect. I, § V. — Procuration, § II. R. — Transcription au bureau des hypothèques. Q.

De Professoribus et medicis, liv. 10, tit. 52. — V. Tutelle, sect. IV, § I. R.

De Quadriennii præscriptione, liv. 7, tit. 37. — V. Biens nationaux, § I, III. Q. — Prescription, sect. II, § VII. R.

Quæ res pignori obligari possunt, liv. 8, tit. 17. — V. Hypothèque, § IV *bis*. — Inscription hypothécaire, § II. Q. — Succession future, n. 3. R.

Quæ sit longa consuetudo, liv. 8, tit. 53. — V. Opposition aux jugemens par défaut. — Société, § I. Q. — Usage, § II. R.

Quando dies legati vel fideic., liv. 6, tit. 53. — V. Choix, § I. R.

Quando et quibus quarta pars, liv. 10, tit. 34. — V. Légitime, sect. IX. R.

Quando mulier tutelæ officio fungi potest, liv. 5, tit. 35.— V. Éducation, § I. — Noces (secondes), § II. — Tutelle, sect. III. R.

Quando non petentium partes, liv. 6, tit. 10. — V. Substitution fidéicommissaire, § IX. Q.

Quando provocare non est necesse, liv. 7, tit. 64. — Chose jugée, § XVIII R.; et § II *bis*. Q. — Nullité, § VII. R.

Qui ætate vel professione se excus., liv. 10, tit. 49. — V. Tutelle, sect. VI § II. R.

Qui bonis cedere possunt, liv. 7, tit. 71. — V. Cession de biens. — Contrainte par corps, n. 1. R.

Quibus ex causis majores in integr., liv. 2, tit. 54. — V. Prescription, sect. I, § VI, art. 2, quest. 6; sect. II, § XXV. R. — Rescision, § III. Q. — Tutelle, sect. I et sect. III. R.

Qui dare tutores vel curatores possunt, liv. 5, tit. 34. — V. Tutelle, sect. I. R.

Qui legitimam personam standi in jud., liv. 3, tit. 6. — V. Institution d'héritier, sect. I. R.

Qui morbo, liv. 5, tit. 67. — V. Tutelle, sect. III. R.

Qui petant tutor., vel curator., liv. 5, tit. 31. — V. Opposition (tierce), § II, art. 52.

Qui potiores in pignore hab., liv. 8, tit. 18.—V. Dot, § XII. Gains nuptiaux, § VI. — Hypothèque, sect. I, § IX. — Paraphernal, sect. I, § III. — Subrogation de personne, sect. II, § III. R.

Qui testamenta facere possint, liv. 6, tit. 22.—V. Arbitres, § XIV, art. 6. Q. — Contrainte par corps, n. 20. R. — Rente foncière, § X. Q. — Sourd-muet, n. 3. — Testament, sect. I, § I, art. 1; sect. II, § I, art. 5. R.

Quomodo et quando judex, liv. 7, tit. 43. — V. Arbitres, § XIV, art. 3. Q.

Quo quisque ordine conveniatur, liv. 11, tit. 35. — V. Hypothèque, sect. II, § II. R.

Quorum appellationes non recipiantur, liv. 7, tit. 65. — V. Appel, § I et VIII. Q. — Preuve, sect. II, § I. R.

De Raptu virginum seu viduarum, liv. 9, tit. 13.— V. Empêchemens de mariage, § IV. — Rapt, n. 2. R.

De Ratiociniis operum publicorum, liv. 8, tit. 15. — V. Peine testamentaire, n. 11. R.

De Rebus alienis non alienandis, liv. 4, tit. 51. — V. Nécessité jurée, § I. R.

De Rebus creditis, liv. 4, tit. 1. — V. Affirmation, n. 7. — Contrat judiciaire. — Preuve, sect. II, § I. R. — Serment, § I. Q.

De Receptis arbitris, liv. 2, tit. 56. — V. Arbitres, § XIV, art. 2 et suiv. — Confession, § I. Q.

De Re judicatâ, liv. 7, tit. 52. — V. Acquiescement, § V

et XXIII. — Appel, § VI. Q. — Chose jugée, § XVIII. R. — Compte, § I. Q. — Désistement d'appel, § I. — Effets publics. Q. — Prescription, sect. I, § III. R.

De Rei uxoriæ actione, liv. 5, tit. 15. — V. Dot, § XI. R. — Dot, § II et IV. — Légitime, § VIII. Q. — Réversion, sect. I, § I, art. 1. R.; et § I. Q. — Sénatus-consulte velléien, § II. — Usufruit, § IV. R.

De Rei vindicatione, liv. 5, tit. 52. — V. Amélioration, 215, 215. R. — Biens nationaux, § III. — Hypothèque, § IV bis. Q. — Nantissement, § I. — Prescription, sect. I, § VI, art. 2, quest. 6. — Puissance maritale, sect. II, § II, art. I; § III, n. 2. — Testament, sect. II, § III, art. 5, n. 7. R.

De Religiosis et sumptibus funerum, liv. 5, tit. 44. — V. Dot, § XIII. R.

De Remissione pignoris, liv. 8, tit. 26. — V. Réversion, sect. II, § II, art. 4, n. 5. R.

De Repudiandâ vel abstinendâ hereditate, liv. 6, tit. 51. — V. Bénéfice d'inventaire, § V, art. 1. Q. — Héritier, sect. II, § II. R. — Substitution fidéicommissaire, § X. Q.

De Repudiis, liv. 5, tit. 17. — V. Adultère, § VII. Q. — Bigamie. R. — Dot, § V. — Émigré, § XV. Q. — Mariage, sect. II, § VIII. R. — Réversion, § I. Q. — Témoin judiciaire, § I. art. 3. R.

Rerum amotarum, liv. 5, tit. 21. — V. Dot, § V. Q. — Usufruit, § IV. — Vol, sect. III, § II. R.

De Rerum permutatione, liv. 4, tit. 64. — V. Echange. — Novation, § I. R.

De Rescindendâ venditione, liv. 4, tit. 44. — V. Effet rétroactif, sect. III, § III, art. 5. — Pacte commissoire, n. 4. R. — Rente viagère, § I. — Rescision, § IV. Q. — Vente, § VII. R.

De Revocandis donationibus, liv. 8, tit. 56. — V. Paraphernal, sect. I, § III. — Propre, § XV. R. — Résolution, § I. Q. — Révocation de donation, § I. R., et § III. Q.

De Sacro sanctis ecclesiis, liv. 1, tit. 2. — V. Institution d'héritier, sect. VI. R. — Mariage, § V. Q. — Prescription, sect. II, § VI; sect. III, § IV. — Profession monastique, § II, n. 2. — Puissance paternelle, sect. III, § IV. R.

De Secundis nuptiis, liv. 5, tit. 9. — V. Arbitres, § XIV, art. 3. — Conquêts, § I. — Deuil (année du), § I. Q. — Gains nuptiaux, § IX. — Institution d'héritier, sect. V, § I. — Légitime, sect. VIII. — Noces (secondes), § II et IV. — Puissance paternelle, sect. IV. — Représentation (droit de), sect. IV, § IV. — Substitution directe, § II. — Civile, § I, III. R.

Ad Senatus-consultum macedonianum, liv. 4, tit. 28. — V. Puissance paternelle, sect. III, § III et IV. — Renonciation, § I, n. 5. — Témoin instrumentaire, § II, n. 5, 26°. R.

Ad Senatus-consultum orficianum, liv. 6, tit. 57. — V. Double lien, sect. I, § I. — Légitimation, sect. II, § II. — Substitution directe, § III. R.

Ad Senat.-consultum tertullianum, liv. 6, tit. 56. — V. Double lien, sect. I, § I. — Légitime, sect. VIII. — Puissance paternelle, sect. III, § IV. — Usufruit paternel, § V. R.

Ad Senat.-consultum trebellianum, liv. 6, tit. 49. — V. Légitime, sect. VIII. R. — Papier monnaie, § IV. Q. — Quarte falcidie, § III, V. R.

Ad Senat.-consultum vellcianum, liv. 4, tit. 29. — V. Dot, § II et IV. — Effet rétroactif. — Ignorance, § I. — Présomption, § II. R.

De Sententiâ quæ sine certâ quantitate, liv. 7, tit. 46. — V. Jugement, § I. — Motifs des jugemens, n. 8. R.

De Sententiam passis, liv. 9, tit. 51. — V. Révision de procès, § III, art. 4. R.

Sententiam rescendi non posse, liv. 7, tit. 50. — V. Chose jugée, § I bis. — Exception. — Prescription, sect. III, § VII. R.

De Sententiis et interlocutionibus, liv. 7, tit. 45. — V. Erreur, n. 6. — Nullité, § VII. R. — Tribunal correctionnel, § I. Q.

De Sententiis præfectorum prætorio, liv. 7, tit. 42. — V. Prescription, sect. I, § I. — Révision de procès, § I. R.

De Sententiis quæ pro, quod interest., liv. 7, tit. 47. — V. Dommages-intérêts, n. 5. — Peine contractuelle, § II. R.

De Sepulchro violato, liv. 7, tit. 19. — V. Protêt § VI, n. 1. R.

De Servis fugitivis, liv. 6, tit. 1. — V. Option, § I. Q. — Vol, sect. IV, § I. R.

De Servitutibus et aquâ, liv. 5, tit. 54. — V. Cours d'eau, § I. Q. — Prescription, sect. I, § VI, art. 2, quest. 6. — Servitude, § XXXIII. — Usage (droit d'), sect. II, § II. — Usufruit, § V. R. — Vaine pâture, § I. Q.

Si adversus creditorem præscriptio, liv. 7, tit. 56. — V. Prescription, sect. II, § XIII. R.

Si adversus delictum, liv. 2, tit. 55. — V. Hypothèque, § XIII. Q. — Prescription, sect. II, § XIII. R.

Si adversus libertatem, liv. 2, tit. 51. — V. Légitimation, sect. II, § II. R.

Si adversus solutionem, liv. 2, tit. 53. — V. Ignorance, § I. R.

Si adversus transactionem, liv. 2, tit. 52. — V. Signature, § II. Q. — Transaction, § V. R.

Si adversus venditionem, liv. 2, tit. 28. — V. Condition, § VIII. — Promesse de changer de nom. R.

Si aliena res pignori-data sit., liv. 8, tit. 16. — V. Hypothèque, § IV bis. Q.

Si certum petatur, liv. 4, tit. 2. — V. Billet de commerce. Q. — Caution, § IV. R.

Si in fraudem patroni, liv. 6, tit. 5. — V. Légitime, sect. VIII. R.

Si major factus alienation., liv. 5, tit. 74. — V. Agé. R. — Hypothèque, § IV. Q. Prescription, sect. II, § VIII. R. — Testament, § XVIII. Q.

Si major factus ratum habuerit, liv. 2, tit. 46. — V. Acte sous-seing privé, § II. R. — Mineur, § III. Q.

Si mancipium ita fuerit alien., liv. 4, tit. 57. — V. Institution contractuelle, § V. — Révocation de substitution, § II. R.

Si minor ab hereditate se abst., liv. 2, tit. 59. — V. Héritier, § I. Q.

Si pendente appellatione, liv. 7, tit. 66. — V. Légitimité, sect. IV. R.

Si pignoris conventionem, liv. 8, tit. 53. — V. Hypothèque, § III. Q.

Si quis aliquem testari prohib. liv. 6, tit. 54. — V. Suggestion, § I. — Testament, sect. IV, § III. R.

Si quis alteri vel sibi, liv. 4, tit. 50. — V. Vente, § III. R.

Si tutor vel curat. intervenerit, liv. 2, tit. 25. — V. Curateur, § I. R.

Si tutor vel curat. reipubl., liv. 5, tit. 64.—V. Tutelle, sect. IV, § I. R.

Si unus ex pluribus appellaverit, liv. 7, tit. 68. — V. Domaine public, § V. R. — Nation, § II. Q.

De suis et legitimis libertis, liv. 6, tit. 55. — V. Légitimation, sect. III. — Représentation (droit de), sect. I, § I. R.

De summâ trinitate, liv. 1, tit. 1. — V. Autorisation maritale, sect. X. R.

De temporibus et reparationibus appellationum, liv. 7, tit. 63. — V. Appel, § VII et IX. — Appel incident, § VII. Q.— Mois. — Prescription, sect. II, § III. — Tutelle, sect. IV, § VI. R.

De temporibus in integrum restitutionis, liv. 2, tit. 53. — V. Héritier. sect. VII.— Prescription sect. J, § I, sect. II, § II. — Rescision, n. 5, 6. R. — Substitution fidéicommissaire, § X. Q.

De testamentariâ manumissione, liv. 7, tit. 2. — V. Clause codicillaire. R.

De testamentariâ tutelâ, liv. 5, tit. 28. — V. Éducation, § § I. — Tutelle, sect. II, § I. R.

De testamentis, liv. 6, tit. 23. — V. Acte sous seing-privé, § II. — Filiation, p. 367. R. — Inscription hypothécaire, § II. Q. — Institution d'héritier, sect. IV. — Légataire, § II. — Légitime, sect. III. — Legs, sect. II. — Loi, § VIII. — Notaire, § V, n. 6. — Nullité, § V.—Requête civile, n. 13. — Révocation de testament, § I, IV et VI. R.; et § I. Q.—Société, sect. II § II, art. 1.—Suggestion, § II. — Témoin instrumentaire, § II, n. 3, 1°, 5°. — Terrage, § I. — Testament, sect. I, § I, art. 1 et suiv. R.; § XII, XVII, XVIII. Q.

De testamento militis, liv. 6, tit. 21.—V. Substitution directe, § IV. — Testament, sect. II, § III, art. 8. R.

De testibus, liv. 4, tit. 20.— V. Compulsoire. R. — Décès, § I. Q.— État civil, § II.—Faux témoignage, n. 1. R.—Légitimité, § I. Q. — Preuve, sect. II, § III, art. 1. — Profession monastique, § III, n. 1.—Société, sect. II, § II, art. 1. R.—Témoin, § III. Q.

De transactionibus, liv. 2, tit. 4.—V. Arbitres, § XIV, art. 2. Q.—Bénéfice d'inventaire. R. — Crainte, § II.—Donation,

§ III. Q. — Dot, § II. R.—Inscription de faux, § I. Q. —Renonciation, § II. R. — Rente foncière, § XXII. Q. — Substitution fidéicommissaire, sect. XVII. — Transaction, § IV. R.

Ubi causa status agi debeat, liv. 5, tit. 22. — V. Légitimité, sect. IV. R.

Ubi et apud quem cognitio, liv. 2, tit. 47. — V. Rescision, n. 7. R.

Ubi in rem actio exerceri debeat, liv. 3, tit. 19. — V. Rescision, n. 7. R.

Ubi petantur tutores vel curatores, liv. 5, tit. 52. — V. Tutelle, sect. II, § III, art. 1. R.

Ubi pupilli educari debeant, liv. 5, tit. 49. — V. Éducation, § I. R.

Unde liberi, liv. 6, tit. 16.—V. Double lien, sect. I, § I. R. — Substitution fidéicommissaire, § VIII. Q.

Unde vi, liv. 8, tit. 4. — V. Prescription. sect. II, § XXV. R.

Unde vir et uxor, liv. 6, tit. 18. — V. Quarte de conjoint pauvre. R.

De Usucapione pro herede, liv. 7, tit. 26. — V. Légitime, sect. V. R.

De Usucapione transformandâ, liv. 7, tit. 51. — V. Prescription, sect. I, § V, art. 4; § VII, art. 2, quest. 8, sect. II, § VI, XIII. — Servitude, § XX. R.

De Usufructu et habitatione, liv. 3, tit. 33.—V. Condition, sect. II, § V, art. 5. — Mort civile, § I. — Prescription, sect. I, § V, art. 4. — Substitution fidéicommissaire, sect. XII. R.

De Usuris, liv. 4, tit. 32.—V. *Diffamari.*—Intérêt, § VII. Prescription, sect. III, § II. R.

De Usuris et fructibus legatorum, liv. 6, tit. 47.—V. Legs, sect. IV. — Quarte falcidie, § IV. R.

Ut nemo privatus titulos, liv. 2, tit. 16. —V. Saisie-brandon, § I. R.

Ut quæ desunt advocatis, liv. 2, tit. 11.—V. Appel, § V. — Cassation, § XX, n. 7. Q. — Délit forestier, § XIII. R. — Substitution fidéicommissaire, § IV. Q.

CHAPITRE V. — *Novelles de Justinien.*

Novelle 1. *De Heredibus et falcidiis*—V. Institution contractuelle, § V. — Institution d'héritier, sect. I. R.

Novele 5. *De Monachis.*—V. Profession monastique, § III, n. 3. — Succession, sect. I, § II, art. 2. R.

Novelle 6. *Quomodo opporteat episcopos et reliquos clericos ad ordinationem adduci; et de expensis ecclesiarum.*—V. Célibat, § IV. R.

Novelle 8. *Ut judices sine quoquo suffragio fiant.*— V. Office, n. 1. R.

Novelle 12. *De prætoribus populi.*—V. Légitimation, sect. II, § II. R.

Novelle 17. *De mandatis principum.*—V. Confiscation, § I. R.

Novelle 18. *De triciite et semisse, et successionibus filiorum et nepotum naturalium; et collationibus vel distributionibus, nec non et litterarum aut numerationum, atque rerum ex quibus detinent, inficiationibus.*—V. Alimens, § I.—Héritier, sect. VI, § X.—Légitimation, sect. II.—Légitimité, sect.

VIII.—Peine contractuelle, § I. — Rapport à succession, § II, art. 11, n. 1, et § IV, art. 11. — Réserve, sect. VI, n. 8. R.

Novelle 22. *De nuptiis.*—V. Adultère, n. 8. R.; et § VII. Q. — Dot, § V — Émigré, § XV. — Gains nuptiaux, § IX—Légitime, sect. VIII. — Mariage, sect. II, § II. — Noces (secondes), § II, III et IV. — Usufruit paternel, § V. — Virile, § I et III. R.

Novelle 23. *De appellationibus et intra quæ tempora debeat appellari.* — V. Appel, § VIII. Q.

Novelle 25. *De prætore lycaoniæ.*—V. Noces (secondes), § IV.—Réversion, sect. I, § II, art. 1. R.

Novelle 34. *Quis, quod agricolæ mutuam pecuniam dedit, illius terram detineat, et quem usurarum modum creditores accipere debent ab agricolis.*—V. Confiscation, § I. R.

Novelle 38. *De Decurionibus et filiis eorum.* — V. Puissance paternelle, sect. VI, § III. R.

Novelle 53. *De exhibendis, et introducendis reis,* etc. — V. Quarte de conjoint pauvre. R.

Novelle 72. *Ut hi, qui obligatas se habere perhibent res minorum*, etc. — V. Serment, § I, art. 2. R.

Novelle 75. *De instrumentorum cautelâ et fide, et primum de deposito, et mutuo*, etc. — V. Adoption. — Légitimation, sect. III. — Preuve, sect. II, § III, art. 1. — Réserve, sect. VI, n. 7. R.

Novelle 77. *Ut luxurientur homines contra naturam, etc., neque blasphementur in Deum.* — V. Blasphème. R.

Novelle 78. *Ut liberti de cœtero aureo non indigeant aunulo*, etc. — V. Légitimation, sect. II, § I. R.

Novelle 81. *De emancipatione.* — V. Effet rétroactif, sect. II, § II, art. 8. R.

Novelle 82. *De Judicibus, et ut nullatenus cum jure jurando*, etc. — V. Appel, § VII. Q.

Novelle 84. *De consanguineis et uterinis fratribus.* — V. *Paterna paternis*, sect. I. R.

Novelle 89. *Quibus modis naturales efficiuntur sui, et de eorum ex testamento sive ab intestato succession.* — V. Adoption. — Alimens, § I. — Concubinage. — Légitimation, sect. II, § I et II, et sect. III. R.

Novelle 92. *De immensis donationibus in filios factis.* — V. Légitime, sect. VIII. R.

Novelle 94. *Ut sine prohibitione matres debitrices et creditrices tutelam gerant minorum*, etc. — V. Noces (secondes), § II. R.

Novelle 97. *De Æqualitate dotis, et propter nuptias donationis*, etc. — V. Puissance paternelle, sect. III. R.

Novelle 98. *Neque virum quod ex dote est, neque mulierem ex sponsalitiâ largitate*, etc. — V. Virile, § II et III. R.

Novelle 100. *De tempore non solutæ pecuniæ super dote.* — V. Agé. R. — Dot, § III. R.

Novelle 107. *De testamentis imperfectis a parentibus in filios factis.* — V. Révocation de testament, § I. R.; et § II. Q.

Novelle 115. *Ut, cum de apellatione cognoscitur, secundum illas leges debent judicari*, etc. — Cap. IV. *Quæ sint justæ causæ parentum exheredationis.* — V. *Ab irato*, sect. 1. — Dot, § I. — Effet rétroactif, sect. III, § VII. — Émigré, § III. — Exhérédation, § I. — Légitime, sect. II et V. — Inofficiosité, § I. — Institution d'héritier, sect. V, § I. — Prétérition. R.; et § I et II. Q.

Novelle 117. *Ut liceat matri et aviæ et aliis parentibus, post legitimam partem liberis derelictam*, etc. — V. Adoption. — Adultère, n. 11. R.; et § VII. Q. — Dot, § V. — Mariage, § VIII. — Puissance paternelle, sect. III, § IV et sect. V. — Quarte de conjoint pauvre. — Séparation de corps § I, n. 6, R.

Novelle 118. *De Heredibus ab intestate venientibus; et de agnatorum jure sublato.* — V. Cognats. R. — Double lien, sect. I, § II et III. — Noces (secondes), § II. — *Paterna paternis*, sect. I, II, III, art. 1, quest. 5. — Représentation (droit de), sect. II, § III et IV, et sect. IV, § III. — Succession, sect. I, § III, art 2. — Virile. R.

Novelle 119. *Ut sponsalitia largitas specialis sit contractus.* — V. Hypothèque, § XIII. — Légitime, sect. VIII. — Prescription, sect. I, § V, art. 4; section II, § XIII. R.

Novelle 120. *De alienatione, et Emphyteusi, et locatione*, etc. — V. Aliénation, n. 8. R.

Novelle 123. *De Sanctissimis episcopis, et Deo amabilibus, et reverendissimis clericis et monachis.* — V. Prétérition. — Profession monastique. R.

Novelle 127. *Ut fratrum filii succedant*, etc. *Ut mulieres non secundo nubentes*, etc. — V. Noces (secondes), § III. — Représentation (droit de), sect. I, § III. — Virile, § II et III. R.

Novelle 131. — *De ecclesiasticis titulis et privilegiis*, etc. — Institution d'héritier, sect. VI. — Legs, sect. IV. — Quarte falcidie, § I. — Prescription, sect. III, § III. R.

Novelle 134. *Ut nulli judicum liceat habere loci servatorem nisi certis ex causis divina concesserit jussio.* — Cap. X, *Quæ sit mulieris adulteræ pœna.* — V. Adultère, n. 11. R.

Novelle 135. *Ne quis cogatur bonis cedere.* — V. Légitime, sect. III. R.

CHAPITRE VI. — *Novelles de l'empereur Léon.*

Novelle 19. *De pacto paterno, ex æquo heredum futurum filium.* — V. Institution contractuelle, § I. R.

Novelle 91. *Ut concubinam habere non liceat.* — V. Concubinage. R.

CHAPITRE VII. — *Décrétales et Actes des Conciles.*

Chapitre VI. *Décrétales et actes des conciles.* — Voyez les mots alimens, § I. R. — Appel, § XIV, art. 1. — Arbitres. § III. — Cantonnement, § VIII. — Causes des obligations. Q. — Clandestinité, sect. II, § I. — Légitimation, sect. II. — Légitimité, sect. IV. R. — Mariage, sect. IV, § I, art. 1. R.; et § VIII. Q. — Nullité, § VI. — Peine contractuelle, § I. — Prescription, sect. I, § V, art. 4; § VI art. 7; sect. II, § XVI et XXIV; sect. III, § IV, art. 5 et 8. — Profession monastique, § I, n. 7. — Procuration, § II. — Quarte trébellianique, § V. — Règles de droit, § II. — Testament, sect. I, § II, art. 2. — sect. II, § II, art. 1. R. — Tribunal correctionnel, § I. Q.

ACTES DES CONCILES.

Concile de Francfort. — V. Abus. R. — *De Latran.* — V. Affinité. — Célibat. — Empêchemens de mariage, § IV. — Légitimation, sect. II. — Légitimité sect. I. R. — *De Trente.* — V. Célibat, § IV. — Dispenses, § III. — Empêchemens de mariage, § IV. — État civil, § II. — Honoraires, § III. — Légitimité, sect. I. — Libertés de l'Église gallicane. — Mariage, sect. II; sect. VI, § II, 5e quest. — Profession monastique, § I, n. 2. — Succession, sect. I, § II, art. 2. — Vœux, sect. II. R. — *Synode, Tyr.* — V. Abus. R.

CHAPITRE Ier. — *Ordonnances, Édits, Déclarations, Lettres patentes, etc.*

630. — *Edit* de Dagobert, sur la confiscation. —V. Confiscation, § I. R.

744. — *Edit* de Pepin, sur la confiscation. V. Confiscation, § I. R.

789. — *Loi salique.* V. Dédit. R.

803. — *Loi ripuaire.* V. Institution contractuelle, § I. R.

803 et 805. —*Capitulaires* sur la nomination et les fonctions des notaires. V. Notaire, § L. R.

816 et 869. —*Ordonnances* sur la discipline ecclésiastique. V. Patronage. R.

1204, mai. — *Ordonnance* appelée *stabilimentum de feodis.* V. Enregistrement des lois. R.

1214. — *Edit* qui fixe la quotité du douaire. V. Douaire. R.

1219, novembre.— *Ordonnance* sur les gardes des bois de l'Etat. V. Gardes des bois, sect. I, § I. R.

1230, décembre. — *Ordonnance* contre les Juifs. V. Enregistrement des lois. R.

1234, décembre. — *Ordonnance* sur la peine du crime de maquerellage. V. Maquerellage. R.

1254, décembre. — *Ordonnance* pour la réformation du royaume. — V. Enregistrement des lois.

1254.—*Ordonnance* sur la peine du parjure. V. Parjure. R.

1256. — *Ordonnance* de St. Louis sur l'administration des domaines. — V. Domaine public, § V. R.

1260. — *Ordonnance* concernant la preuve testimoniale. V. Nom, § III. R.

1267, octobre. — *Lettres Patentes* sur le droit de bourgeoisie. V. Bourgeoisie, § V. R.

1269, mars. — *Pragmatique sanction de St. Louis sur le libre usage des droits, priviléges et franchises des églises de France.* — V. Libertés de l'église gallicane. — Pragmatique sanction. R.

1270, octobre. *Edit* de Philippe-le-Hardi, sur la régence. V. Régence, § I et suiv. R.

1270. — *Etablissemens de St. Louis.* — V. Amendement. — Baiser à la bouche. — Bâtard, sect. I. Champart, n. 5. — Contremand.—Dédit.—Établissement. — Etablissemens de St. Louis. — Infançon.—Nom, § III. —Vavasseur.—Vol, sect. II, § I. R.

1271, décembre. — *Ordonnance* de Philippe-le-Hardi, sur la régence. V. Régence, § I et suiv. R.

1274, 23 octobre. —*Ordonnance* concernant les honoraires des avocats. V. Honoraires, § I. R.

1274. — *Ordonnance* contre l'usure. V. Usure. R.

1275. *Ordonnance* concernant les propriétaires de fiefs. V. Franc-fief, § I. R.

1280. — *Ordonnance* concernant les usagers des forêts. V. Interprétation de jugement, § I. Q.

1287. — *Ordonnance* sur le droit de bourgeoisie. V. Bourgeois, § I. R.

1291, août. — *Ordonnance.* Sur les eaux et forêts. V. Bois, § I. R.

1291. — *Ordonnance* de Philippe-le-Bel sur les censives. V. Arrière-censive. R.

1294, octobre. — *Ordonnance* qui rétablit régente la reine Blanche. V. Enregistrement des lois. R.

1294, octobre.— *Ordonnance* de Philippe-le-Bel sur les régences. V. Régence, § I et suiv. R.

1296, février. —. *Lettres patentes* sur la vassalité des ducs de Bretagne. V. Bar. R.

1301. — *Ordonnance* de Philippe-le-Bel sur les attroupemens. V. Aubaine. R.

1301.—*Traité* de Bruges, sur la vassalité des ducs de Bretagne. V. Bar. R.

1301. — *Ordonnance* sur les bâtards. V. Bâtard, sect. I. R.

1301, avril.—*Lettres* de Philippe-le-Bel sur les commissaires enquêteurs. V. Commissaires enquêteurs, n. 1. R.

1302, 23 mars.— *Ordonnance* qui défend aux juges d'accepter des dons. V. Don corrompable. R.

1302, 23 mars.—*Ordonnance* sur la chambre du plaidoyer du parlement de Paris. V. Chambre du plaidoyer. R.

1303, janvier.—*Ordonnance* concernant l'administration de la justice. V. Témoin judiciaire, § I.

1303, 3 octobre. *Ordonnance* concernant la composition du parlement rendu sédentaire. V. Enregistrement des lois. R.

1304, juillet.— *Ordonnance* sur les fonctions des notaires. V. Notaire, § I. — Signature, § I. R.

1310, mars. — *Ordonnance* concernant les propriétaires de fiefs. V. Franc-fief, § I. R.

1311, 30 janvier. — *Ordonnance* contre l'usure. V. Anatocisme. — Usure. R.

1312, 8 décembre.—*Ordonnance* contre l'usure. V. Usure. R.

1314, 29 juillet. — *Ordonnance* sur les guerres privées. V. Guerres privées. R.

1315, mai.—*Ordonnance* sur les bâtards. V. Bâtard, sect. I. R.

1315, 13 et 22 juillet.—*Charte* aux Normands. V. Bois § I. —Chartre normande. R.

1315, juillet. — *Ordonnance* sur les choses gayves ou égarées. V. Gayves (choses). R.

1317, février. — *Ordonnance* qui fixe le nombre des examinateurs du Châtelet. V. Commissaires enquêteurs. R.

1317, 5 juin. — *Ordonnance* concernant la signature des actes notariés. V. Signature, § I. R.

1317, juin. — *Ordonnance* qui prohibe l'exportation du numéraire. V. Argent. R.

1318, 18 juillet.— *Ordonnance* concernant les attributions des procureurs du Roi. V. Procureur du Roi. R.

1318, 29 juillet.—*Ordonnance* portant révocation de tous les dons du domaine. V. Domaine public, § II. — Gruerie. R. — Héritier, § I. Q.

1318, 17 septembre. *Lettres Patentes* qui règlent l'ordre et la forme des séances royales au parlement. V. Lit de justice. R.

1319, 2 juin. — *Réglement* sur les eaux et forêts. V. Bois, § I. Q.

1319. — *Ordonnance* concernant les jeux. V. Jeux. R.

1320, février. — *Ordonnance* relative aux notaires du châtelet. V. Commissaires enquêteurs. R.

1320, 17 avril. — *Ordonnance* sur l'administration des domaines. V. Domaine public, § V. R.

1320, 27 mai. — *Ordonnance* sur l'administration des domaines. V. Domaine public, § V. R.

1321, 5 avril. — *Ordonnance* sur la validité des titres des propriétaires de biens domaniaux. V. Domaine public, § II. R.

1321, 5 avril. — *Ordonnance* sur les mines. V. Mines, § VI. Q.

1324. — *Édit* sur le droit de bourgeoisie. V. Bourgeois, § V. R.

1326, juin. — *Réglement* sur la pêche dans les rivières. V. Bois § I. R.

1327, février. — *Lettres patentes* concernant les procureurs au châtelet. V. Procureur *ad lites*. R.

1328, 17 décembre. *Lettres patentes* portant rétablissement des assesseurs, V. Assiettes de rentes. R.

1331, 10 juin. — *Mandement* de Philippe-de-Valois. V. Champart, n. 5. R.

1331, 10 septembre. — *Lettres* sur les greffes des juridictions. V. Clergé, § II. R.

1332, 9 mai. — *Ordonnance* de Philippe VI, sur la procédure. V. Désertion d'appel. Q.

1333, 11 mai. — *Ordonnance* concernant les propriétaires de biens domaniaux. V. Domaine public, § II. R.

1334, 1 août. — *Lettres patentes* portant rétablissement des assesseurs. V. Assiette de rentes. R.

1336, septembre. — *Ordonnance* sur les eaux et forêts. V. Houpion. R.

1337, 24 avril — *Lettres patentes* qui fixent le nombre des examinateurs du Chatelet. V. Commissaires enquêteurs. R.

1338, mars. — *Ordonnance* sur les eaux et forêts. V. Houpion. R.

1338, juin. — *Ordonnance* relative aux trésoriers des troupes. V. Gens du Roi. R.

1339, 15 mars. — *Lettres patentes* relatives à la chambre des comptes. V. Chambre des comptes. R.

1341, 11 mars. — *Ordonnance* sur les baillis et sénéchaux. V. Avocat général, n. 2. R.

1343, 21 juillet. — *Ordonnance* qui prohibe l'exportation du numéraire. V. Argent. R.

1344, 6 janvier. — *Ordonnance* qui prohibe l'exportation du numéraire. V. Argent. R.

1344, 11 mars. — *Ordonnance* sur la grand'chambre du parlement de Paris, etc., concernant la signature des jugemens et actes judiciaires. V. Banc des baillis et sénéchaux. — Chambre du plaidoyer. — Signature, § II. R.

1344, 8 juillet. — *Ordonnance* concernant les propriétaires des biens domaniaux. V. Domaine public, § II. R.

1345, mars. — *Lettres patentes* sur le droit de bourgeoisie. V. Bourgeoisie, § V. R.

1345. — *Ordonnance* sur les maîtres des requêtes. V. Maître des requêtes. R.

1346, 29 mai. — *Ordonnance* sur les eaux et forêts. V. Bois, § I. R.

1347, 13 mai. — *Mandement* sur les greffes des juridictions. V. Clergé, § II. R.

1349. — *Ordonnance* concernant la stipulation d'intérêts dans le prêt. V. Intérêt, § III. R.

1350, février. — *Ordonnance* concernant la signature des actes notariés. V. Signature, § I. R.

1351, 26 février. — *Lettres patentes* relatives à la police du poisson de mer. V. Chambre de la Marée. R.

1351, 6 mars. — *Ordonnance* relative à l'adjudication d'une ferme d'impositions. V. Denier à Dieu. R.

1351, octobre. — *Ordonnance* qui défend aux juges d'accepter des dons. V. Don corrompable. R.

1352, 22 janvier. — *Lettres* du roi Jean sur les baillis et sénéchaux. V. Avocat général, n. 2. R.

1352, juillet. — *Lettres patentes* sur la vassalité des ducs de Bretagne. V. Bar. R.

1355. — *Ordonnance* qui défend tout accroissement de garennes. V. Garenne, § I. R.

1356, 30 janv. — *Ordonnance* concernant la voirie. V. Rue. R.

1356 mars. — *Ordonnance* sur les greffes des juridictions et sur l'exercice des fonctions d'huissier. V. Clergé, § II. R. — Huissier, § I — Office, n. 1. R.

1356. — *Ordonnance* qui défend la cession de droits litigieux. V. Droits litigieux. R. — Droits litigieux (cession de), § III. Q.

1357, 14 avril. — *Ordonnance* concernant les aliénations du domaine. V. Domaine public, § II. R.

1357, juillet. — *Ordonnance* concernant les aliénations du domaine. V. Domaine public, § II. R.

1357, 4 septembre. — *Ordonnance* sur les greffes des juridictions. V. Clergé, § II. R.

1358, mai. — *Ordonnance* concernant la signature des lettres expédiées en conseil. V. Signature, § I. R.

1358, septembre. — *Lettres* de *Charles V* sur les baillis et sénéchaux. V. Avocat général, n. 2. R.

1358, 18 octobre. — *Lettres patentes* pour le jugement des procès. V. Enregistrement des lois. R.

1358, octobre. — *Ordonnance* concernant la signature des actes notariés. V. Signature, § I. R.

1359, 20 février et 28 mai. — *Lettres* de *Charles V* sur les baillis et sénéchaux. V. Avocat général, n. 2. R.

1359, 19 mars. — *Lettres patentes* pour le jugement des procès. V. Enregistrement des lois. R.

1359, 13 mai. — *Ordonnance* sur le droit de faire grâce. V. Grâce. R.

1360, 20 janvier. — *Lettres patentes* sur la confiscation des biens des condamnés. V. Confiscation, § I. R.

1360, décembre. — *Lettres patentes* concernant les aliénations du domaine. V. Domaine public, § II. R.

1361, octobre. — *Lettres* du roi Jean portant confirmation d'une charte de bourgeoisie. V. Champart. R.

1363, décembre. — *Ordonnance* sur l'administration de la justice. V. Rôle. R.

1364, mars. *Lettres patentes* sur le ressort du comté de Blois au bailliage de Chartres. V. Enregistrement des lois. R.

1364, mai. — *Lettres patentes* sur le ressort du bailliage de Mâcon. V. Enregistrement des lois. R.

1364, juillet. — *Lettres patentes* sur le ressort du bailliage de Sens. V. Enregistrement des lois. R.

1364, juillet. — *Lettres patentes* sur la compétence de l'échiquier de Normandie. V. Enregistrement des lois. R.

1364, septembre. — *Lettres patentes* de sauvegarde royale pour le chapitre de St.-Furcy de Péronne. V. Enregistrement des lois. R.

1364, 24 novembre.—*Lettres patentes* concernant les aliénations du domaine. V. Domaine public, § II. R.

1364, novembre.—*Ordonnance* sur le droit de *Committimus* V. *Committimus*, n. 1. R.

1364, décembre.— *Lettres patentes* sur le ressort de la prévôté de St.-Quentin. V. Enregistrement des lois. R.

1364.—*Lettres patentes* qui affranchissent de la confiscation les biens des condamnés à mort à Carcassonne. V. Enregistrement des lois. R.

1365, mai. — *Lettres patentes* concernant les consuls de Montpellier. V. Enregistrement des lois. R.

1365, 14 juillet. — *Lettres patentes* qui unissent à la couronne la ville de Vaucouleurs. V. Enregistrement des lois. R.

1365, juillet. — *Lettres patentes* sur les priviléges des sergens des foires de Champagne et de Brie. V. Enregistrement des lois. R.

1365, octobre. — *Lettres patentes* sur les pêcheurs de la ville de Melun. V. Enregistrement des lois. R.

1365, 18 novembre.— *Ordonnance* sur les amendes à payer par les plaideurs en appel. V. Enregistrement des lois. R.

1366, janvier. — *Lettres patentes* qui fixent le nombre des examinateurs du Châtelet de Paris. V. Enregistrement des lois. R.

1366, février.—*Édit* sur la juridiction communale de Tournai. V. Enregistrement des lois. R.

1366, mars.—*Lettres patentes* concernant le ressort du bailliage de Bar-sur-Aube. V. Enregistrement des lois. R.

1366, avril. — *Lettres patentes* sur l'Abbaye-de-Clugny. V. Enregistrement des lois. R.

1366, juin. — *Lettres patentes* sur l'Abbaye-de-Clairvaux. V. Enregistrement des lois. R.

1366, juin.—*Lettres patentes* sur la compétence des mayeurs de l'échevinage de Tournai. V. Enregistrement des lois. R.

1366, juin. — *Lettres patentes* sur la faculté de rachat des maisons de St.-Amand-en-Pévèle. V. Enregistrement des lois. R.

1366, 18 septembre.— *Lettres patentes* sur la compétence des bailliages d'Aurillac et de St.-Pierre-le-Moustier. V. Enregistrement des lois. R.

1367, 17 mars.— *Déclaration* sur l'allodialité dans le Dauphiné. V. Franc-alleu, § XXVI. R.

1367, 15 juillet.—*Ordonnance* sur la connaissance des actes passés sous le sceau du Châtelet de Paris. V. Enregistrement des lois. R.

1368, 29 août. — *Lettres patentes* sur les colombiers. V. Colombier, n. 2. R.

1369, 3 avril.—*Ordonnance* concernant les jeux. V. Jeu. R.

1369, 8 juin. — *Ordonnance* sur les sergens à cheval et à verge du Châtelet de Paris. V. Enregistrement des lois. R.

1370, 6 février. — *Ordonnance* sur les greffes des juridictions. V. Clergé, § II. R.

1370, octobre.— *Lettres patentes* relatives à la police du poisson de mer. V. Chambre de la Marée. R.

1370, 15 novembre. — *Ordonnance* qui assujettit au droit de franc-fief les nobles par leurs mères. V. Noblesse, § IV. R.

1371, janvier. — *Ordonnance* qui fixe le nombre des sergens de la prévôté de Laon. V. Enregistrement des lois. R.

1371, 4 février.— *Ordonnance* concernant les ladres qui se trouvent à Paris. V. Enregistrement des lois. R.

1371, 5 juillet.— *Ordonnance* sur les personnes excommuniées pour n'avoir pas payé leurs dettes. V. Enregistrement des lois. R.

1371, 20 novembre.—*Lettres patentes* concernant les aliénations du domaine. V. Domaine public, § II. R.

1372, 18 juillet. — *Lettres patentes* qui accordent des priviléges aux Juifs. V. Enregistrement des lois. R.

1372, 12 décembre. — *Lettres* de Charles V, sur les baillis et sénéchaux. V. Avocat général, n. 2. R.

1374, 5 mars.— *Lettres patentes* qui règlent la compétence des juridictions royales des officiers du duc de Berry et d'Auvergne. V. Enregistrement des lois. R.

1374, 29 mars. — *Lettres patentes* sur les attributions du bailli et du prevôt d'Orléans. V. Enregistrement des lois. R.

1374, août. — *Édit* de Charles V, sur le sacre des Rois de France. V. Sacre et couronnement. R.

1374, 5 octobre.—*Ordonnance* concernant les apanages des enfans de France. V. Domaine public, § II. R.

1374, octobre. — *Ordonnance* de Charles V sur les régences. V. Régence, § I et suiv. R.

1375, 29 décembre. — *Ordonnance* qui transfère au bailliage d'Orléans le ressort du comté de Blois. V. Enregistrement des lois. R.

1376, juillet.— *Ordonnance* sur les eaux et forêts, bois de chauffage, gardes. etc. V. Bois, § 1.—Chauffage, n. 6.; et Gruerie. R.

1376, septembre.—*Ordonnance* sur les fonctions des gardes des bois, les bois de chauffage, etc. V. Chauffage.— Gardes des bois, sect. 1, § II. — Gruerie, n. 6. — Marteau. R.

1377, septembre.— *Ordonnance* qui règle la juridiction des auditeurs du Châtelet de Paris. V. Enregistrement des lois. R.

1378, 16 juillet. — *Lettres* de Charles V sur les baillis et sénéchaux. V. Avocat général, n. 2. R.

1379, novembre.— *Ordonnance* concernant les juridictions des élections. V. Élection (ordre judiciaire). R.

1382, 27 janvier.—*Ordonnance* sur les greffes des juridictions. V. Clergé, § II. R.

1384, 5 mai. — *Chartre* sur la confiscation des biens des condamnés. V. Confiscation, § I. R.

1384, 15 juillet.— *Lettres patentes* sur les eaux et forêts. I. R.

1385.— *Ordonnance* sur les maîtres des requêtes. V. Maître des requêtes. R.

1386, 5 septembre.—*Lettres patentes* sur les attroupemens V. Bois, § V. Aubaine. R.

1386, 5 septembre.— *Ordonnance* sur les bâtards. V. Bâtard, sect. I. R.

1388, 1 mars.— *Ordonnance* sur la réformation de l'administration du domaine. V. Bois, § I. — Marteau. R.

1389. — *Ordonnance* sur les maîtres des requêtes. V. Maître des requêtes. R.

1392, janvier.— *Ordonnance* de Charles VI, sur les régences. V. Régence, § I, et suiv. R.

1393, 4 avril.—*Édit* concernant les biens des Juifs. V. Juifs, sect. I.

1394, juin.—*Lettres patentes* concernant les juges royaux de Provins. V. Gens du Roi. R.

1394, 15 novembre. —*Ordonnance* concernant l'administration de la justice. V. Témoin judiciaire, § I.

1395, janvier.— *Ordonnance* concernant les officiers de la sénéchaussée de Carcassonne. V. Gens du Roi. R.

1400. — *Ordonnance* concernant les eaux et forêts. V. Marteau. R.

1401, 13 mars. — *Lettres patentes* sur le droit de faire grâce. V. Grâce. R.

1401, 14 mars. — *Lettres patentes* sur les attributions du chancelier de France. V. Chancelier de France. R.

1402, avril. — *Ordonnance* concernant les priviléges des oiseleurs. V. Oiseleur. R.

1402, septembre. — *Réglement* sur les eaux et forêts. V. Bois, § I. — Gruerie. — Houpion. R.

1402, 14 décembre. — *Lettres patentes* relatives aux théâtres. V. Comédien. R.

1403, avril. — *Déclaration* de Charles VI sur la régence et sur le sacre et couronnement de son successeur. V. Régence, § I et suiv. — Sacre et couronnement. R.

1403, 11 juin. — *Edit* du Roi René, pour la ville d'Aix. V. Tutelle, sect. II, § III. R.

1403, 15 novembre. — *Lettres patentes* concernant les procureurs au parlement. V. Procureur *ad lites*. R.

1407, 7 janvier. — *Ordonnance* sur la vénalité des offices. V. Office, n. 1. R.

1407, 20 décembre. — *Déclaration* de Charles VI sur le sacre et le couronnement des Rois de France. V. Sacre et couronnement. R.

1407, 26 décembre. — *Edit* perpétuel et irrévocable de Charles VI sur la régence. V. Régence, § I, et suiv. R.

1408. — *Ordonnance* sur le domaine de la couronne. V. Aliénation, n. 7. R.

1409, décembre. — *Ordonnance* sur la marine. V. Amiral. R.

1413, 30 mai. — *Ordonnance* sur les mines. V. Mines, § I, et IV. Q.

1413. — *Ordonnance* qui fixe le nombre des conseillers d'état. V. Conseillers d'état. R.

1415, février. — *Ordonnance* qui érige en titre d'office les crieurs publics. V. Crieur. R.

1415, février. — *Ordonnance* sur le commerce intérieur des grains. V. Grains, § III. R.

1425, 25 octobre. — *Ordonnance* sur les offices d'huissiers. V. Huissier, § I. R.

1432, 28 février. — *Lettres patentes* concernant le privilége de ville d'arrêt. V. Ville d'arrêt, § I. R.

1435, 10 décembre. — *Traité* d'Arras, sur la vassalité des ducs de Bretagne. V. Bar. R.

1437, 1 décembre. — *Ordonnance* sur les fonctions des notaires. V. Notaire, § I. R.

1437. — *Lettres patentes* concernant le domaine public. V. Domaine public, § II. R.

1437. — *Déclaration* sur le droit de bourgeoisie. V. Bourgeois, § V. R.

1438, 7 juillet. — *Pragmatique sanction* de Charles VII, contenant l'acceptation des décrets du concile de Bâle sur la discipline ecclésiastique, notamment en ce qui regarde la supériorité du concile sur le pape, les élections, la police ecclésiastique, etc. Donnée à Bourges. V. Libertés de l'Eglise gallicane. — Pragmatique sanction. R.

1439, 17 septembre. — *Ordonnance* sur la police intérieure des moulins. V. Moulin, § IX. R.

1440. — *Ordonnance* sur des présidiaux. V. Audience, § III. R.

1441, novembre. — *Ordonnance* sur le rachat des rentes foncières dont les maisons de Paris sont chargées. V. Déguerpissement, § I, IX. R. — Interprétation de jugement, § I. Q. — Rente foncière, § I. R.

1446, 28 octobre. — *Ordonnance* concernant l'administration de la justice. V. Prévarication. — Rapport de procès. R.

1447, 5 janvier. — *Edit* sur les bulles, brefs, etc., de la cour de Rome. V. Attache. R.

1450, avril. — *Ordonnance* sur l'administration de la justice et la vénalité des offices. V. Civiliser. — Office, n. 1. R.

1452, avril. — *Ordonnance* sur l'administration de la justice. V. Rapport de procès. R.

1452. — *Ordonnance* concernant la peine des faux témoins. V. Faux témoignage. R.

1453, août. — *Ordonnance* de Charles VII, touchant l'administration de la justice. V. Arrêt. R. — Avoué, § I. — Désertion d'appel. Q. — Honoraires des avocats, § I. — Huissier, § I. R.

1455, 30 janvier. — *Déclaration* concernant le domaine public. V. Domaine public, § II. R.

1455, avril. — *Ordonnance* sur l'administration de la justice. V. Postulation. — Prévarication. R.

1456, 31 juillet. — *Ordonnance* concernant les donations par contrat de mariage. V. Donation, sect. II, § III. R.

1456, 14 décembre. — *Edit* sur les droits des héritiers en Provence. V. Quarte falcidie, § III. — Quarte trébellianique, § IV. R.

1458, avril. — *Ordonnance* sur l'administration de la justice. V. Opinion, n. 4. R.

1459, 28 décembre. — *Lettres patentes* sur les servitudes de passages. V. Servitude, § II. Q.

1460, décembre. — *Ordonnance* relative à la chambre des comptes. V. Chambre des comptes. R.

1462, mars. — *Lettres patentes* sur l'exemption du droit d'aubaine. V. Aubaine, n. 6. R.

1462. — *Ordonnance* concernant la stipulation d'intérêts dans le prêt. — V. Intérêt, § III. R.

1463, janvier. — *Edit* sur les commissaires enquêteurs. V. Commissaires enquêteurs, n. 1. R.

1464, 29 avril. — *Edit* portant établissement d'un prud'homme à Lyon. V. Prud'hommes (conseil de). R.

1465, 9 novembre. — *Déclaration* sur le droit de bourgeoisie. V. Bourgeoisie, § V. R.

1467, 21 octobre. — *Déclaration* sur la destitution des juges en vertu de jugement de forfaiture. V. Destitution. R.

1468, 14 octobre. — *Traité* de Péronne. V. Flandre. R.

1471. — *Ordonnance* sur les mines. V. Mines, § I. Q.

1472. — *Edit* concernant les donations par contrat de mariage. V. Donation, sect. II, § III. R.

1474, juin. — *Edit* sur les commissaires enquêteurs. V. Commissaires enquêteurs, n. I. R.

1476, mars. — *Lettres patentes* en faveur de la ville d'Arras. V. Franchise. R.

1477, 14 juillet. — *Lettres patentes* en faveur de la ville d'Arras. V. Franchise. R.

1477, 22 décembre. — *Déclaration* relative à la révélation de la confession de ceux qui ont connaissance d'une conspiration contre les souverains ou l'Etat. V. Confession sacramentelle. — Lèse-majesté, n. 5. R.

1477, décembre. — *Edit* sur les commissaires enquêteurs. V. Commissaires enquêteurs, n. 1. R.

1478, février. — *Edit* sur les commissaires enquêteurs. V. Commissaires enquêteurs, n. 1. R.

1479, novembre. — *Ordonnance* concernant l'administration de la justice. V. Révision de procès, § II. R.

1481, juillet. — *Charte* sur la confiscation des biens des condamnés. V. Confiscation, § I. R.

1483, 22 mai.— *Traité* de Tongres. V. Bouillon. R.

1483, 22 septembre.— *Déclaration* relative au domaine de la couronne.V. Aliénation, n. 6. R.—Domaine public, § II. R.; et Grairie. R.

1485 octobre. — *Ordonnance* concernant les jeux. V. Jeu. R.

1490, 28 décembre.—*Ordonnance* qui règle les attributions du juge des conventions royales de Nîmes. V. Conventions royales de Nîmes. R.

1493, juillet. — *Ordonnance* sur l'administration de la justice, la signature des jugemens et actes judiciaires.V. Commissaire, n. 2. R.—Désertion d'appel. Q. — Interlocutoire.—Opinion, n. 4. — Procureur du Roi. R. —Signature, § II. R. et Q.

1493, 27 septembre.— *Lettres patentes* sur les commissaires enquêteurs. V. Commissaires enquêteurs, n. 1. R.

1493.— *Edit* sur les offices de finance conférés par commission. V. Destitution. R.

1495, juillet.— *Ordonnance* qui attribue au parlement, les chambres assemblées, la connaissance des accusations de haute trahison. V. Cour des pairs. R.

1497, 2 août. — *Edit* sur la composition du grand conseil. V. Grand conseil. R.

1498, mars. —*Ordonnance* de Louis XII, concernant l'administration de la justice. V. Acte notarié, n. 11. — Civiliser. — Commissaire, n. 2. — Conversion. — *Credit vel non credit.* — Huissier, § I. — Notaire, § V.

1498, mars.— *Edit* sur la vénalité des offices. V. Office, n. 1. R.

1498, mars. — *Ordonnance* concernant la peine d'avoir les oreilles coupées. V. Essorillé. R.

1498, 7 avril. — *Edit* sur la composition du grand conseil. V. Grand conseil. R.

1499. — *Déclaration* qui confirme la pragmatique sanction. V. Concordat, n. 1. R.

1501, 6 octobre. — *Lettres patentes* sur l'allodialité dans le Comminges. V. Franc-alleu, § XXVII. R.

1507, octobre. — *Edit* sur les commissaires enquêteurs. V. Commissaires enquêteurs, n. 1.

1507, novembre. — *Ordonnance* sur l'administration de la justice, les présidiaux, etc. V. Audience, § III. R.

1507. — *Ordonnance* sur la procédure. V. Conversion. — Opinion, n. 4. — Postulation. — Procureur du Roi.— Rapport de procès. R.

1508, novembre. — *Ordonnance* portant création du siége de la table de marbre. V. Bois, § I. R.

1509, septembre.—*Lettres patentes* concernant le domaine. V. Domaine public, § III. R.

1510, 9 mars. —*Ordonnance* contre les blasphémateurs. V. Blasphême. R.

1510, juin. — *Ordonnance* de Louis XII, sur le fait de la justice. V. Arrérages. R.— Contrat pignoratif. — Emphytéose, § III. Q.—Garantie, § VIII. — Honoraires, § I. — Interprète. — Langue française. R. — Mineur, § I. Q. — Nullité, § IX. R. — Prescription, sect. II, § VI. et XIII. R.; et § XV. Q. —

Rente constituée, § II, art. 1 et § XI. — Rente viagère, n. 12. — Rescision. R.; et § IV. Q. — Société, sect. VIII.—Usure. R.

1510, juin. —*Ordonnance* sur l'action en rescision pour lésion d'outre moitié.

1510.— *Ordonnance* concernant l'exécution des contrats.

1510, juin. — *Ordonnance* contre l'usure.

1512. — *Ordonnance* sur l'administration de la justice. V. Prescription, sect. II, § III. R.; et § XI. Q.

1514, 20 janvier. — *Ordonnance* sur le logement des gens de guerre. V. Logement des gens de guerre. R.

1515, 14 janvier. — *Traité* de Madrid. V. Artois. R. — Bar. R.

1515, mars.— *Ordonnance* sur les eaux et forêts, les fonctions des gardes des bois, la chasse et la pêche dans les rivières, etc. V. Bois. —Gardes des bois, sect. I, § II.—Houpion. — Lévrier. —Marteau. — Pêche, sect. I. § II. R.

1515, 15 juillet. — *Lettres patentes* de François 1er, sur la régence. V. Régence, § I et suiv. R.

1516, janvier.— *Ordonnance* sur les eaux et forêts.V. Bois, § I. — Gruerie. — Marteau. R.

1516, 18 août. — *Concordat* entre François I et Léon X, arrêté à *Bologne, publié au parlement, de l'exprès commandement du Roi le 22 mars 1517, concernant la manière de pourvoir aux archevêchés, évêchés et abbayes; les droits des gradués,* etc. — V. Concordat, n. 1. — Episcopat. R.

1517, 30 juin. — *Edit* sur les collecteurs. V. Collecte, § 1. R.

1517, juillet. — *Réglement* contre les abus de la course.V. Lettres de marque, § II. R.

1517, 13 décembre. — *Edit* concernant le domaine public. V. Domaine public, § II. R.

1518, janvier.— *Ordonnance* sur les eaux et forêts, les défrichemens, etc. V. Bois, § I. — Défrichement, § II. — Restitution pour délit forestier. R.

1519, 25 février.—*Déclaration* concernant le domaine public. V. Domaine public, § II. R.

1520, décembre.—*Ordonnance* sur l'administration des domaines. V. Domaine public, § V. R.

1521, février. — *Edit* sur les commissaires enquêteurs. V. Commissaires enquêteurs, n. 1. R.

1521, juillet. — *Edit* concernant le domaine public. V. Domaine public, § II. R.

1522.—*Ordonnance* sur les maîtres des requêtes. V. Maître des requêtes. R.

1525, mai. — *Edit* sur les eaux et forêts.V. Bois, § I. R.

1525, 24 janvier. — *Traité* de Madrid.V. Flandres. R.

1525, juillet. — *Ordonnance* sur les faux-monnayeurs. V. Bouillir. R.

1526, 14 janvier. — *Traité* de Madrid. V. Hollandais. R.

1526, 14 septembre. — *Ordonnance* sur les droits, rang et honneurs du clergé. V Clergé, § I. R.

1527, 5 janvier. — *Ordonnance* sur les eaux et forêts. V. Usage (droit d'), sect. II, § V. R.

1528, 5 janvier. — *Ordonnance* sur l'administration de la justice. V. Production. R.

1529, janvier. — *Ordonnance* sur les eaux et forêts. V. Usage (droit d'), § IX. Q.

1529, 13 avril. —*Déclaration* concernant le domaine public. V. Domaine public, § II. R.

1529, 3 août. — *Traité* de Cambrai.V. Artois. R.

1529, 3 août. — *Traité* de Cambrai.V. Hollandais. R.

1530, août.— *Ordonnance* sur la confiscation des biens des condamnés. V. Confiscation, § I. R.

1531, janvier. — *Edit* de réunion de la seigneurie de Dombes à la couronne. V. Dombes. R.

1531, mars.— *Ordonnance* concernant le crime de faux.V. Faux, sect. I, § IV. — Faux, sect. III, § I. R.

1531, mars. — *Ordonnance* concernant la peine des faux témoins. V. Faux témoignage. R.

1531, 13 septembre.— *Déclaration* relative au domaine de la couronne. V. Aliénation, n. 6. R.

1532, juin. — *Ordonnance* sur le crime de péculat. V. Péculat. R.

1532, août.— *Traité* d'union de la Bretagne à la couronne. V. Bretagne. R.

1532. — *Edit* sur les mariages. V. Mariage, § V. Q.

1533, mars. — *Ordonnance* sur le bois de chauffage. V. Chauffage, n. 6. R.

1533, octobre. — *Ordonnance*.V. Contrat pignoratif. Q.

1534, janvier. — *Edit* concernant la peine du vol.V. Vol, sect. II, § II. R.

1534, 14 juin. — *Ordonnance* sur les inventaires des boissons. V. Inventaire (droits réunis). R.

1534, juin. — *Edit* sur les eaux et forêts.V. Bois, § I. R.

1534, 24 juillet.— *Ordonnance* concernant la peine d'avoir les oreilles coupées. V. Essorillé. R.

1534, juillet.—*Edit* concernant le crime de lèse-majesté. V. Lèse-majesté. R.

1534, 1 août. — *Arrêt du conseil*, sur les commissaires enquêteurs. V. Commissaires enquêteurs, n. 1. R.

1534. — *Ordonnance* sur les bâtards. V. Bâtard, sect. I. R.

1535, 8 janvier.—*Edit* sur les chancelleries.V. Chancellerie aux contrats. R.

1535, février.— *Edit* concernant la conservation de Lyon. V. Contrainte par corps, n. 2. R.

1535 septembre. — *Edit* de suppression de la chambre rigoureuse d'Aix. V. Chambre rigoureuse. R.

1535, octobre.— *Ordonnance* de François I, portant réglement pour l'administration de la justice en Provence. V. Acte notarié, n. 11. R. — Audience, § I et III. — Commissaire, n. 2.— Conversion. — Garantie, § VIII. — Greffier. — Honoraires, I. — Huissier, § I. — Hypothèque, sect. I, § V. — Incompatibilité. — Interprète. — Office, n. 1. — Opinion, n. 4. — Prescription, sect. II, § IV et XIII. — Procureur du Roi. — Production. — Rapport de procès. — Répit. — Rescision. Signature, § I. R.

1536, 24 février.—*Déclaration* sur les prérogatives en matière de poursuite criminelle. V. Compensation, § II. — Compétence, § II. R.

1536, juin. — *Edit* de Crémieu sur l'administration de la justice. V. Accepter à juge. — Droits litigieux. — Peremption, sect. I, § I. — Tutelle, sect. II, § III. R.

1536, 15 juillet. — *Ordonnance* sur les faux-monnayeurs. V. Bouillir. R.

1536, juillet.— *Ordonnance* concernant la peine du vol.V. Vol, sect. II, § II. R.

1536, 8 décembre. — *Déclaration* sur la bibliothèque du Roi. V. Bibliothèque, n. 5. R.

1557, 4 février.— *Déclaration* concernant la tutelle des enfans qui ont des biens à l'étranger ou dans les colonies. V. Tutelle, sect. II, § III.

1537, 7 juin.— *Déclaration* sur les eaux et forêts.V. Bois, § I. R.

1539, 11 janvier et 17 février.—*Ordonnances* sur les eaux et forêts. V. Usage (droit d'), sect. II, § V. R.

1539, 25 février. — *Ordonnance* sur l'administration de la justice. V. Arrêt. R.

1539, avril.— *Ordonnance* concernant les registres de gros fruits. V. Registres de gros fruits. R.

1539, 30 juin.—*Déclaration* relative au domaine de la couronne. V. Aliénation, n. 6. — Domaine public, § II. R.

1539, 16 août. — *Lettres patentes* sur la vassalité des ducs de Bretagne. V. Bar. R.

1539, 29 août. — *Ordonnance* sur les eaux et forêts. V. Usage (droit d'), sect. II, § V. R.

1539 août. — *Ordonnance* de François I, pour l'administration de la justice et l'abréviation des procès, donnée à Villers-Cotterets. V. Abus (appel comme d'). Q. — Acte notarié, n. 5.— Apôtre. R. — Avantages entre époux, § III. Q.—Baptême. — Cassation, § I. — Certificateur. — Chirurgien, § I.— Civiliser. R. — Commandement. — Complainte, § V. — Compulsoire, § I. — Confrontation, n. 2. R. —*Contrat* pignoratif. Q. — Cour des pairs. — *Crédit vel non crédit*. R. — Date, § II. Q.— Décret d'immeuble, § II. — Délinquant. R. — Désertion d'appel. Q. — Discussion, n. 18 et 20.— Domicile élu. — Don mutuel, § III. — Donation, sect. VI, § III. R.— Emphytéose, § III. Q. — Etat civil, § I. — Exécution parée, § II. — Garantie, § VIII. — Hypothèque, sect. I, § V et suiv., sect. II, § II. — Institution contractuelle, § IV. — Interprète. — Interrogatoire sur faits et articles. — Intervention. — Langue française. — Légitimité, sect. I, § II, § III. — Lèse-majesté. — Nom, § III.—Notaire, § I, V. — Opposition (tierce) § II. R. Péremption, § III. Q.— Prescription, sect. II, § XII. — Rente foncière, § I. —Réparation civile, § I, II.— Répertoire, § I.— Rescision. — Saisie-exécution, § I.— Signature, § I. R.—Testament, § XIII. Q.

1539, 21 et 23 novembre. — *Ordonnance* sur les eaux et forêts. — V. Usage (droit d'), sect. II, § V. R.

1539, novembre.— *Ordonnance* concernant la voierie. V. Rue. R.

1540, 19 mars. —*Ordonnance* sur les faux-monnayeurs. V. Bouillir. R.

1540, juin. — *Edit* contre les protestans. V. Religionnaires, § I. R.

1540, 14 juin. — *Ordonnance* sur les procès-verbaux des garde-bois. V. Gardes des bois, sect. I, § III. — Usage (droit d'), sect. II, § V. R.

1540, 17 octobre.—*Déclaration* concernant les aubergistes. V. Hôtelier, § I et III. R.

1540, 25 novembre.— *Lettres patentes* concernant le domaine public. V. Domaine public, § II. R.

1540, décembre.— *Ordonnance* concernant la police générale du royaume. V. Domestique. R.

1540, décembre.— *Ordonnance* de Fontainebleau, concernant la procédure, etc. V. Interlocutoire. — Prise à partie, § I. R.

1541, 1 septembre.— *Lettres patentes* sur les fonctions des notaires. V. Notaire, § I. R.

1541, 10 décembre. — *Lettres patentes* concernant l'estimation des revenus du comté de Chaumont. V. Terres vaines et vagues.

1542, 19 février. — *Arrêt du conseil*, sur les bois de chauffage. V. Chauffage, n. 5. R.

1542, novembre. — *Edit* sur les fonctions des notaires. V. Notaire, § I. R.

1542, 7 décembre. — *Ordonnance* sur les droits d'aides. V. Aides. R.

1543, février. — *Ordonnance* sur la propriété des effets naufragés. V. Naufrage. R.

1543, 10 septembre. — *Déclaration* relative au domaine de la couronne. V. Aliénation, n. 6. R.

1543, 11 décembre. — *Ordonnance* sur les fonctions des notaires. V. Notaire, § I. — Témoin instrumentaire, § I. R.

1543, décembre. — *Ordonnance* concernant les attributions de la juridiction de la table de marbre. V. Table de marbre. R.

1544, février. — *Edit* qui érige en titre d'office les maîtrises des eaux et forêts. V. Maîtrise des eaux et forêts. R.

1544, 15 mai. — *Déclaration* sur les chancelleries. V. Chancellerie aux contrats. R.

1544, 18 septembre. *Traité* de Crespy. V. Bar. — Hollandais. R.

1544. — *Ordonnance* sur les eaux et forêts. — V. Usage (droit d'), sect. II, § V. R.

1545, 1 mars. — *Ordonnance* sur les droits d'aides. V. Aides. R.

1545, avril. — *Ordonnance* sur les eaux et forêts. V. Amende, § I. — Garde des bois, sect. II. R.

1545. — *Ordonnance* concernant le crime de péculat. V. Péculat. R.

1546, 19 novembre. — *Déclaration* concernant la taxe des vivres dans les auberges. V. Hôtelier, § III. R.

1547, 18 janvier. — *Déclaration* concernant les droits et prérogatives des Reines. V. Reine, § II. R.

1547, 12 avril. — *Ordonnance* sur les droits d'aides. V. Aides. R.

1547, juillet. — *Ordonnance* sur les eaux et forêts. V. Amende, § I. R.

1547, juillet. — *Ordonnance* sur les gardes des bois tenus en gruerie. V. Gardes des bois, sect. II. R.

1548, 27 août. — *Arrêt du conseil* sur le bois de chauffage. V. Chauffage, n. 2. R.

1549, 14 janvier. — *Déclaration* sur la monnaie de billon. V. Billon.

1549, 14 janvier. — *Ordonnance* sur les faux-monnayeurs. V. Bouillir. — Monnaie, § II. R.

1549, 11 février. — *Déclaration* contre les protestans. V. Religionnaires, § I. R.

1549, février. — *Déclaration* concernant les droits d'insinuation des donations. V. Don mutuel, § III. R.

1549, février. — *Edit* sur les obligations passées sous scel royal, ou autre authentique. V. Exécution parée, § II. R.

1549, juillet. — *Ordonnance* portant établissement de juges consuls à Toulouse. V. Consuls des marchands, § I et V. R.

1549, 22 novembre. — *Edit* contre les protestans. V. Religionnaires, § I. R.

1549, 50 novembre. — *Déclaration* sur le droit de plaider par procureur. V. Plaider par procureur. R.

1549. — *Déclaration* sur les rentes albergues. V. Albergues. R.

1550. — *Edit* concernant les actes notariés. V. Testament, sect. II, § II, art. 5.

1551, janvier. — *Edit* qui érige la chambre des monnaies en cour souveraine. V. Monnaie, § III. R.

1551, janvier. — *Edit* portant création des présidiaux. V. Présidial. R.

1551, mars. — *Edit* sur les présidiaux. V. Audience, § II. — Jugement, § XII. Q.

1551, mars. — *Ordonnance* concernant les attributions des procureurs du Roi. V. Procureur du Roi. R.

1551, 27 mai. — *Lettres patentes* relatives à la juridiction consulaire de Toulouse. V. Tribunal de commerce, § VI. Q.

1551, 27 juin. — *Ordonnance* sur la police des églises. V. Eglise, § II. R.

1551, juin. — *Edit* contre les protestans. V. Religionnaires, § I. R.

1551, 7 juillet. — *Ordonnance* sur les eaux et forêts. V. Usage (droit d'), sect. II, § V. R.

1551, 5 septembre. — *Edit* concernant les formalités de la saisie réelle. V. Saisie réelle. R.

1551, novembre. — *Edit* des criées. V. Affiches, n. 2. — Opposition aux criées. R. — Rente foncière, § I. Q.

1551. — *Lettres patentes* portant réunion du comté de la Marche au domaine. V. Franc-alleu, § XVII. R.

1552, février. — *Edit* sur les grands chemins. V. Chemin (grand), n. 1. R.

1552, 29 avril. — *Ordonnance* sur les eaux et forêts. V. Usage (droit d'), sect. II, § V.

1552, 1 juin. — *Déclaration* sur la taxe des vivres dans les auberges. V. Hôtelier, § III. R.

1552, 2 août. — *Traité* de Passau qui accorde les droits épiscopaux aux pasteurs protestans. V. Légitimité, sect. IV, § III. — Religionnaires, § VIII. R.

1552, septembre. — *Edit* sur les attributions du grand conseil. V. Contrariété d'arrêts, n. 1. R.

1552, 10 octobre. — *Edit* sur les mines. V. Mines, § IV. Q.

1553, 26 mars. — *Ordonnance* concernant la supposition des noms et des armes. V. Nom, § III. R.

1553, mars. — *Edit* sur la vassalité des ducs de Bretagne. V. Bar. R.

1553, mai. — *Edit* portant que les procès criminels convertis en procès civils demeureront par-devant les lieutenans criminels. V. Bail, § I. — Substitution fidéicommissaire, sect. VII, § III, art. 1. — Vente, § II. R.

1554, 51 janvier. — *Ordonnance* sur l'exemption du droit d'aubaine. V. Aubaine, n. 6. R.

1554, février. — *Ordonnance* sur les eaux et forêts. V. Baliveau. — Bois, § III. R.

1554, 19 février. — *Arrêt du conseil* sur le bois de chauffage. V. Chauffage, n. 5. R.

1554, février. — *Ordonnance* concernant le droit de pêche dans les rivières. V. Pêche, sect. I, § II. R.

1554, mars. — *Edit* concernant la signature des actes notariés. V. Signature, § I. R.

1554, novembre. — *Ordonnance* sur l'exercice des fonctions d'huissier. V. Huissier, § I. R.

1555, 15 janvier. — *Déclaration* sur l'allodialité dans le Dauphiné. V. Franc-alleu, § XXVI. R.

1555, 26 mars. — *Edit* concernant la peine de ceux qui prennent des noms et des armes qui ne leur appartiennent pas. V. Faux, sect. III, § I. R.; et § III. Q. — Promesse de changer de Nom. R.

1556, 20 janvier. — *Réglement* sur le bois de chauffage. V. Chauffage, n. 5. R.

1556, janvier. — *Lettres patentes* concernant le privilége de ville d'arrêt. V. Ville d'arrêt, § I. R.

1556, février. — *Edit* sur la grossesse des filles ou femmes veuves. V. Grossesse, n. 4. R.

1556, février. — *Edit* concernant les présomptions de droit en matière criminelle. V. Présomption, § III. R.

1556, février. — *Edit* qui défend aux enfans de se marier sans le consentement de leurs père et mère. V. Actes respectueux, § III, quest. 9. Q. — Sommation respectueuse. R.

1556, 26 novembre. — *Edit* qui punit les mariages clandestins de la peine d'exhérédation. V. Exhérédation, § VI. R.

1556, novembre. — *Edit* qui défend de constituer à prix d'argent des rentes en grains, denrées, etc. V. Rente. Q.

1556. — *Ordonnance* sur les chiens errans et non avoués. V. Chien. R.

1557, 1 mars. — *Réglement* sur les eaux et forêts. V. Usage (droit d'), sect. II, § V. R.

1557, mai. — *Lettres patentes* concernant le privilége de ville d'arrêt. V. Ville d'arrêt, § I. R.

1557, juillet. — *Edit* contre les homicides. V. Homicide. R.

1557, décembre. — *Edit* sur les droits d'aides. V. Aides. R.

1558, mars. — *Edit* sur les eaux et forêts. V. Bois, § I. R.

1558, décembre. — *Edit* sur le port d'armes. V. Armes, § II. R.

1559, 18 janvier. — *Déclaration* concernant la dot des filles de France, et les droits et prérogatives des reines. V. Aliénations, n. 7. — Reine, § II. R.

1559, mars. — *Lettres patentes* relatives aux théâtres. V. Comédien. R.

1559, juin. — *Déclaration* sur l'administration de la justice. V. Accepter à gage. R. — Exécution des jugemens en matière civile, § II et III. Q.

1559, juin. — *Edit* sur les assemblées illicites. V. Assemblée, § V. R.

1559, 25 juillet. — *Déclaration* sur le port d'armes. V. Armes, § II. R.

1559, 18 août. — *Edit* relatif au domaine de la couronne. V. Aliénation, n. 6. — Domaine public, § II. R.

1559, décembre. — *Edit* concernant la rébellion. V. Rébellion, § I. R.

1559. — *Ordonnance* sur les espèces de billon étrangères. V. Billon. R.

1560, janvier. — *Ordonnance* de Charles IX sur les plaintes, doléances et remontrances des trois états tenus à Orléans. V. Cabaretier, § I. — Audience, § I. — Bordel. — Bouillir. — Code, § III. — Comédien n. 5. — Comparaison d'écritures. — Concussion, n. 2. — Confirmation. — Consuls des marchands, § I. — Conventions matrimoniales, § II. — Dénonciateur, n. 6. — Déparagement. — Don corrompable. — Double écrit. — Droits litigieux. R. — Droits litigieux (cession de), § III. — Faux, § III. Q. — Fête. — Greffier, n. 9. — Honoraires, § III. — Hôtelier, § II. — Huissier, § I. — Intendant. — Intérêt, § III et IV. — Jeu. — Légitime, sect. VIII, § III, art. 2. — Lettre de cachet. R. — Mainmorte (droit de). — Monnaie,

§ II. — Notaire, § V. — Office, n. 1. — Opposition au sceau des lettres de ratification, n. 1. — Péage, § I. R. — Peine compromissoire, § II. — Procureur du Roi. — Profession monastique, § I. — Révision de procès, § I. — Signature, § I, II, III. R. et Q. — Société, section VIII. — Substitution fidéicommissaire, sect. X, § IV, art. 2 et § VIII. Q. — Témoin instrumentaire, § I, II. — Testament, sect. II, § I, art. 6. — § III, art. II, n. 8. — Transaction, § V. — Tribunal de police, § IV. Q. — Usure. R.

1560, février. — *Réglement* qui soumet les armateurs à donner caution. V. Lettre de marque, § II. R.

1560, avril. — *Ordonnance* concernant l'action en rescision. V. Transaction, § V.

1560, mai. — *Edit* sur la vénalité des offices. V. Office, n. 1. R.

1560, juillet. — *Edit* des secondes noces. V. Contrat de mariage, § III. — Deuil. — Noces (secondes), § I et suivants. R. Et secondes noces, § IV. Q.

1560, 10 décembre. — *Lettres patentes* de Charles IX sur la régence. V. Régence, § I et suivants. R.

1561, 15 janvier. — *Ordonnance* contre les protestants. V. Religionnaires, § VI. R.

1561, 17 janvier. — *Déclaration* sur l'imprimerie et la librairie, la sédition, etc. V. Injure, § II. — Sédition. R.

1561, 27 janvier. — *Edit* contre les protestans. V. Religionnaires, § I. R.

1561, mars. — *Ordonnance* sur les gardes des bois tenus en gruerie. V. Gardes des bois, section II. R.

1561, juillet. — *Edit* sur le port d'armes. V. Armes, § II. — Émeute. R.

1561, août. — *Ordonnance* sur les droits inaliénables du domaine de la couronne. V. Grairie. R.

1561, 11 octobre. — *Edit* concernant la signature des actes notariés. V. Signature, § I. R.

1561, octobre. — *Edit* sur le port d'armes. V. armes, § II. R.

1561, octobre. — *Edit* sur les eaux et forêts. V. Bois, § I. R.

1562, 10 janvier. — *Lettres patentes* de Charles IX par lesquelles les annates ou vacances des bénéfices consistoriaux sont remises, nonobstant l'ordonnance d'Orléans. V. Annates. — Bénéfices et Clergé. R.

1563, 20 janvier. — *Déclaration* sur la taxe des vivres dans les auberges. V. Hôtelier, § III. R.

1563, janvier. — *Ordonnance* du Roi Charles IX pour le bien et réglement de la justice et police du royaume, donnée à Roussillon. V. Acte notarié, n. 5. R. — Bénéfice d'inventaire, n. 10. R. — Date, n. 2. — Désaveu, n. 2. — Destitution, n. 5. — Langue française. — Péremption, sect. I, § I. R. et § III, IV et VI. Q.

1563, avril. — *Déclaration* contre les protestans. V. Religionnaires, § II. R.

1563, 14 juin. — *Déclaration* contre les protestans. V. Religionnaires, § IV. R.

1563, 16 août. — *Déclaration* concernant le crime de lèse-majesté. V. Lèse-majesté. R.

1563, septembre. — *Edit* sur les eaux et forêts. V. Bois, § I. R.

1563, novembre. — *Edit* portant établissement de juge-consuls en la ville de Paris, rendu commun pour toutes les juridictions du royaume par l'article 4 du titre 4 de l'ordonnance du commerce du mois de mars 1675. V. Compétence, § III. — Consuls des marchands, § I, II et III. — Contrainte par corps,

n. 2. — Décret d'immeuble, § IV. — Faillite et Banqueroute, sect. II, § II. — Marchandise (fait de). R. — Suppléant (juge), § I. — Tribunal de commerce, § V, VI. Q.

1563, 2 décembre. — *Réglement* sur les fonctions des gardes des bois. V. Gardes des bois, sect. I, § III. R.

1563, décembre. — *Edit* de pacification donné au château de Roussillon. V. Mariage, § V. Q.

1563. — *Réglement* pour la forêt de Guise. V. Bois, § III. R.

1564, février. — *Ordonnance* sur les droits inaliénables du domaine de la couronne. V. Grairie. R.

1564, 5 juillet. *Déclaration* sur la taxe des vivres dans les auberges. V. Hôtelier, § III. R.

1564, 4 août. — *Déclaration* sur les mariages des prêtres et des moines. V. Mariage, § V. Q.

1564, 9 août. — *Déclaration* du Roi sur quelques articles de l'ordonnance de Roussillon. V. Action, § III. — Huissier, § I. R.

1564, novembre. — *Edit* portant établissement de la peine des galères. V. Galères. R.

1565, 12 février. — *Lettres patentes* relatives aux femmes publiques de Paris. V. Bordel. R.

1565, 28 avril. — *Déclaration* rendue en interprétation de l'édit des juges-consuls de Paris. V. Consuls. R. — Tribunal de commerce, § VI. Q.

1565, 30 août. — *Déclaration* sur le port d'armes. V. Armes, § II. R.

1565, 28 octobre. — *Lettres patentes* sur les eaux et forêts. V. Bois, § I. R.

1565, 29 novembre. — *Edit* sur la constitution à prix d'argent des rentes en grains et denrées. V. Rente constituée, § II, art 11. R.

1565, 29 novembre. — *Déclaration* concernant le crime de lèse-majesté. V. Lèse-majesté. R.

1566, février. — *Ordonnance* pour la réformation et réglement de la justice, tant ès-cours souveraines qu'inférieures, donnée à Moulins. V. Ajournement à ban. — Amende, § VIII. — Arrêt. — Assiette de rentes. — Cassation, § I. — Chambre des comptes. R. — Concussion, n. 2. — Consuls des marchauds, § III. — Contrainte par corps, n. 1, 19. — Décret d'immeuble, § III. — Don corrompable. — Don du Roi. — Don mutuel, § III. — Donation, section VI, § III. — Double écrit. — Échevins, § II. R. — Engagement, § I, II. — Escroquerie, § I. — Expert, § I. — Héritier, § I. Q. — Hypothèque, sect. I, § VIII, section II, § II. — Inaliénabilité, § I. — Incompatibilité. — Indices. — Intendant. — Jeu, R. — Jugement, § XII. Q. — Jurement. — Mariage, sect. V, § I. Nom, § III. — Opposition (tierce), § III. R. — Pignoratif (contrat). Q. — Prescription, sect. III, § VII, article 1. — Preuve, sect. II, § III, article 1. R. § VII. Q. — Procureur du Roi. — Profession monastique, § III. — Rébellion, § I. — Signature, § II. — Simulation, § VI. — Substitution fidéicommissaire, section VII, § III, art. 1. — Section X, § IV, art. 2. R. et § VIII. Q. — Succession, § XI, Q. — Suggestion, § I. R. — Suppression de titres, § I. Q.

1566, février. — *Ordonnance* concernant le domaine de la couronne. V. Aliénation, n. 6 et 7. R. — Apanage. — Domaine public, § II et III. — Inaliénabilité, § I et suivans. R.

1566, février. — *Edit* de création de priseurs et vendeurs de meubles. V. Huissier priseur. R.

1566, 10 juillet. — *Déclaration* en interprétation des ordonnances d'Orléans et de Moulins. V. Don mutuel, § III. R.

1566, 10 juillet. — *Déclaration* concernant les substitutions.

V. Substitution fidéicommissaire, sect. VII, § III, art. 4.

1566, juillet. — *Edit* concernant les duchés-pairies. V. Duc et duché. — Marquis. — Réversibilité des fiefs. R.

1567, 7 février. — *Réglement* pour la police générale du royaume. V. Domestique. — Juge de paix, § XVII. R.

1567, 25 mars. — *Déclaration* concernant les aubergistes. V. Hôtelier, § I. R.

1567, 25 mars. — *Ordonnance* concernant les étaux des boucheries de Paris. V. Étal. R.

1567, 25 mars. — *Ordonnance* concernant la peine d'avoir les oreilles coupées. V. Essorillé. R.

1567, mars. — *Ordonnance* contre l'usure. V. Usure. R.

1567, mai. — *Edit* donné à Saint-Maur. V. Agnats. R.

1567, 12 novembre. — *Edit* sur la faculté de résigner les offices. V. Office, n. 1. R.

1567, novembre. — *Ordonnance* sur l'administration de la justice. V. Information de vie et mœurs. R.

1568, mai. — *Ordonnance* sur l'exercice des fonctions d'huissier. V. Huissier, § I. R.

1568, juillet. — *Edit* portant création d'une troisième chambre d'enquêtes au parlement de Paris. V. Enquêtes (chambre des). R.

1568, août. — *Déclaration* concernant les rentes foncières dues à l'Église. V. Rente foncière, § I. R.

1568, août. — *Edit* portant rétablissement des chambres des comptes. V. Chambre des comptes. R.

1568. — *Edit* qui révoque tous les anoblissemens. V. noblesse, § VI. R.

1569, 27 août. — *Lettres patentes* sur l'exemption du droit d'aubaine. V. Aubaine, n. 6. R.

1570, 11 août. — *Ordonnance* contre les protestans. V. Religionnaires, § VI. R.

1570, 25 août. — *Déclaration* concernant le crime de lèse-majesté. V. Lèse-majesté. R.

1570, 7 septembre. — *Arrêt du conseil* sur les commissaires-enquêteurs. V. Commissaires-enquêteurs, n. 1. R.

1570, septembre. — *Ordonnance* sur les visites des commissaires des monnaies. V. Chevauchée. R.

1570, octobre. — *Ordonnance* concernant les attributions de la juridiction de la table de marbre. V. Table de marbre.

1571, mars. — *Ordonnance* sur les eaux et forêts. V. Amende, § I. R.

1571, 16 avril. — *Déclaration* sur l'imprimerie et la librairie. V. Injure, § II. R.

1571, avril. — *Lettres patentes* de Charles IX sur plusieurs doléances, plaintes et remontrances faites au Roi de la part du clergé. V. Abus (appel comme d'). Q.

1571, août. — *Edit* sur la dégradation des prêtres exécutés à mort. V. Dégradation, § II. R.

1571, 5 octobre. — *Lettres patentes* concernant la comptabilité des marguilliers et administrateurs des biens des fabriques de paroisse. V. Fabrique. R.

1571, 8 octobre. — *Edit* qui déclare les charrues insaisissables. V. Charrues. R.

1571, 14 octobre. — *Ordonnance* concernant les lettres de naturalité et de légitimation. V. Légitimation, sect. III, § III. R.

1571, 6 novembre. — *Lettres patentes* sur les eaux et forêts. V. Bois, § I. R.

1572, février. — *Edit* du Roi Charles IX pour l'administralion et l'autorité de la justice, donné à Amboise. V. Huissier, § I. — Rébellion, § I. R.

1572, 51 mars. — *Déclaration* concernant les aubergistes. V. Hôtelier, § I. R.

1572, juin. — *Edit* sur les agens de change. V. Agens de change. R.

1572, 28 juillet. — *Déclaration* concernant la police générale du royaume. V. Domestique. R.

1572, 15 septembre. — *Lettres patentes* concernant le domaine public. V. Domaine public, § II. R.

1572, 5 novembre. — *Ordonnance* sur les aumônes. V. Aumône. R.

1572, 15 novembre. — *Lettres patentes* concernant le domaine public. V. Domaine public, § II. R.

1572, novembre. — *Lettres patentes* concernant le changement de nom de famille. V. Nom, § III. R.

1575, 24 janvier. — *Lettres patentes* sur les eaux et forêts. V. Bois, § I. R.

1575, août. — *Edit* sur les eaux et forêts. V. Bois, § I. R.

1575, novembre. — *Edit* sur la compétence des juges consuls. V. Consuls des marchands, § III. R.

1575, 29 décembre. — *Déclaration* concernant les droits dus au domaine. V. Domaine public, § II. R.

1574, 12 février. — *Déclaration* concernant le domaine public. V. Domaine public, § II. R.

1574, 15 mai. — *Lettres patentes* de Charles IX sur la régence. V. Régence, § I et suiv. R.

1574, 15 juin. — *Lettres patentes* de Henri III sur la régence. V. Régence, § I et suiv. R.

1574, 51 juillet. — *Lettres patentes* sur le droit royal de confirmation. V. Confirmation. R.

1574, 27 décembre. — *Déclaration* relative aux présidiaux. V. Héritier, § VIII. Q.

1574. — *Ordonnance* sur les espèces de billon étrangères. V. Billon. R.

1575, mai. — *Ordonnance* concernant les priviléges des oiseleurs. V. Oiseleurs. R.

1575, mai. — *Edit* portant création d'offices dans les maîtrises des eaux et forêts. V. Bois, § I. — Grand-maître des eaux et forêts. R.

1575, mai. — *Edit* sur les fonctions des notaires. V. Notaire, § I. R.

1575, août. — *Ordonnance* concernant les priviléges des oiseleurs. V. Oiseleurs. R.

1575, septembre. — *Lettres patentes* pour la coutume du duché de Bourgogne. V. Coutume, § III. R.

1576, mars. — *Edit* portant fixation du taux des intérêts. V. Intérêt, § VI. R. — Subrogation, § I. Q.

1576, mai. — *Edit* de pacification. V. *Ab irato*, sect. IV. R. — Serment, § I. Q.

1576 juillet. — *Edit* sur la procédure criminelle. V. Faux, § III. Q.

1576, juillet. — *Edit* qui exempte les ecclésiastiques de la contrainte par corps. V. Contrainte par corps, n. 22. R.

1576, décembre. — *Ordonnance* qui fixe le rang des princes du sang. V. Prince, § I. R.

1577, janvier. — *Edit* sur les eaux et forêts. V. Bois, § I. R.

1577, février. — *Edit* portant établissement des traites domaniales. V. Carte. R.

1577, mars. — *Edit* concernant les aubergistes. V. Hôtelier, § I. R.

1577, mai. — *Ordonnance* sur les visites des commissaires des monnaies. V. Chevauchée. — Monnaie, § III. R.

1577, 5 septembre. — *Edit* sur les exhérédations. V. *Ab irato*, sect. IV. R.

1577, septembre. — *Edit* sur la procédure criminelle. V. Faux, § III. Q.

1577, 21 novembre. — *Déclaration* concernant la police générale du royaume. V. Domestique. — Juge de paix, § XVII. R.

1577, novembre. — *Ordonnance* concernant les étaux des boucheries de Paris. V. Etal. R.

1577, 12 décembre. — *Lettres patentes* sur les fonctions des notaires. V. Notaire, § I. R.

1577, décembre. — *Lettres patentes* qui exemptent les religieux de St.-Denis de toute prescription. V. Prescription, sect. III, § IV, art. 2. R.

1577. — *Ordonnance* qui défend d'arrher les grains en vert. V. Arrhes. R.

1577. — *Ordonnance* sur les espèces de billon étrangères. V. Billon. R.

1578, janvier. — *Ordonnance* sur le bois de chauffage. V. Chauffage, n. 2. R.

1578, juin. — *Edit* de création des revenus des consignations. V. Consignation. R.

1578, novembre. — *Edit* portant création des adjoints aux enquêtes. V. Adjoint. — Enquête, § I. R.

1578. — *Ordonnance* sur les espèces de billon étrangers. V. Billon. R.

1579, 17 mars — *Arrêt du conseil* sur le bois de chauffage. V. Chauffage, n. 2. R.

1579 mai. — *Ordonnance* du Roi Henri III sur les plaintes et doléances faites par les députés de son royaume, convoqués et assemblés en la ville de Blois. V. Abus (appel comme d'). Q. —Bail, § II.— Ban de moisson. —Ban de mariage. — Baptême. —Bois, § I. R.— Bourse, § R. I.—Cabaretier, § I.—Cassation, § I. —Clandestinité, sect. II.—Commissaire, n. 2. — Commission, sect. I, § I.— Concussion, n. 2 et 5. — Consuls des marchands, § III. —Contrainte par corps, n. 22. — Crime, § V. — Date, n. 2 et 4. R., et § II. Q. — Décret d'immeuble, § IV.— Déparagement. — Domaine public, § II. R. — Domicile élu. § III. Q. — Don corrompable.— Don du Roi. — Double écrit. — Empêchemens de mariage, § V. — Enquête, § I.— État civil, § I. — Étiquette. — Étranger, § I. — Exécution des jugemens civils. — Exécution provisoire des jugemens, R.— Expert, § I. — Faux, § III. Q. — Fête. — Fief, sect. II, § III.— Gardiens. — Grands jours. — Greffier, n. 9. — Honoraires § I. — Hôtelier, § II. — Huissier, § I. — Incompatibilité. — Information de vie et mœurs. — Injure, § II. — Inventaire, § II, IV. — Légitimation, sect. II, § II. — Lèse-majesté. — Mariage, sect. V, § II, sect. VI, § I. — Marquis. — Matières sommaires. — Monitoires. — Noces (secondes), § I, II. — Notaire, § V. — Office, n. 1. — Prise à partie, § I. — Profession monastique, § I. — Rapt, n. 5. — Rébellion, § 1. — Réversibilité des fiefs. — Séminaire. — Signature, § I, III. R, et § 1, II et III. Q. — Témoin instrumentaire, sect. II, § III, art. 2, n. 8, art. 5, n. 45. R. — Tribunal de police, § IV. Q. — Usure. — Vasseur. — Vol, sect. II, § III. R.

1579, 17 août. — *Déclaration* sur la composition d'une baronnie. V. Baron. R.

836   TABLE I. — LOIS FRANÇAISES AVANT 1789.

1579, septembre.—*Edit* sur les droits de marque et de contrôle des ouvrages d'or et d'argent. V. Marque et contrôle, § I. R.

1579, 14 décembre. — *Arrêt* des grands jours de Poitiers. V. Huissier, § I. R.

1580 1 février. — *Lettres patentes* concernant l'interdiction des officiers du grand conseil. V. Interdiction. R.

1580 février. — *Edit* de Henri III sur les droits et privilèges du clergé, donné à Melun. V. Abus (appel comme d'). Q.— Aumône. — Clergé, § I. — Cloche. — Séminaire. R.

1580, 4 décembre. — *Déclaration* concernant les adjoints aux enquêtes. V. Enquête, § I. R.

1580. — *Ordonnance* concernant la stipulation d'intérêts dans le prêt. V. Intérêt, § III. R.

1580. — *Edit* sur les eaux et forêts. V. Bois, § I. R.

1581, 21 février.—*Déclaration* portant établissement d'un droit sur les cartes à jouer. V. Carte. R.

1581, juin. — *Edit* portant établissement du droit de contrôle. V. Contrôle, n. 1. R.

1581, 7 septembre. — *Ordonnance* sur l'exercice du métier de banquier. V. Banquier. R.

1581, 26 novembre.—*Déclaration* qui établit une chambre de justice en Guyenne. V. Chambre de justice. R.

1581. — *Ordonnance* sur le bois de chauffage. V. Chauffage, n. 2. R.

1581. — *Ordonnance* concernant la stipulation d'intérêts dans le prêt. V. Intérêts, § III. R.

1582, 2 février. — *Lettres patentes* concernant les domaines appartenant en propre à la Reine. V. Reine, § II. R.

1582, 31 mars. — *Déclaration* sur la taxe des vivres dans les auberges. V. Hôtelier, § III. R.

1582, mai. — *Edit* de création des conservateurs du domaine. V Conservateur, § VII. R.

1582, décembre.— *Edit* portant établissement des arts et métiers en corps et communautés. V. Corps d'arts et métiers, n. 1. R.

1583, janvier. — *Edit* sur les eaux et forêts. V. Bois, § I. R.

1583, janvier. — *Ordonnance* sur les eaux et forêts, sur la chasse au loup, les bois de chauffage, etc. V. Chasse, § X. — Chauffage, n. 4. — Chevauchée. — Gardes des bois, sect. I, § III. — Garde-marteau. — Usage (droit d'), section II, § V. R. et § IX. Q.

1583, 8 mai. — *Lettres patentes* sur les preuves de noblesse. V. Noblesse, § VII. R.

1583, 22 mai. — *Déclaration* sur les droits des cartes. V. Carte. R.

1583, mai. — *Edit* qui règle les fonctions des commissaires enquêteurs examinateurs. V. Commissaires enquêteurs, n. 5. R.

1583, novembre. — *Ordonnance* sur la peine des non-révélateurs de conspirateurs contre l'État. V. Lèse-majesté, n. 5. R.

1584. — *Ordonnance* sur le bois de chauffage. V. Chauffage, n. 6. R.

1584. — *Réglement* pour la forêt de Rouvrai. V. Bois, § III. R.

1585, octobre. — *Ordonnance* sur l'administration de la justice. V. Civiliser. — Huissier, § I. — Nullité, § IX. R.

1586, juin. — *Edit* portant création d'assesseurs. V. Assesseur. R.

1586, juin. — *Edit* sur les commissaires enquêteurs examinateurs. V. Commissaires enquêteurs, n. 7. R.

1587. — *Réglement* pour la forêt de Dreux. V. Bois, § III. R.

1588, avril. — *Ordonnance* concernant les eaux et forêts. V. Défrichement, § II. — Restitution pour délit forestier. R.

1588, 23 mai. — *Déclaration* sur les commissaires enquêteurs examinateurs. V. Commissaires enquêteurs, n. 7. R.

1588, mai. — *Edit* portant suppression des assesseurs. V. Assesseur. R.

1589, 25 décembre. — *Déclaration* sur le droit royal de confirmation. V. Confirmation. R.

1590, 13 avril. — *Lettres patentes* concernant le domaine de la couronne. V. Domaine public, § III. R.

1594, 23 décembre. — *Déclaration* qui exempte de tutelle et curatelle les secrétaires du Roi. V. Tutelle, sect. II, § II, art. 5.

1595, 16 mars. — *Ordonnance* qui déclare les charrues insaisissables. V. Charrue. R.

1595, mai. — *Edit* de création d'huissiers audienciers dans les juridictions consulaires. V. Consuls des marchands, § V. R.

1595. — *Edit* sur les agens de change. V. Agens de change. R.

1596, mars. — *Edit* sur les commissaires enquêteurs examinateurs. V. commissaires enquêteurs, n. 7. R.

1596, avril. — *Lettres patentes* concernant le changement de nom de famille. V. Nom, § III. R.

1596, 1er mai. — *Lettres patentes* sur les droits, rang et honneurs du clergé. V. Clergé, § I. R.

1596, juillet. — *Edit* portant rétablissement des assesseurs. V. Assesseur. R.

1596, 19 novembre. — *Arrêt* des grands jours de Lyon. V. Greffier. R.

1597, 24 avril. — *Déclaration* sur les eaux et forêts. V. Bois, § I. Q.

1597, avril. — *Edit* sur l'établissement des corps d'arts et métiers. V. Corps d'états et métiers. R.

1597, mai. — *Edit* sur les eaux et forêts, la chasse, etc. V. Bois, § I. — Chasse, § X. R. — Gardes des bois et forêts, sect. I, § I. R. — Recolement de coupes de bois, § I. Q.

1597, mai. — *Edit* concernant les offices de notaires, de gardes-notes, tabellions. V. Triage, § I. Q. — Notaire, § I. R.

1597, 5 septembre. — *Réglement* sur les fonctions des gardes des bois. V. Gardes des bois, sect. I, § III. R.

1598, 22 janvier. — *Lettres patentes* sur la terre de Morley dans le Barrois. V. Bar ou Barrois (duché de). R.

1599, 8 avril. — *Edit* concernant les défrichemens. V. défrichement. R.

1599, 8 avril. — *Edit* sur les dessèchemens. V. Dessèchement. R.

1598, 26 avril. — *Lettres patentes* sur la principauté d'Henrichemont. V. Bar. R.

1598, avril. — *Edit* portant création d'une chambre de l'édit à Paris. V. Chambre de l'édit. R.

1598, avril. — *Edit* de Nantes concernant les protestans. V. Abjuratio, sect. IV. — Religionnaires. R. — Serment, § I. Q. — Témoin judiciaire, § I. R.

1598, 4 août. — *Déclaration* sur le port-d'armes. V. Armes, § II. R.

1598, 15 décembre. — *Déclaration* relative à l'exercice des fonctions judiciaires. V. Certificat de vie et mœurs. R.

1599, 20 janvier. — *Lettres patentes* concernant la perception des décimes. V. Présomption, § III. R.

1599, août. — *Edit* portant création d'une chambre de l'édit à Rouen. V. Chambre de l'édit. R.

1600, 3 février. — *Déclaration* sur le port d'armes et la chasse. V. Armes, § II. — Levrier. R.

1600, mars. — *Règlement* sur le fait des tailles. V. Collecte. R.

1600, mars. — *Edit* sur les preuves de noblesse. V. Noblesse, § VII. R.

1600, décembre. — *Edit* concernant la voirie. V. Rue. R.

1601, juin. — *Ordonnance* sur la chasse. V. Chasse, § VI. et X. R.

1601, juin. — *Edit* concernant les mines et minières. V. Fête. R. — Mines, § I et IV. Q.

1601, juillet. — *Edit* concernant la stipulation d'intérêts dans le prêt. V. Intérêt, § III et VI. R.

1601, 25 août. — *Lettres patentes* portant création d'une chambre royale. V. Chambre royale. R.

1601, 4 septembre. — *Règlement général* sur les eaux et forêts. V. Bois, § III. — Gardes des bois, section I, § III. — Marteau. — Restitution pour délit forestier. R.

1601, octobre. — *Règlement* sur le corps de la mercerie. V. Commissionnaire, § III. R.

1601. — *Edit* concernant le crime de lèse-majesté. V. Lèse-majesté. R.

1602, 16 février. — *Déclaration* sur la chasse et la pêche. V. Bail, § I. R.

1602, 22 mars. — *Lettres patentes* qui exemptent de tutelle et de curatelle les officiers de la maison du Roi. V. Tutelle, section II, § I, article 5.

1602, mai. — *Ordonnance* sur les eaux et forêts. V. Baliveau. R.

1602, juin. — *Arrêt de règlement* concernant les eaux et forêts. V. Restitution pour délit forestier. R.

1602, décembre. — *Edit* qui exempte de tutelle les officiers des monnaies. V. Tutelle, section IV, § I, article 5.

1603, mars. — *Edit* concernant les actes sujets au contrôle. V. Enregistrement. R.

1603, 24 mars. — *Lettres patentes* concernant le mariage des Juifs. V. Juifs, section I, § V, et section II. R.

1603, octobre. — *Edit* sur les commissaires enquêteurs. V. Commissaires enquêteurs, n. 1. R.

1603, 15 décembre. — *Règlement général* sur les eaux et forêts. V. Bois, § III. R.

1604, 5 mars. — *Déclaration* sur la chasse et la pêche. V. Bail, § I. R.

1604. — *Traité* avec la Turquie. V. État civil, § II. R.

1605, 5 janvier. — *Arrêt* du conseil sur les baux à cheptel. V. Cheptel, § I. R.

1605, 14 janvier. — *Déclaration* sur les droits des cartes. V. Carte. R.

1605, 5 avril. — *Lettres patentes* relatives à la commutation des peines. V. Commutation, n. 1. R.

1605, 6 octobre. — *Règlement* sur les eaux et forêts. V. Chablis. R.

1605, 15 novembre. — *Lettres patentes* en faveur des Juifs. V. Juifs, section I, § V. R.

1605, 10 décembre. — *Arrêt* des grands jours de Clermont. V. Transaction, § II.

1605. — *Edit* contre l'usure. V. Usure. R.

1606, juin. — *Edit* portant établissement du droit du contrôle en Normandie. V. Contrôle, n. 1. R.

1606, août. — *Edit* qui déclare valables les obligations souscrites par des femmes pour des tiers. V. Sénatus-consulte velléien, § I. R.

1606, décembre. — *Edit* concernant les rentes foncières dues à l'Église. V. Rente foncière, § I. R.

1606, décembre. — *Edit* de Henri IV sur la discipline et police ecclésiastique, donné à Paris. V. Abus (appel comme d'). Q. — Ban de mariage. — Clandestinité, sect. II. R. — Clergé, § I. R.

1607, janvier. — *Edit* sur le desséchement des marais. V. Marais, § I. R.

1607, janvier. — *Edit* sur l'exemption du droit d'aubaine. V. Aubaine, n. 6. R.

1607, janvier. — *Edit* qui supprime la dignité de connétable. V. Connétable. R.

1607, mai. — *Edit* sur les eaux et forêts. V. Bois, § I. R.

1607, juillet. — *Edit* concernant le domaine public. V. Domaine public, § II et III. — Inaliénabilité, § I. R.

1607, 27 septembre. — *Ordonnance* sur certains délits des chasses de la capitainerie de Vincennes. V. Berger. R. — Chasse, § V. — Levrier. R.

1608, juin. — *Lettres patentes* sur la cessation du droit d'aubaine entre la France et Genève. V. Héritier, sect. VI, § III, n. 2. R.

1609, 16 mars. — *Lettres patentes* concernant la comptabilité des marguilliers et administrateurs des biens des fabriques de paroisse. V. Fabrique. R.

1609, 11 avril. — *Arrêt* du conseil sur les commissaires enquêteurs examinateurs. V. Commissaires enquêteurs, n. 7. R.

1609, mai. — *Edit* sur les transports, cessions, ventes, etc. V. Aliénation. — Subrogation de personne, sect. II, § VIII.

1609, 12 septembre. — *Déclaration* sur le port d'armes. V. Armes, § II. R.

1610, 27 mai. — *Déclaration* concernant le crime de lèse-majesté. V. Lèse-majesté. R.

1610, juin. — *Ordonnance* sur la chasse. V. Chasse, § VII. R.

1610, 10 août. — *Lettres patentes* sur les droits, rangs et honneurs du clergé. V. Clergé, § I. R.

1610, août. — *Edit* qui exempte de tutelle et de curatelle les officiers de la maison du Roi. V. Tutelle, sect. II, § I, art. 5.

1610, septembre. — *Déclaration* sur le rang des cardinaux et pairs ecclésiastiques. V. Cardinal. R.

1610, 2 octobre. — *Déclaration* sur la compétence des juges-consuls. V. Consul des marchands, § II. R.

1610, décembre. — *Edit* concernant la juridiction ecclésiastique. V. Abus (Appel comme d'). Q.

1610. — *Lettres patentes* sur le droit royal de confirmation. V. Confirmation. R.

1611, 30 mai. — *Déclaration* concernant les jeux. V. Jeu. R.

1611, juin. — *Edit* concernant le domaine public. V. Domaine public, § II. R.

1611, 4 octobre. — *Déclaration* rendue en interprétation de la déclaration du 2 octobre 1610, touchant la juridiction des juges consuls. V. Consuls des marchands, § II. R.

1611, 15 décembre. — *Déclaration* concernant les avocats. V. Honoraires, § I. R.

1613, janvier. — *Réglement* sur le corps de la mercerie. V. Commissionnaire, § III. R.

1613, 2 mai. — *Lettres patentes* concernant le changement de nom de famille. V. Nom, § III. R.

1613, 5 juillet. — *Déclaration* sur les desséchemens. V. Desséchemens. R.

1613, 25 août. — *Edit* concernant les défrichemens. V. Défrichement. R.

1613, 19 octobre. — *Déclaration* sur les desséchemens. V. Desséchemens. R.

1613, 15 janvier. — *Déclaration* sur le serment à prêter par les juges consuls. V. Consuls des marchands, § IV. R.

1615, 14 avril. — *Déclaration* concernant le crime de lèse-majesté. V. Lèse-majesté. R.

1615, 7 mai. — *Déclaration* pour les 4 sous pour livres. V. Aidés. R.

1615, 10 juillet. — *Déclaration* concernant le domaine public. V. Domaine public, § II. R.

1615, 18 juillet. — *Déclaration* sur l'exercice des fonctions d'huissier. V. Huissier, § I. R.

1616, avril. — *Lettres patentes* qui exemptent de tutelle les officiers des monnaies. V. Tutelle, sect. IV, § I, art. 5.

1617, 24 juillet. — *Déclaration* sur le port d'armes. V. Armes, § II. R.

1617, 4 novembre. — *Edit* sur le régime colonial. V. Colonie, § I. R.

1618, 29 mai. — *Arrêt* du conseil sur les droits, rang et honneurs du clergé. V. Clergé, § I. — Cloches. R.

1618. — *Réglement* concernant l'imprimerie et la librairie. V. Plagiat, n. 2. R.

1619, 4 mai. — *Arrêt* du conseil relatif au sceau des jugemens des juges-consuls. V. Consuls des marchands, § V. R.

1619, 4 septembre. — *Lettres patentes* concernant la comptabilité des marguillers et administrateurs des biens des fabriques de paroisse. V. Fabrique. R.

1621. — *Edit* portant création du parlement de Pau. V. Langue française. R.

1622, 30 septembre. — *Déclaration* concernant les droits d'insinuation des donations. V. Don mutuel, § III. R.

1623, février. — *Lettres patentes* sur les droits d'usage et de pâturage. V. Pâturage, § I. Q.

1623, avril. — *Déclaration* concernant les protestans. V. Religionnaires, § I. R.

1624, 30 septembre. — *Arrêt* du conseil sur l'insinuation des contrats de vente, échange, etc. V. Appropriance, § III. R.

1625, 18 avril. — *Edit* sur l'exemption du droit d'aubaine. V. Aubaine, n. 6. R.

1626, 15 janvier. — *Déclaration* concernant les protestans. V. Religionnaires, § I. R.

1626, janvier. — *Ordonnance* sur la propriété des effets naufragés. V. naufrage. R.

1626, février. — *Edit* de création des commissaires aux saisies réelles. V. Commissaire aux saisies réelles. R.

1626, février. — *Edit* sur les grands chemins. V. Chemin (grand), n. 1. R.

1626, août. — *Edit* sur l'insinuation des contrats de vente, échange, etc. V. Appropriance, § III. R.

1626, 17 novembre. — *Déclaration* qui assujetit à un droit les tabacs importés de l'étranger. V. Tabac.

1627, janvier. — *Edit* de suppression de la charge d'amiral. V. Amiral. R.

1627, janvier. — *Edit* concernant les aubergistes. V. Hôtelier, § I. R.

1627, mars. — *Edit* concernant les attributions des trésoriers de France. V. Trésoriers de France.

1627, avril. — *Edit* portant révocation de celui de Crémieu de 1536. V. Inventaire, § X. R.

1627, avril. — *Ordonnance* sur l'administration des domaines. V. Domaine public, § V. R.

1627, 19 mai. — *Arrêt* du conseil sur l'insinuation des contrats de vente, échange, etc. V. Appropriance, § III. R.

1627, 16 juin. — *Arrêt* du conseil sur les commissaires enquêteurs examinateurs. V. Commissaires enquêteurs, n. 7. R.

1627, juin. — *Edit* concernant les contrôleurs des actes. V. Contrôles, n. 1. R.

1628, 15 juin. — *Lettres patentes* sur les droits, rang et honneurs du clergé. V. Clergé, § I. R.

1628, 30 septembre. — *Arrêt* du conseil sur l'insinuation des contrats de vente, échange, etc. V. Appropriance, § III. R.

1629, janvier. — *Ordonnance* connue sous le nom de Code Michault. V. Acte notarié, n. 3. — Agent. — Arrérage. — Bail, § XVI. — Baptême. — Chevalier, n. 3. — Clergé, § I. — Code, § III. — Concubinage, n. 2. R. — Concubinage. Q. — Conseillers d'État. — Contrainte par corps, n. 21. — Dauphiné. — Décret d'immeuble, § IV. — Dispense, § III. — Divorce, § VI. — Droits litigieux. R. — Droits litigieux (cession de), § III. Q. — Franc-alleu, § XXIII, XXVI. — Greffier, n. 9. — Hypothèque, sect. I, § V. — Inventaire, § II. — Jeu. — Jugement, § VIII. R. — Jugement, § XIV. Q. — Langue française. — Lèse-majesté. — Ordre de créanciers, § V. R. — Paternité. — Péremption, sect. I, § I. R. et § III. Q. — Prescription, § XV, XVI. — Prévarication. R. — Prise maritime, § IV. Q. — Rente constituée, § X. — Réunion, § I. R. et Q. — Saisie-Exécution, § I. — Signature, § III. — Souveraineté, § VI. — Usure. R.

1630, 6 mars. — *Arrêt* du conseil sur l'insinuation des contrats de vente, échange, etc. V. Appropriance, § III. R.

1631, octobre. — *Edit* sur les droits de marque et de contrôle des ouvrages d'or et d'argent. V. Marque et contrôle, § I. R.

1632, 24 janvier. — *Lettres patentes* en faveur des Juifs. V. Juifs, sect. I, § V, et sect. II. R.

1632, 14 juillet. — *Arrêt* du conseil concernant les ministres et consistoires des prétendus réformés. V. Religionnaires. R.

1633, décembre. — *Edit* portant création du parlement de Metz. V. Abus (appel comme d'). Q.

1634, mars. — *Edit* concernant la stipulation d'intérêts dans le prêt. V. Intérêt, § III et VI. R.

1634, 10 juillet. — *Traité* entre le Portugal et l'Angleterre. V. Prise maritime, § III, art. 1. R.

1634, 12 juillet. — *Lettres patentes* qui défendent la saisie des farines, pain, et denrées servant à la nourriture des familles. V. Saisie-exécution, § I. R.

1634, 15 mars. — *Déclaration* pour la recherche des faux nobles. V. Noblesse, § VII.

1635, 17 avril. — *Ordonnance* contre les marins déserteurs. V. Calfateurs. R.

1635, septembre. — *Lettres patentes* sur la principauté d'Henrichemont. V. Bar. R.

1635, décembre. — *Edit* concernant le contrôle des actes. V. Contrôle, n. 1. — Notaire, § V. R.

1635, décembre. — *Edit* sur les commissaires enquêteurs. V. Commissaires enquêteurs, n. 1. R.

1635, décembre. — *Edit* portant création de grands-maîtres des eaux et forêts. V. Grand-maître des eaux et forêts. — Houpion. R.

1636, juillet. — *Ordonnance* sur les eaux et forêts.

1636, 10 septembre. — *Déclaration* sur les droits de marque et de contrôle des ouvrages d'or et d'argent. V. Marque et contrôle, § I. R.

1636, 10 octobre. — *Arrêt* du conseil sur l'insinuation des contrats de vente, échange, etc. V. Appropriance, § III. R.

1636, novembre. — *Lettres patentes* sur la compétence du Châtelet de Paris. V. Enregistrement des lois. R.

1637, 20 octobre. — *Arrêt* du conseil sur les droits, rang et honneurs du clergé. V. Clergé, § I. R.

1637, 23 octobre. — *Arrêt* du conseil sur la police des cimetières. V. Cimetière. R.

1638, 25 janvier. — *Ordonnance* contre les marins déserteurs. V. Calfateurs. R.

1638, 22 septembre. — *Déclaration* concernant les prises maritimes. V. Prise maritime, § VII, art. 1. R.

1638, décembre. — *Edit* sur les agens de change. V. Agens de change. R.

1639, 29 janvier. — *Déclaration* sur les étrangers résidant en France. V. Aubaine. R.

1639, 2 avril. — *Arrêt* du conseil sur les agens de change. V. Agens de change. R.

1639, avril. — *Traité* de Rumilly. V. Bar. R.

1639, 26 novembre. — *Déclaration* concernant les effets civils des mariages faits sans le consentement des pères et mères ; *in extremis*, entre personnes dont l'une est morte civilement, etc. V. Acte respectueux, § III, quest. 9. Q. — Clandestinité, sect. II. — Dispense, § III. — Exhérédation, § V. — Fiançailles, n. 8. — Légitimation, sect. II, § II. — Légitimité, sect. I, § I. R. — Légitimité, § V. Q. — Mariage, sect. III, § I, sect. IV, § III, sect. VI, § I, sect. IX. — Mort civile, § I, art. 4. — Rapt, n. 3. — Sommation respectueuse. — Témoin instrumentaire, § I.

1640, 7 janvier. — *Arrêt* du conseil en faveur des employés des fermes. V. Commis. R.

1641, 4 avril. — *Déclaration* relative aux théâtres. V. Comédien. R.

1641, 15 avril. — *Arrêt* du conseil sur les preuves de noblesse. V. Noblesse, § VII. R.

1641, 4 mai. — *Déclaration* sur les défrichemens et les desséchemens. V. Défrichement. — Desséchement. R.

1641, 12 juin. — *Arrêt* du conseil sur le bois de chauffage. V. Chauffage, n. 6. R.

1641, 18 décembre. — *Arrêt* du conseil sur le bois de chauffage. V. Chauffage, n. 6. R.

1641, décembre. — *Edit* concernant les possesseurs de terres nobles ou roturiers. V. Rente foncière, § XIV. Q.

1641. — *Traité* de Paris sur la vassalité des ducs de Bretagne. V. Bar. R.

1642, 19 mars. — *Arrêt* du conseil sur la bibliothèque du Roi. V. Bibliothèque, n. 3. R.

1642, avril. — *Edit* sur les droits de marque et de contrôle des ouvrages d'or et d'argent. V. Marque et contrôle, § I. R.

1642, décembre. — *Déclaration* concernant les actes des notaires. V. Hypothèques, sect. I, § V. R.

1643, 14 janvier. — *Lettres patentes* sur la principauté de Monaco. V. Bar. R.

1643, mars. — *Edit* sur les droits de marque et de contrôle des ouvrages d'or et d'argent. V. Marque et contrôle, § I. R.

1643, avril. — *Déclaration* de Louis XIII, sur la régence. V. Régence, § I et suiv. R.

1643, 20 juillet. — *Déclaration* sur les défrichemens et desséchemens. V. Défrichement et Desséchement. R.

1643, juillet. — *Edit* sur le droit royal de confirmation. V. Confirmation. R.

1643, 17 novembre. — *Déclaration* relative aux attributions du chevalier du Guet. V. Chevalier du Guet. R.

1643, 31 décembre. — *Lettres patentes* sur l'exemption du droit d'aubaine. V. Aubaine, n. 6. R.

1643, décembre. — *Déclaration* concernant le domaine public. V. Domaine public, § II. R.

1644, mai et juillet. — *Lettres patentes* sur la principauté d'Henrichemont. V. Bar. R.

1645, mai. — *Déclaration* concernant les droits d'insinuation des donations. V. Don mutuel, § III. R.

1645, septembre. — *Edit* portant création de grand-maîtres des eaux et forêts. V. Grand-maître des eaux et forêts. R.

1646, janvier. — *Edit* sur des étrangers résidant en France. V. Aubaine. R.

1647, 21 décembre. — *Déclaration* sur les deniers communs d'octroi. V. Octroi, § I. R.

1648, 22 octobre. — *Déclaration* sur l'inamovibilité des juges. V. Destitution. R.

1648, 24 octobre. — *Traité* de Munster. V. Alsace. R.

1648. — *Réglement* sur les femmes publiques. V. Bordel. R.

1649, février. — *Déclaration* sur l'acceptation à juge par les contractans. V. Abolition générale. R.

1649, 11 août. — *Lettres patentes* confirmant les statuts des maîtres charpentiers. V. Comble. R.

1650, 12 janvier. — *Arrêt* du conseil relatif aux propriétaires riverains des forêts. V. Forêt. R.

1650, 1 février. — *Déclaration* concernant les prises maritimes. V. Conseil des prises. R.

1650, 23 février. — *Ordonnance* concernant les cautions à donner par les armateurs. V. Lettres de marque, § II. R.

1650 février. — *Edit* concernant les prises maritimes. V. Prise maritime, § VII, art. 1. R. ; et § IV. Q.

1651, 27 janvier. — *Déclaration* concernant les vols d'église par les militaires. V. Sacrilège. R.

1651, juillet. — *Edit* sur les assemblées illicites. V. Assemblée, § V. R.

1651, 14 octobre. — *Déclaration* sur les actes notariés. V. Signature, § I. Q.

1651, 4 novembre. — *Ordonnance* sur le jugement des délits militaires. V. Délit militaire, n. 1. R.

1652, 22 mai. — *Déclaration* concernant les protestans. V. Religionnaires, § I. R.

1653, 22 août. — *Réglement* des maréchaux de France sur les diverses satisfactions et réparations d'honneur. V. Maréchal de France.

1654, 30 septembre. — *Arrêt* du conseil sur la compétence en matière criminelle. V. Compétence, § II. Q.

1656, avril. — *Edit* pour la tenue des conciles provinciaux. V. Libertés de l'Eglise gallicane, § III. R.

1656, avril. — *Edit* portant établissement de l'hôpital de Paris. V. Compromis, n. 1. — Tutelle, sect. IV, § I, art. 6. R.

1656, 24 mai. — *Arrêt* du conseil sur les droits et émolumens des consuls. V. Consuls français, § IV. R.

1656, mai. — *Edit* sur les étrangers résidant en France. V. Aubaine. R.

1656, 15 décembre. — *Déclaration* sur les biens ecclésiastiques. V. Aliénation, n. 7. R.

1656, 30 décembre. — *Déclaration* pour les recherches des faux nobles. V. Noblesse, § VII. R.

1656, décembre. — *Edit* portant création de la communauté des barbiers, perruquiers, baigneurs, etc. V. Perruquier. R.

1657, 19 mars. — *Arrêt* du conseil sur les preuves de noblesse. V. Noblesse, § VII. R.

1657, 23 septembre. — *Lettres patentes* en faveur des Juifs. V. Juifs, sect. I, § V, et sect. II. R.

1657, septembre. — *Edit* de création du conseil d'Alsace. V. Légitimité, sect. II, § III. R.

1658, 1 juin. — *Traité* entre la France et le corps helvétique. V. Jugement, § VIII. R.

1658, juin. — *Lettres patentes* concédant au cardinal Mazarin le comté de Belfort, etc. V. Domaine public, § III. R.

1658, 1 août. — *Déclaration* relative au recouvrement des amendes. V. Amende, § VIII. R.

1658, octobre. — *Edit* sur l'allodialité dans le Dauphiné. V. Franc-alleu, § XXVI. R.

1659, 22 juin. — *Déclaration* sur le domaine de la couronne. V. Aliénation, n. 7. R.

1659, 22 juin. — *Déclaration* sur les acquisitions et ventes des communes. V. Faculté de rachat, § III. — Fait du souverain, § I. Q.

1659, 7 novembre. — *Traité* des Pyrénées entre la France et l'Espagne. V. Décret d'immeuble, § II. R. — Domaine public, § III. — Hainault, § I. — Prise maritime, § III, art. 1. R.

1659, 20 décembre. — *Lettres patentes* sur le jugement des prises maritimes. V. Conseil des prises. R.

1659, 22 décembre. — *Déclaration* concernant le domaine public. V. Domaine public, § II. R.

1659, décembre. — *Lettres patentes* concédant au cardinal Mazarin le comté de Ferrette, etc. V. Domaine public, § III. R.

1660, 20 janvier. — *Arrêt* du conseil sur les droits et émolumens des consuls. V. Consuls français, § IV. R.

1660, janvier. — *Déclaration* qui défend la saisie des soldes, gages et appointemens des militaires. V. Saisie-exécution, § I. R.

1660, 20 avril. — *Edit* sur la confection d'un papier terrier général du domaine. V. Franc-alleu, § XIV. R.

1660, avril. — *Edit* sur les détenteurs des îes et îlots. V. Ile. R.

1660, 18 novembre. — *Déclaration* sur le port d'armes. V. Armes, § II. R.

1661, 25 janvier. — *Arrêt* du conseil concernant les ministres et consistoires des prétendus réformés. V. Religionnaires. R.

1661, 8 février. — *Déclaration* pour la recherche des faux nobles. V. Noblesse, § VII. R.

1661, 12 février. — *Déclaration* en faveur des fabriques. V. Aliénation, n. 7. R.

1661, 29 mars. — *Ordonnance* concernant les inventaires. V. Inventaires, § XI. R.

1661, 25 juillet. — *Ordonnance* concernant les pélerinages. V. Pélerinage. R.

1661, 19 août. — *Arrêt* du conseil sur le commerce intérieur des grains. V. Grains, § III. R.

1661, octobre. — *Arrêt* du conseil sur les eaux et forêts. V. Bois, § I. R.

1661, 21 décembre. — *Traité* entre l'Angleterre et la Suède. V. Prise maritime, § III, art. 1. R.

1662, 6 février. — *Traité* avec le duc Charles IV, de Lorraine. V. Bar. R.

1662, 29 mars. — *Arrêt* du conseil sur les visites des commis aux aides. V. Visite, § II. R.

1662, novembre. — *Déclaration* contre les protestans. V. Religionnaires, § VIII. R.

1663, 31 janvier. — *Déclaration* sur les droits de péage. V. Péage, § I. R.

1663, avril. — *Déclaration* concernant la propriété des rivières navigables. V. Rivière, § I. R.

1663, 20 août. — *Ordonnance* qui défend la saisie des soldes, gages et appointemens des militaires. V. Saisie-exécution, § I. R.

1663, octobre. — *Edit* sur l'exemption du droit d'aubaine. V. Aubaine, n. 6. R.

1663, décembre. — *Edit* sur l'administration des octrois. V. Octroi, § I. R.

1664, mars. — *Déclaration* sur les détenteurs des îles et îlots. V. Ile. R.

1664, mai. — *Edit* portant établissement d'une compagnie des Indes Occidentales pour faire tout le commerce dans les îles et terre ferme de l'Amérique et autres pays. V. Colonie, § I. — Commerce, § I. R.

1664, 22 juin. — *Déclaration* pour la recherche des faux nobles. V. Noblesse, § VII. R.

1664, 26 juin. — *Déclaration* sur les formalités des protêts. V. Protêt, § II. R.

1664, août. — *Déclaration* portant établissement d'une compagnie pour le commerce des Indes Orientales. V. Commerce, § I. R.

1664, août. — *Lettres patentes* sur l'exemption du droit d'aubaine. V. Aubaine, n. 6. R.

1664, septembre. *Déclaration* concernant les sages-femmes. V. Sage-femme. R.

1664, 11 octobre. — *Edit* sur le régime colonial. V. Colonie, § I. R.

1664. — *Déclaration* concernant les aliénations faites par le mari et la femme dans le Forez, le Lyonnais, etc. V. Puissance maritale, sect. II, § II, art. 1. R.

1665, 20 mai. — *Arrêt* du conseil sur le droit de bourgeoisie. V. Bourgeois, § I. R.

1665, 25 juin. — *Déclaration* sur le port d'armes. V. Armes, § II. R.

1665, 25 juillet. — *Ordonnance* sur la compétence des officiers militaires. V. Délit militaire. R.

1665, 4 octobre. — *Déclaration* contre les protestans. V. Religionnaires, § V. R.

1665, 15 octobre. — *Arrêt* des grands jours de Clermont. V. Mesure, § I. R.

1665, 6 novembre. — *Réglement* concernant les eaux et forêts. V. Marteau. R.

1665, 10 décembre. — *Arrêt* de réglement des grands jours

de Clermont pour les justices royales et subalternes dans l'étendue du ressort de la cour. V. Greffier. — Office, n. 2. R.

1665, 17 décembre. — *Ordonnance* sur l'enrôlement des matelots. V. Classe. R.

1665, décembre. — *Edit* concernant la stipulation d'intérêts dans le prêt. V. Intérêt, § III et VI. R.

1666, 13 mai. — *Ordonnance* relative aux vivandières. V. Cabaretier, § II. R.

1666, 3 juin. — *Lettres patentes* portant que les juges doivent avoir assisté à toutes les audiences pour concourir à un jugement. V. Jugement, § III. Q.

1666, 24 juillet. — *Arrêt* du conseil sur le serment à prêter par les juges consuls. V. Consuls des marchands, § IV. R.

1666, 7 octobre. — *Arrêt* du conseil sur le canal du Midi. V. Canal. R.

1666, 26 octobre. — *Réglement* sur les grands chemins. V. Chemin (grand), n. 8. R.

1666, 26 octobre. — *Statuts* de la fabrique de Carcassonne. V. Marque de fabrique. R.

1666, 19 novembre. — *Déclaration* concernant la voirie. V. Chemin (grand), n. 8. — Rue. R.

1666, décembre. — *Edit* concernant les confréries. V. Confrérie, § II. R.

1666, décembre. — *Edit* concernant les jeux. V. Jeu. R.

1667, 16 février. — *Arrêt* du conseil relatif au sceau des jugemens des juges-consuls. V. Consuls des marchands, § V. R.

1667, 19 mars. — *Arrêt* du conseil concernant la recherche des faux nobles. V. Noblesse, § V, II. R.

1667, mars. — *Edit* sur les commissaires des guerres. V. Commissaire des guerres. R.

1667, mars. — *Edit* portant établissement d'un lieutenant de police à Paris. V. Juge, n. 9. R.

1667, avril. — *Edit* relatif aux domaines aliénés. V. Aliénation, n. 6 et 7. R. — Domaine public, § II et III.

1667, avril. — *Edit* qui fixe le nombre des maîtres des eaux et forêts. V. Bois, § I. R. — Maîtrise des eaux et forêts. R.

1667, avril. — *Edit* qui annule les triages faits depuis 1620. V. Triage, n. 2. R. et § I et II. Q.

1667, avril. — *Edit* sur les acquisitions et ventes des communes. V. Faculté de rachat, § III. Q.

1667, avril. — *Ordonnance civile* — Tit. 1. V. Interprétation. — Prise à partie, § I. — Usage (droit d'), sect. II. § I. R.

Tit. 2. V. Absent. R. — Action *ad exhibendum*. — Appel, § IX, X et XIII. — Assignation, § I, II et VI. Q. — Constitution de procureur. — Contrainte (finances). — Déclinatoire, § I. — Délai, sect. I, § I. — Domicile, § IV. — Domicile élu, § I. R. — Exploit, § I. — Expropriation forcée, § III. — Frais préjudiciaux, § I. Q. — Hôpital, § V. — Intervention. — Légitimité, sect. I, § II, quest. 4. — Nullité, § III. R. — Offres réelles, § II. — Prescription, § XV. Q. — Recors. R. — Récusation péremptoire, § I. Q. — Séparation de biens, sect. III. § V. R. — Signification de jugemens, § I. Q. — Surenchère, n. 5. R.

Tit. 3. V. Clôture d'inventaire. — Délai, sect. I, § I. R. et § II. Q. — Inscription de faux, § VI R. — Opposition aux jugemens par défaut, § VIII. — Terrage, § I. Q.

Tit. 4. V. Opposition aux jugemens par défaut, § XIV, Q. — Présentation. R.

Tit. 5. V. Bureau de paix, § V. Q. — Défaut, § I. — Défenses. — Dernier ressort, § VII. — Désaveu, n. 2. — Excep-

tion. — Nullité. R. — Papier-monnaie, § V. Q. — Prescription, sect. I, § III. — Présentation. R. — Triage, § II. — Union de créanciers, § I. Q.

Tit. 6. V. Accepter à juge. — Déclinatoire, § I. R.; et § I. Q. — Déni de renvoi. R. — Désertion d'appel. Q. — Evocation, § II. — Fins de non précéder. — Fins de non recevoir. — Mandat, § III. — Nullité, § IX R. — Opposition aux jugemens par défaut, § XIV. Q.

Tit. 7. V. Bénéfice d'inventaire. R. et Q. — Héritier, § II. Q. — Hôpital, § V. R. — Société d'acquêts. Q.

Tit. 8. V. Bourgeois, § V. — Fait et cause. — Garantie, § I et IX. R. et § VI. Q.

Tit. 9. V. Aboutissans. — Exception. — Galères. R. — Rente. Q. — Revendication, § II. R.

Tit. 10. V. Cession de biens. — Chose jugée, § XV. R. — Droits litigieux, § II. Q. — Force, n. 1. — Interrogatoire sur faits et articles. R.

Tit. 11. V. Estimation. R. — Frais préjudiciaux, § II. — Intervention, § II. Q. — Inventaire de production. — Lettres de ratification. — Opposition à un jugement, § III. R.

Tit. 12. V. Ajournement. — Collation de pièces. — comparaison d'écritures. — Compulsoire, § I. R. — Tribunal de commerce, § V. — Vérification d'écriture, § II. Q.

Tit. 14. V. Appel, sect. 1, § V. — Communication, n. 2. — Compte, § III. — Contredits. — Déclinatoire, § I. — Défaut, § I. — Etat civil, § II. R. — Expropriation forcée, § III. Q. — Opposition à un jugement, § III. R. — Opposition aux jugemens par défaut, § I et II. Q.

Tit. 15. V. Enquête, § I. — Opposition (tierce), § II. R.

Tit. 16. V. Consuls des marchands, § III et V. R. — Opposition aux jugemens par défaut, § VII. — Suppléant (juge), § I. Q.

Tit. 17. V. Arrêt, — Enquête, § I. R. — Exécution des jugemens en matière civile, § II. — Jugement de défense. Q. — Matières sommaires. — Prescription, sect. II, § IV. R. — Résolution de bail, § I. Q. — Vacations. R.

Tit. 18. V. Chose jugée, § XVI. — Clandestinité, sect. I. — Force, n. 1. — Pétitoire. — Question Préjudicielle, n. 7. — Voie de fait, § I, art 1 et 2, § II. R. et § I. Q.

Tit. 19. V. Contrrainte par corps, § VIII. Q. — Date n. 24. — Gardiens. — Prescription, sect. II, § VI. — Sequestre, § II. — Voie de fait, § I, art. 1. R.

Tit. 20. V. Age. R. — Aval. Q. — Baptême. — Cens, § VIII. — Commencement de preuve. — Compulsoire, § I. — Convent. — Décès, tit. 20. R.; et § I. Q. — Double écrit, n. 11. — Enquête, § I. — Etat civil, § I et II. R. — Faux, § III. Q. — Généalogie. — Interpellation. — Légitimité, sect. I, § III. — Mariage, sect. V, § I. R.; et § VII. Q. Pignoratif (contrat). Q. — Présomption, § IV. R. — Prescription, § II. Q. — Preuve, sect. II, § III, art. 1. R.; et § II. Q. — Prise maritime, § III, art. 3. — Représentation d'actes. — Signature, § I. — Société, sect. III, § II. R.; et § I. Q. — Subornation. — Suggestion, § I. R. — Suppression de titres, § I. Q. — Témoin instrumentaire, § I. R. — Tribunal d'appel, § V. Q. — Vente, § II. R.

Tit. 21. V. Cens, § VIII. — Commissaire, n. 5. — Descente sur les lieux. — Expert. R. — Hypothèque, § II. — Mariage, § V. Q.

Tit. 22. V. Adjoint. — Commissaires enquêteurs, n. 5. — Contradiction. — Déposition, § I. — Enquête, § I et suiv. — Interdit. — Nullité, § V. — Reproche, n. 1. — Témoin instrumentaire, § II. — Témoin judiciaire, § I. R.

Tit. 23. V. Reproche, n. 1. — Témoin judiciaire, § I. R.

Tit. 24. V. Déport d'un juge. — Opinion, n. 7. — Procureur du Roi. — Récusation, § I. R.; et § II. Q. — Témoin judiciaire, § I. R. — Tribunal d'appel, § V. Q.

Tit. 25. V. Déni de justice, n. 5. — Huissier, § I. — Pêche, sect. I, § II. — Prise à partie, § I et IV. — Récusation, § I. — Sommation. R.

Tit. 26. V. Action en banque. — Cassation, § IV. — Chose jugée, § I et suiv. — Constitution de procureur. — Date, n. 2. — Déni de justice, n. 5. R. — Jugement, § I. Q. — Plumitif. — Reprise d'instance. R.; et § I. Q. — Signature, § II. R.

Tit. 27. V. Acquiescement, § III. — Appel, § I, V, VIII, XI et XIV. Q. — Arrêt. R. — Chose jugée, § II, IV. Q. — Clain. R. — Communaux (biens), § VIII. Q. — Consignation, n. 29. — Conventions matrimoniales, § II. R. — Délai, § I. — Émigré, § V. Q. — Exécution provisoire des jugemens. R. — Mainmorte (droit de), § II. — Nation, § II. Q. — Opposition (tierce), § I, III et V. R.; et § III. Q. — Parisis. R. — Péremption, sect. I, § II; n. 2. R.; et § II. Q. — Privilége de créance, sect. IV, § V. — Question d'État, § III, art. I. — Rébellion, § I. — Revendication, § VI. — Signification. — Succession, sect. I, § II, art. 3. R. — Tribunal d'appel, § V. — Tuteur, § I. — Union de créanciers, § I. — Vaine pâture, § II. Q.

Tit. 28. V. Caution, § I. — Messageries, § II. R.

Tit. 29. V. Action, § III. — Clôture de compte. — Compte, § I. R.; et § I. Q. — Contrainte par corps, n. 5. — Débats de compte. R. — Intervention. R.

Tit. 50. V. Registres des gros fruits. R. — Religionnaires (biens des), § II. Q.

Tit. 51. V. Affirmation de voyage. — Arbitrage, n. 8. — Dépens, n. 4. R.; et § IV. Q. — Honoraires, § I. — Vacations extraordinaires. R.

Tit. 52. V. Tribunal d'appel, § V. Q.

Tit. 53. V. Action, § III. — Bestiaux. — Charrue. — Cheptel, § I. — Date, n. 5. — Domicile. — Élu, § I. R.; et § I. Q. — Enregistrement (droit d'), § XVI. Q. — Gardiens. — Lit. R. — Récusation péremptoire, § I. Q. — Saisie-exécution, § I. R.

Tit. 54. V. Bail, § IX. — Collusion. — Contrainte par corps, n. 2, 5 et suivans. R.; et § IV et V. Q. — Contrariété d'arrêts, n. I. R. — Mainmorte (droit de), § II. Q.

Tit. 55. V. Appel, § II, IX, XIII et XIV. — Arbitres, § III et V. Q. — Cassation, § I et VIII. R.; et § XII et XXVIII. Q. — Comparution. — Consignation, n. 29. — Contradiction (jugement). — Date, n. 4. R. — Désertion d'appel. — Enregistrement (droit d'), § XVI. — Fait du souverain, § I. Q. — Faux, sect. I, § XXIX. R. — Frais préjudiciaux, § II. Q. — Homologation. R. — Inscription de faux, § I et IV. — Interlocutoire, § V. — Mainmorte (droit de), § II. — Mariage, § V. Q. — Opposition à un jugement, § I et III. R. — Opposition aux jugemens par défaut, § IV et suiv. Q. — Opposition (tierce), § I et suiv. R.; et § I, III et IV, Q. — Partage, § VI. Q. — Réparation d'injures, § II. Q. — Requête civile, § I et II. R.; et § II et VII. Q. — Révision de procès, § I. — Rôle. — Succession, sect. I, § II, art. 5. — Testament, sect. II, § III, art. 2, n. 8. R. — Union de créanciers, § II. — Usage (droit d'), § V. Q.

Ordonnance civile en général. V. Amende, § IV. — Appointement. — Avocat, § XIII. — Bannissement, § I. — Citation. — Code, § I. — Colonie, § I. — Command. — Commandement. — Notoriété.

1667, 22 mai. — Arrêt du conseil qui admet le franc-alleu roturier dans le Languedoc. V. Franc-alleu, § XX. R.

1667, 29 juin. — Réglement pour la ville de Lyon touchant les acceptations, payemens, et autres dispositions concernant le commerce. V. Courtier. — Lettre et billet de change, § IV. — Protêt, § III. R.

1667, 14 juillet. — Réglement sur les acquisitions et ventes des communes. V. Faculté de rachat, § III. Q.

1667, 3 octobre. — Arrêt du conseil sur les carrières. V. Carrières. R.

1668, 20 janvier. — Déclaration pour la recherche des faux nobles. V. Noblesse, § V, II. R.

1668, février. — Réglement concernant les attributions des trésoriers de France. V. Trésoriers-de-France.

1668, avril — Édit portant création du conseil souverain de Flandre. V. Douai. R.

1668, 6 mai. — Traité d'Aix-la-Chapelle. V. Artois. R.

1668, 4 juin. — Arrêt du conseil sur les turcies et levées de la Loire. V. Baliseurs. R.

1668, 1er juillet. — Arrêt du conseil qui fait défense à tous officiers de commettre, pour l'exécution des jugemens qui ordonneront des descentes, aucun officier qui n'ait assisté au jugement, si ce n'est au refus de tous ceux qui y auront assisté; et cessation d'un jugement contraire. V. Descente sur les lieux. R.

1668, 9 juillet. — Arrêt du conseil sur les commissaires enquêteurs examinateurs. V. Commissaires enquêteurs, n. 7. R.

1668, juillet. — Édit de création des chevaliers d'honneur. V. Chevalier d'honneur. R.

1668, août. — Édit sur le décret des offices en immeubles des comptables. V. Décret d'immeubles, § IV. R.

1668, 22 septembre. — Ordonnance sur l'enrôlement des matelots. V. Classe. R.

1669, 1er février. — Déclaration concernant les protestans. V. Religionnaires, § I. R.

1669, mars. — Édit sur la franchise du port de Marseille. V. Aubaine, n. 7. R.

1669, 4 mai. — Arrêt du conseil sur les offices des criées. V. affiches, n. 5. R.

1669, 5 mai. — Déclaration contre les protestans. V. Religionnaires, § VII. R.

1669, juin. — Lettres patentes relatives au desséchement des grandes et petites moëres. V. Moëres. R.

1669, 14 juillet. — Déclaration concernant les actes notariés. V. Paraphe. R.

1669, 16 juillet. — Déclaration sur les attributions des receveurs des consignations. V. Consignation. R.

1669, juillet. — Édit du Roi, portant réglement pour la juridiction civile et criminelle des prevôts, des marchands et échevins, présidens, juges, gardiens et conservateurs des priviléges des foires de la ville de Lyon, avec attribution de pouvoir juger souverainement et en dernier ressort jusqu'à la somme de cinq cents livres. V. Atermoiement. — Offices, n. 2. R.

1669, 6 août. — Déclaration sur le droit de bourgeoisie. V. Bourgeois, § I. R.

1669, 15 août. — Réglement pour la conservation de Lyon. V. Tribunal de commerce, § V. Q.

1669, 15 août. — Déclaration portant établissement d'une tournelle civile au parlement de Paris. V. Héritier, § VIII. Q.

1669, août. — Ordonnance sur les réglemens de juges et les évocations. V. Évocation, § I. — Fin de non procéder. R.

1669, août. — Édit portant établissement du contrôle des exploits. V. Ajournement. — Commandement, n. 11 et Recours. R.

1669, août. — *Edit* portant réglement pour les hypothèques de Sa Majesté sur les biens des officiers comptables, fermiers et autres agens, le maniement de ses deniers et pour les procédures dans les cours des aides, pour la vente des biens immeubles et offices, et distribution du prix d'iceux. V. Archives. — Comptable, n. 5. R.

1669, août. — *Edit* portant réglement général pour les offices de judicature du royaume. V. Avocat, § XI. — Avocat aux conseils. — *Committimus*, n. 5. — Compte, § III. — Opinion, n. 4. — Parenté, n. 6. R.

1669, août. — *Edit* relatif à l'exercice du commerce par les nobles. V. Commerce, § I, et manufactures. R.

1669, août. — *Edit* du Roi portant réglement pour la chambre des vacations du parlement de Paris. V. Vacations. R.

1669, août. — *Edit* contre le duel. V. Duel. R.

1669, août. — *Edit* contre les marins déserteurs. V. Calfateur. R.

1669, août. — *Edit* concernant les attributions des trésoriers de France. V. Trésorier de France.

1669, août. — *Edit* concernant le crime de lèse-majesté. V. Lèse-majesté et mort civile, § I. R.

1669, août. — *Ordonnance* des eaux et forêts. V. Eaux et forêts.

Tit. 1. V. Bornage. — Charbon. — Chasse, § VI. — Ecluse. — Épaves, n. 5. — Usage (droit d'), § V. Q.

Tit. 2. V. Amende, § I. — Cantonnement, § VII. Q. — Chasse, § VII. R. — Marteau. R.

Tit. 5. V. Abroutis. — Adjudicataire, § VI. — Assiette. — Défrichement, § II. — Feuilles mortes. — Fourneau. — Gardes des bois, sect. I, § III. — Marteau. — Triage. R. — Usage (droit d'), § V. Q. — Visite, § I. R.

Tit. 4. V. Recolement de coupe de bois. R.; et § I. Q. — Visite, § I. R.

Tit. 5. V. Visite, § I. R.

Tit. 6. V. Acensinement. — Affouage. — Défense générales. — Gardes des bois, sect. I, § III. — Martelage. — Répit. R.

Tit. 7. V. Marteau. — Réponse de vente. — Visite, § I. R.

Tit. 10. V. Armes, § II. R. — Communaux (biens), § II. Q. — Complice, n. 2. — Délinquant. — Garde-chasse. — Garde des bois, sect. I, § III. R.

Tit. 11. V. Assiette. — Bornage. — Visite, § I. R.

Tit. 12. V. Garde des bois, sect. I, § III. R.

Tit. 13. V. Surséance. — Table de marbre. R.

Tit. 14. V. Usage (droit d'), sect. II, § V, art. 2. R.

Tit. 15. V. Assiette. — Adjudicataire, § VI. — Bois, § I, II, III. — Certificat de consentement. — Complice, n. 2. — Contrainte par corps, n. 11. — Coupe de bois. R.; et § I. Q. — Déclaration de coupe de bois. — Délit forestier, § X, XV, XIX, — Faux, sect. I, § XIII. — Flottage. — Futaie, § I et suiv. — Garde-vente. — Laie. — Marteau. — Martelage. — Pied-cornier. — Question préjudicielle, n. 4 et suiv. — Recolement de bois. — Réponse de vente. — Souchetage. R.

Tit. 16. V. Marteau. — Recolement de coupe de bois. R.; et § I, III. Q. — Surmesure. — Tiercement. R.

Tit. 17. V. Chablis. — Menus marchés. — Pêche, § I. Q.

Tit. 18. V. Usage (droit d'), sect. II, § IV. R.

Tit. 19. V. Bestiaux. — Chèvre. — Défensable. R. — Délits forestiers, § VI. — Pâturage, § I et suiv. — Question préjudicielle, n. 6 et suiv. — Usage (droit d'), sect. II, § IV, § V, art. 4, 6. R.; et § VII, IX et X. Q. — Vaine pâture, § II et suiv. R.

Tit. 20 V. Chasse, § IV. — Chauffage, n. 6. R. — Pâturage, § I. — Usage (droit d'), § I. Q.

Tit. 21. V. Branchage. — Houpion. — Martelage. — Remanens. R.

Tit. 22. V. Futaie. R.

Tit. 25. V. Danger. — Défrichement, § II. — Gardes des bois, sect. II. — Grairie. — Gruerie. — Pêche dans les rivières, ruisseaux, etc., sect. I, § I et suiv. R.; et § I. Q.

Tit. 24. V. Amende, § I. — Assiette. — Chasse, § VII. — Délit forestier, § XI. R.; et § VI. Q. — Futaie, § III. — Réserve (quart de). R.

Tit. 25. V. Amende, § I. — Déclaration de coupe de bois. — Délit forestier, § VII. R. — Gardes des bois, sect. III. — Marais, § II. — Triage. R.; et § I et II. Q. — Usage (droit d'), sect. II, § VI. R.

Tit. 26. V. Amende, § I. — Baliveau. — Déclaration de coupe de bois. — Paturage, § I. — Usage (droit d'), sect. II, § V, art. 4. R.

Tit. 27. V. Acquisement, § XVIII et XXIII. Q. — Aliénation, n. 8. — Arpentage. — Atelier. — Bornage. — Carrières. — Charme. — Chaux. — Chômage de moulin. — Cours d'eau. — Délit forestier, § I, XV. R. — Ecluse. — Ecorce. — Faux, sect. III. § I. — Feuilles mortes. — Forêt. — Fossé. — Glandée. — Gord. — Ile. — Inutiles. — Maître de ponts et pertuis. — Mesure, § I. — Moulin, § VII. R.; et § I. Q. — Navigation, sect. II, § I. — Plant. — Plantation. — Recolement de bois. R. — Recolement de coupe de bois, § I. Q. — Rivière, § I. R.

Tit. 28. V. Chemin (grand). — Chemin de hallage. — Haies, — Rivière, § I. R.

Tit. 29. V. Péage, § I et suiv. R.

Tit. 50. V. Armes, § II. — Chasse, § II, III, V, X. — Date, n. 13. — Délit forestier, § XV. — Garde-chasse. — Garenne, § I. — Gibier. — Lacs. — Lapin. — Usage (droit d'), sect. II, § IV. R.

Tit. 51. V. Bouillir. — Empoisonnement. — Épaves, n. 6. — Etang, n. 6. — Frai. — Pêche, sect. I, § II. R.

Tit. 52. V. Amende, § I et VIII. R.; et § I. Q. — Appel incident, § XI. Q. — Arbre, n. 6. — Coupe de bois. — Déclaration de coupe de bois. — Délit forestier, § I, II, IV, VI, IX, XIII, XV, XVII, XIX, XX. R.; et § VI et XII. Q. — Fâine. — Faux, sect. I, § XIII. — Feuilles mortes. — Glandée. — Herbage. — Inutiles. — Maraudage, § IV. — Nullité, § III. — Pâturage, § I. — Pêche, sect. I, § II. — Procès-verbal, § VI et suiv. — Récolement de bois. R. — Recolement de coupe de bois, § I. Q. — Restitution pour délit forestier. R. et Q. — Usage (droit d'), sect. II, § V, art. 4. — Vol, sect. II, § II. R.

Ordonnance de 1669, en général. V. Biens, § V. — Colonies, § I, et Oiseleur. R.

1669, 9 septembre. *Arrêt* du conseil sur le bénéfice d'inventaire. V. Bénéfice d'inventaire, n. 5. R.

1669, 4 novembre. — *Lettres patentes* relatives aux aliénations des gens de mainmorte. V. Chambre des aliénations. R.

1669, 14 novembre. — *Déclaration* contre le duel. V. Duel. R.

1669, novembre. — *Edit* relatif à la consignation d'amende en appel. V. Amende, § IV. R.

1669, novembre. — *Arrêt* du conseil sur les drogmans et interprètes dans les Echelles du Levant. V. Drogman. R.

1669. — *Lettres patentes* qui autorisent l'établissement de l'Opéra. V. Opéra. R.

1670, 7 janvier. — *Déclaration* sur les débets des comptables. V. Comptable, n. 9. R.

1670, 20 mars. — *Arrêt* du conseil sur le charbon de bois. V. Charbon. R.

1670, mai. — *Edit* sur l'enrôlement des matelots. V. Classe. R.

1670, août. — *Ordonnance* criminelle. — Tɪᴛ. 1. V. Assemblée, § V. — Cas prevôtaux. — Compétence, § II. — Déclinatoire, § II.—Délit militaire, n. 1.—Déni de renvoi.—Lèse-majesté, n. 5. — Rébellion, § I. R.

Tɪᴛ. 2. V. Amende, § VIII. — Compétence, §.II. — Confrontation, n. 5. — Elargissement, n. 1. R.

Tɪᴛ. 5. V. Calomnie. — Partie civile. — Plainte. — Procuration, § I. — Réparation civile, § II. R.

Tɪᴛ. 4. — V. Blessé, § I. — Déposition, § I. R.

Tɪᴛ. 5. V. Témoin judiciaire, § I. R.

Tɪᴛ. 6. V. Condamnation, n. 5. — Crime, § V. — Déposition, § I. — Exécutoire, n. 2. — Interligné. — Témoin judiciaire, § I, VI. R.

Tɪᴛ. 7. V. Injure, § II. —Moniteire. R.

Tɪᴛ. 8. V. Preuve, sect. II, § I. R.

Tɪᴛ. 9. V. Comparaison d'écritures. R. — Faux, sect. II, § I. R.

Tɪᴛ. 10. V. Ajournement personnel.—Amené sans scandale. — Coutumace, § I. — Elargissement, n. 1. — Huissier, § I.— Interdiction d'officiers. — Rébellion, § I. R.

Tɪᴛ. 11. V. Exoine. R.

Tɪᴛ. 12. V. Blessé, § II. — Saisie-exécution, § I. R.

Tɪᴛ. 15. V. Alimens, § VI. — Aumône, n. 6. — Cachot. — Elargissement, n. 2. — Guichetier. R.

Tɪᴛ. 14. V. Conseil des accusés. — Coutumace, § III. — Interprète. — Interrogatoire. — Nullité, § II. — Sellette. R. V. Tribunal d'appel, § V. Q.

Tɪᴛ. 15. V. Communication, n. 4. — Confrontation des témoins, n. 5. — Faits justificatifs. — Interpellation. — Intervention.— Nullité, § V. — Reproche, n. 2. — Témoin judiciaire, § V. R.

Tɪᴛ. 16. V. Défense.— Galères. — Grâce. — Prescription, sect. III, § VII, art. 1. — Rébellion, § I. — Révision de procès, § II. R.

Tɪᴛ. 17. V. Annotation. — Bris de prison. — Confiscation, § I. — Coutumace, § I, III. — Légitime, sect. VIII, § II, art. 1, quest. 5.—Mort civile, § I, art. 4. — Prescription, sect. III, § VII, art. 1. — Sourd-muet, n. 5. — Testament, sect. I, § IV. R.

Tɪᴛ. 19. V. Question.—Rébellion, § I. R.

Tɪᴛ. 20. V. Civiliser. — Conversion. — Rébellion, § I. R. —Sections des tribunaux, § II. Q.

Tɪᴛ. 22. V. Mémoire. — Rébellion, § I. R.

Tɪᴛ. 25. V. Accusation, n. 4. — Admonition. — Confrontation, n. 5.— Exécution des jugemens criminels. —Exécutoire, n. 2.— Grossesse. R. — Mariage, § III. Q. — Nullité, § I.— Partage d'opinions, § II. — Procureur du Roi. — Récision de procès, § II. — Transaction, § II R. — Tribunal d'appel, § V. Q.

Tɪᴛ. 26. V. Appel, sect. II, § I et VIII *bis*. — Blessé, § II. — Déclinatoire, § II. R. — Grand et petit criminel. — Tribunal d'appel, § V. Q.

Tɪᴛ. 27. V. Prescription, sect. III, § VII, art. 1. R.

Tɪᴛ. 28. V. Faits justificatifs. R.

Ordonnance de 1670, en général. V. Anonymes. — Assassin. — Colonie, § I. R.

1670, août. — *Ordonnance* concernant les attributions des procureurs du Roi. V. Procureur du Roi. R.

1670. — *Arrêt* du conseil concernant les abus en la célébration du mariage. V. Empêchement de mariage, § IV. — Enfant, § II. R.

1670. — *Traité* de Madrid. V. Hollandais. R.

1671, 15 janvier. — *Arrêt* relatif aux requêtes civiles. V. Amende, § IV. R.

1671, 11 mars. — *Déclaration* sur les priviléges du fisc pour les amendes. V. Amende, § VIII. R.

1671, 21 mars. — *Déclaration* relative à la consignation d'amende, en appel. V. Amende, § IV. R.

1671, 21 mars. — *Déclaration* sur le contrôle des exploits. V. Commandement, n. 12. R.

1671, 21 et 24 mars. — *Déclaration* concernant les frais des procès criminels. V. Frais des procès criminels. R.

1671, 24 mars. — *Déclaration* concernant les exploits de saisie réelle, de criées et d'apposition d'affiches. V. Recors. R.

1671, 21 avril. — *Déclaration* sur l'administration de la justice, et qui défend de se pourvoir contre les arrêts par requête en interprétation. V. Commissaire, n. 2. — Interprétation. R.

1671, 21 mai. — *Déclaration* sur le privilége du fisc pour les amendes. V. Amende, § VIII. R.

1671, 22 mai.—*Arrêt* du conseil sur les droits et émolumens des consuls. V. Consuls français, § IV. R.

1671, 27 mai.— *Arrêt* du conseil relatif aux condamnations à des amendes. V. Amende, § VII. R.

1671, 5 juin. — *Arrêt* du conseil sur la chasse au loup. V. Chasse, § X. R.

1671, 17 juillet.— *Arrêt* du conseil sur les eaux et forêts. V. Adjudicataire, § VI. R.

1671, août. — *Lettres patentes* portant réunion du pays de Lalloeu aux châtellenies de Lille, Douai et Orchies. V. Lalloeu (pays de). R.

1671, 7 septembre. — *Déclaration* contre les blasphémateurs. V. Blasphème. R.

1671, 26 octobre. — *Arrêt* du conseil sur le droit de committimus V. Avocat aux conseils. R.

1671, 4 novembre.—*Réglement* sur la justice et les finances des colonies. V. Colonie, § I. R.

1671, 27 novembre. — *Lettres patentes* concernant la fixation du prix des offices des cours souveraines. V. Offices, n. 2. R.

1671, 19 décembre. — *Arrêt* du conseil qui défend la saisie des soldes, gages et appointemens des militaires. V. Saisie-exécution, § I. R.

1671, décembre.— *Ordonnance* sur les eaux et forêts. V. Chômage d'un moulin. R.

1672, 15 janvier. — *Arrêt* du conseil relatif aux condamnations à des amendes. V. Amende, § VII. R.

1672, 51 mars. — *Déclaration* sur les droits de mariage et de contrôle des ouvrages d'or et d'argent. V. Marque et contrôle, § I. R.

1672, 8 avril.—*Déclaration* sur le domaine de la couronne. V. Aliénation, n. 7. R.—Domaine public, § III. R.

1672, 10 mai.— *Arrêt* du conseil relatif aux condamnations à des amendes. V. Amende, § VII. R.

1672, 9 août.—*Arrêt* du conseil relatif aux condamnations à des amendes. V. Amende, § VII. R.

1672, septembre. — *Edit* sur les prérogatives en matière de poursuites criminelles. V. Compétence, § II. R.

1672, 5 décembre. — *Arrêt* du conseil sur les carrières. V. Carrières. R.

1672, décembre. — *Ordonnance* de la ville, pour la juridiction des prevôts, des marchands et échevins de la ville de Paris. V. Bois, § IV. — Code, § III. — Fête, n. 5. — Maître de ponts et pertuis. — Planchéieurs. — Port (garde-). — Rivière, § I. — Saisie-exécution, § I. R.

1673, janvier. — *Réglement* sur la composition du conseil d'état et la procédure. — V. Cassation, § V. — Conseillers d'état. R.

1673, 15 mars. — *Ordonnance* sur l'administration de la justice. V. Honoraires, § I. — Rôle. R.

1673, mars. — *Edit* concernant les hypothèques. V. Conservateur, § III, IV. R. — Hypothèque, § II. Q. — Lettres de ratification. R.

1673, mars. — *Edit* sur l'établissement des corps d'arts et métiers. V. Corps d'arts et métiers, n. 1. — Perruquier. R.

1673, mars. — *Edit* qui exempte de tutelle et curatelle les banquiers expéditionnaires, greffiers, etc. V. Tutelle, sect. IV, § I, art. 5.

1673 (mars). — *Ordonnance du commerce.* V. Tit. 1. V. Aune. — Banquier. — Boulanger. — Cabaretier, § I. — Contrainte par corps, n. 23. R. — Garantie, § VII. Q. — Lettre et billet de change, § III. — Prescription, sect. II, § III, VIII. R.; et § XI. Q.

Tit. 2. V. Agens de change. — Courtier. — Lettre et billet de change, § III. R.

Tit. 3. V. Lettre de change, § VI. Q. — Livres de commerce. R.

Tit. 4. V. Arbitrage, n. 20; — Communauté tacite, § VII. — Double écrit. — Hypothèque, § II. Q. — Société, sect. II, art. 2 et suiv. et § I et II. Q.

Tit. 5. V. Adiré. — Antidate. R. — Aval. — Billet à domicile. Q. — Date, n. 8. — Endossement, n. 1 et suiv. R.; et § I et IV. Q. — Faux, sect. I, § XXXI. — Huissier, § I. — Intervention à protêt. — Lettre et billet de change, § II et suiv. R.; et § V, VII. Q. — Livres de commerce. — Ordre (billet à), § I et suiv. — Prescription, sect. I, § III, sect. II, § VI, VIII. — Protêt, § I, et suiv. R.; et § I, IV, V et VIII. Q.; et § I, et suiv. R.

Tit. 6. V. Anatocisme. R. — Intérêts, § II. Q.

Tit. 7. V. Contrainte par corps, n. 6 et suiv.; et § IV. Q.

Tit. 8. V. Contrat de mariage, § II. R.

Tit. 9. V. Défenses générales. — Témoin judiciaire, § I. R.

Tit. 11. V. Aliénation. — Atermoiement. — Cession de biens. R. — Direction de créanciers, § I. Q. — Faillite et banqueroute, sect. I, et suiv. — Livres de commerce. — Mayeur, n. 2. R. — Ministère public, § III. Q.

Tit. 12. V. Action, § III. — Consuls des marchands, § II, III. — Convention, § II. — Déclinatoire, § I. — Etranger, § II. R. — Lettre de change, § VII. — Tribunal de commerce, § V, VI. Q.

Ordonnance du commerce, en général. V. Acceptation de lettre de change. — Avocat, § XIII. — Colonie, § I. — Compensation, § II, n. 16. — Répit. R.

1673, avril. — *Edit* sur le droit de tiers et danger. V. Danger. R.

1674, 17 février. — *Déclaration* sur les droits de marque et contrôle des ouvrages d'or et d'argent. V. Marque et contrôle, § I. R.

1674, 25 février. — *Ordonnance* concernant les cautions à donner par les armateurs. V. Lettre de marque, § II. R.

1674, 20 mars. — *Arrêt* du conseil sur les biens ecclésiastiques. V. Aliénation, n. 7. R.

1674, mars. — *Edit* concernant les jugemens par défaut et les requêtes civiles. V. Désaveu, n. 5. R. — Opposition aux jugemens par défaut, § I. Q.

1674, 25 avril. — *Déclaration* sur les commissaires enquêteurs. V. Commissaires enquêteurs, n. 1. R.

1674, août. — *Edit* concernant les saisies réelles. V. Action, § III. R.

1674, 1 septembre. — *Déclaration* sur les attributions des receveurs des consignations. V. Consignation. R.

1674, 27 septembre. — *Déclaration* qui réserve au gouvernement le commerce exclusif du tabac. V. Tabac.

1674, 27 octobre. — *Réglement* sur la consignation d'amende en cassation. V. Cassation, § V. R.

1674, 7 novembre. — *Déclaration* sur le droit de tiers et danger. V. Danger. R.

1674, décembre. — *Edit* concernant les rentes sur l'Etat. V. Aubaine, n. 7. R.

1675, 15 janvier. — *Lettres patentes* sur le droit de tiers et danger. V. Danger. R.

1675, 12 mars. — *Ordonnance* relative aux vivandiers. V. Cabaretier, § II. R.

1675, avril. — *Edit* portant création de notaires royaux dans le ressort du parlement de Flandres. — V. Echevins, § II. — Devoirs de loi. — Entravestissement. — Exécution parée. — Garde orpheline. — Jurés de catel. — Nullité, § I. R.

1675, 1 juin. — *Ordonnance* concernant la peine encourue par les passe-volans. V. Passe-volant. R.

1675, 27 juillet et 5 octobre. — *Arrêts* du conseil sur les bois futaies des gens de mainmorte. V. Futaie, § III. R.

1675, 5 octobre. — *Arrêt* du conseil sur les bois futaies des gens de mainmorte.

1675, 11 octobre. — *Déclaration* sur les biens ecclésiastiques. V. Aliénation, n. 7. R.

1675. — *Edit* qui prive des effets civils les mariages des prêtres. V. Légitimité, sect. I, § I. R.

1676, 5 janvier. — *Edit* sur les greffes des arbitrages. V. Hypothèque, § II. Q.

1676, 28 février. — *Arrêt* du conseil sur la juridiction de l'évêque et de l'official de Tournai. V. Abus (appel comme d'). Q.

1676, 7 mars. — *Arrêt* du conseil relatif aux requêtes civiles. V. Amende, § IV. R.

1676, 21 mars. — *Arrêt* du conseil sur l'exercice des fonctions d'huissier. V. Huissier, § I. R.

1676, 25 septembre. — *Réglement* sur le jugement des prises maritimes. V. Conseil des prises. R.

1676, octobre. — *Edit* concernant les possesseurs de terres nobles ou roturières. V. Rente foncière, § XIV. Q.

1676, 12 décembre. — *Arrêt* du conseil sur les procès-verbaux et exploits des gardes des bois. V. Gardes des bois, sect. I, § III. R.

1676, 50 décembre. — *Déclaration* sur les procès-verbaux et exploits des gardes des bois. V. Gardes des bois, sect. I, § III. R.

1677, 16 janvier. — *Arrêt* du conseil sur la chasse au loup. V. Chasse, § X. R.

1677, 23 février. — *Déclaration* sur les procès-verbaux

et exploits des gardes des bois. V. Gardes des bois, sect. I, § III. R.

1677, 26 février. — *Arrêt* du conseil sur la compétence en matière criminelle. V. Compétence, § II. R.

1677, juillet. — *Edit* concernant les contrats de vente. V. Lecture des contrats. R.

1677, 4 septembre. — *Déclaration* concernant les condamnés aux galères qui se mutilent. V. Galères. R.

1677, 6 novembre. — *Déclaration* sur les acquisitions et ventes des communes. V. Faculté de rachat, § III. Q.; et Fortifications, § III. R.

1678, 22 janvier. — *Arrêt* du conseil relatif aux condamnations à des amendes. V. Amende, § VII. R.

1578, 10 février. — *Arrêt* du conseil sur le mode d'élection des juges-consuls. V. Consuls des marchands, § IV. R.

1678, juin. — *Edit* de création de chevaliers d'honneur. V. Chevaliers d'honneur. R.

1678, 17 septembre. — Traité de Nimègue. V. Artois. R.

1678, 17 septembre. — *Traité* de Nimègue. V. Hollandais. R. — Livre numéraire. R.

1678, 24 septembre. — *Arrêt* concernant les fossés et remparts des villes de guerre. V. Fortification, § III. R.

1678, 5 décembre. — *Déclaration* concernant les pensions sur l'Etat. V. Pension, § III. R.

1679, 23 janvier. — *Ordonnance* sur le cours de la monnaie de France en Artois. V. Livre numéraire. R.

1679, 15 mars. — *Déclaration* contre les protestans. V. Religionnaires, § II. R.

1679, mars. — *Edit* sur les mariages clandestins. V. Clandestinité, sect. II. R.

1679, 11 juin. — *Déclaration* concernant la tacite réconduction relativement aux héritages des campagnes. V. Tacite réconduction.

1679, août. — *Edit* sur la confiscation des biens des duellistes. V. Confiscation, § I. — Délit militaire, n. 1. — Prescription, sect. III, § VII, art. 1. R.

1679, septembre. — *Edit* concernant la stipulation d'intérêts dans le prêt. V. Intérêt, § III. R.

1679, novembre. — *Edit* sur les bulles, brefs, etc., de la cour de Rome. V. Attache. R.

1680, 10 janvier. — *Déclaration* sur la contrainte par corps pour dettes. V. Alimens, § VI. R.

1680, mars. — *Edit* concernant les fonctionnaires publics convaincus de faux. V. Faux, sect. I, § IV, et sect. III. R.

1680, mai. — *Ordonnance* sur les mines. — V. Mines, § I. Q.

1680, mai. — *Ordonnance* des gabelles. V. Amende, § V. R. — Marque et contrôle, § I. — Régie intéressée. — Sel.

1680, juin. — *Ordonnance* des aides de Normandie. V. Clameur, § II. — Passe-debout. — Régie intéressée. R.

1680, juin. — *Ordonnance* sur les répertoires des notaires. V. Répertoire, § I. R.

1680, juillet. — *Edit* concernant le stellionat. V. Contrainte par corps, n. 16. R.

1680, 10 octobre. — *Déclaration* contre les marins déserteurs. V. Calfateurs. R.

1680, novembre. — *Edit* concernant les mariages des protestans. V. Empêchement de mariage, § V. — Enfant, § II. R.

1680, 9 décembre. — *Arrêt* du conseil sur la composition du conseil d'État. V. Conseillers d'Etat. R.

1680, décembre. — *Lettres patentes* sur la compétence de la juridiction de Strasbourg. V. Directoire. R.

1680, décembre. — *Lettres patentes* sur la procédure contre les coutumaces. V. Contumace, § I. R.

1681, 12 janvier. — *Déclaration* concernant les procès criminels réglés à l'extraordinaire. V. Interrogatoire. R.

1681, 25 janvier. — *Arrêt* du conseil sur les eaux et forêts. V. Amende, § I. R.

1681, janvier. — *Edit* sur l'administration de la justice. V. Opinion, n. 4. R.

1681, février. — *Arrêt* du conseil sur les prérogatives en matière de poursuites criminelles. V. Compétence, § II. R.

1681, 16 mai. — *Lettres patentes* sur la compétence de la juridiction de Strasbourg. V. Direction. R.

1681, 20 mai. — *Ordonnance* contre les blasphémateurs. V. Blasphème. R.

1681, 21 mai. — *Lettres patentes* concernant le mariage des Juifs. V. Juifs, sect. I, § II. R.

1681, 2 juin. — *Déclaration* qui exempte de tutelle et curatelle les secrétaires du roi. V. Tutelle, sect. II, § II, art. 5.

1681, 17 juin. — *Déclaration* contre les protestans. V. Religionnaires, § V. R.

1681, 18 juin. — *Arrêt* du conseil sur la poste aux lettres. V. Lettre. R.

1681, 22 juillet. — *Ordonnance* sur les droits de marque et de contrôle des ouvrages d'or et d'argent. V. Marque et Contrôle, § I. R.

1681, 26 juillet. — *Bail* des cinq grosses. V. Amende, § V. R.

1681, juillet. — *Ordonnance* des fermes. V. Commis. — Confiscation, § II. — Exécution provisoire des jugemens. — Faux, sect. III, § I. — Octroi, § I. — Passe-debout. — Prescription, sect. II, § VIII. — Régie intéressée. — Saisie-exécution, § I. — Tabac. — Tutelle, sect. V, § I, art. 6. R.

1681, août. — *Edit* concernant les juridictions des élections. V. Election (ordre judiciaire). R.

1681, août. — *Ordonnance* de la marine.

LIVRE I. — TIT. 2. V. Amirauté. — Consuls des marchands, § II. — Etranger, § II. R.

TIT. 9. V. Consuls français dans les pays étrangers. — Etat civil, § II. — Inventaire, § XIV. R.

TIT. 12. V. garantie, § VII. Q.

LIVRE II. — TIT. 1. V. Cabotage. — Capitaine de vaisseau marchand. — Echouement. R.

TIT. 2. V. Cale. R.

TIT. 4. V. Pilote. R.

TIT. 5. V. Contremaître. R.

TIT. 7. V. Courtier de marine. — Matelot. R.

TIT. 9. V. Bonée, Calfateur, Echouement, Epaves, n. 6. — Naufrage. — Vol, sect. II, § II. R.

TIT. 12. V. Prescription, sect. II, § I, IV. R.

TIT. 13. V. Contrainte par corps, n. 12. R.

TIT. 14. V. Opposition aux criées des vaisseaux, § V. R.

LIVRE III. — TIT. 1. V. Charte partie. R.

TIT. 2. V. Connaissement. R.

Tit. 3. V. Affrètement. — Dommages-intérêts, n. 5. R.

Tit. 4. V. Cargaison-pacotille. R.

Tit. 5. V. Cas fortuit. — Grosse aventure. R.

Tit. 6. V. Arrêt de prince. — Baraterie de patron. — Délaissement. — Esclavage, § III. — Estimation. — Police et Contrat d'assurance, § I et suiv. — Prescription, sect. I, § III. R.

Tit. 7. V. Abordage. — Avarie. R.

Tit. 8. V. Contribution au jet dans la mer. — Jet à la mer. R.

Tit. 9. V. Congé (marine). — Pillage, § II. — Pirate. R.

Tit. 10. V. Représailles (lettres de). R.

Tit. XI. V. Testament, sect. II, § III, art. 7. R.

Livre IV. — Tit. 1. V. Bouée. — Port. R.

Tit. 2. V. Maître de quais. R.

Tit. 3. V. Bouée. — Lamaneur. R.

Tit. 4. V. Délestage. R.

Livre V. — Tit. 1. V. Pêche maritime, sect. II, § I et suiv. R.

Tit. 3. V. Bouchot. R.

Tit. 4. V. Bouée. — Bordigue. R.

Tit. 5. V. Pêche, sect. II, § IV. R.

Tit. 6. V. Pêche, sect. II, § VI. R.

Tit. 7. V. Pêche, sect. II, § IX. R. — Ordonnance de la marine en général. V. Baleine. — Balise. — Combat. — Epaves, n. 6. — Frêt. — Lettre de marque, § II. — Occupation, § III, — Prises maritimes, § III et suiv. R.

1681, 16 septembre. — Arrêt du conseil sur la nomination aux offices d'huissier. V. Huissier, § I. R.

1681, 24 octobre. — Règlement sur la marine. V. Marine. R.

1681, 29 novembre. — Arrêt du conseil sur la poste aux lettres. V. Lettre. R.

1681, décembre. — Edit concernant les fossés et remparts des villes de guerre. V. Fortifications, § III. R.

1682, mars. — Edit sur la déclaration faite par le clergé de France de ses sentimens touchant la puissance ecclésiastique. V. Clergé, § I. — Libertés de l'Eglise gallicane. R.

1682, 27 février. — Arrêt du conseil concernant l'imprimerie et la librairie. V. Contrefaçon, § I. — Plagiat, n. 2. R.

1682, 31 mai. — Déclaration concernant les infractions de ban. V. Bannissement, § I. R.

1682, 14 juillet. — Déclaration concernant les crimes de lèse-majesté. V. Lèse-majesté. R.

1682, juillet. — Déclaration sur les cas qui font encourir la mort civile. V. Mort civile, § I. R.

1682, juillet. — Déclaration concernant les pratiques superstitieuses de magie, etc. V. Devin. — Sortilége. R.

1682, juillet. — Déclaration sur la vente des poisons et la pratique de l'art de la distillation en chimie. V. Arsenic. — Distillateur. — Poison.

1682, 1 août. — Arrêt du conseil sur les droits de lods et ventes, et les bois futaies des gens de mainmorte. V. Agent. — Futaie, § III. R.

1682, 4 septembre. — Déclaration qui exempte de tutelle et de curatelle les officiers de la maison du roi. V. Tutelle, sect. II, § I, art. 5.

1682, 29 décembre. — Arrêt du conseil concernant les moulins, fours, etc., dépendans du domaine. V. Domaine public, § III. R.

1683, 31 janvier. — Arrêt du conseil sur la bibliothèque du roi. V. Bibliothèque, n. 3. R.

1683, 21 février. — Arrêt du conseil sur les priviléges des avocats aux conseils. V. Avocat aux conseils. R.

1683, février. — Edit concernant les oppositions au sceau des provisions d'office. V. Hypothèque, sect. I, § III. — Opposition au sceau des provisions d'office. R.

1683, avril. — Déclaration concernant les îles, îlots, attérissemens, etc. V. Etaler (droit d'). — Ile. — Motte-Ferme. R.

1683, avril. — Edit relatif aux ventes, aliénations, etc., des communautés d'habitans. V. Communauté d'habitans, n. 3. R. Fait du souverain, § I. Q.

1683, 5 mai. — Arrêt du conseil sur les exécutoires des frais de procès criminels. V. Exécutoire, n. 2. R.

1683, 24 mai. — Arrêt du conseil sur les priviléges du magistrat de Strasbourg. V. Chambre aux contrats. R.

1683, 17 juin. — Déclaration contre les protestans. V. Religionnaires, § V. R.

1683, août. — Edit contre les luthériens. V. Religionnaires, § VIII. R.

1683, 16 août. — Déclaration portant réglement pour les tailles. V. Domicile, § X. R.

1683, 25 septembre. — Ordonnance relative à la police générale des colonies. V. Colonie, § I. R.

1683, 26 octobre. — Arrêt du conseil sur les exéutoires pour frais de procès criminels. V. Exécutoire, n. 2. R.

1683, 14 décembre. — Déclaration concernant l'argenterie ou vaisselle d'argent. V. Retrait d'argenterie léguée. R.

1683, décembre. — Edit sur les plaidoieries en langue française dans la Flandre. V. Langue française. R.

1683, décembre. — Edit concernant les obligations des femmes. V. Sénatus-consulte velléien, § I. R.

1684, 10 juin. — Arrêt du conseil sur le bois de chauffage. V. Chauffage, n. 6. R.

1684, 11 juillet. — Arrêt du conseil relatif aux condamnations à des amendes. V. Amende, § VII. R.

1684, 15 juillet. — Arrêt du conseil concernant les eaux et forêts. V. Futaie, § II. R.

1684, 17 juillet. — Arrêt du conseil sur le payement des rentes foncières dans l'Artois. V. Livre numéraire. R.

1684, 9 août. — Arrêt du conseil concernant les saisies réelles. V. Action, § III. R.

1684, 11 août. — Arrêt du conseil sur le privilége du fisc pour les amendes. V. Amende, § VIII. R.

1684, décembre. — Edit concernant la procédure qui doit être observée en matière de reconnaissance de promesse ou d'écriture privée. V. Commencement de preuve. — Reconnaissance d'écriture. R. — Vérification d'écriture, § II. Q.

1684. — Edit sur les aides. V. Aides. R.

1684. — Règlement et Lettres patentes sur les femmes publiques. V. Bordel. R.

1684. — Lettres patentes sur les preuves de noblesse. V. Noblesse, § VII. R.

1685, 15 janvier. — Arrêt du conseil concernant la monnaie des médailles, et qui prohibe l'usage des moutons, coupoirs, etc. V. Balancier. — Médaille. R.

1685, 21 janvier. — *Déclaration* sur le décret des offices et immeubles des comptables. V. Décret d'immeuble, § IV. R.

1685, 30 janvier. — *Arrêt* du conseil sur la rédaction, en français, des actes passés en Alsace. V. Langue française. R.

1685, janvier.—*Edit* concernant les juridictions des élections. V. Election (ordre judiciaire). R.

1685, janvier. — *Edit* concernant l'administration de la justice au Châtelet de Paris. V. Audience, § IV. R. — Héritier, § VIII. Q. — Opposition au scellé. — Référé. R.

1685, 5 février. — *Déclaration* sur les droits de marque et contrôle des ouvrages d'or et d'argent. V. Marque et Contrôle, § I. R.

1685, 10 février. — *Arrêt* du conseil qui déclare insaisissables les gages des gardes des bois. V. Gardes des bois, section I, § III. R.

1685, 24 mars. — *Arrêt* du conseil concernant les eaux et forêts. V. Futaie, § II. R.

1685, mars. — *Edit* pour la police des îles françaises de l'Amérique. V. Colonie, § I. — Esclavage, § II. — Juifs, section IV. R.

1685, 14 mai. — *Déclaration* sur la reconnaissance des billets sous-seing privé. V. Nantissement, § II, art. 5. R.

1685, 5 juin. — *Edit* concernant les contrats de vente. V. Lecture des contrats. R.

1685, 9 juillet. — *Déclaration* contre les protestans. V. Religionnaires, § III, IV et V. R.

1685, 14 juillet. — *Arrêt* du conseil concernant la monnaie des médailles. V. Médailles. R.

1685, 7 août. — *Arrêt* du conseil concernant les privilèges des frais funéraires. V. Frais funéraires. R.

1685, 14 août. — *Déclaration* contre les protestans. V. Religionnaires, § III et VII. R.

1685, août. — *Edit* sur l'affranchissement des esclaves. V. Affranchissement. — Colonie, § I. R.

1685, octobre. — *Edit* portant révocation de celui de Nantes. V. Institution d'héritier, sect. V. — Légitimité, sect. I, § III. — Religionnaires. R. — Serment, § I. Q. — Témoin judiciaire, § II. R.

1685, 11 décembre. — *Déclaration* sur la suppression des registres de naissance, décès, etc., des protestans. V. Légitimité, sect. I, § III. — Religionnaires, § IV. R.

1686, 11 janvier. — *Déclaration* contre les protestans. V. Religionnaires, § III et VII. R.

1686, février. — *Lettres patentes* portant établissement du parlement de Flandres. V. Abus (appel comme d'). Q.

1686, 10 avril. — *Arrêt* du conseil sur les bois futaies des gens de mainmorte. V. Futaie, § III. R.

1686, 29 avril. — *Déclaration* contre les protestans. V. Religionnaires, § II. R.

1686, 26 juin. — *Arrêt* du conseil contre les protestans. V. Religionnaires, § VII. R.

1686, 25 juillet. — *Déclaration* contre les protestans. V. Religionnaires, § II. R.

1686, juillet. — *Edit* contre les protestans. V. Religionnaires, § II. R.

1686, 6 août. — *Déclaration* concernant les mariages des protestans. V. Empêchement de mariage, § V. — Enfant, § II. R.

1686, août. — *Edit* sur l'imprimerie et la librairie. V. Contrefaçon, § I. — Plagiat, n. 2. R.

1686, 5 septembre. — *Arrêt* du conseil concernant la nomination des maîtres de quais. V. Maître de quais. R.

1686, 19 octobre. — *Arrêt* du conseil concernant le droit de tiers-denier. V. Tiers-denier. R.

1686, 17 décembre. — *Arrêt* du conseil sur les assignations verbales des gardes des bois. V. Gardes des bois, sect. I, § III. R.

1866, décembre. — *Edit* sur les droits d'aides. V. Aides. R.

1686. — *Déclaration* sur les billets et lettres de change. V. protêt, § III. Q.

1687, 18 février. — *Ordonnance* sur les attributions des consuls. V. Consul français, § II. R.

1687, février. — *Ordonnance* des cinq grosses fermes. V. Acquit, § III. — Cheval. — Régie intéressée. — Retenue des marchandises. — Rouanne. R.

1687, 16 mars. — *Réglement* sur le conseil souverain de Léogane. V. Colonie, § I. R.

1687, 18 mars. — *Bail* des fermes. V. Appointemens. — Bordereau (finances). — Commis. R.

1687, 29 avril. — *Déclaration* concernant les infractions de ban. V. Bannissement, § I. R.

1687, avril. — *Edit* sur l'exemption du droit d'aubaine. V. Aubaine, n. 6. R.

1687, 18 mai. — *Bail* des cinq grosses fermes. V. Amende, § V. R.

1687, mai. — *Edit* concernant la peine de ceux qui demandent, sous de faux noms, des dispenses de bans de mariages. V. Faux, sect. III, § I. R.

1687, 12 juillet. — *Lettres patentes* sur la communication des titres aux fermiers des domaines. V. Archives. R.

1687, 12 juillet. — *Lettres patentes* sur la confiscation des biens des condamnés, et les exécutoires des frais de procès criminels. V. Confiscation, § I. — Exécutoires, n. 2. R.

1687, 2 août. — *Déclaration* sur les assemblées des communautés d'habitans. V. Assemblée, § III. — Communauté d'habitans, n. 3. R.

1687, 27 août. — *Arrêt* du conseil qui défend de plaider devant les tribunaux étrangers. V. Confraternité de coutumes, n. 8. R.

1687, 24 octobre. — *Arrêt* du conseil sur les droits de lods et ventes. V. Agen. R.

1687, 22 novembre. — *Arrêt* du conseil sur les gardes des bois domaniaux engagés. V. Gardes des bois, sect. IV. R.

1688, janvier. — *Edit* qui réunit au domaine les biens des consistoires. V. Consistoire. R.

1688, 7 février. — *Déclaration* sur les procédures des fermes. V. Aides. R.

1688, 14 février. — *Arrêt* du conseil sur les bois futaies des gens de mainmorte. V. Futaie, § III. R.

1688, 17 février. — *Déclaration* sur les assignations des communautés d'habitans. V. Ajournement. — Domicile élu, § I. R.

1688, 17 février. — *Déclaration* concernant la procédure des élections, greniers à sacs. V. Saisie-exécution, § I. R.

1688, 17 février. — *Déclaration* sur les contraintes pour payement des droits royaux. V. Contrainte (finances), n. 3. R.

1688, 1er mars. — *Arrêt* du conseil relatif aux théâtres. V. Comédien. R.

1688, mars. — *Edit* relatif aux élections de domicile. V. Domicile élu, § I. R.

1688, avril. — *Edit* des révisions. V. Requête civile, § I.

1688, 4 mai. — *Déclaration* pour le gros et autres droits. V. Aides. — Contrainte (finances), n. 5. R.

1688, 15 juin. — *Arrêt* du conseil sur le droit de bourgeoisie. V. Bourgeois, § 1. R.

1688, 15 juin. — *Arrêt* du conseil sur les notaires de Strasbourg. V. Chambre aux contrats. R.

1688, 2 octobre. — *Arrêt* du conseil sur le charbon de bois. V. Charbon. R.

1688, 21 octobre. — *Réglement* sur le jugement des prises maritimes. V. Conseil des prises. R.

1688, octobre. — *Edit* contre les protestans. V. Religionnaires, § III et IV. R.

1688, 27 novembre. — *Arrêt* du conseil concernant les eaux et forêts. V. Futaie, § II. R.

1688, 16 décembre. — *Déclaration* sur la compétence du conseil souverain de Roussillon. V. Conseil souverain de Roussillon. R.

1689, 26 février. — *Arrêt* du conseil sur les procès-verbaux et exploits des gardes des bois. V. Gardes des bois, sect. I, § III. R.

1689, février. — *Edit* sur les attributions des receveurs des consignations et les commissaires aux saisies réelles. V. Collocation. — Confiscation, § I. — Consignation. — Mayeur, n. 2. R.

1689, février. — *Edit* relatif à l'opposition formée au sceau des lettres de ratification. V. Opposition au sceau des lettres de ratification, n. 7. — Saisie-exécution, § I. R.

1689, 15 avril. — *Ordonnance* sur la marine et contre les calfateurs qui sortent du royaume. V. Calfateurs. — Capitaine de vaisseau marchand. — Classe. — Consuls français, § II. — Droit maritime. — Marine. R.

1689, 14 juin. — *Arrêt* du conseil sur les deniers communs et les octrois de villes. V. Bail, § XVIII. R.

1689, 50 juillet. — *Arrêt* du conseil sur la vente des vins. V. Bouchon. R.

1689, juillet. — *Edit* qui défend de saisir et exécuter les commissaires aux saisies réelles. V. Saisie-exécution § I. — Tutelle, sect. IV, § I, art. 5. R.

1689, 10 octobre. — *Déclaration* pour les droits de jauge et courtage. V. Aides. R.

1689, novembre. — *Edit* qui érige en titre d'office les places des gardes des bois. V. Gardes des bois, sect. I, § II. — Gardes-généraux des bois. R.

1689, 25 novembre. — *Réglement* concernant les prises maritimes. V. Lettre de marque, § II. R.

1689, 14 décembre. — *Déclaration* sur les ventes d'argenterie, bagues, joyaux. V. Saisie-exécution, § I. R.

1689, décembre. — *Edit* contre les protestans. V. Religionnaires, § VII. — Testament, sect. I, § IV, art. 5. R.

1689, décembre. — *Edit* portant rétablissement du droit de seigneuriage. V. Seigneuriage. R.

1690, janvier. — *Ordonnance* qui augmente le nombre des titulaires d'office de crieur public. V. Crieur. R.

1690, janvier. — *Edit* portant rétablissement des assesseurs. V. Assiette de rentes. R.

1690, 16 février. — *Arrêt* du conseil sur les cloches des églises. V. Cloche. R.

1690, février. — *Edit* qui abroge l'usage de donner verbalement des assignations. V. Exploit, n. 4.

1690, 11 mars. — *Arrêt* du conseil sur les baux à cheptel. V. Cheptel, § I. R.

1690, 5 mai. — *Déclaration* prononçant des peines contre les vols de deniers publics par les employés. V. Commis. — Contrainte par corps. — Régie intéressée. R.

1690, mai. — *Edit* de création d'experts en titre d'office. V. Bourse, § II. — Expert, n. 4. R.

1690, septembre. — *Edit* portant rétablissement des assesseurs. V. Assiette de rentes. R.

1690, 17 novembre. — *Déclaration* concernant les droits d'insinuation des donations. V. Don mutuel, § III. — substitution fidéicommissaire, sect. VII, § III, art. 4. R.

1690, 9 décembre. — *Arrêt* du conseil qui défend la saisie des journées en vacations des officiers des eaux et forêts. V. Saisie-exécution, § I. R.

1690, 23 décembre. — *Arrêt* du conseil sur les carrières. V. Carrières. R.

1690, 29 décembre. — *Arrêt* du conseil sur les droits, rangs et honneurs du clergé. V. Clergé, § 1. R.

1691, février. — *Edit* relatif à la consignation d'amende en appel. V. Amende, § IV et VIII. R.

1691, mars. — *Edit* concernant les fonctions des notaires. V. Notaire, § V. R.

1691, mars. — *Edit* de création des officiers de judicature dits chevaliers d'honneur. V. Chevalier d'honneur. R.

1691, 19 juin. — *Ordonnance* sur les répertoires des notaires. V. Repertoire, § I. R.

1691, 21 août. — *Arrêt* du conseil sur le charbon de bois. V. Charbon. R.

1691, octobre. — *Edit* concernant les témoins instrumentaires. V. Témoin instrumentaire, § I.

1691, décembre. — *Edit* concernant les insinuations ecclésiastiques. V. Bans de mariage. — Testament, sect. II, § II et I.

1691, décembre. — *Edit* concernant les droits de pâturage. V. Terres vaines et vagues.

1692, février. — *Edit* de création des receveurs des consignations et commissaires aux saisies réelles. V. Mayeur, n. 2. R.

1692, 16 février. — *Déclaration* sur la publication des bans de mariage. V. Bans de mariage.

1692, février. — *Edit* portant création de notaires royaux dans le ressort du parlement de Flandres. V. Échevins, § II. — Entravestissement, sect. II, § I. R.

1692, 18 mars. — *Arrêt* du conseil concernant les droits de pâturage. V. Terres vaines et vagues.

1692, mars. — *Edit* de création de médecins et chirurgiens jurés. V. Chirurgien, § II. R.

1692, 22 juillet. — *Déclaration* sur la naturalisation des étrangers. V. Aubaine, n. 9. R.

1692, 12 août. — *Arrêt* du conseil sur la confrontation des témoins. V. Confrontation, n. 5. R.

1692, août. — *Edit* sur les terres possédées en franc-alleu. V. Franc-alleu, § XXIII. R. — Terrage, § I. Q.

1692, 24 septembre. — *Arrêt* du conseil concernant les prises maritimes. V. Prise maritime, § I, III, art. 5. R.

1692, 17 novembre. — *Réglement* sur les brevets d'assurance ou de retenue. V. Brevet d'assurance. R.

1692, 12 décembre. — *Déclaration* sur la peine des faux-monnayeurs. V. Monnaie, § II. R.

1693, 24 février. — *Arrêt* du conseil concernant les monnaies. V. Monnaie, § I. R.

1693, 3 mars. — *Arrêt* du conseil concernant le droit de tiers-denier. V. Tiers-denier.

1693, 25 mars. — *Déclaration* sur les actes de déshéritance. et d'adhéritance. V. Devoirs de loi, § II. R.

1693, 51 mars. — *Arrêt* du conseil sur les fonctions des courtiers. V. Courtiers. R.

1693, 51 mars. — *Arrêt* du conseil sur les coupes de bois des communes. V. Futaie, § IV. R.

1693, mars. — *Edit* concernant les droits de contrôle et d'insinuation. V. Contrôle, § I. — Notaires, § V. — Répertoire, § I. R.

1693, mars. — *Edit* de création des chevaliers d'honneur. V. Chevalier d'honneur. R.

1693, 16 juin. — *Déclaration* concernant l'alignement des rues, la hauteur des maisons, etc. V. Rue. R.

1693, 21 juillet. — *Arrêt* du conseil sur les fonctions des courtiers. V. Courtier. R.

1693, 21 juillet. — *Arrêt* du conseil concernant les droits de contrôle et d'insinuation. V. Répertoire, § I. R.

1693, août. — *Edit* portant création de rentes viagères. V. Certificat de vie. R.

1693, 29 septembre. — *Arrêt* du conseil sur les exécutoires pour frais de procès criminels. V. Exécutoire, n. 2. R.

1693, octobre. — *Edit* sur les commissaires enquêteurs examinateurs V. Commissaires enquêteurs, n. 7. R.

1693, 25 novembre. — *Réglement* concernant les prises maritimes. V. Lettres de marque, § II. — Pillage, § II. R.

1693, 28 novembre. — *Déclaration* qui prohibe l'exportation du numéraire. V. Agent. R.

1693, 20 décembre. — *Déclaration* sur les eaux et forêts. V. Baliveau. R.

1685, 29 décembre. — *Arrêt* du conseil sur les assignations verbales des gardes des bois. V. Gardes des bois, sect. I, § III. R.

1693, décembre. — *Edit* concernant les rivières navigables. V. Rivière, § I. R.

1694, 2 janvier. — *Déclaration* relative aux commissaires aux saisies réelles. V. Main mise, n. 15. R.

1694, 19 janvier. — *Arrêt* du conseil sur les cinq grosses fermes. V. Amende, § V. R.

1694, 25 janvier. — *Arrêt* du conseil sur les brevets d'assurance ou de retenue. V. Brevet d'assurance. R.

1694, 6 février. — *Arrêt* du conseil sur les bois futaies des gens de mainmorte. V. Futaie, § III. R.

1694, février. — *Edit* de création des chevaliers d'honneur. V. Chevalier d'honneur. R.

1694, février. — *Edit* portant réglement pour la discipline du parlement de Besançon. V. Abus (appel comme d'). Q.

1694, 25 mars et 20 avril. — *Arrêt* du conseil en faveur des employés des fermes. V. Commis, n. 25. R.

1694, 27 avril. — *Déclaration* concernant le contrôle des actes. V. Contrôle, n. 1. R.

1694, avril. — *Edit* concernant les contrats de vente. V. Lecture des contrats. R.

1694, 12 juin. — *Déclaration* sur les attributions des receveurs des consignations. V. Consignation. R.

1694, 22 juin. — *Déclaration* sur le commerce des grains. V. Vente, § I, art. 1. R.

1694, 26 juin. — *Arrêt* du conseil concernant les monnaies. V. Monnaie, § I. R.

1694, 22 août. — *Arrêt* du conseil sur les droits de contrôle et de centième denier dus pour les partages de meubles ou immeubles. V. Partage, § XI. R.

1694, septembre. — *Edit* sur les commissaires de guerres. V. Commissaire des guerres. R.

1694, 5 octobre. — *Déclaration* sur la confrontation des témoins. V. Confrontation, n. 3. R.

1694, 23 octobre. — *Arrêt* du conseil sur les exécutoires pour frais de procès criminels. V. Exécutoires, n. 2. R.

1694, octobre. — *Edit* sur les contrôleurs des actes. V. Comptabilité. R.

1694, 9 novembre. — *Arrêt* du conseil concernant la propriété des rivières navigables. V. Rivière, § I. R.

1694, décembre. — *Edit* concernant les commis préposés à la recette et au maniement des deniers publics. V. Régie intéressée. R.

1995, 11 janvier. — *Arrêt* du conseil sur les droits de contrôle et de centième denier dus pour les partages de meubles ou immeubles. V. Partage, § XI. R.

1695, 18 janvier. — *Déclaration* portant établissement de la capitation. V. Capitation. R.

1695, janvier. — *Lettres patentes* sur la collocation des créanciers d'un saisi. V. Contribution au sou la livre. R.

1695, 19 février. — *Arrêt* du conseil sur le droit de péage. V. Péage, § I. R.

1695, 8 mars. — *Edit* sur le rachat et le remboursement des rentes albergues. V. Albergues. R.

1695, 9 mars. — *Réglement* sur le jugement des prises maritimes. V. Conseil des prises. R.

1695, 19 mars. — *Déclaration* sur les répertoires des notaires. V. Répertoire, § I. R.

1695, 29 mars. — *Arrêt* du conseil sur les bois futaies des gens de mainmorte. V. Futaie, § III. R.

1695, mars. — *Edit* sur le domaine de la couronne. V. Aliénation, n. 7. — Domaine public, § III. R.

1695, avril. — *Edit* concernant la juridiction ecclésiastique. V. Abus (appel comme d'). Q. — Attache. — Aumône. — Cardinal. — Cimetière. — Clergé, § I. — Cloches. — Exécution provisoire des jugemens. — Fabrique. — Fête. — Honoraires, § III. — Pâturage, § I. — Presbytère. — Syndic. R.

1695, 21 juin. — *Arrêt* du conseil sur les droits de contrôle et d'insinuation. V. Répertoire, § I. R.

1695, juin. — *Edit* concernant la monnaie des médailles. V. Médailles. R.

1695, 25 août. — *Arrêt* du conseil sur le droit de péage. V. Péage, § I. R.

1695, 13 septembre. — *Arrêt* du conseil relatif aux actes sous seing-privé et aux priviléges du fisc pour les amendes. V. Acte sous seing-privé. — Amende, § VIII. R.

1695, 13 décembre. — *Arrêt* du conseil qui exemptait de tutelle et de curatelle les officiers de la maison du Roi. V. Tutelle, sect. II, § I, art. 5. R.

1695, 15 décembre. — *Arrêt* du conseil sur les contrats de mariage. V. Contrat de mariage, § I. R.

1596, 24 janvier. — *Arrêt* du conseil en faveur des employés des fermes. V. Commis, n. 25. R.

1696, 16 mars. — *Déclaration* sur les contrats de mariage. V. Contrat de mariage, § I. R.

1696, 19 mars. — *Déclaration* sur les droits de contrôle et de centième denier dus pour les partages de meubles ou immeubles. V. Commis des domaines. — Comptabilité. — Partage, § XI. — Répertoire, § I. R.

1696, 26 mai. — *Arrêt* du conseil concernant la monnaie des médailles. V. Médailles. R.

1696, mai. — *Édit* concernant les commis préposés à la recette et au maniement des deniers publics. V. Régie intéressée. R.

1696, juin. — *Édit* qui prohibe l'usage des moutons, coupoirs et règle les attributions des généraux provinciaux des monnaies. V. Balancier. R. — Monnaie, § III. R.

1696, 11 juillet. — *Arrêt* du conseil concernant les Juifs. V. Juifs, sect. II. R.

1696, 22 juillet. — *Arrêt* du conseil qui défend la saisie des gages des officiers de la maison du Roi. V. Saisie-exécution, § I. R.

1696, 4 septembre. — *Déclaration* sur la procédure criminelle. V. Faux, § III. Q.

1696, 4 septembre. — *Déclaration* pour la recherche des faux nobles. V. Noblesse, § V, II. R.

1696, octobre. — *Édit* sur la création de nouveaux offices de jurés priseurs. V. Huissier priseur. R.

1697, 30 janvier. — *Arrêt* du conseil sur les descendans des étrangers résidans en France. V. Aubaine. R.

1697, 25 février. — *Arrêt* du conseil sur la chasse au loup. V. Chasse, § X. R.

1697, 25 février. — *Déclaration* concernant les fiefs mouvans de la couronne. V. Fief, sect. II, § III. R.

1697, 26 février. — *Arrêt* du conseil concernant la recherche des faux nobles. V. Noblesse, § V, II. R.

1697, mars. — *Édit* sur les mariages. V. Actes respectueux, § III, quest. 9. Q. — Bénédiction nuptiale. — Dispense, § III. — Domicile, § V. — Légitimation, sect. II, § II. — Légitimité, sect. I, § I. — Mariage, sect. IV, § II, sect. VI, § I, sect. IX. — Sommation respectueuse. R.

1697, 21 mai. — *Arrêt* du conseil sur les eaux et forêts. V. Adjudicataire, § VI. R.

1697, 15 juin. — *Déclaration* contre les protestans. V. Religionnaires, § VI. R.

1697, 9 juillet. — *Déclaration* sur la peine des faux-monnayeurs. V. Monnaie, § II. R.

1697, 10 août. — *Arrêt* du conseil concernant la propriété des rivières navigables. V. Rivière, § I. R.

1697, 27 août. — *Arrêt* du conseil sur le droit de bourgeoisie. V. Bourgeois. § I. R.

1797, 17 septembre. — *Déclaration* concernant les actes des notaires. V. Hypothèque, sect. I, § V. R.

1697, 21 septembre. — *Traité* de navigation et de commerce entre la France et les Provinces-Unies. V. Lettre de marque, § II. R.

1697, 22 octobre. — *Arrêt* du conseil sur les manufactures. V. Manufacture. R.

1697, 26 novembre. — *Édit* concernant les enfans indignes et incapables de succéder à leur père et mère. V. Exhérédation, § V. R.

1697. — *Règlement* pour la forêt de Villers-Cotterets. V. Bois, § III. R.

1698, 7 janvier. — *Arrêt* du conseil concernant les eaux et forêts. V. Futaie, § II. R.

1698, 14 janvier. — *Déclaration* concernant les placites de Normandie. V. Notaire, § V. R.

1698, janvier. — *Édit* concernant le contrôle des actes. V. Contrôle, n. 1. R.

1698, 18 mars. — *Arrêt* du conseil qui exemptait de tutelle et de curatelle les officiers de la maison du Roi. V. Tutelle, sect. II, § I, art. 5.

1698, avril. — *Lettres patentes* relatives à l'université d'Avignon. V. Avignon. R.

1698, 15 mai. — *Arrêt* du conseil sur les mines de charbon de terre. V. Mines, § I. Q.

1698, 28 octobre. — *Arrêt* du conseil sur les fonctions des greffiers. V. Greffier. R.

1698, 12 décembre. — *Déclaration* concernant les bureaux d'administration des hôpitaux. V. Hôpital, § V. R.

1698, 15 décembre. — *Déclaration* sur les effets civils des mariages des protestans. V. Mariage, sect. V, § I. R. — Religionnaires, § III, V et VI. R.

1698, 15 décembre. — *Déclaration* concernant les séminaires. V. Séminaire. R.

1698, 16 décembre. — *Déclaration* sur l'observation des dimanches et fêtes. V. Cabaretier, § I. R. — Patronage, § I. R.

1698, 16 décembre. — *Arrêt* du conseil sur les contrats de mariage. V. Contrat de mariage, § I. R.

1698, 29 décembre. — *Déclaration* contre les protestans. V. Religionnaires, § VII. R.

1699, 20 janvier. — *Déclaration* sur les effets et ballots perdus aux douanes et messageries. V. Epaves, n. 5. R.

1699, avril. — *Lettres patentes* concernant les saisies des deniers des fermes. V. Saisie-arrêt, § I. R.

1699, 14 juillet. — *Déclaration* prononçant des peines contre les vols de deniers publics par les employés. V. Commis. R.

1699, 14 juillet. — *Déclaration* sur les droits de contrôle et d'insinuation. V. Commis des domaines. — Contrainte par corps, n. 19. — Date, n. 2. — Déclaration au profit d'un tiers. — Greffier. — Partage, § XI. — Répertoire, § II. R.

1699, 20 août. — *Déclaration* concernant la contrefaçon des signatures des secrétaires d'état. V. Faux, sect. III, § I. R.

1699, septembre. — *Lettres patentes* sur l'exercice de la chirurgie. V. Chirurgien, § III. R.

1699, 24 novembre. — *Arrêt* du conseil sur les eaux et forêts. V. Adjudicataire, § VI. R.

1699, novembre. — *Édit* de création des commissaires de police. V. Commissaire de police. R.

1699, 8 décembre. — *Déclaration* qui confirme pour les provinces de Flandre, Hainaut et Artois, les lettres de noblesse accordées par les rois d'Espagne, etc. V. Noblesse, § V. R.

1699, 22 décembre. — *Déclaration* sur les fonctions des greffiers et huissiers. V. Greffier. — Huissier, § I. R.

1699, 23 décembre. — *Déclaration* concernant les lettres de répit. V. Répit. R.

1700, février. — *Édit* qui ordonne de faire en français les procédures dans le Roussillon. V. Langue française. R.

1700, 16 mars. — *Déclaration* sur les formalités des prôtêts. V. Protêt, § III. R.

1700, mars. — *Édit* sur les droits de marque et de contrôle des ouvrages d'or et d'argent. V. Marque et contrôle, § I. R.

1700, 4 mai. — *Arrêt* du conseil, sur l'établissement des moulins en Flandres. V. Moulin, § VII, art. 3. R.

1700, 1er juin. — *Arrêt* du conseil concernant les eaux et forêts. V. Futaie, § II. R.

1700, 29 juin. — *Edit* de création du conseil de commerce. V. Conseil du Roi. R.

1700, 13 juillet. — *Déclaration* concernant les priviléges du fisc pour les amendes et les frais des procès criminels. V. Amende, § XIII. — Frais des procès criminels. R.

1700, 10 août. — *Arrêt* du conseil concernant les eaux et forêts. V. Futaie, § II. R.

1700, 21 septembre. — *Réglement* sur les eaux et forêts. V. Bois, § II. — Martelage. R.

1700, 9 novembre. — *Arrêt* du conseil concernant les droits de contrôle. V. Déclaration au profit d'un tiers. R.

1701, 5 mai. — *Arrêt* du conseil sur les bois futaie des gens de mainmorte. V. Adjudicataire, § VI. — Futaie, § III. R.

1701, 18 mai. — *Ordonnances* sur la célébration des fêtes et dimanches. V. Fête. R.

1701, 31 mai. — *Arrêt* du conseil concernant les eaux, et forêts. V. Futaie, § II. R.

1701, 3 juin. — *Déclaration* prononçant des peines contre les vols de deniers publics par les employés. V. Commis. — Péculat. — Vol, sect. II, § II. R.

1701, 28 juin. — *Arrêt* du conseil sur les défrichemens des bois. V. Défrichement, § II. R.

1701, 27 juillet. — *Déclaration* sur la chasse et la pêche et les capitaineries. V. Bail, § I. — Chasse, § V. R.

1701, 30 août. — *Edit* de création des chambres de commerce. — Commerce, § I. R.

1701, octobre. — *Edit* sur les cartes à jouer. V. Carte. R.

1701, décembre. — *Edit* concernant les contrats de vente, échanges, etc., des biens domaniaux. V. Ensaisinement. R.

1701, décembre. — *Edit* portant réglement pour le parlement de Flandre. V. Enquête, § II. R.

1701, décembre. — *Edit* sur la communication des titres aux fermiers des domaines. V. Archives. R.

1702, 14 mars. — *Arrêt* du conseil qui déclare insaisissable les gages des gardes des bois. V. Gardes des bois, sect. I, § III. R.

1702, mars. — *Edit* concernant les inventaires. V. Inventaire, § II. R.

1702, 5 avril. — *Arrêt* du conseil sur les délits de chasse. V. Chasse, § VII. R.

1702, 12 mai. — *Arrêt* du conseil sur le jugement des prises maritimes. V. Conseil des prises. R.

1702, 8 juin. — *Edit* sur le régime colonial. V. Colonie, § I. R.

1702, 14 juin. — *Ordonnance* concernant la peine encourue par les passe-volans. V. Passe-volant. R.

1702, 11 et 18 juillet. — *Déclaration* sur les acquisitions et ventes des communes. V. Faculté de rachat, § III, Q.

1702, 18 juillet. — *Déclaration* sur les biens ecclésiastiques. V. Aliénation, n. 7. R.

1702, juillet. — *Edit* de création des chevaliers d'honneur. V. Chevalier d'honneur. R.

1702, 22 août. — *Déclaration* concernant la juridiction primatiale de l'archevêché de Lyon. V. Abus (appel comme d'). Q.

1702, 25 septembre. — *Arrêt* du conseil sur la compétence en matière criminelle. V. Compétence, § II. R.

1702, 18 novembre. — *Déclaration* sur la collusion entre le vendeur et l'acquéreur des biens des marchands qui ont fait faillite. V. Collusion. — Compensation, § II. — Faillite et banqueroute, sect. I, § III. R.

1702, 9 décembre. — *Arrêt* du conseil concernant la monnaie des médailles. V. Médaille. R.

1703, 30 janvier. — *Déclaration* sur la procédure criminelle. V. Faux, § III. Q.

1703, 13 février. — *Arrêt* du conseil sur les bois futaies des gens de mainmorte. V. Futaie, § III. R.

1703, 17 mars. — *Déclaration* sur les droits des cartes. V. Carte. R.

1703, 13 avril. *Déclaration* concernant les procès criminels réglés à l'extraordinaire. V. Interrogatoire. — Sellette. R.

1703, 24 avril. — *Déclaration* qui défend de saisir les marchandises chargées dans les bateaux sur la Loire. V. Saisie-exécution, § I. R.

1703, 4 mai. — *Réglement* sur les chasses. V. Chaume. R.

1703, 5 mai. — *Déclaration* sur les créanciers porteurs de billets sous seing-privé. V. Consuls des marchands, § III. R.

1703, 29 mai. — *Arrêt* du conseil sur les bois futaies des gens de mainmorte. V. Futaie, § III. R.

1703, 17 juin. — *Déclaration* sur les collocations des créanciers. V. Collocation, n. 8 et 10. R.

1703, 17 juin. — *Déclaration* concernant les oppositions au sceau des provisoires d'office. V. Opposition au sceau des provisions d'office. R. — Stipulation pour autrui. Q.

1703, 7 août. — *Arrêt* du conseil concernant les contrats de vente, échange, etc., des biens domaniaux. V. Ensaisinement. R.

1703, 24 août. — *Déclaration* relative à la navigation de la Loire. V. Tribunal de commerce, § V. Q.

1703, octobre. — *Edit* sur les fonctions des greffiers. V. Greffier. R.

1703, 9 novembre. — *Arrêt* du conseil sur les défrichemens des bois. V. Défrichement, § II. R.

1703, 29 novembre. — *Arrêt* du conseil sur les eaux et forêts. V. Adjudicataire, § VI. R.

1703, novembre. — *Edit* concernant les insinuations laïques. V. Donation, sect. V, § II. R.

1703, 11 décembre. — *Déclaration* concernant les inventaires. V. Inventaire, § II. R.

1703, décembre. — *Edit* concernant les droits d'insinuation des donations et testamens. V. Don mutuel, § III. R. — Droit de centième denier. — Exhérédation, § VI. R. — Insinuation, § III. Q. — Substitution fidéicommissaire, sect. VII, § III, art. I. R. — Succession vacante, § II. Q.

1704, 10 février. — *Ordonnance* sur les livrées des domestiques. V. Livrée. R.

1704, février. — *Edit* pour les inspecteurs aux boissons et boucheries. V. Aides. R.

1704, février. — *Edit* de création des chambres souveraines des eaux et forêts. V. Chambre souveraine. R.

1704, 23 mars. — *Déclaration* sur la compétence du conseil provincial d'Artois. V. Conseil provincial d'Artois. R.

1704, 25 mars. — *Déclaration* sur l'acceptation à juge par les contractans. V. accepter à juge. R.

1704, mars. — *Edit* sur les commissaires des guerres. V. Commissaire des guerres. R.

1704, avril. — *Edit* portant création de gardes-port. V. Port (garde-). R.

* 1704, 19 mai. — *Déclaration* sur les manufactures. V. Manufacture. R.

1704, mai. — *Edit* sur les eaux et forêts. V. Bois, § I. R.

1704, 19 juin. — *Déclaration* sur les droits de contrôle et d'insinuation. V. Répertoire, § I. R.

1704, juin. — *Edit* portant établissement d'une cour des monnaies à Lyon. V. Monnaie, § III. R.

1704, 19 juillet. — *Déclaration* sur le centième denier des immeubles des successions vacantes. V. Succession vacante, § II. Q.

1704, 19 juillet. — *Déclaration* qui exempte de tutelle les greffiers des insinuations laïques. V. Greffier. — Tutelle, sect. IV, § I, art. 6. R.

1704, juillet. — *Déclaration* sur l'insinuation des testamens. V. Exhérédation, § VI. R.

1704, juillet. — *Edit* sur les eaux et forêts. V. Bois, § I. R.

1704, 5 août. — *Arrêt* du conseil sur les eaux et forêts. V. Adjudicataire, § VI. R.

1704, 19 août. — *Déclaration* qui défend la saisie des métiers et ustensiles des manufactures. V. Saisie-exécution, § I. R.

1704, 15 septembre. — *Déclaration* sur les donations faites en Artois. V. Donation, sect. V, § II, n. 65. R.

1704, septembre et octobre. — *Edit* sur les eaux et forêts. V. Bois, § I. R.

1704, novembre. — *Edit* concernant les obligations souscrites par les femmes. V. Sénatus-consulte velléien, § I. R.

1705, 24 janvier. — *Arrêt* du conseil sur l'état de domesticité. V. Domestique. R.

1705, janvier. — *Edit* sur les eaux et forêts. V. Bois, § I. R.

1705, février. — *Edit* sur l'instruction des procès. V. Commissaire, n. 2. — Procureur du Roi. R.

1705, 5 mars. — *Déclaration* pour les quatre sous pour livres. V. Aides. R.

1705, 16 mars. — *Déclaration* sur les billets et lettres de change. V. Protêt, § III. Q.

1705, 26 mai. — *Réglement* sur les grands chemins. V. Chemins (grands), n. 6. R.

1705, 27 mai. — *Déclaration* concernant les récusations. V. Récusation, § I. R.

1705, 9 juin. — *Arrêt* du conseil sur les cinq grosses fermes. V. Exécution provisoire des jugemens. R.

1705, 13 juin. — *Déclaration* concernant les droits des associés. V. Subrogation de personne, sect. II, § III. R.

1705, 25 juillet. — *Déclaration* sur les cas qui font encourir la mort civile. V. Mort civile, § I. R.

1705, juillet. — *Edit* sur les eaux et forêts. V. Bois, § I. R.

1705, 4 août. — *Arrêt* du conseil sur les priviléges du fisc pour les amendes. V. Amende, § VIII. R.

1705, 17 octobre. — *Arrêt* du conseil concernant les prises maritimes. V. Prise maritime, § III, art. 4. R.

1705, octobre. — *Edit* concernant les actes des notaires. V. Hypothèque, sect. I, § V. R.

1705, décembre. — *Edit* sur les négociations faites à la Bourse. V. Agens de change. — Marché à terme, § II. R.

1705. — *Edit* portant établissement de courtiers, facteurs et commissionnaires de roulage. V. Commissionnaire, § VI. R.

1706, 2 janvier. — *Déclaration* qui exempte de tutelle et de curatelle les officiers de la maison du Roi. V. Tutelle, sect. II, § I, art. 5.

1706, 25 février. — *Arrêt* du conseil relatif aux actes sous seing-privé. V. Acte sous seing-privé. R.

1706, 20 mars. — *Déclaration* sur les criées. V. Collocation (jurisprudence provençale). R.

1706, 10 avril. — *Arrêt* du conseil sur les négociations faites à la Bourse. V. Marché à terme, § II. R.

1706, 27 avril. — *Arrêt* du conseil sur les droits de contrôle et d'insinuation. V. Répertoire, § I. R.

1706, 8 mai. — *Arrêt* du conseil sur le rachat et le remboursement des rentes albergues. V. Albergues. R.

1706, mai. — *Edit* de création des conservateurs des saisies et oppositions au trésor royal. V. Conservateur, § V. R.

1706, 20 juin. — *Arrêt* du conseil sur les eaux et forêts. V. Bois, § I. R.

1706, 22 juin. — *Arrêt* du conseil sur les carrières. V. Carrière. R.

1706, 30 juin. — *Arrêt* du conseil sur la chasse. V. Chasse. § VIII. R.

1706, juin. — *Arrêt* du conseil concernant les prises maritimes. V. Prise maritime, § III, art. 4. R.

1706, 13 juillet. — *Arrêt* du conseil sur les contraintes pour payement des droits royaux. V. Contrainte (finance), n. 3. R.

1706, 16 août. — *Déclaration* sur les priviléges du fisc pour les amendes. V. Amende, § VIII. R.

1706, août. — *Edit* sur les fonctions des notaires. V. Notaire, § I. R.

1706, août. — *Edit* sur le centième denier des immeubles des successions vacantes. V. Succession vacante, § II. Q.

1706, 11 septembre. — *Déclaration* concernant la peine du vol. V. Vol, sect. II, § II. R.

1706, septembre. — *Edit* qui exempte de tutelle et de curatelle les officiers de la maison du Roi. V. Tutelle, sect. II, § I, art. 5.

1706, septembre. — *Edit* relatif à l'exercice du commerce. V. Commerce, § I. R.

1706, 19 octobre. — *Arrêt* du conseil concernant les scellés et inventaires après décès des officiers ou commis comptables. V. Inventaire, § XIII. R.

1706, octobre. — *Edit* relatif aux actes passés sous seing-privé. V. Acte sous seing-privé, § I. R.

1706, octobre. — *Edit* de création en titre d'office des conservateurs du domaine. V. Conservateur, § VII. R.

1706, 7 novembre. — *Déclaration* sur la chasse. V. Chasse, § VIII. R.

1706, 11 novembre. — *Réglement* sur le conseil souverain du Cap-Français. V. Colonie, § I. R.

1706, novembre. — *Edit* portant création d'offices pour parapher les livres de commerce. V. Livres de commerce. R.

1706. — *Edit* relatif aux théâtres. V. Comédien. R.

1707, 18 janvier. — *Arrêt* du conseil concernant les eaux et forêts. V. futaie, § II. R.

1707, 29 février. — *Arrêt* du conseil sur les eaux et forêts. V. Adjudicataire, § VI. R.

1707, février. — *Édit* concernant le contrôle des actes. V. Contrôle, n. 4. R.

1707, mars. — *Édit* contre les charlatans qui exercent la médecine. V. Charlatan. R. — Médecin, § I. R.

1707, 9 avril. — *Déclaration* sur le domicile des gouverneurs, lieutenans du Roi, etc. V. Domicile, § II. R.

1707, 50 avril — *Ordonnance* relative aux vivandières. V. Cabaretier, § II. R.

1707, 21 juin. — *Arrêt* du conseil concernant les priviléges des frais funéraires. V. Frais funéraires. R.

1707, 26 juillet. — *Arrêt* du conseil concernant les droits de contrôle. V. Déclaration au profit d'un tiers. R.

1707, juillet. — *Édit* concernant les substitutions en Franche-Comté. V. Substitution fidéicommissaire, sect. VII, § III, art. 5.

1707, 16 août. — *Déclaration* relative au recouvrement des amendes et au payement des frais des procès criminels. V. Amende, § VIII. — Frais des procès criminels. R.

1707, 20 août. — *Arrêt* du conseil concernant les actes des notaires. V. Hypothèque, sect. I, § V. R.

1707, 27 septembre. — *Déclaration* concernant le domaine. V. Domaine public, § III. R.

1707. — *Édit* relatif à l'exercice du commerce. V. Commerce, § I. R.

1707. — *Ordonnance* civile de Lorraine. V. Avoué, § I. Q.

1708, janvier. — *Édit* de création de conservateurs des décrets volontaires. V. Conservateurs, § VI. R.

1708, 25 février. — *Déclaration* concernant les présomptions de droit en matière criminelle. V. Présomption, § III. R.

1708, février. — *Édit* de création des inspecteurs de police. V. Inspecteur de police. R.

1708, 20 mars. — *Déclaration* relative aux droits d'insinuation et de centième denier. V. Bagues et joyaux. — Bail à domaine congéable. — Bénéfice d'inventaire, n. 21. — Contre-augment. — Contrôle. R. — Domaine congéable. Q. — Greffier. R. — Insinuation, § III. Q. — Répertoire, § I. R.

1708, juin. — *Édit* sur les offices d'huissier. V. Huissiers, § I. R.

1708, août. — *Édit* sur les négociations faites à la Bourse. V. Agens de change. — Marché à terme, § II. R.

1708, août. — *Édit* concernant le domaine public. V. Domaine public, § II et III. R.

1708, 25 octobre. — *Déclaration* pour les droits des courtiers jaugeurs. V. Aides. R.

1708, 20 novembre. — *Arrêt* du conseil sur les manufactures. V. Manufacture. R.

1708, 51 décembre. — *Arrêt* du conseil sur les bois futaies des gens de mainmorte. V. Futaie, § III. R.

1708, décembre. — *Édit* qui dispense de tutelle les inspecteurs du droit d'équivalent en Languedoc, et les juges-gardes-conservateurs des poids et mesures. V. Tutelle, sect. IV et V, § I, art. 6. R.

1709, 6 février. — *Lettres patentes* sur les priviléges des avocats aux conseils. V. Avocat aux conseils. R.

1709, 1 mars. — *Déclaration* sur le bannissement. V. Bannissement, § I. R.

1709, 20 mars. — *Déclaration* relative au droit d'insinuation. V. Don mobile. R.

1709, mars. — *Édit* sur les commissaires des guerres. V. Commissaire des guerres. R.

1709, mai. — *Édit* qui exempte de tutelle les trésoriers et contrôleurs généraux de la marine. V. Tutelle, sect. IV, § I, art. 6. R.

1709, mai. — *Édit* concernant les prises maritimes. V. Lettres de marque, § II. R.

1709, 11 juin. — *Déclaration* concernant la pêche des fossés des places de guerre. V. Pêche, sect. I, § I. R.

1709, juin. — *Déclaration* qui permet de cultiver et d'ensemencer les terres abandonnées. V. Occupation, § III. R.

1709, 6 août. — *Arrêt* du conseil sur le charbon de bois. V. Charbon. R.

1709, 15 août. — *Déclaration* concernant les rivières navigables. V. Rivière, § I. R.

1709, 20 août. — *Édit* qui transfère à Cambrai le parlement de Flandre. V. Douai. R.

1709, 25 septembre. — *Déclaration* sur les négociations faites à la Bourse. V. Marché à terme, § II. R.

1709, octobre. — *Édit* sur les commissaires des guerres. V. Commissaire des guerres. R.

1709, 6 novembre. — *Lettres patentes* concernant les eaux et forêts. V. Futaie, § II. R.

1709, décembre. — *Édit* sur la vénalité des offices. V. Offices, n. 2. R.

1710, 11 février. — *Arrêt* du conseil sur les charges d'hérédité. V. Charge, § V. R.

1710, février. — *Édit* sur les détenteurs des îles et îlots. V. lle. R. — Rivages de la mer. Q.

1710, mars. — *Édit* sur les fonctions des greffiers. V. Greffier. R.

1710, 5 avril. — *Déclaration* concernant les attributions des procureurs du roi. V. Procureur du roi. R.

1710, 5 juin. — *Déclaration* concernant les débiteurs de deniers royaux. V. Contrainte par corps, n. 19. R.

1710, 14 juin. — *Arrêt* du conseil concernant les prises maritimes. V. Prise maritime, § III, art. 4. R.

1710, 15 juillet. — *Déclaration* sur les contraintes pour droits de contrôle. V. Amende, § V. — Contrainte (finance), n. 5. R.

1710, 12 août. — *Arrêt* du conseil sur les exécutoires pour frais de procès criminels. V. Exécutoires, n. 2. R.

1710, 9 septembre. — *Arrêt* du conseil sur la confiscation des biens des condamnés. V. Confiscation, § I. R.

1710, 4 octobre. — *Arrêt* du conseil sur les bois futaies des gens de mainmorte. V. Futaie, § III. R.

1710, 14 octobre. — *Déclaration* portant établissement du dixième. V. Dixième. — Vingtième. R.

1710, 14 octobre. — *Déclaration* concernant les pensions sur l'Etat. V. Pension, § III. R.

1711, mai. — *Édit* concernant les droits et priviléges attachés aux duchés-pairies. V. Duc et Duché. — Prince, § I. — Retrait ducal. R.

1711, 50 juin. — *Arrêt* du conseil en faveur des employés des fermes. V. Commis, n. 25. R.

1711, 5 septembre. — *Déclaration* sur la bibliothèque du Roi. V. Bibliothèque, n. 4. R.

1711, 14 octobre. — *Déclaration* qui défend les saisies des pensions ou distributions des princes, cardinaux, etc. V. Saisie-exécution, § I. R.

1711, 24 octobre. — *Déclaration* concernant les monnaies. V. Monnaie, § I. R.

1711, 28 octobre. — *Déclaration* contre le duel. V. Duel. R.

1712, 18 janvier. — *Déclaration* concernant les substitutions. V. Substitution fidéicommissaire, sect. VII, § III, art. 1.

1712, 5 juillet. — *Arrêt* du conseil sur les bois futaies des gens de mainmorte. V. Futaie, § III. R.

1712, 7 août. — *Arrêt* du conseil sur le charbon de bois. V. Charbon. R.

1712, 5 septembre. — *Déclaration* sur les cadavres qui indiquent une mort violente. V. Cadavre. R.

1712, octobre. — *Edit* sur les prérogatives en matière de poursuites criminelles. V. Compétence, § II. R.

1712, décembre. — *Edit* concernant les prises maritimes. V. Lettres de marque, § II. R.

1713, 31 mars et 11 avril. — *Traité* de navigation et de commerce conclu à Utrecht entre la France et l'Angleterre. V. Anglais. — Hollandais. — Lettre de marque, § II. — Représailles (lettres de). R.

1713, mars. — *Edit* concernant les prises maritimes. V. Lettres de marque, § II. R.

1713, mai. — *Edit* sur les négociations faites à la Bourse. V. Marché à terme, § II. R.

1713, 5 septembre. — *Arrêt* du conseil sur les bois futaies des gens de mainmorte. V. Futaie, § III. R.

1713, 17 octobre. — *Arrêt* du conseil concernant le domaine public. V. Domaine public, § II. R.

1713, octobre. — *Edit* concernant les formalités relatives aux cheptels. V. Cheptel, § I. R.

1713, 7 novembre. — *Arrêt* du conseil sur les défrichemens des bois. V. Défrichement, § II. R.

1713, 28 novembre. — *Déclaration* sur les formalités des protêts. V. Protêt, § III. R.

1713, décembre. — *Edit* qui transfère à Douai le parlement de Flandre. V. Douai. R.

1714, 16 janvier. — *Déclaration* concernant la recherche des faux nobles. V. Noblesse, § V, II. R.

1714, 20 janvier. — *Déclaration* concernant la rébellion. V. Rébellion, § I. R.

1714, 30 janvier. — *Déclaration* sur les aides. V. Marque et Contrôle, § I. R.

1714, 5 février. — *Réglement* sur la consignation d'amende en cassation. V. Cassation, § V. R.

1714, 20 février. — *Déclaration* sur les formalités des protêts. V. Protêt, § III. R.

1714, 28 février. — *Lettres patentes* contre les protestans. V. Religionnaires, § VII. R.

1714, février. — *Edit* portant réglement pour la discipline du parlement de Besançon. V. Information de vie et mœurs. R.

1714, 20 mars. — *Arrêt* du conseil relatif au serment des employés. V. Commis des domaines. R.

1714, 10 avril. — *Déclaration* sur les droits d'entrée. V. Aides. R.

1714, 10 avril. — *Arrêt* du conseil concernant les mesures sanitaires à prendre contre l'épizootie. V. Epizootie, n. 1. R.

1714, 28 mai. — *Réglement* sur les grands chemins. V. Chemin (grand), n. 8. R.

1714, 10 juillet. — *Arrêt* du conseil sur les bois futaies des gens de mainmorte. V. Futaie, § III. R.

1714, 15 juillet. — *Déclaration* sur les négociations faites à la Bourse. V. Marché à terme, § II. R.

1714, 21 août. — *Arrêt* du conseil sur les contraintes pour droits de contrôle. V. Amende, § V. — Contraintes (finances), n. 4. R.

1714, août. — *Edit* de Louis XIV sur la régence. V. Régence, § I et suiv. R.

1714, 16 septembre. — *Arrêt* du conseil concernant les mesures sanitaires à prendre contre l'épizootie. V. Epizootie, n. 1. R.

1714, 2 octobre. — *Arrêt* du conseil sur le droit de centième denier. V. Bénéfice d'inventaire, n. 21. R.

1714, 2 octobre. — *Arrêt* du conseil sur les charges d'hérédité. V. Charge, § V. R.

1714, 17 octobre. — *Arrêt* du conseil concernant la tacite réconduction relativement aux héritages des campagnes. V. Tacite réconduction. R.

1714, novembre. — *Edit* sur les négociations faites à la Bourse. V. Marché à terme, § II. R.

1715, 28 janvier. — *Réglement* sur les délits forestiers. V. Délit forestier, § XV. R.

1715, 29 janvier. — *Déclaration* concernant les dettes pour mois de nourrice. V. Contrainte par corps, n. 14. R. — Nourrice. — Recommandaresse. R.

1715, 12 février. — *Arrêt* du conseil concernant la recherche des faux nobles. V. Noblesse, § V, II. R.

1715, février. — *Edit* portant création du consulat de Lille. V. Clain, § I. — Compétence, § III. — Tribunal de commerce, § VI. Q.

1715, 18 mars. — *Arrêt* du conseil concernant les messageries. V. Messageries, § II. R.

1715, 10 juin. — *Déclaration* sur la juridiction consulaire. V. Faillite et Banqueroute, sect. I, § III. R.

1715, 10 juillet. — *Déclaration* sur les contrats d'atermoiement. V. Atermoiement. R. — Protêt, § III. Q.

1715, 30 juillet. — *Déclaration* sur la juridiction consulaire. V. Faillite et Banqueroute, sect. I, § IV. R.

1715, 13 août. — *Décision* du conseil relative aux actes sous seing-privé. V. Acte sous seing-privé. R.

1715, août. — *Edit* sur l'administration de la justice. V. Arrêt. R.

1715, 5 octobre. — *Déclaration* sur la peine des faux-monnayeurs. V. Monnaie, § II. R.

1715, 3 novembre. — *Déclaration* qui exempte de tutelle les inspecteurs des manufactures. V. Tutelle, sect. IV, § I, art. 6.

1715, 30 novembre. — *Déclaration* sur les tailles. V. Collecte. R.

1715, 30 novembre. — *Déclaration* sur l'exemption du droit d'aubaine. V. Aubaine, n. 6 et 9. R.

1715, 7 décembre. — *Déclaration* sur la juridiction consulaire. V. Faillite et Banqueroute, sect. I, § IV. R.

1715, 7 décembre. — *Déclaration* concernant les étrangers,

propriétaires de rentes sur l'État. V. Rente constituée, § V. R.

1716, 11 janvier. — *Déclaration* sur les faillites et banqueroutes, et les atermoiemens. V. Atermoiement. R. —Ministère public, § III. Q.

1716, 1 mars. — *Réglement* sur les attributions des consuls, les congés, l'enregistrement des lettres de propriété de navires. V. Consuls français, § III. — Congé (marine). — Enregistrement. R.

1716, 21 mars. — *Arrêt* du conseil concernant les monnaies. V. Monnaie, § I. R.

1716, mai. — *Édit* concernant les amendes forestières, la responsabilité des gardes des bois, etc. V. Abroutis. — Amende, § I. R.; et § I. Q. — Carence. — Certificat de carence. — Délit forestier, § XIII. — Gardes des bois, sect. I, § III. — Inutiles. — Restitution pour délit forestier. R.

1716, 15 juin. — *Déclaration* sur les faillites et banqueroutes. V. Ministère public, § III. Q.

1716, 14 juin. — *Déclaration* concernant les faillites et banqueroutes. V. Faillite et Banqueroute, sect. I, § III, R.

1716, juin. — *Edit* sur les droits de contrôle. V. Commis des domaines. R.

1716, 14 juillet. — *Ordonnance* sur le port d'armes. V. Armes, § II. R.

1716, août. — *Édit* sur les commissaires enquêteurs examinateurs. V. Commissaires enquêteurs, n. 7. R.

1716, 28 septembre. — *Traité* entre la France et les villes Anséatiques. V. Lettre de marque, § II. R.

1716, 10 octobre. — Sur le droit de péage. V. Péage, § I. R.

1716, octobre. — *Édit* relatif à l'état des noirs dans les colonies. V. Esclavage, § II. R.

1716, 5 novembre. — *Ordonnance* de police sur les déclarations à faire par les chirurgiens, des pansemens faits à la suite de blessures. V. Blessé, § II, R.

1716, 28 novembre. — *Arrêt* du conseil relatif aux actes sous seing-privé. V. Acte sous seing-privé. R.

1716, 29 décembre. — *Arrêt* du conseil sur les droits de contrôle. V. Commis des domaines. R.

1716, décembre. — *Déclaration* concernant les monnaies. V. Monnaie, § I. R.

1717, 19 janvier. — *Arrêt* du conseil concernant les saisies des deniers des fermes. V. Saisie-arrêt, § I. R.

1717, 12 janvier. — *Réglement* sur les amirautés des colonies. V. Cargaison. — Colonie, § I. R.

1717, 23 janvier. — *Déclaration* sur les commissaires enquêteurs examinateurs. V. Commissaires enquêteurs, n. 7. R.

1717, 30 janvier. — *Déclaration* sur les attroupemens. V. Attroupemens. R.

1717, 30 janvier. — *Déclaration* relative aux vivandières. V. Cabaretier, § II. R.

1717, 30 janvier. — *Déclaration* sur les causes des droits d'aides dans les élections. V. Appointemens. R.

1717, 30 janvier. — *Déclaration* en faveur des employés des fermes. V. Commis. — Pension, § III. R.

1717, janvier. — *Édit* sur le régime colonial. V. Colonie, § I. R.

1717, 20 avril. — *Arrêt* du conseil sur les eaux et forêts. V. Délit forestier, § XIX. R.

1717, avril. — *Lettres patentes* sur les attributions des consuls. V. Consuls français, § III. R.

1717, 1 mai. — *Arrêt* du conseil concernant la recherche des faux nobles. V. Noblesse, § V, II. R.

1717, 12 mai. — *Déclaration* relative aux peines corporelles. V. Carcan. R.

1717, 22 juin. — *Arrêt* du conseil sur la compétence en matière criminelle. V. Compétence, § II. R.

1717, 26 juin. — *Arrêt* du conseil relatif au recouvrement des amendes. V. Amende, § VIII. R.

1717, juillet. — *Édit* relatif au domaine de la couronne. V. Aliénation, n. 6. R.

1717, juillet. — *Édit* concernant les princes légitimés. V. Prince, § IV. R.

1717, août. — *Edit* concernant les pensions sur l'État. V. Pension, § III. R.

1717, 1 septembre. — *Réglement* sur les prisons de Paris. V. Cachot. R.

1717, 17 octobre. — *Déclaration* concernant la recherche des faux nobles. V. Noblesse, § V, II. R.

1717, 31 octobre. — *Déclaration* sur la composition des juridictions des greniers à sel. V. Greffier. R.

1717, 6 novembre. — *Déclaration* sur les procès-verbaux des employés des fermes. V. Commis. R.

1717, novembre. — *Edit* sur les offices des adjoints. V. Adjoint. R.

1717, 18 décembre. — *Arrêt* du conseil concernant la recherche des faux nobles. V. Noblesse, § V, II. R.

1718, 21 janvier. — *Traité* de Paris avec le duc de Bar. V. Bar. R.

1718, janvier. — *Edit* portant création d'un tribunal de commerce à Valenciennes. V. Compétence, § III. — Hommes de fief, n. 7. R.

1718, février. — *Edit* concernant les monnaies. V. Monnaie, § I. R.

1718, 7 mars. — *Lettres patentes* sur la procédure. V. Déclinatoire, § I. R.

1718, 27 mars. — *Déclaration* concernant les faillites. V. Hypothèque, sect. I, § VII. R.

1718, 10 avril. — *Ordonnance* de l'intendant d'Alsace sur les fonctions des collecteurs. V. Bailli de département. R.

1718, 1 mai. — *Arrêt* du conseil concernant le domaine public. V. Domaine public, § II. R.

1718, 23 mai. — *Réglement* sur les grands chemins. V. Chemin (grand), n. 13. R.

1718, mai. — *Déclaration* concernant les monnaies. V. Monnaie, § I. R.

1718, 9 juillet. — *Arrêt* du conseil concernant les Juifs. V. Juifs, sect. II. R.

1718, 23 août. — *Arrêt* du conseil concernant la tacite réconduction relativement aux héritages des campagnes. V. Tacite réconduction. R.

1718, août. — *Edit* concernant les princes légitimés. V. Prince, § IV. R.

1718, 5 septembre. — *Ordonnance* concernant la peine de la piraterie. V. Pirate. R.

1718, 16 septembre. — *Arrêt* du conseil sur les droits d'insinuation et de contrôle. V. Insinuation, § II. Q. — Répertoire, § I. R.

1718, 25 septembre. — *Arrêt* du conseil sur la nomination aux offices d'huissiers. V. Huissier, § I. R.

1718, 15 décembre.—*Arrêt* sur les causes des droits d'aides dans les élections. V. Appointemens. R.

1718, 14 décembre. — *Arrêt* du conseil sur la compétence des juges-consuls. V. Consuls des marchands, § III. R.

1718, 17 décembre. — *Arrêt* du conseil sur l'état de domesticité. V. Domestique. R.

1719, 8 janvier. — *Déclaration* sur la procédure au parlement de Flandre en matière d'appel comme d'abus. V. Abus (appel comme d'). Q.

1719, 8 janvier. — *Déclaration* relative aux peines corporelles. V. Carcan. R.

1719, 16 janvier.—*Arrêt* du conseil concernant le domaine public. V. Domaine public, § II. R.

1719, 24 janvier. — *Lettres patentes* sur l'état de domesticité. V. Domestique. R.

1719, janvier. — *Lettres patentes* qui exemptent de tutelle les officiers des monnaies. V. Tutelle, sect. IV, § I, art. 5.

1719, 24 février. — *Arrêt* du conseil sur les contraintes pour droits de contrôle. V. Amende, § V. R.

1719, 13 mars. — *Déclaration* concernant les étaux des boucheries de Paris. V. Étal. R.

1719, 14 mars. — *Arrêt* du conseil sur les droits de contrôle et d'insinuation. V. Répertoire, § I. R.

1719, 28 mars.—*Arrêt* du conseil sur les contraintes pour droits de contrôle. V. Amende, § V. R.

1719, 28 mars. — *Arrêt* du conseil concernant le domaine public. V. Domaine public, § II. R.

1719, 27 avril. — *Lettres patentes* concernant la tacite réconduction relativement aux héritages des campagnes. V. Tacite réconduction. R.

1719, 22 mai. — *Réglement* sur la marine. V. Capitaine de vaisseau marchand. R.

1719, 16 juin. — *Arrêt* du conseil sur le centième denier. V. Bail à domaine congéable. R.

1719, 10 juillet.—*Ordonnance* sur les attributions des consuls. V. Consuls français, § III, R.

1719, 11 juillet. — *Arrêt* du conseil relatif au recouvrement des amendes. V. Amende, § VIII. R.

1719, 11 juillet. — *Arrêt* du conseil relatif à la vente des boissons par les geôliers. V. Cabaretier, § II. R.

1719, 25 juillet. — *Arrêt* du conseil sur les fonctions des greffiers. V. Greffier. R.

1719, 15 septembre.—*Arrêt* du conseil concernant les droits de contrôle. V. Date, n. 2. R.

1719, 10 octobre. — *Lettres patentes* pour les entrées de Paris. V. Aides. R.

1719, 12 novembre. — *Arrêt* du conseil concernant le domaine public. V. Domaine public, § II. R.

1719, 23 novembre. — *Arrêt* du conseil concernant le domaine public. V. Domaine public, § II. R.

1719, 26 novembre. — *Lettres patentes* concernant la rébellion. V. Rébellion, § II. R.

1720, 27 février. — *Arrêt* du conseil concernant les scellés et inventaires après décès, des officiers ou commis comptables. V. Inventaire, § XIII. R.

1720, 16 mars. — *Arrêt* du conseil sur les cinq grosses fermes. V. Exécution provisoire des jugemens. R.

1720, 16 mars. — *Déclaration* sur l'administration de la justice. V. Arrêt. R.

1720, 22 mars.—*Réglement* concernant la voirie. V. Rue. R.

1720, mars. — *Edit* portant fixation du taux des intérêts. V. Intérêt, § III et VI. R.

1720, 3 mai. — *Arrêt* du conseil qui fixe la largeur des grands chemins. V. Chemin (grand), n. 4. R.

1720, 4 mai.—*Déclaration* concernant la peine des contrefacteurs d'ordonnances sur le trésor. V. Faux, sect. III, § I. R.

1720, 19 juin.—*Déclaration* concernant le droit d'aubaine. V. Aubaine, n. 9. R.

1720, 21 juin. — *Arrêt* du conseil relatif aux qualités pour être employé dans l'administration. V. Commis. R.

1720, juillet. — *Edit* sur les attributions des consuls, les inventaires des gens morts en mer, et les prises maritimes. V. Consuls français, § III. — Inventaire, § XV et Lettres de marque, § II. R.

1720, 30 octobre.—*Arrêt* du conseil sur les agens de change. V. Agens de change. R.

1720, octobre.—*Edit* sur les négociations faites à la Bourse. V. Marché à terme, § II. R.

1720, 7 septembre.—*Arrêt* du conseil sur les droits de contrôle et d'insinuation. V. Répertoire, § I. R.

1720, 14 septembre. — *Déclaration* concernant les contrats de vente. V. Lecture des contrats. R.

1720, 24 septembre. — *Arrêt* du conseil sur les deniers et effets des fermes. V. Bordereau (finances). R.

1720, septembre. — *Arrêt* du conseil relatif aux actes sous seing-privé. V. Acte sous seing-privé. R.

1720, 11 octobre.—*Arrêt* du conseil sur la bibliothèque du Roi. V. Bibliothèque, n. 3. R.

1720, 17 octobre.—*Déclaration* sur les fausses marques du tabac. V. Faux, § XIII. Q.

1720, 9 novembre.—*Réglement* sur le carnaval. V. Carnaval. R.

1721, 31 janvier. — *Arrêt* du conseil concernant les scellés et inventaires après décès des officiers ou commis comptables. V. Inventaire, § XIII. R.

1721, 13 mars. — *Décision* du conseil relative aux actes sous seing-privé. V. Acte sous seing-privé. R.

1721, 14 mars.—*Arrêt* du conseil relatif aux actes sous seing-privé. V. Acte sous seing-privé. R.

1721, 28 mars.— *Arrêt* du conseil sur les droits dus pour partages. V. Partage, § XI. R.

1721, 8 avril. — *Ordonnance* sur la marine. V. Capitaine de vaisseau marchand. R.

1721, 29 avril. — *Arrêt* du conseil relatif aux actes sous seing-privé. V. Acte sous seing-privé. R.

1721, 20 mai.—*Arrêt* du conseil sur les cantonnemens. V. Interprétation de jugement, § I. Q.

1721, 27 mai. — *Arrêt* du conseil sur les baux à loyer des bureaux des fermes. V. Bureaux des traites. R.

1721, 17 juin. — *Arrêt* du conseil contenant le réglement sur les grands chemins. V. Chemin (grand), n. 6, 8 et 14. R.

1721, 12 juillet. — *Arrêt* du conseil relatif à l'exercice du commerce. V. Commerce, § I. R.

1721, 14 juillet.—*Arrêt* du conseil sur l'état de domesticité. V. Domestique. R.

1721, 22 juillet.—*Arrêt* du conseil concernant la rébellion. V. Rébellion, § II. R.

1721, 2 août. — *Arrêt* du conseil sur les contrôleurs des actes. V. Comptabilité. R.

1721, 5 août. — *Déclaration* sur les faillites, banqueroutes et les atermoiemens. V. Atermoiement. R. — Ministère public, § III. Q.

1721, 5 août. — *Arrêt* du conseil en faveur des employés des fermes. V. Commis, n. 25. R.

1721, 5 septembre. — *Arrêt* du conseil sur les fonctions des greffiers. V. Greffier. R.

1721, 10 octobre. — *Arrêt* du conseil sur les fonctions des courtiers. V. Courtier. R.

1721, 1er novembre. — *Arrêt* du conseil sur les deniers communs et les octrois de villes. V. Bail, § XVIII. R.

1721, 25 novembre. — *Déclaration* sur la fabrication et le commerce des bijoux. V. Bijou. R.

1721, 15 décembre. — *Déclaration* concernant la tutelle des enfans qui ont des biens à l'étranger ou dans les colonies. V. Tutelle, sect. II, § III. R.

1722, 14 janvier. — *Arrêt* du conseil concernant la rébellion. V. Rébellion, § II. R.

1722, 7 mars. — *Arrêt* du conseil sur les contrôleurs des actes. V. Comptabilité. R.

1722, 8 mars. — *Réglement* sur la marine. V. Capitaine de vaisseau marchand. R.

1722, 14 mars. — *Déclaration* sur l'exécution, en Artois, contre les héritiers patrimoniaux, des sentences, promesses, rentes constituées à prix d'argent, et toutes obligations personnelles. V. Nécessité jurée, § I, V. R.

1722, 18 mars. — *Décision* du conseil relative aux actes sous seing-privé. V. Acte sous seing-privé. R.

1722, 29 avril. — *Réglement* sur la chasse et la pêche. V. Bail, § II. R.

1722, 25 mai. — *Déclaration* sur les attributions des consuls. V. Consuls français, § III. R.

1722, 12 juin. — *Déclaration* sur les gabelles. V. Marque et Contrôle, § I. R.

1722, 16 juin. — *Arrêt* du conseil contre les protestans. V. Religionnaires, § VII. R.

1722, 4 juillet. — *Lettres patentes* sur les conseillers honoraires du parlement de Bourgogne. V. Honoraires. R.

1722, 10 juillet. — *Ordonnance* sur les manufactures d'armes. V. Armes, § I. R.

1722, 14 juillet. — *Arrêt* du conseil sur les fonctions des greffiers. V. Greffier. R.

1722, 14 juillet. — *Arrêt* du conseil concernant le domaine public. V. Domaine public, § II. R.

1722, 25 juillet. — *Arrêt* du conseil sur l'exemption du droit d'aubaine. V. Aubaine, n. 6. R.

1722, 9 août. — *Déclaration* sur les commissaires des guerres. V. Commissaire des guerres. R.

1722, 19 septembre. — *Déclaration* concernant le contrôle des actes. V. Contrôle, n. 1. R.

1722, 20 septembre. — *Arrêt* du conseil sur les commissaires des guerres. V. Commissaire des guerres. R.

1722, 24 septembre. — *Arrêt* du conseil relatif au recouvrement des amendes. V. Amende, § VIII. R.

1722, 29 septembre. — *Tarif* des droits de contrôle et d'insinuation. V. Abandonnément. — Bagues et joyaux. — Déclaration au profit d'un tiers. — Donation, sect. VI, § I. —

Citation, § V. — Office, n. 10. — Police et Contrat d'assurance, § I. R.

1722, 3 octobre. — *Arrêt* du conseil portant réglement des droits de pêche et de chasse. V. Bail, § I. R.

1722, 6 octobre. — *Lettres patentes* qui dispensent l'archevêque de Besançon d'établir un officier forain en Alsace. V. Abus (appel comme d'). Q.

1722, 10 octobre. — *Arrêt* du conseil en faveur des employés des fermes. V. Commis, n. 25. R.

1722, 17 novembre. — *Arrêt* du conseil sur les baux à loyer des bureaux des fermes. V. Bureaux des traites. R.

1722, 17 novembre. — *Arrêt* du conseil relatif à la consignation d'amende en appel. V. Amende, § IV. R.

1722, 15 décembre. — *Déclaration* sur la compétence des juges-consuls. V. Consuls des marchands, § V. R.

1722, 16 décembre. — *Arrêt* du conseil sur les baux à loyer des bureaux des fermes. V. Bureaux des traites. R.

1723, 24 janvier. — *Déclaration* concernant le droit de représentation. V. Représentation (droit de), sect. II, § IV. R.

1723 janvier. — *Edit* sur les agens de change et les négociations faites à la Bourse. V. Agens de change. — Marché à terme, § II. R.

1723, janvier. — *Déclaration* sur les congés de la marine. V. Congé (marine). R.

1723, 1 février. — *Lettres patentes* concernant la récusations. V. Récusation, § I. R.

1723, 2 février. — *Arrêt* du conseil sur l'état de domesticité. V. Domestique. R.

1723, 14 février. — *Arrêt* du conseil sur les contrôleurs des actes. V. Comptabilité. R.

1723, 28 février. — *Réglement* sur la librairie. V. Bibliothèque, n. 3 bis. — Colporteur, § I. — Contrefaçon, § I. — Injure, § II. R.

1723, février. — *Edit* contre le duel. V. Duel. R.

1723, 1 avril. — *Réglement* sur les grands chemins. V. Chemin (grand), n. 15. R.

1723, 12 avril. — *Déclaration* sur les peines encourues pour démentis. V. Démenti. R.

1723, 12 avril. — *Arrêt* du conseil sur les droits de contrôle et d'insinuation. V. Répertoire, § I. R.

1723, 4 mai. — *Lettres patentes* concernant la rébellion. V. Rébellion, § I. R.

1723, 21 juin. — *Arrêt* du conseil sur les actes notariés. V. Paraphe. R.

1723, 26 juin. — *Déclaration* sur la compétence des juges-consuls. V. Consuls des marchands, § V. R.

1723, 28 juin. — *Arrêt* du conseil sur le centième denier des immeubles des successions vacantes. V. Succession vacante, § II. Q.

1723, 12 juillet. — *Déclaration* sur les attroupemens. V. Attroupemens. R.

1723, 13 juillet. — *Arrêt* du conseil sur la confiscation des biens des condamnés. V. Confiscation, § I. R.

1723, 19 juillet. — *Arrêt* du conseil sur les eaux et forêts. V. Baliveau. R.

1723, 27 juillet. — *Réglement* sur les grands chemins. V. Chemin (grand), n. 13. R.

1723, 9 août. — *Arrêt* du conseil concernant la rébellion. V. Rébellion, § II. R.

1723, août. — *Edit* sur la diminution des espèces. V. Bordereau (finances). R.

1723, 15 septembre. — *Arrêt* du conseil pour le recouvrement des droits de franc-fief. V. Franc-fief, § II. R.

1723, 27 septembre. — *Déclaration* sur le droit royal de confirmation. V. Confirmation. R.

1723, 29 septembre. — *Arrêt* du conseil sur le droit de confirmation à l'avénement du Roi au trône. V. V. Confirmation. R.

1723, septembre. — *Edit* sur l'exercice de la chirurgie. V. Chirurgien, § III. R.

1723, 4 octobre. — *Arrêt* du conseil en faveur des employés des fermes. V. Commis, n. 25. R.

1723, 11 octobre. — *Arrêt* du conseil sur les eaux et forêts. V. Inutiles. R.

1723, 18 octobre. — *Arrêt* du conseil sur la diminution des espèces. V. Bordereau (finances). R.

1723, 26 octobre. — *Arrêt* du conseil concernant la fraude en matière de droits fiscaux. V. Forcement de recette. R.

1723, 22 novembre. — *Arrêt* du conseil sur les fonctions des greffiers. V. Greffier. R.

1723, 23 novembre. — Sur les droits de marque et de contrôle des ouvrages d'or et d'argent. V. Marque et Contrôle, § I. R.

1523, 28 novembre. — *Arrêt* du conseil relatif à la consignation d'amende en appel. V. Amende, § IV. R.

1723, 7 décembre. — *Déclaration* sur les actes des notaires. V. Brevet (acte en). — Notaire, § V. R.

1723, 15 décembre. — *Déclaration* relative à l'état des noirs dans les colonies. V. Esclavage, § II. R.

1723, 27 décembre. — *Déclaration* concernant le contrôle des actes. V. Contrôle, n. 1. R.

1724, 4 janvier. — *Déclaration* concernant la peine de contrefaçon des poinçons des villes où il y a jurande. V. Faux, sect. III, § I. R. — Faux, § XIII. Q. — Marque et Contrôle, § I. R.

1724, 4 janvier. — *Arrêt* du conseil relatif aux cabaretiers. V. Cabaretier, § I. R.

1724, 25 janvier. — *Arrêt* du conseil sur les bois de chauffage à Paris. V. Bois, § IV. R.

1724, 1 février. — *Arrêt* du conseil sur les baux à loyer des bureaux des fermes. V. Bureaux des traites. R.

1724, 12 février. — *Arrêt* du conseil contre les protestans. V. Religionnaires, § VII. R.

1724, 4 mars. — *Déclaration* concernant la peine de la flétrissure. V. Flétrissure. — Vol, sect. II, § II. R.

1724, mars. — *Edit* sur l'affranchissement des esclaves. V. Affranchissement. — Empêchement de mariage, § I. — Enfant, § II. R.

1724, mars. — *Edit* concernant les prétendus réformés. V. Religionnaires. R.

1724, 11 avril. — *Arrêt* du conseil sur le port d'armes par les gardes forestiers. V. Armes, § II. — Gardes des bois, sect. I, § III. R.

1724, 18 avril. — *Déclaration* concernant la peine du vol. V. Vol, sect. II, § II.

1724, 25 avril. — *Arrêt* du conseil relatif à la consignation d'amende en appel. V. Amende, § IV. R.

1724, 15 mai. — *Arrêt* du conseil concernant le domaine public. V. Domaine public, § II. R.

1724, 14 mai. — *Déclaration* contre les protestans. V. Religionnaires, § IV. R.

1724, 16 mai. — *Arrêt* du conseil sur les défrichemens des bois. V. Défrichement, § II. R.

1724, 24 mai. — *Déclaration* contre les protestans et concernant la peine du sacrilége. V. Religionnaires, § II. — Sacrilége. R.

1724, 25 juin. — *Arrêt* du conseil relatif à la consignation d'amende en appel. V. Amende, § IV. R.

1724, juin. — *Edit* portant fixation du taux des intérêts. V. Intérêt, § VI. R.

1724, 1 juillet. — *Arrêt* du conseil sur la compétence des juges-consuls. V. Consuls des marchands, § III. R.

1724, 18 juillet. — *Arrêt* du conseil sur les droits dus pour partages. V. Partage, § XI. R.

1724, 18 juillet. — *Déclaration* sur la mendicité. V. Mendiant, § I. R.

1824, 25 juillet. — *Arrêt* du conseil sur les coupes des bois des communes. V. Futaie, § IV. R.

1724, 29 août. — *Arrêt* du conseil sur les droits de péage. V. Péage, § I. R.

1724, 24 septembre. — *Arrêt* du conseil sur les agens de change et les négociations faites à la Bourse. V. Agens de change. — Bourse, § II. — Effets publics, n. 3. — Marché à terme, § II. R.

1724, septembre. — *Edit* sur la vénalité des offices. V. Offices, n. 2. R.

1724, 10 octobre. — *Arrêt* du conseil sur les fonctions des greffiers. V. Greffier. R.

1724, 11 octobre. — *Arrêt* du conseil sur les eaux et forêts. V. Adjudicataire, § VI. R.

1724, 17 octobre. — *Arrêt* du conseil sur les droits du contrôle et d'insinuation. V. Répertoire, § I. R.

1724, 14 novembre. — *Déclaration* sur les grands chemins. V. Chemin (grand), n. 10. R.

1724, 25 novembre. — *Arrêt* du conseil concernant la tacite réconduction relativement aux héritages des campagnes. V. Tacite réconduction. R.

1724, 28 novembre. — *Arrêt* du conseil concernant la rébellion. V. Rébellion, § II. R.

1725, 29 janvier. — *Arrêt* du conseil sur le privilége d'imprescribilité de l'ordre de Malte. V. Prescription, sect. III, § IV, art. 2. R.

1725, 30 janvier. — *Arrêt* du conseil sur les droits de contrôle. V. Commis des domaines. R.

1725, 4 février. — *Arrêt* du conseil qui déclare insaisissables les appointemens des commis des fermes. V. Appointemens. R.

1725, 6 février. *Arrêt* du conseil sur la clameur de haro. V. Clameur, § II. R.

1725, 24 avril. — *Arrêt* du conseil sur les droits de péage. V. Péage, § I. R.

1725, 9 mai. — *Arrêt* du conseil concernant la fraude en matière de droits fiscaux. V. Forcement de recette. R.

1725, juin. — *Edit* portant fixation du taux des intérêts. V. Intérêt, § VI. R.

1725, 51 juillet. *Arrêt* du conseil sur les droits de contrôle et d'insinuation. V. Répertoire, § I. R.

1725, 15 août. — *Réglement* concernant les pilotes lamaneurs. V. Cabotage. — Lamaneur. R.

1725, 1 septembre. — *Réglement* sur les cadavres qui indiquent une mort violente. V. Cadavre. R.

1725, 25 octobre. — *Arrêt* du conseil relatif à la prescription des amendes. V. Amende, § VII. R.

1725, 27 octobre. — *Déclaration* contre les protestans. V. Religionnaires, § VII. R.

1726, 15 janvier. — *Déclaration* concernant les pensions sur l'État. V. Pension, § III. R.

1726, 22 janvier. — *Arrêt* du conseil concernant la propriété du Rhône. V. Rivière, § I. R.

1726, 26 février. — *Arrêt* du conseil sur les négociations faites à la Bourse. V. Marché à terme, § II. R.

1726, février. — *Edit* qui prohibe l'exportation du numéraire, et établit des peines contre les faux-monnayeurs. V. Agent. — Bouillir. — Monnaie, § I. R.

1726, 9 mars. — *Arrêt* du conseil sur l'établissement des moulins en Flandre. V. Moulin, § VII, art. 5. R.

1726, 26 mars. — *Arrêt* du conseil sur les eaux et forêts. V. Délits forestiers, § XIX. R.

1726, 14 avril. — *Arrêt* du conseil en faveur des employés des fermes. V. Commis, n. 25. R.

1726, 20 avril. — *Arrêt* du conseil concernant les monnaies. V. Monnaie, § I. R.

1726, 20 avril. — *Déclaration* sur la pêche maritime. V. Acon. R.

1726, 25 avril. — *Déclaration* sur la pêche maritime. V. Pêche, sect. II, § I et suiv. R.

1726, 24 mai. — *Arrêt* du conseil sur les cantonnemens. V. Interprétation de jugement, § I. Q.

1726, 1 juillet. — *Déclaration* qui étend à Saint-Domingue l'exécution du code Noir. V. Enfant, § II. R.

1726, 2 et 8 juillet. — *Arrêt* du conseil sur les eaux et forêts. V. Adjudicataire, § VI. R.

1726, 14 août. — *Déclaration* sur le régime colonial. V. Colonie, § I. R.

1726, 16 août. — *Bail* des fermes de Carlier. V. Bac. R.

1726, 19 août. — *Bail* de Carlier. V. Archives. — Bureaux des traites. R.

1726, 24 août. — *Déclaration* sur le régime colonial. V. Colonie, § I. R.

1726, 2 septembre. — *Déclaration* sur la pêche maritime. V. Pêche, sect. II, § I et suiv. R.

1726, 10 décembre. — *Arrêt* du conseil sur les bois futaies des gens de mainmorte. V. Futaie, § III. R.

1726, 24 décembre. — *Déclaration* sur les congés de la marine et la pêche maritime. V. Congé. — Marine. — Pêche, sect. II, § I. R.

1727, 25 janvier. — *Réglement* sur le cabotage. V. Cabotage. R.

1727, 1 mars. — *Déclaration* concernant les dettes pour mois de nourrice. V. Contrainte par corps, n. 14. — Meneur, Meneuse. — Nourrice. — Recommandaresse. R.

1727, 4 mars. — *Arrêt* du conseil sur les droits de péage. V. Péage, § I. R.

1727, 18 mars. — *Déclaration* sur la pêche maritime. V. Pêche, sect. II, § I. R.

1727, 8 juin. — *Réglement* sur les grands chemins. V. Chemin (grand), n. 15. R.

1727, 14 juin. — *Arrêt* du conseil sur le droit de bac. V. Bac. R.

1727, 17 juin. — *Arrêt* du conseil concernant la rébellion. V. Rébellion, § II. R.

1727, 1 juillet. — *Ordonnance* concernant les délits militaires. V. Blasphème. — Lèse-majesté, n. 4. — Sacrilége. R.

1727, 15 juillet. — *Ordonnance* concernant la peine encourue par les passe-volans. V. Passe-volant. R.

1727, 14 juillet. — *Arrêt* du conseil sur la Bibliothèque du Roi. V. Bibliothèque, n. 5 *bis*. R.

1727, 26 août. — *Arrêt* du conseil sur la chasse. V. Chasse, § VIII. R.

1727, septembre. — *Edit* sur la juridiction des domaines. V. Albergues. R.

1727, 16 décembre. — *Arrêt* du conseil sur les cantonnemens. V. Interprétation de jugement, § I. Q.

1727, décembre. — *Edit* sur les droits d'ensaisinement. V. Contrainte (finance), n. 4. R.

1728, 5 février. — *Déclaration* sur la poste aux lettres. V. Lettre. R.

1728, 10 février. — *Arrêt* du conseil sur les attérissemens. V. Attérissemens. R.

1728, 18 mars. — *Déclaration* sur le mode d'élection des juges-consuls. V. Consuls des marchands, § IV. R.

1728, 22 mars. — *Déclaration* sur le port d'armes. V. Arquebusier. R.

1728, 23 mars. — *Déclaration* sur le port d'armes. V. Armes, § II. R. — Préfet, § IV. Q.

1728, 25 mars. — *Déclaration* sur la vente des armes. V. Vente, § I, art. 4. R.

1728, 28 mars. — *Ordonnance* sur les consulats. V. État civil, § II. R.

1728, 4 mai. — *Arrêt* du conseil sur les contrôleurs des actes. V. Comptabilité. R.

1728, 4 mai. — *Arrêt* du conseil sur le droit de bourgeoisie. V. Bourgeois, § I. R.

1728, 24 mai. — *Ordonnance* sur les attributions des consuls. V. Consuls français, § III. — État civil, § II. R.

1728, 29 juin. — *Arrêt* du conseil sur les eaux et forêts. V. Défensable. R.

1728, 20 juillet. — *Arrêt* du conseil en faveur des employés des fermes. V. Commis, n. 25. R.

1728, 21 juillet. — *Arrêt* du conseil relatif aux actes sous seing-privé. V. Acte sous seing-privé. R.

1728, 27 juillet. — *Arrêt* du conseil sur les espèces de billon étrangères. V. Billon. R.

1728, juillet. — *Edit* sur la vente des poisons. V. Vente, § I, art. 4. R.

1728, 51 août. — *Arrêt* du conseil relatif aux domaines aliénés. V. Domaine public, § III. R.

1728, 5 octobre. — *Arrêt* du conseil relatif aux actes sous seing-privé. V. Acte sous seing-privé. R.

1728, 5 septembre. — *Déclaration* sur l'administration de la justice. V. Opinion, n. 4. R.

1728, 15 décembre. — *Lettres patentes* sur la compétence du conseil provincial d'Artois. V. Conseil provincial d'Artois. R.

1728, 18 décembre. — *Déclaration* sur la pêche des moules. V. Pêche, sect. II, § II. R.

1728, 18 décembre. — *Déclaration* sur les polices d'assurances maritimes. V. Police et contrat d'assurance, § I. R.

1728, 22 décembre. — *Arrêt* du conseil concernant les aubergistes. V. hôtelier, § II. R.

1728. — *Édit* concernant les hypothèques sur les offices. V. Inscription sur le grand-livre, § III. Q.

1729, 4 janvier. — *Arrêt* du conseil sur les carrières. V. Carrières. R.

1729, 11 janvier. — *Arrêt* du conseil relatif aux condamnations à des amendes. V. Amende, § VII. R.

1729, 22 février. — *Arrêt* du conseil sur le port d'armes par les gardes forestiers. V. Armes, § II. R.

1729, 22 février. — *Arrêt* du conseil sur les bois futaies des gens de mainmorte. V. Futaie, § III. R.

1729, 27 mars. — *Arrêt* du conseil sur les espèces de billon étrangères. V. Billon. R.

1729, 2 avril. — *Déclaration* concernant les aubergistes. V. Hôtelier. § II. R.

1729, 27 mai. — *Arrêt* du conseil sur la nourriture et l'entretien des chèvres. V. Chèvre. R.

1729, 22 juin. — *Arrêt* du conseil sur les défrichemens des bois. V. défrichement, § II. R.

1729, 25 juin. — *Déclaration* sur l'insinuation des donations. V. Augment, n. 10. — Bagues et joyaux. — Contre-augment. — Donation, sect. II, § III. — Don mobile. — Douaire, sect. I, § VIII. R. — Insinuation, § III. Q.

1729, 18 juillet. — *Déclaration* sur les bâtimens menaçant ruine. V. Bâtiment, n. 5, sect. I. R.

1729, 25 août. — *Déclaration* sur la pêche maritime. V. Pêche, sect. II, § I. R.

1729, septembre. — *Lettres patentes* sur les hôpitaux. V. Adoption, § I. R.

1729, 8 octobre. — *Déclaration* concernant la recherche des faux nobles. V. Noblesse, § V, II. R.

1729, 26 novembre. — *Déclaration* concernant les quarantaines à faire à Marseille et à Toulon. V. Quarantaine. R.

1730, 17 janvier. — *Ordonnance* portant que la désertion fait encourir la mort civile. V. Mort civile, § I. R.

1730, 24 février. — *Déclaration* sur l'exercice de la chirurgie. V. Chirurgien, § III. R.

1730, 4 mars. — *Arrêt* du conseil sur les digues et travaux pour la conservation du pays de Langle. V. Digue, n. 8. R.

1730, 27 juin. — *Arrêt* du conseil relatif aux actes sous seing-privé. V. Acte sous seing-privé. R.

1730, 30 juin. — *Lettres patentes* relatives aux qualités exigées pour être employé dans l'administration. V. Commis. R.

1730, 30 juillet. — *Déclaration* sur les billets sous seing-privé. V. Arrêt de règlement, § I. Q.

1730, 29 août. — *Lettres patentes* concernant les eaux et forêts. V. Futaie, § II. R.

1730, 22 novembre. — *Déclaration* concernant la peine de la fornication et le rapt. V. Fornication, § I. — Rapt, n. 5. R.

1731, 15 janvier. — *Déclaration* sur les droits des marguilliers des églises. V. Banc d'église. R.

1731, 16 janvier. — *Arrêt* du conseil sur les baux à loyer des bureaux des fermes. V. Bureaux des traites. R.

1731, 20 janvier. — *Arrêt* du conseil concernant la fraude en matière de droits fiscaux. V. Forcement de recette. R.

1731, 24 janvier. — *Arrêt* du conseil sur les eaux et forêts. V. Amende, § I. R.

1731, 5 février. — *Déclaration* concernant les scellés et inventaires après décès d'officiers militaires. V. Inventaire, § XII. R.

1731, 5 février. — *Déclaration* sur les cas prévotaux. V. Cas, § III. — Crime, § V. — Délit militaire, n. 1. — Effraction. — Mendiant, § I. R.

1731, 17 février. — *Déclaration* sur les donations, les bureaux d'insinuation, etc. V. Augment, n. 11. — Commis des domaines. — Donation, sect. VI, § II. — Don mobile. R. — Insinuation, § I, III. Q.

1731, 20 février. — *Arrêt* du conseil concernant les Juifs. V. Juifs, sect. IV. R.

1731, février. — *Ordonnance* de Louis XV, pour fixer la jurisprudence sur la nature, la forme, les charges ou les conditions des donations. V. Adoption. Q. — Augment, n. 11. — Autorisation maritale, sect. I et suiv. — Avantage entre époux, n. 2. R.; et § I. Q. — Condition, sect. II, § V, art. 3. — Condition de manbournie, § III. — Contrat de mariage, § I. R.; et § II, III, et IV. Q. — Contre-augment. — Conventions matrimoniales, § I. — Démission de biens, n. 5. R.; et § V. Q. — Déshéritance, n. 4. — Don mutuel, § II et suiv. R., et § III, IV et V. Q. — Donation, sect. I et suiv. R.; et § IV. Q. — Donation à cause de mort, § II. Q. — Dot, § III. — Douaire, sect. I, § VIII. R. — Insinuation, § I. Q. — Institution contractuelle, § V, VI, VII, VIII et X. R.; et § II. Q. — Légitimation, sect. II, § II et III; sect. III, § III. R. — Légitime, § IV et IX. Q. — Mineur, § VII. R.; et § VI. Q. — Mort-civile, § I. — Rapport à loi, § IV. — Règlement *ab intestat*. — Réserve, sect. II, § I et suiv. — Réversion, sect. I, § II, art. 1. — Révocation de codicille, § V. — De donation. R.; et § I et suiv. Q. — De substitution, § II. R. — Signature, § III. Q. — Simulation, § V, sect. V, § II. R.; et § IV. — Vœux, sect. I. R.

1731, février. — *Ordonnance* sur les pollicitations en faveur des établissemens publics. V. Biens nationaux, § II. Q.

1731, 1er mars. — *Déclaration* sur l'exercice des fonctions d'huissier. V. Huissier, § I. R.

1731, 29 mai. — *Arrêt* du conseil sur l'établissement des moulins en Flandre. V. Moulin, § VII, art. 3. R.

1731, 30 mai. — *Déclaration* sur la coupe du varech. V. Varech. R.

1731, 5 juin. — *Arrêt* du conseil qui défend de faire aucune nouvelle plantation de vignes. V. Vigne. R.

1731, 17 juillet. — *Arrêt* du conseil sur les visites des commis aux aides. V. Visite, § II. R.

1731, 21 juillet. — *Ordonnance* sur les droits et émolumens des consuls. V. Consuls français. § IV. R.

1731, 4 août. — *Règlement* sur les grands chemins. V. Chemin (grand), n. 6. R.; 8 et 11. — Vol, sect. II, § II. R.

1731, 4 septembre. — *Arrêt* du conseil qui prohibe la fabrication et la vente du fer en grenaille. V. Fer en grenaille. R.

1731, 2 octobre. — *Arrêt* du conseil sur les visites des commis aux aides. V. Visite, § II. R.

1731, 2 octobre. — *Arrêt* du conseil sur le droit de bac. V. Bac. R.

1731, 25 novembre. — *Arrêt* du conseil concernant le droit de pêche dans les rivières. V. Pêche, sect. I, § II. R.

1731, décembre. — *Lettres patentes* sur les majorats. V. Majorat, § II. R.

1732, 25 janvier. — *Arrêt* du conseil sur les manufactures. V. Manufacture. R.

1752, 26 janvier.—*Arrêt* du conseil sur le droit de centième denier. V. Enregistrement (droit d'), § XX. Q.

1752, 6 février.— *Déclaration* qui défend de saisir en Languedoc les feuilles de mûriers. V. Saisie-exécution, § I. R.

1752, 25 mars. — *Déclaration* sur les inscriptions de faux. V. Aides. R.

1752, 5 avril. — *Arrêt* du conseil sur le droit de centième denier. V. Bénéfice d'inventaire, n. 21. R.

1752, 19 avril. —*Arrêt* du conseil sur les formalités à remplir par les mendians pour obtenir des secours en Flandre. V. Acte de garant. R.

1752, 12 août.— *Arrêt* du conseil sur les exécutoires des frais de procès criminels. — V. Exécutoires, n. 2. — Témoin judiciaire, § VII. R.

1752, 2 septembre. — *Arrêt* du conseil sur le centième denier. V. Bail à domaine congéable. — Domaine congéable. Q.

1752, 1 octobre.—*Arrêt* du conseil sur le port d'armes par les gardes forestiers. V. Armes, § II. — Gardes des bois, sect. I, § III. R.

1752, 10 décembre.— *Arrêt* du conseil sur les pêcheries.V. Bouchot. R.

1752, 15 décembre.— *Réglement* sur la pharmacie.V. Apothicaire, n. 7. R.

1752, 16 décembre.—*Arrêt* du conseil concernant la fraude en matière de droits fiscaux. V. Forcement de recette. R.

1752, 19 décembre.—*Arrêt* du conseil concernant les Juifs. V. Juifs, sect. I, § I.

1752, décembre.— *Edit* des tutelles. V. Fiançailles, n. 4.— Tutelle, sect. II, § I ; sect. II, § III, V; sect. VI, § VI.

1753, 24 mars. — *Déclaration* portant défense de contracter sous seing-privé avec les Juifs.V. Arrêt de réglement,§ I. Q.

1753, 29 mars.—*Arrêt* du conseil sur les défrichemens des bois. V. Défrichement, § II. R.

1753, 31 mars. — *Arrêt* du conseil portant établissement de la commission de Valence contre les contrebandiers. V. Commission, sect. I, § III. R.

1753, 9 juin. —*Lettres patentes* concernant les eaux et forêts. V. Futaie, § II. R.

1753, 12 septembre. — *Arrêt* du conseil concernant le mariage des Juifs.V. Juifs, sect. I, § V. R.

1753, 22 septembre.—*Déclaration* concernant les billets ou promesses causés pour valeur en argent. V. Arrêt de réglement, § I. Q. — Billet, § I. — Blanc seing. — Lettres et billets de change, § II. — Ordre (billet à). R.

1753, 22 septembre. — *Arrêt* du grand conseil sur le bannissement. V. Bannissement, § I. R.

1753, 5 novembre. — *Réglement* sur le jugement des prises maritimes.V. Conseil des prises. R.

1753, 17 novembre. — *Déclaration* sur l'imposition du dixième. V. Dixième. — Vingtième. R.

1753, 24 novembre. — *Arrêt* du conseil sur les exécutions des frais de procès criminels.V. Exécutoire, n. 2. R.

1753, 22 décembre. — *Arrêt* du conseil sur les agens de change.V. Agent de change. R.

1753, 29 décembre. — *Arrêt* du conseil sur les coupes des bois des communes. V. Futaie, § IV. R.

1754, 26 janvier. — *Arrêt* du conseil en faveur des employés des fermes.V. Commis, n. 25. R.

1754, 7 juillet.—*Arrêt* du conseil sur le bois de chauffage. V. Chauffage, n. 6. R.

1754, 24 août. — *Arrêt* du conseil sur les contraintes pour payement des droits royaux. V. Contrainte (finances), n. 5. R.

1754, 19 octobre. — *Arrêt* du conseil sur les attributions des huissiers audienciers des juges-consuls. V. Consuls des marchands, § V. R.

1754, 19 octobre. — *Arrêt* du conseil sur les comtés d'Agénois et de Condemois.V. Agen. R.

1754, 6 novembre. — *Lettres patentes* sur les attributions des huissiers audienciers des juges-consuls.V. Consuls des marchands, § V. R.

1754, 28 décembre. — *Déclaration* concernant la fausse mention du contrôle dans les actes des notaires. V. Faux, sect. I, § IV. R.

1754, 30 décembre. — *Arrêt* du conseil sur les bois futaies des gens de mainmorte. V. Futaie, § II, III. R.

1755, 15 janvier.—*Arrêt* du conseil sur l'élection des juges-consuls à Toulouse. V. Consuls des marchands, § V. R.

1755, 1 février. — *Lettres patentes* sur les attributions des huissiers audienciers des juges-consuls.V. Consuls des marchands, § V. R.

1755, 2 février et 5 mai. — *Arrêt* du conseil sur l'état de domesticité. V. Domestique. R.

1755, 15 juin. — *Déclaration* sur la propriété des effets naufragés. V. Naufrage. R.

1755, août. — *Ordonnance* de Louis XV, concernant les testamens. V. Choix, § I. — Codicille. — Date, n. 2. R.; § II. Q.—Devoirs de loi, § I. R.—Don mutuel, § III, IV et V. Q.—Effet rétroactif, sect. III, § V. — Enfant, § II. — Exhérédation, § III. — Fidéicommis tacite, n. 5.— Héritier, sect. I, § I, n. 8, et suiv. — Institution d'héritier, § I, V. —Légataire, § II et suiv. — Légitime, sect. VIII, § I, II, art. 1. — Legs, sect. II, § I; sect. IV, § III. — Partage d'ascendant, n. 7. — Prétérition. R.; et § I et II. Q. — Preuve, sect. II, § III, art. 1. — Quarte falcidie, § III. — Quarte trébellianique, § IV. — Rapport à loi, § IV.— Réglement *ab intestat*.— Révocation de codicille, § V.—De legs, § I. — De substitution, § I.—De testament, § I et suiv. R.; et § I et II. Q. — Signature, § III. R.; et § III. Q. — Substitution directe, § I. R. — Substitution fidéicommissaire, § XIV. — Succession, § XI. Q. — Suggestion, § I, II. — Témoin instrumentaire, § II. —Testament, sect. I, § I et suiv. R.; et §Vet suiv. Q.—Testament conjonctif, § II. Q.

1755, 10 septembre.—*Arrêt* du conseil sur les pêcheries. V. Bouchot. R.

1755, 15 novembre. — *Arrêt* du conseil sur les délits de chasse. V. Chasse, § VII. R.

1756, 16 janvier.— *Déclaration* concernant le rabattement de décret en Languedoc. V. Rabattement de décret. R.

1756, 17 janvier. — *Déclaration* sur les donations faites en Artois.V. Donation, sect. V, § II. R.

1756, 15 mars. — *Arrêt* du conseil sur le charbon de bois. V. Charbon. R.

1756, 7 avril. — *Arrêt* du conseil sur la marine. V. Capitaine de vaisseau marchand. R.

1756, 9 avril. — *Déclaration* sur la tenue des registres des baptêmes, mariages et décès.V. Age. — Baptême. — Décès.— État civil, § I. — Légitimité, sect. I, § II. — Mariage, sect. IV, § III. — Nom, § III. — Profession monastique, § III. — Religionnaires, § IV. — Témoin instrumentaire, § I. R.

1756, 24 avril. — *Arrêt* du conseil contre les protestans. V. Religionnaires, § VII. R.

1756, 5 mai.—*Arrêt* du conseil sur les payemens en espèces. V. Billon. R.

1756, 15 juin. — *Ordonnance* relative à l'état des noirs dans les colonies. V. Esclavage, § II.— Affranchissement. R.

1756, 28 août.—*Traité* de Vienne pour la mise en possession des duchés de Lorraine et de Bar, par le Roi de Pologne Stanislas. V. Bar ou Barrois (duchés de). R.

1736, 5 septembre. — *Déclaration* sur l'exercice de la chirurgie. V. Chirurgien, § III. R.

1756, 8 septembre. — *Déclaration* sur les assignations en matière d'impôts indirects. V. Inscription de faux, § VI. R.

1756, 20 septembre.— *Arrêt* du conseil sur les droits d'entrée des chevaux jumens, etc. V. Cheval. R.

1756, 27 septembre. — *Arrêt* du conseil sur le droit de centième denier. V. Bénéfice d'inventaire, n. 21. R.

1756, 16 octobre.—*Arrêt* du conseil qui supprime les droits réguliers du chapitre de Lyon. V. Prince, § V. R.

1756, 4 novembre. — *Décision* du conseil relative à l'exportation des armes de guerre. V. Armes. § I. R.

1757, 4 janvier. — *Arrêt* du conseil sur l'imposition du dixième. V. Dixième. R.

1757, 17 février.— *Ordonnance* sur la visite des marchandises sujettes aux droits d'entrée. V. Commis, n. 26. R.

1757, 26 février. — *Arrêt* du conseil sur le droit d'aubaine. V. Aubaine, n. 10. R.

1757, 23 avril. — *Arrêt* du conseil relatif aux rentiers viagers. V. Certificat de vie. R.

1757, 9 juillet. — *Lettres patentes* concernant les droits des notaires en matière de partage de succession. V. Partage, § III. Q.

1757, 23 juillet. — *Ordonnance* concernant la pêche de la morue. V. Pêche, sect. II, § VI. R.

1757, juillet.—*Ordonnance* concernant le faux principal et incident, et la reconnaissance des écritures et signatures en matières criminelle. V. *Ab irato*, sect. IV. — V. Comparaison d'écriture. — Déclinatoire.— Distraction de juridiction. R. — Domicile, § IV. Q. — Faux, sect. I, § V; et sect. II, § I. R.; et § VI, XVI. Q. —Incompétence. — Inscription de faux, § I et suiv. R.; et § II, III, IV, VI, VII. Q. — Pouvoir judiciaire, § IX. Q. — Présidial. — Réglement de juges, § I et II. R. — Restitution en entier contre les jugemens. Q.— Simulation, § I. Q. — Succession future, n. 5. R. — Tribunal d'appel, § V. R.

1757, 25 août.—*Déclaration* sur le port d'armes. V. Armes, § II. R.

1757, août. — *Ordonnance* sur la forme de procéder sur les demandes en évocation ou en réglement de juges. V. Chasse, § VII.—Conflit de juridiction.—Consuls des marchands, § III. —Évocation, § I. R. — Récusation, § III. Q.

1757, 31 décembre. — *Arrêt* du conseil sur les délits de chasse. V. Chasse, § VII. R.

1758, 4 février. — *Arrêt* du conseil sur les cinq grosses fermes. V. Acquit, § III. R.

1758, 23 avril. — *Lettres patentes* concernant le mariage des Juifs. V. Juifs, sect. I, § II. R.

1758, 29 avril. — *Déclaration* portant réglement de ce qui doit être observé pour former opposition au sceau des provisions d'office. V. Office, n. 10. — Opposition au sceau des provisions d'office. R.

1758, 29 avril. — *Arrêt* du conseil relatif à la consignation d'amende en appel. V. Amende, § IV. R.

1758, 16 mai. — *Arrêt* du conseil sur la juridiction des prud'hommes pêcheurs. V. Pêche, sect. II, § XI. R.

1758, 28 juin. — *Réglement* du conseil concernant la procédure que sa majesté veut être observée en son conseil.

Première partie. — *Titre* 1. V. Délai, sect. I, § I. R. —
Tit. 2. V. Défaut, § IV. R. — *Tit.* 4. V. Assignation, § V. Q. — Cassation, § V. R. — Cassation, § XX et XXIII. Q. — Certificat d'indigence. — Colonie, § I. R. — Contrariété de jugemens, § II. — Nation, § IV, V. — Requête civile, § III. Q. —*Tit.* 6. V. Contrariété d'arrêts, n. 1. R.—*Tit.* 7. V. Révision de procès, § II. R.—*Tit.* 8. V. Exécution provisoire des jugemens. —Intendant. R.—*Tit.* 9. V. Désaveu, n. 10. R.—*Tit.* 10. V. Inscription de faux, § VII. R.—*Tit.* 11. V. Ministère public, § II. R.

Seconde partie. — *Tit.* 1. V. Prescription, § XV. Q. — *Tit.* 2. Forclusion, § III. — Frais préjudiciaux, § I. — Opposition aux jugemens par défaut, § XX. Q. — *Tit.* 3. V. Appel, sect. I, § V. R.; § IX. Q. — *Tit.* 4. V. Nautissement (pays de), § II. Q. — *Tit.* 5. V. Cassation, § VI. R. — Forclusion, § III. Q. — *Tit.* 6. V. Communication, n. 4. R.—*Tit.* 7. V. reprise d'instance. R. — *Tit.* 9. V. Opposition aux jugemens par défaut, § XX. Q. — *Tit.* 10. V. Inscription de faux, § III. Q. — *Tit.* 12. V. Amende, § II. R. — *Tit.* 15. V. Reprise d'instance, § I. Q. — *Tit.* 16. V. Dépens, n. 1. R. — *Tit.* 17. V. Avocat aux conseils. — Commission, sect. I, § II. — *Committitur.* R.

1758, 4 juillet. — *Arrêt* du conseil sur les droits d'insinuation. V. Bagues et joyaux. R.

1758, 9 juillet. — *Déclaration* sur les gens de mainmorte. V. Mainmorte (gens de), § III. R.

1758, 1 août — *Arrêt* du conseil sur les espèces admises dans les payemens. V. Billon. — Payement, n. 17. R.; et § III. Q.

1758, 4 août — *Déclaration* concernant les pélerinages. V. Pélerinage. R.

1758, 5 août. —*Arrêt* du conseil sur les bois futaies des gens de mainmorte. V. Futaie, § III. R.

1758, 15 septembre. — *Déclaration* relative à l'état des noirs dans les colonies. V. Esclavage, § II. R.

1758, 16 septembre. — *Bail* des cinq grosses fermes. V. Amende, § V. — Appointemens. — Archives. — Bordereau (finances). — Bureaux des traites. — Commis. — Contrainte (finance), n. 3. R.

1758, 7 octobre. — *Arrêt* du conseil sur les droits de bac. V. Bac. R.

1758, octobre. — *Edit* sur les payemens et espèces. V. Billon. R.

1758, 15 décembre. — *Déclaration* sur l'affranchissement des esclaves. V. Affranchissement. R.

1758, 50 décembre. — *Arrêt* du conseil sur les gens de mainmorte. V. Mainmorte (gens de), § III. R.

1759, 26 janvier. — *Déclaration* sur les droits de marque et contrôle des ouvrages d'or et d'argent. V. Marque et contrôle, § I. R.

1759, 7 février. — *Arrêt* du conseil sur le droit de centième denier. V. Enregistrement (droit d'), § XX. Q.

1759, 17 mars. — *Réglement* sur les grands chemins. V. Chemin (grand), n. 8. R.

1759, 17 mars. — *Arrêt* du conseil sur le droit de bac. V. Bac. R.

1759, 17 avril. — *Déclaration* concernant la peine pour fausses marques sur les ouvrages d'or et d'argent. V. Faux, sect. III, § I. R.; et § XIII. Q.

1759, 22 avril. — *Déclaration* concernant les substitutions en Dauphiné. V. Substitution fidéicommissaire, sect. VII, § III, art. 2.

1759, 2 mai. — *Arrêt* du conseil sur les pêcheries. V. Bouchot. R.

1759, 9 mai. — *Arrêt* du conseil sur le centième denier. V. Charge, § V. R.

1759, 25 juin. — *Lettres patentes* sur les gens de mainmorte. V. Mainmorte (gens de), § III. R.

1759, 19 juillet. — *Déclaration* du Roi en faveur des sujets de la Grande-Bretagne. V. Anglais, n. 2. R.

1759, 19 août. — *Arrêt* du conseil concernant le mariage des Juifs. V. Juifs, sect. I, § II. R.

1759, 23 août. — *Réglement* sur les inventaires des gens morts en mer. V. Inventaire, § XV. R.

1559, 23 août. — *Arrêt* du conseil concernant la rébellion. V. Rébellion, § II. R.

1759, août. — *Lettres patentes* concernant les baux à cheptel. V. Cheptel, § I. R.

1759, 13 septembre. — *Déclaration* sur la juridiction consulaire. V. Faillite et banqueroute, sect. I, § III. R.

1759, 17 octobre. — *Lettres patentes* qui exemptent de tutelle les sous-fermiers du droit d'équivalent du Languedoc. V. Tutelle, sect. V, § I, art. 6. R.

1740, 2 janvier. — *Arrêt* du conseil qui exempte de tutelle et de curatelle les conseillers d'État, maîtres des requêtes, et conseillers au parlement. V. Tutelle, sect. II, § I, art. 5. R.

1740, 12 janvier. — *Arrêt* du conseil qui exempte de tutelle les administrateurs de l'hôpital général de Paris. V. Tutelle, sect. IV, § I, art. 6. R.

1740, 8 mars. — *Arrêt* du conseil sur les héritages allodiaux. V. Terrage, § I. Q.

1740, 15 mars. — *Arrêt* du conseil relatif à la consignation d'amende en appel. V. Amende, § IV. R.

1740, 20 mars. — *Edit* portant création d'inspecteurs de police. V. Hôtelier, § II. R.

1740, mars. — *Edit* de création de nouveaux inspecteurs. V. Inspecteur de police. R.

1740, 2 août. — *Arrêt* du conseil concernant les bureaux des fermes. V. retenue de marchandises. R.

1740, 18 septembre. — *Ordonnance* sur le cabotage. V. Cabotage. R.

1740, novembre. — *Déclaration* qui défend de saisir les rentes viagères. V. Saisie-exécution, § I. R.

1740, 18 décembre. — *Arrêt* du conseil sur le droit de *committimus*. V. Avocat aux conseils. — Avocat à la cour de cassation. R.

1740, 20 décembre. — *Arrêt* du conseil sur les priviléges des consuls de Toulouse. V. Gardiens. R.

1740. — *Traité* avec la Turquie. V. État civil, § II. — Étranger, § III. R.

1741, 15 février. — *Ordonnance* sur les grands chemins. V. Chemin (grand), n. 8. R.

1741, 10 mai. — *Arrêt* du conseil sur les cantonnemens. V. Interprétation de jugement, § I. Q.

1741, 1 août. — *Arrêt* du conseil relatif aux cabaretiers. V. Cabaretier, § II. R.

1741, 29 août. — *Déclaration* sur l'imposition du dixième. V. Dixième. — Vingtième. R.

1741, 5 septembre. — *Arrêt* du conseil sur les baux à loyer des bureaux des fermes. V. Bureaux des traites. R.

1741, 28 septembre. — *Arrêt* du conseil sur les droits d'entrée des chevaux, jumens, etc. V. Cheval. R.

1741, 1 octobre. — *Déclaration* concernant la tutelle des enfans qui ont des biens à l'étranger ou dans les colonies. V. Tutelle, sect. II, § III.

1741, 17 octobre. — *Déclaration* sur les rentes albergues. V. Albergues. R.

1742, 19 janvier. — *Arrêt* du conseil sur les polices d'assurances maritimes. V. Police et contrat d'assurance, § I. R.

1742, 23 janvier. — *Arrêt* du conseil sur les exécutoires des frais de procès criminels. V. Exécutoires, n. 2. — Témoin judiciaire, § VII. R.

1742, 23 janvier. — *Arrêt* du conseil sur les eaux et forêts. V. Inutiles. R.

1742, 25 janvier. — *Arrêt* du conseil concernant les honoraires des médecins. V. Honoraires, § II. R.

1742, 1 mars. — *Déclaration* sur les hypothèques prises par les femmes sur les biens de leurs maris. V. Mise de fait, § I. R.

1742, 3 mars. — *Arrêt* du conseil sur les charges d'hérédité. V. Charge, § V. R.

1742, 8 mai. — *Arrêt* du conseil relatif aux domaines aliénés. V. Domaine public, § III. R.

1742, 24 mai. — *Déclaration* concernant les mariages des protestans. V. Empêchement de mariage, § V. — Enfant, § II. R.

1742, 11 août. — *Arrêt* du conseil sur les poursuites à exercer contre les avocats. V. Avocat à la cour de cassation. R.

1742, 2 octobre. — *Arrêt* du conseil sur les droits de bac. V. Bac. R.

1742, 24 novembre. — *Arrêt* du conseil sur la bibliothèque du Roi. V. Bibliothèque, n. 4. R.

1743, 1 février. — *Déclaration* concernant la tutelle des enfans qui ont des biens à l'étranger ou dans les colonies. V. Tutelle, sect. II, § III.

1743, 30 juillet. — *Arrêt* du conseil sur la confiscation des biens des condamnés. V. confiscation, § I. R.

1743, 23 août. — *Réglement* sur les grands chemins. V. Chemin (grand), n. 8. R.

1743, 1 octobre. — *Ordonnance* en faveur des employés des fermes. V. Commis. R.

1743, 12 octobre. — *Déclaration* interprétative de l'édit des secondes noces. V. Deuil, § II. R.

1743, 24 octobre. — *Déclaration* concernant les pilotes lamaneurs. V. Lamaneur. R.

1744, 14 janvier. — *Arrêt* du conseil sur les mines de charbon de terre. V. Mines, § I et IV. Q.

1744, 15 avril. — *Lettres patentes* qui dispensaient l'archevêque de Lyon d'établir un official forain en Franche-Comté. V. Abus (appel comme d'). Q.

1744, 22 avril. — *Réglement* sur le jugement des prises maritimes. V. Conseil des prises. R.

1744, 19 juin. — *Arrêt* du conseil concernant les scellés et inventaires après décès des officiers ou commis comptables. V. Inventaire, § XIII. R.

1744, 10 juillet. — *Arrêt* du conseil concernant les saisies des deniers des fermes. V. Saisie-arrêt, § I. R.

1744, 11 août. — *Arrêt* du conseil concernant la déclaration à faire par le tiers-saisi. V. Saisie-arrêt, § I. R.

1744, 10 septembre. — *Arrêt* du conseil concernant les droits de contrôle. V. Déclaration au profit d'un tiers. R.

1744, 21 octobre. — *Réglement* concernant les prises maritimes. V. Prise maritime, § III, art. 1 et suiv. R.

1744, 25 décembre. — *Déclaration* sur les testamens faits entre époux. V. Institution d'héritier, sect. V. — Légataire, § II. R.

1745, 12 janvier. — *Arrêt* du conseil concernant la fraude en matière de droits fiscaux. V. Forcement de recette. R.

1745, 23 janvier. — *Arrêt* du conseil sur les alignemens. V. Alignement. R.

1745, 16 février. — *Déclaration* sur les droits des cartes. V. Carte. R.

1745, 25 février. — *Arrêt* du conseil sur les délits de chasse. V. Chasse, § VII. R.

1745, février. — *Édit* portant création d'inspecteurs et contrôleurs des boissons. V. Hôtelier, § II. R.

1745, 9 mars. — *Arrêt* du conseil sur le centième denier des immeubles des successions vacantes. V. Succession vacante, § II. Q.

1745, 24 mars. *Déclaration* concernant les fonctions des notaires. V. Testament, sect. II, § II, art. 4.

1745, 19 mai. — *Règlement* sur la marine. V. Capitaine de vaisseau marchand. R.

1745, 12 juin. — *Ordonnance* sur les cargaisons maritimes. V. Cargaison. R.

1745, juin. — *Déclaration* sur la contrainte par corps. V. Colonie, § I. R.

1745, 2 septembre. — *Arrêt* du conseil sur les baux à loyer des bureaux des fermes. V. bureaux des traites. R.

1745, 4 novembre. — *Ordonnance* sur les dettes des officiers de marine. V. Dette, § VIII. R. — Gens de mer. Q.

1746, 11 janvier. — *Lettres patentes* sur les certificats d'entrée des marchandises. V. Commissionnaire, § I. Q.

1746, 21 janvier. — *Arrêt* du conseil sur l'élection des juges-consuls. V. Consuls des marchands, § IV. R.

1746, 7 mai. — *Arrêt* du conseil relatif aux domaines aliénés. V. Domaine public, § III. R.

1746, 13 mai. — *Arrêt* du conseil concernant les mesures sanitaires à prendre contre l'épizootie. V. Épizootie, n. 1. R.

1746, 21 mai. *Arrêt* du conseil sur les baux à loyer des bureaux des fermes. V. Bureaux des traites. R.

1746, 25 mai. — *Arrêt* du conseil sur les distilleries. V. Distillateur. R.

1746, 27 juin. — *Déclaration* du roi Stanislas concernant les saisies réelles. V. Action, § III. R.

1746, 21 octobre. — *Déclaration* sur les droits des cartes. V. Carte. R.

1746, 22 novembre. — *Arrêt* de conseil sur les matériaux et denrées qui entrent dans Paris. V. Passe-debout. R.

1747, 15 février. — *Déclaration* sur les huissiers-priseurs. V. Bourse, § II. R.

1747, 4 mars. — *Arrêt* du conseil concernant le mariage des Juifs. V. Juifs, sect. I, § II. R.

1747, 4 avril. — *Arrêt* du conseil sur les droits des cartes. V. Carte. R.

1747, 12 août. — *Arrêt* du conseil sur les communautés d'arts et métiers de Dunkerque. V. Corps d'arts et métiers, n. 2. R.

1747, août. — *Ordonnance* concernant les substitutions. V. Bestiaux, n. 4. — Biens, § I. — Don mutuel, § III. — Enfant, § II. — Fidéicommis tacite, n. 5. — Garantie, § VIII. — Homologation, hypothèque, sect. I, § VIII. — Institution contrac-

tuelle, § VIII, X, XIII. — Légitimation, sect. II, § II, sect. III, § III. — Légitime, sect. VIII, § III, art. 4. — Majorat, § II. — Mort civile, § 1, art. 3. — Nantissement, § II, art. 5 — Opposition au sceau des lettres de ratification, n. 6. — Opposition (tierce), § II. — Propre, § X. — Réversion, sect. II, § II, art. 3. — Révocation de substitution, § II. R. — Stipulation pour autrui. Q. — Substitution fidéicommissaire, sect. I et suiv. R.; et § II et suiv. Q. — Transaction, § I. R.

1747, 27 septembre. — *Arrêt* du conseil concernant les bureaux des fermes. V. Retenue de marchandises. R.

1748, 9 mars. — *Arrêt* du conseil concernant les droits de contrôle. V. Déclaration au profit d'un tiers. R.

1748, 7 mai. — *Arrêt* du conseil sur l'aliénation des domaines par les anciens dauphins. V. Dauphiné. R.

1748, 25 juin. — *Arrêt* du conseil sur le charbon de bois. V. Charbon. R.

1748, 19 juillet. — *Arrêt* du conseil concernant les mesures sanitaires à prendre contre l'épizootie. V. Épizootie, n. 1. R.

1748, 23 juillet. — *Arrêt* du conseil concernant les eaux et forêts. V. Martelage. R.

1748, 8 octobre. — *Déclaration* sur divers offices créés en Lorraine. V. Bar. R.

1748, 18 octobre. — *Traité* d'Aix-la-Chapelle. V. Hollandais. R.

1748, 10 novembre. — *Déclaration* relative aux provisions ecclésiastiques. V. Annexe. R.

1748, 19 novembre. — *Arrêt* du conseil sur les droits des cartes. V. Carte. R.

1748, 10 décembre. — *Arrêt* du conseil sur les biens à loyer des bureaux des fermes. V. Bureaux des traites. R.

1748, décembre. — *Lettres patentes* concédant au prince de Condé les domaines de Stenay, Clermont en Argonne, Varennes, etc. V. Domaine public, § III. R.

1749, 2 janvier. — *Lettres patentes* sur les fabriques et manufactures. V. Compagnon. R.

1749, 12 janvier. — *Arrêt* du conseil concernant la rébellion. V. Rébellion, § II. R.

1749, 26 janvier. — *Déclaration* sur la fabrication et le commerce des bijoux. V. Bijou. — Marque et Contrôle, § I. R.

1749, 25 février. — *Arrêt* du conseil sur les défrichemens des bois. V. Défrichement, § II. R.

1749, 21 mars. — *Arrêt* du conseil qui défend la saisie des honoraires d'un auteur de pièce de théâtre. V. Saisie-exécution, § I. R.

1749, 1 avril. — *Arrêt* du conseil sur les droits d'insinuation. V. Bagues et Joyaux. R.

1749, mai. — *Édit* sur la retenue pour les contributions. V. Contributions publiques. R.

1749, mai. — *Édit* sur l'imposition du dixième. V. Dixième-Vingtième. R.

1749, 10 juin. — *Arrêt* du conseil contre les protestans. V. Religionnaires, § VII. R.

1749, 17 juin. — *Arrêt* du conseil sur les droits d'insinuation. V. Bagues et Joyaux. R.

1749, 17 juin. — *Arrêt* du conseil concernant la fraude en matière de droits fiscaux. V. Forcement de recette. R.

1749, 11 juillet. — *Déclaration* sur les condamnations par contumace. V. Carcan. — Contumace, § II. R.

1749, 12 juillet. — *Déclaration* sur la matière des substitutions dans le ressort du parlement de Flandre. V. Nantissement, § II, art. 5. R.

1749, 29 juillet. — *Arrêt* du conseil sur les eaux et forêts. V. Bois, § III. R.

1749, août. — *Édit* concernant les établissemens et les acquisitions des gens de mainmorte. V. Biens nationaux, § II. Q. — Clergé, § II. — Confrérie, § II. — Déshéritance, n. 2. — Emphytéose, § II. — Futaie, § III. — Institution d'héritier, sect. V. — Mainmorte (gens de). R.

1749, 14 octobre. — *Arrêt* du conseil sur les mines de charbon de terre. V. Mines, § I. Q.

1749, 18 décembre. — *Arrêt* du conseil sur le canal du Midi. V. Canal. R.

1750, 17 janvier. — *Ordonnance* contre les protestans. V. Religionnaires, § VI. R.

1750, 8 mars. — *Arrêt* du conseil sur le charbon de bois. V. Charbon. R.

1750, 28 avril. — *Arrêt* du conseil concernant les franchises du royaume d'Yvetot. V. Prince, § V. R.

1750, 5 mai. — *Arrêt* du conseil sur le desséchement des marais. V. Marais, § II. R.

1750, 12 mai. — *Arrêt* du conseil relatif aux actes sous seing-privé. V. Acte sous seing-privé. R.

1750, 20 juin. — *Arrêt* du conseil sur les payemens en espèces. V. Billon. R.

1750, 30 juin. — *Arrêt* du conseil sur les délits forestiers. V. Délit forestier, § X. R.

1750, 10 juillet. — *Arrêt* du conseil sur le desséchement des marais. V. Marais, § II. R.

1750, 1 septembre. — *Déclaration* relative aux cabaretiers. V. Cabaretier, § II. R.

1750, 8 septembre. — *Arrêt* du conseil sur les étrangers régnicoles. V. Aubaine, n. 11. R.

1750, 7 octobre. — *Arrêt* du conseil sur les formalités à remplir par les mendians pour obtenir des secours en Flandre. V. Acte de garant. R.

1750, 20 octobre. — *Déclaration* sur la mendicité. V. Mendiant, § I. R.

1751, 25 janvier. — *Arrêt* du conseil sur les cartes à jouer. V. Carte. R.

1751, 26 janvier. — *Déclaration* concernant les fonctions des notaires, les inventaires, etc. V. Inventaire, § II. — Testament, sect. II, § II, art. 4. R.

1751, 30 avril. — *Arrêt* du conseil sur les droits des cartes. V. Carte. R.

1751, 30 avril. — *Arrêt* du conseil concernant les monnaies. V. Monnaie, § I. R.

1751, 16 juin. — *Arrêt* du conseil sur l'exemption du droit d'aubaine. V. Aubaine, n. 6. R.

1751, 22 juin. — *Arrêt* du conseil sur les bois futaies des gens de mainmorte. V. Futaie, § III. R.

1751, 22 juin. — *Ordonnance* sur les grands chemins. V. Chemin (grand), n. 8. R.

1751, 14 septembre. — *Arrêt* du conseil sur les délits des bergers. V. Berger. R.

1751, 28 septembre. — *Arrêt* du conseil relatif à la consignation d'amende en appel. V. Amende, § IV et VIII. R.

1751, 9 novembre. — *Arrêt* du conseil sur les droits des cartes. V. Carte. R.

1751, 25 novembre. — *Déclaration* sur la bibliothèque du roi. V. Bibliothèque, n. 4. R.

1751, 7 décembre. — *Arrêt* du conseil concernant les garennes. V. Garenne, § I. R.

1752, 24 février. — *Arrêt* du conseil concernant la fraude en matière de droits fiscaux. V. Forcement de recette. R.

1752, 15 juin. — *Arrêt* du conseil relatif à la consignation d'amende en appel. V. Amende, § IV. R.

1752, 20 juin. — *Déclaration* sur les rentes constituées. V. Arrérages. R.

1752, 22 juillet. — *Réglement* concernant les attributions des procureurs du Roi. V. Procureur du Roi. R.

1752, 21 août. — *Déclaration* sur les décrets d'immeuble. V. Décret d'immeuble, § IV. R.

1752, 10 octobre. — *Arrêt* du conseil sur les contrôleurs des actes. V. Comptabilité. R.

1752, 5 décembre. — *Arrêt* du conseil sur les droits de contrôle et d'insinuation. V. Répertoire, § I. R.

1753, 5 février. — *Décision* du conseil relative à l'exportation des armes de guerre. V. Armes, § I. R.

1753, 6 février. — *Ordonnance* sur les livrées des domestiques. V. Livrée. R.

1753, 16 février. — *Arrêt* du conseil relatif à la consignation d'amende en appel. V. Amende, § IV. R.

1753, 10 mars. — *Arrêt* du conseil qui permet le port du fusil aux gardes des bois. — V. Gardes des bois, sect. I, § III. R.

1753, 20 mars. — *Arrêt* du conseil sur le port d'armes par les gardes forestiers. V. Armes, § II. R.

1753, 29 mars. — *Arrêt* du conseil sur les charges d'hérédité. V. Charge, § V. R.

1753, 28 août. — *Arrêt* du conseil qui interdit la chasse aux gardes des bois. V. Gardes des bois, sect. I, § III. R.

1753, 26 octobre. — *Arrêt* du conseil sur la nullité des compromis des gens de mainmorte. V. Compromis, n. 1. R.

1753, 12 novembre. — *Lettres patentes* sur les droits de marque et contrôle des ouvrages d'or et d'argent. V. Marque et Contrôle, § I. R.

1754, 15 février. — *Arrêt* du conseil sur les poursuites à exercer contre les avocats. V. Avocat à la cour de cassation. R.

1754, 5 mars. — *Arrêt* du conseil sur les fonctions des courtiers. V. Courtier. R.

1754, 5 mars. — *Arrêt* du conseil concernant les droits de contrôle. V. Déclaration au profit d'un tiers. R.

1754, 24 mars. — *Déclaration* sur la rédaction en français des testamens nuncupatifs faits dans le Roussillon. V. Langue française. — Testament, sect. II, § III, art. 1. R.

1754, 9 juillet. — *Arrêt* du conseil relatif aux domaines aliénés. V. Domaine public, § III. R.

1754, 23 juillet. — *Arrêt* du conseil sur les poursuites à exercer contre les avocats. V. Avocat à la cour de cassation. R.

1754, 14 septembre. — *Arrêt* du conseil concernant la fraude en matière de droits fiscaux. V. Forcement de recette. R.

1754, 17 septembre. — *Arrêt* du conseil sur les contrôleurs des actes. V. Comptabilité. R.

1754, 23 septembre. — *Arrêt* du conseil sur les exécutoires des frais de procès criminels. V. Exécutoires, n. 2. R.

1754, 8 novembre. — *Lettres patentes* contre les protestans. V. Religionnaires, § VIII. R.

1754, 26 novembre. — *Arrêt* du conseil sur les droits d'insinuation. V. Bagues et Joyaux. R.

1754, 3 décembre. — *Lettres patentes* concernant les inventaires. V. Inventaire, § IV. R.

1754, 3 décembre. — *Arrêt* du conseil sur les mines de charbon de terre. V. Mines, § I. Q.

1755, 18 mars. — *Arrêt* du conseil sur les mines de charbon de terre. V. Mines, § I. Q.

1755, 20 mai. — *Arrêt* du conseil sur les eaux et forêts. V. Bois, § III. R.

1755, 3 juin. — *Arrêt* du conseil sur les coupes des bois des communes. V. Futaie, § IV. R.

1755, 5 juin. — *Arrêt* du conseil sur la nourriture et l'entretien des chèvres. V. Chèvre, R.

1755, 26 août. — *Arrêt* du conseil sur le droit de *committimus*. V. Avocat aux conseils. R.

1755, 7 septembre. — *Arrêt* du conseil sur les carrières et les grands chemins. V. Carrières — Chemin (grand), n. 12. R.

1755, 27 septembre. — *Arrêt* du conseil concernant les droits de contrôle. V. Déclaration au profit d'un tiers. R.

1755, 7 octobre. — *Déclaration* sur les vieilles monnaies trouvées dans les démolitions. V. Change. — Monnaie, § I. R.

1755, 7 octobre. — *Arrêt* du conseil sur les deniers communs et les octrois de villes. V. Bail, § XVIII. R.

1755, 9 décembre. — *Arrêt* du conseil concernant les Juifs. V. Juifs, sect. I, § I. R.

1756, 20 janvier. — *Arrêt* du conseil sur les mines de charbon de terre. V. Mines, § I. Q.

1756, 30 mars. — *Arrêt* du conseil sur la fabrication et le commerce des bijoux. V. Bijou. R.

1756, 30 mars. — *Arrêt* du conseil sur les droits de contrôle et d'insinuation. V. Répertoire, § I. R.

1756, 25 mai. — *Arrêt* du conseil sur les droits de contrôle. V. Commis des domaines. R.

1756, juin. — *Règlement* sur le jugement des prises maritimes. V. Conseil des prises. R.

1756, 6 juillet. — *Arrêt* du conseil sur les délits forestiers. V. Délit forestier, § X. R.

1756, 29 juillet. — *Arrêt* du conseil relatif aux actes sous seing-privé. V. Acte sous seing-privé. R.

1756, 12 octobre. — *Arrêt* du conseil sur les défrichemens des bois. V. Défrichement, § II. R.

1757, 25 janvier. — *Arrêt* du conseil sur les matériaux et denrées qui entrent dans Paris. V. Passe-debout. R.

1757, 1 mars. — *Règlement* sur les eaux et forêts. V. Déclaration de coupe de bois. R.

1757, 14 mars. — *Règlement* sur les eaux et forêts. V. Bois, § II. R.

1757, 5 avril. — *Arrêt* du conseil sur le charbon de bois. V. Charbon. R.

1757, 16 avril. — *Déclaration* contre les écrits qui attaquent la religion. V. Blasphème. R.

1757, 23 mai. — *Arrêt* du conseil sur les comptes des mineurs. V. Compte, § I. R.

1757, 19 juillet. — *Règlement* sur les grands chemins. V. Chemin (grand), n. 11. R.

1757, 3 août. — *Arrêt* du conseil sur les bois futaies des gens de mainmorte. V. Futaie, § III. R.

1757, 16 août. — *Arrêt* du conseil sur les coupes des bois des communes. V. Futaie, § IV. R.

1757, 3 septembre. — *Arrêt* du conseil sur les payemens en espèces. V. Billon. R.

1757, 7 décembre. — *Arrêt* du conseil sur les bois futaies des gens de mainmorte. V. Futaie § III. R.

1757, 10 décembre. — *Arrêt* du conseil concernant les saisies des deniers des fermes. V. Saisie-arrêt, § I. R.

1757, 14 décembre. — *Arrêt* du conseil sur la nullité des compromis des gens de mainmorte. V. Compromis, n. 1. R.

1758, 31 janvier. — *Arrêt* du conseil sur les droits de contrôle et d'insinuation. V. Répertoire, § I. R.

1758, avril. — *Édit* qui restreint le privilége de faire grâce dont jouissaient les évêques d'Orléans. V. Grâce. R.

1758, 5 mai. — *Arrêt* du conseil sur la nullité des compromis des gens de mainmorte. V. Compromis, n. 1. R.

1758, septembre. — *Édit* sur les droits de l'amiral. V. Amiral. R.

1758, 12 septembre. — *Arrêt* du conseil relatif à la consignation d'amende en appel. V. Amende, § IV. R.

1758, 16 septembre. — *Bail* des fermes de Forceville. V. Bac. R.

1759, 13 février. — *Arrêt* du conseil sur les étrangers régnicoles. V. Aubaine, n. 11. R.

1759, 7 avril. — *Déclaration* sur la compétence des juges-consuls. V. Consuls des marchands, § II. R., et III. R.

1759, 9 avril. — *Ordonnance* sur la visite des marchandises sujettes aux droits d'entrée. V. Commis, n. 26. R.

1759, 17 avril. — *Déclaration* concernant les pensions sur l'état. V. Pension, § III. R.

1759, 1 mai. — *Arrêt* du conseil sur les mines de charbon de terre. V. Mines, § I. R.

1759, 25 juin. — *Ordonnance* concernant la pêche des fossés des places de guerre. V. Pêche, sect. I. R.

1759, 11 juillet. — *Règlement* sur la marine. V. Capitaine de vaisseau marchand. R.

1759, 18 juillet. — *Règlement* sur les polices d'assurances maritimes. V. Police et contrat d'assurance, § I. R.

1759, 21 juillet. — *Arrêt* du conseil sur les priviléges d'imprescriptibilité de l'ordre de Malte. V. Prescription, sect. III, § IV, art. 2. R.

1759, 15 août. — *Arrêt* du conseil sur les droits de péage. V. Péage, § I. R.

1759, 16 août. — *Règlement* concernant les pilotes lamaneurs. V. Lamaneur. R.

1759, 20 septembre. — *Arrêt* du conseil sur les droits de péage. V. Péage, § I. R.

1759, 16 décembre. — *Arrêt* du conseil sur les grands chemins. V. Chemin (grand), n. 9. R.

1760, 7 mars. — *Ordonnance* sur les grands chemins. V. Chemin (grand), n. 6. R.

1760, 24 mars. — *Traité* entre la France et la Sardaigne. V. Inscription hypothécaire, § II. Q.

1760, 13 mai. — *Arrêt* du conseil relatif aux cabaretiers. V. Cabaretier, § II. R.

1760, 24 mai. — *Lettres patentes* concernant les saisies et oppositions faites entre les mains des receveurs généraux. V. Saisie-arrêt, § I. R.

1760, 3 juin. — *Arrêt* du conseil sur les eaux et forêts. V. Amende, § I. R.

1760, 2 juillet. — *Déclaration* concernant le bureau des nourrices de Paris. V. Recommandaresse. R.

1760, 5 août. — *Arrêt* du conseil relatif aux cabaretiers. V. Cabaretier, § II, R.

1760, 2 septembre. — *Arrêt* du conseil sur les baux des biens bénéficiaux. V. Bail, § XIII. R.

1760, 14 novembre. — *Règlement* sur les grands chemins. V. Chemin (grand), n. 11. R.

1761, 16 janvier. — *Déclaration* concernant les substitutions en Franche-Comté. V. Substitution fidéicommissaire, section XVIII.

1761, 20 janvier. — *Arrêt* du conseil sur la chasse. V. Chasse, § III. R.

1761, 22 janvier. — *Arrêt* du conseil sur les droits de bac. V. Bac. R.

1761, février. — *Édit* sur les fonctions des notaires. V. Notaire, § I. R. — Triage, § I. Q.

1761, 10 avril. — *Arrêt* du conseil sur les procès-verbaux et exploits des gardes des bois. V. Gardes des bois, sect. I, § III. R.

1761, 13 avril.— *Déclaration* sur l'usage des garnisons pour accélérer le payement des impositions. V. Garnison. R.

1761, 21 avril. — *Arrêt* du conseil sur les droits d'insinuation. V. Bagues et joyaux. R.

1761, 15 juin. — *Lettres patentes* concernant les fonctions des courtiers royaux. V. Courtier. R.

1761, 22 août. — *Lettres patentes* relatives aux théâtres. V. Comédien. R.

1671, 17 décembre. — *Ordonnance* concernant les enseignes des boutiques. V. Enseignes. R.

1762, 5 janvier. — *Arrêt* du conseil concernant les Juifs. V. Juifs., sect. I, § I. R.

1762, 21 mars. — *Arrêt* du conseil sur les droits d'entrée des chevaux, jumens, etc. V. Cheval. R.

1762, 16 avril. — *Ordonnance* sur les livrées des domestiques. V. Livrée. R.

1762, 21 mai. — *Arrêt* du conseil sur les colonies. V. Colonies, § I. R.

1762, juin. — *Édit* concernant le desséchement des marais. V. Marais, § II. R.

1762, 20 juillet. *Déclaration* concernant les gens de mainmorte. V. Emphytéose, § II. — Institution d'héritier, sect. V. — Mainmorte (gens de), § I. R.

1762, juillet. — *Lettres patentes* sur le droit d'aubaine. V. Aubaine, n. 9. R.

1792, 7 septembre. — *Arrêt* du conseil sur les deniers communs et les octrois des villes. V. Bail, § XVIII. R.

1762, 23 septembre. — *Règlement* sur les chasses. V. Chaume. R.

1762, 27 septembre. — *Arrêt* du conseil concernant les Juifs. V. Juifs, sect. I. § I. R.

1762, 14 octobre. — *Arrêt* du conseil concernant les quarantaines à faire à Marseille et à Toulon. V. Quarantaine. R.

1763, 22 mars. — *Arrêt* du conseil en faveur des employés des fermes. V. Commis, n. 25. R.

1763, 24 mars. — *Règlement* sur le service et l'administration des îles du Vent. V. Colonie, § I. R.

1763, 24 avril. — *Ordonnance* relative à la police générale des colonies. V. Colonie, § I. R.

1763, 16 mai. — *Déclaration* concernant la rédaction des testamens. V. Testament, sect. II, § II, art. 6. R.; et § V. Q.

1763, 25 mai. — *Déclaration* sur le commerce intérieur des grains. V. Grains, § III. R.

1763, 26 juillet. *Arrêt* du conseil sur les deniers communs et les octrois des villes. V. Bail, § XVIII. R.

1763, 25 septembre. — *Règlement* des chasses de la capitainerie de Vincennes. V. Berger. R.

1764, 19 janvier. — *Arrêt* du conseil sur le canal du Midi. V. Canal. R.

1764, 15 mai. *Arrêt* du conseil sur les comptables. V. Comptable, n. 7. R.

1764, 14 juin. — *Déclaration* sur les desséchemens et les défrichemens. V. Desséchement. — Défrichement, § I. — Terres vaines et vagues. R.

1764, 16 juillet. — *Ordonnance* sur la grande voirie. V. Chemin (grand), n. 15. R.

1764, 20 juillet. — *Déclaration* sur les troupeaux des bêtes à laine. V. Berger. R.

1764, 29 juillet. — *Déclaration* concernant la tacite réconduction relativement aux héritages des campagnes. V. Tacite réconduction. R.

1764, 2 août. — *Déclaration* sur la mendicité. V. Mendiant, § I. R.

1764, 5 août. — *Déclaration* concernant les vagabonds et gens sans aveu. V. Vagabonds. R.

1764, 23 août. — *Lettres patentes* portant établissement de la commission de Saumur contre les contrebandiers. V. Commission, sect. 1, § III. R.

1764, août. — *Édit* sur l'administration des villes et bourgs. V. Commune, § VI. Q.

1764, décembre. — *Édit* portant établissement d'une caisse d'amortissement. V. Caisse d'amortissement. R.

1764. — *Tarif* des cinq grosses fermes. V. Acquit, § III. R.

1765, 2 janvier. — *Arrêt* du conseil sur le canal du Midi. V. Canal. R.

1765, 25 mars. — *Ordonnance* sur les ports de marine et sur les honneurs militaires des armées navales. V. Capitaine de vaisseau marchand. — Délesteur. — Honneur. — Marine. R.

1765, mars. — *Édit* relatif à l'exercice du commerce. V. Commerce, § I. R.

1765, 22 mai. — *Ordonnance* sur le port des lettres. V. Lettre. R.

1765, 18 juin. — *Règlement* sur les grands chemins. V. Chemin (grand), n. 8. R.

1765, 21 novembre. — *Lettres patentes* sur les commissions établies contre les contrebandiers. V. Commission, sect. I, § III. R.

1765, 21 novembre. — *Lettres patentes* portant établissement de la commission de Reims contre les contrebandiers. V. Commission, sect. I, § III. R.

1766, 1 février. — *Ordonnance* relative aux poursuites criminelles dans les colonies. V. Colonie, § I. R.

1766, 15 février. — *Règlement* concernant les manufactures de porcelaine. V. Porcelaine. R.

1766, 18 mars. — *Déclaration* sur le régime colonial. V. Colonie, § I. R.

1766, 21 avril. — *Arrêt* du conseil qui exclut les faillis de la Bourse de Paris. V. Bourse, § III. R.

1766, 16 mai. — *Déclaration* sur les mesures à grains. V. Mesure, § I. R.

1766, 23 mai. — *Arrêt* du conseil portant établissement d'une commission pour l'examen des réguliers. V. Commission, sect. I, § II. R.

1766, 24 juin. — *Convention* passée à Vienne. V. Aubaine, n. 9. R.

1766, juin. — *Edit* portant fixation du taux des intérêts. V. Intérêt, § VI. R.

1766, 27 juillet. — *Déclaration* sur les comptes des deniers d'octroi et patrimoniaux des villes. V. Compte des deniers publics. R.

1766, 51 juillet. — *Arrêt* du conseil portant établissement d'une commission pour l'examen des réguliers. V. Commission, sect. I, § II. R.

1766, 3 août. — *Lettres patentes* sur le droit d'aubaine. V. Aubaine, n. 9. R.

1766, 13 août. — *Déclaration* sur le desséchement des marais. V. Marais, § II. R.

1766, 15 août. — *Déclaration* sur les défrichemens. V. Défrichement, § I. R.

1766, août. — *Déclaration* concernant les défrichemens. V. Terres vaines et vagues.

1766, 4 novembre. — *Arrêt* du conseil sur l'exercice des fonctions d'huissier. V. Huissier, § I. R.

1767, 1 janvier. — *Arrêt* du conseil portant création de la caisse d'escompte. V. Caisse d'escompte. R.

1767, 23 février. — *Arrêt* du conseil sur les mariages contractés dans les colonies. V. Colonie, § I. R.

1767, mars. — *Edit* concernant les Juifs. V. Juifs, sect. IV. R.

1767, mars. — *Edit* sur les clôtures des propriétés. V. Clôture. R.

1767, 10 mai. — *Arrêt* du conseil sur les dettes des officiers de marine. V. Dette, § VIII. R.

1767, 25 mai. — *Réglement* sur les marchandises envoyées dans le Levant. V. Pacotille. R.

1767, 50 mai. — *Lettres patentes* sur le dessèchement des marais. V. Marais, § II. R.

1767, 20 août. — *Déclaration* sur les commissaires des guerres. V. Commissaire des guerres. R.

1767, 22 août. — *Arrêt* du conseil concernant les Juifs. V. Juifs, sect. I, § I. R.

1767, 31 août. — *Déclaration* concernant les requêtes civiles. V. Requête civile, § I. R.

1767, 17 octobre. — *Arrêt* du conseil sur les jurés priseurs. V. Huissiers priseurs. R.

1767, décembre. — *Edit* qui abolit la servitude du pacage en Béarn. V. Parcours, n. 10. R.

1768, 20 février. — *Réglement* sur les droits d'entrée des jumens, etc. V. Cheval. R.

1768, 1 mars. — *Ordonnance* concernant les attributions des conseils de guerre, et les honneurs militaires des armées de terre. V. Chasse, § III. — Conseil de guerre. — Honneur. R.

1768, 18 mars. — *Déclaration* concernant le droit de détraction. V. Détraction. R.

1768, mars. — *Edit* sur la profession monastique. V. Profession monastique, § I. R.

1768, 29 avril. — *Déclaration* sur les défrichemens. V. Défrichemens, § I. R.

1768, mai. — *Edit* concernant le collège royal de chirurgie de Paris. V. Dentiste. R.

1768, 6 juin. — *Déclaration* sur les défrichemens. V. Défrichement, § I. R.

1768, juin. — *Edit* portant établissement d'un conseil souverain à Bastia. V. Corse. R.

1768, 10 juillet. — *Ordonnance* relative à l'état des noirs dans les colonies. V. Esclavage, § II. R.

1768, 7 août. — *Déclaration* concernant les requêtes civiles. V. Requête civile, § I. R.

1768, 26 août. — *Réglement* sur le desséchement des marais. V. Marais, § I. R.

1768, 9 octobre. — *Lettres patentes* portant établissement de la commission de Caen contre les contrebandiers. V. Commission, sect. I, § III. R.

1768, 25 octobre. — *Arrêt* du conseil sur l'exercice des fonctions d'huissier. V. Huissier, § I. R.

1768, 29 novembre. — *Arrêt* du conseil relatif aux marais de Rauville. V. Arrêt du conseil. Q.

1769, 2 janvier. — *Déclaration* concernant les possesseurs de terres nobles ou roturières. V. Rente foncière, § XIV. Q.

1769, 14 mars. — *Arrêt* du conseil sur le cantonnement. V. Communaux (biens), § II. Q.

1769, 21 mars. — *Arrêt* du conseil portant suppression de la caisse d'escompte. V. Caisse d'escompte. R.

1769, 50 mars. — *Arrêt* du conseil sur les droits de bac. V. Bac. R.

1769, 1 avril. — *Traité* de commerce et de marine entre la France et Hambourg. V. Lettres de marque, § II. R.

1769, 9 mai. — *Arrêt* du conseil sur l'usage des bois accordés aux habitans de Beaumont. V. Loi de Beaumont. R.

1769, 16 mai. — *Traité* des limites de la partie du Hainaut cédée à la France. V. Devoirs de loi, § III. R.

1769, mai. — *Edit* qui abolit les parcours dans la Champagne. V. Parcours, n. 10. R.

1769, 18 juin. — *Lettres patentes* sur les droits utiles des officiers des basses justices sur l'administration de la justice en Normandie. V. Basse-justice. — Délibéré. — Matières sommaires. R.

1769, 20 juin. — *Arrêt* du conseil sur la fabrication et le commerce des bijoux. V. Bijou. R.

1769, 5 juillet. — *Lettres patentes* concernant le défaut d'insinuation des donations mutuelles. V. Conventions matrimoniales, § I. Q. — Donation, sect. VI, § II. R. — Don mutuel, § III. R. — Insinuation, § III. Q.

1769, 16 juillet. — *Déclaration* relative à l'opposition formée au sceau des lettres de ratification. V. Opposition au sceau des lettres de ratification, n. 7. R.

1769, 24 juillet. — *Déclaration* sur le bureau des nourrices à Paris. V. Nourrices. R.

1769, 29 août. — *Arrêt* du conseil relatif au recouvrement des amendes. V. Amende, § VIII. R.

1769, 29 août. — *Arrêt* du conseil sur les requêtes en cassation. V. Cassation, § VI. R.

1769, 9 septembre. — *Déclaration* sur la fabrication et le commerce des bijoux. V. Bijou. R.

1769, 7 septembre. — *Edit* portant création de juridictions royales en Corse. V. Corse. R.

1769, 4 novembre. — *Arrêt* du conseil sur les requêtes en cassation. V. Cassation, § VI. R.

1769, 20 novembre. — *Déclaration* concernant les requêtes civiles. V. Requête civile, § I. R.

1770, 7 janvier. — *Déclaration* sur la caisse d'amortissement. V. Caisse d'amortissement. R.

1770, 10 janvier. — *Lettres patentes* sur les congés de la marine et les visites des navires. V. Congé (marine). — Visite, § IV. R.

1770, 10 janvier. — *Tarif* des droits des amirautés. V. Enregistrement. R.

1770, 10 janvier. — *Déclaration* sur la propriété des effets naufragés. V. Naufrage. R.

1770, 29 janvier. — *Arrêt* du conseil concernant les pensions sur l'Etat. V. Pension, § III. R.

1770, février. — *Edit* sur l'abolition de la servitude du pacage en Béarn. V. Parcours, n. 10. R.

1770, février. — *Edit* portant fixation du taux des intérêts. V. Intérêt, § VI. R.

1770, 24 avril. — *Arrêt* du conseil qui ordonne l'exécution des édits, déclarations, lettres patentes, et arrêts sur les privilèges, franchises et immunités des employés des fermes. V. Commis, n. 25. R.

1770, avril. — *Edit* portant création de juridictions royales en Corse. V. Corse. R.

1770, 7 mai et 10 juillet. — *Arrêt* du conseil sur la fabrication et le commerce des bijoux. V. Bijou. R.

1770, 23 juin. — *Déclaration* sur le bureau des nourrices établi à St.-Germain-en-Laye. V. Nourrice. R.

1770, juin. — *Edit* qui exempte de tutelle et curatelle les secrétaires du Roi. V. Tutelle, sect. II, § II, art. 5.

1770, 4 septembre. — *Déclaration* concernant les requêtes civiles. V. Requête civile, § I. R.

1770, novembre. — *Edit* sur les attributions particulières des procureurs du Roi. V. Corse. R.

1770, 23 décembre. — *Arrêt* du conseil sur le commerce intérieur des grains. V. Grains, § III. R.

1771, février. — *Edit* sur les agens de change. V. Agens de change. R.

1771, février. — *Edit* sur les jurés priseurs. V. Huissier priseur. R.

1771, février. — *Edit* concernant les conseils supérieurs. V. Nantissement, § I. Q.

1771, février. — *Edit* sur la vénalité des offices. V. Office, n. 2, 12. R.

1771, 18 mars. — *Edit* sur le régime colonial. V. Colonie, § I. R.

1771, avril. — *Edit* qui suspend les fonctions de la cour des aides. V. Commission, sect. I, § III. R.

1771, avril. — *Edit* portant création de juridictions royales en Corse. V. Corse. R.

1771, 12 mai. — *Arrêt* du conseil sur les mines de charbon de terre. V. Mines, § I. Q.

1771, 14 mai. — *Arrêt* du conseil sur l'exercice des fonctions d'huissier. V. Huissier, § I. R.

1771, 24 mai. — *Lettres patentes* sur les droits de marque et contrôle des ouvrages d'or et d'argent. V. Marque et Contrôle, § I. R.

1771, 30 mai. — *Arrêt* du conseil contre la contrebande du tabac. V. Commission, sect. I, § III. R.

1771, mai. — *Edit* sur la vaine pâture et le droit de pacage. V. Vaine pâture, § I. R.; et § II. Q.

1771, 4 juin. — *Déclaration* sur les cinq grosses fermes. V. Acquit, § III. R.

1771, 10 juin. — *Arrêt* du conseil concernant les Juifs. V. Juifs, sect. 1. § I. R.

1771, juin. — *Edit* sur les hypothèques. V. Adjudicataire, § IV. — Biens, § II. — Conservateur, § IV. — Consignation, n. 27. — Déclaration d'hypothèque. — Décret d'immeuble, § I. — Devoirs de loi. — Douaire, sect. I, § VIII. R. — Expropriation forcée, § II. Q. — Gains nuptiaux et de survie, § VII. — Hypothèque, sect. I, § III et suiv. R.; et § VI, XII. Q. — Inscription hypothecaire, § III et suiv. R. — Interlocutoire, § V. Q. — Lettres de ratification. — Mise de fait, § I. R. et Q. — Nantissement, § I et II. R. — Nantissement (pays de), § I. Q. — Opposition au sceau des lettres de ratification. R. — Opposition (tierce). Q. — Partage, § VII. Q. — Radiation des hypothèques, n. 8 et suiv. — Rente foncière, § I. — Saisie réelle. — Servitude, § XXXI, n. 2. — Sieur, Sieurie. R. — Stipulation pour autrui. Q. — Surenchère, n. 5. — Tiers détenteur. R. — Transcription au bureau des hypothèques, § III. — Union de créanciers, § I. Q.

1771, juin. — *Edit* portant établissement du comité contentieux des finances. V. Comité contentieux des finances. R.

1771, 7 juillet. — *Lettres patentes* sur les jurés priseurs. V. Huissier priseur. R.

1771, 26 juillet. — *Lettres patentes* sur le droit de *committimus*. V. Avocat aux conseils. R.

1771, 9 août. — *Edit* de réunion de la cour des monnaies de Lyon à celle de Paris. V. Monnaie, § III. R.

1771, 14 août. — *Arrêt* du conseil sur les commissions établies contre les contrebandiers. V. Commission, sect. 1, § III. R.

1771, 17 août. — *Lettres patentes* sur les jurés priseurs. V. Huissier priseur. R.

1771, 22 août. — *Arrêt* du conseil sur les payemens en espèces de billon. V. Payement, § III. Q.

1771, 15 septembre. — *Lettres patentes* sur le change des monnaies. V. Change. R.

1771, septembre. — *Edit* de création d'une nouvelle compagnie du guet. V. Chevalier du guet. R.

1771, 28 octobre. — *Arrêt* du conseil sur le desséchement des marais. V. Marais, § II. R.

1771, octobre. — *Edit* sur les deniers communs et les octrois de villes. V. Bail, § XVIII. R.

1771, octobre. — *Edit* qui supprime la cour souveraine de Dombes. V. Dombes. R.

1771, novembre. — *Edit* portant prorogation des deux vingtièmes et établissement du droit de sou pour livre. V. Franc barrois. — Sou pour livre. R.

1771, 26 décembre. — *Arrêt* du conseil sur le change des monnaies. V. Change. R.

1772, 12 janvier. — *Déclaration* sur les défrichemens. V. Défrichement, § I. R.

1772, 18 janvier. — *Lettres patentes* concernant les provisions des bénéfices. V. Bulle, n. 5. R.

1772, 7 février. — *Déclaration* concernant les lettres de ratification. V. Lettres de ratification. R.

1772, 24 février. — *Arrêt* du conseil sur l'enregistrement des lettres de propriété de navire. V. Enregistrement. R.

1772, 8 mars. — *Déclaration* concernant les bulles, brefs, etc., de la cour de Rome. V. Bulle, n. 5. R.

1772, mars. — *Edit* sur la Corse. V. Corse. R.

1772, 5 avril. — *Réglement* sur les travaux des grands chemins. V. Carrières. R.

1772, 16 avril. — *Lettres patentes* sur les jurés priseurs. V. Huissier priseur. R.

1772, 25 avril. — *Déclaration* sur les eaux minérales. V. Eaux minérales. R.

1772, 27 avril. — *Arrêt* du conseil sur les grands chemins. V. Chemin (grand), n. 10. R.

1772, 30 avril. — *Réglement* sur les grands chemins. V. Chemin (grand), n. 11. R.

1772, avril. — *Edit* portant création de juridictions royales en Corse. V. Corse. R.

1772, 8 mai. — *Déclaration* sur la liquidation et le remboursement des offices. V. Opposition (tierce), § II, art. 8. R.

1772, 10 mai. — *Déclaration* sur les droits litigieux, les redevances foncières, etc. V. Terrage, § I. Q.

1772, 24 mai. — *Traité* d'échange et de limites entre la France et le prince-évêque de Liège. V. Liège. R.

1772, 7 juin. — *Arrêt* du conseil contre la contrebande de tabac. V. Commission, sect. I, § III. R.

1772, 23 juin. — *Déclaration* concernant les lettres de ratification. V. Nantissement (pays de), § I. Q.

1772, 23 juin. — *Arrêt* du conseil relatif aux cabaretiers. V. Cabaretier, § II. R.

1772, 23 juin. — *Déclaration* sur les hypothèques et les droits de contrôle et d'insinuation. V. Devoirs de loi. — Mise de fait, § I. — Nantissement, § I. — Répertoire, § I. R.

1772, 6 juillet. — *Arrêt* du conseil concernant les créanciers privilégiés sur les offices. V. Hypothèque, sect. I, § III. R.

1772, 16 juillet. — *Arrêt* du conseil sur la vénalité des offices. V. Office. n. 2. R.

1772, 28 juillet. — *Déclaration* sur l'établissement des droits d'aides en Corse. V. Corse. R.

1772, 22 septembre. — *Arrêt* du conseil sur le canal du Midi. V. Canal. R.

1772, 4 octobre. — *Lettres patentes* sur les comptes des deniers publics. V. Comptes des deniers publics. R.

1772, 20 octobre. — *Arrêt* du conseil sur le canal du Midi. V. Canal. R.

1772, novembre. — *Edit* de création des gardes du commerce. V. Gardes du commerce. R.

1772, novembre. — *Edit* sur les contraintes judiciaires. V. Clain, § III. R.

1773, 23 février. — *Arrêt* du conseil sur l'établissement des moulins en Flandres. V. Moulin, § VII, art. 3. R.

1773, février. — *Edit* sur les vœux religieux. V. Vœux, sect. II, § II. R.

1773, 7 mars. — *Arrêt* du conseil sur les commissions établies contre les contrebandiers. V. Commission, sect. I, § III. R.

1773, 29 mars. — *Arrêt* du conseil sur les cinq grosses fermes. V. Acquit, § III. R.

1773, 29 mars. — *Arrêt* du conseil sur les auditoires. V. Auditoire. R.

1773, avril. — *Lettres patentes* concernant la coutume d'Artois. V. Coutume, § II. R.

1773, avril. — *Déclaration* sur la représentation en ligne directe. V. Légitime, sect. I. R.

1773, 9 mai. — *Arrêt* du conseil sur le desséchement des marais. V. Marais, § II. R.

1775, 9 mai. — *Arrêt* du conseil sur le droit de bac. V. Bac. R.

1773, 15 mai. — *Arrêt* du conseil sur le change. V. Change. R.

1773, mai. — *Edit* qui fait remise du droit royal de confirmation. V. Confirmation. R.

1773, 15 juin. — *Arrêt* du conseil relatif aux cabaretiers. V. Cabaretier, § II. R.

1773, juillet. — *Edit* sur la procédure contre les contumaces. V. Contumace, § III. R.

1773, 6 août. — *Arrêt* du conseil concernant l'établissement des forges, fourneaux, etc. V. Fourneau. R.

1773, 24 août. — *Déclaration* concernant le droit de pêche dans les rivières, etc. V. Pêche, sect. I, § II. R.

1773, 9 septembre. — *Arrêt* du conseil sur l'élection des juges-consuls. V. Consuls des marchands, § IV. R.

1773, 19 septembre. — *Arrêt* du conseil sur le droit de bac. V. Bac. R.

1773. — *Lettres patentes* qui érigent la terre de Lorges en duché. V. Duc et duché. R.

1774, janvier. — *Edit* sur le desséchement des marais. V. Marais, § II. R.

1774, 19 mars. — *Déclaration* contre les Luthériens. V. Religionnaires, § VIII. R.

1774, 30 mars. — *Arrêt* du conseil sur la Bourse de Paris. V. Bourse, § III. R.

1774, mars. — *Edit* concernant la légitime. V. Légitime, sect. I. R.

1774, 1 avril. — *Arrêt* du conseil sur les eaux minérales. V. Eaux minérales. R.

1774, 2 avril. — *Ordonnance* sur la grande voirie. V. Chemin (grand), n. 12. R.

1774, juin. — *Edit* qui supprime les justices du ressort de la cour féodale de Cassel. V. Vierschaère. R.

1774, 4 juillet. — *Arrêt* du conseil portant réglement sur le droit de bac. V. Bac. R.

1774, 24 juillet. — *Arrêt* du conseil relatif aux ventes. V. Communauté d'habitans, n. 5. R.

1774, 14 août. — *Arrêt* du conseil concernant les Juifs. V. Juifs, sect. IV. R.

1774, 13 septembre. — *Lettres patentes* sur le commerce intérieur des grains. V. Grains, § III. R.

1774, 2 novembre. — *Lettres patentes* sur le commerce intérieur des grains. V. Grains, § III. R.

1774, novembre. — *Ordonnance* sur les assemblées des chambres du parlement. V. Assemblée, § II. R.

1774, novembre. — *Edit* concernant le ressort et la compétence des présidiaux. V. Décret d'immeuble, § IV. — Présidiaux. R.

1774, 4 décembre. — *Arrêt* du conseil concernant les oppositions au sceau des lettres de ratification. V. Opposition au sceau des lettres de ratification, n. 4. R.

1774, 14 décembre. — *Lettres patentes* sur les espèces admises dans les payemens. V. Payement, n. 17. R.; et § III. Q.

1774, 12 décembre. — *Ordonnance* qui introduit une chaîne pour les déserteurs condamnés à mort. V. Mort civile, § I. R.

1774, 18 décembre. — *Arrêt* du conseil concernant les

mesures sanitaires à prendre contre l'épizootie. V. Epizootie, n. 1. R.

1775, 50 janvier. — *Arrêt* du conseil concernant les mesures sanitaires à prendre contre l'épizootie. V. Epizootie, n. 1. R.

1775, 15 février. — *Ordonnance* sur la visite des marchandises sujettes aux droits d'entrée. V. Commis, n. 26. R.

1775, avril. — *Edit* sur les attributions des receveurs des consignations. V. Consignation. R.

1775, 11, mai. — *Ordonnance* d'amnistie. V. Amnistie. R.

1775, 12 mai. — *Arrêt* du conseil sur les eaux minérales. V. Eaux minérales. R.

1775, 29 mai. — *Lettres patentes* sur les commissions établies contre les contrebandiers. V. Commission, sect. I, § III. R.

1775, 24 juin. — *Arrêt* du conseil sur les agens de change. V. Agens de change. R.

1775, 26 juillet. — *Arrêt* du conseil concernant les Juifs. V. Juifs, sect. IV. R.

1775, 50 juillet. — *Edit* portant suppression de la caisse d'amortissement. V. Caisse d'amortissement. R.

1775, juillet. — *Edit* sur les décrets d'immeubles. V. Décret d'immeuble, § IV. R.

1775, juillet. — *Edit* portant rétablissement des requêtes du Palais. V. Requêtes du Palais. R.

1775, juillet. — *Edit* portant rétablissement de la juridiction dite *Table de marbre*. V. Table de marbre.

1775, 7 août. — *Arrêt* du conseil concernant les messageries. V. Messagerie, § I. R.

1775, 24 août. — *Déclaration* concernant les requêtes civiles. V. Requête civile, § I. R.

1775, 29 août. — *Lettres patentes* portant établissement de la commission de Paris contre les contrebandiers. V. Commission, sect. I, § III. R.

1775, 25 septembre. — *Arrêt* du conseil relatif aux condamnations à des amendes. V. Amende, § VII. R.

1775, 17 octobre. — *Arrêt* du conseil sur la pêche des huîtres. V. Pêche, sect. II, § V. R.

1775, 7 novembre. — *Déclaration* sur les défrichemens. V. Défrichement, § I. R.

1775, 12 décembre. — *Ordonnance* sur la désertion. V. Désertion. R.

1775, 18 décembre. — *Arrêt* du conseil sur les requêtes en cassation. V. Cassation, § VI. R.

1775, 19 décembre. — *Arrêt* du conseil relatif aux condamnations à des amendes. V. Amende, § VII. R.

1776, 2 janvier. — *Convention* entre la France et la république de Raguse. V. Consuls français, § II. R.

1776, 21 janvier. — *Arrêt* du conseil concernant les garennes. V. Garenne, § I. — Lapin. R.

1776, 3 février. — *Lettres patentes* concernant le droit de représentation. V. Représentation (droit de), sect. II, § IV. R.

1776, 5 février. — *Déclaration* sur le commerce intérieur des grains. V. Grains, § III. R.

1776, 6 février. — *Arrêt* du conseil qui fixe la largeur des grands chemins. V. Chemin (grand), n. 4. R.

1776, 24 février. — *Ordonnance* sur la composition du corps de gendarmerie. V. Gendarmerie. R.

1776, février. — *Edit* sur les grands chemins. V. Chemin (grand), n. 7. R.

1776, février. — *Edit* de suppression des jurandes de Paris. V. Corps d'arts et métiers, n. 1. R.

1776, 18 mars. — *Ordonnance* sur les gouverneurs des places. V. Gouverneur, n. 3. R.

1776, 18 mars. — *Déclaration* sur les sépultures dans les cimetières. V. Cimetière. R.

1776, 24 mars. — *Arrêt* du conseil qui rétablit la caisse d'escompte. V. Caisse d'escompte. R.

1776, 25 mars. — *Ordonnance* portant établissement d'un conseil d'administration dans chaque régiment. V. Conseil d'administration. R.

1776, 9 avril. — *Déclaration* sur les cadavres trouvés avec indice de mort violente. V. Blessé, § I. R.

1776, 21 avril. — *Arrêt* du conseil sur les droits des cartes. V. Carte. R.

1776, 11 mai. — *Déclaration* sur l'administration de la justice. V. Rôle. R.

1776, 50 juin. — *Arrêt* du conseil sur les loteries. V. Loterie, § I. R.

1776, juin. — *Lettres patentes* sur l'état des Juifs en France. V. Divorce, sect. III. R.

1776, 6 juillet. — *Arrêt* du conseil sur le droit de péage. V. Péage, § I. R.

1776, 16 juillet. — *Lettres patentes* sur les fonctions des courtiers de marine. V. Courtier de marine. R.

1776, 16 juillet. — *Réglement* relatif à l'état des noirs dans les colonies. V. Esclavage, § II. R.

1776, 19 août. — *Déclaration* concernant les requêtes civiles. V. Requête civile, § I. R.

1776, 11 août. — *Déclaration* sur les grands chemins. V. Chemin (grand), n. 7. R.

1776, 15 août. — *Lettres patentes* sur l'établissement des moulins en Flandre. V. Moulin, § V. R.

1776, août. — *Edit* sur les maîtrises et jurandes. V. Compagnon. R.

1776, 8 septembre. — *Arrêt* du conseil sur les deniers communs et les octrois de villes. V. Bail, § XVIII. R.

1776, 14 septembre. — *Ordonnance* sur les commissaires des guerres. V. Commissaire des guerres. R.

1776, 27 septembre. — *Ordonnance* sur l'enrôlement des matelots et l'administration des ports et arsenaux. V. Classe. — Commissaires de marine. — Marine. R.

1776, 5 novembre. — *Arrêt* du conseil sur l'état de domesticité. V. Domestique. R.

1776, 4 novembre. — *Ordonnance* sur les livrées des domestiques. V. Livrée. R.

1776, 3 décembre. — *Ordonnance* relative au colportage des marchandises. V. Colporteur, § II. R.

1776, 9 décembre. — *Ordonnance* relative aux consulats. V. Chancelier des consuls. — Consuls français, § I, II. R.

1776, 21 décembre. — *Arrêt* du conseil sur les loteries. V. Loterie, § I. R.

1776, décembre. — *Edit* qui rétablit la juridiction des Vierschaères dans la ville de Hazebrouck. V. Vierschaère. R.

1776, décembre. — *Ordonnance* sur les drogmans des Échelles du Levant. V. Drogman. R.

1777, janvier. — *Edit* sur les corps d'arts et métiers de Lyon. V. Corps d'arts et métiers, n. 1. R.

1777, 7 février. — *Arrêt* du conseil concernant les Juifs. V. Juifs, sect. IV. R.

1777, 22 février. — *Déclaration* relative au conseil supérieur de Pondichéry. V. Contribution au sou la livre. R.

1777, 7 mars. — *Arrêt* du conseil sur les ventes et reventes du domaine public. V. Domaine public, § II. R.

1777, 15 mars. — *Déclaration* en faveur de l'académie royale de peinture et de sculpture. V. Contrefaçon, § XVI. R.

1777, 27 mars. — *Lettres patentes* sur le desséchement des marais. V. Marais, § II. R.

1777, 16 avril. — *Arrêt* du conseil sur les messageries. V. Messagerie, § II. R.

1777, avril. — *Edit* sur les corps d'arts et métiers de Lyon. V. Corps et métiers, n. 1. R.

1777, 24 mai. — *Lettres patentes* sur les actes de déshéritance et d'adhéritance. V. Devoirs de loi, § I. R.

1777, 28 mai. — *Traité* d'alliance entre la France et la république helvétique. V. Lettres de marque, § II. — Suisses. R.

1777, 2 juin. — *Ordonnance* sur les dettes des officiers militaires. V. Dette, § VIII. R.

1777, 13 juin. — *Déclaration* sur l'usage des vaisseaux et ustensiles de cuivre. V. Cuivre. R.

1777, 19 juin. — *Lettres patentes* sur les saisines et dessaisines des maisons et héritages. V. Devoirs de loi, § I. R.

1777, 24 juin. — *Lettres patentes* qui confirment les octrois de Valenciennes. V. Confiscation, § II. R.

1777, 9 août. — *Déclaration* concernant les noirs, mulâtres et gens de couleur. V. Nègres. R.

1777, 19 août. — *Déclaration* relative à l'état des noirs dans les colonies. V. Esclavage, § II. R.

1777, 50 août. — *Arrêt* du conseil sur l'imprimerie et la librairie. V. Contrefaçon, § I et XI. R.; et § I et IV. Q. — Plagiat, n. 2. R. — Propriété littéraire, § I. Q.

1777, août. — *Edit* de suppression des collecteurs des amendes. V. Collecteurs des amendes. R.

1777, août. — *Edit* concernant le ressort et la compétence des présidiaux. V. Conflit de juridiction. — Dernier ressort, § X. R. — Jugement, § XIII. Q. — Présidiaux. R.

1777, 26 octobre. — *Arrêt* du conseil sur le desséchement des marais. V. Marais, § II. R.

1777, 9 novembre. — *Lettres patentes* pour exempter les Polonais du droit d'aubaine en France. V. Succession, sect. I, § II, art. 4. R.

1777, 9 décembre. — *Lettres patentes* portant établissement du Mont-de-Piété de Paris. V. Mont-de-Piété. R.

1778, 2 janvier. — *Arrêt* du conseil sur l'établissement des moulins en Flandres. V. Moulin, § VII, art. 5. R.

1778, 19 janvier. — *Lettres patentes* sur les fermes générales. V. Exécution provisoire des jugemens. — Saisie-arrêt, § I. R.

1778, 6 février. — *Traité* de commerce et de navigation entre la France et les États-Unis d'Amérique. V. Certificat d'origine. — États-Unis de l'Amérique. — Prise maritime, § III, art. 5. R.

1778, 6 février. — *Traité* entre la France et la Suisse. V. Étranger, § IV. Q.

1778, 10 février. — *Arrêt* du conseil sur les cantonnemens. V. Interprétation de jugement, § I. Q.

1778, 23 février. — *Ordonnance* concernant les déclarations à faire des noirs et mulâtres à bord des navires qui débarquent. V. Nègre. R.

1778, février. — *Edit* portant création de communautés d'arts et métiers. V. Corps d'arts et métiers. n. 1. R.

1778, 5 avril. — *Arrêt* du conseil sur le mariage des noirs, et mulâtres. V. Nègre. R.

1778, 23 mai. — *Lettres patentes* sur les droits et taxations des greffiers. V. Greffier. R.

1778, 13 juillet. — *Arrêt* du conseil sur les contrefaçons. V. Contrefaçon, § I. Q.

1778, 19 juillet. — *Règlement* sur le jugement des prises maritimes. V. Conseil des prises. R.

1778, 19 juillet. — *Déclaration* concernant les requêtes civiles. V. Requête civile, § I. R.

1778, 26 juillet. — *Règlement* concernant les prises maritimes. V. Prises maritimes, § III et suiv. R.

1778, 50 juillet. — *Arrêt* du conseil sur l'imprimerie et la librairie. V. Contrefaçon, § I. — Plagiat, n. 2. R.

1778, juillet. — *Edit* concernant les attributions des gardes du commerce. V. Écrou. — Gardes du commerce. — Recommandation. R.

1778, juillet. — *Edit* concernant la composition de la cour des monnaies. V. Monnaie, § III. R.

1778, 29 août. — *Déclaration* concernant le ressort et la compétence des présidiaux. V. Présidiaux. R.

1778, août. — *Lettres patentes* portant établissement de la société royale de médecine. V. Remède. R.

1778, 17 septembre. — *Lettres patentes* en faveur des employés des fermes. V. Commis, n. 24. R.

1778, 5 octobre. — *Arrêt* du conseil sur le faux. V. Ab irato, sect. IV. R.

1778, 8 novembre. — *Lettres patentes* sur la convention entre la France et le Portugal. V. Héritier, sect. VI, § III, n. 2. R.

1778, 8 novembre. — *Lettres patentes* concernant les pensions sur l'État. V. Pension, § III. R.

1778, 9 novembre. — *Lettres patentes* en faveur des Juifs. V. Juifs, sect. I, § V. R.

1778, 18 novembre. — *Arrêt* du conseil sur l'établissement des moulins en Hainaut. V. Moulin, § VII, art. 5. R.

1778, 26 novembre. — *Arrêt* du conseil sur les droits des cartes. V. Carte. R.

1778, 13 décembre. — *Ordonnance* sur les gardes-côtes. V. Gardes-côtes. R.

1778, 51 décembre. — *Arrêt* du conseil sur les messageries. V. Messagerie, § II. R.

1778. — *Tarif* des frais et dépens judiciaires. V. Dépens, § IV. Q.

1779, 1 janvier. — *Arrêt* du conseil concernant les protestans. V. Religionnaires, § VII. R.

1779, 17 janvier. — *Lettres patentes* sur la profession monastique. V. Profession monastique, § I. R.

1779, 5 mars. — *Arrêt* du conseil sur les manufactures. V. Manufacture. R.

1779, 7 mars. — *Arrêt* du conseil sur la caisse d'escompte. V. Caisse d'escompte. R.

1779, 7 avril. — *Lettres patentes* concernant les Juifs. V. Juifs, sect. I, § V. R.

1779, avril. — *Edit* portant création des communautés d'arts et métiers. V. Corps d'arts et métiers, n. 4. R.

1779, 5 mai. — *Lettres patentes* sur les manufactures. V. Manufacture. R.

1779, mai. — *Edit* portant création des communautés d'arts et métiers. V. Corps d'arts et métiers, n. 4. R.

1779, 15 juin. — *Ordonnance* sur l'état de domesticité. V. Domestique. R.

1779, 29 juin. — *Arrêt* du conseil concernant les prises maritimes. V. Prises maritimes, § III, art. 1 et suiv. R.

1779, 8 août. — *Déclaration* concernant les pensions sur l'Etat. V. Pension, § III. R.

1779, 15 août. — *Arrêt* du conseil sur les engagemens du domaine. V. Domaine public, § II. R.

1779, 15 août. — *Arrêt* du conseil sur les droits de péage. V. Péage, § I. R.

1779, 17 août. — *Déclaration* sur les assurances maritimes. V. Délaissement (commerce maritime). n. 1. — Police et Contrat d'assurance, § I. R.

1779, août. — *Edit* portant abolition de la mainmorte et de la condition servile dans les terres et seigneuries du domaine. V. Mainmorte, n. 2. R.

1779, 5 septembre. — *Arrêt* du conseil qui convertit en une régie pour le compte de l'Etat le bail des poudres et salpêtres. V. Salpêtre. R.

1779, 15 novembre. — *Lettres patentes* sur le desséchement des marais. V. Marais, § II. R.

1780, 16 janvier. — *Arrêt* du conseil contre les abus de la course. V. Lettre de marque, § II. R.

1780, 28 janvier. — *Arrêt* du conseil sur les manufactures. V. Manufacture. R.

1780, 27 février. — *Lettres patentes* sur le droit de centième denier. V. Parties casuelles. R.

1780, 17 mars. — *Arrêt* du conseil qui concède à la ville de Paris le privilège de l'opéra. V. Opéra. R.

1780, 26 mai. — *Déclaration* sur les eaux minérales. V. Eaux minérales. R.

1780, 27 mai. — *Lettres patentes* concernant les Juifs. V. Juifs, sect. I, § V. R.

1780, mai. — *Lettres patentes* sur le bureau des nourrices établi à Lyon. V. Nourrice. R.

1780, 4 juin. — *Lettres patentes* sur les manufactures. V. Manufacture. R.

1780, 28 juin. — *Lettres patentes* sur les manufactures. V. Manufacture. R.

1780, 16 juillet. — *Déclaration* concernant les requêtes civiles. V. Requête civile, § I. R.

1780, 29 juillet. — *Lettres patentes* sur les manufactures. V. Manufacture. R.

1780, juillet. — *Edit* concernant les corps d'arts et métiers. V. Corps d'arts et métiers, n. 4. R.

1780, 1 août. — *Lettres patentes* sur les manufactures. V. Manufacture. R.

1780, 9 août. — *Arrêt* du conseil sur les marchandises ou denrées exportées. V. Passe-debout. R.

1780, 10 août. — *Déclaration* sur la comptabilité de la caisse d'amortissement. V. Caisse d'amortissement. R.

1780, 20 août. — *Lettres patentes* sur les droits et taxations des greffiers. V. Greffier. R.

1780, 24 août. — *Déclaration* portant abolition de la question préparatoire. V. Question. R.

1780, 28 août. — *Déclaration* sur l'administration de la justice. V. Rôle. R.

1780, 12 septembre. — *Arrêt* du conseil relatif à la consignation d'amende en appel. V. Amende, § IV. R.

1780, 17 octobre. — *Arrêt* du conseil sur les deniers communs et les octrois de villes. V. Bail, § XVIII. R.

1780, 11 décembre. — *Lettres patentes* sur les appointemens sommaires des causes. V. Appointemens. R.

1781, 21 janvier. — *Arrêt* du conseil sur les espèces admises dans les payemens. V. Payement, n. 17. R.; et § III. Q.

1781, 22 janvier. — *Arrêt* du conseil sur les successions des princes de Carignan. V. Acte sous seing-privé, § II. R.

1781, 1 mars. — *Déclaration* concernant les jeux. V. Jeu. R.

1781, 5 mars. — *Ordonnance* sur les consulats. V. Consuls français, § I. R.

1781, 12 mars. — *Arrêt* du conseil sur les manufactures. V. Manufacture. R.

1781, 27 mars. — *Lettres patentes* pour la coutume de Péronne. V. Coutume, § II. R.

1781, 5 mai. — *Arrêt* du conseil sur les eaux minérales. V. Eaux minérales. R.

1781, 21 mai. — *Lettres patentes* sur la fabrication et le commerce des bijoux. V. Bijou. R.

1781, 9 juin. — *Réglement* de police sur les processions. V. Procession. R.

1781, 18 juillet. — *Déclaration* sur l'administration de la justice. V. Rôle. R.

1781, 21 août. — *Arrêt* du conseil relatif à la consignation d'amende en appel. V. Amende, § IV. R.

1781, 23 août. — *Arrêt* du conseil sur les eaux et forêts. V. Adjudicataire, § VI. R.

1781, 28 août. — *Déclaration* concernant les requêtes civiles. V. Requête civile, § I. R.

1781, octobre. — *Edit* portant création de receveurs généraux et particuliers. V. Office, n. 2. R.

1781, 12 novembre. — *Lettres patentes* concernant les manufactures de porcelaine. V. Porcelaine. R.

1781, 22 novembre. — *Arrêt* du conseil sur l'état de domesticité. V. Domestique. R.

1781, 15 novembre. — *Ordonnance* de police concernant les incendies. V. Incendie. R.

1781, 26 novembre. — *Edit* sur les agens de change. V. Agens de change. R.

1781, 28 novembre. — *Arrêt* du conseil relatif aux condamnations à des amendes. V. Amende, § VII. R.

1781, 28 novembre. — *Arrêt* du conseil sur la caisse d'escompte. V. Caisse d'escompte. R.

1782, 5 janvier. — *Lettres patentes* sur les jurés priseurs. V. Huissiers priseurs. R.

1782, janvier. — *Edit* portant création de receveurs généraux et particuliers. V. Office, n. 2. R.

1782, 27 avril. — *Arrêt* du conseil portant qu'un tribunal français ne peut pas connaître d'un crime commis en Angleterre entre deux Anglais. V. Etranger, § II. Q.

1782, 12 mai. — *Déclaration* concernant la rédaction des actes de baptême. V. Naissance (acte de), § I. R.

1782, 50 juin. — *Arrêt* du conseil sur le canal du Midi. V. Canal. R.

1782, 5 juillet. — *Arrêt* du conseil sur les matières d'or et d'argent trouvées à bord des prises. V. Change. R.

1782, 7 juillet. — *Ordonnance* sur l'état de domesticité. V. Domestique. R.

1782, 8 décembre. — *Lettres patentes* pour la coutume de Senlis. V. Coutume, § II. R.

1783, 17 janvier. — *Ordonnance* qui supprime les saillies et avances des bâtimens à Paris. V. Bâtiment, n. 8. R.

1783, 21 janvier. — *Arrêt* du conseil en faveur des employés des fermes. V. Commis, n. 25. R.

1783, 15 février. — *Arrêt* du conseil sur les manufactures. V. Manufacture. R.

1783, 26 février. — *Réglement* pour l'administration des finances. V. Comité des finances. R.

1783, 12 mars. — *Arrêt* du conseil qui défend la saisie des appointemens des employés de la loterie. V. Saisie-exécution, § I. R.

1783, 19 mars. — *Arrêt* du conseil sur les mines de charbon de terre. V. Mines, § I. Q.

1783, 25 mars. — *Arrêt* du conseil concernant les noirs, mulâtres, et gens de couleur. V. Nègre. R.

1783, 10 avril. — *Déclaration* qui fixe la hauteur des maisons à Paris. V. Bâtiment, n. 4. R.

1783, 20 avril. — *Arrêt* du conseil sur les grands chemins. V. Chemin (grand), n. 10. R.

1783, 1 mai. — *Arrêt* du conseil relatif aux manufactures. V. Commerce, § I. R.

1783, 29 mai. — *Arrêt* du conseil sur les bois de chauffage. V. Bois, § IV. R.

1783, mai. — *Tarif* du salaire des pilotes lamaneurs. V. Lamaneur. R.

1783, 28 juillet. — *Lettres patentes* sur les manufactures. V. Manufacture. R.

1783, 15 août. — *Arrêt* du conseil sur une demande en interdiction. V. Compte, § II. R.

1783, 17 août. — *Déclaration* concernant les requêtes civiles. V. Requête civile, § I. R.

1783, août. — *Lettres patentes* concernant les biens de l'ordre de Malte. V. Malte, § III. R.

1783, 4 septembre. — *Arrêt* du conseil sur les manufactures. V. Manufacture. R.

1783, 5 septembre. — *Déclaration* relative à l'opposition formée au sceau des lettres de ratification. V. Opposition au sceau des lettres de ratification, n. 7. R.

1783, 26 septembre. — *Arrêt* du conseil sur les bois de chauffage. V. Bois, § IV. R.

1783, 50 septembre. — *Arrêt* du conseil qui prohibe l'exportation du numéraire. V. Argent. R.

1783, 23 novembre. — *Arrêt* du conseil sur la caisse d'escompte. V. Caisse d'escompte. R.

1783, 28 décembre. — *Arrêt* du conseil sur les grands chemins. V. Chemin (grand), n. 10. R.

1783, décembre. — *Edit* sur les commissaires des guerres. V. Commissaire des guerres. R.

1784, 8 janvier. — *Réglement* contre les abus du baptême du tropique. V. Baptême du tropique. R.

1784, 15 janvier. — *Arrêt* du conseil sur les manufactures. V. Manufacture. R.

1784, février. — *Lettres patentes* concernant les priviléges de Dunkerque. V. Dunkerque. R.

1784, 10 mars. — *Réglement* concernant les pilotes lamaneurs. V. Lamaneur. R.

1784, 14 mars. — *Arrêt* du conseil sur les manufactures. V. Manufacture. R.

1784, 14 mai. — *Arrêt* du conseil qui désigne les ports de mer jouissant de la franchise. V. Port franc. R.

1784, 16 mai. — *Arrêt* du conseil sur les manufactures de porcelaine. V. Porcelaine. R.

1784, 25 mai. — *Arrêt* du conseil qui défend la saisie des traitemens des commis et employés. V. Saisie - exécution, § I. R.

1784, 10 juillet. — *Lettres patentes* concernant le mariage des Juifs. V. Juifs, sect. I, § II, III, IV, V. R.

1784, 16 juillet. — *Arrêt* du conseil concernant les mesures sanitaires à prendre contre l'épizootie. V. Epizootie, n. 1. R.

1784, 26 juillet. — *Arrêt* du conseil concernant les scellés et inventaires après décès des officiers ou commis comptables. V. Inventaire, § XIII. R.

1784, 9 août. — *Déclaration* concernant les requêtes civiles. V. Requête civile, § I. R.

1784, 25 août. — *Déclaration* qui fixe la hauteur des maisons à Paris. V. Bâtiment. R.

1784, 25 septembre. — *Déclaration* pour la coutume du Perche. V. Coutume, § II. R.

1784, 16 octobre. — *Arrêt* du conseil sur la pêche des huîtres. V. Pêche, sect. II, § V. R.

1785, 7 août. — *Arrêt* du conseil sur les marchés à terme des effets publics. V. Effets publics. Q.

1785, 2 octobre. — *Arrêt* du conseil sur les marchés à terme des effets publics. V. Effets publics. Q.

1785, 13 novembre. — *Arrêt* du conseil portant création d'une commission des impositions de la ville de Paris. V. Commission, sect. I, § II. R.

1786, 5 mai. — *Arrêt* du conseil sur la pêche de la baleine et du cachalot. V. Pêche, sect. II, § VII. R.

1786, 7 août. — *Arrêt* du conseil sur les marchés à terme des effets publics. V. Marché à terme, § II. R.

1786, 22 septembre. — *Arrêt* du conseil portant création d'une commission pour la répression de l'agiotage. V. Commission, sect. I, § II. R.

1786, 22 septembre. — *Arrêt* du conseil sur les marchés à terme des effets publics. V. Effets public. Q.

1786, 22 septembre. — *Arrêt* du conseil sur les négociations faites à la Bourse. V. Marché à terme, § II. R.

1787, 11 janvier. — *Traité* de commerce entre la France et la Russie. V. Jugement, § VII bis. R.

1787, 18 janvier. — *Traité* avec l'Angleterre. V. Anglais, n. 5. R.

1787, 14 juillet. — *Arrêt* du conseil sur les marchés à terme des effets publics. V. Effets publics. Q. — Marché à terme, § II. R.

1787, 20 juillet. — *Arrêt* du conseil sur la pêche des huîtres. V. Pêche, sect. II, § V. R.

1787, 13 octobre. — *Arrêt* du conseil concernant les pensions sur l'Etat. V. Pension, § III. R.

1787, 5 novembre. — *Arrêt* du conseil concernant la compagnie des assurances sur la vie. V. Tontine.

1787, novembre. — *Edit* concernant les non-catholiques. V. Légitimité, sect. I, § III. — Religionnaires, § VI. R.

1788, 4 mars. — *Lettres patentes* concernant la coutume de Saint-Quentin. V. Coutume, § II. R.

1788, 27 juillet. — *Arrêt* du conseil concernant la compagnie des assurances sur la vie. V. Tontine.

1788, 12 septembre. — *Lettres patentes* sur les poids et mesures. V. Mesure, § I. R.

1788, 14 novembre. — *Convention* avec les Etats-Unis d'Amérique. V. Etat civil, § II. — Etranger, § II. R.

CHAPITRE II. — LOIS FRANÇAISES AVANT 1789.

Coutumes.

Abbeville. V. Réserve coutumière, § I et suiv. R.

Acqs. V. Champ-Besialle. — Légitime, sect. III. — Propre, § III et suiv. — Représentation (droit de), sect. II, § IV. — Réserve coutumière, § I et suiv. — Retrait de communion. — Retrait lignager. — Succession, sect. I, § III, art. 11. R.

Aire. V. Bourgeois, § I et suiv. — Devoirs de loi. — Donation, sect. V, § II. — Ecouage. — Franches vérités. — Légitime, sect. I. — Représentation (droit de), sect. II, § III. R.

Alost. V. Arbres. — Contrat de mariage, § I. — Devoirs de loi. — Enfant chéri. R. — Femme, § I. — Fumiers, § II. Q. — Légitime, sect. II. — Marschep. — Nantissement, § I et suiv. — Nécessité jurée, § I et suiv. — Propre, § XII. — Puissance paternelle, sect. I et suiv. R. — Séparation de biens, § I. Q. — Servitude, § XXVI. — Subrogation de chose, sect. II, § II. Terrage. — Testament, sect. I, § V, art. 1. R.

Amdens. V. Ainesse, § II. Q. — Biens, § II R. — Biens nationaux, § I. Q. — Bourgeois, § II. — Champart. — Chaume. — Chemin public. — Clôture. — Colombier. — Command. — Continuation de communauté. R.; § I. Q. — Contre-mur. — Devoirs de loi. — Donation, sect. V, § II. — Douaire, sect. I, § VII et suiv. — Double lien, sect. II, § II et suiv. — Droits successifs, n. 9. — Election d'ami. — Habitation, sect. I et suiv. — Herbage. — Hyptohèque, sect. I et suiv. R.; et § XIII. Q. — Indire. — Institution contractuelle, § VIII et suiv. — Jeu de fief, § II. — Légataire, § V et suiv. — Légitime, sect. II. R.; et § IX. Q. — Majorité, § II et suiv. — Mise de fait, § II et suiv. — Nantissement, § I et suiv. — Noces (secondes), § I et suiv. — Partage d'ascendant. — *Paterna paternis,* sect. II et suiv. — Prescription, sect. I, § VII et suiv. — Propre, § III et suiv. — Quint datif et quint naturel. — Rappel à succession, sect. I et suiv. — Rapport à succession, § I et suiv. — Rente seigneuriale, § II. — Représentation (droit de), sect. II, § III. — Réserve coutumière, § I et suiv. — Retrait censuel. — Retrait lignager. — Servitude, § XXVI. R.; et § III. Q. — Subrogation de chose, sect. II, § II. — Testament, sect. I, § I, art. 5; sect. II, § II et III. R. — Usage (droit d'u), § VII. Q. — Vaine pâture, § II. — Ville d'arrêt. R.

Ameyden. V. Puissance maritale, sect. II, § II. R.

Angoumois. V. Avantage entre époux, § I. Q. — Bail, § IV. R. — Banalité. — Communauté tacite. — Confortemain. R. — Continuation de communauté, § I, III et V. Q. — Douaire, sect. III, § II et suiv. — Héritier, sect. I et suiv. — institution contractuelle, § X. — Moulin, § IV et suiv. — Oclage. — *Paterna paternis,* sect. II et suiv. — Préclôture. — Propre, § XII. — Puissance paternelle, sect. I et suiv. — Réserve coutumière, § I et suiv. — Retrait lignager. — Succession, sect. I, § III et suiv. — Testament, sect. I, § I, art. 5. R.

Anjou. V. Apparagement. — Applége. R. — Avantages entre époux, § I. Q. — Banalité. — Ban de moisson. — Baron, R. — Bureau de paix, § VI. Q. — Cadet. — Cens, § III. —

Chapeau de roses. — Chef-seigneur. — Clôture. — Communauté de biens, § I et suiv. R. — Concubinage. Q. — Continuation de communauté. R.; et § V. Q. — Contrat de mariage, § II. R. — Contrat pignoratif. Q. — contre-aveu. R. — Coutume, § III. Q. Coutumier. R. — Démission de biens, § I. Q. — Déguerpissement, § VII. — Déparagement. — Dépié de fief. — Deshérence. — Détroit. — Dévolution coutumière, § I et suiv. — Donation, sect. V, § II. — Don mutuel. — Douaire, sect. I, § II et suiv. — Double lien, sect. II, § I et suiv. — Election d'ami. — Emancipation, § II. — Péage. — Féodalité, § III. Q. Franc-alleu, § IV et suiv. — Frarescheurs. — gains nuptiaux et de survie, § IX. — Garenne. — Habitation, sect. I et suiv. — Herbage. — Héritier, sect. III et suiv. R. — Hypothèque, § XIII. Q. — Hypothèque, sect. I et suiv. — Incendie, § II. — Indire. — Institution contractuelle, § VI et suiv. — Légataire, § VII et suiv. — Légitimation, sect. II, § III et suiv. — Légitime, sect. I. — Majorité, § I. — Mariage avenant. — Mines, § IV et V. Q. — Moulin, § IV et suiv. — Noces (secondes), § I et suiv. — *Paterna paternis,* sect. II et suiv. — prélegs, § II. — Prescription, sect. II, § VI. — Propre, § I et suiv. — Rappel à succession, sect. III et suiv. — Rapport à succession, § II et suiv. — Récompense, sect. I. R. — Remploi, § III. — Rente foncière, § XIII. Q. — Représentation (droit de), sect II, § IV. — Réserve coutumière, § I et suiv. R. — Retrait censuel. — Retrait lignager. — Réversion, sect. II, § II et suiv. — Séparation de biens, sect. II, § II. — Servitude, § XXIV. — Subrogation de chose, sect. II, § I. — Subrogation de chose, sect. II, § II. — Succession, sect. I § III et suiv. — Ténement des cinq ans. — Testament, sect. I, § I, art. 5. — Tour de l'échelle. R. — Usage (droit d'), § VII. Q. — Vaine pâture, § I. — Ville d'arrêt. — Voisinage, § IV. — Vue, § II et III. R.

Anvers. V. Lésion. — Majorité, § III. R.

Aoste. V. Rente foncière, § XIV. Q.

Armentière. V. Retrait d'esclèche. — Retrait de frareusceté. R.

Arras. V. Dévolution coutumière, § II. — Entravestissement, sect. I et suiv. R. — Féodalité, § III. Q. — Mainé-maineté. — *Paterna paternis,* sect. II et suiv. — Renonciation, § I. — Réserve coutumière, § I et suiv. — Ville d'arrêt. R.

Artois (coutume d'). R. V. Advestures. — Affiche. — Agé. R. — Ainesse, § II. Q. — Amasemens. — Arrérages. R. et Q. — Autorisation maritale. R. — Avantages entre époux, § II, III, IV et IX. Q. — Biens, § II. — Catteux. — Chaume. — Chemin public. — Chien d'avoine. — Clause privative. R.; et Q. — Command. — Communauté de biens, § VI. R.; et § V. Q. — Concubinage. Q. — Conditionner un héritage. R. — Coutume. Q. — Décret d'immeuble, § III. — Délaissement par hypothèque. — Dernier vivant. — Deshérence. — Dette, § IV. R. — Dette concomitante. Q. — Devoirs de loi. — Dévolution coutumière, § II. R.; et § III. Q. — Discussion. — Donation, sect. V, § II et suiv. — Douaire, sect. I, § IV et suiv. — Double lien, sect. II, § II et suiv. — Effet rétroactif, sect. III, § VII. — Entravestissement, sect. I et suiv. R. — Féodalité, § III. Q. — Feu-main. R. — Garantie, § VI. Q. — Habitation, sect. I et suiv. — Herbage. — Héritier, sect. III et suiv. — Hommes-cottiers. — Hommes de fiefs. — Hypothèque, sect. I et suiv. R. § XIII. Q. — Institution contractuelle, § XII. — Interruption d'instance. — Jeu de fief, § II et suiv. — Légitime, sect. I et suiv. — Legs, sect. IV, § III. — Lettre et billet de change, § III. — Linotte. — Main-assise. — Main-ferme. — Majorité, § II et suiv. R. — Meubles, § II. Q. — Mise de fait, § I et suiv. — Moulin, § VII. — Nantissement, § I et suiv. R. — Nantissement (pays de), § I Q. — *Paterna paternis*, sect. II et suiv. R. — Pêche, § I. Q. — Prescription, sect. I, § VI et suiv. R.; § XI. Q. — Propre, § IV et suiv. — Puissance maritale, sect. II, § II et suiv. — Quint datif. — Quint naturel. — Rappel à succession, sect. I et suiv. — Rapport à loi. — Rapport à succession, § I et suiv. — Récompense, sect. I et suiv. — Remploi, § VI. Q. — Renonciation, § I et suiv. — Représentation (droit de), sect. II et suiv. — Réserve coutumière, § I et suiv. — Retrait. — Retrait d'argenterie léguée. — Retrait de cohéritier. — Retrait de recousse. — Retrait d'utilité publique. — Retrait féodal. — Retrait lignager. R. — Séparation de biens, § I. Q. — Servitude, § XXVI et suiv. — Substitution fidéicommissaire, sect. XII, § III. — Succession, sect. I, § III et suiv. — Testament, sect. I, § I, art. 5 et suiv. — Tutelle, sect. II. R. — Usage (droit d'), § VII. Q. — Ville d'arrêt. R.

Assenède. V. Contrat de mariage, § I, — Enfant chéri. — Fumiers, § II. Q. — Légitime, sect. II. — Nantissement, § I et suiv. — Puissance paternelle, sect. I et suiv. — Représentation (droit de), sect. II, § IV. — Réserve coutumière, § I et suiv. — Servitude, § XXVI. R.

Audenarde. V Contrat de mariage, § I. — Enfant chéri. — Héritier, sect. II et suiv. R. — Légataire, § I. Q. — Légitime, sect. II. — Nantissement, § I et suiv. — Nullité, § VII. — Prescription, sect. II, § VI. — Puissance paternelle, sect. I et suiv. — Rencharge. — Rente constituée, § XI. — Servitude, § XXIV. — Subrogation de chose, sect. II, § I et suiv. R.

Audrwicq. V. Hommes de fiefs. — Représentation (droit de), sect. II, § IV. R.

Aunis. V. Oclage. R.

Auroux. V. Cheptel. R.

Auvergne (coutume d'). R. V. Adventif. R. — Apparagement. — Augment. R. — Avantages entre époux, § I, IV et V. Q. — Blairie. — Cens, § III et suiv. — Chapeau de roses. R. — Charmes. Q. — Châtelin. — Cheintre. — Conforte-main. — Continuation de communauté. — Coutume. — Directe. — Don mutuel, § I et suiv. R.; et § V. Q. — Donation, sect. I, § I et suiv. — Enquête par turbes. — Faculté de rachat. — Franc-alleu, § XIII. — Fraude. — Garenne. — Gens de poste. — Héritier, sect. I et suiv. — Indire. — Institution contractuelle, § III et suiv. — Légitime, sect. I et suiv. R.; et § II. Q. — Légitime administration. — Lésion. — Nullité, § II et III. — Pagésie. — Paraphernal, sect. I et suiv. — *Paterna paternis*, sect. II et suiv. — Percière. — Prescription, sect. II, § II et suiv. R.; et § II. Q. — Puissance maritale, sect. II, § II et suiv. — Puissance paternelle, sect. I et suiv. — Rappel à succession, sect. III et suiv. — Rente seigneuriale, § II. — Représentation (droit de), sect. II, § IV et suiv. — Réserve coutumière, § I et suiv. — Retrait lignager. — Servitude, § XXVI et suiv. — Substitution fidéicommissaire, sect. I, § III. R.; et § I. Q. — Succession, sect. I, § III et suiv. R. — Terrage, § I Q. — Testament, sect. I, § I, art. 5 et suiv. R.; et § XV. Q. — Tutelle, sect. II. — Usufruit paternel. R.

Auxerre. V. Accrue de bois. — Alluvion. R. — Avantages entre époux, § I. Q. — Autorisation maritale. — Bâtiment. — Cession de biens. — Champoier. — Cheminée. — Clôture. —

Comble. — Communauté tacite. R. — Continuation de communauté, § I. Q. — Donation, sect. III, § I. — Don mutuel. — Dot, § X. — Douaire, sect. I, § VII et suiv. — Double lien, sect. II, § II et suiv. — Fossé. — Franc-alleu, § IX. — Haie. — Héritier, sect. I et suiv. — Jeu de fiefs, § II. — Légitime, sect. I et suiv. — Parcours. — *Paterna paternis*, sect. II et suiv. — Prescription, sect. II, § XIII. — Puissance maritale, sect. II, § II et suiv. — Rapport à succession, § II et suiv. — Récompense, sect. I. — Regain. — Rente seigneuriale, § II. — Représentation (droit de), sect. II, § III. — Réserve coutumière, § I et suiv. — Retrait lignager. — Réversion, sect. II, § II et suiv. — Servitude, § XXIV et suiv. — Subrogation de chose, sect. II, § II. — Succession, sect. I, § III, art. 11. — Tacite réconduction. — Testament, sect. I, § I, art. 2. — Testament, sect. I, § I, art. 5. — Trousseau. — Tutelle, sect. II. R. — Vaine pâture, § I et suiv. R.; et § I. Q. — Voisinage, § IV. — Vue, § III. R.

Bailleul. V. Bornage. — Bourgeois, § I et suiv. — Confraternité de coutumes. — Contrat de mariage, § I. — Déshérence. — Devoirs de loi. — Enfant chéri. R. — Féodalité, § III. Q. — Légitime, sect. II. — Nécessité jurée, § I et suiv. — Partageurs. — Prescription, sect. I, § V et suiv. — propre, § V et XII. — Puissance paternelle, sect. VI, § V. — Quint naturel. — Rente constituée, § XI. — Réserve coutumière, § I et suiv. — Retrait lignager. — Subrogation de chose, sect. II, § II. R.

Bapaume. V. Coutume, § II. Q. — Dévolution coutumière, § II. — Entravestissement, sect. I et suiv. R. — Féodalité, § III. Q. — Indire. — *Paterna paternis*, sect. II et suiv. — Renonciation, § I. — Représentation (droit de), sect. II, § III. — Réserve coutumière, § I et suiv. — Ville d'arrêt. R.

Bar, Bar-le-Duc, et Barrois. V. Admodiateur. — Cheminée. — Cheval. — Clôture. — Colombier. — Continuation de communauté. — Contre-mur. — Donation, sect. III, § I. — Don mutuel, § VIII. — Douaire, sect. I, § VII et suiv. — Double lien, sect. II, § II et suiv. — Franc-alleu, § VI et suiv. — Gens de poste. — Mineur, § V. — *Paterna paternis*, sect. II et suiv. — Prescription, sect. I, § VII et suiv.; sect. II, § XIII. — Rapport à succession, § II et suiv. — Représentation (droit de), sect. II, § III. — Réserve coutumière, § I et suiv. — Retrait lignager. — Retrait de consolidation. — Servitude, § XXIV. — Subrogation de chose, sect. II, § I et suiv. — Testament, sect. I, § I, art. 5; § II, art. 2. — Tour de l'échelle. — Vue, § III. R.

Bassigny, V. Arage. — Arbres. — Légitime, sect. I. — Prescription, sect. II, § XIII. — Puissance paternelle, sect. I et suiv. — Représentation (droit de), sect. II, § III. — Réserve coutumière, § I et suiv. — Retrait lignager. — Servitude, § XXIV et suiv. — Subrogation de chose, sect. II, § II — Substitution fidéicommissaire, sect. I, § VI.

Bayonne. V. Accense. — Autorisation maritale. — Avitins. — Cabal. — Clôture. — Codicille. — Communauté de biens, § V. R. — Continuation de communauté, § I. Q. — Double lien, sect. II, § II et suiv. R. — Féodalité, § III. Q. — Moulin, § X. — *Paterna paternis*, sect. II et suiv. — Prescription, sect. II, § X. — Propre, § III et suiv. — Réserve coutumière, § I et suiv. — Retrait de communion. — Retrait lignager. — Retrait de maison vendue pour être démolie. — Réversion, sect. II, § II et suiv. — Servitude, § XXIV et suiv. — Succession, sect. I, § III, art. 11. — Testament, sect. I, § I, art. 2 et 5. R. — Testament, § VI. Q.

Béarn. V. Avitins. — Clôture. — Décret d'immeuble, § III. — Dette, § V. — Dot, § XVII. R. — Exclusion coutumière, § II. — Faculté de rachat, § I et II. Q. — Fivatiers. — For de Béarn. — Infançon. — Parcours. — Propre, § III et suiv. R. — Rente foncière, § VIII. Q. — Servitude, § XXII et suiv. R. — Succession, § I. Q.

Beaujolais. V. Amusement. — Animaux. — Franc-alleu, § XV.

Beauquesne. V. Catteux. — Indire. — Légataire, § VII et suiv.

Beauvoisis, V. Autorisation maritale. — Catteux. — Cheptal. — Complainte. — Décret d'immeuble, § II. — Jeu de fief, § I et suiv. — Usage, § I. — Voisinage, § I. Q.

Belgique. V. Servitude, § II.

Bergerac. V. Cabal. — Double lien, sect. II, § II. — Retrait lignager. R.

Bergues et *Bergues-Saint-Winock.* V. Amant, Amman. — Bourgeois, § I et suiv. — Confraternité de coutumes. — Contrat de mariage, § I. — Déshérence. — Dicage. R. — Fumiers, § I et II. Q. — Enfant chéri. — Légitime, § II. R. — Mineur, § I. Q. — Madelaer. — Moulin, § V. Nantissement, § I et suiv. — Nécessité jurée, § I et suiv. — Partageurs. — *Paterna paternis,* sect. II et suiv. — Prescription, sect. I, § V et suiv. — Puissance paternelle, sect. I et suiv. — Rapport à succession, § II et suiv. — Rente constituée, § XI. — Réserve coutumière, § I et suiv. — Retrait de bourgeoisie. — Retrait de communion. — Retrait lignager. — Servitude, § XXV. — Subrogation de chose, sect. II, § I et suiv. — Testament, sect. I, § I, art. 5, § II, art. 2. — Vaine pâture, § I et suiv. R.

Berry. V. Absent. Q. — Accense. — Accordemens. R. — Avantages entre époux, § I et III. Q. — Ban de moisson. — Bâtiment. — Bénéfice d'inventaire. — Blairie. — Bourgeois, § V. — Champart. — Cheintre. — Cleptel. — Cloaque. — Clôture. — Codicille. — Comble. — Commande. — Communauté de biens, § I et suiv. — Conforte main. R. — Continuation de communauté, § I. Q. — Contre-mur. — Crûe. — Dévolution coutumière, § I et suiv. — Don mutuel, § I et suiv. — Douaire, sect. I, § V et suiv. — Double lien, sect. II, § II et suiv. — Émancipation, § I et suiv. — Enchère, § I. — Fossé. — Franc-alleu, § X. — Franc fief, § II. R. — Fumiers, § I. Q. — Haie. — Héritier, sect. I et suiv. — Institution d'héritier, sect. I et suiv. — Interdiction par veuvage. — Jeu de fief, § II et suiv. — Légitime, sect. I et suiv. — Légitime administration. — Moulin, § VII. — Prescription, tit. 1, § VII et suiv. R.; et § VI. Q. — Pressoir. — Puissance paternelle, sect. I et suiv. — Rapport à succession, § II et suiv. — Représentation (droit de), sect. II, § III et suiv. — Retrait lignager. — Réversion, sect. II, § II et suiv. — Servitude, § XV et suiv. — Subrogation de chose, sect. II, § II et suiv. — Subrogation de personne, sect. I et suiv. — Substitution fidéicommissaire, sect. I, § XI et suiv. — Suggestion, § II. — Testament, sect. I, § I, art. 3. R. — Usage (droit d'), § VII. Q. — Usufruit. — Paternel. — Vaine pâture, § I et suiv. — Ville d'arrêt, § I. — Vue, § III et suiv.

Béthune. V. Entravestissement, sect. I et suiv. — Ville d'arrêt. R.

Beuil. V. Légitime, sect. III. R.

Binche. V. Puissance maritale, sect. II, § III. R.

Blois. V. Action *ad exhibendum.* — Assignation. Q. — Autorisation maritale. — Avantages entre époux, § I et II. Q. — Avenage. — Biens, § II. — Gens, § V et XI. — Champart. — Cher-cens. — Civerage. — Clôture. — Colombier. — Complainte. — Conforte main. R. — Continuation de communauté, § I. Q. — Contre-mur. — Coutumier. — Dette, § III. — Donation, sect. I, § II et suiv.; sect. V, § II. — Don mutuel, § X. — Douaire, sect. II, § I et suiv. — Double lien, sect. II, § II et suiv. — Enfant chéri. — Héritier, sect. I et suiv. — Institution contractuelle, § X et suiv. — Légataire, § V et suiv. — Licitation, § IV. — Main-pleine. — Noces (secondes), § I et suiv. — *Paterna paternis,* sect. II et suiv. — Prescription, sect. II, § XIII. — Puissance paternelle, sect. I et suiv. — Rappel à succession, sect. I et suiv. — Rapport à succession, § II et suiv. — Représen-

tation (droit de), sect. II, § II. — Réserve coutumière, § I et suiv. — Retrait lignager. — Servitude, § XXIV et suiv. — Subrogation de chose, sect. II, § I et suiv. — Tour de l'échelle. — Transport. — Usufruit paternel, § I et suiv. — Vaine pâture, § I et suiv. — Vasseur. R.

Bordeaux. V. Aubec, Augment. — Autorisation maritale. R. — Bureau de paix, § VI. Q. — Cabal. — Clôture. — Contre-augment. — Déguerpissement, § III. — Deuil, § I. — Dot, § I et XI. — Double lien, sect. II, § et suiv. — Emancipation, § I. — Franc-alleu, § XXIII. — Institution d'héritier, sect. I et suiv. — Légitime, sect. III. — Prescription, sect. III, § III et suiv. — Puissance paternelle, sect. I et suiv. — Propre, § XII. — Réserve coutumière, § I et suiv. — Retrait lignager. — Réversion, sect. I, § I. — Servitude, § XXII et suiv. R.

Bouchain. V. Rente constituée, § XI. R.

Bouchaute. V. Contrat de mariage, § I. — Enfant chéri. — Fumiers, § II. — Légitime, sect. II. — Nantissement, § I et suiv. — Prescription, sect. II, § VI. — Puissance paternelle, sect. I et suiv. — Représentation (droit de), sect. II, § IV. — Réserve coutumière, § I et suiv. — Servitude, § XXVI. R.

Bouillon. V. Prescription, sect. II, § II et suiv. — Puissance paternelle, sect. I et suiv. — Représentation (droit de), sect. II, § III. — Retrait lignager. — Testament, sect. I, § I, art. 5. R.

Boulogne-sur-Mer. V. Douaire, sect. I, § II et suiv. — Herbage. R.

Boulonnais. V. Accense. — Advestures. R. — Ainesse, § II. Q. — Continuation de communauté, § I. — Arbres. — Catteux. — Cheintre. — Chemin d'issue de ville. — Chemin forain. — Chemin vicomtier. — Chien d'avoine. — Colombier. — Devoirs de loi. — Fossé. — Gambage. — Herbage. — Hypothèque, sect. I et suiv. — Indire. — Institution contractuelle, § XII. — Légitime, sect. I. — Légataire, § VII et suiv. — Majorité, § II. — Nantissement, § I et suiv. R. — Nantissement (pays de), § I. Q. — Nécessité jurée, § I et suiv. — Planchette. — Prescription, sect. I, § VII et suiv. — Propre, § XII. — Quint datif. — Quint naturel. — Rappel à succession, sect. I et suiv. R. — Rente foncière, § III. Q. — Représentation (droit de), sect. II, § I. — Réserve coutumière, § I et suiv. — Retrait lignager. — Servitude, § XXVI. — Tutelle, sect. II. R. — Usage (droit d'), § VII. Q. — Vaine pâture, § I et suiv. R.; et § I. Q.

Bourbonnais. V. *Ab irato,* sect. III. — Apparagement. — Attérissement. R. — Avantages entre époux, § I et IV. Q. — Blairie. R. — Bureau de prix, § VI. — Charmes. Q. — Cheptel. — Cheval. — Champart. — Cloacque. — Clôture. — Comble. — Communauté de biens, § III. — Communauté tacite. — Complainte, § III. R. — Continuation de communauté, § I. Q. — Coutume. — Crûe. — Dation en payement. — Déguerpissement, § II. — Désbérence. — Dévolution coutumière, § I et suiv. — Directe. — Don mutuel, § I et suiv. — Donation, sect. I, § I et suiv. — Dot, § X. — Douaire, sect. I, § V et suiv. — Double lien, sect. II, § II et suiv. — Emancipation, § I et suiv. — Exécuteur testamentaire, n. 2. — Franc-alleu, § XII. — Gens de poste. — Héritier, sect. I et suiv. — Hermes. R. — Hypothèque, § XIII. Q. — Institution contractuelle, § III et suiv. — Légitime, sect. I et suiv. — Légitime administration. — Lésion. — Meunier. — Motte-ferme. — Moulin, § VII et suiv. — Noces (secondes), § VII. — Nullité, § II. — Pagésie. — Partage d'ascendans. — Prescription, sect. I § VII et suiv.; sect. II, § IV et suiv. R.; et § VI. Q. — Rappel à succession, sect. III et suiv. — Rapport à succession, § II et suiv. — Récompense, sect. I et suiv. — Rédhibitoire. — Renonciation à la communauté. — Représentation (droit de), sect. II, § III et suiv. — Réserve coutumière, § I et suiv. — Retrait lignager. — Réversion, sect. II, § I et suiv. — Servitude, § XXV et suiv. — Subrogation de chose, sect. II, § I et suiv. — Subrogation de personne, sect. et suiv. — Substitution. — Fidéicommissaire, sect. I, § I. R.; et § I. Q. — Succession, sect. I, § III et suiv.—Tacite réconduction. R.—Terrage, § I. Q.—Testament, sect. II, § III, art. 5 et suiv.—Tour de l'échelle. — Tutelle, sect. II. — Usufruit paternel. — Vaine pâture, § I et suiv. R.

Bourbourg. V. Bourgeois, § I et suiv.— Dicage. — Enfant chéri.— Légitime, sect. I.—Madelaer.—Partageurs.—Rapport à succession, § II et suiv.—Rente constituée, § XI. — Réserve coutumière, § I et suiv.—Retrait de bourgeoisie. — Retrait de communion. — Retrait lignager. — Subrogation de chose, sect. II, § II. R.

Bourges. V. Contradiction (prescription), R.

Bourgogne. V. Acceptation de communauté. — Ancien. — Autorisation maritale. R. — Avantages entre époux, § I, II et V. Q. — Ban de moisson. — Ban de vendange. — Banalité. — Bannards. — Biens, § II. — Blairie. R. — Cantonnement, § VIII. — Caution, § IV. Q. — Chevance. — Clôture. — Colombier. — Communauté de biens, § et suiv. — Communion entre mainmortables. — Conditionné. — Contradiction (prescription). R. — Contribution entre créanciers. Q. — Coutume. R. — Démission de biens, § III. Q. — Deuil, § I et suiv. — Discussion. — Donation, sect. IX. — Douaire, sect. I, § II. R. — Double lien, sect. II, § I et suiv. — Emancipation, § I et suiv. R.—Exclusion coutumière, § II. Q.—Exécution parée, § II. R. — Faculté de rachat, § I. Q. — Franc-alleu, § XIV.—Gens de poste. R. — Hypothèque, § XIII. Q. — Indire. — Institution contractuelle, § IV et suiv.—Institution d'héritier, sect. I. — Légitime, sect. I et suiv.—Légitime administration.—Meix. Moulin, § III et suiv. — Nullité, § II et suiv. — Parcours. — Partage d'ascendant. — *Paterna paternis,* sect. II et suiv. — Prescription, sect. I, § VII et suiv. — Propre, § III, et suiv. — Puissance maritale, sect. II, § II et suiv.—Puissance paternelle, sect. I et suiv. — Rappel à succession, sect. III et suiv. — Récompense, sect. I et suiv.—Regain.—Renonciation à la communauté. R. — Rente foncière, § XIII. Q. — Représentation (droit de), sect. II, § III et suiv. — Réserve coutumière, § I et suiv. — Retrait lignager. R. — Retrait successoral. Q. — Réversion, sect. II, § II et suiv. R. — Révocation de donation, § IV. Q. — Séparation de biens, sect. II, § V et suiv. — Servitude, § XXII et suiv. R.; et § II. Q. — Succession, sect. I, § III et VI. Q.; et suiv. — Testament, sect. I, § I, art. 5 et suiv. R. — Tutelle, sect. II et suiv. — Usage, § I et suiv. — Usage (droit d'), sect. II. R.; et § VII. Q. — Usufruit paternel. — Vaine pâture, § I et suiv. R.; § I. Q. — Vol, sect. II, § I et suiv.

Brabant V. Coutume, § III. Q.

Bresse. V. Assec. — Augment. — Communion entre mainmortables. R. — Révocation de donation, § IV. Q.

Bretagne (coutume de). R. V. Abiennours. R. — Alluvion. —Amélioration. — Amendement. R. — Appel, § I. Q. — Apparagement. — Appropriance. — Autorisation maritale. R. — Avantages entre époux, § I. Q. —Aventure. — Avers. — Bagues et joyaux. — Bail, § V. — Bail à domaine congéable. — Banalité. — Bannie. — Bâtard, sect. I. — Bâtiment. — Bénéfice d'inventaire. —Bois, § III. — Bornage. —Bretagne. — Cens, § II. — Cheminée. — Clamer. — Clôture. — Colombier. — Comble. — Communauté de biens, § III et suiv. R.; § I. Q. — Congément. R. — Continuation de communauté, § I et II. Q. — Contradiction (prescription). — Convenant. — Coutume. R.; et § III. Q. — Crue. — Débout à éteinte de chandelle. — Décret d'immeuble, § III. — Démission de biens. R.; et § I, III et IV. Q. — Déparagement. —Deshérence. — Détroit. — Deuil, § I et suiv. R. — Domaine congéable. Q. — Douaire, sect. I, § II et suiv. R.; et § V. Q. — Double lien, sect. II, § II et suiv. — Emancipation, § I et suiv. — Exécution parée, § II. R. — Expert, § III. Q. — Féage. R. — Féodalité, § III. Q. — Fiançailles. — Fief. — Forgas. — Gains nuptiaux et de survie, § IX. R. — Garantie, § VI. Q. — Garenne. — Habitation, sect. I et suiv. — Hypothèque, sect. I et suiv. — Indire. — Interdiction, § IV et suiv. — Intérêt, § II et suiv.

— Inventaire, § V. — Jeu de fief, § I et suiv. R. — Lettres de ratification, § III. Q. — Licitation, § I. — Majorité, § II et suiv. — Mineur, § II et suiv. — Moulin, § VII. — Novation, § V, VI. — Partage d'ascendant. — Prescription, sect. I, § V et suiv. R.; et § VI et XIII. Q. — Prix, n. 8. — Prodigue, § II et suiv. — Propre, § V et suiv. R.; et § III. Q. — Puissance paternelle, sect. I et suiv. — Purge.—Question d'État, § II. — Rappel à succession, sect. III et suiv. — Rapport à succession, § II et suiv. — Récompense, sect. I et suiv. — Regain. R. — Remploi, § III. Q. — Renonciation à la communauté. — Rente convenancière. R. — Rente foncière, § XIV. Q. — Rente viagère, n. 18. — Représentation (droit de), sect. II, § IV et suiv. — Réserve coutumière, § I et suiv. — Retrait de mi-denier. — Retrait de préférence. — Retrait lignager. R. — Séparation de corps. Q. — Servitude, § XXV et suiv. — Substitution fidéicommissaire, sect. I, § VIII. — Testament, sect. I, § I, art. 5 et suiv. R. — Tiers-denier, § III. Q. — Trousseau. — Tutelle, sect. II et suiv. R. — Tuteur, § I. Q. — Usage, § I et suiv. — Usufruit, § II. — Vaine pâture, § I et suiv. — Voie de fait, § I. — Vol, sect. II, § I et suiv. — Vue, § IV.

Bruges. V. Cabaret. — Confraternité de coutumes. —Contrat de mariage, § I. — Déshérence. — Dicage. — Donation, sect. III, § I. — Enfant chéri. R. — Fourmorture, § VI. Q. — Fumier, § I. Q. — Légitime, sect. II. — Nantissement, § I et suiv. — Puissance paternelle, sect. I et suiv. —Prescription, sect. II, § VI. — Rencharge. — Réserve coutumière, § I et suiv. — Servitude, § XXVI. — Subrogation de chose, sect. II, § I. R. — Fourmorture, § VI. Q.

Bruxelles. V. Contrat de mariage, § I. — Légitime, section III. — Prescription, sect. I, § V et suiv. — Réserve coutumière, § I et suiv. R. — Coutume, § II. — Gains nuptiaux et de survie, § III. Q.

Bueil. V. Puissance paternelle, sect. VI, § I. R.

Calais. V. Citerne. — Cloaque. — Clôture. — Clôture d'inventaire. — Colombier. — Contre-mur. — Douaire, sect. I, § IV et suiv. — Double lien, sect. II, § II. — Enfant chéri. — Héritier, sect. V. — Institution contractuelle, § X. — Légataire, § V et suiv. — Légitime, sect. I et II. — Noces (secondes), § I et suiv. — Prescription, sect. I, § VII et suiv. — Propre, § II. — Rapport à succession, § II et suiv. — Récompense, sect. II. — Représentation (droit de), sect. II, § III. — Réserve coutumière, § I et suiv. — Retrait lignager. — Réversion, sect. II, § II et suiv. — Servitude, § XVII et suiv. — Subrogation de chose, sect. II, § II. — Testament, sect. I, § I, art. 2 et 5. — Transport. — Ville d'arrêt. — Vue, § II et III. R.

Cambrai et *Cambrésis.* V. Advestures. — Adhéritance.—Amasement. — Autorisation maritale. R. — Avantages entre époux, § II et III. Q. — Avis de père et mère. — Bail, § I et III. — Cens, § V. — Cerquemanage. — Cheval. — Clain. — Clôture. — Command. — Communauté de biens, § VI. R.; § V. Q. — Concubinage. — Conditionner un héritage. — Confusion. R. — Continuation de communauté, § I. Q. — Contre-mur. — Dernier vivant. — Déshéritance à futur. — Dette, § IV. — Devoirs de loi. — Dévolution coutumière, § II. — Donation, sect. V, § II. R. — Donation, § IV. Q. — Douaire, sect. I, § II et suiv. — Douaire, sect. V, § II et suiv. — Double lien, sect. II, § II et suiv.—Election d'ami.—Embref. — Entravestissement, sect. I et suiv. R. — Féodalité, § III. Q. — Ferme. — Feuillée. — Fief, sect. II, § III et suiv. — Fossé-fourmorture. R. — Fourmorture, § VII. Q. — Fumiers. R. — Fumiers, § I. Q. — Hommes de fief. — Institution contractuelle, § X et suiv. — Interruption d'instance. — Lésion. — Loi portative. — Maineté. — Mainmoyenne. — Majorité, § III. — Nantissement, § I et suiv. — Opposition aux criées, § III. — *Paterna paternis,* sect. II et suiv. — Peine servie. — Prescription, sect. II, § VI. — Propre, § III et suiv. — Puissance paternelle, sect. I et suiv. — Rappel à succession, sect. I et suiv.

—Rapport à loi. — Rapport à succession. — Récompense, sect. I. — Record de loi. R. — Remploi, § III et VI. — Rente foncière, § XI. Q. Représentation (droit de), sect. II, § II. — Réversion, sect. II, § II et suiv. R.— Séparation de patrimoines, § III. Q. — Servitude, § XXIV et suiv. — Subrogation de chose, sect. II, § II. — Succession, sect. I, § III, art. 11. R. — Terrage, § III. Q. — Testament, sect. I, § I, art. 5. — Testament, sect. II, § II et III. — Tutelle, sect. II. R.

Cassel. V. Déshérence. R. — Don mutuel, § IV. Q. — Légitime, sect. II. — Mainété. — Nécessité jurée, § I et suiv. — Partageurs. — Prescription, sect. I, § VII et suiv. — Propre, § XII. — Quint naturel. — Rente constituée, § XI. — Réserve coutumière, § I et suiv. — Retrait lignager. — Subrogation de chose, sect. II, § II. — Teneure. R.

Chabris, V. Représentation (droit de), sect. II, § III. R.

Châlons, V. Armaires. — Autorisation maritale. R. — Avantages aux héritiers présomptifs, § VI et VII. — Avantages entre époux, § I et III. Q. — Cloaque. — Clôture. — Clôture d'inventaire. — Cheminée. R. — Continuation de communauté, § I. Q. — Contre-mur. R. — Coutume, § III. Q. — Dévolution coutumière, § I et suiv. — Discussion. — Donation, sect. V, § II. — Double lien, sect. II, § II. — Emancipation, § I. — Franc-alleu, § VIII et suiv. — Habitation, sect. I et suiv. — Hypothèque, sect. I et suiv. — Institution contractuelle, § X. Jeu de fief, § II. — Légitime, sect. I. — Nautissement, § I et suiv. — Noces (secondes), § I et suiv. — Parcours. — Prescription, sect. I, § VII et suiv. — Propre, § XII. — Puissance maritale, sect. II, § III. — Puissance paternelle, sect. I et suiv. — Rapport à succession, § II et suiv. — Représentation (droit de), sect. II, § III. — Réserve coutumière, § I et suiv. — Retrait lignager. — Réversion, sect. II, § II et suiv. — Servitude, § XXVI. — Suggestion, § II. — Testament, sect. I, § I, art. 5; sect II, § II. Trousseau. — Usufruit paternel, § I et suiv. — Vaine pâture, § I et suiv. R.; et § I. Q. — Vue, § III. R.

Champagne. V. Jeu de fief, § I. R.

Chartres. V. Acquièremens. — Arrière-vassal. R. — Avantages entre époux, § I et II. Q. — Clôture. — Communauté de biens, § V. — Communauté tacite. R. — Continuation de communauté, § I. Q. — Dévolution coutumière, § I et suiv. — Douaire, sect. IV, § VI et suiv. — Double lien, sect. II, § II. — Enquête par turbes. — Jeu de fief, § II. — Légitime, sect. I et suiv. — Noces (secondes), § I et suiv. — *Paterna paternis,* sect. II et suiv. — Propre, § III et suiv. — Puissance paternelle, sect. I et suiv. — Représentation (droit de), sect. II, § III. — Réserve coutumière, § I et suiv. — Retrait lignager. — Servitude, § XXIV et suiv. — Testament, sect. I, § I, art. 5. — Vue, § III. R.

Château-Meilland. V. Commande. R.

Châteauneuf en Thimerais. V. Acquièremens. — Ban. — Clôture. — Commande. — Communauté tacite. R. — Continuation de communauté, § I. Q. — Don mutuel. — Douaire, sect. II, § I et suiv. — Double lien, sect. II, § II et suiv. — Légitime, sect. I et suiv. — Noces (secondes), § I et suiv. — Puissance paternelle, sect. I et suiv. — Représentation (droit de), sect. II, § III — Réserve coutumière, § I et suiv. — Retrait lignager. — Servitude, § XXIV et suiv. — Vue, § III. R.

Chaumont en Bassigny. V. Accensement et Accensissement. — Arage. R. — Avantages entre époux, § I et II. Q. — Communauté de biens, § I et suiv. — Bannie. — Champoier. — Communauté tacite. R. — Continuation de communauté, § I. — Fait du souverain, § I. Q. — Franc-alleu, § V et suiv. — Garenne. — Héritier, sect. I et suiv. — Institution d'héritiers, sect. I et suiv. — Parcours. — *Paterna paternis,* sect. II et suiv. — Représentation (droit de), sect. II, § III. — Réserve coutumière § I et suiv. Retrait lignager. — Séparation de biens, sect. II, § V. — Substitution fidéicommissaire, sect. I, § XII.

— Testament, sect. I, § III, art. 5; sect. II, § III. — Usage (droit d'), sect. II, § I. — Vaine pâture, § I et suiv. R.

Chauny. V. Biens, § II. R. — Continuation de communauté, § I. Q. — Devoirs de loi. — Donation, sect. V, § II et suiv. — Douaire, sect. IV, § I et suiv. — Double lien, sect. II, § II et suiv. — Légataire, § V et suiv. — Légitime, sect. I. — Nantissement, § I. — *Paterna paternis,* sect. II et suiv. — Prescription, sect. I, § VII et suiv. — Propre, § XII. — Puissance paternelle, sect. VI, § II. — Rapport à succession, § II et suiv. — Renonciation à la communauté. — Représentation (droit de), sect. II, § III. — Réserve coutumière, § I et suiv. — Retrait lignager. — Servitude, § XXVI. — Testament, sect. I, § II, art. 2. — Usage (droit d'), § VII. Q.

Chymay. V. Pain de père et mère. — Puissance maritale, sect. II, § III. — Puissance paternelle, sect. VI, § V. — Représentation (droit de), sect. II, § III. R.

Clermont en Argonne. V. Avantages entre époux, § I. — Continuation de communauté, § I. Q. — Prescription, sect. I, § VII et suiv. — Propre, § V. — Puissance paternelle, sect. I et suiv. — Réserve coutumière, § I et suiv. — Retrait lignager. — Testament, sect. I, § I, art. 5; § II, art. 2. — Vue, § II. R.

Clermont en Beauvoisis. V. Contre-mur. — Jeu de fief, § II. — Légitime, sect. I et suiv. — Mainé. — Prescription, sect. I, § VII et suiv. — Représentation (droit de), sect. II, § II. — Réserve coutumière, § I et suiv. — Servitude, § XXIV et suiv. — Transport. — Vue, § III. R.

Clermont en Clermontais. V. Servitude, § XXIV. R. — Usage (droit d'), § VII. Q.

Clermont. V. Cloaque. — Discussion. — Donation, sect. V, § II. — Double lieu, sect. II, § II et suiv. — Légataire, § VII et suiv. — Noces (secondes), § I et suiv. — Rapport à succession, § II et suiv. — Retrait lignager. R.

Commines. V. Renonciation, § I. — Retrait de francheusété. R.

Coucy. V. Mainé. — Quint naturel. R.

Courtrai. V. Avantages entre époux, § V. Q. — Caution, § VI. — Confraternité de coutumes. R. — Continuation de communauté, § I. — Fumiers, § II. Q. — Légitime, sect. II. — Nécessité jurée, § I et suiv. — Prescription, sect. II, § VI. — Puissance paternelle, sect. I et suiv. — Réserve coutumière, § I et suiv. — Servitude, § XXIV. R.

Crépy en Valais. V. Colombier. — Servitude, § XXIV et suiv. R.

Dauphiné. V. Ban de moisson. R.

Dax. V. Apportionnement. — Perprise. R.

Desseldonck. V. Puissance paternelle, sect. I et suiv. R.

Deventer. V. Majorité, § III. R.

Douai. V. Assolement. — Autorisation maritale. R. — Avantages entre époux, § I et IX. — Bail, § I. Q. — Bourgeois, § I et suiv. R. — Cassation, § XIII. Q. — Catteux. — Cens, § V. — Cession de biens. — Complainte, § VI. R. — Concubinage. — Continuation de communauté, § I. — Coutume, § II. Q. — Décret d'immeuble, § III. R. — Démission de biens § III. Q. — Devoirs de loi. — Donation, sect. V, § II. — Douaire, sect. V, § I et suiv. — Double lien, sect. II, § II. — Emprise de testament. — Entravestissement, sect. I et suiv. — Féodalité, § III. Q. — Fief, sect. II, § VII et suiv. — Fourmouture. — Franches vérités. — Habitation, sect. I et suiv. — Hypothèque, sect. I et suiv. — Licitation, § I. — Main-assise. — Majorité, § II et III. R. — Meubles, § II. — Mineur, § I. Q. — Mise de fait, § II et suiv. — Mort gage. — *Paterna paternis,* sect. II et suiv. — Prescription, sect. I, § VII et suiv. — Prodigue, § II et suiv. — Puissance paternelle, sect. I et suiv. — Quint naturel.

Rapport à succession, § I et suiv. — Rapport à succession, § II et suiv. — Rencharge. — Rente constituée, § XI. R. — Rente foncière, § XI. Q. — Représentation (droit de), sect. II, § I et II. — Réserve coutumière, § I et suiv. R. — Retrait de recousse. — Révocation de donation, § IV. Q. — Servitude, § XXVI. — Testament, sect. I, § II, art. 2. — Tutelle, sect. II. R. — Usage (droit d'), § VII. Q.

Doullens. V. Indire.

Dourdan. V. Avantages entre époux, § I. Q. — Clôture. R. — Continuation de communauté, § I. Q. — Double lien, sect. II, § II. — Garenne. — Jeu de fief, § II. — *Paterna paternis,* sect. II et suiv. — Regain. — Représentation (droit de), sect. II, § III. — Réserve coutumière, § I et suiv. — Retrait lignager. — Servitude, § XVIII et suiv. — Subrogation de chose, sect. II, § II. — Testament, sect. I, § I, art. 5.

Dreux. V. Acquièremens. — Avantages entre époux, § I et II. Q. — Communauté tacite. R. — Continuation de communauté, § I. Q. — Double lien, sect. II, § II et suiv. — Légitime, sect. I et suiv. — Puissance paternelle, sect. VI, § V. — Représentation (droit de), sect. II, § III. — Réserve coutumière, § I et suiv. — Retrait lignager. — Servitude, § XVIII et suiv. R.; et § XXIV et suiv. — Velléien (sénatus-consulte), § III. Q. Vue, § III. R.

Dunois. V. Avenage. — Don mutuel, § IV. — Main-pleine. — Retrait lignager. — Séparation de biens, sect. II, § V. — Tour de l'échelle. R.

Eclon. V. Contrat de mariage, § I. R.

Ecloo. V. Deshérence. — Enfant chéri. — Légitime, sect. II. — Nantissement, § I et suiv. — Prescription, sect. II, § VI. — Puissance paternelle, sect. I et suiv. — Représentation (droit de), sect. II, § IV. — Réserve coutumière, § I et suiv. R.

Epinal. V. Arage. R. — Avantages entre époux, § V. Q. — Prescription, sect. I; § VII et suiv. — Prescription, sect. II, § XVII. — Puissance paternelle, sect. I et suiv. — Réserve coutumière, § I et suiv. — Servitude, § XXIV. — Subrogation de chose, sect. II, § I. — Testament, sect. I, § II, art. 2. — Vaine pâture, § I et suiv. R. — Vaine pâture, § I. Q.

Epte. V. Représentation (droit de), sect. II, § V. R.

Etaires. V. Bourgeois, § I et suiv. — confraternité de coutumes. — Représentation (droit de), sect. II, § IV. R.

Etampes. V. Avantages entre époux, § I et III. Q. — Cheminée. — Cloaque. — Clôture. — Clôture d'inventaire. — Colombier. R. — Continuation de communauté, § I. Q. — Contremur. — Douaire, sect. II, § I et suiv. — Double lien, sect. II, § II. — Garenne. — Noces (secondes), § I et suiv. — Prescription, sect. II, § XIII. — Présomption, § III. — Puissance maritale, sect. II, § III. — Représentation (droit de), sect. II, § III. — Réserve coutumière, § I et suiv. — Retrait lignager. — Servitude, § XVII, XVIII et XXIV. — Subrogation de chose, sect. II, § II. — Testament, sect. I, § I, art. 5. — Tour de l'échelle. — Voisinage, § V. R.

Eu. V. Représentation (droit de), sect. II, § III. R.

Ferté-Auray. (la) V. Vaine pâture, § I et suiv. R.

Ferté-Imbault (la). V. Vaine pâture, § I et suiv. R.

Fillieures. V. Retrait de bourgeoisie. R.

Flandre. V. Clain. R. — Conquêts, § I. — Droits litigieux (cession de), § II. — Fourmorture, § VII. — Mineur, § I. Q. — Mise de fait, § I et suiv. R.

Flines. V. Coutumes, § II. Q.

Forès. V. Franc-alleu, § XV. R.

Franche-Comté. V. Ancien. R. — Autorisation maritale, R. — Hypothèque, § XIII. Q. — Indire. — Nullité, § II. — Prescription, sect. I, § VII et suiv. — Propre, § III et suiv. — Servitude, § XXII et suiv. R. — Servitude, § II. Q. — Vaine pâture, § I et suiv. R.

Furnes. V. Clain. — Confraternité de coutumes. R. — Continuation de communauté, § I. Q. — Contrat de mariage, § I. — Déshérence. — Devoirs de loi. — Dicage. — Douaire, sect. V, § II et suiv. — Enfant chéri. — Légitime, sect. II. — Nantissement, § I et suiv. — Nécessité jurée, § I et suiv. — *Paterna paternis,* sect. II et suiv. — Propre, § II. — Rente constituée, § XI. — Réserve coutumière, § I et suiv. — Servitude, § XXIV. — Subrogation de chose, sect. II, § I et suiv. R.

Gahd. V. Amant, Amman. R. — Conquêts, § I. — Continuation de communauté, § I. Q. — Contrat de mariage, § I. — Dicage. — Douaire, sect. V, § II et suiv. — Enfant chéri. R. — Fourmorture, § VI. Q. — Légataire, § V et suiv. — Légitime, sect. II. R. — Mineur, § I. Q. — Nantissement, § I et suiv. — Nullité, § VII. — Prescription, sect. II, § VI. — Puissance paternelle, sect. I et suiv. — Représentation (droit de), sect. II, § IV. — Réserve coutumière, § I et suiv. — Servitude, § XXIV. R.

Gerberoy. V. Servitude, § XXIV et suiv. R.

Gorgue (la). V. Bourgeois, § I et suiv. R. — Prescription, sect. I, § VII et suiv. — Puissance paternelle, sect. I et suiv. — Rente constituée, § XI. — Représentation (droit de), sect. II, § IV. — Réserve coutumière, § I et suiv. — Retrait de communion. — Servitude, § XXIV et suiv. — Testament, sect. I, § II, art. 2. R.

Gorze. V. Arage. R. — Avantages entre époux, § I. — Gains nuptiaux et de survie, § III. Q. — Nullité, § VII. — Prescription, sect. I, § VII et suiv. — Propre, § V. — Puissance paternelle, sect. I et suiv. — Représentation (droit de), sect. II, § III. — Réserve coutumière, § I et suiv. — Testament, sect I, § II, art. 2. R.

Gueldres. V. Remploi, § IV. Q.

Hainaut (coutume et chartes générales de). V. Ci-après la 5e table *Lois étrangères.*

Hesdin. V. Féodalité, § III. Q. — Herbage. R. — Manoir. — Réserve coutumière, § I et suiv. — Retrait de bourgeoisie.

Herly. V. Herbage. R.

Hout-Kerke. V. Amant, Amman. R.

Huningue. V. Bourgeois, § I et suiv. R.

Issoudun. V. Remploi, § III. Q.

Labour. V. Avitins. — Codicille. — Double lien, sect. II, § II et suiv. — Exécuteur testamentaire, n. 2. — Fivatiers. — Infançon. — Propre, § III et suiv. R. — Rente foncière, § VIII. Q. — Réserve coutumière, § I et suiv. — Retrait de bestiaux. — Retrait lignager. — Testament, sect. I, § I, art. 5. — Ville d'arrêt. R.

Lalœu (pays de). V. Dévolution coutumière, § II. — Entravestissement, sect. I et suiv. — Renonciation, § I. — Représentation (droit de), sect. II, § III. — Ville d'arrêt. R.

Langle (pays de). V. Franche vérité. — Keure. — Madelaer. — Réserve coutumière, § I et suiv. — Retrait de bourgeoisie. — Retrait de communion. — Retrait lignager. R.

Laon. V. Cheminée. — Clôture. R. — Coutume, § III. Q. Devoirs de loi. — Douaire, sect. I, § VII et suiv. — Double lien, sect. II, § II. — Habitation, sect. I et suiv. — Prescription, § III. — Puissance maritale, sect. II, § III. — Réversion, sect. II, § II et suiv. — Vue, § III. R.

Lepuroux. V. Représentation (droit de), sect. II, § III. R.

Lessines. V. Légitime. sect. II. R. — Majorité, § III. — Puissance paternelle, sect. VI, § V. R.

Liége. V. Action *ad exhibendum.* Q. — Autorisation maritale. — Contre-pan. — Coutumier. — Dette, § IV. R. — Dé-

volution coutumière, § II. R.—Dévolution coutumière, § I.—
Donation, § III. — Engagement, § II. Q. — Feumain.— Gains
nuptiaux et de survie, § IV. — Humiers. — Institution contrac-
tuelle, § V et suiv. R. — Légataire, § I. — Mines, § III. Q. —
Nantissement, § II. — Prescription, sect. II, § XX. — Puis-
sance paternelle, sect. I et suiv. R. — Purgement de saisine. Q.
— Quote et mesure.—Représentation (droit de), sect. II, § III.
—Substitution fidéicommissaire, § XII.—Testament conjonctif,
§ I et II. Q.

Lille. V. About. — Agé. — Assolement. — Auditeurs. —
Autorisation maritale. R. — Avantages entre époux, § I, V et
IX. Q. — Bail, § IV. — Bans de mars, etc. — Bourgeois, § I
et suiv.—Catteux.—Cens, § V.—Cerquemanage. — Cession
de biens. — Chemin public. — Clain. R. — Continuation de
communauté, § I. — Coutume, § II, III. Q. — Décret d'immeubles, § III. — Demi-sellage. — Denier à Dieu, § IV.—Devoirs de loi. — Donation, sect. I, § III et suiv. — Douaire,
sect. V, § I et suiv. — Double lien, sect. II, § II. — Ecouage.
— Effet rétroactifs, sect. III, § III, art. 5. — Entravestissement,
sect. I et suiv.—Etalons de blanches épines.— Exécution parée.
R. — Faculté de rachat, § VI. Q. — Fief, sect. II, § VII et
suiv. — Fourmorture. — Franc-alleu, § XXXI. — Franches
vérités. R. — Fumiers, § I. Q. — Hypothèque, sect. I et suiv.
— Indire. — Interruption d'instance. — Légataire, § VII et
suiv. — Licitation, § I. — Légitime, sect. I. — Maineté. —
Majorité, § II et III. R. — Meubles, § II. — Mineur, § I. Q.
— Mise de fait, § II et suiv.—Mort-gage.—Nantissement, § I,
II. — Nullité, § III. — *Paterna paternis*, sect. II et suiv. —
Pierre de grés. — Plainte à loi. — Prescription, sect. I, § VII
et suiv.—Prodigue, § II et suiv.—Puissance maritale, sect. II.
§ II et suiv. — Puissance paternelle, sect. I et suiv. — Purge.—
Quint naturel.— Rappel à succession, sect. I et suiv.—Rapport
à loi. — Rapport à succession, § I et suiv.— Rente constituée,
— Représentation (droit de), sect. II, § II, § XI. — Réserve
coutumière, § I et suiv. — Retrait d'escleche. — Retrait de fra-
reuseté.—Retrait lignager. R.—Séparation de biens, § I. Q.—
Servitude, § XXIV et suiv.—Succession, sect. I, § III, art. 11.
— Tacite réconduction.— Terrage. —Testament, sect. I, § II,
art. 2 et 5. — Tutelle, sect. II. — Usage, § II. — Vivenoie. R.

Limbourg. V. Dévolution coutumière, § II. — Donation,
§ III. Q.

Limoges. V. Servitude, § XXIV et suiv. R.

Looz. V. Tiers-coutumier. Q.

Lorraine. V. Admodiateur. —Arage.—Arrérages. — Biens
§ II. R. —Biens nationaux, § II. Q. — Lorraine.— Borgnes,
— Clef.—Clôture. — Cloaque. — Clôture. — Colombier. R.
—Continuation de communauté, § I. Q.—Contre-mur.—Déshé-
rence. — Dette, § III. — Donation, sect. V, § II. — Double
lien, sect. II, § II et suiv. — Franc-alleu, § VI et suiv. R. —
Gains nuptiaux et de servie, § III. Q. — Parcours.—*Paterna
paternis*, sect. II et suiv. — Perprise. — Prescription, sect. I,
§ VII et suiv. — Puissance paternelle, sect. I et suiv. R. —
Rente foncière, § XVI. Q.—Réserve coutumière, § I et suiv.—
Retrait lignager.—Servitude, § XXIV.—Subrogation de chose,
sect. II, § II.—Testament, sect. I, § II, art. 2.—Vaine pâture,
§ I et suiv. R. — Vaine pâture, § I. Q. —Vue, § II et III. R.

Lorris. V. Avantages entre époux, § III. Q. —Double lien,
sect. II, § I et suiv.— Donation, sect. III, § I. — Interdiction
par veuvage. R.

Loudunois. V. Apparagement. — Applége. R. — Avantages
entre époux, § I. Q.—Communauté de biens, § V. R. — Concubinage. Q. — Banalité. — Chemin voisinal. — Clôture. R.
— Continuation de communauté. Q. — Contrat de mariage,
§ II. R. — Contrat pignoratif. Q. — Coutumier. R. — Déparagement. — Dépié de fief. — Douaire, sect. III, § II et suiv.—
Double lien, sect. II, § II et suiv. —Faculté de rachat.—Héritier, sect. III et suiv. — Indire. — Institution contractuelle,

§ X et suiv. — Mariage avenant.— Prescription, sect. I, § VII
et suiv. — Rappel à succession, sect. III et suiv.— Retrait lignager.—Réserve coutumière, § I et suiv.—Servitude, § XVIII
et suiv. — Servitude, § XXIV et suiv. — Tenement de cinq
ans. — Voisinage, § II. R.

Louvain. V. Dévolution coutumière, § II. Q. — Gains nuptiaux et de survie, § II.— Légitime, sect. III.—Majorité, § III.
R. — Wissembourg (statuts du mandat de), Q.

Luxembourg. V. Gains nuptiaux et de survie, § IV. R. —
Gains nuptiaux et de survie, § III. Q.—Mines, § IV et V.—
Prescription, sect. I, § VI et suiv. —Prescription (droit de),
sect. II, § III. — Réserve coutumière, § I et suiv. — Retrait lignager.—Testament, sect. I, § III, art. 3.

Lyon. V. Abénévis. — Bourgeois, § I et suiv. R.

Mâconnais. V. Franc-alleu, § XV. R.

Maine. V. Apparagement. — Applége. R.—Avantages entre
époux, § I. Q. — Banalité. — Cadet. — Cens, § XI. — Chapeau de roses. — Chef-seigneur. — Clôture. — Communauté de
biens, § I et suiv. R. —Concubinage. — Continuation de communauté, § I et V. Q. — Contrat de mariage, § II. R. — Contrat pignoratif. Q. — Coutumier. — Déguerpissement, § II et
suiv. — Déparagement. — Dépié de fief. — Dévolution coutumière, § I et suiv.—Douaire, sect. I, § II et suiv. R.—Douaire,
§ II. Q. — Double lien, sect. II, § I et suiv. —Émancipation,
§ II.—Féage.— Frarescheurs. — Gains nuptiaux et de survie,
§ IX. R. — Garenne. —Habitation, sect. I et suiv. — Herbage.
— Héritier, sect. III et suiv. — Institution contractuelle, § VI
et suiv. — Légataire, § VII et suiv. — *Majorité*, § I. — Ma-
riage. — Avenant. R. — Mines, § IV et V. —Noces (secondes),
§ I et suiv. — *Paterna paternis*, sect. II et suiv. — Prélegs,
§ II — Prescription, sect. II, § VI. — Propre, § I et suiv. —
Rappel à succession, sect. III et suiv. — Rapport à succession,
§ II et suiv. — Récompense, sect. I. R. — Rente foncière,
§ III, Q. — Représentation (droit de), sect. II, § IV. — Réserve
coutumière, § I et suiv. — Retrait censuel. — Retrait lignager.
— Réversion, sect. II, § II et suiv. — Séparation de biens,
sect. II, § II. — Servitude, § XXIV. — Subrogation, de chose,
sect. II, § II. — Tenement de cinq ans. — Vue, § II et III. R.

Malines. V. Coutume, § III. Q. — Devoirs de loi. — Entravestissement, sect. I et suiv. — Exécution parée. —Majorité,
§ III. — Renonciation, §. I. R.

Mantes. V. Avantages entre époux, § I. Q. — Biens, § II.
— Champart. — Champartage. R. — Continuation de communauté, § I. Q. —Contre-mur. R. — Coutume, § III. Q. —
Héritier, sect. VI. R. — Hypothèque, § XIII. Q. — Jeu de fief,
§ II. — Légitime, sect. I et suiv. — *Paterna paternis*, sect. II
et suiv. — Prescription, sect. II, § XIII. — Prescription,
sect. III, § II et suiv. — Propre, § V. — Représentation
(droit de), sect. II, § III. — Réserve coutumière, § I et suiv.
— Retrait lignager.—Servitude, § XXIV. — Subrogation de
chose, sect. II, § II. R. — Terrage, § I. — Usage (droit d');
§ VII. Q. — Vue, § III. R.

Marche. V. Accense. — Acquèts. — Autorisation maritale.
— Avantages à un enfant. — Ban. — Banalité. — Cadet.—
Clôture. — Curateur. — Donation, sect. V, § II. — Douaire,
sect. I, § VII et suiv. — Faculté de rachat. — Fondalité. —
Franc-alleu, § XVII. — Garenne. — Indire. — Institution
contractuelle, § IV et suiv. — Noces (secondes), § I et suiv.—
Notoriété (acte de). — Paraphernal, sect. I, § III. —*Paterna
paternis*, sect. II et suiv. — Prescription, sect. I, § VII et suiv.
— Puissance paternelle, sect. I et suiv. — Rappel à succession,
sect. III et suiv.— Regain. — Représentation (droit de), sect. II,
§ III. — Réserve coutumière, § I et suiv. — Retrait de communion. — Retrait lignager. — Subrogation de chose, sect. II,
§ II. — Substitution fidéicommissaire, sect. I, § II. R. — Substitution fidéicommissaire, § I. Q. — Succession, sect. I, § III,
art. 11. — Vaine pâture, § I et suiv. — Vasseur. R.

Marsal. V. Prescription, sect. I, § VII et suiv. — Représentation (droit de), sect. II, § III. — Réserve coutumière, § I et suiv. — Servitude, § XXVI. — Testament, sect. I, § II, art. 2. R.

Marsan. V. Propre, § III et suiv. — Retrait lignager. R.

Meaux. V. Avantages entre époux, § I et III. Q. — Champoier. R. — Clef. — Continuation de communauté. Q. — Contre-mur. R. — Déguerpissement, § III. — Douaire, sect. I, § VII et suiv. — Double lien, sect. II, § II. — Garenne. — Gens de poste. — Héritier, sect. I et suiv. — Institution d'héritier, sect. I et suiv. — Jeu de fief, § II. — Noces (secondes), § I et suiv. — Prescription, sect. II, § XIII. — Rappel à succession, sect. 1 et suiv. — Rapport à succession, § II et suiv. — Renonciation à la communauté. — Représentation (droit de), sect. II, § II. — Réserve coutumière, § I et suiv. — Retrait lignager. — Servitude, § XXIV. — Substitution fidéicommissaire, sect. I, § XII. — Testament, sect. I, § I, art. 5. Tour de l'échelle. — Vue, § III. R.

Melun. V. Admodiateur. R. — Autorisation maritale. R. — Avantages entre époux, § I et III. Q. — Chemier. — Cloaque. — Clôture. — Clôture d'inventaire. — Colombier. R. — Continuation de communauté, § I. Q. — Dot, § X. — Héritier, sect. VI et suiv. — Légitime, sect. I et suiv. — Noces (secondes), § I et suiv. — *Paterna paternis*, sect. II et suiv. — Parcours. — Prescription, sect. II, § VI. — Présomption, § III. — Pressoir. — Propre, § V. — Rapport à succession, § II et suiv. — Récompense, sect. I. — Regain. — Représentation (droit de), sect. II, § III. — Réserve coutumière, § I et suiv. — Retrait lignager. — Réversion, sect. II, § II et suiv. — Servitude, § XVIII et suiv. — Subrogation de chose, sect. II, § I et suiv. — Testament, sect. I, § I, art. 5. — Testament, sect. I, § II, art. 2. — Tour de l'échelle. — Transport. — Trousseau. — Usufruit paternel, § I et suiv. — Vaine pâture, § I et suiv. R. — Vaine pâture, § I et II. Q. — Ville d'arrêt. — Voisinage, § V. — Vue, § III. R.

Menneton-sur-Cher. V. Garenne. — Retrait lignager. R.

Metz. V. About. — Acquêts. — Alluvion. — Assurement. R. — Avantages entre époux, § I et V. Q. — Avelet. — Ban du très-fonds. R. — Démission de biens, § III. Q. — Dévolution coutumière, § II. — Majorité, § III. — Noces (secondes), § I et suiv. — *Paterna paternis*, sect. II et suiv. — Prescription, sect. I, § VI et suiv. — Prescription, sect. I, § VII et suiv. — Puissance paternelle, sect. I et suiv. — Représentation (droit de), sect. II, § III. — Représentation (droit de), sect. II, § V. — Réserve coutumière, § I et suiv. — Retrait lignager. — Servitude, § XVII et suiv. — Testament, sect. I, § II, art. 2. R. — Usage (droit d'), § VII. Q. — Ville d'arrêt. R.

Meulan. V. Continuation de communauté, § I. Q.

Meun-sur-Eure. V. Commande. R.

Mons. V. About. — Adhéritance. R. — Compensation, § VIII. — Condition de manbournie, § I, II, III, IV. Q. — Contre-pan. — Devoirs de loi. — Double lien, sect. II, § II et suiv. — Emancipation, § I. — Entravestissement, sect. I et suiv. — Fourmorture. R. — Fourmorture, § II et suiv. Q. — Fruits, n. 5. — Héritier, sect. VI. — Loer. — Majorité, § III. — Manbourg. — Mayeur. R. — Mines, § I. Q. — Nantissement, § I et suiv. — Pain de père et mère. — Plainte, § II et suiv. — Prescription, sect. II, § XIV. — Propre, § XII. — Puissance maritale, sect. II, § II et suiv. — Puissance paternelle, sect. I et suiv. — *Paterna paternis*, sect. II et suiv. — Recours en Hainaut. — Retrait lignager. — Usufruit paternel, § I et suiv. R.

Montargis. V. Avantages entre époux, § I. Q. — Bâtiment. — Cheintre. — Champart. — Chantille. — Chemier. — Cloaque. — Clôture. — Comble. — Communauté tacite. R. —

Continuation de communauté. R. ; et § I. Q. — Contre-mur. — Double lien, sect. II, § I et suiv. — Emancipation, § I. — Fossé. — Héritier, sect. I et suiv. — Jeu de fief, § II. — Mainé. — Noces (secondes), § I et suiv. — Parcours. — *Paterna paternis*, sect. II et suiv. — Prescription, sect. II, § III. — Propre, § V. — Puissance paternelle, sect. I et suiv. — Rappel à succession, sect. I et suiv. — Rapport à succession, § II et suiv. — Regain. — Représentation (droit de), sect. II, § II. — Réserve coutumière, § I et suiv. — Retrait lignager. — Réversion, sect. II, § II et suiv. — Séparation de biens, sect. II, § V. — Servitude, § XVIII et suiv. — Subrogation de chose, sect. II, § II. — Substitution fidéicommissaire, sect. I, § V. — Testament, sect. I, § I, art. 5. — Usufruit paternel, § I et suiv. — Vaine pâture, § I et suiv. R. — Vaine pâture, § I. Q. — Ville d'arrêt. — Vue, § III. R.

Mont-de-Marsan. V. Rente foncière, § VIII. Q.

Montdidier. V. Avantages entre époux, § I. — Continuation de communauté, § I. Q. — Propre, § X. — Révocation de codicille, IV. — Nantissement, § II. R.

Montfort-Lamaury. V. Avantages entre époux, § I. Q. — Biens, § II. R. — Continuation de communauté, § I. Q. — Douaire, sect. IV, § I et suiv. — Double lien, sect. II, § II. — Institution contractuelle, § X. — Prescription, sect. II, § XIII. — Prescription, sect. III, § II et suiv. — Récompense, sect. I. — Représentation (droit de), sect. II, § III. — Réserve coutumière, § I et suiv. — Servitude, § XVIII et suiv. — Servitude, § XXIV et suiv. — Subrogation de chose, sect. II, § II. — Testament, sect. I, § I, art. 5. R.

Montpellier. V. Légitime, sect. VI. — Ville d'arrêt. R.

Montreuil-sur-Mer. V. Chemin public. — Herbage. — Hypothèque, sect. I et suiv. — Légataire, § VII et suiv. — Nécessité jurée, § I et suiv. — Quint datif. — Quint naturel. — Réserve coutumière, § I et suiv. — Retrait de recousse. R.

Mortagne. V. Coutume, § II. Q.

Mortagne en Touraisis. V. *Paterna paternis*, sect. II et suiv. — Représentation (droit de), sect. II, § I. — Rappel à succession, sect. I et suiv. R.

Namur. V. Adhéritance. — Advestures. — Contrat de mariage, § I. — Contre-pan. — Dette, § IV. — Dévolution coutumière, § II. R. — Dévolution coutumière, § II. Q. — Double lien, sect. II, § II et suiv. R. — Faculté de rachat, § I. — Féodalité, § III et suiv. Q. — Forgagner. R. — Mines, § IV, V. Q. — Notoriété (acte de). — *Paterna paternis*, sect. II et suiv. — Prescription, sect. II, § IV et suiv. — Représentation (droit de), sect. II, § II. — Retrait lignager. — Retrait de reconsolidation. — Testament, sect. I, § I, art. 5. R. — Wissembourg (statut du mandat de). Q.

Nanci. V. Usage (droit d'), § VII. Q.

Nantes. V. Cloaque. — Contre-mur. — Double lien, sect. II, § II. — Vue, § III. R.

Navarre. V. Avitins. — Bohémiens. R. — Continuation de communauté, § VI. Q. — Décret d'immeuble, § III. — Dette, § V. — Dot, § XVII. R. — Faculté de rachat, § II. Q. — Fivatiers. — Infançon. — Indiré. R. — Rente foncière, § X. — Succession, § I. Q.

Nieuport. V. Enfant chéri. — Légitime, sect. II. R. — Mineur, § I. Q. — *Paterna paternis*, sect. II et suiv. — Rente constituée, § XI. — Réserve coutumière, § I et suiv. — Servitude, § XXVI. R.

Ninove. V. Mineur, § I. Q. — Nécessité jurée, § I et suiv. R.

Nivelle. V. Fourmorture, § VII. Q.

Nivernais (coutume de). R. — Apparagement. R. — Autorisation maritale. R. — Avantages entre époux, § I. Q. — Ban de vendanges. — Bannie. — Bâtiment. — Blairie. — Cadet. — Cession de biens. — Champart. — Cheminée. — Cheptel. — Chevance. — Clôture. — Colombier. — Comble. R. — Communauté tacite de biens entre époux, § V. Q. — Communauté tacite. — Communauté entre mainmortables. R. — Continuation de communauté, § I. Q. — Contradiction (prescription). — Corvée seigneuriale. R. — Démission de biens, § IV. Q. — Donation, sect. I, § II et suiv. — Dot, § III et suiv. — Douaire, sect. II, § I et suiv. R.; et § II. Q. — Double lien, sect. II, § II et suiv. — Effet rétroactif, sect. III, § II, art. 5. — Exécuteur testamentaire, n. 3. — Franc-alleu, § III et suiv.; XI. — Fumiers. — Garenne. — Haie. — Héritier, sect. I et suiv. R.; et § VIII. Q. — Institution contractuelle, § V et suiv. — Jeu de fief, § II et suiv. — Légataire § V. — Légitime, sect. I et suiv. — Légitime administration. — Licitation, § IV. — Mort civile, § I. — Moulin, § VII et suiv. — Nullité, § II. — partage d'ascendant. — *Paterna paternis*, sect. II et suiv. — Prescription, sect. II, § XIX et suiv. — Présomption, § III. Propre, § V et suiv. — Puissance maritale, sect. II, § II et suiv. — Puissance maritale, sect. II, § III. — Puissance paternelle, sect. I et suiv. — Rappel à succession, sect. III et suiv. — Rapport à succession, § II et suiv. — Renonciation à la communauté. — Réserve coutumière, § I et suiv. — Retrait lignager. — Réversion, sect. II, § II et suiv. — Séparation de biens, sect. II, § V et suiv. — Servitude, § XXV et suiv. R.; et § V. Q. — Subrogation de chose, sect. II, § I et suiv. — Subrogation de personne, sect. I et suiv. — Substitution fidéicommissaire, sect. I, § VII. R.; et § I. Q. — Testament, sect. I, § III, art. 3. et suiv. R.; et § XVI. Q. — Tutelle, sect. II et suiv. — Usage (droit d'), sect. II. R.; et § VII. Q. — Vaine pâture, § I et suiv. R.; et § I. Q. — Vol, sect. II, § I et suiv. — Vue, § III et suiv. R.

Normandie (coutume de). R. V. Abattement. R.—Abuyance. — Acquêt. — Aînesse. — Airures. — Alluvion. — Apparagement. — Appartenances. — Arbres. — Armaires. R. — Arrêt du conseil. Q. — Arrière-panage. R. — Assignation, § IX. Q. — Autorisation maritale. — Avantage. R. — Avantages aux héritiers présomptifs, § II. — Avantages entre époux, § I, II et III. Q. — Avenant. — Avers. R. — Bail, § III et V. — Banon. Q. — Bâtard, sect. I. — Bénéfice d'inventaire. — Bois, § III. — Bordage. — Bourgage. — Bourgeois, § I. — Cadet. R. — Cassation, § XXXVI. Q. — Catteux, sect. III, § II. — Cens, § II et suiv. — Cession de biens, n. 8. — Chartre normande. — Chef-mer. — Chef-seigneur. — Cheval. — Chèvre. — Clamer. — Clameur. — Clôture. — Clôture d'inventaire. — Collocation. — Colombier. — Communauté de biens, § I et suiv. R.; et § IV et V. Q.—Condition de manbournie. Q.—Confusion. — Continuation de communauté. — Contrat de mariage, § I et suiv. — Contre-mur. — Convenance. — Conventions matrimoniales, § I. — Date. — Débat de tenures. — décret d'immeuble, § III. — Défends. — Délai, sect. I, § III. R., et § I. Q. — Démission de biens. R.; et § I et III. Q. — Déshérence. — Deuil, § I et suiv. — Dévolution coutumière, § I et suiv. — Don mobil. — Don mutuel, § I et suiv. R.; et § III. Q. — Donation, sect. III, § I et suiv. — Dot, § II et suiv. — Douaire, sect. I, § III et suiv. R.; et § II. Q. — Double lien. sect. II, § II et suiv. — Effet rétroactif, sect. III, § II, art. 5 et suiv. — Emancipation, § I et suiv. — Enchère, § I. R. — Exclusion coutumière, § II. — Exécuteur testamentaire, n. 2. — Exécution parée, § II. R. — Féodalité, § III. — Fieffe. — Forgas. — Fossé. — Franc-alleu, § IV et suiv. Franc-bourgage. — Franche-aumône.—Fumiers. — Gage-plège. — Gains nuptiaux et de survie, § IV et suiv.; et § III. Q. — Garantie, § VI. Q. — Garenne. — Gruyers. — Héritier, section II et suiv.—Hypothèque, sect. I et suiv. R.; et § XIII. Q. — Incendie, § II. — Indire. R. — Insinuation, § III. Q. — Institution contractuelle, § V et suiv. — Intérêt, § II et suiv. — Inventaire, § V. — Jeu de fief, § I et suiv. — Lecture des contrats. — Légataire, § V et suiv. — Légitime, sect. I et suiv. R.; et § IX. Q.— Légitimité, § V. Q. — Lettres de ratification. — Loi apparente. — Majorité, § I et suiv. — Mariage avenant, § I et suiv. — Mariage encombré. — Mort civile, § I.— Moulin, § VII. — Noces (secondes), § I et suiv. — Opposition aux criées, § II. — Pagésie. — Paraphernal, sect. I et suiv. R. — Partage, § VI. Q. — *Paterna paternis*, sect. II et suiv. — Pépinière. — Placité. — Prescription, sect. I, § VI et suiv. R.; et § VI et XI. Q. — Pressoir. — Preuve, sect. II, § III et suiv.— Prix, n. 8. — Propre, § I et suiv. — Puissance maritale, sect. II, § II et suiv. — Puissance paternelle, sect. I et suiv. — Rappel à succession, sect. III et suiv. — Rapport à succession, § IV et suiv.— Récompense, sect. I et suiv. — Record de loi.—Rédhibitoire. — Regain. R. — Régime dotal, § I. R.; et § III. Q. — Rente constituée, § V et suiv. R. — Rente foncière, § I et IX. Q. — Rente seigneuriale, § II. — Représentation (droit de), sect. II, § V et suiv. — Réserve, sect. VI. — Réserve à partage ou à succession. — Réserve coutumière, § I et suiv. — Retrait à droit de lettre lue. — Retrait de communion. — Retrait de mi-denier. — Retrait de reconsolidation. — Retrait lignager. R. — Retrait successoral. Q. — Réversion, sect. II, § I et suiv. — Sénatus-consulte velléien. — Séparation de biens, sect. II, § I et suiv. R.; et § VI. Q. — Sergenterie.—Servitude, § XXIV et suiv. — Subrogation de chose, sect. II, § I et suiv. — Substitution fidéicommissaire, sect. I, § IX. — Succession, sect. I, § II et suiv. — Survie. — Testament, sect. I, § I, art. 5 et suiv. — Tiers-coutumier. R.; et Q. — Tour de l'échelle. — Treizième. R. — Tribunal d'appel, § V. Q. — Tutelle, sect. II et suiv. — Vaine pâture, § I et suiv. — Varech. — Vasseur. — Vavassorie. R. — Velléien (sénatus-consulte), § I et III. Q. — Vente, § I. — Viduité (droit de). — Voisinage, § II et suiv. — Vue, § II et suiv. R.

Noyon. V. Habitation, sect. I et suiv. — Institution contractuelle, § X. — Nantissement, § I et suiv. — Propre, § XII. — Quint naturel. — Rapport à succession, § II et suiv. — Représentation (droit de) sect. II, § III. — Réserve coutumière, § I et suiv. — Retrait lignager. — Réversion, sect. II, § II et suiv. — Servitude, § XXIV et suiv. — Testament, sect. I, § II, art. 2. R.

Orchies. V. Avantages entre époux, § I. — Coutumes, § II. Q. — Hypothèque, sect. I et suiv. — Légitime, sect. I. — Mise de fait, § II et suiv.. — *Paterna paternis*, sect. II et suiv. — Prescription, sect. II, § XIII. — Puissance paternelle, sect. I et suiv. — Rapport à succession, § I et suiv. — Rente constituée, § XI. — Représentation (droit de), sect. II, § II. R. — Révocation de donation, § IV. Q. — Servitude, § XXVI. — Testament, sect. I, § II, art. 2. R.

Orléans (coutume d'). V. Abattre. R. — Absent. — Action *ad exhibendum*. Q. — Animaux. — Arbres. — Arrière-foncière. — Autorisation maritale. — Avantages entre époux. R.; et § I et III. Q. — Bail, § V et suiv. — Bâtiment. — Bénéfice d'inventaire. — Cens, § XI. — Cession de biens. — Champart. — Chantille. — Châtelain. — Cheintre. — Cheminée. — Cheptel. — Cher-cens. — Chèvre. — Citerne. — Cloaque. — Clôture. — Colombier. — Combat de fief. — Comble. — Communauté de biens, § III. — Continuation de communauté. R.; et § I. Q. — Dation en payement. R. — Démission de biens, § II. Q. — Dette concomitante. — Dévolution coutumière, § I et suiv. — Discussion. — Don mutuel, § I et suiv. — Donation, sect. I, § II et suiv. — Douaire, sect. I, § VII et suiv. — Double lien, sect. II, § II et suiv. — Enfant chéri. — Entièrement. — Etang. — Franc-alleu, § I et suiv. — Fraude. R. — Fumiers, § I. — Gains nuptiaux et de survie, § III. Q. — Garenne. — Haie. — Hériter, sect. I et suiv. — Hypothèque, sect. I et suiv. R.; et § XIII. Q. — Intérêt, § II. — Jeu de fief, § II et suiv. — Légataire, § V et suiv. — Noces (secondes), § I et suiv. — Parcours. — *Paterna paternis*, sect. II et suiv. — Prescription, sect. II, § III et suiv. — Présomption, § III. — Pressoir. — Propre, § III et suiv. — Puissance paternelle, sect. I et suiv. — Rapport à succession, § III et suiv. — Regain.

Renonciation à la communauté. — Rente constituée, § V. — Représentation (droit de), sect. II, § III et suiv. — Réserve coutumière, § et suiv. R. — Résolution, § II. Q. — Retrait lignager. — Réversion, sect. II, § II et suiv. — Séparation de biens, sect. II, § III et suiv. — Servitude, § XVII et suiv. R. — Subrogation, § I. Q. — Subrogation de chose, sect. II, § I et suiv. — Succession, sect. I, § III et suiv. — Testament, sect. I, § I, art. 5 et suiv. — Tour de l'échelle. — Usufruit paternel. — Vaine pâture, § I. — Ville d'arrêt, § I. — Voie de fait, § I. — Vue, § III et suiv. R.

Ostende. V. Continuation de communauté, § I. Q. — Enfant chéri. — Licitation, § I. — *Paterna-paternis,* sect. II et suiv. — Rente constituée, § XI. — Réserve coutumière, § I et suiv. — Représentation (droit de), sect. II, § IV. R.

Over-Yssel. V. Majorité, § III. R.

Paris (coutume de). V. Abeilles. R. — Absent, § III. Q. — Acquêts. — Affiché. R. — Aînesse, § II. Q. — Amélioration. — Amendement. — Ameublissement. — Animaux. — Arbres. R. Arrérages, § II. Q. — Autorisation maritale. R. — Avantages aux héritiers présomptifs, § II. Q. — Avantages entre époux. R.; et § I et suiv. Q. — Bail, § VII et suiv. — Baiser à la bouche. — Banalité. — Bénéfice d'inventaire. — Biens, § II. R. — Biens nationaux, § I. Billet de commerce, § II. Q. — Bois, § III. — Bouche (la) et les mains. — Bourgeois, § IV et V. R. — Causes des obligations, § I. Q. — Cens, § VI. — Champart. — Cheminée. — Citerne. — Clause de constitut. — Cloaque. — Clôture, § II. Clôture d'inventaire. — Colombier. — Combat de fief. — Communauté de biens, § I et suiv. R.; et § II, V. Q. — Complainte, § III et suiv. R. — Condition de manbournie. Q. — Conquêt. R.; et § I. Q. — Continuation de communauté. R.; et § I, III et IV. Q. — Contrat de mariage, § II et suiv. — Contre-feu. — Contre-mur. — Conversion des rotures en fief. — Déguerpissement, § II et suiv. Délaissement par hypothèque. — Démission de biens. R.; et § III et IV. Q. — Démolition. — Déshérence. — Dette, § III. — Dévolution coutumière, § I et suiv. — Discussion. — Don mutuel, § I et suiv. — Donation, sect. I, § II et suiv. R.; et § VI. Q. — Douaire, sect. I, § II et suiv. — Double lien, sect. II, § I et suiv. — Effet rétroactif, sect. III, § VI. — Election d'ami. — Enclave. — Enfant, § II. — Enfant chéri. R. — Enregistrement, § XX. Q. — Entravestissement, sect. II, § II, art. 5. — Exécuteur testamentaire, n. 3. — Faculté de rachat. — Fief, sect. II, § IV et suiv. — Fossé. — Franc-alleu. — § I et suiv.; XIX. — Franche-aumône, § I. — Gains nuptiaux et de survie, § IV. R.; et § III. Q. — Héritier, sect. I et suiv. R.; et § VIII et XI. Q. — Hypothèque, sect. I et suiv. R.; et § XIII. Q. — Inféodation. R. — Insinuation, § III. Q. — Institution contractuelle, § X et suiv. — Interdiction, § VI. — Intérêt, § II et suiv. — Inventaire, § V. — Jeu de fief, § I et suiv. — Légataire, § VII et suiv. — Légitime, sect. I et suiv. R. — Lettres de ratification, § III. Q. — Licitation, § IV. — Loyaux coûts. — Majorité, § I et suiv. — Majorité, § II et suiv. — Meubles. — Mineur, § II et suiv. — Mitoyenneté, § I et suiv. — Moribond. — Moulin, § VII. — Noces (secondes), § I et suiv. — Novation, § V. — Parcours. — *Paterna paternis,* sect. I et suiv. — sect. II et suiv. — Prélegs, § II. — Prescription, sect. I, § VII et suiv. R.; et § XI. Q. — Présomption, § III. — Pressoir. — Preuve, sect. II, § II. — Propre, § IV et suiv. — Puissance maritale, sect. II, § II et suiv. — Puissance paternelle, sect. II et suiv. — Puits. — Rappel à succession, sect. I et suiv. — Rapport à succession, § II et suiv. — Récompense, sect. I et suiv. — Remploi, § I et suiv. — Renonciation à la communauté. R. — Rente foncière, IX, XI et XIII. Q. — Rente seigneuriale, § I. — Représentation (droit de), sect. II, § III et suiv. — Réserve coutumière, § I et suiv. R. — Résolution, § II. Q. — Retrait lignager. — Réunion féodale. — Réversion, sect. II, § I et suiv. R.; et § III. Q. — Séparation de biens, sect. II, § III et suiv. — Servitude, § XV et suiv. R.; et § III et VI. Q. — Subrogation de chose, sect. II, § I et suiv.

— Succession, sect. I, § III et suiv. R.; et § V. Q. — Succession future, n. 3. — Terrage. R.; et § I. Q. — Testament, sect. I, § I, art. 1 et suiv. R. — Tiers coutumier, § III. — Tiers-denier, § III. Q. — Tour de l'échelle. — Transport. R. — Transport (cession et), § VI. Q. — Tutelle, sect. II. R. — Usage (droit d'), § VII. — Usufruit, § II. — Usufruit paternel. R. — Vaine pâture, § II. Q. — Ville d'arrêt. — Voie de fait, § I. — Voisinage, § V et suiv. — Vue, § II et suiv. R.

Perche et *Grand-Perche.* V. Avantages entre époux, § I. — Banalité. R. — Concubinage. Q. — Cadet. — Cloaque. — Clôture d'inventaire. — Communauté de biens, § I et suiv. R. — Continuation de communauté, § I. Q. — Contre-mur. — Donation, sect. I, § II et suiv. — Don mutuel. — Douaire, sect. I, § VII et suiv. — Double lien, sect. II § II et suiv. — Exécuteur testamentaire, n. 2. — Fossé. — Frarescheurs. — Habitation, sect. I et suiv. — Héritier, sect. I et suiv. — Noces (secondes), § I et suiv. — Prescription, sect. II, § XIII. — Représentation (droit de), sect. II, § IV. — Réserve coutumière, § I et suiv. — Retrait lignager. — Réversion, sect. II, § II et suiv. — Servitude, § XXVI. — Subrogation de chose, sect. II, § II. — Succession, sect. I, § III, art. 11. — Testament, sect. I, § I, art. 3. R. — Usage (droit d'), § VII. Q. — Vue, § II. R.

Péronne. V. Avantages entre époux, § I. Q. — Ban. — Command. R. — Coutume, § III. Q. — Devoirs de loi. — Douaire, sect. IV, § I et suiv. — Double lien, sect. I, § II et suiv. — Institution contractuelle, § X. — Jeu de fief, § II. — Légataire, § VII et suiv. — Légitime, sect. I. — Moulin, § VII. — Nantissement, § I et suiv. — Partage d'ascendant. — Puissance maritale, sect. II, § II et suiv. — Puissance paternelle, sect. VI, § II. — Quint datif. — Quint naturel. — Rédhibitoire. — Représentation (droit de), sect. II, § III. — Réserve coutumière, § I et suiv. — Retrait lignager. — Servitude, § XXIV et suiv. — Suggestion, § II. — Testament, sect. I § I, art. III. — Testament, sect. II, § II. — Usufruit, § II. R.

Petite-Pierre (la). V. Femme, § I. Q.

Picardie V. Fief, sect. II, § IV, art. 2 et suiv. — Herbage. — Mise de fait, § I et suiv. — Nantissement, § II. R. — Remploi, § III. Q.

Poitou. V. Acquêts. — Autorisation maritale. R. — Aînesse, § II. — Avantages entre époux, § I et II. Q. — Banalité. — Borderie. — Cens, § II. — Champart. — Châtelain. — Chef de bourg. — Chef-parageur. — Cheminée. — Chèvre. — Clôture. — Communauté de biens, § I et suiv.; § II. R. — Communauté tacite. R. — Complainte, § II. Q. — Complant. — Continuation de communauté. R.; et § I. Q. — Contre-aveu. R. — Coutume, § III. Q. — Crue. — Déguerpissement, § II — Délai (paroles de). — Déparagement. — Donation, sect. III. § I. — Douaire, sect. I, § V et suiv. — Douaire, sect. III, § II et suiv. — Double lien, sect. II, § II et suiv. — Emancipation, § I. R. — Faculté de rachat, § I. — Féodalité, § III. Q. — Franc-alleu, § IV et suiv. — Franche-aumône, § II. — Frarescheurs. — Garenne. — Héritiers, sect. I et suiv. — Indire. — Institution contractuelle, § X et suiv. — Institution d'héritier, sect. I et suiv. — Légitime administration. — Légitimation, sect. II, § III et suiv. — Moulin, § IV et suiv. — Noces (secondes), § I et suiv. — Partage d'ascendant. R. — Pêche, § I. Q. — Prélegs, § II. — Prescription, sect. I, § VII et suiv. — Propre, § V. — Puissance maritale, sect. II, § II et suiv. — Puissance paternelle, sect. I et suiv. — Rappel à succession, sect. III et suiv. — Rente foncière, § I. — Représentation (droit de), sect. II, § IV. — Réserve coutumière, § I et suiv. — Retrait lignager. R. — Réversion, sect. II, § II et suiv. — Succession, sect. II, § I. — Suggestion, § II. — Testament, sect. I, § I, art. 5. — Testament, sect. II, § II. — Vaine pâture, § I et suiv. R. — Vaine Pâture, § I et II. Q. — Vigne. — Voie de fait, § I. — Usufruit paternel, § I et suiv. R.

Pont-à-Wendin. V. Entravestissement, sect. I et suiv. R.

Ponthieu. V. About. R. — Avantages entre époux, § I et III. Q. — Chaume. — Chef-seigneur. — Déguerpissement, § III. — Double lien, sect. II, § II. R. — Féodalité, § III. Q. — Herbage hypothèque, sect. I et suiv. — Indire. — Institution contractuelle, § X. — Légitime, sect. II. — Majorité, § II. — Mise de fait, § IV. — Nantissement, § I et suiv. — Nécessité jurée, § I et suiv. — Paterna paternis, sect. II et suiv. — Planchette. — Prescription, sect. II, § XVI. R. — Prescription, § XI. Q. — Propre, § IV et suiv. — Propre, § XII. — Puissance maritale, sect. II, § II et suiv. — Quint datif. — Quint naturel. — Rappel à succession, sect. I et suiv. — Représentation (droit de), sect. II, § I. — Réserve coutumière, § I et suiv. — Retrait lignager. — Servitude, § XXVI. — Testament, sect. I, § I, art. 5. R. — Usage (droit d'), § VII. Q.

Popéringue. V. Contrat de mariage, § I. — Enfant chéri. R. — Mineur, § I. Q. — Nantissement, § I et suiv. — Propre, § XII. — Représentation (droit de), sect. II, § IV. — Subrogation de chose, sect. II, § I et suiv. R.

Provence (statuts de). V. Banalité. R. — Hypothèque, § XIII. — Prescription, § VII. — Rente foncière, § XIII. — Réversion, § I. — Révocation de testament, § II. — Servitude, § III. — Testament, § XVI. Q.

Reims. V. Autorisation maritale. — Biens, § II. — Catteux, Cloaque. — Clôture. — Communauté de biens, § III. — Contre-mur. R. — Coutume, § III. Q. — Devoirs de loi. — Douaire, sect. I, § VII et suiv. — Double lien, sect. II, § II et suiv. — Émancipation, § I. — Fossé. — Haie. — Héritier, sect. I et suiv. — Hypothèque, sect. I et suiv. R. — Hypothèque, § XIII. Q. — Institution contractuelle, § X et suiv. — Jeu de fief, § II. — Légitime, sect. I. — Nantissement, § I et suiv. — Noces (secondes), § I et suiv. — Parcours. — Prescription, sect. I, § VII et suiv. — Prescription, sect. III, § II et suiv. — Propre, § V. — Propre, XII. — Puissance paternelle, sect. VI, § II. — Puissance maritale, sect. II, § II. — Rapport à succession, § II et suiv. — Représentation (droit de), sect. II, § VI. — Réserve coutumière, § I et suiv. — Retrait lignager. — Réversion, sect. II, § II et suiv. — Servitude, § XVIII et suiv. — Servitude, § XXIV. — Suggestion, § II. — Subrogation de chose, sect. II, § II. — Testament, sect. I, § I, art. 5. — Testament, sect. I, § II, art. 2. — Testament, sect. II, § II. — Tour de l'échelle. R. — Usage (droit d'), § VII. Q. — Usufruit paternel, § I et suiv. — Ville d'arrêt. — Vue, § II et III. R.

Renaix. V. Enfant chéri. R. — Fourmorture, § VI. Q. — Légitime, sect. II. — Réserve coutumière, § I et suiv. R.

Rennes. V. Cloaque. — Ville d'arrêt. — Vue, § III. R.

Ribemont. V. Double lien, sect. II, § II et suiv. — Habitation, sect. I et suiv. — Nantissement, § I et suiv. — propre, § XII. — Quint naturel. — Rapport à succession, § I et suiv. — Rapport à succession, § II et suiv. — Représentation (droit de), sect. II, § III. — Réserve coutumière, § I et suiv. — Retrait lignager. — Succession, sect. I, § III et suiv. R.

Rochelle (la). V. Avantages entre époux. R.; et § I. Q. — Autorisation maritale. — Applége. — Apportionnement. — Complant. R. — Continuation de communauté, § I. Q. — Douaire, sect. I, § II et suiv. — Douaire, sect. III, § II et suiv. — Double lien, sect. II, § II et suiv. — Institution contractuelle, § X. — Représentation (droit de), sect. II, § III. — Réserve coutumière, § I et suiv. — Retrait lignager. — Retrait censuel. — Révocation de codicille, § IV. — Testament, sect. I, § I, art. 5. — Vigne. — Ville d'arrêt. — Vue, § II. R.

Romorantin. V. Avantages entre époux, § I. Q. — Retrait lignager. — Vaine pâture, § I et suiv. R.

Rousselane. V. Prescription, sect. II, § VI. R.

Rousselluer. V. Puissance paternelle, sect. I et suiv. — Servitude, § XXIV. R.

Roye. V. Avantages entre époux, § I. — Continuation de communauté, § I. Q.

Rubrique. V. Confraternité de coutumes. R.

Rue-en-Ponthieu. V. Réserve coutumière, § I et suiv. R.

Ruremonde. V. Lésion. — Majorité, § III. R.

Saint-Amant. V. Affrérissement. R. — Coutume, § II. Q. — Représentation (droit de), sect. II, § I. R.

Saint-Clément. V. Voisinage, § I. R.

Saint-Donat. V. Amant. — Amman. — Epier. R.

Saint-Flour. V. Tacite Réconduction. R.

Saint-Jean-d'Angely. V. Avantages entre époux, § I et II. Q — Ban de moisson. — Champeaux. — Chechillons. — Chef de Bourg. — Chamier. — Communauté tacite. — Guimeaux. — Préclôture. — Prescription, sect. II, § XIII. — Représentation (droit de), sect. II.

Saint-Malo. V. Ville d'arrêt. R.

Saint-Mihiel. V. Arage. — Prescription, sect. II, § V et suiv. — Prescription, sect. I, § VII et suiv. — Puissance paternelle, sect. I et suiv. — Rappel à succession, sect. I et suiv. — Réserve coutumière, § I et suiv. — Retrait lignager. — Servitude, § XXIV. R.

Saint-Omer. V. Amant. — Amman. R. — Bâtard, sect. I. R. — Coutume, § II. Q. — Devoirs de loi. — Donation, sect. V, § II. — Double lien, sect. II, § II et suiv. — Ecouage. — Franches vérités. — Hommes de fief. — Indire. — Jeu de fief, § II. — Légitime, sect. I. — Nécessité jurée, § I et suiv. — Rappel à succession, sect. I et suiv. — Représentation (droit de), sect. II, § IV. — Servitude, § XXVI. — Ville d'arrêt. R.

Saint-Pôl. V. Catteux. R. — Coutume, § II. — Féodalité, § III. Q. — Herbage. — Manoir. — Planchette. — Rente constituée, § XI. R.

Saint-Quentin. V. Continuation de communauté, § I. Q. — Franc-aleu, § XVIII. — Habitation, sect. I et suiv. — Jeu de fief, § II. — Légitime, sect. I. — Quint naturel. — Rapport à succession, § II et suiv. — Représentation (droit de), sect. II, § III. — Réserve coutumière, § I et suiv. — Réversion, sect. II, § II et suiv. — Testament, sect. I, § I. art. 5 — sect. I, § II, art. 2, — sect. II, § II. R.

Saint-Riquier. V. Herbage. R.

Saint-Sever. V. Cloaque. — Double lien, sect. II, § II et suiv. R. — Rente foncière, § VIII. Q. — Représentation (droit de), sect. II, § IV. — Réserve coutumière, § I et suiv. — Retrait lignager. — Ville d'arrêt. — Voie de fait, § I. — Voisinage, § II. R.

Saintes et *Saintonge.* V. Avantages entre époux, § I. — Continuation de communauté, § I. Q. — Institution contractuelle, § X. — Succession, sect. I, § III et suiv. — Autorisation maritale. — Banalité. — Champart. — Champeaux. — Cheintre. — Communauté de biens, § V. — Douaire, sect. III, § II et suiv. — Double lien, sect. II, § II et suiv. — Garenne. — Héritier, sect. I et suiv. — Noces (secondes), § IV. — *Paterna paternis,* sect. II et suiv. — Puissance paternelle, sect. I et suiv. — Représentation (droit de), sect. II, § IV. — Réserve coutumière, § I et suiv. — Retrait lignager. — Réversion, sect. II, § II et suiv. R.

Séclin. V. Entravestissement, sect. I et suiv. — Renonciation, § I. R.

Sédan. V. Avantages entre époux, § I. Q. — Ban. — Bénéfice d'inventaire. — Cheintre. R. — Continuation de communauté, § I. Q. — Contre-mur. — Donation, sect. I, § I. — Douaire, sect. I, § V et suiv. — Douaire, sect. I, § VII et suiv.

— Double lieu, sect. II, § II. — Émancipation, § I. — Enfant chéri. — Fossé. — Institution contractuelle, § X. — Jeu de fief, § II. — Noces (secondes), § I et suiv. — Parcours. — *Paterna paternis*, sect. II et suiv. — Prescription, sect. III, § II et suiv. — Prescription, sect. I, § VII et suiv. — Propre, § V. — Puissance paternelle, sect. I et suiv. — Représentation (droit de), sect. II, § III. — Réserve coutumière, § I et suiv. — Retrait lignager. — Séparation de biens, sect. II, § V. — Servitude, § XVIII et suiv. — Servitude, § XXIV et suiv. — Subrogation de chose, sect. II, II. — Substitution fidéicommissaire, sect. I, § IV. Testament, sect. I, § I, art. 5. — Usufruit paternel, § I et suiv. R.

Selles. V. Représentation (droit de), sect. II, § III. R.

Senlis. V. Amélioration. — Avantages entre époux, R.; et § I, II et III. Q. — Biens, § II. — Châtelain. — Chemin public. — Commission de fief. — Communauté de biens, § I et suiv. Q. — Continuation de communauté, § I. Q. — Contre-mur. — Déguerpissement, § III. — Devoirs de loi. — Discussion. — Donation, sect. V, § II. — Douaire, sect. I, § V et suiv. — Double lien, sect. II, § II. — Héritier, sect. I et suiv. — Jeu de fief, § II. — Légitime, sect. I et suiv. — Nantissement, § II. — *Paterna paternis*, sect. II et suiv. — Propre, § XII. — Rapport à succession § II et suiv. — Rente seigneuriale, § II. — Représentation (droit de), sect. II, § II. — Réserve coutumière, § I et suiv. — Retrait lignager. — Servitude, § XXIV et suiv. — Subrogation de chose, sect. II, § II. — Terres vaines et vagues. — Testament, sect. I, § I, art. 2. — Testament, sect. I, § I, art. 5. R. — Tiers-coutumier. Q. — Usufruit paternel, § I et suiv. — Vaine pâture, § II. — Viduité, n. 4. R.

Sens. V. Accrue de Bois. — Alluvion. R. — Arrérages, § I. Q. — Aumailles. — Autorisation maritale. R. — Avantages entre époux, § I. Q. — Champoier. — Clôture. — Communauté tacite. — Continuation de communauté. R.; et § I. Q. — Contre-mur. — Déguerpissement, § III. — Donation, sect. III, § I. — Dot, § X. — Double lien, sect. II, § II. — Exécuteur testamentaire, n. 2. — Gens de poste. — Héritier, sect. I et suiv. — Jeu de fief, § II. — Légitimation, sect. II. — Légitime. sect. I et suiv. R. — Parcours. — *Paterna paternis*, sect. II et suiv. — Puissance maritale, sect. II, § II et suiv. — Rapport à succession, § II et suiv. — Récompense, sect. I. — Regain. R. — Rente foncière, § III. Q. — Représentation (droit de), sect. II, § III. — Réserve coutumière, § I et suiv. — Retrait lignager. — Retrait de reconsolidation. — Subrogation de chose, sect. II, § II. — Testament, sect. I, § I, art. 5. — Testament, sect. I, § II, art. 2. — Trousseau. — Vaine pâture, § I et suiv. R. — Vaine pâture, § I. Q. — Ville d'arrêt. — Vue, § III. R.

Sôtes (pays de). V. Agréer. — Autorisation maritale. — Avitins. — Double lien, sect. II, § II et suiv. — Prescription, sect. II, § XXI. — Retrait lignager. — Testament, sect. I, § I, art. 5. — Ville d'arrêt. R.

Soule (pays de). V. Codicille. — Dot, § XVII. — Propre, § III et suiv. R. — Rente foncière, § VIII et X. — Succession, § I. Q.

Tenremonde. V. Conquêts, § I. — Continuation de communauté, § I. Q. — Contrat de mariage, § I. — Déshérence. — Légitime, sect. II. — Nantissement, § I et suiv. — Propre, § XII. — Puissance paternelle, sect. I et suiv. — Réserve coutumière, § I et suiv. — Subrogation de chose, sect. II, § I. R.

Térouane. V. About. — Chemin public. R.

Thionville. V. Prescription, sect. I, § VI et suiv. — Prescription, sect. II, § VI. — Prescription, sect. II, § XX. — Retrait lignager. — Testament, sect. I, § III, art. 5.

Toul. V. Servitude, § XXVI. R.

Toulouse. V. Augment. R. — Contre-augment. — Gardiage. — Légitime, sect. V. — Rappel à succession, sect. III et suiv. — Servitude, § XXII et suiv. R.

Touraine. V. Apparagement. — Applége, R. — Avantages entre époux, § I et II. Q. — Avenant. R. — Concubinage. — Continuation de communauté, § I — Contrat pignoratif. — Coutume, § III. — Démission de biens, § III. Q. — Donation, sect. V, § II. — Don mutuel. — Douaire, sect. III, § II et suiv. R. — Douaire, § II. Q. — Faultrage. — Franc-devoir. — Garenne. — Héritier, sect. III et suiv. — Institution contractuelle, § X et suiv. — Mariage avenant. — *Paterna paternis*, sect. II et suiv. — Présomption, § III. — Propre, § I et suiv. — Rappel à succession, sect. III et suiv. — Rapport à succession, § II et suiv. — Rente seigneuriale, § I. — Représentation (droit de), sect. II, § IV. — Réserve coutumière, § I et suiv. R. — Retrait successoral. Q. — Réversion, sect. II, § II et suiv. — Servitude, § XVIII et suiv. — Ténement de cinq ans. — Testament, sect. I, § I, art. 5 R. — Vaine pâture, § II. Q.

Tournai et *Tournaisis*. V. Avantages entre époux, § I, III et IV. — Bail, § I. Q. — Cens, § V. R. — Communauté de biens entre époux. — Contrat de mariage, § I. — Contre-mur. R. — Coutume, § II. Q. — Dette, § IV. — Devoirs de loi. — Donation, sect. V, § II. — Double lien, sect. II, § II. R. — Faculté de rachat, § VI. Q. — Fief, sect. II, § VII et suiv. — Forgagner. — Fourmorture. — Franc-alleu, § XVI. — Interruption d'instance. R. — Miens, § I. — Mineur, § I. Q. — Mort-gage. — Pain de père et mère. — *Paterna paternis*, sect. II et suiv. — Puissance maritale, sect. II, § II et suiv. — Puissance paternelle, sect. I et suiv. — Purge. — Quint naturel. — Recharge. R. — Rente foncière, § XI. — Réserve coutumière, § I et suiv. — Servitude, § XXIV et suiv. — Testament, sect. I, § II, art. 2. R.

Tournehem. V. Homme de fiefs. — Représentation (droit de), sect. II, § IV. R.

Tours. V. Baron. — Châtelain. — Chef-parageur. — Chemin voisinal. — Clôture. — Colombier. — Contrat de mariage, § II. — Coutumier. — Dette, § III. — Douaire, sect. I, § VII et suiv. — Double lien, sect. II, § II et suiv. — Indire. — Légataire, § VII et suiv. — Licitation, § IV. — Retrait lignager. R. — Voisinage, § II. R.

Tremblery et *Villebrosse*. V. Garenne. R.

Troyes. V. Accensement et accensissement. R. — Aînesse, § II. Q. — Alluvion. — Alviner. — Arage. — Autorisation maritale. R. — Avantages entre époux, § I et III. Q. — Biens, § II. — Champoier. — Clôture. — Communauté tacite. — Communaux, § IV. — Commutation. R. — Continuation de communauté, § I. Q. — Contrat de mariage, § II — Contre-mur. R. — Démission de biens, § III. Q. — Douaire, sect. I, § VII et suiv. — Double lien, sect. II, § II et suiv. — Droits successifs, n. 7. — Franc-alleu, § IV et suiv. — Gains nuptiaux et de survie, § II. — Garenne. R. — Hypothèque, § XIII. Q. — Institution contractuelle, § X. — Légitimation, sect. II. — Licitation, § IV. — Moulin, § III et suiv. — Noces (secondes), § I et suiv. — Nullité, § VI. — Parcours. — *Paterna paternis*, sect. II et suiv. — Prescription, sect. II, § XXIV. — Puissance paternelle, sect. I et suiv. — Représentation (droit de), sect. II, § III. — Réserve coutumière, § I et suiv. — Retrait lignager. — Sainteur. — Servitude, § XXI et suiv. — Servitude, § XXIV et suiv. — Subrogation de chose, sect. II, § II. — Succession, sect. I, § III, art. 2. — Testament, sect. I, § I, art. 5. — Testament, sect. I, § III, art. 5. — Trousseau. — Usage (droit d'), sect. II, § I et suiv. — Vaine pâture, § I et suiv. R. — Vaine pâture, § I. Q. — Voisinage, § IV. — Vue, § II. R.

Utrecht. V. Avantages entre époux, § IV. Q. — Majorité, § III. — Prescription, sect. II, § I et suiv. — Viduité, n. 4. R.

Waes (pays de). V. Catteux. — Contrat de mariage, § I. — Dicage. — Enfant chéri. — Légitime, sect. II. — Nantissement, § I et suiv. — Prescription, sect. II, § VI. — Représentation (droit de), sect. II, § IV. — Réserve coutumière, § I et suiv. — Subrogation de chose, sect. II, § II. R.

Valenciennes. V. Adhéritance. — Ajour. R. — Avantages entre époux, § I et II. Q. — Ayuve. — Bâtard, sect. I, — Cerquemanage. — Clain. — Clain de rétablissement. R. — Condition de manbournie, § I et IV. Q. — Conditionner un héritage. — Convent. — Dette, § IV. — Devoirs de loi. — Dévolution coutumière, § II. R. — Don mutuel, § III. Q. — Douaire, sect. V, § II et suiv. — Double lien, sect. II, § II et suiv. — Emancipation, § I. — Embiefs. — Entravestissement, sect. I et suiv. — Exécution parée. R. — Féodalité, § III. Q. — Ferme. R. — Fief, § III. — Fourmorture, § V. Q. — Hommes de fiefs. — Jurés de Cattel. — Maineté. — Majorité, § II et suiv. — Manbour. — Mayeur. R. — Mines, § I. — Partage, VII. Q. — Prescription, sect. I, § VII et suiv. — Preuve, sect. II, § III. — Prodige, § II et suiv. — Puissance maritale, sect. II, § II et suiv. — Puissance paternelle, sect. I et suiv. — Rapport à succession, § I et suiv. — Record de loi. — Record exécutoire. — Recours en Hainaut. — Remploi, § I et suiv. R. — Remploi, § VI. Q. — Rente constituée, § XI. — Représentation (droit de), sect. II, § II. — Retrait de reconsolidation. — Réversion, sect. II, § II et suiv. R. — Révocation de donation, § IV. Q. — Servitude, § XXVI. — Succession, sect. I, § VI. — Subrogation de chose, sect. II, § I et suiv. — Tenue par loi. — Testament, sect. I, § I, art. 3. — Testament, sect. II, § II. — Testament, sect. II, § III. R. — Testament, § I, II. Q. — Usufruit, § III. — Usufruit paternel, § I et suiv. R.

Valois. V. Avantages entre époux, § I. — continuation de communauté, § I. Q. — Douaire, sect. IV, § VI et suiv. — Double lien, sect. II, § II. — Hypothèque, sect. I et suiv. — Légataire, § VII et suiv. — Légitime, se t. I et suiv. — Prescription, sect. I, § VII et suiv. — Prescription, sect. III, § II et suiv. — Rapport à succession, § IV et suiv. — Représentation (droit de), sect. II, § V. — Réserve coutumière, § I et suiv. — Retrait lignager. — Servitude, § XXIV et suiv. — Testament, sect. I, § I, art. 3. — Vue, § III. R.

Vastany. V. Colombier R.

Vatan. V. Champart. — Garenne. R.

Waterlos. V. Légitime, sect. II. R.

Verdun. V. Institution contractuelle, § X. — Légitime, sect. I. — Prescription, sect. I, § VII et suiv. — Prescription, sect. II, § XIII. — Retrait de recousse. — Servitude, § XXIV et suiv. — Ville d'arrêt. R.

Vermandois. V. Avantages entre époux, § I — Continuation de communauté, § I. Q. — Devoirs de loi. — Donation, sect. V, § II. — Gains nuptiaux et de survie, § II. — Habita-

tion, sect. I et suiv. — Héritier, sect. VI et suiv. — Hypothèque, sect. I et suiv. — Légataire, § V et suiv. — Légitime, sect. I et suiv. — Licitation, § IV. — Nantissement, § I et suiv. — Noces (secondes), § I et suiv. — Prescription, sect. I, § VII et suiv. — propre, § V. — Puissance paternelle, sect. VI, § II. — Rapport à succession, § II et suiv. — Rente seigneuriale, § II. — Représentation (droit de), sect. II, § III. — Réserve coutumière, § I et suiv. — Retrait censuel. — Retrait lignager. — Servitude, § XXVI. — Subrogation de chose, sect. II, § II. — Testament, sect. I, § I, art. 3. — Testament, sect. I, § II, art. 2. — Testament, sect. II, § II. — Testament, sect. II, § III. R. — Usage (droit d'), § VII. Q. — Usufruit, § II. — Usufruit paternel, § I et suiv. — Viduité, n. 4. R.

Vianen. V. Puissance maritale, sect. II, § II et suiv. R.

Vimeu. V. Herbage. R.

Wissembourg (statuts de). V. Dévolution coutumière, § II. Q.

Vitry-le-Français. V. Alviner. R. — Avantages entre époux, § I, III, V et VIII. Q. — Biens, § II. — Clef. — Clôture. — Colombier. R. — Continuation de communauté, § I. Q. — Double lien, sect. II, § II. — Entre-cours. — Franc-alleu, § VII et suiv. — Garenne. — Gens de poste. — Habitation, sect. I et suiv. — Héritier, sect. I et suiv. — Institution d'héritier, sect. I et suiv. — Jeu de fief, § II. — Licitation, § IV. — Mineur, § V. — Parcours. — Prescription, sect. II, § XIII. — Propre, § V. — Puissance paternelle, sect. I et suiv. — Rapport à succession, § II et suiv. — Regain. — Renonciation à la communauté. — Représentation (droit de), sect. II, § III. — Réserve coutumière, § I et suiv. — Retrait lignager. — Réversion, sect. II, § II et suiv. — Subrogation de chose, sect. II, § II. — Substitution fidéicommissaire, sect. I, § XII. — Testament, sect. I, § I, art. 3. — Testament, sect. I, § III, art. 3. — Testament, sect. II, § III. R. — Usage, (droit d'), sect. II, § I et suiv. R.

Wodèque. V. Rapport à succession, § VI. — Représentation (droit de), sect. II, § IV. — Réserve coutumière, § I et suiv. R.

Ypres. V. Avantages entre époux, § III. Q. — Bourgeois, § IV. — Confraternité de coutumes. R. — Conquêts. — Continuation de communauté, § I. Q. — Contrat de mariage, § I. — Devoirs de loi. — Douaire, sect. V, § II et suiv. — Effet rétroactif, sect. III, § VI. — Enfant chéri. R. — Fourmorture, § VI. Q. — Légitime, sect. II. — Nantissement, § I et suiv. — Nécessité jurée, § I et suiv. R. — Rente constituée, § XI. R. — Réserve coutumière, § I et suiv. R. — Subrogation de chose, sect. II, § I. R.

CHAPITRE Ier. — *Lois, Décrets, Arrêtés, Sénatus-Consultes, Avis du conseil d'État, et Ordonnances du Roi, depuis 1789 jusqu'à 1828.*

Nota. Les décrets de l'assemblée constituante, depuis le mois de juin 1789, jusqu'au 30 septembre 1791, et ceux de l'assemblée législative, depuis le 1er octobre 1791 jusqu'au 10 août 1792, devenus lois, par l'acceptation ou la sanction du Roi, portent à cet effet dans cette Table deux dates : la première est celle du jour où le décret a été rendu ; et la seconde, après le double tiret, est celle de l'acceptation, ou de la sanction donnée par le Roi.

ASSEMBLÉE CONSTITUANTE.

1789.

1789, 23 juin-23 février 1791. *Loi* sur l'inviolabilité des députés. V. Inviolabilité. R.

— 17 juin. *Décret* par lequel les députés des communes aux états généraux se constituent en assemblée nationale. V. Corps législatif. R.

— 17 juin-20 mars 1791. *Loi* pour assurer la perception des impôts et le payement de la dette publique. V. Impôts. — Dette publique. R.

— 4, 6, 7, 8 et 11 août-21 septembre et 3 novembre. *Loi* portant abolition du régime féodal, des justices seigneuriales, des dîmes, de la vénalité des offices, des priviléges, des annates, de la pluralité des bénéfices, etc. V. Accrue de bois. — Afforage. — Annate. — Armes, § II. — Arrérages. — Avocat fiscal. — Bail à domaine congéable. R. — Bail à rente, § I. Q. — Bailli seigneurial. — Banalité. — Baron. — Bassin. — Bâtard. — Bourgeois. R. — Cantonnement, § VIII. Q. — Champart, n. 1 et suiv. — Charges publiques. — Chartre normande. — Chasse, § III et suiv. R.; et Chasse. Q. — Chaume. — Chézé. — Colombier, n. 11 et suiv. R. — Communaux (biens), § VII. Q. — Condition de manbournie, § VIII. — Conservateurs des chasses. — Conversion des rotures en fief. — Corvée. R. — Cours d'eau, § I. — Danger. — Déclarations seigneuriales. — Démembrement de fief. — Dénombrement. — Directe. — Dépens. — Dépié de fief. — Devoirs de loi, § IV. — Dispense. § I. — Dixme. R. — Dixme, § II. — Donation, § III. Q. — Douaire, sect. I, § IV. — Effet rétroactif, sect. II. — Empêchemens de mariage, § V, art. 1. R. — Emphytéose, § I. Q. — Epices. — Etaler (droit d'). — Etang. — Fait du souverain. — Félonie. — Féodalité. R.; et I et suiv. — Fief, § VI. R.; et § III. Q. — Franc-alleu, § XXXII. — Franc-fief, § III. — Franchises. — Garennes. — Gariment. — Gibier. — Hommes cottiers. — Hommes de fief. — Juge de paix, § XV. — Lacs. R. — Lettres de ratification, § III. — Locatairie perpétuelle, § I. Q. — Lods et ventes. — Mainmorte. — Maire, sect. VI. — Majorat, § II. — Malte (ordre de), § IV. — Manufacture. — Marquis. — Meilleur cattel. R. — Mines, § I et suiv. — Naufrage. — Nécessité jurée. — Noblesse, § VIII. — Office. — Pêche, sect. I, § I. R.; et § I. Q. — Prince, § V. — Privilége. — Puissance maritale, sect. II, § II. — Quint datif. — Quint naturel. — Rente constituée, § VIII. — Rente foncière, § I. — Rente seigneuriale, § II. R.; et § XVI. Q. — Renvoi de biens. — Retrait ducal. R. — Retrait féodal, § I. Q. — Réversibilité des fiefs. — Seigneurie directe. — Taille seigneuriale. — Terrage. — Triage. — Troupeau à part. — Vicomte. R.

1789, 10-14 août. *Loi* pour le rétablissement de l'ordre et de la tranquillité dans le royaume. V. Armes, § II. R.

— 26 août. *Loi* sur la déclaration des droits de l'homme. V. Loi, § I.

— 29 août-21 septembre. *Loi* qui ordonne la libre circulation des grains dans l'intérieur, et en défend l'exportation. V. Grains. R.

— 18-21 septembre. *Loi* qui défend l'exportation des grains, et en ordonne la libre circulation dans l'intérieur. V. Grains. R.

— 25-27 septembre. *Loi* concernant la perception des impôts, et la réduction du prix du sel. V. Gabelle. R.

— 29 septembre-octobre. *Loi* relative aux droits de franc-fief ouverts. V. Franc-fief. R.

— 30 septembre. *Arrêt* du conseil d'État portant suppression de la commission de Valence. V. Commission. R.

— 3-12 octobre. *Loi* concernant le prêt à intérêt. V. Contrat pignoratif, § II. Q. — Gage. — Mort. — Intérêt, § IV. — Maison de prêt sur nantissement. — Usure, n. 2. R.

— 5 octobre. *Loi* concernant la circulation des grains. V. Grains. R.

— 8 et 9 octobre-3 novembre. *Loi* sur la réformation de quelques points de la jurisprudence criminelle. V. Atteint et convaincu. — Confrontation. — Pouvoir judiciaire, § I. — Publicité de l'audience, § II. — Révision de procès, § III. R. — Sections de tribunaux, § II. Q.

— 20 octobre-29 août 1790. *Loi* relative aux attributions du conseil du Roi. V. Conseil du Roi. R.

— 20 octobre-3 novembre. *Loi* qui ordonne l'envoi aux tribunaux et aux corps administratifs, des décrets acceptés ou sanctionnés par le Roi. V. Loi. R.

— 21-24 octobre. *Loi* portant établissement d'une loi martiale contre les attroupemens. V. Attroupemens. — Loi martiale. R.

28 octobre-1 novembre. *Loi* qui suspend l'émission des vœux monastiques. V. Vœux. R.

1789, 2-4 novembre. *Loi* qui met les biens ecclésiastiques à la disposition de la nation. V. Mainmorte (gens de), § V. — Malte (ordre de), § IV. — Presbytère. — Triage, § I et suiv. R.

— 5-6 novembre. *Loi* relative à la transcription des décrets sur les registres des cours, des tribunaux, et des corps administratifs et municipaux. V. Enregistrement des lois. R.

— 30 novembre-janvier 1790. *Loi* portant que la Corse fait partie de l'empire français. V. Corse. R.

— 11 décembre. *Loi* concernant la répression des délits qui se commettent dans les forêts et bois. V. Déclaration de coupe de bois. R.

— 14 décembre. *Loi* relative à la constitution des municipalités, suivie d'une instruction. V. Acquiescement, § VI. — Acte administratif. — Bail, § XVIII. — Bourgeois. — Capitouls. — Cassation, § V. — Colombier, n. 12 et suiv. — Communautés d'habitans. R. — Commune, § II, III, V et VI. Q. — Compte des deniers publics. — Conseil général de commune. — Conseillers pensionnaires. — Consuls des villes et bourgs. — Echevins. — Garantie des fonctionnaires publics. — Grand conseil de Valenciennes. — Mainmorte (gens de), § IX. — Maire. — Mayeur. R. — Responsabilité des communes, § III. Q. — Rente seigneuriale, § II. R. — Tribunal de police, § IV. Q. — Voirie. R.

— 14 décembre. *Déclaration* du Roi sur la vaisselle d'argent remise en don patriotique. V. Adjudication. R.

— 19 et 21 décembre-janvier 1790. *Loi* concernant la caisse d'escompte, et portant établissement d'une caisse de l'extraordinaire. V. Monnaie, § V. R.

— 22 décembre-janvier 1790. *Loi* relative à la constitution des assemblées primaires et des assemblées administratives, suivie d'une instruction. V. Préfet. — Sous-préfet. R.

— 24 décembre. *Loi* qui déclare les non-catholiques admissibles à tous les emplois civils et militaires. V. Comédien. — Religionnaires, § X. R.

1790.

1790, 21 janvier. — *Loi* concernant les condamnations pour raison des délits et des crimes. V. Cadavre. — Confiscation, § I. — Décapiter. — Délit, § VIII et suiv. — Exécution des jugemens criminels, § I. — Infamie. — Institution d'héritier, sect. V, § I. R.

— 15-19 février. *Loi* qui prohibe en France les vœux monastiques de l'un et de l'autre sexe. V. Célibat, n. 3. — Effet rétroactif, art. 4. — Empéchemeus. — Mariage, sect. II, § I. — Mort civile. — Profession monastique. — Succession, sect. I, § II et suiv. — Vœux. R.

— 23-26 février. *Loi* concernant la sûreté des personnes, des propriétés, et la perception des impôts. V. Attroupemeus. R.

— 26 février-4 mars. — *Loi* relative à la division de la France en quatre-vingt-trois départemens. V. Département. — Rivière. R.

— 6-7 mars. *Loi* concernant le sursis à l'exécution de tous les jugemens prevôtaux. V. Amnistie. R.

— 8-10 mars. *Loi* qui autorise les colonies à faire connaître leur vœu sur la constitution, la législation et l'administration qui leur conviennent. V. Colonie. R.

15-28 mars. *Loi* relative à l'abolition du régime féodal. V. Afforage. — Ainesse (droit d'). R.; et § II. Q. — Bac. — Bail à domaine congéable. R. — Bail à rente, § I. Q. — Baiser à la bouche. — Banalité. R.; et § I et suiv. Q. — Bassin. — Bouche (la) et les mains. — Chassi-pollerie. — Chiénage. — Chien d'avoine. — Civerage. — Communaux, § IV. — Condition de manbournie, § VIII. R. — Cours d'eau, § I. Q. — Corvée. — Danger. — Dénombrement. R. — Donation, § III. Q. — Douaire, sect. I, § IV. — Effet rétroactif, sect. III, § I. — Enclave. — Etaler (droit d'). — Exclusion coutumière. — Fait du souverain. R.; et § I. — Féodalité, § I et suiv. Q. — Fief, § VI. R.; et § III. Q. — Franc-alleu, § XXXII. — Gage plége. — Garde royale. — Gariment. — Gave. — Guet et garde. — Habitation (droit d'). — Hallage (droit de). — Héritier, section IV. — Indire (droit d') aux quatre cas. — Institution contractuelle, § XIII. — Lods et ventes. — Mainmorte. — Marais, § III. R. — Mines, § I et suiv. Q. — Moulin, § VII, art. 4. — Naufrage. — Navigation, sect. II, § H. — Noblesse, § VIII. — Péage, § II. R. — Pêche, § I. Q. — Poids public. — Pressoir. — Pulvérage. — Quint datif. — Quint naturel. — Rente foncière, § I. R. — Rente foncière et seigneuriale, § XVI. Q. — Retrait censuel. — Retrait féodal. R.; et § I. Q. — Réversibilité des filets. — Succession, sect. I, § III, art. 1. R.; et § III et suiv. Q. — Terrier. R. — Tiers-denier, § III. Q. — Triage. — Troupeau à part. — Usage (droit d'), sect. II, § III et suiv. R.; et § III. Q. — Usufruit, § I. — Vente, § V. R.; et § II. Q.

1790, 19-26 mars. *Loi* sur la capacité des religieux sortis du cloître pour hériter à l'exclusion du fisc, et pour disposer de leurs biens, et sur la jouissance et les obligations des religieux qui vivront en commun. V. Effet rétroactif, art. 4. R.

— 21-30 mars. *Loi* relative à la suppression de la gabelle, du quart-bouillon, et autres droits relatifs à la vente des sels à compter du 1 avril 1790. V. Gabelle. — Sel. R.

— 17-22 avril. *Loi* relative à l'emploi des billets de la caisse d'escompte en payement des dépenses publiques. V. Caisse d'escompte. R.

— 20-22 avril. *Loi* concernant l'administration des biens déclarés à la disposition de la nation, l'abolition des dîmes, etc. V. Dîmes. R.; et § II. Q.

— 22-25 avril. *Loi* concernant la réformation provisoire de la procédure criminelle. V. Confrontation. R.

— 22, 25, 28—30 avril. *Loi* générale sur la chasse. V. Armes, § II. — Bail, § I. — Braconnier. R. — Cantonnement, § VIII. Q. — Chasse. R.; et § III et suiv. Q. — Délit, § IV. — Garde champêtre. — Gibier. — Lacs. — Port d'armes. R.

— 30 avril-2 mai. *Loi* concernant les conditions requises pour être réputé français, et pour être admis à l'exercice des droits de citoyen actif. V. Bourgeois. — Commerce. — Naturalisation. R.

— 1 mai. — *Loi* établissant deux degrés de juridiction. V. Appel, sect. I, § IX et suiv. R.; et § II, n. 4; § XIV. — Arbitres, § IV. — Date, § V. Q. — Degrés de juridiction. — Dernier ressort. R.; et § I. Q. — Interlocutoire, § V. Q. — Réparation d'injures, § II. Q. — Tribunal d'appel, § II et suiv. Q.

— 5-9 mai. *Loi* concernant les droits féodaux rachetables. V. Congément. — Domaines nationaux R. — Donation. Q. — Lods et ventes. R. — Offres réelles, § II. Q.

— 8 mai-22 août. *Loi* concernant l'unité des poids et mesures. V. Poids et mesures, § I. R.

— 9 mai-21 septembre. *Loi* concernant l'aliénation des domaines de la couronne. V. Rente foncière, Rente seigneuriale. Q.

— 14-17 mai. *Loi* concernant la vente de quatre cents millions de domaines nationaux. V. Bail, § VIII. Q. — Emphytéose, § II. R.

— 14-22 mai. *Loi* qui prohibe l'entrée du sel étranger dans le royaume. V. Sel. R.

1790, 17-24 mai. *Loi* relative aux demandes en retrait féodal ou censuel. V. Retrait féodal. Q.

— 20-27 mai. *Loi* qui défend de recevoir dans les galères de France toute personne condamnée par un jugement étranger. V. Galères. R.

— 21 mai-18 juin. *Loi* concernant les retraits. V. Mainmorte (gens de), § V.

— 51 mai-5 juin. *Loi* en forme d'instruction pour la vente des domaines nationaux. V. Bougie. R.

—2-5 juin. *Loi* concernant les poursuites à exercer contre les individus qui séduisent, trompent et soulèvent le peuple. V. attroupement. — Grains. R.

— 9 juin. *Loi* sur la détermination de la liste civile d'après la lettre du Roi. V. Liste civile. R.

— 8 et 9-10 juin. *Loi* relative à la fédération générale des gardes nationales et des troupes du royaume. V. Garde nationale. R.

— 15-10 juin. *Loi* portant abolition des retraits de bourgeoisie, d'habitation et autres. V. Droits successifs. — Retraits d'Esclèche de frareuseté, de maison vendue pour être démolie. R.

— 18 juin. *Loi* relative à l'inscription des citoyens actifs sur le registre des gardes nationales. V. Opposition (tierce), § I. Q.

— 19-25 juin. *Loi* qui abolit la noblesse héréditaire et les titres de prince, de duc, comte, marquis et autres semblables. V. Armes, § II. — Armoiries. — Baron. — Comte. — Douaire, sect. I, § II et suiv. — Duc et duché. — Livrée. — Marquis. — Noblesse, § VIII. — Prince, § V. — Succession, sect. I, § II et suiv.

— 24-27 juin. *Loi* concernant l'intitulé des délibérations des corps administratifs. V. arrêtés. R.

— 9-25 juillet. *Loi* concernant l'aliénation de tous les domaines nationaux. V. Aliénation, n. 8. R. — Biens nationaux, § III. Q. — Emphytéose, § II. et suiv. R.

— 10-18 juillet. *Loi* concernant les biens des religionnaires fugitifs. V. Religionnaires, § X. R.

— 12-24 juillet. *Loi* sur la constitution civile du clergé et la fixation de son traitement. V. Clergé. — Concordat. — Fondation. — Mainmorte (gens de), § V. — Patronage, § IV. R. — Remboursement, § I. Q.

— 19-25 juillet. *Loi* qui fixe l'uniforme des gardes nationales du royaume. V. Garde nationale. R.

— 19-25 juillet. *Loi* qui abolit le retrait lignager, le retrait de mi-denier, les droits d'écart et autres de pareille nature. V. Confusion. R. — Retrait féodal. Q. — Retrait de mi-denier. — Retrait lignager. R.

— 9 et 21-26 juillet. *Loi* qui supprime les offices de jurés priseurs, qui ordonne de continuer, au profit du trésor public, la perception du droit de quatre deniers pour livre du prix de la vente, qui leur avait été attribué, et qui autorise les notaires, greffiers et sergens à procéder à cette vente. V. Huissier priseur. — Vente, § VIII, art. 5. R. — Vente publique de meubles. Q.

— 26 juillet-15 août. *Loi* relative aux droits de propriété et voirie sur les chemins publics, rues et places de villages, bourgs ou villes, et arbres en dépendans. V. Arbre. — Chemin public, n. 2. R. — Pêche, § I. Q.

—5-22 août. *Loi* concernant les pensions, gratifications et autres récompenses nationales. V. Pension, § III.

— 6-18 août. *Loi* portant abolition du droit d'aubaine, de détraction, et extinction des procédures relatives à ces droits. V. Adoption, § II et suiv. Q. — Aubaine. — Détraction. R.

1791, 10 août. *Loi* concernant l'inviolabilité du secret des lettres. V. Lettre. R.

— 11-24 août. *Loi* pour accélérer la liquidation et le payement du traitement du clergé. V. Emphytéose, § IV. Q.

— 12-20 août. *Loi* en forme d'instruction, concernant les fonctions des assemblées administratives. V. Ecluse. — Maire, sect. XI. — Poids public. — Préfet. — Sous-préfet. R. — Procession. Q.

— 16-24 août. *Loi* relative à l'organisation judiciaire. Tit. 1. V. Arbitrage. R. — Arbitres, § I, II, III et XI. Q. — Avocat du Roi. — Compromis. R. — Date, § V. — Hypothèque, § I. — Tribunal d'appel, § II et suiv. Q.

Tit. 2. V. Appel, § XIV. Q. — Arrêt, n. 9. — Audience. R. — avantages aux héritiers présomptifs. Q. — Avocat général. — Bureau de conciliation. R. — Bureau de paix. — Cabaret. — Café, § II. Q. — Gens, § V. — Chambre du conseil. — Chose jugée, § XV et suiv. — Commissaire. — *Committimus*. R. — Commune, § I et suiv. Q. — Consuls des marchands. R. — Date, § V. Q. — Déclinatoire. — Délibéré. — Dette publique. R. — Dettes des communes, § II. — Dévolution coutumière, § I. Q. — Election. — Epices. — Evocation, § I. — Forfaiture. R. — Hiérarchie judiciaire, § I. Q. — Interprétation. R. — Jugement, § II et suiv. Q. — Marché. R. — Nation, § IV. Q. — Opposition aux jugemens par défaut, § III, art. 2. R. — Papier-monnaie, § VI. Q. — Pouvoir judiciaire, § II. R.; et § VII et suiv. Q. — Prodigue, § VII. — Publicité de l'audience, § II. — Question préjudicielle, n. 4. R. — Rapport (ordre judiciaire), Q. — Référé au législateur. R. — Rôle, § I. — Suppléant (juge), § I. — Tribunal d'appel, § V et suiv. Q.

Tit. 3. V. Appel, § VIII, n. 7. Q. — Assesseur. — Cérémonies. — Complainte, § III et suiv. — Cours d'eau. R.; et § I. Q. — Curateur, § I. Q. — Dernier ressort, § I et suiv. — Injure. — Juge de paix, § X. R. — Justice de paix, § I et suiv. Q. — Ministère public, § VIII. R. — Pouvoir judiciaire, § IX et suiv. Q. — Prorogation de juridiction. R.; et § I. Q. — Question préjudicielle, n. 10. — Tutelle, sect. II, § III. R. — Usufruit, § VI. — Voie de fait, § I. Q.

Tit. 4. V. Appel, sect. I, § IX et suiv. R.; et § I, III, VII et XIII. Q. — Assignation, § IX. Q. — Conventions matrimoniales, § II. — Dernier ressort, § I et suiv. R.; et § I et suiv. Q. — Fruits, § III. Q. — Inscription de faux, § I. R. — Jugement, § XII. Q. — Juge de paix, § IX. — Opposition à un jugement. R. — Opposition aux jugemens par défaut, § II. Q. — Rente foncière. — Rente seigneuriale, § V. Q. — Tribunal de district. R.

Tit. 5. V. Action *ad exhibendum*. — Ainesse, § II. Q. — Appel, sect. I, § I et suiv ; et § VIII, n. 5. Q. — Ban de vendange. R. — Chose jugée, § III. — Délai, § I. Q. — Dernier ressort, § I et suiv. R. — Désertion d'appel. — Exécution des jugemens en matière civile, § II. — Expropriation forcée, § III. — Inscription de faux, § I. Q. — Jugement, § II. — Motif des jugemens. R. — Opposition (tierce), § I. — Prescription, § XV. — Propriété littéraire, § I. — Qualités. — Rente. — Revendication, § I. — Union de créanciers, § II. Q.

Tit. 8. V. Avocat du Roi. — Chambre des avoués. — Jugement, § VII *bis*. — Mariage, sect. VI, § III. R.; et § V. Q. — Procès-verbal, § I. R. — Substitution fidéicommissaire, § XII. Q.

Tit. 10. V. Amende, § IV. R. — Appel, § IX. Q. — Arbitrage. R. — Bureau de paix, § V, VI et suiv. Q. — Citation en conciliation. R. — Légitimité, § II. Q.

Tit. 11. V. Acte administratif. R. — Arrêt de règlement. Q. — Bouchon. — Comédien. — Contrainte (finances), § II. — Four. R. — Garde nationale, § II. Q. — Illumination. — Incendie. — Maire, sect. II, § VII. — Peine, n. 8. — Poids et mesures, § III. — Préfet. R.; et § IV. Q. — Procession. Q. —

Sous-préfet. R. — Tribunal de police, § IV et suiv. Q. — Voirie. R.

Tit. 12. V. Abus (appel comme d'). Q. — Consuls des marchands, § III et suiv. — Convention, § II. — Dernier ressort, § I et suiv. R. — Interlocutoire, § V.

1790, 21-22 août. *Loi* concernant les peines à infliger pour les fautes et délits commis dans l'armée navale et dans les ports et arsenaux. V. Cale. — Calfateur. — Conseil de justice. — Conseil martial. — Echouement. — Matelot, § II. — Peine. — Pillage, § II. — Port. — Vol, sect. II, § III. R.

— 26-29 août. *Loi* relative à la direction et administration générale des postes. V. Lettres. — Messageries. R.

— 51-51 août. *Loi* concernant la chasse dans le grand et dans le petit parc de Versailles. V. Chasse, § V. R.

— 2-11 septembre. *Loi* sur la fixation des traitemens des juges, des administrateurs, et des frais de service des tribunaux. V. Défenseurs. — Greffier. R.

— 6 et 7-11 septembre. *Loi* relative à la forme de procéder devant les autorités administratives et judiciaires, en matière de contributions, de travaux publics, et de commerce, et à la suppression des cours, tribunaux et juridiction d'ancienne création. V. Abus (appel comme d'). Q. — Appariteur. — Assemblée, § II. — Autorisation maritale, § III. — Avocat du Roi. — Avocat fiscal. — Bailli seigneurial. — Basoche. — Bois, § II. — Bornage. — Bourgeois. — Chambre des comptes. — Chambre rigoureuse. — Chambre souveraine des eaux et forêts. — Chancellerie. — Charge d'enquête. — Commissaires enquêteurs. — Commissions en chancellerie. — Compensation. — Compétence, § II. — Compulsoire. — Connétablie. — Conseil provincial d'Artois. — Contentieux. — Conventions royales de Nîmes. — Cour des aides. — Dernier ressort, § I et suiv. R.; § I, et § X. Q. — Directoire de Strasbourg. — Donation, sect. VI, § II. — Effet rétroactif, sect. III, § VII. — Fiançailles. — Inventaire. — Juge. R. — Jugement, § XIII. Q. — Gouvernance. — Grand conseil. — Grand maître des eaux et forêts. — Greffier. — Greniers à sel. — Gruyers. — Halle-basse. — Hommes cottiers. — Hommes de fief. R. — Hommes de loi. Q. — Monnaie, § III, art. 2. — Oficial. — Requête civile, § III. R. et § II. Q. — Rescision. — Tables de marbre. — Travaux publics. — Trésoriers de France. — Vacations (chambre des). — Vicomte. R.

— 15-21 septembre. *Loi* relative à la libre circulation intérieure des grains, et à la prohibition de leur exportation à l'étranger. V. Grains. R.

— 17, 19 et 20-27 septembre. *Loi* relative aux frais de poursuites criminelles, aux statuts qui doivent régir les biens ci-devant féodaux ou censuels, et aux formalités qui tiennent au nantissement féodal ou censuel. V. Alleu. R. — Biens nationaux, § III. Q. — Cantonnement, § VIII. R. et Q. — Communaux (biens), § I et suiv. Q. — Condition de manbournie, § VIII. — Devoirs de loi, § IV. R. — Donation, § III. Q. — Douaire, sect. I, § IV. — Effet rétroactif, sect. III, § III, art. 5. — Exécutoire. R. — Féodalité, § III. — Fief, § III. Q. — Franc-alleu. — Franc-alloetier. R. — Moulin, § I. — Nantissement (pays de), § IV. — Partage, § VII. Q. — Puissance maritale, sect. II, § II. — Usage (droit d'), sect. II, § VI. R.; et § III. Q.

— 22 septembre-29 octobre. *Loi* qui fixe la compétence des tribunaux militaires, leur organisation et la manière de procéder devant eux. V. Conseil de guerre. — Cour martiale. — Curateur, § IX. — Délit militaire. R.

— 7-14 octobre. *Loi* qui règle différens points de compétence des corps administratifs en matière de grande voirie. V. Alignement. — Conflit d'attribution. R.

— 12-19 octobre. *Loi* sur l'installation des nouveaux juges des tribunaux de district, et l'exercice de leurs fonctions en matière civile et criminelle. V. Opposition (tierce), § III. Q. — Sections de tribunaux, § II. Q.

1790, 14 et 18-26 octobre. *Loi* contenant réglement sur la procédure et la justice de paix. V. Appel § I et IX. Q. — Cédule de citation. — Citation en jugement. — Défenseur. — Dernier ressort, § I et suiv. — Huissier, § VIII. R. — Huissier des juges de paix, § II et suiv. Q. — Hypothèque, sect. II, § IC, art. 4. — Juge de paix, § I et suiv. R. — Opposition aux jugemens par défaut, § X. Q. — Péremption, sect. I, § III. R.; et § I. Q. — Prorogation de juridiction. — Signature, § III. R.

— 25 et 28 octobre-5 novembre. *Loi* relative à la vente et à l'administration des biens nationaux, aux créanciers particuliers des différentes maisons religieuses, et à l'indemnité de la dîme inféodée. V. Bail, § XVII et suiv. — Bougie. — Dimes. R.; et § II. Q. — Domaine public, § V. — Fabriques des églises. — Fondation. R. — Inscription sur le grand-livre, § I, III. Q. — Intervention, § II. — Hôpital, § V. — Malte (ordre de), § IV. R. — Nation, § I et suiv. — Remboursement, § I et suiv. Q. — Succession, sect. I, § II, art. 5. R.

— 2-5 novembre. *Loi* qui règle le mode de publication des lois. V. Loi, § V. R.

— 11-17 novembre. *Loi* relative à l'entrepôt des grains, farines et légumes venant de l'étranger, et destinés à la réexportation. V. Grains. R.

— 4-24 novembre. *Loi* relative à la suppression des ci-devant receveurs généraux et particuliers des finances, et à la nomination et au service des receveurs de district. V. Cautionnement. — Comptabilité. R.

— 15-24 novembre. *Loi* contenant des articles additionnels à la constitution civile du clergé, concernant l'élection et la consécration des évêques, et la formation et la circonscription des paroisses. V. Abus (appel comme d'). Q.

— 22 novembre-1 décembre. *Loi* relative aux Domaines nationaux, au domaine public, aux échanges et concessions, et aux apanages. V. Apanage. R. — Communaux (biens), § IV. Q. — Domaine public, § II et suiv.; et § IV. Q. — Don du Roi. — Engagement, § I et suiv. Q. — Epaves. R. — Nation, § V. Q. — Pêche, sect. I, § I et suiv. — Place publique. — Vente, § V. R.

— 22 novembre-1 décembre. *Loi* concernant la contribution foncière. V. Cadastre. — Chemin public, n. 3. — Compoids. — Contribution foncière. R.; et § I et suiv. Q. — Contributions publiques. — Défrichement. R. Inscription hypothécaire, § I. Q. — Intérêt, § VI. — Prescription, sect. III, § XI. — Régie intéressée. — Rente foncière, § II. R.

— 27 novembre-1 décembre. *Loi* portant institution d'un tribunal de cassation, et réglant sa composition, son organisation et ses attributions. V. Appel, § XIV. — Arbitres, XIV. Q. — Audience. — Bulletin des arrêts de la cour de cassation. — Cassation, § I et suiv. R.; et § I, IX, XXI, XXIII et XLVIII. Q. — Chambre du conseil. — Chancelier de France. Chancellerie. — Chose jugée, § XV et suiv. R.; et § II et suiv. Q. — Commissaire. — Conseil du Roi. R. — Contrariété de jugemens, § II. Q. — Conventions matrimoniales, § II. — Cour de cassation. — Délibéré. — Dernier ressort, § XII. — Effet rétroactif, sect. I. R. — Gibier, § II. Q. — Greffier. R. — Incompétence, § III. Q. — Interprétation. — Jugement, § II. R.; et § I et suiv. Q. — Maîtres des requêtes. R. — Mariage, § III. Q. — Ministre. — Motifs des jugemens, n. 18. — Opposition à un mariage, n. 4. — Parricide, n. 4. — Président, § II. — Prise à partie, § II. R. — Rapport (ordre judiciaire). Q. — Réglement des juges, § I. — Renvoi (demande en). R. — Substitution fidéicommissaire, § XII. — Vente, § VIII. Q.

— 27 novembre-26 décembre. *Loi* relative au serment des évêques, ci-devant archevêques, et autres ecclésiastiques, fonctionnaires publics. V. Déportation. R.

1790, 5-19 décembre. *Loi* relative au droit d'enregistrement des actes civils et judiciaires, et des titres de propriété. V. Acte sous seing-privé, § II. — Avoué, § VI. Q. — Bois, § III. — Bureaux d'enregistrement. — Cautionnement. — Comptabilité. — Contrôle. R. — Déclaration au bureau d'enregistrement, § III. Q. — Délai, sect. I, § III. — Dépens. R. — Dernier ressort, § I. Q. — Enregistrement. — Enregistrement (droit d'), § I et suiv. R.; et § XVI et suiv. Q. — Hypothèque, sect. II, § III, art. 6, n. 4. R.; et § II. Q. — Mutation, § IV et suiv. R.; et § I et suiv. Q. — Partage, § XI. — Péremption, sect. I, § II. R. — Prescription, § IX. — Résolution, § II. Q. — Scel (petit). R.

— 8-15 décembre. *Loi* pour l'établissement de nouvelles mesures pour les grains. V. Poids et mesures, § I. R.

— 8-12 décembre. *Loi* relative aux pêcheurs dans les ports, et notamment à ceux de Marseille. V. Pêche, sect. II, § I et suiv. R.

— 9-15 décembre. *Loi* relative au mode de restitution des biens des religionnaires fugitifs. V. Français, § I. — Religionnaires, § X. R. et Q.

— 10-15 décembre. *Loi* sur le traitement du clergé. V. Bail, § VII. Q.

— 18-29 décembre. *Loi* relative au rachat des rentes foncières. V. Bail à culture perpétuelle. — Champart, n. 1 et suiv. — Civerage. — Commise emphytéotique. R. — Lettres de ratification, § III. Q. — Maire, sect. XIV. R. — Offres réelles. — Remboursement, § I. Q. — Remploi, § II. — Rente de don et legs. — Rente foncière, § I. R. — Rente foncière et seigneuriale, § V. Q. — Retrait à droit de lettre lue. — Surenchère. — Usufruit, § I. — Vigne. R.

— 21 décembre-6 avril 1791. *Loi* qui supprime les apanages. V. Apanage. R.

— 21-25 décembre. *Loi* relative aux droits des créanciers sur les offices ministériels. V. Inscription sur le grand-livre, § III. Q.

— 22 décembre-5 janvier 1791. *Loi* relative au régime des séminaires diocésains, et au traitement des supérieurs et vicaires-directeurs. V. Bourse, § I. R.

— 26 décembre-5 janvier 1791. *Loi* relative au dessèchement des marais. V. Marais, § VI. R.

— 51 décembre-7 janvier. *Loi* relative aux auteurs de découvertes utiles. V. Brevet d'invention. R. — Contrefaçon, § VII. — Propriété littéraire, § II. Q.

— 51 décembre-7 janvier 1791. *Loi* sur les classes des gens de mer. V. Syndic des gens de mer. R.

1791.

— 9-19 janvier. *Loi* relative aux juridictions de prud'hommes et patrons-pêcheurs de la ville de Toulon. V. Pêche, sect. II, § XI. R.

— 15-19 janvier. *Loi* relative aux spectacles. V. Comédien. R.

— 13 janvier-18 février. *Loi* sur la contribution mobilière. V. Contributions publiques. R.

— 27 janvier-4 février. *Loi* concernant les conservateurs des hypothèques, les greffiers expéditionnaires, et l'exercice des chancelleries établies près les tribunaux de district pour le sceau des lettres de ratification. V. Donation, sect. VI, § II. — Hypothèque, sect. I, § XIII, n. 9. R.

— 29 janvier-11 février. *Loi* relative aux avoués, à la taxe des procédures faites sous les anciens tribunaux, et à la forme à observer à l'avenir dans les inventaires, partages et liquida-

tions qui pourraient intéresser les absens. V. Absent, chap. I. — Commissaires enquêteurs. — Huissier, § I. R. et Q. — Inventaire, § IV. — Procureur *ad lites*. R.

1791, 5-11 février. *Loi* qui règle la forme et la durée des baux faits ou à faire par les établissemens auxquels l'administration de leurs biens a été provisoirement conservée. V. Bail, § XVIII. R.

— 10-18 février. *Loi* relative à la vente des immeubles affectés à l'acquit des fondations. V. Fondations. R.

— 12-18 février. *Loi* relative aux requêtes civiles. V. Requête civile, § III. R.; et § VIII. Q.

— 20-25 février. *Loi* portant suppression des places de gouverneurs, lieutenans-généraux, lieutenans de Roi, majors et autres. V. Division militaire. — Gouverneur. R.

— 2-17 mars. *Loi* portant suppression de tous les droits d'aides, de toutes les maîtrises et jurandes, et établissement de patentes. V. Carte. — Commerce. — Fondation. — Hôtelier, § II. — Patente, § I et suiv. R.

— 6-27 mars. *Loi* relative au nouvel ordre judiciaire. V. Abus (appel comme d'). — Appel, § I, n. 9. Q. — Avocat du Roi. — Bureau de conciliation. R. — Bureau de paix, § IX. Q. Carence. — Certificat de vie. — Chose jugée, § XV et suiv. — Défenseur. R. — Dépens, § IV. Q. — Domaine public, § V. — Huissier, § VIII. R.; et § III. — Huissier des juges de paix, § II. Q. — Inscription de faux, § I et suiv. — Jugement, § I et suiv. R. — Légitimité, § II. — Nation, § II et suiv. Q. — Notaire, § II. R. — Pouvoir judiciaire, § VII. Q. — Scellés. R. — Sections de tribunaux. — Suppléant (juge), § I. Q.

— 9-20 mars. *Loi* relative à la régie et perception des droits ci-devant féodaux, et autres droits incorporels non supprimés. V. Remboursement, § I. Q.

— 15-27 mars. *Loi* concernant l'organisation des corps administratifs. V. Attroupement. R. — Loi, § V. — Préfet. — Sous-préfet. — Succession, sect. II, § II, art. 5. R.

— 15-27 mars. *Loi* portant révocation des dons et échanges du Clermontais. V. Domaine public, § III. R.

— 16-27 mars. *Loi* qui déclare nulle toute vente des ci-devant droits de chauffage, pâturage et usages qui s'exerçaient dans les domaines nationaux. V. Chauffage. R.

— 20-27 mars. *Loi* qui supprime la ferme et la régie générale. V. Tabac. R.

— 26-30 mars. *Loi* relative aux moyens d'établir l'uniformité des poids et mesures. V. Poids et mesures, § I. R.

— 50 mars-6 avril. *Loi* relative à la contribution mobilière. V. Contributions publiques. R.

— 51 mars-5 avril. *Loi* qui maintient l'exécution des lois et réglemens sur l'orfévrerie. V. Marque et contrôle, § II. R.

— 5-10 avril. *Loi* relative à la commission chargée de surveiller la fabrication des monnaies. V. Monnaie, § III. R.

— 8-15 avril. *Loi* relative au partage des successions *ab intestat*. — V. Démission de biens, n. 5. R. — Dévolution coutumière, § I et suiv. Q. — Effet rétroactif, sect. III, § I. R. — Exclusion coutumière, § II. — Féodalité, § III. — Fief, § III. Q. — Héritier, sect. VI, § III. — Légitime, sect. III, § I. R.; et § IX. Q. — Prétérition, § I et suiv. Q. — Renonciation à une succession future, § II. — Représentation (droit de), sect. III. — Succession, sect. I, § III, art. I. R.; et suiv. Q. — Tiers coutumier. Q. — Wissembourg (statut du mundat de). Q.

— 9-15 avril. *Loi* relative à la pêche à la traîne, dans le Languedoc et le Roussillon. V. Pêche, sect. III, § I et suiv. R.

— 15-17 avril. *Loi* relative à l'abolition du droit d'aubaine et de détraction dans toutes les possessions françaises, même dans les deux Indes. V. Aubaine. R. — Étranger, § IV. Q.

1791, 13-20 avril. *Loi* concernant l'abolition de plusieurs droits seigneuriaux, notamment de ceux qui étaient ci-devant annexés à la justice seigneuriale, et le mode de rachat de ceux qui ont été déclarés rachetables. V. Abeilles. — Accrue de bois. — Aubaine. — Ayuve. — Bail à domaine congéables. — Bailli seigneurial. R. — Banalité, § I. Q. — Bassin. — Bâtard. — Biens, § IX. — Blairies. — Clain, § I. — Communaux, § I. et suiv. R.; et § IV. Q. Condition de manbournie, § VIII. R. — Cours d'eau, § I. Q. — Dauger. — Déshéritance, n. 11. — Déshéritance à futur. — Donation, sect. II, § III et suiv. R.; et § III. Q. — Emprise de testament. — Entre-cens. — Epaves. — Exclusion coutumière. — Exposition de part. — Fait du souverain. — Girouette. — Herbage. — Héritier, sect. I, § I. — Institution contractuelle, § X. — Interdiction par veuvage. — Main-mise, n. 15. — Manoir. — Mayeur. R. — Mines, § I. — Moulin, § I. Q. — Naufrage. — Occupation, § III, art. I. — Pêche, sect. I, § I. R.; et § I. Q. — Prescription, sect. III, § V. — Primogéniture, § II. — Quint naturel. — Réversibilité des fiefs. — Terres vaines et vagues. — Testament, sect. II, § III, art. I. — Tiers-lods. — Troupeau à part. — Varech. R.

— 14-18 avril. *Loi* relative à l'exercice de la pharmacie, et à la vente et distribution des drogues et médicamens. V. Apothicaire. R.

— 14-17 avril. *Loi* relative au tribunal de Cassation. V. Avocats au conseils. — Cassation, § VIII. R.

— 18-27 avril. *Loi* relative aux baux emphytéotiques, baux à cens, rente et autres faits par les corps, communautés et bénéficiers, et aux traités faits entre des ci-devant bénéficiers, et des particuliers. — V. Aliénation. — Emphytéose, § II et suiv. R.; et § I. Q.

— 21 avril-8 mai. *Loi* relative aux offices et commissions d'agens et courtiers de change, de banque et d'assurances, tant de terre que de mer, conducteurs-interprètes et autres. V. Agens de change. — Courtiers de marine. — Lettre et billet de change, § II. R.

— 23 avril-1 mai. *Loi* sur l'organisation de la régie des douanes, et qui fixe sa dépense. V. Commis aux douanes. R.

— 27 avril-6 juillet. *Loi* relative aux affaires ci-devant pendantes aux conseils du Roi. V. Conseil du roi. R.

— 27 avril-25 mai. *Loi* relative à l'organisation du ministère. V. Conseillers d'État. R.

— 28 avril-8 mai. *Loi* relative aux tribunaux établis dans les villes où l'ordonnance de 1667 n'a été ni publiée ni exécutée, et concernant les arrêts du ci-devant parlement de Douai. V. Appel, § VIII, n. 5, et § X, art. I. Q.

— 29 avril-15 mai. *Loi* relative à l'organisation de la marine. V. Amiral. R.

— 7-15 mai. *Loi* qui fixe le mode de remboursement des charges d'avocats aux conseils. V. Avocats aux conseils. R.

— 9-15 mai. *Loi* relative à la régie de l'enregistrement et du timbre, et à celle des douanes. V. Bureaux de l'enregistrement. — Commis. R.

— 12-20 mai. *Loi* relative a la correspondance des grades du service de mer et de celui de terre. V. Amiral. R.

— 14-25 mai. *Loi* relative à l'organisation du ministère. — V. Ministère. R.

— 14-25 mai. *Loi* portant réglement sur la propriété des auteurs d'invention et découvertes en tout genres. V. Brevet d'invention. R. Propriété littéraire, § 11. Q.

— 18-27 mai. *Loi* relative à l'organisation des droits d'enregistrement et de timbre. V. Commis, — Intention. R.

— 21-27 mai. *Loi* relative à l'organisation des monnaies, et à la surveillance et vérification du travail de la fabrication des espèces d'or et d'argent. V. Monnaie. R.

1794, 26 mai-1 juin. *Loi* relative à la liste civile. V. Liste civile. R.

— 27 mai-1 juin. *Loi* concernant l'organisation et l'établissement des corps de finances. V. Amende, § I. Q.

— 29 mai-5 juin. *Loi* relative à l'échange de la forêt de Brix. V. Jeu de fief, § IX. R.

— 7 juin-6 août. *Loi* relative aux domaines congéables. V. Bail à domaine congéable. — Rente convenancière. R.

— 10-17 juin. *Loi* qui exempte de la formalité du timbre les registres des tribunaux, minutes des jugements et autres. V. Timbre, n. 7. R.

— 13-17 juin. *Loi* relative à l'organisation du corps législatif, à ses fonctions et à ses rapports avec le Roi. V. Loi, § V. R.

— 15-17 juin. *Loi* relative aux contributions foncière et mobilière. V. Contribution foncière, § II. Q.

— 14-17 juin. *Loi* relative aux assemblées d'ouvriers et artisans, de même état et profession. V. Assemblée, § V. R.

— 15 juin-17 juillet. *Loi* relative au mémoire, en forme d'instruction, destiné pour les Colonies. V. colonie. — Force publique. R.

— 4 juillet-25 août. *Loi* relative aux chambres des comptes supprimées, et qui règle la manière dont les comptes se vérifieront à l'avenir. V. Chambre des comptes. R.

— 8-10 juillet. *Loi* concernant la conservation et le classement des places de guerre et postes militaires, la police des fortifications, etc. V. Appointement. — Dette, § VIII. — Division militaire. — État de paix, de guerre et de siège. — Fortifications. — Gardes des fortifications. — Gouverneur. — Logement des gens de guerre. — Maire, sect. VII. — Pêche, sect. I, § I. R.

— 9-16 juillet. *Loi* relative à la liquidation des receveurs des finances. V. Crieurs. R.

— 10-20 juillet. *Loi* concernant le secret et l'inviolabilité des lettres. V. Lettre R.

— 11-28 juillet. *Loi* relative à la menue-monnaie d'argent. V. Monnaie, § II.

— 12-28 juillet. *Loi* relative aux mines et carrières. V. Communaux, § IV. — Entre-cens. — Fourneau. — Mine, n. 1 et suiv. R.; et § I et suiv. Q.

— 14-25 juillet. *Loi* relative à la donation faite au cardinal Mazarin, des ci-devant comté de Ferrette, et seigneuries de Belfort, Delle, etc. V. Communaux (biens), § IV. Q. — Domaine public, § III. R.

— 19-22 juillet. *Loi* relative à l'organisation d'une police municipale et correctionnelle. V. Affiches, n. 5. — Agresseur. — Amende, § VIII, R. — Amende de fol appel, § II. Q. — Amnistie; R. — Appel incident, § XI. Q. — Arrêt de réglement, § II. Q. Assemblée, § V. — Attroupement. — Bière. — Blasphème. — Blessé. — Bordel. — Boucher. — Boulanger. — Cabaretier, § I et suiv. — Chambre garnie, — Chasse, § X. — Cloche, § II. — Contrefaçon, § I. Q. — Dol. — Douanes, § VIII. — Effraction. — Église. — Émeute populaire. — Emprisonnement, § II. — Enchère. — Escroquerie, R. et § I. Q. — Faux, sect. I. § IX, et § XIII. Q. — Fonctionnaire public, § I — Gendarmerie, § XII. Q. — Gibier. — Incendie. — Incompétence, § II. — Injure, R.; et § II et suiv. Q — Jeu. — Jugement, § II. Jugement de loi. R. — Jury, § I. Q. — Maire, sect. III, § II et suiv. — Marché, R. — Mari, § I. Q. — Mendicité. — *Non bis in idem*, n. 5. — Peine, n. 11. R. — Préfet, § IV. Q. — Poids et mesures, § III. R. — Procédure criminelle (frais de). Q. — Procès-verbal, § IX. R. — Procession. Q. — Propriété littéraire, § II. Q. — Quasi-délit. — Récidive. — Religionnaires, § X. R. — Simulation, § II. Q. — Tentative de crime ou de délit. — Tribunal de police, sect. I, § I et suiv. R.; et-§ IV et suiv. Q.— Vente, § I, art. 1.—Violence.—Voirie. — Vol, sect. I et suiv. R.

1791, 21-29 juillet. *Loi* relative au commerce du Levant et de Barbarie. V. Quarantaine. R.

— 27 juillet-5 août. *Loi* relative à la réquisition et à l'action de la force publique contre les attroupemens. V. Attroupement. — Communauté d'habitans. — Rébellion, § II. R. — Garde nationale, § II. Q. — Huissier. R.

— 50 juillet-6 août. *Loi* relative à la suppression des ordres de chevalerie. V. Chevalier. — Malte (ordre de), § IV. R.

— 1-6 août. *Loi* relative aux émigrans. V. Émigration. R.

— 6-22 août. *Loi* pour l'exécution du tarif des droits d'entrée et de sortie dans les relations du royaume avec l'étranger. V. acquit, § I et suiv. — Amende, § V. — Appel, sect. II, § X. R.; et § XIV. Q.— Bureaux des douanes. — Bureaux des traites. — Certificat de vie et mœurs. — Cheval. — Commis. R. — Conclusions du ministère public, § IV. Q. — Contrainte (droit civil). — Contrainte (finances). — Contrebande. R. — Contrefaçon, § II. Q. — Déclaration aux bureaux des douanes. R. — Directeur du jury, § I. Q. — Douanes, § I et suiv. R.; et § I et suiv. Q.— Entrepôt. — Excuse, n. 8.— Exécution provisoire des jugemens. — Grains, R. et Q. — Huissier, § I. — Injure. — Manufacture. R. — Marchandises anglaises, § I et suiv. Q. — Moulin, § VII, art. 4. — Naufrage, n. 8. — Passavant.— Port franc.—Prescription, sect. III, § X.—Procès-verbal, § III.— Responsabilité civile des délits. — Retenue de marchandises. — Saisie-arrêt, § IV. — Saisie pour contravention. — Sel. R.

— 9-15 août. *Loi* relative à la police de la navigation et des ports de commerce. V. Délestage. — Capitaine de vaisseau. — Congé (navire). — Enregistrement.—Naufrage, n. 8. — Officier de port. — Police et contrat d'assurance, § I. — Visite, § IV. R.

— 16 août-15 novembre. *Loi* relative à l'organisation de la trésorerie nationale. V. Contrôleur du trésor public. R.

— 17-22 août. *Loi* qui fixe le transport des lettres, paquets, or et argent, par la poste. V. Lettre. R.

— 27-51 août. *Loi* relative aux fonctions de l'agent du trésor public. V. Agent judiciaire du trésor public. R.

— 5-14 septembre. *Constitution française.* V. Aubaine. — Bénédiction nuptiale. — Célibat, n. 5. — Colonies. — Commerce. — Constitution.— Corps législatif. — Cour des pairs.— Déclaration de guerre. — Émigration. — État civil, § II. — Haute cour nationale. — Incompabilité. — Inviolabilité. — Liberté. — Naturalisation. — Pouvoir judiciaire, § I. — Prince, § I. — Prise. — Régence, § I et suiv. — Religionnaires, § IX. — Roi, § II. — Serment civique,

— 5-12 septembre. *Loi* relative aux causes impératives ou prohibitives insérées dans les testamens, donations et autres actes. V. Condition, sect. II. art. 4 et suiv. R.; et § I. Q. — Viduité. R.

— 8-10 septembre. *Loi* relative aux testamens et autres actes de dernière volonté. V. Signature, § III, art. 2. R.; et § II Q.

— 9-12 septembre. *Loi* relative aux jugemens de la cour martiale. V. Cour martiale. R.

— 13 septembre-16 octobre. *Loi* relative aux déclarations de command ou élection d'ami. V. Command. R.

— 14-14 septembre. *Loi* portant réunion du comtat d'Avignon à la France. V. Avignon. R.

— 14-15 septembre. *Loi* portant abolition de toutes procédures instruites sur les faits relatifs à la révolution, amnistie générale en faveur des hommes de guerre, et révocation du décret du 1er août dernier relatif aux émigrans. V. Amnistie. R.

1791, 15-29 septembre. *Loi* relative à l'administration forestière. V. Adjudicataire, § VI et VII. R. — Appel, § IV. Q.—Appel incident, § XI. Q.—Assiette. — Bois, § II et suiv. R.—Chasse, § X. Q. — Chauffage. — Chevauchée. — Conservateurs des forêts. — Danger. — Déclaration de coupe de bois. — Défrichement. R. — Délit, § VI. Q. — Délit forestier, § XII et suiv. R. — Délits ruraux, § I. — Directeur du jury, § I et suiv. Q. — Écorce. — Forêt. — Futaie, § II et IV. R. — Garde forestier, § I et suiv. Q. — Gardes généraux des bois. — Garde-marteau. — Glandée. — Grand-maître des eaux et forêts. — Gruerie royale. — Incompatibilité. — Maire, sect. VI. — Malversation, § II. — Marteaux. — Martelages. — Menus-marchés. — Mois, n. 1. — *Non bis in idem*, n. 15. — Officiers de police judiciaire, n. 5. — Pâturage, § I et suiv. — Procès-verbal, § VI, R.; et § I et suiv. Q. — Question préjudicielle. — Récolement de bois. R. — Récolement de coupe de bois, § I et suiv. Q. — Restitution pour délit forestier. — Triage. — Tribunal de police, sect. II. § III. — Visite, § I et suiv. R.

— 16-29 septembre. — *Loi* relative à la police de sûreté, à la justice criminelle, et à l'établissement des jurés. V. Accusation, § II. Q. — Acte d'accusation. R. — Appel incident, § VI. Q. — Assemblée, § V. — Civiliser. — Confrontation. — Contumace, § I et suiv. — Cour de justice criminelle. — Crime, § I et suiv. — Curateur, § IX. — Démence, § II. — Directeur du jury. — Élargissement. — Faits justificatifs. — Faux, sect. I, § I et suiv. — Faux témoignage. — Gréffier. — Grosses des actes judiciaires. — Juge de paix, § I et suiv. — Juré. — Jury, § I R. et Q. — Partage d'opinions, § II. — Plus amplement informé. R. — Récusation péremptoire, § II et suiv. Q. — Révision de procès, § III. R. — Séquestre pour contumace. Q. — Sourd-muet. § V. Témoin judiciaire, § I, art. 5.

— 17-29 septembre. *Loi* relative à la suppression des chambres des comptes et à la nouvelle forme de comptabilité. V. Chambre des comptes. R.

— 19-28 septembre. *Loi* portant que dans la suite les vacances des tribunaux seront de deux mois, à compter du 15 septembre. V. Vacances. R.

— 20 septembre-9 octobre. *Loi* relative aux patentes. V. Patente, § I. R.

— 20 septembre-12 octobre. *Loi* sur l'organisation d'une cour martiale maritime. V. Chaîne. — Connexité. — Cour martiale. — Faux, sect. III. — Forçat. — Galère. — Incendie. — Port. — Tribunal maritime. — Vol, sect. II, § III. R.

— 20 septembre-14 octobre. *Loi* portant suppression du corps des commissaires des guerres, établissement de commissaires ordonnateurs, grands juges militaires, et de commissaires auditeurs et ordinaires des guerres, et qui détermine leurs fonctions dans les différentes cours martiales. V. Commissaires des guerres. R.

— 21-29 septembre. *Loi* relative à l'établissement des commissaires de police dans les différentes villes du royaume où ils seront jugés nécessaires. V. Commissaires de police. R.

— 21-29 septembre. *Loi* relative à l'établissement de vingt-quatre officiers de police, sous le nom d'officiers de paix, dans la ville de Paris. V. Officiers de paix. R.

— 21-79 septembre. *Loi* relative à la compétence du tribunal de police municipale de la ville de Paris. V. Tribunal de police. R.

— 21 septembre-12 octobre. *Loi* concernant l'administration des ports et objets y relatifs. V. Port. R.

— 21-28 septembre. *Loi* relative à l'administration de la marine. V. Commissaires de marine. R.

— 21 septembre-15 avril 1792. *Loi* relative aux ci-devant avocats aux conseils du Roi. V. Avocat aux conseils. R.

— 22 septembre-9 octobre. *Loi* relative aux cautionnemens

des employés comptables et non-comptables de la ferme générale. V. Cautionnement. R.

1791, 23 septembre-19 octobre. *Loi* relative aux eaux-de-vie de grains, dites de genièvre. V. Entrepôt. R.

— 23 septembre-19 octobre. *Loi* relative à la fabrication et vente des poudres et salpêtres. V. Poudres et salpêtre. R.

— 24-28 septembre. *Loi* relative aux colonies. V. Colonie. R.

— 25 septembre-6 décembre. *Code pénal.* V. Adultère, § X. Q. — Armes, § II. — Assemblée, § V. — Attroupement. — Bannissement, § II. — Bigamie. — Blasphème. — Blessé. — Bordel. — Bouillir. — Bris de prison. — Cadavre. — Calomnie. — Chasse, § X. — Chemin (grand). — Circonstances, n. 2. — Commis. — Commutation. — Complice. R.; et § II. Q. — Concussion. — Condamné. — Connexité, § V. — Conseil. — Conspiration. — Contradiction (jugement). — Corruption. — Crime, § I et suiv. — Dégradation civique. — Délit, § VII et suiv. — Délit forestier, § I et suiv. — Délit militaire, n. 6. — Déportation. — Détention. — Devin. — Duel. — Écorché vif. — Effet rétroactif, sect. III, art. 4 et § XI. — Excuse, n. I, et suiv. — Exposition. — Faillite, sect. I, § IV et suiv. — Fait, § VIII. — Faux, sect. I et suiv. R; et § II. Q. — Faux témoignage. — Fers (peine des). — Forçat. — Force. — Fouet. — Gêne. — Grâce. — Greffier. — Inceste. R. — Incompétence, § II. — Injure, § VII. Q. — Lèse-majesté. — Lettre. — Marteau. — Menaces, R. — Ministère public, § III et suiv. Q. — Monnaie, § II. — Mort civile, § I. — Naufrage, n. 7. — Offense à la loi. R. et Q. — Peine. R.; et § I. Q. — Pillage, § III. — Plagiat. — Poids et mesures, § III. — Prescription, sect. III. § VII, art. 2. — Provocation. — Quasi-délit. — Rapt, n. 4. — Rébellion, § II. — Récidive. — Réclusion. — Régie intéressée. — Révision de procès, § III. — Scellé (bris de). — Suppression d'état. — Tentative de crime ou de délit. — Transportation. — Vagabond. — Viol. — Vol, sect. I et suiv. R.; § III. Q.

— 26 septembre-16 octobre. *Loi* relative aux biens provenant des fondations. V. Fondation. Q.

— 26 septembre-2 octobre. *Loi* relative à la libre circulation des grains et des subsistances dans le royaume. V. Grains. R.

— 26 septembre-2 octobre. *Loi* relative à la perception des contributions foncière et mobilière et du droit de patente. V. Contribution. — Patente. R.

— 27 septembre-16 octobre. *Loi* portant défense à tout citoyen français de prendre dans aucun acte les titres et qualifications supprimés par la constitution. V. Chevalier. — Noblesse, § VIII. R.

27 septembre-16 octobre. *Loi* portant réunion à la France du pays de Dombes et dépendances. V. Dombes. R.

— 27 septembre-16 octobre. *Loi* portant suppression de toutes les chambres de commerce existant dans le royaume. V. Chambres de commerce. R.

— 37 septembre-13 novembre. *Loi* relative aux Juifs qui prêteront le serment civique. V. Arrêt de réglement. Q. — Juifs. — Retrait sur les Juifs. — Serment, § III. R.; et § II. Q.

— 28 septembre-6 octobre. *Loi* concernant les biens ruraux et la police rurale. V. Abeilles. — Acte administratif. — Amende, § I, VII. R. — Bail, § II. Q. — Ban de vendange. — Banon. — Berger. — Bestiaux. — Champ. Bésiale. — Chantepleure. — Charrue. — Chaume. — Chemin (grand), n. 8. et suiv. — Chemin public, n. 5. — Cheminée. — Chèvre. —

Chien. — Clos. — Colombier, n. 14. — Cours d'eau. — Dégât. — Délit, § IV et suiv. — Délit, § VIII et suiv. — Délit forestier, § I et suiv. — Délit rural. R.; et § V et suiv. Q. — Délit rural. R. — Délits ruraux, § I et suiv. Q. — Écluse. — Épizootie. — Forêt. — Frai. — Garde champêtre. R. — Garde nationale, § II. Q. — Gardes des bois. — Gibier, R.; et § II. Q. — Glanage. R. — Gruerie (droit de). Q. — Incendie. — Inondation. — Journée de travail. — Juge de paix, § II et suiv. — Jugement de loi. — Maire, sect. III et suiv. — Maraudage. R. — Mari, § I. Q. — Moisson. — Moulin, § VII, art. 4. — Parcours. — Pâturage, § I. — Port d'armes. R. — Pouvoir judiciaire, § X. Q. — Préfet. — Procès-verbal, § VII. — Quasi-délit. — Question préjudicielle, n. 7. R. — Résolution de bail, § I. Q. — Tacite réconduction, n. 2 et suiv. — Tribunal de police, sect. I, § I et suiv. — Usage (droit d'), sect. II, § II et suiv.; R. — Vaine pâture, § I et suiv. — Voirie. — Voisinage § IV. R.

1791, 28 septembre. *Loi* relative aux colonies. V. Colonie. R.

— 28 septembre-16 octobre. *Loi* portant que tout homme est libre en France, et que quelle que soit sa couleur, il y jouit de tous les droits de citoyen, s'il a les qualités prescrites par la constitution. V. Colonie. — Esclave. — Nègre. R.

— 28 septembre-12 octobre. *Loi* relative à l'établissement des aveugles nés, et à sa réunion à celui des sourds-muets. V. Sourd-muet.

— 29 septembre-14 octobre. *Loi* relative à l'organisation de la garde nationale. V. Garde nationale. R.; et § I et suiv. Q. — Maire, sect. VII. R. — Opposition (tierce), § I. Q.

— 29 septembre-6 octobre. *Loi* relative à la nouvelle organisation du notariat et sur le remboursement des offices de notaires. V. Archive des contrats. — Chambre aux contrats et chancellerie. — Commandement. — Exécution parée, § III. — Greffier du gros. — Grosses des contrats. — Inscription sur le grand-livre, § V, R. — Intervention, § II. Q. — Inventaire, § IV. — Mariage, sect. VI, § III. — Notaire, § I. R.; et § I suiv. Q. — Répertoire, § I. — Signature, § I et suiv. Q. — Testament, sect. II, § II, art. 1 et suiv. — Vaine pâture, § I, art. 2 et suiv. — Vente, § I, art. 1. — Vol, sect. I et suiv. — Volailles. R.

— 29 septembre-9 octobre. *Loi* contenant des articles additionnels aux lois précédentes sur le timbre et l'enregistrement. V. Avoué, § VI. Q. — Dépens. — Dernier ressort. — Enregistrement (droit d'), § IV et suiv. — Péremption, sect. I, § II. — Pouvoir judiciaire, § II. R. — Prescription. Q.

— 29 septembre-21 octobre. *Loi* en forme d'instruction pour la procédure criminelle. V. Huissier, § V. — Juré. Jury. — Sourd-muet, n. 5. R.

— 30 septembre-19 octobre. *Code militaire.* V. Attroupement. — Connexité, § I R.; et § IV. Q. — Délit militaire. R. — Gendarmerie, § I. — Incompétence, § II. — Injure, § VII. Q. — Pillage. — Vol, sect. II, § III. R.

— 30 septembre-19 octobre. *Loi* relative aux receveurs des consignations et aux commissaires aux saisies réelles. V. Commissaires aux saisies réelles. — Consignation. R.

— 30 septembre-18 janvier 1792. *Loi* qui prononce l'amnistie de différens particuliers renfermés, bannis ou condamnés aux galères pour fait de révolte, depuis le 1er mai 1788. V. Amnistie. R.

ASSEMBLÉE LÉGISLATIVE.

1791, 25-27 novembre. *Loi* portant établissement d'un tribunal criminel à Avignon. V. Avignon. R.

— 15-17 décembre. *Loi* relative aux formalités à observer pour les payemens dans les différentes caisses nationales. V. Certificat de résidence. R.

— 28 décembre-14 janvier 1792. *Loi* relative aux Français émigrés, créanciers de l'État. V. Émigration. R.

1792.

— 13-18 janvier. *Loi* relative à l'installation des tribunaux criminels. V. Appel, sect. II, § I. — Civiliser. — Compétence, § III. — Effet rétroactif, sect. III, § VII. — Plus amplement informé. R.

— 17-20 janvier. *Loi* relative aux certificats de résidence à fournir par les porteurs de brevets de pensions. V. Certificat de résidence. R.

— 18 janvier. *Loi* qui ordonne de comprendre dans le plan général des lois civiles, les lois sur l'adoption. V. Adoption, § II. R. ; et § I et suiv. Q. — Révocation d'adoption. R.

— 28 janvier-3 février. *Loi* relative à la libre circulation des grains dans l'intérieur, et aux moyens d'en empêcher l'exportation à l'étranger. V. Grains. R.

— 1er février-28 mars. *Loi* relative aux passe-ports. V. Passeports, § I et suiv.

— 4-10 février. *Loi* relative aux certificats de résidence à fournir aux payeurs des rentes. V. Certificat de résidence. R.

— 8-12 février. *Loi* d'amnistie en faveur des sous-officiers et soldats qui ont déserté leurs drapeaux avant le 1er juin 1789. V. Amnistie. R.

— 8-12 février. *Loi* relative à l'organisation du bureau de comptabité. V. Chambre des comptes. R.

— 9-12 février. *Loi* relative au séquestre des biens des émigrés. V. Confiscation, § I. — Émigration, § II et suiv. R.

— 14-19 février. *Loi* relative à la conservation des saisies et oppositions formées sur les sommes qui s'acquittent directement au trésor public. V. Saisie-arrêt, § III. R.

— 17-28 mars. *Loi* relative à l'emploi des biens des ordres de Saint-Lazare, de Notre-Dame du Mont-Carmel et autres y réunis. V. Ordres militaires et religieux. R.

— 20-25 mars. *Loi* relative au mode d'exécution de la peine de mort. V. Décapiter. — Peine. R.

— 30 mars-8 avril. *Loi* relative aux biens des émigrés. V. Confiscation, § I. — Émigration, § II et suiv. R. — Émigré, § V. — Lettres de ratification, § I. — Mort civile, § II. Q.

— 31 mars-4 avril. *Loi* relative aux formalités à observer pour se procurer le payement des pensions, dons, traitemens, gratifications et secours. V. Certificat de résidence.

— 5 avril. *Loi* relative au compte à rendre du travail de l'académie des sciences sur les poids et mesures. V. Poids et mesures. R.

— 3-4 avril. *Loi* portant établissement d'une juridiction de prud'hommes, pêcheurs dans les ports d'Antibes, Bandol et Saint-Nazaire. V. Pêche, sect. II, § XI. R.

— 4-5 mai. *Loi* relative aux prisonniers de guerre. V. Prisonnier de guerre. R.

— 16-23 mai. *Loi* qui supprime la distribution de la viande en nature dans les garnisons du royaume. V. Gouverneur. R.

1792, 18-23 mai. *Loi* relative à la force publique nécessaire pour l'exécution des jugemens des cours martiales, et pour veiller au maintien de l'ordre dans les camps. V. Cour martiale. R.

— 23 mai-18 janvier 1793. *Loi* relative au logement et casernement des troupes et des fonctionnaires militaires. V. Logement des gens de guerre. — Maire, sect. VII. R.

— 25-27 mai. *Loi* relative à la pêche de la baleine et du rachalot dans les mers du Nord et du Sud. V. Pêche, sect. II, § VII. R.

— 18 juin-6 juillet. *Loi* relative aux droits féodaux. V. Féodalité. — Lods et ventes. R.

— 21 juin. *Loi* relative aux rassemblemens armés sans réquisition légale. V. Garde nationale. R.

— 24-27 juin. *Loi* relative aux certificats de résidence à fournir par les militaires en activité pour recevoir au trésor public. V. Certificat de résidence. R.

— 30 juin-6 juillet. *Loi* qui proroge le délai pour les certificats de résidence à fournir par les pensionnaires sur le trésor royal. V. Certificat de résidence. R.

— 24-28 juillet. *Loi* relative aux biens et revenus des émigrés. V. Émigration, § II. R.

— 25-26 juillet. *Loi* relative aux moyens de conserver les places fortes. V. Capitulation. R.

— 27-29 juillet. *Loi* sur les difficultés qui s'élèvent dans les tribunaux, relativement aux agens de change. V. Agens de change. R.

— 28-29 juillet. *Loi* relative aux passe-ports. V. Passe-port, § I et suiv. R.

— 10 août. *Loi* relative à la suspension du pouvoir exécutif. V. Liste civile. — Roi, § III. R.

— 10 août. *Loi* relative au remplacement du ministère. V. Ministre. R.

— 14 août. *Loi* relative au partage des biens et usages communaux. V. Bourgeois. — Marais, § III. R.

— 15 août. *Loi* relative à la formule provisoire des actes de la puissance exécutive. V. Conseil exécutif provisoire. R.

— 17 août. *Loi* relative à la suppression sans indemnité des droits fixés ci-devant féodaux et casuels. V. Féodalité. R.

— 18 août. *Loi* relative à la suppression des congrégations séculières et des confréries. V. Bourse, § I. — Collége. — Confrérie, § III. — Congrégation. R.

— 19 août. *Loi* relative aux demandes en entérinement ou obtention de lettres de relief de laps de temps, formées avant l'installation du tribunal de cassation. V. Révision de procès, § III. R.

— 19 août. *Loi* relative aux manufactures d'armes de guerre. V. Armes, § I. R.

— 19 août-3 septembre. *Loi* relative à la vente des immeubles réels affectés aux fabriques des églises. V. Fabriques. R. — Remboursement, § I. Q.

— 20 août. *Loi* relative au rachat successif et séparé des droits casuels non supprimés, et des droits fixes; au mode de conversion du champart et autres redevances de même nature, en une rente annuelle fixe; à l'extinction de la solidarité, et du mode de rachat des cens, rentes et autres redevances solidaires; à la prescription des redevances fixes à l'avenir, et au payement de celles arriérées depuis 1789 jusqu'en 1791 inclusivement. V.

Arrérages. — Bail à domaine congéable. — Compersonnier. — Déguerpissement, § VI. — Épier. — Prescription, sect. I, § III. R.; et § XV et suiv. Q. — Rente. — Rente foncière, § II, art. 2. R. — Rente seigneuriale, § V. Q.

1792, 25 août. *Loi* d'amnistie en faveur des militaires détenus sous prétexte d'insubordination. V. Amnistie. R.

— 25 août. *Loi* portant qu'il n'est plus permis de substituer. V. Substitution. R.

— 25 août. *Loi* portant que tous les effets qui peuvent avoir été produits par la maxime *nulle terre sans seigneur*, par celle de l'enclave, par les statuts, coutumes, etc., qui tiennent à la féodalité, demeurent comme non avenus. V. Arage. — Bac. R. — Banalité, § I et suiv. Q. — Bassin. — Blairie. R. — Cantonnement. Q. — Cens, § V et suiv. — Champart, n. 1 et suiv. — Corvée. — Danger. — Dixmes. R.; et § II. Q. — Effet rétroactif, sect. III, § III, art. 1. R. — Emphytéose, § I. Q. — Fait du souverain. — Garantie, § III. R. — Gruerie (droit de). Q. — Hallage (droit de). R. — Légitimité, § II. Q. — Mainmorte. R. — Moulin, § I. Q. — Naufrage. — Navigation, sect. II, § II. — Péage, § II. R. — Pêche, § I. Q. — Pressoir. — Quart, tiers ou demi. — Raisin. — Rabattement de décret. — Rente. R. et Q. — Rente foncière. — Rente seigneuriale, § II. R.; et § VII. Q. — Subhastation. — Terrage. R.; et § I. Q. — Terres vaines et vagues. — Vente, § V. R.; et § II. Q.

— 26 août. *Loi* relative aux ecclésiastiques qui n'ont pas prêté leur serment, ou qui, après l'avoir prêté, l'ont rétracté, et ont persisté dans leur rétractation. V. Déportation. R. — Émigré, § XVI. Q.

— 26 août. *Loi* qui détermine la forme à suivre pour les demandes en décharge ou réduction de contribution mobilière. V. Contributions publiques. R.

— 26 août. *Loi* qui confère le titre de citoyen français à plusieurs étrangers, Priestley, Payne, Bentham, Clootz, etc. V. Naturalisation. R.

— 27 août. *Loi* relative aux échangistes des biens ci-devant domaniaux. V. Domaine public. — Engagement. R.

— 27 août. *Loi* qui abolit la tenure connue dans les départemens du Morbihan, du Finistère et des Côtes-du-Nord, sous les noms de *convenant* et *domaine congéable*. V. Congément. — Convenant. — Rente convenancière. R.

— 27 août. *Loi* qui assujettit à la formalité de l'enregistrement les effets publics au porteur. V. Effets publics. — Enregistrement (droit d'). R.

— 28 août. *Loi* portant que les majeurs ne sont plus soumis à la puissance paternelle. V. Dot, § III. — Émancipation. — Puissance paternelle. — Usufruit paternel, § V.

— 28 août. *Loi* relative au rétablissement des communes et des citoyens dans les propriétés et droits dont ils ont été dépouillés par la puissance féodale. V. Appel, § VIII, n. 8. Q. — Arbitres, § V et suiv. Q. — Arbre. — Arrêt du conseil. Q. — Biens, § IX. R. — Cantonnement, § VIII et suiv. Q. — Cens, § V et suiv. — Champart, n. 4 et suiv. — Communaux, § I et suiv. R.; et § I Q. — Contrariété de jugemens, § I. — Cours d'eau, § I. — Fait du souverain. — Locatairie perpétuelle, § I et suiv. Q. — Marais, § III. R. — Mines, § I et suiv. Q. — Opposition (tierce), § IV. — Pâturage. Q. — Prescription, sect. III; § V. — Terres vaines et vagues. R. — Tiers-denier, § III. Q. — Triage. R.; et § I et suiv. Q. — Usage (droit d'), § et suiv. R.; et § I et suiv. Q.

— 29 août. *Loi* relative à la validité des jugemens auxquels ont concouru des gradués et des hommes de loi. V. Avocat, § I et suiv. — Homme de loi, § I. Q.

— 30 août. *Loi* relative aux conventions faites entre les auteurs dramatiques et les directeurs de spectacles. V. Comédien. R.

1792, 30 août. *Loi* relative à la confiscation des biens de ceux qui seraient convaincus d'avoir excité et fomenté des troubles. V. Confiscation, § I. R.

— 31 août. *Loi* qui fixe le mode de remboursement des offices des justices seigneuriales. V. Offices seigneuriaux. R.

— 2 septembre. *Loi* relative à la vente des biens des émigrés. V. Confiscation, § I. R. — Lettres de ratification, § I. — Vaine pâture, § I. Q.

— 3 septembre. *Loi* qui abolit tous procès criminels et jugemens contre les citoyens, depuis le 14 juillet 1789, sous prétexte de violation des lois relatives aux grains et aux biens communaux. V. Amnistie. R.

— 3 septembre. *Loi* relative aux biens concédés à titre d'engagement par l'ancien gouvernement. V. Domaine public, § II. R.

— 3 septembre. *Loi* relative aux demandes en abolition ou commutation de peines afflictives ou infamantes. V. Effet rétroactif, sect. III, § II, art. 4; et § XI. — Galères. R.

— 3 septembre. *Loi* relative à la patente à payer par les maîtres d'hôtels garnis, locataires ou propriétaires, et marchands de bois de la ville de Paris. V. Patentes, § I. R.

— 4 septembre. *Loi* relative à l'augmentation du traitement des chirurgiens-majors des régimens, officiers de santé, aumôniers et employés d'administration des hôpitaux ambulans. V. Hôpital militaire. R.

— 5 septembre. *Loi* qui réduit les droits d'entrée sur le tabac. V. Entrepôt. R.

— 9 septembre. *Loi* qui éteint et abolit tous les procès relatifs aux droits féodaux. V. Notaire, § III. Q.

— 11 septembre. *Loi* relative à une nouvelle organisation des commissaires des guerres. V. Commissaires des guerres. R.

— 11 septembre. *Loi* relative à la destruction des étangs marécageux. V. Étang. R.

— 13 septembre. *Loi* relative à la vente des rentes constituées en argent appartenant à la nation. V. Subrogation, § I. Q.

— 15 septembre. *Loi* relative aux citoyens qui seraient revêtus d'une décoration qu'ils n'ont pas le droit de porter, et aux commissaires des municipalités chargés de faire des visites domiciliaires. V. Costume. R.

— 15 septembre. *Loi* relative à l'impression, envoi et affiche du Bulletin imprimé par ordre de l'Assemblée nationale, et à la poursuite des personnes convaincues d'avoir arraché les affiches. V. Bulletin de correspondance. R.

— 17 septembre. *Loi* qui abolit tous procès et jugemens, depuis le 14 juillet 1789, sous prétexte de provocation au duel. V. Amnistie. — Duel. R.

— 17 septembre. *Loi* pour le payement des dépenses relatives aux opérations qu'exige l'établissement de l'uniformité des poids et mesures. V. Poids et mesures, § I. R.

— 17 septembre. *Loi* relative à la révocation des engagemens des domaines nationaux. V. Domaine public. — Engagement. R.

— 19 septembre. *Loi* relative aux mesures de sûreté et de tranquillité publiques pour la ville de Paris. V. Carte civique. R.

— 19 septembre. *Loi* relative à la vente des biens de l'ordre de Malte. V. Malte (ordre de), § IV. R.

— 20 septembre. *Loi* qui détermine les causes, le mode et les effets du divorce. V. Adultère, § VIII. Q. — Autorisation maritale, sect. VII. — Divorce, sect. I et suiv. R.; et § I et suiv. Q. — Domicile, § V. R. — Douaire, § II. Q. — Effet rétroactif, sect. III, § I et suiv. — Emigration, § XVIII. R. — Emigré, § XV. — Gains nuptiaux et de survie, § I et suiv. — Rebelles de l'Ouest. Q.

1792, 20 septembre. *Loi* qui détermine le mode de constater l'état civil des citoyens. V. Bans de mariage. — Baptême. — Bénédiction nuptiale. — Célibat, n. 3. — Clandestinité, sect. II, § II. — Décès. — Déclaration de décès. — Déclaration de naissance. — Déclinatoire, § I. — Dispense, § I. — Domicile, § IX. — Effet rétroactif, sect. III, § II, art. 9. — Emancipation. Empêchemens de mariage, § IV et suiv. — Etat civil, § I et suiv. — Faux, sect. I, § III. — Majorité. — Mariage, sect. II et suiv. R.; et § III et suiv. Q. — Mineur, § I et suiv. — Prescription, sect. I, § VII, art. 2, quest. 4. — Promesse de changer de nom. — Religionnaires, § IX. — Rescision. R.

1792, 20 septembre. *Loi* relative au mode de restitution des biens des religionnaires fugitifs. V. Religionnaires, § X. R.

CONVENTION NATIONALE.

1792, 21 septembre. *Décret* de la convention nationale qui abolit la royauté en France. V. Roi. R.

— 21 septembre. *Décret* qui ordonne l'exécution provisoire des lois non abrogées, maintient les pouvoirs non révoqués ou non suspendus, et prescrit la continuation du payement des contributions publiques. V. Arrêt du conseil. — Commune, § VI. — Contrefaçon, § I. — Exécution des jugemens en matière civile, § II. — Payement, § III. Q.

— 24 septembre. *Décret* d'ordre du jour sur des visites domiciliaires dans les maisons de jeu ou de débauche. V. Bordel. R.

— 6 octobre. *Décret* qui ordonne le brisement des sceaux de l'Etat et leur envoi à la Monnaie. V. Sceau. R.

— 6 octobre. *Décret* qui remplace provisoirement la peine des fers par celle des galères. V. Fers (peines des). R.

— 9 octobre. *Décret* qui fixe le mode d'exécution du décret qui prononce la peine de mort contre les émigrés pris les armes à la main. V. Emigration, § II. R.

— 23 octobre. *Décret* qui bannit à perpétuité les émigrés français. V. Emigration. R. — Emigrés. Q.

— 8 novembre. *Décret* concernant les billets au porteur, billets de confiance, patriotique et de secours. V. Porteur (billet au). R.

— 11 novembre. *Décret* relatif aux hôpitaux. V. Hôpital militaire ambulant. R.

— 14 novembre. *Décret* qui abolit les substitutions. V. Dévolution coutumière, § II. — Dot, § XVII. — Effet rétroactif, sect. II, III, § I et suiv. — Institution contractuelle, § V. — Majorat, § II et suiv. R. — Pays réunis, § I. Q. — Réglement *ab intestat*. — Substitution fidéicommissaire, sect. I, § XIII et suiv. R.; et § I et suiv. Q.

— 27 novembre. *Décret* qui réunit la Savoie à la France. V. Primogéniture, § II. R.

— 7 décembre. *Décret* relatif aux passe-ports à accorder à ceux qui seraient dans le cas de sortir du territoire français pour leurs affaires. V. Passe-port, § II. R.

— 8 décembre. *Décret* relatif à la libre circulation des grains dans l'intérieur de la France. V. Grains. R.

— 17 décembre. *Décret* relatif au refus d'institution canonique fait par l'évêque de Seine-et-Oise à un vicaire, sous prétexte qu'il était marié. V. Célibat, n. 5. R.

— 19 décembre. *Décret* additionnel concernant le mode de constater l'état civil des citoyens par les municipalités. V. Déclaration de décès, de naissance. R.

— 20 décembre. *Décret* relatif aux certificats de résidence. V. Certificat de résidence. R.

— 30 décembre. *Décret* relatif aux procédures concernant les délits commis relativement aux droits ci-devant féodaux ou censuels. V. Amnistie. R.

1793.

— 4 janvier. *Décret* qui abroge les exceptions portées dans les décrets du 15 mars 1790 et 8 avril 1791, relatifs au droit d'aînesse réservé, dans les successions *ab intestat*, en faveur des personnes mariées, ou veufs ayant enfans. V. Exclusion coutumière, § II et suiv. — Légitime, § V. Q. — Renonciation à une succession future, § II. R.

— 8 janvier. *Décret* qui casse une proclamation du 10 avril 1791, qui a réuni les bacs à la ferme générale des messageries. V. Bac. R.

— 25 janvier. *Décret* relatif à l'adoption de la fille de Michel Le Pelletier. V. Adoption, § III. R.

— 51 janvier. *Décret* qui réunit le comté de Nice à la France. V. Primogéniture, § II. R.

— 51 janvier. *Décret* qui autorise les citoyens français à armer en course. V. Armateur. — Armement R.

— 5 février. *Décret* qui ordonne d'expédier des lettres de représailles à Joseph Gaudier, à l'effet de saisir ce qu'il trouvera appartenir en France aux négocians génois, Pozzo et Boggiano. V. Représailles. R.

— 9 février. *Décret* concernant la propriété des arbres plantés le long des chemins. V. arbre. R.

— 9 février. *Décret* relatif à la résidence des huissiers des juges de paix des villes divisées en plusieurs sections. V. Huissier. R.

— 11 février. *Décret* qui abolit toutes procédures criminelles pour délits commis dans les insurrections relatives aux subsistances et aux droits féodaux jusqu'au 21 janvier 1793. V. Amnistie. R.

— 12 février. *Décret* qui abolit le rabattement de décret usité dans la ci-devant province de Languedoc. V. Effet rétroactif, sect. III, § III, art. 1. — Rabattement. R.

— 14 février. *Décret* relatif au jugement des contestations qui pourront s'élever sur les prises faites par les vaisseaux de l'état ou par des corsaires. V. Conseil des prises. — Prise maritime, § III. R.

— 19 février. *Décret* relatif aux droits des denrées exportées ou importées par les vaisseaux américains dans les colonies ou en France V. Entrepôt. R.

— 26 février. *Décret* relatif aux passe-ports. V. Passe-port. R.

— 1 mars. *Décret* qui annulle tous traités d'alliance et de commerce passés entre la France et les puissances avec lesquelles elle est en guerre, et qui défend l'introduction en France de diverses marchandises étrangères. V. Certificat d'origine. — Consuls français, § II. R.

1793, 1 mars. *Décret* qui défend l'exportation à l'étranger des bestiaux, chevaux, mulets, etc. V. Cheval. R.

— 7 mars. *Décret* qui abolit la faculté de disposer de ses biens, soit à cause de mort, soit entre-vifs, soit par donation contractuelle en ligne directe. V. Adoption. — Choix, § I. — Démission de biens, n. 5. — Donation, sect. I, § I, et suiv. — Exhérédation, § VIII. — Institution contractuelle, § V. — Héritier, sect. IV. — Substitution fidéicommissaire, sect. VIII. — Légitime, § IX. — Wissembourg (statut du mundat de), § I. Q.

— 9 mars. *Décret* qui abolit la contrainte par corps, et ordonne l'élargissement des prisonnniers détenus pour dettes. V. Contrainte par corps. R. et Q.

— 10 mars. *Décret* portant établissement d'un tribunal criminel extraordinaire, et réglant sa composition et ses attributions. V. Déportation. R.

— 18 mars. *Décret* qui prononce la peine de mort contre quiconque proposera une loi agraire. V. Agraire (loi). R.

— 19 mars. *Décret* concernant la punition de ceux qui sont ou seront prévenus d'avoir pris part à des révoltes ou émeutes contre-révolutionnaires. V. Attroupement. — Confiscation, § I. — Hors la loi. R.

— 19 mars. *Décret* contenant la nouvelle organisation des secours publics. V. Fondations. R.

— 21 mars. *Décret* qui ordonne l'établissement dans chaque commune d'un comité chargé de recevoir les déclarations des étrangers qui y résident ou qui peuvent y arriver. V. Carte civique. R.

— 21 mars. *Décret* relatif aux contributions foncières et mobilières pour 1793, à l'organisation du cadastre général, etc. V. Cadastre. R.

— 28 mars. *Décret* pour prévenir et punir la désertion, et la vente des armes par les soldats et les volontaires. V. Amnistie. — Armes. R.

— 28 mars. *Décret* concernant les peines portées contre les émigrés. V. Amnistie, § V. Q. — Certificat de résidence. — Commission militaire. R. — Confiscation, § II. Q. — Déportation. — Emigration, § II et suiv. R. — Émigré, § I et suiv. — Héritier, § VI. Q. — Institution d'héritier, sect. V, § I. R. — Légitimité, § V. Q. — Mariage, sect. III, § I. — Mort civile, § II R.; et § II et suiv. Q. — Présuccession. — Substitution fidéicommissaire, sect VIII. — Succession, sect. I, § II et suiv. — Usufruit, § V, art. 1. R.

— 30 mars. *Décret* portant que les comptables des deniers publics sont soumis à la contrainte par corps. V. Commis. — Contrainte par corps. R.

— 2 avril. *Décret* qui exempte du recrutement les ouvriers attachés à la fabrication des armes, aux fonderies de canons, etc. et détermine le modèle, le prix et le lieu de l'épreuve du contrôle des fusils. V. Armes, § I. R.

— 5 avril. *Décret* qui interdit la sortie des drilles ou chiffons hors de France. V. Acquit, § III. — Chiffons. R. — Douanes, § VII et suiv. Q.

— 4 avril. *Décret* qui met en liberté les militaires détenus aux galères pour désertion antérieure à la déclaration de guerre. V. Amnistie. R.

— 8 avril. *Décret* qui supprime le droit de frêt dans le cas de grand cabotage par les navires étrangers. V. Cabotage. R.

1793, 9 avril. *Décret* concernant les messageries, la poste aux lettres et la poste aux chevaux. V. Lettre. R.

— 11 avril. *Décret* qui défend la vente du numéraire, et déclare qu'aucun achat et vente ne pourront désormais contenir d'obligation qu'en assignats. V. Intérêt, § VI.

— 16 avril. *Décret* qui supprime les droits d'entrée en France sur les chevaux venant de l'étranger. V. Cheval. R.

— 16 avril. *Décret* relatif à une nouvelle organisation des commissaires des guerres. V. Commissaire des guerres. R.

— 24 avril. *Décret* relatif à la vente des meubles et immeubles des émigrés et autres effets nationaux. V. Enchère, § III. R.

— 1 mai. *Décret* relatif à l'admistration des biens formant la dotation des hospices. V. Fondations. R.

— 4 mai. *Décret* relatif aux subsistances. V. Grains. R.

— 5 mai. *Décret* relatif à la nomination aux bourses vacantes dans les collèges. V. Bourse, § I. R.

— 9 mai. *Décret* relatif aux navires neutres chargés de commestibles et de marchandises pour les puissances ennemies. V. Prises maritimes, § III. R.; et § II. Q.

— 12 mai. *Décret* relatif à l'organisation des tribunaux criminels militaires, et Code pénal militaire. V. Attroupement. — Capitulation. — Conseil de guerre. — Cour martiale. — Embauchage. R. — Information. — Militaire, § V. Q. — Trahison. — Vol, sect. II, § III. R.

— 26 mai. *Décret* interprétatif du décret du 17 mai 1790 sur l'abolition du retrait féodal ou censuel. V. Dépens, n. 15. R. — Retrait féodal. Q.

— 30 mai. *Décret* relatif aux saisies et oppositions formées et à former au trésor public. V. Saisie-arrêt, § III. R.

— 5 juin. *Décret* relatif au mode de vente des immeubles des émigrés. V. Subrogation, § I. Q.

— 4 juin. *Décret* portant que les enfans nés hors le mariage succéderont à leurs pères et mères. V. Bâtard, § I et suiv. — Clandestinité, sect. II, § II. R. — Légitimité, § II. Q.

— 7 juin. *Décret* qui condamne à la déportation les convaincus de crimes ou délits non prévus par le code pénal ou autres lois. V. Déportation. — Transportation. R. — Tribunal correctionnel, § I. Q.

— 10 juin. *Décret* concernant le mode de partage des biens communaux. V. Affouage. R. — Appel, § VIII, n. 8. — Arbitre, § I et suiv. Q. — Biens, § VII et IX. — Bourgeois. R. — Cantonnement, § VIII. Q. — Cassation, § V. — Champart, n. 4 et suiv. — Communauté d'habitans. — Communaux, § I et suiv. R. — Communaux (biens). Q. — Dessèchement. R. — Expert, § X. — Faculté de rachat, § III. — Hypothèque, § II. Q. — Maire, sect. XIV. — Marais, § III. — Mine. R. — Nation, § II. — Opposition (tierce), § IV. Q. — Partage, § X. — Prescription, sect. III, § V. — Terres vaines et vagues. — Tourbes. — Triage. — Usage (droit d'), sect. II, § I et suiv.

— 13 juin. *Décret* qui établit près des tribunaux criminels un exécuteur de leurs jugemens, et qui fixe le traitement de ces exécuteurs. V. Exécuteur de la haute justice. R.

— 16 juin. *Décret* relative au jugement et punition des Français ou étrangers convaincus d'espionnage. V. Commission militaire. R.

— 25 juin. *Décret* qui abolit la loi martiale. V. Attroupement. — Loi martiale. R.

— 24 juin. *Acte constitutionnel* et déclaration des droits de l'homme et du citoyen. V. Constitution. R.

— 26 juin. *Décret* portant que les juges opineront à haute voix en public. V. Opinion. R.

1793, 27 juin. *Décret* relatif à l'exposition sur un échafaud des condamnés à la détention et aux fers. V. Peine. R.

— 28 juin. *Décret* relatif à l'organisation des secours à accorder annuellement aux enfans, aux vieillards et aux indigens. V. Secours publics. R.

— 1 juillet. *Décret* qui excepte des dispositions du décret du 9 mai 1793, les bâtimens des États-Unis de l'Amérique. V. Prise maritime, § III. R.

— 6 juillet. *Décret* qui prononce la peine de dix ans de fers contre les fourbisseurs et marchands d'armes qui en vendent sans au préalable avoir fait leur déclaration à la municipalité. V. Arquebusier. R.

— 6 juillet. *Décret* relatif à l'abolition du droit exclusif de la pêche. V. Pêche, sect. I, § I. R.; et § I. Q.

— 6 juillet. *Décret* qui met en séquestre les fiefs réversibles, à l'extinction des possesseurs, à la couronne de France. V. Réversibilité des fiefs. R.

— 8 juillet. *Décret* qui dispense les indigens de la consignation de l'amende de 150 livres pour se pourvoir en cassation. V. Certificat d'indigence. R.

— 17 juillet. *Décret* qui supprime sans indemnité toutes les redevances ci-devant seigneuriales, et droits féodaux, même ceux conservés par le décret du 25 août 1792. V. Arage. — Arrérages. — Arrière-cens. R. — Assignation, § VI. Q. — Bail, § I. — Banalité. R.; et § I et suiv. Q. — Bassin. — Blairie. — Bordelage. — Bouchon. R. — Cassation, § XIX. Q. — Cens, § I et suiv. — Champart, n. 1 et suiv. — Chef-seigneur. — Chef-cens. — Cheval de service. — Chien d'avoine. — Civerage. — Commise emphytéotique. R. — Commune, § I. Q. — Compersonnier. — Conversion des rotures en fief. — Corvée. — Danger. — Déclaration seigneuriale. — Dépens. — Désistement d'appel, § I. — Directe. — Dixmes. — Emphytéose, § II et suiv. R.; et § I. Q. — Euclave. R. — Engagement, § I. Q. — Entre-cens. — Epier. — Fait du souverain. R. — Féodalité, § I et suiv. Q. — Fief, sect. II, § VII. — Francheaumône, § II. — Garantie, § III. — Hallage (droit d'). R. — Hospices, § II. Q. — Jeu de fief, § IX. R.; et jeu de fief. Q. — Locatairie perpétuelle, § I et suiv. Q. — Lods et ventes. — Mainmorte. R. — Mines, § I et suiv. — Moulin, § I. Q. — Naufrage. R. — Offres réelles, § II. Q. — Péage, § II. Pressoir. — Quart, tiers ou demi. — Raisin. — Relevoison. — Relief. R. — Rente. Q. — Rente convenancière. — Rente foncière et seigneuriale, § VII et suiv. Q. — Terrage, R.; et § I et suiv. Q. — Terres vaines et vagues. R. — Tiers-denier, § III. Q. — Treizième. — Troupeau à part. R. — Vente, § II et suiv. Q. — Vigne. R.

— 19 juillet. *Décret* relatif aux droits de propriété des auteurs, compositeurs de musique, peintres et dessinateurs. V. Bibliothèque. — Contrefaçon, § I et suiv. R.; et § I et suiv. Q. — Délit, § IV. — Plagiat. R. — Propriété littéraire, § I et suiv. — Tribunal correctionnel, § I. Q.

— 19 juillet. *Décret* qui ordonne la déportation des évêques qui apporteraient quelque obstacle au mariage des prêtres. V. Célibat, n. 5. R.

— 19 juillet. *Décret* portant qu'aucune loi ne peut priver du traitement les ministres du culte catholique qui se marient. V. Célibat, n. 5. R.

— 23 et 24 juillet. *Décret* relatif à l'organisation des postes et messageries en régie nationale. V. Lettre. — Messageries. R.

— 25 juillet. *Décret* concernant l'administration et la vente des biens des émigrés et la liquidation de leurs dettes. V. Bail, § VIII. Q. — Confiscation. — Emigration, § XIX. R. — Hypothèque, § VII. — Lettres de ratification, § I. — Prescription, § VI. Q. — Rente foncière, § I. R.

1793, 26 juillet. *Décret* contre les accapareurs. V. Monopole. R.

— 29 juillet. *Décret* portant que les jugemens en matière criminelle, quoique rendus dans les formes civiles, sont sujets à la révision. V. Révision de procès, § III. R.

— 50 juillet. *Décret* relatif à l'abolition des droits exclusifs de pêche et de chasse. V. Pêche, sect. I, § I. R.; et § II. Q.

— 1 août. *Décret* qui établit l'uniformité et le système général des poids et mesures. V. Poids et mesures, § II. R.

— 2 août. *Décret* relatif à la représentation des pièces de théâtre. V. Comédien. R.

— 5 août. *Décret* qui fixe la contribution foncière pour 1793. V. Inscription hypothécaire, § I. Q.

— 7 août. *Décret* qui prononce la peine de mort contre tout citoyen surpris en fausse patrouille et déguisé en femme. V. Attroupement. R.

— 8 août. *Décret* interprétatif d'un article de celui du 10 juin sur le mode de partage des biens communaux. V. Communaux (biens), § IV. Q. — Terres vaines et vagues. R.

— 8 août. *Décret* portant suppression de toutes les académies et sociétés littéraires patentées ou dotées par la nation. V. Académie. R. — Contrefaçon, § II. Q.

— 12 août. *Décret* relatif aux procédures ayant pour objet les obstacles apportés au mariage des prêtres. V. Célibat, n. 8. R.

— 14 août. *Décret* portant que les conseils des communes sont autorisés à diriger les spectacles. V. Comédien. R.

— 14 août. *Décret* relatif à l'organisation de la régie nationale des droits d'enregistrement et autres droits y réunis. V. Bureau d'enregistrement. R.

— 15 août. *Décret* relatif aux denrées et marchandises de première nécessité qu'il est défendu de faire sortir de France. V. Appel, sect. II, § X. — Chiffons. R. — Contrefaçon, § II. Q. — Douane, § I et suiv. R.; et § V et suiv. Q. — Saisie pour contravention. R.

— 16 août. *Décret* qui ordonne la saisie et le séquestre des biens et des propriétés que les sujets et vassaux du roi d'Espagne ont en France. V. Effet rétroactif, sect. III, § II, art. 5. — Séquestre de guerre. R.

— 16 août. *Décret* relatif à l'exécution des jugemens criminels dans les pays occupés par les ennemis ou par les rebelles. V. Délit militaire. R.

— 17 août. *Décret* qui ordonne un recensement général des grains provenant de la dernière récolte, et prononce des peines contre les fausses déclarations. V. Grains. R.

— 19 août. *Décret* qui supprime la formalité d'une consultation signée d'avoués, pour se pourvoir en cassation, ou en requête civile. V. Requête civile, § III. R.

— 19 août. *Décret* relatif aux enfans abandonnés. V. Exposition de part. R.

— 19 août. *Décret* relatif à l'organisation de l'administration des charrois militaires, ambulances, etc. V. Hôpital militaire. R.

— 22 août. *Décret* portant abolition de toutes actions civiles et privées, ainsi que des jugemens qui s'en sont ensuivis relativement à la révolution. V. Amnistie.

— 22 août. *Décret* additionnel à celui du 9 décembre 1790, concernant la restitution des biens des religionnaires fugitifs. V. Religionnaires, § X. R.

— 22 août. *Décret* relatif aux délais des procédures

dans les départemens en état de révolte. V. Bureau de paix, § V. Q.

1793, 23 août. *Décret* qui établit un mode de comptabilité. V. Chambre des comptes. R.

— 24 août. *Décret* qui ordonne la formation d'un grand-livre de la dette publique non viagère. V. Caisse d'escompte.— Compagnies financières. — Comptable. — Dettes des communes. R. et Q. —Dette publique. — Inscription sur le grand-livre, § I et suiv. R.; et § II et suiv. Q. — Partage, § V. Q.— Transfert, § I et suiv. Q.

— 24 août. *Décret* qui ordonne une fabrication de petite monnaie. V. Monnaie décimale. R.

— 26 août. *Décret* relatif à l'exécution de celui du 16 août présent mois concernant le séquestre des biens des Espagnols situés en France. V. Séquestre de guerre. R.

— 1 septembre. *Décret* relatif à la représentation des ouvrages dramatiques. V. Comédien. R.

— 3 septembre. *Décret* qui établit un emprunt forcé. V. Filiation, § III. Q.

— 7 septembre. *Décret* portant que provisoirement les mineurs dont les pères et mères seraient morts, interdits ou absens pour cause légitime, sont autorisés à contracter mariage sur l'avis d'un conseil de famille. V. Conseil de famille. — Mariage. — Mineur. R.

— 10 septembre. *Décret* qui interdit aux meuniers tout commerce de grains ou de farines. V. Meunier. R.

— 12 septembre. *Décret* qui ordonne la fabrication de pièces de cinq décimes en bronze. V. Monnaie décimale. R.

— 17 septembre. *Décret* relatif au traitement des prêtres qui seraient inquiétés par leurs communes pour raison de leur mariage. V. Célibat, n. 3. R. — Tribunal correctionnel, § I. Q.

— 17 septembre. *Décret* qui autorise les notaires, greffiers et huissiers à faire les prisées et ventes de meubles, et fixe le prix des vacations. V. Huissier priseur. —Vente, § VIII, art. 3. R. — Vente publique de meubles. Q.

— 17 septembre. *Décret* qui déclare les lois relatives aux émigrés applicables aux déportés. V. Chose jugée, § XI. — Confiscation, § II. Q. — Déportation. R. — Emigré, § XVI. Q. — Mort civile, § I. R.

— 20 septembre. *Décret* qui accorde le délai de trois mois pour se pourvoir, par la voie de l'appel, contre des condamnations en vertu de lettres-patentes, d'arrêts de propre mouvement, et autres du ci-devant conseil. V. Conventions matrimoniales, § II. R. — Opposition (tierce), § III. Q.

— 21 septembre. *Décret* concernant l'acte de navigation. V. Enregistrement. — Navigation. R.

— 23 septembre. *Décret* qui ordonne de verser dans la caisse de la trésorerie nationale et dans celles des receveurs de district, les dépôts faits chez des officiers publics, etc. V. Confiscation, § I. — Consignation. — Commissaires aux saisies réelles. R.

— 30 septembre. *Décret* relatif au droit accordé aux aînés par l'art. 296 de la coutume de Normandie, de retirer, dans l'année du décès de leur père, les immeubles échus à leurs puinés. V. Mainmorte (gens de), § V. R. — Retrait féodal. Q. — Retrait de mi-denier. R.

— 1 octobre. *Décret* qui détermine le mode de répartition des prises maritimes. V. Prises maritimes, § III. Q.

— 20 octobre. *Décret* relatif aux actes de concession, à titre d'inféodation, et au brûlement des titres féodaux mixtes. V. Arbitres, § I. Q. — Chef-cens. — Civerage. — Désistement d'appel, § I. — Directe. — Domaine public, § V. — Emphy-

théose, § II. — Jeu de fief, § IX. R. — Loi, § V. Q. — Mainmorte. — Mine. — Rente. R.; et § I. Q. — Rente convenancière. — Rente seigneuriale, § II. R. — Rente foncière. — Rente seigneuriale, § VIII et suiv. — Vente, § III. Q.

1793, 4 octobre. *Décret* qui autorise à mettre en réquisition, et à taxer les flotteurs et ouvriers employés à la fabrication et à la conduite des trains de bois de construction pour la marine. V. Bois, § II. R.

AN 2. (d'après le calendrier républicain.) — 1793 et 1794.

An 2, 15 vendémiaire (6 octobre 1793). *Décret* relatif à la pêche du maquereau et du hareng. V. Pêche, sect. II, § IV. R.

— 17 vendémiaire (8 octobre 1793). *Décret* qui supprime les compagnies financières. V. Compagnies financières. R.

— 18 vendémiaire (9 octobre 1793). *Décret* qui admet les ci-devant religieux et religieuses au partage des successions à échoir. V. Coutumes de dévolution.— Dévolution coutumière, § II. R. — Succession, section I, § II et suiv.— Wissembourg (statut du mundat de), § I. Q.

— 18 vendémiaire (9 octobre 1793). *Décret* qui maintient dans leurs arrondissemens les anciens marchés existant avant 1789, et défend provisoirement d'en établir d'autres. V. Foire. R.

— 24 vendémiaire (15 octobre 1793). *Décret* concernant des mesures pour l'extinction de la mendicité. V. Domicile de secours. — Mendicité. — Transportation. — Vagabond. R.

— 27 vendémiaire (18 octobre 1793). *Décret* contenant des dispositions relatives à l'acte de navigation. V. Enregistrement. — Lettre de marque. — Mandement. — Navigation. R.

— 1 brumaire (22 octobre 1793). *Décret* portant que la condamnation pour crime de fabrication de faux assignats et de fausse monnaie, emportera confiscation des biens. V. Confiscation, § I. R.

— 1 brumaire (22 octobre 1793). *Décret* qui ordonne la fabrication d'étalons prototypes des poids et mesures pour toute la France. V. Poids et mesures, § II. R.

— 1 brumaire (22 octobre 1793). *Décret* concernant le mode de jugement des affaires relatives aux crimes de fausse monnaie. V. Monnaie, § II. R.

— 1 brumaire (22 octobre 1793). *Décret* qui détermine les nullités pour lesquelles il y a lieu à cassation des jugemens en matière criminelle. V. Cassation. — Jugement. — Nullité. Procédure criminelle. R. et Q.

— 3 brumaire (24 octobre 1793). *Décret* qui détermine une nouvelle forme pour l'instruction des affaires devant les tribunaux, et supprime les fonctions d'avoué. V. Abus (appel comme d'). — Appel, sect. I, § IX et suiv. R.; § I, V, IX, X et XIV. Q. — Appel incident, § I et suiv. Q. — Audience. — Avocat aux conseils. R.—Bureau de paix, § IV. Q.—Chambre du conseil. — Curateur. R. — Chose jugée, § XI.— Communaux (biens), § VII. — Compte courant. Q. — Délibéré. R. — Dernier ressort, § XVIII. — Divorce, § VI. Q. — Enquête. R. — Homme de loi, § I. — Inscription de faux, § II et suiv. Q. — Interlocutoire. R.; et § V. Q. — Jugement, § II et suiv. — Lettres de ratification, § I. — Mariage, § V. — Nation, § II. — Opposition aux jugemens par défaut, § X. Q. — Péremption, sect. I, § I. — Procureur *ad lites.* R. — Rapport (ordre judiciaire). — Réparation d'injure, § II et suiv. Q. — Requête. R. — Revendication, § I. — Tribunal d'appel, § II et suiv. Q.

— 5 brumaire (26 octobre 1793). *Décret* contenant plusieurs dispositions relatives aux actes et contrats civils. V. Donation, sect. III, § III et suiv. — Dot, § XVII. — Effet rétroactif, sect. III, § V. R. — Exclusion coutumière, § V. Q. — Exhérédation, § VIII. — Gains nuptiaux et de survie, § II et suiv. —Institution contractuelle, § I et suiv.—Institution d'héritier, sect. I et suiv. R. — Légitime, § IX. — Loi, § VIII. Q. — Renonciation à une succession future, § II. — Réversion, section III. — Viduité. R.

An 2, 6 brumaire (27 octobre 1793). *Décret* relatif au jugement des procès criminels élevés incidemment aux procès civils. V. Civiliser. — Jugement. — Procédure criminelle. R.

—9 brumaire (30 octobre 1793). *Décret* qui déclare nuls les jugemens rendus et les poursuites relativement aux droits féodaux ou censuels, abolis par le décret du 28 août 1792. V. Dépens. R. — Retrait féodal. — Triage, § II. Q.

—10 brumaire (31 octobre 1793). *Décret* qui supprime les dénominations de ville, bourg et village, et y substitue celle de commune. V. Communauté d'habitans. R.

— 12 brumaire (29 novembre). *Décret* relatif aux droits des enfans nés hors du mariage. V. Adoption, § I et suiv. Q. — Alimens, § I. — Bâtard, § I et suiv. — Clandestinité, sect. II, § II. — Donation, sect. VI, § II. — Filiation. — Fornication. — Jugement, § VII *bis*. R. — Légitimité, § II. Q. — Question d'État, § III, art. 1. R.

— 15 brumaire. (5 novembre 1793). *Décret* qui déclare propriété nationale tout l'actif affecté aux fabriques et à l'acquit des fondations. V. Fondations. R. et Q. — Hôpital, § I. — Mainmorte (gens de). — Remboursement. R.

— 18 brumaire (8 novembre 1793). *Décret* relatif aux fonctions des notaires. V. Faux, § 2 et suiv. Q.

— 18 brumaire (8 novembre 1793). *Décret* relatif aux contestations sur la validité des prises faites par les corsaires. V. Conseil des prises. R.

— 25 brumaire (15 novembre 1793). *Décret* portant la peine de dix années de fers contre ceux qui détourneraient de leur destination les subsistances et approvisionnemens destinés pour la marine. V. Grains. R.

— 29 brumaire (19 novembre 1793). *Décret* portant que le pouvoir de statuer sur les demandes en relief de laps de temps, continue d'être attribué au tribunal de cassation. V. Appel, sect. I, § V. — Cassation, § VI. R. — Délai, § III. — Requête civile, § II. Q.

— 2 frimaire (22 novembre 1793). *Décret* portant que les fabricateurs de fausse-monnaie étrangère seront punis de la même peine que les fabricateurs de fausse-monnaie nationale. V. Monnaie, § II. R.

— 4 frimaire (24 novembre 1793). *Décret* sur l'ère nouvelle, le commencement et l'organisation de l'année, et sur les noms des jours et des mois. V. Année. R. — Délai, § III. Q. —Jours complémentaires. R. — Protêt, § II. Q.

—27 frimaire (27 novembre 1793). *Décret* relatif à la poursuite des délits d'escroquerie et d'abus de la crédulité. V. Escroquerie. — Faux, sect. I, § VII. R.

—8 frimaire (28 novembre 1793). *Décret* qui abolit les procédures et jugemens relatifs aux insurrections populaires occasionées à raison de l'accaparement et du surhaussement du prix des denrées. V. Amnistie. R.

— 10 frimaire (30 novembre 1793). *Décret* relatif aux domaines nationaux engagés ou aliénés. V. Arrêt du conseil. Q. — Fortifications. — Réversibilité des fiefs. — Succession, sect. I, § II, art. 5. R. — Vente, § II. Q.

— 12 frimaire (2 décembre 1793). *Décret* relatif à l'exécution de celui du 25 brumaire, an 2, en faveur des prêtres mariés. V. Loi, § V. R.

An 2, 14 frimaire (4 décembre 1793). *Décret* sur le mode de gouvernement provisoire et révolutionnaire. V. Bulletin des Lois. — Commission, sect. V. — Loi, § IV et suiv. R. — Loi, § VIII. — Nation, § II. Q.

— 16 frimaire (6 décembre 1793). *Décret* qui ordonne la réparation des routes et des ponts aux frais de l'état. V. Chemin (grand), n. 7. R.

— 17 frimaire (7 décembre 1793). *Décret* qui ordonne le séquestre des biens des pères et mères dont les enfans sont émigrés. V. Présuccession.

— 17 frimaire (7 décembre 1793). *Décret* portant que les marchés et les comptes seront stipulés et rendus en livres, décimes et centimes. V. Monnaie décimale. R.

— 25 frimaire (12 décembre 1793). *Décret* relatif aux délais accordés aux habitans des lieux occupés par l'ennemi, pour se pourvoir contre les jugemens. V. Lettres de ratification. § I. Q.

— 26 frimaire (16 décembre 1793). *Décret* qui détermine le mode de procéder à l'égard des individus qui ont trahi la patrie dans les parties du territoire de la France envahies par l'ennemi. V. Confiscation, § I. R.

— 27 frimaire (17 décembre 1793). *Décret* relatif à la suppression des loteries. V. Loi, § III. — Loterie. R.

— 28 frimaire (18 décembre 1793). *Décret* relatif à la division des poids au-dessus du grave. V. Poids et mesures, § II. R.

— 8 nivôse (28 décembre 1793). *Décret* qui attribue aux tribunaux de famille la connaissance des contestations relatives aux droits des époux divorcés. V. Divorce, sect. IV. R.

— 17 nivôse (6 janvier 1794). *Décret* relatif aux donations et successions. V. Absent. R.; et § III. Q.—Adoption, § I et suiv. Q. — Airures. R. — Appel, § IX et suiv. Q. — Avantages aux héritiers présomptifs, § II et suiv. Q. — Avantages entre époux, n. 4 et suiv. R.; et § VI et suiv. Q. — Choix, § I. — Chose jugée, § I *bis* et suiv. — Clandestinité, sect. II, § II. — Communauté de biens entre époux, § II. — Concubinage. — Condition, sect. II, art. 4 et suiv.; et § I. Q. — Confiscation, § II. — Contrat de mariage, § V. Q. — Conventions matrimoniales, § I. — Démission de biens, n. 5. R.; et § IV. Q. — Deuil. — Dévolution coutumière, § I. — Don absolu. — Don mobil. R.; et § I et suiv. Q. — Don mutuel, § II et suiv. R.; et § III et suiv. Q. — Donation, sect. I, § I et suiv. R.; et § III et suiv. Q. — Dot, § XVII. R. — Douaire, § V. Q. — Effet rétroactif, sect. III, § I et III. R. — Effet rétroactif du décret du 17 nivôse an 2. Q. — Entravestissement, sect. III. R. Exclusion coutumière, § V. Q. — Exhérédation, § VIII. R. — Féodalité, § III. —Fief, § III. Q. — Gains nuptiaux et de survie, § II et suiv. R.; et § III. Q. — Héritier, sect. I, § II et suiv. —Institution contractuelle, § I et suiv. R.; et § II. Q. — Jugement, § VII *bis*. — Légataire, § II et suiv. R. — Légitime, § IX. Q. — Nécessité jurée. — Noces (secondes), § II et suiv. R. — Partage, § II et suiv. — Paternité. — Pays réunis, § I. — Pignoratif (contrat). Q. — Prélegs. — Préparatoire (jugement). — Propre. R.; et § I et suiv. Q. — Quint datif. — Rapport à succession, § II, art. 5 et suiv. — Remploi, § II. — Renonciation, § I. — Renonciation à une succession échue, § I et suiv. — Renonciation à une succession future, § II. — Représentation (droit de), sect. III. — Réserve, sect. I et suiv. — Retrait de mi-denier. — Réversion, sect. III. R.; et § I et suiv. Q. — Révocation de donation, § I et suiv. — Secondes noces, § I. — Signature, § III. Q. — Simulation, § V. R. — Subrogation de chose, sect. II, § I et suiv. — Substitution directe, § III. — Substitution fidéicommissaire, sect. VIII. R.; et § XI. Q. — Succession, sect. I, § II et suiv. R.; et § VIII et suiv. Q. — Succession future (pacte sur une), § I et suiv. Q. — Testament, sect. I et suiv. R.; et § VIII et suiv. Q. — Testament conjonctif. — Tiers-cou-

tumier. R. et Q. — Tutelle, sect. II, § III. R. — Usufruit, § V. Q.
— Vente, § I, art. 1. — Vente à fonds perdu. R. et Q. — Viduité.
— Virile. R. — Wissembourg (statut du mundat de), § I et II. Q.

An 2, 26 nivose (15 janvier 1794). *Décret* relatif au partage de la coupe des bois communaux. V. Partage, § X. R.

28 nivose (17 janvier 1794). *Décret* interprétatif de ceux des 25 août 1792 et 9 brumaire an 2 relatifs aux droits féodaux. V. Bail, § I. R. — Vente, § II. Q.

50 nivose (19 janvier 1794). *Décret* portant que la mesure appelée *pinte*, sera nommée *cadil*. V. Poids et mesures, § II. R.

5 pluviose (22 janvier 1794). *Décret* sur l'organisation de la justice militaire. V. Conseil de guerre. R.; et § III. Q. — Délit militaire. R. — Gendarmerie, § I. — Information. — Militaire, § V. Q.

— 5 pluviose (24 janvier 1794). *Décret* relatif aux faux témoins. V. Calomnie. — Faux témoignage. R.

— 7 pluviose (26 janvier 1794). *Décret* qui détermine les bases d'après lesquelles il sera procédé à l'avenir aux liquidations d'offices. V. Inscription sur le grand-livre, § II et suiv. Q.

— 8 pluviose (27 janvier 1794). *Décret* qui ordonne un rapport sur la confection d'un grand-livre des propriétés territoriales, et fait défense d'insérer dans les actes aucune clause ou expression tendant à rappeler le régime féodal ou nobiliaire. V. rescision, § IV. Q.

— 13 pluviose (1 février 1794). *Décret* qui prescrit le mode d'exécution de celui du 6 août 1793, relatif à la démolition des châteaux-forts et forteresses de l'intérieur. V. Châteaux. R.

— 15 pluviose (1 février 1794). *Décret* relatif aux formalités à observer par les militaires avant leur entrée dans des hôpitaux. V. Hôpital militaire. R.

— 16 pluviose (4 février 1794). *Décret* qui abolit l'esclavage des nègres dans les colonies. V. Empêchement de mariage, § I. R.

— 26 pluviose (14 février 1794). *Décret* sur l'organisation de l'administration des monnaies. V. Monnaie, § III. R.

— 3 ventose (21 février 1794). *Décret* relatif au service des armées et des hôpitaux militaires. V. Cadavre. — Hôpital militaire. R.

— 3 ventose (21 février 1794). *Décret* qui établit un nouveau mode de payement des frais d'administration à la charge du trésor public. V. Contrôleur du trésor public. R.

— 7 ventose (25 février 1794). *Décret* d'ordre du jour sur les adjudications des biens d'émigrés, le rachat des rentes foncières et seigneuriales par la régie de l'enregistrement au compte de l'Etat. V. Chef-cens. — Civerage. — Désistement d'appel, § I. — Mainmorte. — Rente convenancière. — Rente seigneuriale, § II. R. — Rente foncière. — Rente seigneuriale, § VIII et suiv. Q.

— 9 ventose (27 février 1794). *Décret* relatif aux délais fixés pour l'enregistrement des certificats de résidence. V. Certificat de résidence. R.

— 14 ventose (4 mars 1794). *Décret* relatif aux scellés apposés après le décès des citoyens dont les défenseurs de la patrie sont héritiers. V. Absent, chap. 4. R.; § IV et suiv. Q. — Certificat de résidence. — Scellés. R.

— 15 ventose (5 mars 1794). *Décret* relatif aux envoyés des gouvernemens étrangers. V. Ministère public, sect. V, § IV, art. 11. R.

— 18 ventose (8 mars 1794). *Décret* interprétatif de celui du 19 juillet 1790, concernant l'abolition du retrait lignager. V. Retrait féodal. Q.

An 2, 19 ventose (9 mars 1794). *Décret* qui ordonne la formation d'un conseil d'administration dans chacun des bataillons d'infanterie de ligne et d'infanterie légère, à la solde de l'Etat. V. Conseil d'administration. R.

— 22 ventose (12 mars 1794). *Décret* qui déclare acquis à l'Etat les biens des ecclésiastiques et frères convers ou lais qui se sont ou ont été déportés, et contient un mode d'exécution du décret du 17 septembre 1793, relatif aux déportés. V. Déportation. R.

— 22 et 23 ventose (12 et 13 mars 1794). *Décret* relatif aux donations et successions. V. Dot, § XVII. — droits successifs. — Gains nuptiaux et de survie, § II et suiv. — Institution d'héritier, sect. I et suiv. — Réversion, sect. III. — Substitution fidéicommissaire, sect. VIII. — Succession, sect. I, § III, art. 1. — Testament conjonctif. R.

V. *Questions de droit*, les mots Appel, § IX. Q. — Effet rétroactif de la loi du 17 nivose au 2. — Gains nuptiaux et de survie, § III. — Partage, § II et suiv. — Réversion, § I et suiv. — Révocation de donation, § IV. — Succession future (pacte sur une), § I et suiv. — Testament, § II et suiv. — Tiers coutumier. — Vente à fonds-perdu. Q.

— 24 ventose (14 mars 1794). *Décret* qui ordonne la formation d'un conseil d'administration dans chaque régiment et escadron de cavalerie et de cavalerie légère à la solde de l'Etat. V. Conseil d'administration. R.

— 4 Germinal (24 mars 1794). *Décret* relatif au commerce maritime et aux douanes. V. Acquit, § III. — Contrainte (finances). — Déclaration aux bureaux des douanes. — Douanes, § I et suiv. R.; et § V et suiv. Q. — Exécution provisoire des jugemens. — Inscription de faux, § VII et suiv. — Manifeste. — Mer. R. — Parlementaire (vaisseau). Q. — Retenue de marchandises. R.

— 4 germinal (24 mars 1794). *Décret* qui détermine les cas où les jugemens peuvent et doivent être annulés en matière civile. V. Appel, § IX et suiv. — Appel, § X, art. 1. — Assignation, § V. — Avoué, § IV et suiv. Q. — Cassation, § II. R.; et § XXXVI. — Chose jugée, § II. — Bureau de paix. — Commune, § II. — Conclusions du ministère public, § III et IV. — Divorce, sect. IV. R.; et § I. Q. — Douanes, § V et suiv. — Faux, § VI. — Garde forestier, § I. — Jugement, § I et suiv. — Mariage, § III. — Mineur, § I. Q. — Motif des jugemens. R. — Opposition aux jugemens par défaut, § IV. — Partage, § IV. — Religionnaires (biens des), § II. — Signature, § I et suiv. — Union de créanciers. Q.

— 4 germinal (24 mars 1794). *Décret* qui règle les formalités à observer pour les réclamations d'indemnités de la part des citoyens chargés d'enfans abandonnés. V. Exposition de part. R.

— 4 germinal (24 mars 1794). *Décret* qui ordonne l'exécution du nouveau mode de comptabilité établie par le décret du 23 août 1793. V. Chambre des comptes. R.

— 12 germinal (1 avril 1794). *Décret* qui supprime le conseil exécutif provisoire, et remplace le ministère par douze commissions. V. Conseil exécutif provisoire. R.

— 17 Germinal (6 avril 1794). *Décret* qui prescrit le mode de procéder pour les actions en rabattement. V. Bureau de paix, § V. Q. — Effet rétroactif, sect. III, § III, art. 1. R. — Légitimité, § II. Q. — Rabattement de décret. R.

— 23 germinal (12 avril 1794). *Décret* portant qu'il sera sursis à l'exécution des jugemens à mort rendus contre des citoyens qui n'ont pu se faire rayer des listes d'émigrés par un défaut de justification des formalités prescrites. V. Nation, § II. Q.

— 27 germinal (16 avril 1794). *Décret* concernant la répression des conspirateurs, l'éloignement des nobles, et la police générale. V. Offense à la loi. Q.

An 2, 5 floréal (24 avril 1794). *Décret* sur une question relative à l'art. 6 du paragraphe I du décret du divorce, relatif aux jugemens de séparation non exécutés, ou attaqués par voie d'appel ou de cassation. V. Divorce, sect. IV. R.

— 19 floréal (8 mai 1794). *Décret* qui règle la compétence du tribunal révolutionnaire de Paris et des tribunaux criminels de France. V. Transportation. R.

— 25 floréal (12 mai 1794). *Décret* sur les rentes viagères déclarées dettes nationales. V. Inscription sur le grand-livre, § 1 et suiv. R.

— 29 floréal (18 mai 1794). *Décret* relatif à la compétence des juges de paix et des tribunaux criminels pour délits militaires. V. Contumace. — Délit militaire. R.

— 18 prairial (6 juin 1794). *Décret* relatif aux dépositions des militaires cités comme témoins devant les tribunaux. V. Témoin judiciaire, § I, art. 5. R.

Nota. La collection officielle des lois in-4, dite *édition du Louvre*, sur laquelle ont été vérifiés les titres et les dates des décrets de la convention nationale, rappelés ci-dessus, les désigne sous le nom de *Décret*. Dans le Bulletin officiel des lois, in-8°, établi au mois de prairial an 2, les décrets sont intitulés *Lois* : Voilà l'explication de la différence que cette table présente dans les titres des actes de la même assemblée.

— 6 messidor (44 juillet 1794). *Loi* sur les formes à observer pour la rectification des erreurs commises dans l'énonciation des noms, prénoms et actes de naissance des pensionnaires. V. Certificat de résidence. R.

— 7 messidor (25 juin 1794). *Loi* concernant l'organisation des archives nationales. V. Expédition, § III. R.

— 11 messidor (29 juin 1794). *Loi* qui modifie l'art. 4 de la loi du 8 pluviose relative aux titres et actes ci-devant féodaux. V. Rescision, § IV. Q.

— 9 messidor (27 juin 1794). *Loi* qui ordonne la rectification d'une erreur qui s'est glissée dans le code pénal. V. Blessé, § II. R.

— 18 messidor (6 juillet 1794). *Loi* qui fixe le délai dans lequel devront être déposés les fonds et effets appartenant aux habitans de pays en guerre avec la France. V. Séquestre de guerre. R.

— 18 messidor (6 juillet 1794). *Loi* qui détermine la manière dont seront effectués dans les caisses nationales, les payemens autres que ceux de pensions, intérêt de la dette publique, etc. V. Compte courant, § I. Q.

—, 25 messidor (11 juillet 1794). *Loi* sur la réunion de l'actif et passif des hôpitaux, maisons de secours, de pauvres, etc., au domaine national. V. Émigré, § X. Q. — Fondation. — Hôpital, § II. R. — Remboursement, § I. Q.

— 29 messidor (17 juillet 1794). *Loi* d'ordre du jour sur la peine encourue pour provocation au duel par le militaire inférieur envers son supérieur hors le cas de service. V. Duel. R.

— 2 thermidor (20 juillet 1794). *Loi* portant qu'à dater du jour de sa publication, nul acte public ne pourra, dans le territoire français, être écrit qu'en langue française. V. Langue française. R.

— 6 Thermidor (24 juillet 1794). *Loi* sur les biens et les dettes des académies et sociétés littéraires supprimées. V. contrefaçon, § II. Q.

— 6 fructidor (25 août 1794). *Loi* portant qu'aucun citoyen ne pourra porter de nom ni de prénom autres que ceux exprimés dans son acte de naissance. V. Nom, § IV. — Promesse de changer de nom. R.

An 2, 7 fructidor (26 août 1794). *Loi* sur diverses questions relatives aux donations, successions et substitutions. V. Conventions matrimoniales, § I. — Dévolution coutumière, § II. — Exhérédation, § VIII. — Gains nuptiaux et de survie, § II et suiv. R.; et § III. Q. — Héritier, sect. VI, § II. R. — Institution contractuelle, § II. Q. — Succession, sect. I, § III, art. 1. R. — Tiers-coutumier. Q.

— 11 fructidor (28 août 1794). *Loi* qui règle le mode de liquidation des délégations ou effets au porteur dont le gage repose sur les rentes viagères dues par l'État. V. Certificat de vie. R.

— 12 fructidor (29 août 1794). *Loi* qui permet à tous particuliers d'aller ramasser les glands, les faines et autres fruits sauvages dans les forêts et bois appartenant à l'État. V. Faine. — Glandée. R.

16 fructidor (2 septembre 1794). *Loi* qui suspend l'exécution de celle du 2 thermidor relative à la nécessité d'écrire en français tous les actes publics. V. Langue française. R.

— 16 fructidor (2 septembre 1794). *Loi* additionnelle à celle du 11 ventose relative aux scellés apposés sur les effets et papiers des parens des défenseurs de la patrie. V. Absent, chapitre 1. R.

— 19 fructidor (5 septembre 1794). *Loi* relative au payement de la solde fixée par jour de service, et aux traitemens fixés par mois. V. Délai, § III. Q.

AN 3. — 1794 et 1795.

— 6 vendémiaire (27 septembre 1794). *Loi* relative à la question de savoir si une accusation intentée par un particulier lésé, pour un délit de nature à blesser l'ordre public, doit être poursuivi nonobstant la réconciliation des parties. V. Ministère public, § III. Q.

— 24 vendémiaire (15 octobre 1794). *Loi* relative aux poursuites en divorce contre un émigré ou un absent. V. Rebelles de l'Ouest. R.

— 24 vendémiaire (15 octobre 1794). *Loi* sur l'incompatibilité des fonctions administratives et judiciaires. V. Huissier, § III. Q. — Incompatibilité. — Préfet. R.

— 5 vendémiaire (16 octobre 1794). *Loi* qui autorise tout particulier à conduire et faire conduire librement les voyageurs, les ballots, paquets et marchandises. V. Lettre. — Messageries. R.

— 27 vendémiaire (18 octobre 1794). *Loi* sur le théâtre des arts. V. Opéra. R.

— 7 brumaire (28 octobre 1794). *Loi* qui suspend toute exploitation de bois dans laquelle des communes seraient entrées en vertu de sentences arbitraires. V. Appel, § VIII, n. 8. Q. — Domaine public, § V. R. — Nation, § II. Q.

— 19 brumaire (9 novembre 1794). *Loi* relative aux réquisitions de denrées, subsistances et autres objets de nécessité publique. V. Prise. R.

— 23 brumaire (15 novembre 1794). *Loi* qui modifie les dispositions de la loi du 4 germinal an 2, qui défendent de faire aucune remise sur les saisies concernant les douanes. V. Douanes. R.

— 25 brumaire (15 novembre 1794). *Loi* concernant les émigrés. V. Certificat de résidence. — Commission militaire. — Emigration, § II et suiv. R. — Légitimité, § V. — Mort civile, § II et suiv. Q.

— 6 frimaire (26 novembre 1794). *Loi* relative aux denrées et marchandises non prohibées, importées par la voie du commerce extérieur. V. Prise. R.

An 3, 12 frimaire (2 décembre 1794). *Loi* additionnelle à celle du 25 brumaire concernant les émigrés. V. Amnistie. R.

— 16 frimaire (6 décembre 1794). *Loi* portant réglement provisoire sur les effets des adoptions faites antérieurement à la promulgation du Code civil. V. Adoption, § III. R.

— 17 frimaire (7 décembre 1794). *Loi* sur les établissemens de commerce ou manufactures dans lesquels étaient intéressés des individus dont les biens ont été confisqués au profit de la république. V. Action. — Actionnaires. Q.

— 1 nivose (24 décembre 1794). *Loi* qui surseoit à la vente des biens des pères et mères d'émigrés. V. Nation, § II. Q.

— 4 nivose (24 décembre 1794). *Loi* qui supprime toutes celles portant fixation d'un maximum sur le prix des denrées et marchandises. V. Grains. R.

— 11 nivose (31 décembre 1794). *Loi* qui supprime les franchises de Dunkerque, de Marseille, de Bayonne et du ci-devant pays de Labour. V. Entrepôt. — Port franc. R.

— 13 nivose (2 janvier 1795). *Loi* sur les finances et le crédit public, maintenant les traités conclus avec les Etats-Unis d'Amérique. V. Prise maritime, § III. R.

— 14 nivose (3 janvier 1795). *Loi* portant qu'il ne sera plus donné de suite à celles relatives au séquestre et au dépôt des biens appartenant aux habitans des pays en guerre avec la France. V. Séquestre de guerre. R.

— 27 nivose (16 janvier 1795). *Loi* qui augmente le prix des ports de lettres. V. Lettre. R.

— 28 nivose (17 janvier 1795). *Loi* contenant une nouvelle organisation des commissaires des guerres dans les armées et dans les divisions militaires. V. Commissaire des guerres. R.

— 29 nivose (18 janvier 1795). *Loi* qui étend l'amnistie du 12 frimaire aux personnes condamnées pour avoir pris part à la révolte qui a éclaté dans les départemens formant l'arrondissement des armées de l'Ouest des côtes de Brest et de Cherbourg. V. Amnistie. — Déportation. R.

— 3 pluviose (22 janvier 1795). *Loi* portant que les jours appelés les sans-culottides ne compteront pas dans le délai fixé par l'édit de 1771 sur les hypothèques. V. Délai, § III. Q.

— 5 pluviose (22 janvier 1795). *Loi* qui prononce des peines contre tout propriétaire ou cultivateur soumis à une réquisition en grains, qui n'y satisfera pas dans le délai de huit jours. V. Prise. R.

— 7 pluviose (26 janvier 1795). *Loi* qui autorise les directoires de district à pourvoir provisoirement au remplacement des notaires publics. V. Notaire. R.

— 12 pluviose (31 janvier 1795). *Loi* sur les marchandises qui devront jouir d'une modération de droits d'entrée, et à celles dont la sortie continuera provisoirement d'être défendue. V. Chiffons. R. — Douanes, § III. Q. — Douanes, § VIII et suiv. R. — Marchandises anglaises. R

— 13 pluviose (1 février 1795). *Loi* additionnelle à celle du 5 pluviose relative aux réquisitions en grains. V. Prise. R.

— 19 pluviose (7 février 1795). *Loi* relative aux oppositions sur les appointemens des officiers, des commissaires des guerres et employés dans les armées. V. Appointement. R.

— 28 pluviose (16 février 1795). *Loi* sur la comptabilité. V. Comptable. R.

— 7 ventose (25 février 1795). *Loi* portant établissement d'écoles centrales pour l'enseignement des sciences, des lettres, et des arts. V. Université, § II. R.

— 11 ventose (1 mars 1795). *Arrêté* qui accorde différentes primes pour la destruction des loups. V. Chasse, § X. R.

An 3, 25 ventose (15 mars 1795). *Loi* relative à la vente des coupes de bois dans lesquels les communes ont été envoyées en possession en vertu des sentences arbitrales. V. Appel, § VIII, n. 8. Q.

— 26 ventose (16 mars 1795). *Loi* contre ceux qui refusent d'obéir aux réquisitions de voitures. V. Prise. R.

— 1 germinal (21 mars 1795). *Loi* contenant des mesures répressives des attentats contre les personnes, les propriétés, le gouvernement et la représentation nationale. V. Déportation. R.

— 15 germinal (4 avril 1795). — *Loi* relative aux baux à cheptel. V. Cheptel. — Prorogation de juridiction. R.

— 18 germinal (7 avril 1795). *Loi* relative aux poids et mesures. V. Poids et mesures, § II. R.

— 23 germinal (12 avril 1795). *Loi* portant qu'aucune femme prévenue de crime emportant peine de mort ne peut être mise en jugement qu'il n'ait été vérifié qu'elle n'est pas enceinte. V. Grossesse. R.

— 24 germinal (15 avril 1795). *Loi* qui accorde un délai pour l'insinuation des actes contenant des dispositions à titre gratuit. V. Donation, sect. VI, § II. R.

— 1 floréal (20 avril 1795). *Loi* relative aux créances et droits sur les biens nationaux provenant des émigrés. V. Emigration, § XIII. R.—Emigré, § IX et X.—Hypothèque, § VII. — Lettres de ratification. Q.

— 2 floréal (21 avril 1795). *Loi* qui détermine un mode pour suppléer aux registres de l'Etat civil, détruits ou perdus pendant la révolution. V. Etat civil (acte de l'), § IV et suiv. R.

— 5 floréal (24 avril 1795). *Loi* qui suspend toute action intentée d'après l'effet rétroactif de la loi du 17 nivose sur les successions. V. Renonciation à une succession future, § II. R.

— 8 floréal (27 avril 1795). *Loi* qui ordonne l'exécution de cinq arrêtés pris par les commissaires de la convention pour la pacification des Chouans. V. Ministre public, sect. II, § I. R.

— 9 floréal (28 avril 1795). *Loi* relative à la levée du séquestre pris sur les biens des émigrés. V. Choix, § I. R. —Nation, § II. Q. — Présuccession. — Succession, sect. I, § II. R.

— 10 floréal (29 avril 1795). *Loi* concernant la suspension des coupes de bois entreprises par les communes. V. Appel, § VIII, n. 8. Q.; et Domaine public, § V. R.

— 11 floréal (30 avril 1795). *Loi* qui fixe un mode pour la liquidation des rentes foncières dont les propriétaires n'ont pas produit les titres constitués. V. Terrage, § I et suiv. Q.

— 14 floréal (3 mai 1795). *Loi* qui ordonne la restitution des biens confisqués par suite des jugemens révolutionnaires. V. Confiscation, § I. R.; et § II. Q.

— 26 floréal (15 mai 1795). — *Loi* relative aux demandes en radiation des listes d'émigrés. V. Emigré, § XVI. Q.

— 29 floréal (18 mai 1795). *Loi* concernant les bois dont les communes ont été mises en possession. V. Appel, § VIII, n. 8; et Nation, § II. Q.

— 9 prairial (28 mai 1795). *Loi* qui prononce des peines contre les prisonniers de guerre qui sortiraient, sans permission du gouvernement, des lieux fixés pour leur détention ou leur résidence. V. Commission militaire. — Prisonnier de guerre. R.

— 10 prairial (29 mai 1795). *Loi* qui dispense les artisans journaliers et manouvriers du service dans la garde nationale. V. Garde nationale. R.

— 16 prairial (4 juin 1795). *Loi* contenant des mesures répressives de tout pillage de grains, farines ou subsistances. V. Attroupement. R.

An 3, 24 prairial (9 juin 1795). *Loi* qui détermine le mode de restitution des biens des condamnés. V. Confiscation, § II. — Enregistrement (droit d'), § XVII. — Hypothèque, § VII. Q.

— 24 prairial (9 juin 1795). *Loi* qui fixe le port des lettres pour les bureaux de petites postes. V. Lettre. R.

— 25 prairial (13 juin 1795). *Loi* interprétative de celle du 19 juillet 1793, qui assure aux auteurs la propriété de leurs ouvrages. V. Contrefaçon, § I et suiv. R.

— 28 prairial (16 juin 1795). *Loi* sur la réorganisation de la garde nationale dans les départemens. V. Garde nationale. R ; et § II. Q.

— 6 messidor (24 juin 1795). *Loi* qui prohibe les ventes de grains en vert et pendans par racines. V. Vente, § I, art. 1. R.

— 7 messidor (25 juin 1795). *Loi* relative à la formation d'un bureau des longitudes. V. Bureau des longitudes. R.

— 9 messidor (27 juin 1795). *Loi* contenant le Code hypothécaire. V. Bureaux des hypothèques.— Hypothèque, sect. II, § I et suiv. R.; et § XVI. Q. — Succession vacante, § I. Q.

— 13 messidor (1 juillet 1795). *Loi* portant que l'acte sous seing-privé acquiert une date assurée lorsqu'un acte authentique le réfère. V. Acte sous seing-privé. R. — Testament, § VIII. Q.

— 15 messidor (3 juillet 1795). *Loi* additionnelle à celle du 28 prairial sur la réorganisation de la garde nationale dans les départemens. V. Garde nationale. R.

— 20 messidor (8 juillet 1795). *Loi* qui ordonne l'établissement des gardes champêtres dans toutes les communes rurales. V. Amende, § I. Q. — Délit forestier, § II et suiv. R.—Directeur du jury, § I. Q. — Garde champêtre. R.

— 23 messidor (11 juillet 1795). *Loi* qui excepte de la prohibition des ventes de grains en vert, et pendans par racines, celles qui ont eu lieu par suite de tutelle, curatelle, etc. V. Vente, § I, art. 1. R.

— 24 messidor (12 juillet 1795). *Loi* qui rapporte celle du 22 août 1793, relative aux biens des religionnaires fugitifs, et au citoyen *Prat-Bernon.* V. Religionnaires, § X. R.

— 25 messidor (13 juillet 1795). *Loi* qui suspend provisoirement les remboursemens de toutes les rentes créées avant le 1 janvier 1792. V. Consignation, n. 29. — Loi, § V. R. — Papier monnaie, § I et suiv. — Rente viagère, § I. — Subrogation, § I. Q.

— 3 thermidor (21 juillet 1795). *Loi* qui fixe le prix du port des lettres et de la poste aux chevaux. V. Lettre. — Poste. R.

— 4 thermidor (22 juillet 1795). *Loi* portant établissement de patentes pour l'exercice de toute espèce de commerce. V. Commerce. — Patente. R.

— 6 thermidor (24 juillet 1795). *Loi* qui autorise le dépôt du montant des billets à ordre ou autres effets négociables dont le porteur ne se sera pas présenté dans les trois jours qui suivront celui de l'échéance. V. Billet à ordre. R.

— 23 thermidor (10 août 1795). *Loi* qui permet à tout citoyen français d'armer en course pour courir sur les bâtimens ennemis, et accorde une amnistie aux marins déserteurs. V. Amnistie. — Armateur. — Armement. — Lettre de marque. R.

— 28 thermidor (15 août 1795). *Loi* relative à la fabrication de la monnaie d'argent et de la petite monnaie. V. Monnaie décimale. R.

— 1 fructidor (18 août 1795). *Loi* qui applique aux créanciers viagers et pensionnaires d'émigrés, et autres dont les biens sont frappés de confiscation, diverses dispositions de la loi du 8 floréal an 5. V. Mort civile, § II. Q.

An 3, 1 fructidor (18 août 1795). *Loi* relative à la libération opérée par des offres réelles suivies de consignation. V. Consignation. — Offres réelles. — Remboursement. R.

— 5 fructidor (22 août 1795). *Acte constitutionnel.* V. Académie.—Asyle, n. 8. — Avocat du Roi. — Bail, § XVIII. — Bureau central. — Cassation, § VII.—Chambre des comptes. — Colonies. — Comédien. — Commerce.—Commis. — Commissions pour travaux préparatoires. — Conseil général de commune. — Constitution. — Corps législatif. — Cour des pairs. — Déclaration de guerre. — Effet rétroactif, sect. III, § II. — Escroquerie. — Etat de paix, de guerre, et de siège. — Forfaiture. — Garantie des fonctionnaires publics.— Garde nationale. — Greffier. — Haute cour de justice. — Incompatibilité. — Interprétation. — Inviolabilité. — Jugement, § I. — Loi, § I et suiv. — Maire. — Ministre. — Naturalisation. — Officier de police judiciaire. — Opinion. — Poids et mesures, § II. — Pouvoir judiciaire, § I. — Prodigue, § VII. — —Référé au législateur. — Réglement de juges, § I.—Tribunal de district. — Université. — Vacances. R.

Voyez aux *Questions de droit* les mots Appel, § I et XIV. — Arbitres, § I et suiv. — Biens nationaux, § I. — Bureau de paix, § V.—Divorce, § II. — Exécution des jugemens en matière civile, § I. — Hommes de loi, § I. — Mort civile, § II.— Prodigue. — Sections de tribunaux, § I. — Taxe d'entretien des routes, § I.—Tribunal d'appel, § III et suiv.

— 7 fructidor (24 août 1795). *Loi* portant qu'en matière civile les témoins seront entendus publiquement dans les tribunaux de district. V. Vacation, § XX. Q. — Commissaire. — Enquête, § III. R. — Opposition (tierce), § I. Q.

— 9 fructidor (26 août 1795). *Loi* qui surseoit à la vente des biens des hospices et autres établissemens de bienfaisance. V. Hôpital, § II. R.

— 9 fructidor (26 août 1795). *Loi* portant que les dispositions de celles des 5 brumaire et 17 nivose sur les successions, n'auront d'effet que du jour de leur promulgation. V. Effet rétroactif, sect. III, § II, art. 4. R.; et Effet rétroactif. Q. — Institution contractuelle, § II. — Légitime, § IX. Q. — Renonciation à une succession future, § II. — Succession, sect. I, § III, art. 1. — Viduité, n. 4. R.

— 13 fructidor (30 août 1795). *Loi* portant défense de vendre dans d'autres lieux qu'à la Bourse de l'or et de l'argent. V. Agens de change. R.

— 14 fructidor (31 août 1795). *Loi* qui abolit l'action en rescision des contrats de vente ou équipollens à vente entre majeurs pour cause de lésion d'outre-moitié. V. Effet rétroactif, sect. III, § III, art. 5. et § I.—Escroquerie, § I. Q.—Lésion. R. — Récusation péremptoire, § II. Q.

— 14 fructidor (31 août 1795). *Loi* qui modifie plusieurs dispositions de celle du 4 germinal an 2 relative aux douanes. V. Appel, § VIII, X et XIV. Q. — Bureau des douanes. R.— Conclusions du ministère public, § IV. Q. — Contrainte (finances). — Exécution provisoire des jugemens. R.—Opposition aux jugemens par défaut, § III. — Procès-verbal, § I et suiv. Q.

— 16 fructidor (2 septembre 1795). *Loi* qui défend aux tribunaux de connaître des actes d'administration, et annule toutes procédures et jugemens intervenus à cet égard. V. Acte administratif. — Bail, § XVIII. — Ban de vendange. R.— Biens nationaux, § I. Q.—Bureau de conciliation. R.—Caution, § III et suiv. — Commune, § II. Q. — Dette publique. — Pouvoir judiciaire, § II et suiv. R.; et § VII et suiv. — Préfet, § IV. Q. — Rivière, § II. R.

— 21 fructidor (7 septembre 1795). *Loi* relative aux fonctions des corps administratifs et municipaux, en exécution du titre VII de l'acte constitutionnel. V. Biens nationaux, § III. Q. — Bureau central. R. — Caution, § III. Q. — Conflit d'attributions. — Greffier. R.

An 5, 22 fructidor (8 septembre 1795). *Loi* qui détermine un mode pour la remise des biens des prêtres déportés. V. Confiscation, § II. Q. — Déportation. R. — Emigré, § XVI. Q.

— 29 fructidor (15 septembre 1795). *Loi* qui détermine les cas dans lesquels devront être déclarés émigrés les habitans du ci-devant comtat d'Avignon. V. Avignon. R.

— Deuxième jour complémentaire (18 septembre 1795). *Loi* qui établit un nouveau mode pour le jugement des délits militaires. V. Conseil de guerre. — Délit militaire. R.—Garde nationale, § II. Q. — Militaire, § V. Q.

AN 4. — 1795 et 1796.

— 1 vendémiaire (25 septembre 1795). *Loi* relative à la mise en exécution, au 1 nivose prochain, du nouveau système des poids et mesures. V. Poids et mesures, § II. R.

— 5 vendémiaire (25 septembre 1795.) *Loi* relative à l'abolition de l'effet rétroactif des lois des 5 et 12 brumaire, et 17 nivose an 2, concernant les successions, donations, etc. V. Appel, § IX. — Chose jugée, § VIII. — Condition, § I. Q. — Conventions matrimoniales. R. — Délit, § I et suiv. Q.—Effet rétroactif, sect. III, § II, art. 4. R.—Effet rétroactif de la loi du 17 nivose an 2. Q. — Exhérédation. — Gains nuptiaux et de survie, § II et suiv. R. — Légitime, § IX. Q. — Pouvoir judiciaire, § II. R. — Question d'Etat, § I et suiv. Q. — Succession, sect. I, § III, art. 1. — Viduité, n. 4. R. — Wissembourg (statut du mundat de). Q.

— 7 vendémiaire (29 septembre 1795). *Loi* sur l'exercice et la police extérieure des cultes. V. Cabaretier, § I. — Etat civil, § I. — Légitimité, sect. I, § II, quest. 5. R.

— 7 vendémiaire (29 septembre 1795). *Loi* sur la police du commerce des grains et l'approvisionnement des marchés et des armées. V. Grains. R.

— 9 vendémiaire (1 octobre 1795). *Loi* sur la réunion de la Belgique et du pays de Liége à la France. V. Compte courant, § I. Q. — Effet rétroactif, § IX. — Féodalité, § V. — Restitution en entier contre les jugemens. Q.

— 10 vendémiaire (2 octobre 1795). *Loi* sur la police intérieure des communes. V. Appel, § VIII. Q. — Attroupement. — Communauté d'habitans. R. — Commune, § I et suiv. — Dernier ressort, § I. Q. — Naufrage, n. 7. — Passe-port. — Procès-verbal, § I et suiv. R. — Responsabilité des communes, § I et suiv. Q. — Vagabond. R.

— 10 vendémiaire (20 octobre 1795). *Loi* sur l'organisation du ministère. V. Appel, § VIII. n. 5. Q. — Consuls français. R. — Emphytéose, § I. Q. — Grand juge. — Ministre. R.

— 12 vendémiaire (4 octobre 1795). *Loi* qui détermine un mode pour l'envoi et la publication des lois. V. Amende, § I. — Bulletin des lois. — Loi, § V et suiv. R. — Pays réunis, § I. Q.

— 19 vendémiaire (11 octobre 1795). *Loi* sur la division du territoire de la France, le placement et l'organisation des autorités administratives et judiciaires. V. Avocat, § I et suiv. Q.— Bureau central. — Bureaux de renseignemens. R. — Divorce, § III. — Greffier. — Huissier, § I. — Huissier des juges de paix, § I. Q. — Jugement, § I et suiv. — Péremption, sect. I, § I. R.—Requête civile, § VIII. Q.

— 20 vendémiaire (12 octobre 1795). *Loi* qui défend toutes négociations en blanc de lettres de change ou autres effets de commerce. V. Billet à ordre. — Lettre de change. R.

An 4, 20 vendémiaire (12 octobre 1795). *Loi* portant que le cours du change, et celui de l'or et de l'argent soit monnayés, soit en barres, seront réglés chaque jour à l'issue de la Bourse. V. Bourse. — Agens de change. — Monnaie. R.

— 25 vendémiaire (15 octobre 1895). *Loi* qui détermine les cas dans lesquels on pourra liquider sur un héritier émigré, les créances d'une succession acceptée par cet héritier avant son émigration. V. Emigration. — Emigré. — Héritier. — Succession. R. et Q.

— 25 vendémiaire (15 octobre 1795). *Loi* sur les récusations des juges. V. Avocat, § I et suiv. — Hommes de loi, § I. — Récusation. — Récusation péremptoire. — Tribunal d'appel, § V. Q.

— 28 vendémiaire (20 octobre 1795). *Loi* sur la police de la Bourse. V. Agens de change. R.

— 28 vendémiaire (20 octobre 1795). *Loi* contenant des changemens et additions aux lois des 28 thermidor et 22 vendémiaire sur les monnaies. V. Monnaie, § III. R.

— 2 brumaire (24 octobre 1795). *Loi* concernant l'organisation du tribunal de cassation. V. Acquiescement, § III. Q. — Cassation, § III et suiv. — Colonies. — *Committitur*. R. — Domicile élu, § III. Q. — Greffier. — Interlocutoire. R.; et § V. Q. — Opposition aux jugemens par défaut, § XX. — Préparatoire (jugement). Q. — Président, § III. — Prise à partie, § II. R.

— 5 brumaire (25 octobre 1795). — *Loi* sur l'organisation de l'instruction publique. V. Université, § II. R.

— 3 brumaire (25 octobre 1795). *Loi* relative à l'organisation et à l'administration de la marine. V. Amiral. — Cabotage. — Capitaine de vaisseau. — Change. — Commissaires de marine. — Inscription maritime. — Lettre de marque. — Pillage, § II. — Syndic des gens de mer. R.

— 5 brumaire (25 octobre 2795). *Loi* concernant l'inscription maritime. V. Inscription maritime. R.

— 5 brumaire (25 octobre 1795. *Code* des délits et des peines. V. Accusation. — Acte administratif. — Action publique. — Adjudicataire, § VI. — Adultère, n. 18. — Affouage. — Annotation. — Anonyme. — Appel, sect. II, § IV et suiv. — Arrestation, § III et suiv. — Atteint et convaincu. — Attroupement. — Bois, § II. — Bordel. — Bornage. — Boucher. — Boulanger. — Cachot. — Cadavre. — Calomnie. — Carcan. — Carte. — Cassation, § I et suiv. — Chaise dans l'église. — Charte privée. — Chasse, § X. — Chemin (grand), n. 8 et suiv. — Chemin public, n. 5. — Cherpille. — Chirurgien, § II. — Chose jugée, § XIV et suiv. — Clameur de haro. — Collecteur des amendes. — Commissaire. — Commissaires de police. — Compétence, § II et suiv. — Complice. — Connexité, § IV. — Conseils de guerre. — Consorts. — Conspiration. — Contradiction (jugement). — Contravention. — Contrebande. — Contrefaçon, § XII et suiv. — Coutumace, § I et suiv. — Conversion. — Cour de justice criminelle. — Crime, § I et suiv. — Déclaration de coupe de bois. — Défauts en matière correctionnelle, § III. — Défenseur. — Délinquant. — Délit, § I et suiv. — Délit forestier, § I et suiv. — Délit militaire. — Délit rural. — Démence, § II. — Dénonciateur. — Déportation. — Déposition, § I. — Désistement. — Détention. — *Diffamari*. — Directeur du jury. — Distillateur. — Dol.—Douane, § XI et suiv.—Droits réunis.—Ecorce.—Effraction. — Eglise. — Election. — Emeute populaire. — Emprisonnement, § II. — Entrepôt. — Excuse, n. 1 et suiv. — Exécution des jugemens criminels, § I et suiv. — Exposition de part. — Faillite, sect. II, § II et suiv. — Fait, § VII et suiv. — Faits justificatifs, § III. — Faux, sect. I, § V et suiv. — Faux témoignage. — Flagrant délit. — Forfaiture. — Four. — Frais des procès criminels. — Fumiers. — Garantie des fonctionnaires publics. — Garde champêtre. — Gardes des bois. — Gibier. — Grâce. — Grossesse. — Huissier, § VI. — Illumination. — Incendie. — Incompétence. — Injure. — Inscription de faux, § I et suiv. — Intention. — Interprète. — Intervention, § II. — Journée de travail. — Juge de paix, § I et suiv. — Jugement, § II. — Juré, Jury, § I. — Lettre et billet de change, § VII. — Libelle. — Mandat de comparution. — Médecin, § II. — Ministère public, § VII. — Naufrage. — *Non bis in idem*, n. 5. — Officier de police judiciaire. — Opposition aux jugemens par défaut, § III, art. 2. — Ordonnance de prise de corps. — Pâturage, § II. — Peine, n. 11. — Plainte. — Poids et mesures, § III. — Police. — Préfet. — Prescription, sect. III, § VII, art. 5. — Prise à partie, § I. — Prison. — Question préjudicielle, n. 5. — *Quidam.* — Récidive. — Récolement de bois. — Récusation des juges. — Réparation civile. — Réparation d'honneur. — Représentation d'actes. — Restitution pour délit forestier. — Révision de procès, § III. — Rue. — Scellés. — Séquestre pour contumace. — Signature, § II. — Sourd-muet, § V. — Spectacle. — Subornation. — Témoin instrumentaire, § II. — Témoin judiciaire, § I et suiv. — Tentative de crime ou de délit. — Transportation. — Tribunal de police, sect. I, § I et suiv. — Usure. — Vagabond. — Vente, § I, art. 1. — Violence. — Voirie. — Vol, sect. I et suiv. — Volailles. R.

Voyez aux *Questions de droit* les mots Accusation, § II. — Amende, § I. — Amende de fol appel. — Appel, § IV et suiv. — Banqueroute, § I. — Cassation, § IX et XLVII. — Caution, § VII. — Complice, § II. — Contrefaçon, § I et suiv. — Directeur du jury, § I et suiv. — Divorce, § II. — Douanes, § XII. — Escroquerie, § I. — Faux, § I et suiv. — Fonctionnaire public, § I. — Garde champêtre, § I. — Garde forestier, § I. — Garde nationale, § II. — Gendarmerie, § II. — Grains. — Hommes de loi, § IV. — Injure, § II et suiv. — Inscription de faux, § II et suiv. — Jours fériés, § II. — Jury, § I et suiv. — Mari, § I. — Ministère public, § I et suiv. — *Non bis in idem*, § IV. — Opposition aux jugemens par défaut, § XV et suiv. — Peine, § I. — Préfet, § IV. — Prescription, § XXIX. — Procédure (frais de). — Procès-verbal, § III et suiv. — Récolement de coupe de bois, § I et suiv. — Récusation péremptoire, § II et suiv. — Réparation d'injures, § I. — Restitution en entier contre les jugemens. — Restitution pour délit forestier. — Sections de tribunaux, § II. — Séquestre pour contumace. — Signature, § VI. — Simulation, § I. — Tribunal correctionnel, § I et suiv. — Tribunal d'appel, § V. — Tribunal de police, § IV et suiv. — Voie de fait, § I. R.

An 4, 5 brumaire (25 octobre 1795). *Loi* sur l'administration des prises faites sur les ennemis de la France. V. Conseil des prises. R.

— 4 brumaire (26 octobre 1795). *Loi* additionnelle à celle du deuxième jour complémentaire qui établit un nouveau mode pour le jugement des délits militaires. V. Connexité, § I. R.

— 4 brumaire (26 octobre 1795). *Loi* contenant abolition de la peine de mort, à dater du jour de la publication de la paix générale et des procédures pour faits purement relatifs à la révolution. V. Amnistie. R.; et § IV. Q. — Injure. — Peine. R. Réparation d'injure, § II. Q.

— 4 brumaire (26 octobre 1795). *Arrêté* du comité des finances de la convention sur l'enregistrement autorisé par décret. V. Bureaux d'enregistrement. R.

DIRECTOIRE EXÉCUTIF.

AN 4. — 1795 et 1796.

— 4 frimaire (25 novembre 1795). *Loi* qui proroge le délai de l'amnistie accordée par les lois des 10 et 25 thermidor an 3, et abolit toutes réquisitions particulières. V. Amnistie. R.

— 7 frimaire (28 novembre 1795). *Loi* interprétative de celle du 4 brumaire dernier qui accorde une amnistie. V. Amnistie. R.

— 26 frimaire (17 décembre 1795). *Loi* qui détermine le lieu où seront déposées les minutes des actes des juges de paix. V. Répertoire, § II. R.

— 4 nivose (25 décembre 1795). *Loi* relative au jugement des déserteurs, et à l'indemnité due pour les effets par eux emportés. V. Désertion. R.

— 4 nivose (25 décembre 1795). *Loi* qui détermine les peines à infliger aux embaucheurs et aux provocateurs à la désertion. V. Désertion. R.; et § I. Q. — Embauchage. R.

— 6 nivose (27 décembre 1795). *Loi* contenant un nouveau tarif pour la poste aux lettres. V. Lettre. R.

— 14 nivose (4 janvier 1796). *Arrêté* concernant l'emploi de monnaie de cuivre dans les payemens à faire aux différentes caisses publiques. V. Monnaie, § I. R. — Payement, § III. Q.

— 19 nivose (9 janvier 1796). *Loi* qui détermine la manière dont les actions, au nom de la république devront être intentées ou reprises. V. Appel, § II, n. 4. Q. — Avoué, § IV et suiv. Q.

— 20 nivose (10 janvier 1796). *Arrêté* concernant la tenue de la Bourse. V. Agens de change. R.

— 9 pluviose (29 janvier 1796). *Loi* relative à la perception des droits d'enregistrement. V. Enregistrement (droit d'), § I et suiv. R.

An 4, 18 pluviose (7 février 1796). *Arrêté* relatif au mode de promulgation des lois dans les neuf départemens qui composaient la ci-devant Belgique. V. Pays réunis, § I. Q.

— 25 pluviose (14 février 1796). *Arrêté* concernant la police des spectacles. V. Comédien. R.

— 28 pluviose (17 février 1796). *Loi* qui charge le directoire exécutif de statuer définitivement sur les demandes en radiation de la liste des émigrés. V. Emigration, § II. R.

— 9 ventose (28 février 1796). *Loi* qui ordonne que les affaires dont la connaissance était attribuée à des arbitres forcés seront portées devant les juges ordinaires. V. Arbitres, § V. Q.

— 14 ventose (4 mars 1796). *Loi* qui détermine le mode de délivrance des passe-ports à l'étranger. V. Passe-port, § II. R.

— 17 ventose (7 mars 1796). *Loi* contenant des mesures pour empêcher la délivrance des passe-ports sous des noms supposés. V. Passe-port, § IV. R.

— 20 ventose (10 mars 1796). *Loi* portant des peines contre ceux qui décrieraient ou refuseraient des monnaies métalliques frappées au coin de la république. V. Monnaie décimale. R.

— 25 ventose (15 mars 1796). *Loi* qui détermine la manière dont il sera procédé sur les réclamations relatives aux arrêtés des représentans du peuple en mission. V. Arrêtés. R.

— 26 ventose (16 mars 1796). *Loi* qui ordonne l'échenillage des arbres. V. Echenillage. — Maire, sect. VI. R.

An 4, 26 ventose (16 mars 1796). *Loi* contenant réglement sur la manière de procéder en conciliation. V. Arbitrage, n. 30. — Bureau de conciliation. R. — Bureau de paix, § V. Q. — Cédule de citation. R. — Délai, § II. Q. — Héritier, sect. II, § III, n. 5. — Maison mortuaire. R.

— 28 ventose (18 mars 1796). *Loi* portant création de deux milliards quatre cents millions de mandats territoriaux. V. Emphytéose, § I. Q. — Mandat territorial. R.

— 8 germinal (28 mars 1796). *Loi* qui détermine la manière dont il sera procédé sur les réclamations relatives aux arrêtés des comités de la convention. V. Arrêtés. — Conventions matrimoniales, § II. R.

— 15 germinal (4 avril 1796). *Loi* relative au cautionnement à fournir par les receveurs des impositions directes de département. V. Cautionnement. R.

— 15 germinal (4 avril 1796). *Loi* contenant réglement pour l'institut national des sciences et arts. V. Institut de France. R.

— 15 germinal (4 avril 1796). *Loi* qui lève la suspension des remboursemens, et détermine le mode de payement des obligations, des loyers et des fermages. V. Fermages. — Remboursement. R.; et § I. Q.

— 17 germinal (6 avril 1796). *Loi* qui détermine les formalités à observer avant l'exécution des jugemens militaires. V. Révision de procès, § III. R.

— 25 germinal (14 avril 1796). *Loi* portant que les pièces républicaines de cinq francs seront reçues pour cinq livres un sou trois deniers tournois. V. Monnaie décimale. R.

28 germinal (17 avril 1796). *Loi* contenant des mesures répressives des délits qui peuvent être commis par la voie de la presse. V. Anonyme. — Déportation. R. — Faux, § XIII. Q. — Lèse-majesté. — Transportation. R.

— 6 floréal (25 avril 1796). *Loi* contenant instruction pour l'exécution de celle du 28 ventose qui crée les mandats territoriaux. V. Emphytéose, § I. Q.

— 8 floréal (27 avril 1796). Loi qui prescrit la forme de procéder sur les appels eu matière de prise. V. Conseil des prises. — Prise maritime, § VIII, art. 2. R.

— 16 floréal (5 mai 1796). *Loi* qui détermine le lieu où doit être déposé, chaque année, le double du répertoire des actes reçus par les notaires publics. V. Notaire, § IX. Q. — Répertoire, § I. R.

— 20 floréal (9 mai 1796). *Loi* qui admet au partage ceux dont les biens ont été séquestrés en vertu de la loi du 17 frimaire an 2. V. Présuccession. R.

— 28 floréal (17 mai 1796). *Arrêté* portant qu'il n'y a pas lieu à délibérer sur un référé du tribunal correctionnel de Soissons, concernant la propriété des arbres plantés sur les grandes routes. V. Arbre. R.

— 11 prairial (30 mai 1796). *Loi* portant des peines contre les témoins qui ne comparaissent pas sur les citations à eux données. V. Faux, § XIII. Q.

— 12 prairial (31 mai 1796). *Loi* qui déclare admissibles les demandes en cassation formées contre les jugemens d'arbitrage forcé, rendus avant le 1 vendémiaire de l'an 4. V. Appel, § VIII, n. 8. Q. — Arbitres. R. — Biens communaux. — Cassation, § V. — Marais, § IV. R.

— 20 prairial (8 juin 1796). *Loi* qui établit un mode pour statuer sur le prédécès de plusieurs individus se succédant de droit, et morts dans la même exécution. V. Confiscation, § II. Q. — Mort. R.

— 22 prairial (10 juin 1796). *Loi* portant des peines contre la tentative du crime. V. Compétence, § II. — Confession sacramentelle. — Conseil. — Conspiration. — Contrebande. — Crime, § II. — Tentative de crime ou délit. R.

An 4, 6 messidor (24 juin 1796). *Loi* contenant un nouveau tarif pour la poste aux lettres et les messageries. V. Lettre. R.

— 9 messidor (27 juin 1796). *Arrêté* du directoire exécutif concernant les appels des jugemens par défaut. V. Appel, § VIII, n. 5. Q.

— 22 messidor (10 juillet 1796). *Loi* qui fixe la compétence des conseils militaires. V. Connexité, § I. R. — Conseil de guerre maritime. — Désertion. R.; et § I. Q. — Militaire, § IV. Q.

— 29 messidor (17 juillet 1796). *Loi* qui accorde une indemnité aux membres de l'institut national. V. Institut de France. R.

— 5 thermidor (23 juillet 1796). *Loi* relative à la taxe des ports de lettres pour les militaires. V. Lettre. R.

— 5 thermidor (23 juillet 1796). *Loi* relative aux transactions entre citoyens. V. Intérêt, § VI. R.

— 10 thermidor (28 juillet 1796). *Arrêté* concernant la poursuite et la direction des actions judiciaires qui intéressent l'état. V. Avoué, § IV et suiv. Q.

14 thermidor (1 août 1796). *Loi* contenant une nouvelle fixation des droits d'enregistrement. V. Acte sous seing-privé, § II. — Déclaration de command, § I. Q.

— 14 thermidor (1 août 1796). *Loi* qui établit un nouveau tarif pour le payement des droits de timbre. V. Acte sous seing-privé, § II. Q.

— 14 thermidor (1 août 1796). *Loi* contenant une nouvelle fixation du droit d'enregistrement. V. Déclaration de command, § I. Q. — Enregistrement (droit d'), § I et suiv. R.

— 15 thermidor (2 août 1796). *Loi* les droits successifs des enfans nés hors le mariage. V. Enfant naturel. R.

— 16 thermidor (3 août 1796). *Loi* relative à la prestation de serment des employés de la régie de l'enregistrement, des gardes forestiers, des experts, etc. V. Commis. R.

— 17 thermidor (4 août 1796). *Arrêté* concernant les bureaux et postes du service des douanes qui sont à plus de deux lieues de l'extrême frontière. V. Douanes, § VIII et suiv. R.; et § III. Q. — Marchandises anglaises, § III. Q.

— 19 thermidor (6 août 1796). *Loi* concernant l'exportation des marchandises. V. Cheval. R.

— 20 thermidor (7 août 1796). *Loi* sur l'organisation de la haute cour de justice. V. Connexité, § I. — Témoin judiciaire, § I, art. 5. R.

— 22 thermidor (9 août 1796). *Loi* qui fixe le mode d'assiette et de perception des contributions personnelle et somptuaire pour l'an 4. V. Contributions publiques. R.

— 23 thermidor (10 août 1796). *Loi* relative à la répression des délits ruraux et forestiers. V. Cherpille. R. — Délit, § VI. Q.

— 25 thermidor (12 août 1796). *Loi* qui prescrit un mode pour le jugement des demandes en révision contre les arrêts du ci-devant sénat de Chambéry. V. Donation, sect. VI, § II. R.

— 2 fructidor (19 août 1796). *Arrêté* concernant les pièces de billon de la valeur de vingt-quatre deniers. V. Billon. R.

— 6 fructidor (23 août 1796). *Loi* portant établissement d'un droit de patente pour l'an 5. V. Commerce. — Commissionnaire, § V. — Copie, § III. R. — Délai, § III. Q. — Exploit. — Patente, § I. R. et Q.

— 12 fructidor (29 août 1796). *Arrêté* portant défense à tous autres que les notaires, greffiers et huissiers de s'immiscer dans les prisées, estimations et ventes publiques de meubles et effets mobiliers. V. Huissier priseur. R. — Vente publique de meubles. Q.

An 4, 16 fructidor (2 septembre 1796). *Arrêté* contenant réglement pour la police des papeteries. V. Papeterie. R.

— 21 fructidor (7 septembre 1796). *Loi* relative aux vacances des tribunaux. V. Vacations (chambre des). R.

— Deuxième jour complémentaire (17 septembre 1796). *Loi* qui détermine un mode pour la liquidation des créances dues aux citoyens du ci-devant comtat d'Avignon, ayant sa réunion à la France. V. Avignon. R.

AN 5. — 1796 et 1797.

— 5 vendémiaire (24 septembre 1796). *Loi* qui détermine la manière de procéder de la part des personnes déchues de l'effet d'arrêtés révoqués par les lois postérieures. V. Prise. R.

— 16 vendémiaire (7 octobre 1796). *Loi* qui conserve les hospices civils dans la jouissance de leurs biens et règle la manière dont ils seront administrés. V. Commission. — Fondations. — Hôpital, § I et suiv. R.

— 21 vendémiaire (12 octobre 1796). *Loi* qui autorise la perception d'un droit de navigation sur le canal du Midi. V. Canal. R.

— 23 vendémiaire (14 octobre 1796). *Arrêté* qui fixe le mode de payement du droit de marque et contrôle sur les ouvrages d'or et d'argent. V. Marque et contrôle, § II. R.

— 28 vendémiaire (19 octobre 1796). *Arrêté* qui interdit la chasse dans les forêts nationales. V. Chasse, § V. R.

— 29 vendémiaire (20 octobre 1796). *Loi* qui règle la manière de suivre les actions dans lesquelles les communes sont seules intéressées. V. Communauté d'habitans. R. — Commune, § VI. Q. — Vaine pâture, § V. R.

— 5 brumaire (24 octobre 1796). *Loi* qui ordonne la fabrication d'une nouvelle monnaie de cuivre. V. Monnaie décimale. R.

— 6 brumaire (27 octobre 1796). *Loi* contenant des mesures pour la conservation des propriétés des défenseurs de la patrie. V. Absent. R. — Expropriation forcée, § VII. Q.

— 10 brumaire (31 octobre 1796). *Loi* qui prohibe l'importation et la vente des marchandises anglaises. V. Appel, sect. II, § X. — Certificat d'origine. — Chose jugée, § XIV et suiv. — Commis. — Confiscation, § II. — Délit, § IV. — Douanes, § VII et suiv. — Excuse, n. 8. — Inscription de faux, § I. — Marchandises anglaises, § I et suiv. R.

Voyez aux *Questions de droit* les mots Appel, § IV. VIII et XIV. — Conclusions du ministère public, § IV. — Douanes, § I et suiv. — Marchandises anglaises, § I et suiv. — Parlementaire (vaisseau). — Séquestre, § II. R.

— 15 brumaire (5 novembre 1796). *Loi* qui règle la manière de procéder au jugement des délits militaires. V. Arrestation. — Commission. — Commissions militaires. — Compétence, § II. — Conseil de guerre. — Délit militaire. — Désertion. R.; et § I. Q. — Embauchage. R. — Information. Q. — Ministère public, § IV. — Révision de procès, § III. R.

— 14 brumaire (4 novembre 1796). *Loi* portant que les demandes en cassation seront toujours précédées d'une consignation d'amende. V. Cassation, § IV et suiv. R.; et § XIX. Q. — Certificat d'indigence. R.

— 17 brumaire (7 novembre 1796). *Loi* relative à la répartition et au recouvrement des contributions directes. V. Contrainte (finances). R.

21 brumaire (11 novembre 1796). *Code* des délits et des peines pour les troupes de la république. V. Attroupement. — Capitulation. — Consigne. — Délit militaire. — Désertion. R.;

et § I. Q. — Désobéissance. — Embauchage. — Evasion de prisonniers. — Injure. — Maraude. — Pillage. — Vol, sect. II, § III. R.

An 5, 21 brumaire (11 novembre 1796). *Arrêté* concernant les poinçons pour la marque des ouvrages d'or et d'argent. V. Marque et contrôle, § II. R.

— 24 brumaire (14 novembre 1796). *Loi* qui attribue au bureau central, dans les communes composées de plusieurs administrations municipales, le droit de suivre les actions qui les intéressent collectivement. V. Bureau central. — Communes. R.

— 7 frimaire (27 novembre 1796). *Loi* qui ordonne la perception pendant six mois, au profit des indigens, d'un décime par franc en sus du prix des billets d'entrée dans tous les spectacles. V. Aumône. — Fondations. — Mendicité, § V. R.

— 9 frimaire (29 novembre 1796). *Loi* additionnelle à celle du 6 fructidor an 4, sur les patentes. V. Patente, § I. R.

— 14 frimaire (4 décembre 1796). *Loi* qui modifie ou rapporte différentes dispositions de celles des 3 et 4 brumaire an 4, relatives à la suspension de l'exercice des fonctions publiques, et à l'amnistie. V. Amnistie. R.

— 27 frimaire (17 décembre 1796). *Loi* relative aux enfans trouvés. V. Exposition de part. R.

— 1 nivose (21 décembre 1796). *Arrêté* qui prescrit des mesures pour assurer la perception des amendes et confiscations prononcées par les tribunaux. V. Amende, § VIII. — Exécution des jugemens criminels, § II. R.

— 4 nivose (24 décembre 1796). *Arrêté* concernant les perquisitions de bois coupés en délit ou volés. V. Maire, sect. X. R.

— 5 nivose (25 décembre 1796). *Loi* contenant un nouveau tarif pour la poste aux lettres. V. Lettre. R.

— 7 nivose (27 décembre 1796). *Loi* interprétative des dispositions de l'art. 4 de celles du 4 germinal an 2, qui détermine les cas où les jugemens peuvent et doivent être annulés en matière civile. V. Cassation, § XXXVI. Q.

— 26 nivose (15 janvier 1797). *Arrêté* du directoire qui déclare applicables à la recherche des bois volés sur les rivières ou ruisseaux flotables ou navigables les disposition de l'arrêté du 4 nivose présent mois. V. Bois, § IV. R.

— 27 nivose (16 janvier 1797). *Arrêté* qui ordonne l'exécution des anciens réglemens par lesquels le droit exclusif de faire les prisées et ventes publiques de meubles est attribué aux notaires, huissiers et greffiers. V. Huissier priseur. R.

— 9 pluviose (28 janvier 1797). *Loi* interprétative de celle du 9 frimaire an 5, concernant les patentes. V. Patente, § I. R.

— 15 pluviose (3 février 1797). *Loi* qui détermine le mode de payement des arrérages de rentes et pensions entre particuliers. V. Inscription hypothécaire, § I. Q. — Intérêt, § VI. R.

— 18 pluviose (6 février 1797). *Loi* relative aux successions. V. Choix, § I. — Dévolution coutumière, § II. — Donation, sect. I, § I et suiv. — Effet rétroactif, sect. III, § III, art. 5. — Exclusion coutumière, § II et suiv. Q. — Gains nuptiaux et de survie, § II et suiv. — Institutions contractuelle, § I et suiv. — Institution d'héritier, sect. I et suiv. — Légitime, sect. VIII, § III, art. 4. R.; et § III et V. Q. — Renonciation à une succession future, sect. II. — Réserve, sect. VI. — Substitution fidéicommissaire, sect. VIII. — Succession, sect. I, § III. R.; et § VII. Q. — Testament, § VIII et suiv. Q. — Viduité, n. 4. R. — Wissembourg (statut du mundat de). Q.

19 pluviose (7 février 1797). *Loi* contenant des modifications

à celle du 10 brumaire an 5, sur les marchandises anglaises. V. Certificat d'origine. R.

An 5, 12 ventose (2 mars 1797). *Arrêté* concernant la navigation des navires neutres chargés de marchandises appartenant aux ennemis de la république, et le jugement des contestations sur la validité des prises maritimes. V. Prise maritime, § III. R.

— 18 ventose (8 mars 1797). *Arrêté* concernant les chevaux habituellement employés au halage et à la navigation sur les rivières d'approvisionnement. V. Navigation, sect. II, § I. R.

— 20 ventose (10 mars 1797). *Loi* relative aux réglemens des rentes foncières dues aux hospices civils, et qui ont été aliénées au profit du trésor public. V. Fondations. R.

— 24 ventose (14 mars 1797). *Loi* qui rétablit la contrainte par corps en matière civile. V. Contrainte par corps. R.; et § I et suiv. Q. — Endossement, n. 15. R.

— 26 ventose (16 mars 1797). *Loi* qui prononce des peines contre l'exportation des grains et farines. V. Délit, § IV. — Grains. R. et Q.

— 2 germinal (22 mars 1797). *Arrêté* du directoire exécutif qui ordonne la dénonciation au tribunal de cassation, de deux jugemens rendus par des tribunaux civils, dans une affaire du ressort des autorités administratives. V. Garantie des fonctionnaires publics. R.

— 4 germinal (24 mars 1797). *Loi* qui lève le séquestre des biens des individus mis hors la loi à raison des conspirations et révoltes qui ont éclaté le 9 thermidor an 2. V. Hors la loi. R.

— 9 germinal (29 mars 1797). *Loi* relative à la répartition et au recouvrement des contributions foncières et mobilières de l'an 5. V. Octroi, § II. R.

— 10 germinal (30 mars 1797). *Loi* portant des peines contre les jurés qui ne se rendraient pas à leur poste. V. Directeur du jury. R.

— 13 germinal (2 avril 1797). *Loi* portant que dans les affaires criminelles, les juges et jurés doivent rester aux débats commencés jusqu'au jugement. V. Juré, Jury, § III. R.

— 30 germinal (19 avril 1797). *Loi* contenant le mode de remplacement des fonctionnaires publics qui deviennent membres du corps législatif. V. Avocat, § I et suiv. Q. — Cour de justice criminelle. — Défenseur. — Evocation. R. — Homme de loi, § I et II. Q. — Incompatibilité. R.

— 3 floréal (22 avril 1797). *Loi* relative aux certificats de résidence pour les payemens à recevoir de la trésorerie nationale. V. Certificat de résidence. R.

— 25 floréal (12 mai 1797). *Loi* relative à la solde des officiers de santé. V. Hôpital militaire. R.

— 26 floréal (15 mai 1797). *Loi* concernant les oppositions formées par l'agent du trésor public sur les sommes pour lesquelles les comptables sont inscrits sur le grand-livre. V. Inscription sur le grand-livre, § VII. R.

— 2 prairial (21 mai 1797). *Loi* qui ôte aux communes la faculté d'aliéner ou d'échanger leurs biens. V. Communauté d'habitans. R.

— 5 prairial (24 mai 1797). *Arrêté* concernant les acquits à caution pour emprunt du territoire étranger. V. Acquit, § III. R.

— 21 prairial (9 juin 1797). *Loi* relative à la circulation des grains dans l'intérieur de la république. V. Grains. — Maire, sect. V. R.

— 10 messidor (28 juin 1797). *Loi* relative à la destruction des loups. V. Chasse, § X. R.

An 5, 25 messidor (13 juillet 1797). *Loi* relative à la fondation de bourses dans les ci-devant collèges. V. Bourse, § I. R.

— 27 messidor (15 juillet 1797). *Arrêté* qui ordonne l'exécution des mesures destinées à prévenir la contagion des maladies épizootiques. V. Epizootie. R.

— 5 thermidor (23 juillet 1797). *Arrêté* concernant les adjudications des coupes de bois nationaux. V. Tiercement. R.

— 14 thermidor (1 août 1797). *Loi* concernant la répartition et la perception de la contribution personnelle, mobilière et somptuaire de l'an 5. V. Contributions publiques. — Domicile, § X. R.

— 8 fructidor (25 août 1797). *Loi* relative aux rectifications d'erreurs de noms et de prénoms sur le grand-livre de la dette publique. V. Inscription sur le grand-livre, § VI. R.

— 11 fructidor (28 août 1797). *Loi* relative à l'exécution provisoire des jugemens rendus sur les instances dans lesquelles l'agent du trésor public aura été partie. V. Agent judiciaire du trésor public. R.

— 13 fructidor (30 août 1797). *Loi* relative à l'exploitation, à la fabrication et à la vente des poudres et salpêtres. V. Poudre. — Salpêtre. R.

— 14 fructidor (31 août 1797). *Loi* qui annule les décrets ou arrêtés prononçant des mises hors la loi. V. Hors la loi. — Révision de procès, § III. R.

— 15 fructidor (1 septembre 1797). *Loi* relative aux transactions entre particuliers, antérieures à la dépréciation du papier-monnaie. V. Intérêt, § VI. — Inscription sur le grand-livre, § II et suiv. Q. — Papier-monnaie. R. — Remboursement, § I. Q.

— 19 fructidor (5 septembre 1797). *Loi* contenant des mesures de salut public, prises relativement à la conspiration royale. V. Commission militaire. — Déportation. — Domicile, § IV. — Juré, Jury, § IV. R.

— 24 fructidor (10 septembre 1797). *Loi* qui ordonne la perception d'une taxe pour l'entretien des grandes routes. V. Passe (droits de). R.

— 25 fructidor (11 septembre 1787). *Loi* sur l'organisation des conseils d'administration des troupes. V. Conseil d'administration. R.

— 26 fructidor (12 septembre 1797). *Loi* portant qu'il sera sursis à la vente des ci-devant presbytères. V. Presbytère. R.

— 4 jour complémentaire (17 septembre 1797). *Loi* relative aux demandes en divorce par incompatibilité d'humeur. V. Divorce, sect. IV. R.

— 4 jour complémentaire (17 septembre 1797). *Arrêté* concernant le service des poudres et salpêtres. V. Maire, sect. V. R.

AN 6. — 1797 et 1798.

— 4 vendémiaire (25 septembre 1797). *Loi* relative aux préposés à la garde des détenus. V. Evasion de prisonniers. R.

— 5 vendémiaire (26 septembre 1797). *Arrêté* concernant le pâturage des bestiaux dans les forêts nationales. V. Pâturage, § I. — Usage (droit d'), sect. II, § IV. R.

— 9 vendémiaire (30 septembre 1797). *Loi* relative aux fonds nécessaires pour les dépenses générales, ordinaires et extraordinaires de l'an 6. V. Acquit, § III. — Carte. — Contrainte (finances). — Contravention. — Douanes, § I et suiv. — Enregistrement (droit d'). — Hypothèque, sect. II, § II. — Inscription sur le grand-livre, § I et suiv. — Loterie, § II. — Passe (droit de). — Voiture, § I. R.

Voyez aux *Questions de droit* les mots Acte sous seing-privé, § II. Q. — Déclaration au bureau d'enregistrement, § III.

Enregistrement (droit d'), § XVII. — Inscription sur le grand-livre, § II. — Jugement, § XIII. — Mutation, § I et suiv. — Procès-verbal, § I et suiv. — Voiture (lettre de). Q.

An 6, 17 vendémiaire (8 octobre 1797). *Arrêté* relatif à l'organisation de la loterie nationale. V. Loterie, § II. R.

— 17 vendémiaire (8 octobre 1797). *Loi* qui accorde amnistie pour tous les délits militaires autres que ceux de désertion à l'ennemi, de trahison, d'embauchage, etc. V. Amnistie. R.

— 18 vendémiaire (9 octobre 1797). *Loi* portant établissement des conseils de guerre permanens, pour la révision des conseils de guerre. V. Information. Q. — Révision de procès, § III. R.

— 18 vendémiaire (9 octobre 1797). *Arrêté* qui ordonne que les pièces de billon de 24 deniers seront reçues pour cette valeur entière. V. Billon. R. — Payement, § III. Q.

— 19 vendémiaire (10 octobre 1797). *Loi* qui prescrit les formalités à remplir pour la circulation des marchandises et denrées dans les deux lieues limitrophes de l'étranger. V. Déclaration aux bureaux des douanes. R. — Douanes, § III. Q. — Grains. R. et Q. — Marchandises anglaises, § I et suiv. Q.

— 28 vendémiaire (19 octobre 1797). *Loi* relative aux passeports. V. Passe-port, § I. R.

— 7 brumaire (28 octobre 1797). *Loi* contenant des modifications à celle des 6 fructidor an 4, 9 frimaire et 9 pluviose an 5, sur les patentes. V. Commerce. — Patente, § I. R.

— 9 brumaire (30 octobre 1797). *Loi* relative aux domaines congéables. V. Bail à domaine congéable. — Congément. — Convenant. R. — Engagement, § I et suiv. Q. — Rente convenancière. R.

— 19 brumaire (9 novembre 1797). *Loi* relative à la surveillance du titre et à la perception des droits de garantie des matières et ouvrages d'or et d'argent. V. Bijou. — Bureau de garanties. — Délit, § IV. R.; et § II. Q. — Denier de fin ou de loi. — Essayeur. R. — Faux, XIII. Q. — Marque et contrôle, § II. — Procès-verbal, § IV. R.

— 22 brumaire (12 novembre 1797). *Loi* portant création d'une agence des contributions directes. V. Contributions publiques. R.

— 24 brumaire (14 novembre 1797). [*Loi* concernant l'exécution de celles relatives aux déserteurs et aux réquisitionnaires. V. Amende, § VI. — Boulet. — Complice, n. 5. — Conscription, § I et suiv. — Délits, § IV. — Désertion. R.; et § I. Q. — Maire, sect. VII. R. — *Non bis in idem*, § II. Q. — Pouvoir judiciaire, § II. R.

— 25 brumaire (15 novembre 1797). *Loi* relative aux actions en rabattement des adjudications par décret. V. Rabattement de décret. R.

— 8 frimaire (28 novembre 1797). *Loi* qui prescrit la manière de procéder au jugement des procès criminels dans lesquels il y a partage entre les jurés. V. Jurés, Jury, § IV. R.

— 11 frimaire (1 décembre 1797). *Loi* qui fixe le mode de remboursement des obligations contractées pendant la dépréciation du papier-monnaie. V. Appel, § I, n. 9. — Cassation, § XXVI. Q. — Chose jugée, § XI *bis* et suiv. R.; et § V. — Compte courant, § I. Q. — Intérêt de l'argent, § VI. — Papier-monnaie. R. et Q. — Receveur — Remboursement. R.; et § I. Q. — Subrogation, § I. Q.

— 11 frimaire (1 décembre 1797). *Loi* qui fixe le traitement des officiers de santé des armées. V. Hôpital militaire. R.

— 17 frimaire (7 décembre 1797). *Lois* relatives aux rentes, pensions et créances des émigrés. V. Avoué, § IV et suiv. Q. — Emigration. R. — Emigrés. Q.

— 24 frimaire (14 décembre 1797). *Loi* relative à la liqui-

dation de l'arriérée de la dette publique. V. Biens nationaux, § I. Q. — Compensation, § II. R. — Dettes des communes, § I et suiv. — Inscription sur le grand-livre, § II et suiv. — Partage, § V. — Transfert, § I et suiv. Q.

An 6, 2 nivose (22 décembre 1797). *Arrêté* qui défend aux entrepreneurs de voitures libres de se charger du port des lettres et ouvrages périodiques. V. Lettre. R.

— 2 nivose (22 décembre 1787). *Arrêté* qui ordonne l'impression d'un rapport du ministre de la justice, concernant l'attribution de la faculté de statuer sur la validité ou l'invalidité de la vente d'un domaine réputé national. V. Biens nationaux, § I. Q.

— 3 nivose (23 décembre 1797). *Loi* contenant le tarif des droits à percevoir sur les grandes routes. V. Péage, § II. R. — Taxe d'entretien des routes. Q.

— 3 nivose (23 décembre 1797). *Arrêté* concernant les justifications à faire pour l'exploitation des mines. V. Mines. R.

— 3 nivose (23 décembre 1797). *Arrêté* concernant l'achèvement des travaux commencés pour la fixation des nouvelles mesures. V. Poids et mesures, § II. R.

— 8 nivose (28 décembre 1797). *Arrêté* contenant des mesures pour réprimer la contrebande. V. Communauté d'habitans. R.

— 8 nivose (28 décembre 1787). *Loi* relative à la formation d'un nouveau grand-livre, du tiers consolidé de la dette publique. V. Inscription sur le grand-livre, § I et suiv. R.; et § III. Q.

— 12 nivose (1 janvier 1798). *Loi* concernant l'organisation constitutionnelle des colonies. V. Colonies. R.

— 16 nivose (5 janvier 1798). *Loi* additionnelle à celle du 11 frimaire an 6, relative au mode de remboursement des obligations contractées pendant la dépréciation du papier-monnaie. V. Cassation, § XXXVI. Q. — Chose jugée, § XI *bis* et suiv. R.; et § V. Q. — Compte courant. R.; et § I. Q. — Indication de payement, § II. — Papier-monnaie. — Receveur. — Remboursement, § I. — Subrogation, § I. Q.

— 19 nivose (8 janvier 1798). *Arrêté* contenant des mesures pour la stricte exécution de la loi du 2 fructidor an 5, relative aux noms et prénoms des citoyens. V. Nom, § IV. R.

— 26 nivose (15 janvier 1798). *Arrêté* contenant des mesures pour activer le service de la garde nationale. V. Garde nationale, § II. Q.

— 29 nivose (18 janvier 1798). *Loi* contenant des dispositions pénales pour la répression des vols et attentats sur les grandes routes, et le rétablissement de la sûreté publique. V. Peine, n. 9. R.

— 29 nivose (18 janvier 1798). *Loi* relative aux navires chargés de marchandises anglaises. V. Prises maritimes, § IV. R.

— 5 pluviose (22 janvier 1798). *Arrêté* qui détermine le mode de perception et fixe le montant du droit de timbre sur les cartes à jouer. V. Carte. R.

— 4 pluviose (23 janvier 1798). *Loi* relative à l'entretien des marais desséchés dans les départemens de la Vendée, des Deux-Sèvres et de la Charente-Inférieure. V. Desséchement. R.

— 15 pluviose (4 février 1798). *Loi* relative aux rentes viagères créées pendant la durée de la dépréciation du papier-monnaie. V. Rente viagère, § I et suiv. Q.

— 17 pluviose (5 février 1798). *Arrêté* concernant la surveillance des écoles particulières, maison d'éducation et pensionnat. V. Maire, sect. XVI. R.

An 6, 25 pluviose (13 février 1798). *Arrêté* concernant l'amnistie proclamée en Corse, après l'expulsion des Anglais. V. Amnistie. R.

— 2 ventose (20 février 1798). *Loi* interprétative de celle du 15 thermidor an 4, concernant les droits successifs des enfans nés hors du mariage. V. Bâtard. — Enfans naturels. — Succession. R.

— 18 ventose (8 mars 1798). *Loi* contenant instruction sur la tenue des assemblées primaires et communales. V. Election. R.

— 19 ventose (9 mars 1798). *Arrêté* contenant des mesures pour assurer le libre cours des rivières et canaux navigables et flottables. V. Cours d'eau. R.; et § I. Q. — Ecluse. — Moulin, § VII, art. 4. — Navigation, sect. II, § I. R.

— 27 ventose (17 mars 1798). *Loi* relative à la manière de procéder en matières de prises maritimes conduites par des Français en pays neutre ou *allié*. V. Conseil des prises. R.

— 9 germinal (29 mars 1798). *Loi* relative aux loteries particulières. V. Délit, § IV. — Loterie, § II. R.

— 15 germinal (4 avril 1798). *Loi* relative au traitement des essayeurs dans les bureaux de garantie du titre des matières d'or et d'argent. V. Marque et Contrôle, § II. R.

— 15 germinal (4 avril 1798). *Loi* relative à la contrainte par corps. V. Alimens, § VI. R. — Bureau de paix, § V. Q. — Clain, § I. — Contrainte (finances), n. 11. — Contrainte par corps. R.; et § I et suiv. Q. — Elargissement. — Prise à partie, § I. R.—Procédure criminelle (frais de). Q. — Rescription. — Sauf-conduit. R. et Q. — Société, sect. VI, § III. R.

— 28 germinal (17 avril 1798). *Loi* relative à l'organisation de la gendarmerie nationale. V. Arrestation. — Asyle, n. 8. — Attroupement. R. — Biens nationaux, § I. Q. — Flagrant délit. — Gendarmerie. R.; et § I. Q. — Préfet. —Procès-verbal, § VIII. — Rébellion, § III. R.

— 4 floréal (23 avril 1798). *Loi* relative à la contrainte par corps pour engagemens de commerce entre les Français et les étrangers. V. Contrainte par corps. R.

— 6 floréal (25 avril 1798). *Loi* qui rectifie plusieurs articles de celles des 11 frimaire et 16 nivose an 6, concernant les transactions entre particuliers. V. Papier-monnaie. R.

— 8 floréal (27 avril 1798). *Loi* relative aux formalités à observer pour la présentation des effets négociables à longs termes. V. Papier-monnaie. R.

— 9 floréal (28 avril 1798). *Loi* portant prorogation du délai pour l'option relativement aux obligations à longs termes, etc. V. Papier-monnaie. R.

— 19 floréal (8 mai 1798). *Arrêté* concernant le timbre sur les cartes à jouer. V. Cartes. R.

— 19 floréal (8 mai 1798). *Loi* relative à l'action en rescision pour cause de lésion contre les ventes d'immeubles faites pendant la dépréciation du papier-monnaie. V. Appel, § I, n. 9. — Bureau de paix, § VI. — Chose jugée, § VIII. — Légitimité, § II. Q.

— 21 floréal (10 mai 1798). *Loi* relative aux traités et transactions faits entre particuliers sur des droits litigieux ouverts avant et pendant la dépréciation du papier-monnaie. V. Papier-monnaie. R.

— 28 floréal (17 mai 1798). *Loi* qui approuve le traité de réunion de la république de Genève à la France. V. Inscription hypothécaire, § II. Q. — Marque et Contrôle, § II. R.

— 4 prairial (23 mai 1798). *Loi* relative aux délais pour l'instruction et le pourvoi en cassation contre les jugemens en matière de prises maritimes. V. Conseil des prises. R.—Opposition aux jugemens par défaut, § X. Q.

An 6, 5 prairial (24 mai 1798). *Loi* relative à la liquidation de la dette publique et celle de neuf départemens réunis. V. Dettes des communes, § I et suiv. Q.

— 9 prairial (28 mai 1798). *Arrêté* concernant la translation des bureaux et brigades des douanes sur les nouvelles frontières de la république. V. Entrepôt.

— 14 prairial (2 juin 1798). *Loi* relative à la manière de procéder dans les tribunaux civils en cas de partage d'opinions. V. Partage d'opinions, § I. R. et Q.

— 29 prairial (17 juin 1798). *Loi* relative à la nouvelle instruction des procès en cas d'annulation de jugemens rendus par des conseils de guerre. V. Conseils de guerre. R.

— 1 messidor (19 juin 1798). *Arrêté* contenant désignation des ouvrages de joaillerie en or et argent qui sont dispensés de l'essai, et du payement des droits de garantie. V. Marque et Contrôle, § II. R.

— 2 messidor (20 juin 1798). *Loi* portant établissement d'un bureau de liquidation provisoire de la comptabilité intermédiaire. V. Comptable. R.

— 4 messidor (22 juin 1798). *Loi* relative aux terrains desséchés et défrichés dans la ci-devant province de Languedoc. V. Dessèchement. R.

— 6 messidor (24 juin 1798). *Arrêté* concernant la taxe, la vérification et l'acquit des droits de justice. V. Exécutoire. R. Témoin judiciaire, § VI. R.

— 9 messidor (27 juin 1798). *Arrêté* concernant le remplacement des matériaux-salpêtres provenant de démolitions. V. Salpêtre. R.

— 28 messidor (16 juillet 1798). *Arrêté* concernant la police du droit de pêche. V. Amende, § III. R.

— 1 thermidor (19 juillet 1798). *Loi* qui dispense les indigens de la consignation d'amende pour se pourvoir en requête civile. V. Requête civile, § III. R.; et § XII. Q.

— 2 thermidor (20 juillet 1798). *Loi* relative aux baux à cheptel. V. Prorogation de juridiction. R.

— 13 thermidor (31 juillet 1798). *Arrêté* concernant la délivrance des lettres de marques et autorisations pour armer en course dans les colonies d'Amérique. V. Armateur. — Armement. R.

17 thermidor (4 août 1798). *Loi* contenant des mesures pour coordonner les jours de repos avec le calendrier républicain. V. Fête. — Saisie immobilière, § VII. R.

— 27 thermidor (4 août 1798). *Loi* contenant des dispositions additionnelles à celles relatives aux transactions faites lors de la dépréciation du papier-monnaie. V. Indication de payement, § II. R. — Papier-monnaie. Q.

— 5 fructidor (22 août 1798). *Arrêté* qui ordonne l'exécution en Corse des dispositions de l'acte de navigation du 21 septembre 1793, et de la loi du 27 vendémiaire an 2 y relatives. V. Navigation. R.

— 5 fructidor (22 août 1798). *Arrêté* concernant la loterie nationale. V. Loterie, § II. R.

— 7 fructidor (24 août 1798). *Arrêté* concernant le transport des lettres et journaux par toute autre voie que celle de la poste. V. Lettre. — Poste. R.

— 19 fructidor (5 septembre 1798). *Loi* relative au mode de la formation de l'armée de terre. V. Amnistie, § IV. Q. — Conscription. — Engagement. — Mairie, sect. VII. — Rapport à succession, § III. R.

An 6, 25 fructidor (9 septembre 1708). *Loi* contenant des dispositions nouvelles pour l'exacte observation de l'annuaire de la république. V. Protêt, § II. Q.

AN 7. — 1798 et 1799.

—21 vendémiaire (12 octobre 1798). *Arrêté* concernant la fabrication des cartes à jouer. V. Carte. R.

— 26 vendémiaire (17 octobre 1798). *Loi* relative à une aliénation de domaines nationaux jusqu'à concurrence de cent vingt-cinq millions. V. Commune. R.

— 26 vendémiaire (17 octobre 1798). *Arrêté* concernant la responsabilité des agens extérieurs de la république, pour la publication de leur correspondance. V. Lettre. R.

— 27 vendémiaire (18 octobre 1798). *Loi* qui ordonne la perception d'un octroi pour l'acquit des dépenses locales de la ville de Paris. V. Barrière. — Commis aux portes. — Concussion. — Octroi, § II. R.; et § I. Q. — Passe-debout. R.

— 4 brumaire (22 octobre 1798). *Loi* qui maintient la contribution des patentes et en règle la perception pour l'an 7. V. Amende, § I. — Commerce (acte de). Q. — V. Contrainte (finances). — Domicile, § X. R. — Douanes, § IX. Q. — Exploit. — Patente, § I et suiv. R. et Q.

— 11 brumaire (1 novembre 1798). *Loi* sur le régime hypothécaire. V. Abréviation. — Amende, § VIII. — Ayuve. — Bureau des hypothèques. — Commis. — Comptable. — Concurrence. — Conservateurs des hypothèques. — Dénonce. — Devoirs de loi, § IV. — Discussion. — Domicile élu, § I et suiv. — Donation, sect. VI, § III et suiv. — Effet rétroactif, section III, § III, art. 5. — Enregistrement (droit d'), § IV et suiv. — Faillite, § I et suiv. — Fruits. — Gains nuptiaux et de survie, § VII. — Hypothèque, sect. I, § I et suiv.; sect. II, § II et suiv. — Inscription hypothécaire, § I et suiv. — Interprétation. — Noces (secondes), § III. — Opposition au sceau des lettres de ratification, n. 8. — Prescription, sect. I, § III. — Prise à partie, § I. — Privilége de créance, sect. III, § I et suiv. — Purge. — Radiation des hypothèques. — Rente constituée, § VI. — Rente foncière, § II, art. 4. — Sénatus-consulte velléien, § II. — Signification. — Subrogation de personne, section. II, § VIII. — Transcription, § I et suiv. R.

Voyez aux *Questions de droit*, les mots *Appel*, § XIV. — Direction de créanciers, § I. — Expropriation forcée, § III et suiv. — Faillite, § III. — Hypothèque, § I et suiv. — Inscription hypothécaire, § I et suiv. — Intérêts, § V. — Intervention, § II. — Lettres de ratification, § IV et suiv. — Nantissement, § I et suiv. — Opposition (tierce), § IX. — Partage, § VII. — Purgement de saisine. — Question d'Etat. — Rente foncière. — Rente seigneuriale, § V. — Résolution de bail, § I. — Séparation de patrimoines, § II et suiv. — Succession vacante, § I. — Transcription au bureau des hypothèques, § III.

— 11 brumaire (1 novembre 1798). Deuxième loi. — Expropriation forcée. R. V. Adjudicataire, § IV. — Appel, sect. I, § V. — Bail, § XVII. — Bougie. — Clain, § I. — Commandement. — Criée. — Décret d'immeubles. — Droit d'offrir. — Droits de greffe. — Expropriation forcée. — Intervention. R.

— 15 brumaire (5 novembre 1798). *Loi* sur le timbre. V. Amende, § V. — Commis. — Endossement. — Enregistrement (droit d'), § IV. — Forcement de recette. — Fortifications. — Intention. R. — Octrois. Q. — Procès-verbal, § V. R. — Réparation d'injures, § II. Q. — Timbre. R. — Voiture (lettre de), § I. Q.

— 14 brumaire (4 novembre 1798). *Loi* additionnelle à celles relatives à la taxe d'entretien des routes. V. Appel, § IV. — Taxe d'entretien des routes. Q.

An 7, 19 brumaire (9 novembre 1798). *Loi* relative aux individus qui se sont soustraits à la déportation, ou en ont quitté le lieu. V. Domicile, § IV. R.

— 22 brumaire (12 novembre 1798). *Loi* portant établissement d'une taxe sur le tabac. V. Entrepôt. — Tabac. R.

— 27 brumaire (17 novembre 1798). *Arrêté* concernant l'établissement des bureaux de poids publics. V. Poids et mesures, § II; et Poids publics. R.; et § I et suiv. Q.

— 28 brumaire (18 novembre 1798). *Loi* relative aux jugemens arbitraux qui ont adjugé à des communes la propriété des forêts prétendues nationales, à l'exploitation desquelles il était sursis. V. Appel, § II, VIII. Q. — Domaine public, § V. R. — Nation, § II. Q. — Usage (droit d'), sect. II, § V; art. 6 et suiv. R.

— 5 frimaire (25 novembre 1798). *Loi* relative à la répartition, à l'assiette, et au recouvrement de la contribution foncière. V. Avocat, § X. — Contrainte (finances). R. — Contribution des portes et fenêtres. Q. — Contributions publiques. — Contrôleur des impositions directes. — Défrichement. — Dessèchement. — Hypothèque, sect. II, § II, art. 5. R. — Inscription hypothécaire, § I. Q. — Intérêt, § VI. — Maire, sect. VIII. — Préfet. — Prescription, sect. III, § XI. — Régie intéressée. — Sous-préfet. R.

— 4 frimaire (24 novembre 1798). *Loi* contre les portes et fenêtres. V. Contributions publiques. R. — Contribution des portes et fenêtres. Q.

— 5 frimaire (25 novembre 1798). *Arrêté* qui désigne les lieux par lesquels les ouvrages d'or et d'argent destinés pour l'étranger sortiront de la France. V. Argent. — Marque et Contrôle, § II. R.

— 6 frimaire (26 novembre 1798). *Loi* relative au régime, à la police, et à l'administration des bacs et bateaux sur les fleuves, rivières et canaux navigables. V. Adjudication, § VI. — Bac. — Bail, § XVI. — Concussion. — Contrainte (finances). — Sous-préfet. R.

— 11 frimaire (1 décembre 1798). *Loi* qui détermine le mode administratif des recettes et dépenses départementales, municipales et communales. V. Bail, § I. — Charges publiques. — Dépenses publiques. — Maire, sect. XIV. — Octroi, § II. R.; et § I. Q. — Pavé. — Régie intéressée. — Sous pour livre. — Troupeau commun. R.

— 19 frimaire (9 décembre 1798). *Loi* sur la poste aux chevaux. V. Poste, § II. R.

— 19 frimaire (9 décembre 1798). *Capitulation* du roi de Sardaigne. V. Piémont, § IV. R.

— 22 frimaire (12 décembre 1798). *Loi* sur l'enregistrement. V. Abandonnement. — Atermoiement, n. 10. — Avocat, § IV. — Bagnes et Joyaux. — Billet, § I. — Bois, § III. — Bureaux d'enregistrement. — Caution, § VII. — Cautionnement. — Charges de succession. — Commaud, n. 5 et suiv. — Commandement. — Commis des domaines. — Compensation, § III. Consuls des marchands, § III. — Contrainte (finances). — Contre-lettre. — Déclaration aux bureaux de l'enregistrement. — Défaut, § V. — Délaissement par hypothèque. — Dépens. — Domaine public, § V. — Donation, sect. I, § II et suiv. — Double écrit. — Droits de greffe. — Echange. — Emphytéose, § II. — Engagement d'immeuble. — Enregistrement (droit d'), § I et suiv. — Experts, n. 4. — Fortifications. — Fraude (droits de mutation). — Gains nuptiaux et de survie, § XII. — Greffier. — Indivis. — Institution contractuelle, § VIII. — Interruption de poursuites. — Intervention à protêt. — Inventaire, § XVI. — Jugement, § XII. — Légataire, § VIII. — Liquidation. — Maire, sect. I. — Mutation, § I et suiv. — Partage, § XI. — Police et Contrat d'assurance, § I. — Prescription, sect. III, § IX. — Procès-verbal, § II et suiv. — Quittance. —

Récolement de bois, n. 4. — Remploi, § II. — Rente constituée, § XIII. — Répertoire, § I et suiv. — Représentation d'acte. — Résolution, n. 5. — Restitution de droits indument perçus. — Saisie-arrêt, § VII. — Scellés, § III. — Succession, sect. III. — Surenchère. — Tabac, n. 9. — Transaction, § IV. — Usufruit, § II. — Vente, § VIII, art. 3 et suiv. R.

Voyez aux *Questions de droit*, les mots Acquiescement, § XVIII. — Acte sous seing-privé, § II. — Action, Actionnaire, § IV. — Adoption, § VII. — Amende, § I. — Appel, § X. et suiv. — Cassation, § XX. — Contre-lettre, § II. — Déclaration au bureau d'enregistrement, § I et suiv. — Déclaration de command. — Domaine congéable, § II. — Enregistrement (droit d'), § I et suiv. — Expert, § X. — Insinuation, § I et suiv. — Institution contractuelle, § II. — Jugement, § IV et suiv. — Mutation, § I et suiv. — Notaire, § IX. — Partage, § II. — Pouvoir judiciaire, § VIII. — Préparatoire (jugement). — Prescription, § IX. — Procès-verbal, § VIII. — Résolution, § II. — Séparation de biens, § VI. — Succession vacante, § II. — Surenchère. — Transcription au bureau des hypothèques, § III. — Vente publique de meubles, § II. R.

An 7, 3 nivose (23 décembre 1798). *Loi* sur la répartition et sur le mode d'assiette, de perception et de dégrèvement dans l'intérieur des départemens, de la contribution personnelle, mobilière et somptuaire de l'an 7. V. Domicile, § X. — Sous-préfet. R.

— 7 nivose (27 décembre 1798. *Loi* relative aux énonciations à faire dans les actes par les anciens huissiers, conservés provisoirement dans le droit d'exploiter. V. Ajournement, n. 15. — Assignation, § V. — Divorce, § II. Q. — Exploit. R. — Patente. Q. — Signification. R.

— 28 nivose (17 janvier 1799). *Loi* relative aux dispenses de service militaire demandées par les conscrits et réquisitionnaires. V. Amende, § VI. R. — Dol, § IV. — Escroquerie. — Maire, sect. VII. R.

— 16 pluviose (4 février 1799). *Loi* qui proroge le délai fixé pour l'inscription des droits d'hypothèque. V. Hypothèque, sect. II, § II. R.; et § VII. Q.

— 22 pluviose (10 février 1799). *Loi* qui prescrit des formalités pour la vente d'objets mobiliers. V. Déclaration aux bureaux d'enregistrement. R. — Préparatoire (jugement). Q. — Vente, § VIII, art. 3. R. — Vente publique de meubles. Q.

— 23 pluviose (11 février 1799). — *Arrêté* qui ajoute le port de Boulogne à ceux désignés pour la sortie des tabacs fabriqués et des ouvrages d'or et d'argent. V. Argent. — Douanes. — Ports. — Tabac. R.

— 7 ventose (25 février 1799). *Arrêté* contenant des modifications à celui du 5 fructidor an 6 sur la loterie nationale. V. Loterie, § II. R.

— 9 ventose (27 février 1799). *Loi* relative à la perception des droits d'hypothèque. V. Hypothèque, sect. II, § II, art. 2. — Rente seigneuriale, § II. — Réversibilité des fiefs. — Vente, § V. R.

— 14 ventose (4 mars 1799). *Loi* relative aux domaines engagés par l'ancien gouvernement. V. Cours d'eau, § I et III. Q. — Domaine public, § III et suiv. R.; et § III. Q. — Engagement, § I et suiv. Q. — Epier. — Fortifications. R.

— 21 nivose (11 mars 1799). *Loi* relative à l'organisation de la conservation des hypothèques. V. Bureau des hypothèques. R.

— 21 ventose (11 mars 1799). *Loi* portant établissement des droits de greffe. V. Consuls des marchands, § III. — Droits de greffe. — Greffier. — Hypothèque, sect. II, § II. R.

— 26 ventose (16 mars 1799). *Arrêté* contenant rectification de ceux des 2 nivose et 7 fructidor an 6, sur le transport des lettres. V. Lettre. R.

An 7, 17 germinal (6 avril 1799). *Loi* contenant une nouvelle prorogation du délai accordé pour l'inscription des titres de créance et la transcription des actes translatifs de propriété. V. Hypothèque, sect. II, § II. R.; et § VII. Q.

— 18 germinal (7 avril 1799). *Loi* relative au remboursement des frais de justice en matière criminelle. V. Complice, § II. Q. — Dépens. — Exécution des jugemens criminels. — Frais des procès criminels. — Hors de cour. — Procédure criminelle (frais de). Q.

— 18 germinal (7 avril 1799). *Arrêté* concernant la délivrance des lettres de marque. V. Armateur. — Armement. R.

— 19 germinal (8 avril 1799). *Proclamation* aux citoyens du département de la Seine, sur les poids et mesures. V. Poids et mesures, § II. R.

— 9 floréal (28 avril 1799). *Loi* sur le tarif des douanes. V. Amende, § V. R. — Appel, § XIV. Q. — Commis. R. — Conclusions du ministère public, § IV. Q. — Déclaration aux bureaux des douanes. — Douanes, § I et suiv. R.; et § III. Q. — Excuse, n. 8. — Exécution provisoire des jugemens. — Inscription de faux, § I et suiv. — Marchandises anglaises. — Péremption, sect. I, § IV. — Procès-verbal, § III. R.; et § I et suiv. Q. — Saisie pour contravention. — Sel. R.

15 floréal (2 mai 1799). *Arrêté* contenant une instruction sur la garde nationale sédentaire, et les rapports de l'autorité civile avec la force publique. V. Maire sect. VII. R.; et § I et suiv. Q.

— 17 floréal (6 mai 1799). *Loi* qui fixe les règles de comptabilité conformément au nouveau système des poids et mesures. V. Monnaie décimale. R. et Q.

— 22 floréal (11 mai 1799). *Loi* contenant des mesures pour assurer le payement des rentes et pensions. V. Certificat de vie. — Inscription sur le grand-livre, § V. R.

— 28 floréal (17 mai 1799). *Loi* relative aux transferts de la dette publique. V. privilége, § I. Q.

— 29 floréal (18 mai 1799). *Arrêté* concernant les sources et fontaines d'eaux minérales. V. Eaux minérales. R.

— 1 prairial (20 mai 1799). *Arrêté* contenant réglement sur le service de la poste aux chevaux. V. Poste, § III. R.

— 2 prairial (21 mai 1799). *Loi* relative à la lésion dans les actes de partage. V. Chose jugée, § VIII. Q.

— 6 prairial (25 mai 1799). *Loi* qui ordonne la perception d'une subvention extraordinaire de guerre sur les droits d'enregistrement, de timbre, d'hypothèque, etc. V. Lettre de voiture. — Procès-verbal, § V. — Sou pour livre. Timbre. R.

— 6 prairial (25 mai 1799). *Loi* qui ordonne la perception d'une subvention extraordinaire de guerre sur les droits d'enregistrement, de timbre, etc. V. Marque d'or et d'argent, § III. R.

— 6 prairial (25 mai 1799). *Loi* portant établissement d'une subvention de guerre sur les contributions. V. Contributions publiques. R.

— 11 prairial (30 mai 1799). *Loi* relative au jugement des prévenus de contravention à celle du 10 brumaire an 5 qui prohibe l'importation des marchandises anglaises. V. Appel, § XIII. Q. — Douanes, § XV et XVI. R. — Opposition aux jugemens par défaut, § XX. Q.

— 17 prairial (5 juin 1799). *Arrêté* concernant les dépôts de grains et farines établis près des frontières. V. Grains.

— 22 prairial (10 juin 1799). *Loi* additionnelle à celle du 21 ventose an 7, portant établissement de droits de greffe. V. Droits de greffe. R.

An 7, 6 messidor (24 juin 1799). *Loi* relative aux inscriptions hypothécaires sur les comptables publics. V. Hypothèque, sect. II, § II, art. 2, n. 1. R.

— 8 messidor (26 juin 1799). *Loi* relative à la disposition des successions échues aux familles d'émigrés. V. Émigrés, § XV. Q. — Héritier, § VI. Q.

— 14 messidor (2 juillet 1799). *Loi* relative à l'amnistie accordée aux militaires qui ont déserté à l'intérieur et n'ont pas rejoint leurs drapeaux. V. Amnistie. R.

— 16 messidor (4 juillet 1799). *Arrêté* concernant la défense des places fortes. V. Capitulation. R.

— 16 messidor (4 juillet 1799). *Loi* relative à l'administration des hospices civils. V. Bail, § XVII. R. — Commission, sect. V. R. — Hôpital, § IV et suiv. R.

— 18 messidor (6 juillet 1799). *Loi* relative à l'aliénation des domaines nationaux tenus par baux à vie ou emphytéotiques. V. Emphytéose, § I. Q.

— 27 messidor (15 juillet 1799). *Loi* relative aux congés absolus et aux dispenses et exemptions de service. V. Conseil de recrutement. R.

— 27 thermidor (14 août 1799). *Arrêté* qui prescrit des mesures pour le sauvetage des bâtimens naufragés. V. Naufrage. R.

— 1 fructidor (18 août 1799). *Arrêté* concernant le transport des poudres dans l'intérieur de la France. V. Poudre. R.

— 21 fructidor (7 septembre 1799). *Loi* relative aux citations en témoignage des caissiers, sous-caissiers, et contrôleurs de la trésorerie nationale. V. Témoin judiciaire, § I, art. 5. R.

— Premier jour complé. (17 sept. 1799). *Loi* qui autorise les conscrits à résilier les engagemens par eux contractés à raison des loyers, fermes, etc., avant d'être appelés à l'activité de service. V. Bail, § IX. Q.

AN 8. — 1799 et 1800.

— 2 vendémiaire (24 septembre 1799). *Loi* sur la manière de juger les contestations relatives au payement d'octrois municipaux. V. Adjudicataire, § VI. — Octroi, § II. R.

— 5 vendémiaire (25 septembre 1799). *Arrêté* concernant le titre et la marque des matières d'or et d'argent employées dans les manufactures d'horlogerie des départemens du Doubs et du Mont-Terrible. V. Marque et Contrôle, § II. R.

— 12 vendémiaire (8 octobre 1799). *Loi* relative aux états de recette et dépense ordonnés par les articles 508 et 509 de la constitution. V. Inscription sur le grand-livre, § VIII. R.

— 26 vendémiaire (18 octobre 1799). *Arrêté* concernant l'application du calcul par francs et fractions de franc à la comptabilité publique. V. Monnaie décimale. R.

— 27 vendémiaire (19 octobre 1799). *Loi* relative à l'emploi des bons de réquisition pour fournitures faites aux armées depuis le 1 germinal an 7. V. Prise. R.

— 25 brumaire (16 novembre 1799). *Loi* qui autorise une adjonction de jurés et de juges pour suivre les débats dans les procès criminels d'une étendue considérable. V. Juré. — Jury, § IV. R.

— 27 brumaire (18 novembre 1799). *Loi* qui substitue à l'emprunt forcé de cent millions une subvention extraordinaire de guerre. V. Prise. R.

— 6 frimaire (27 novembre 1799). *Loi* relative aux obligations et cautionnement à fournir par les receveurs généraux de département. V. Caisse d'amortissement. — Cautionnement. R.

An 8, 14 frimaire (2 déc. 1799). *Loi* qui règle définitivement les contributions directes de l'an 8. V. Contrainte (finances). R.

— 15 frimaire (4 décembre 1799). *Loi* qui règle un mode de poursuites pour le recouvrement du débet des comptables. V. Comptabilité. R. — Inscription sur le grand-livre, § VIII. R.

— 10 frimaire (10 décembre 1799). *Loi* portant extension et augmentation des droits d'octroi établis dans la commune de Paris. V. Octrois, § II. R.

— 19 frimaire (10 décembre 1799). *Loi* qui fixe définitivement la valeur du mètre et du kilogramme. V. Poids et mesures, § II. R.

— 22 frimaire (13 décembre 1799). *Constitution* de la république française. V. Académie. — Acte administratif. — Acte d'accusation. — Agent du gouvernement. — Asile, n. 8. — Capitaine de recrutement. — Cassation, § III et suiv. — Chambre des comptes. — Chose jugée, § XIV et suiv. — Colonies. — Commerce. — Commissaire de police. — Commission. — Commission (provision en forme de). — Compétence, § II. — Comptable. — Conseil de guerre. — Conseil d'état. — Conseillers d'état. — Constitution. — Consul. — Contumace, § III. — Corps-législatif. — Cour de cassation. — Cour des pairs. — Déclaration de guerre. — Délibération. — Délit militaire. — Dernier ressort, § XII. — Destitution. — Domicile, § I et XIII. — Effet rétroactif, sect. III, § II. — Élection. — Embauchage. — État de paix, de guerre et de siège. — Évocation, § I. — Excuse, n. 6 *bis*. — Force publique. — Forfaiture. — Fourneau. — Garantie des fonctionnaire publics. — Garde nationale. — Gouverneur-général. — Grand-juge. — Haute-cour. — Hors de la constitution. — Incompatibilité. — Injure. — Interdiction d'officiers. — Interprétation. — Inviolabilité. — Juge. — Juré, jury, § I. — Légion-d'honneur. — Loi, § I et suiv. — Maire, sect. I et suiv. — Ministre. — Naturalisation. — Officier de police judiciaire. — Orateur du gouvernement. — pouvoir judiciaire, § I. — Préfet. — Récusation de juges. — Règlement de juges, § I. — Sénat. — Témoin instrumentaire, § I. — Tribunal de police, sect. II, § III. R.

Voyez aux *questions de droit* les mots Abus (appel comme d'). Q. — Agent du gouvernement. Q. — Arbitres, § I et II. — Biens nationaux, § I. — Délit, § IX. — Désertion, § I. — Domicile, § IV. — Emphytéose, § I. — Étranger, § VIII. — Fonctionnaire public, § I. — Incompétence, § II. — Injure, § IX. — Jugement, § XII. — *Non bis in idem*, § I. — Préparatoire (jugement). — Rente viagère, § I. — Suspicion légitime, § II. R.

— 25 frimaire (16 décembre 1799). *Loi* qui attribue aux tribunaux de police correctionnelle la connaissance de divers délits. V. Condamné. — Déportation. — Dépôt, § I. — Effet rétroactif, sect. III, § XII. — Emprisonnement, § II. — Escroquerie. — Incendie. — Incompétence, § II Q. — Intention. — Maraudage. — Peine, n. 9. — Récidive. R. — Suppression de titres, § I et II. Q. — Tentative de crime ou de délit. — Vol, sect. II, § III et suiv. R.

— 27 frimaire (18 décembre 1799). *Loi* qui fixe un nouveau tarif pour la poste aux lettres. V. Lettres. R.

— 27 frimaire (18 décembre 1799). *Loi* qui établit des octrois municipaux dans les communes de Courtrai, Reims, Metz, Lille, Calais, Fontenai-le-Peuple, Limoges et Epinal. V. Octrois, § II. — Voiture, § I. R.

— 28 frimaire (19 novembre 1799). *Loi* relative aux actes passés et aux jugemens rendus à Valenciennes et dans quelques places voisines pendant l'invasion de l'ennemi. V. Actes sous seing-privé. — Jugement. — Notaire. R.

— 29 frimaire (20 décembre 1799). *Arrêté* qui remet en vigueur le règlement du 26 juillet 1788, concernant la navigation des bâtimens neutres. V. Prise maritime, § III. R.

An 8, 5 nivose (26 décembre 1799). *Réglement* pour l'organisation du conseil d'état. V. Avis. — Conflit d'attribution. — Conseil du Roi. — Corps-législatif. — Directeurs-généraux. — Interprétation. — Pouvoir judiciaire, § II. — Secrétaire général. R.

— 7 nivose (28 décembre 1799). *Arrété* contenant des mesures relatives aux départemens de l'Ouest. V. Rebelles de l'Ouest. Q.

— 19 nivose (9 janvier 1800). *Loi* concernant les opérations et communications respectives des autorités chargées par la constitution de concourir à la formation de la loi. V. Loi, § I. R.

— 21 nivose (11 janvier 1800). *Loi* qui exige de tous les fonctionnaires publics, etc., une promesse de fidélité à la constitution. V. serment, § I. R.

— 28 nivose (18 janvier 1800). *Arrété* qui destine un local à l'établissement de la banque de France. V. Banque de France. R.

— 28 nivose (18 janvier 1800). *Arrété* qui prescrit la destination des fonds que recevra la caisse d'amortissement. V. Caisse d'amortissement. R.

— 1 pluviose (21 janvier 1800). *Arrété* concernant l'administration du trésor public. V. Contrôleur du trésor public. R.

4 pluviose (24 janvier 1800). *Arrété* qui règle le mode d'admission des bons de réquisition en payement des contributions directes de l'an 8. V. Prise. R.

— 9 pluviose (29 janvier 1800). *Arrété* qui règle les fonctions des commissaires des guerres et des inspecteurs aux revues. V. Commissaires des guerres. R.

— 27 pluviose (16 février 1800). *Arrété* contenant réglement sur la régie des poudres et salpêtres. V. Poudre. R.

— 28 pluviose (17 février 1800). *Loi* concernant la division du territoire français et l'administration. V. Adjoint de maire. R. — Appel, § II, n. 4. Q. — Bail, § XVIII. R. — Biens nationaux, § I. Q. — Bureau central. — Capitouls. Certificat de vie. — Commissaire de police. — Commissaire général de police. — Communauté d'habitans R. — Commune, § II et suiv. Q. — Compte des deniers publics. — Conseil d'arrondissement. — Conseil de préfecture. — Conseil général de département. — Conseil municipal. — Contentieux des domaines nationaux. — Domaine public, § V. — Ecluse. — Etat civil, § I. — Expédition, § III. — Garde champêtre. — Maire, sect. I et suiv. — Pouvoir judiciaire, § II. — Préfet. — Préfet de police. — Secrétaire-général. — sous-préfet. — Travaux publics. R.

— 7 ventose (26 février 1800). *Arrété* qui détermine la manière dont il sera procédé sur les demandes en radiation de la liste des émigrés. V. Commission, § I. R.

— 7 ventose (26 février 1800). *Loi* sur les cautionnemens à fournir par plusieurs régisseurs, employés et notaires. V. Cautionnement. R.

— 12 ventose (3 mars 1800). *Loi* qui détermine le mode d'application des lois relatives à l'émigration. V. Certificat de résidence. — Emigration, § II et suiv. R. — Emigré, § XV. Q. — Mort civile, § II. R. ; et § II. Q. — Succession, sect. I, § II, art. III. R.

— 17 ventose (8 mars 1800). *Réglement* relatif au complément de l'armée de terre, et *Arrété* relatif à la levée de la conscription. V. Amende, § VI. R. — Amnistie, § IV. Q. — Conscription. R. — Conscrit, § III. Q. — Conseil de guerre. — Maire, sect. VII. R. — *Non bis in idem*, § II. Q.

— 17 ventose (8 mars 1800). *Arrétés* relatifs à l'établissement des préfectures, à l'installation, aux fonctions, costumes des préfets, etc. V. Ministre. — Préfet. — Préfet de police. — Sous-préfet. R.

An 8, 18 ventose (9 mars 1800). *Arrété* qui prescrit un mode et des délais pour le versement des cautionnemens à verser par les fonctionnaires et les employés. V. Cautionnement. R.

— 25 ventose (16 mars 1800). *Arrété* relatif à l'établissement de bureaux de douane pour la visite et le plombage des marchandises expédiées à l'étranger. V. Acquit, § III. R.

— 26 ventose (17 mars 1800). *Loi* relative aux contestations sur la validité des prises maritimes. V. Conseil des prises. — Loi, § II. — Prises maritimes, § VII. R. ; et § II. Q.

— 27 ventose (18 mars 1800). *Loi* sur l'organisation des tribunaux. V. Abus (appel comme d'). Q. — Appel, sect. I, § VI et suiv. — Avocat aux conseils. — Avocat du roi. — Ban de vendange. — Bureau de conciliation. — Cassation, § III et suiv. — Cautionnement. — Chose jugée, § XIV et suiv. — Commis. — Communauté d'habitans. — Compétence, § II. — Conflit d'attribution. — Congé (tribunaux). — Conseil de guerre maritime. — Consuls étrangers en France. — Contradiction (jugement). — Cour de cassation. — Cour royale. — Cours d'eau. — Délit, § VIII et suiv. — Délit forestier, § III et suiv. — Démence, § II. — Démission. — Dernier ressort, § XII et suiv. Dette publique. — Directeur du jury. — Discipline. — Dot, § VIII. — Election. — Evocation, § I. — Garantie des fonctionnaires publics. — Garde champêtre. — Greffier. — Huissier, § I et suiv. — Incompétence. — Jugement, § I et suiv. — Maire, sect. I. — Matières sommaires. — Ministère public, § IV. — Parenté. — Parricide, n. 4. — Partage d'opinions, § I. — Postulation. — Président, § II, III et suiv. — Prise à partie, § II. — Procureur *ad lites*. — Réglement de juges, § I. — Renvoi (demande en). — Requête. — Requête civile, § III. — Tribunal de première instance. — Vacances. R.

Voyez aux *Questions de droit* les mots, Amende, § I. Q. — Appel, § X et XIII. — Arbitres, § I, II et XI. — Avocat, § I et suiv. — Avoué, § IV. — Cabaret et Café, § II. — Compte, § I. — Conscrit, § III. — Contrefaçon, § I. — Contribution des portes et fenêtres. — Cour royale, § II et suiv. — Défaut, § VIII. — Délit, § II. — Divorce, § VII. — Garde nationale, § II. — Hommes de loi, § I. — Huissier, § III. — Huissier des juges de paix, § II. — Incompétence, § III. — Injure, § III. — Inscription de faux, § II et suiv. — Jugement, § IV et suiv. — Jugement de défense. — Jury, § I. — Marchandises anglaises, § II. — Marc, § I. — Ministère public, § V et suiv. — Nation, § IV. — Opposition aux jugemens par défaut, § VII et suiv. — Opposition (tierce), § V. — Pouvoir judiciaire, § VIII. — Preuve, § VII. — Rente foncière. — Rente seigneuriale, § XIV. — Requête civile, § VIII. — Sections de tribunaux, § I et suiv. — Servitude, § V. — Succession, § XI. — Taxe d'entretien des routes, § II. — Tribunal d'appel, § II et suiv. — Tribunal de police, § IV et suiv. — Vente, § VIII. — Wissembourg (statut du mundat de), § I. R.

— 27 ventose (18 mars 1800). *Loi* portant établissement de receveurs particuliers des contributions. V. Contributions publiques. R.

— 1 germinal (22 mars 1800). *Rapport* sur le Prytanée français, et *Arrété* qui le divise en quatre grands collèges. V. Bourse, § I. R.

— 4 germinal (25 mars 1800). *Arrété* qui ordonne l'établissement d'un conseil de santé près le ministre de la guerre. V. Conseil de santé. R.

— 4 germinal (25 mars 1800). *Arrété* qui ordonne l'établissement, près le ministre de la guerre, d'un directoire central des hôpitaux militaires. V. Conseil d'administration. — Hôpital militaire. R.

— 4 germinal (25 mars 1800). *Loi* concernant les libéralités par actes entre vifs ou de dernière volonté. V. Avantages aux héritiers présomptifs, § I, IV et VI. Q. — Clandestinité, sect. II, § II. — Donation, sect. II, § VI et suiv. — Institution contractuelle, § I et suiv. — Institution d'héritier, sect. I et suiv. — Jugement, § VII *bis*. — Loi, § V. — Prélegs. — Rapport à succession, § II, art. 5 et suiv. — Renonciation, § I. — Réserve, sect. I et suiv. — Simulation, § V. R.

An 8, 6 germinal (27 mars 1800). *Arrêté* portant création d'un conseil des prises. V. Conseil des prises. — Prises maritimes, § VII, art. 5. R.; et § II. Q.

— 6 germinal (27 mars 1800). *Loi* relative au mode de nomination des jurés. V. Juré, jury, § I et suiv. R.

— 22 germinal (12 avril 1800). *Arrêté* relatif à l'emploi des bons de réquisition en payement des contributions. V. Prise. R.

— 24 germinal (14 avril 1800). *Arrêté* relatif au versement du cautionnement des receveurs particuliers des contributions, des payeurs et caissiers du trésor public, et au mode de payement des intérêts de l'universalité des cautionnemens. V. Cautionnemens. R.

— 25 germinal (15 avril 1800). *Arrêté* relatif aux opérations des salpêtriers ambulans. V. Salpêtre. R.

— 28 germinal (18 avril 1800). *Arrêté* contenant des mesures pour empêcher l'exportation des grains et farines par la Meuse, l'Escaut et le Rhin. V. Grains. R.

— 5 floréal (25 avril 1800). *Arrêté* relatif à l'administration des eaux minérales. V. Eaux minérales. R.

— 7 floréal (27 avril 1800). *Arrêté* relatif à la forme des poids. V. Poids et mesures, § II. R.

— 17 floréal (7 mai 1800). *Arrêté* qui règle le costume des sous-préfets, des maires, des commissaires de police, etc. V. Maire, sect. I. R.

— 19 floréal (9 mai 1800). *Arrêté* contenant les modèles des actes de naissance, décès, mariage, divorce et adoption, relatés dans l'art. 10 de l'arrêté précédent. V. Déclaration de naissance. — Etat civil (actes de l'). R.

— 24 floréal (14 mai 1800). *Arrêté* relatif aux réclamations en matière de contributions. V. Contributions publiques. R.

— 27 floréal (17 mai 1800). *Arrêté* relatif au payement des intérêts du cautionnement des receveurs généraux de département. V. Cautionnement. R.

5 prairial (25 mai 1800). *Arrêté* qui casse celui par lequel l'administration centrale de Maine-et-Loire avait autorisé un abatis de bois pour chauffage de corps-de-garde. V. Bois, § IV. R.

— 13 prairial (2 juin 1800). *Avis* sur l'application de la loi du 10 vendémiaire an 4, relative à la police des communes. V. communauté d'habitans. R.

— 18 prairial (7 juin 1800). *Arrêté* relatif au recouvrement des cautionnemens à fournir par les avoués, huissiers et greffiers. V. Cautionnement. R.

— 27 prairial (16 juin 1800). *Arrêté* portant réglement sur les franchises et contre-seings. V. Maire, sect. XX. R.

— 28 prairial (17 juin 1800). *Avis* sur des questions relatives aux juges des tribunaux de commerce et aux greffiers de ces tribunaux et des justices de paix. V. Cautionnement. R.

— 29 prairial (18 juin 1800). *Avis* du conseil d'état sur la peine à infliger pour les délits prévus par la loi du 29 nivose an 6, et non encore jugés. V. Peine, n. 9. R.

— 4 messidor (24 juin 1800). *Arrêté* sur la nouvelle forme de gouvernement du Piémont. V. Piémont, § IV. R.

— 8 messidor (27 juin 1800). *Arrêté* relatif au traitement des greffiers des tribunaux. V. Greffier. R.

— 12 messidor (1 juillet 1800). *Arrêté* qui détermine les

fonctions du préfet de police de Paris. V. Préfet de police. R.

An 8, 29 messidor (18 juillet 1800). *Arrêté* qui maintient sur la liste des émigrés les individus inscrits et dont les réclamations n'étaient pas enregistrées le 25 messidor an 8. V. Mort civile, § II. Q.

— 4 thermidor (23 juillet 1800). *Avis* sur les baux à comptant. V. Vigne. R.

— 7 thermidor (26 juillet 1800). *Arrêté* relatif à l'observation des jours fériés. V. Fête. R. — Jour fériés, § II. Q. — Saisie immobilière, § VIII. R.

— 7 thermidor (26 juillet 1800). *Arrêté* portant réglement sur l'organisation et le service général de la marine. V. Commissaire de marine. R.

— 15 thermidor (1 août 1800). *Arrêté* relatif au mode d'approbation des tarifs et réglemens pour la perception des octrois municipaux. V. Octrois, § II. R.

— 16 thermidor (4 août 1800). *Arrêté* contenant réglement sur le recouvrement des contributions directes et l'exercice des contraintes. V. Contrainte (finances). — Contributions publiques. — Garnison. — Receveur des contributions. — Régie intéressée. — Saisie pour contributions directes. — Sous-préfet. R.

— 22 thermidor (10 août 1800). *Arrêté* relatif à la nomination, à l'installation et au service des huissiers. V. Huissier, § I et suiv. R. — Huissier des juges de paix, § I et II. Q.

— 25 thermidor (13 août 1800). *Arrêté* relatif aux passeports ou sauf-conduits accordés par les ministres ou autres agens diplomatiques des puissances alliées ou neutres. V. Passe-port, § I. R.

— 25 thermidor (13 août 1800). *Arrêté* qui accorde amnistie aux habitans des départemens mis hors la constitution par la loi du 25 nivose an 8. V. Amnistie. R. — Rebelles de l'Ouest. Q.

— 29 thermidor (17 août 1800). *Arrêté* relatif à la composition et à l'organisation du corps des officiers de la marine. V. Amiral. R.

— 5 fructidor (25 août 1800). *Arrêté* relatif aux vacances des tribunaux. V. Vacances. — Vacation (chambre des). R.

— 14 fructidor (1 septembre 1800). *Arrêté* qui détermine le mode de liquidation des rentes stipulées en nature. V. Bail, § XVII. R.

— 15 fructidor (2 septembre 1800). *Arrêté* relatif aux patentes V. Maire, sect. XIV. — Patente, § I. R.

— 18 fructidor (5 septembre 1800). *Arrêté* qui ordonne l'exécution provisoire des lois des 6 et 20 mars 1791, relativement aux avoués, greffiers et huissiers. V. Avoué. R.

— 25 fructidor (10 septembre 1800). *Arrêté* concernant les Masses. V. Maire, sect. VII. R.

AN 9. — 1800 et 1801.

— 4 vendémiaire (26 septembre 1800). *Arrêté* relatif aux tirages de la loterie nationale. V. Loterie, § II. R.

— 5 vendémiaire (27 septembre 1800). *Arrêté* relatif au mode de délivrance des brevets d'invention. V. Brevet d'invention. R.

— 28 vendémiaire (20 octobre 1800). *Arrêté* relatif aux individus inscrits sur la liste des émigrés. V. Emigration, § II et suiv. R.

— 3 brumaire (25 octobre 1800). *Arrêté* portant que l'autorité du préfet de police de Paris s'étendra sur tout le département de la Seine, et sur les communes de Meudon, Saint-Cloud et Sèvres. V. Préfet de police. R.

An 9, 5 brumaire (27 octobre 1800). *Arrêté* qui détermine les fonctions des commissaires généraux de police. V. Commissaire-général de police. — Déportation. R.

— 7 brumaire (29 octobre 1800). *Arrêté* relatif à l'établissement des bureaux de pesage, mesurage et jaugeage publics. V. Poids publics. R.; et § I et suiv. Q.

— 15 brumaire (4 novembre 1800). *Arrêté* relatif au mode d'exécution du système décimal des poids et mesures. V. Poids et mesures, § II. R.

15 brumaire (6 novembre 1800). *Arrêté* relatif aux payement des sommes dues aux hospices civils, et au remplacement en capitaux de leurs biens aliénés. V. Hôpital, § I. R.

— 25 brumaire (16 novembre 1800). *Arrêté* qui ordonne la main-levée des séquestres et oppositions mis sur les biens des héritiers et co-intéressés des fermiers généraux des baux de David, Salzard et Mayer. V. Hypothèque. R.

— 4 frimaire (25 novembre 1800). *Arrêté* relatif aux fonctions et au traitement des membres de directoires et de conseils d'administration des hôpitaux militaires. V. Hôpital militaire. R.

— 9 frimaire (30 novembre 1808). *Loi* qui fixe pour l'an 9 l'intérêt des cautionnemens des receveurs-généraux et particuliers des contributions. V. Cautionnement. R.

— 11 frimaire (2 décembre 1800). *Loi* relative aux jugemens arbitraux obtenus par des communes, touchant la propriété des forêts prétendues nationales. V. Appel, § VIII. Q.

— 13 frimaire (4 décembre 1800). *Arrêté* qui établit une chambre des avoués auprès du tribunal de cassation, et de chaque tribunal d'appel et de première instance. V. Avocat à la cour de cassation. — Basoche. — Chambre des avoués. — Chambre des tiers. — Discipline. R.

— 29 frimaire (20 décembre 1800). *Arrêté* relatif à l'organisation de la commission de comptabilité nationale. V. Chambre des comptes. R.

— 14 et 15 nivose (4 et 5 janvier 1801). *Sénatus-consulte* et *Acte* du gouvernement relatifs à des mesures de haute police à l'occasion de l'explosion de la machine infernale du Carrousel. V. Déportation. R.

— 16 nivose (6 janvier 1801. *Loi* relative à l'organisation d'une nouvelle administration forestière. V. Conservateur des forêts. — Délit forestier, § XIX. — Gardes des bois. — Recolement de bois. R.

— 25 nivose (15 janvier 1801). *Arrêté* relatif à la marque des ouvrages de quincaillerie et de coutellerie. V. Marque de fabrique. R.

— 27 nivose (17 janvier 1801). *Arrêté* portant établissement d'une compagnie pour la pêche du corail. V. Pêche, sect. II, § VIII. R.

— 2 pluviose (22 janvier 1801). *Arrêté* qui détermine les fonctions des maires relativement aux conseils municipaux. V. Maire, sect. I. R.

— 6 pluviose (26 janvier 1801). *Arrêté* qui fixe le nombre, les arrondissemens et la résidence des conservateurs des bois et forêts. V. Conservateur des forêts. R.

— 7 pluviose (27 janvier 1801). *Arrêté* qui supprime l'indemnité de logement accordée aux employés de l'administration des hôpitaux militaires. V. Hôpital militaire. R.

— 7 pluviose (27 janvier 1801). *Loi* relative à la poursuite des délits en matière criminelle et correctionnelle. V. Acte d'accusation. — Appel, sect. II, § II, art. 2. — Cassation, § IV. — Délit, § V et suiv. — Directeur du jury. R.; et § II.

Q. — Faux, sect. I, § V et suiv. — Flagrant délit. R. — Information. Q. — Magistrat de sûreté. — Maire, sect. III. R. — Ministère public, § V et suiv. Q. — *Non bis in idem*, n. 14. — Officier de police judiciaire. — Prise à partie, § I. R.

An 9, 15 pluviose (4 février 1801). *Arrêté* relatif à la police et à l'administration du lazaret de Toulon, et des autres établissemens de ce genre dans les ports du midi de la France. V. Quarantaine. R.

— 17 pluviose (6 février 1801). *Avis* portant que les notaires sont contraignables par corps au payement des amendes prononcées contre eux pour contravention à la loi du 7 ventose an 8 sur les cautionnemens. V. Cautionnemens. R.

— 18 pluviose (7 février 1801). *Loi* relative à l'établissement de tribunaux spéciaux. V. Cassation, § III. — Chartre privée. — Commissaire. — Commission. — Compétence, § II. — Connexité, § V. — Contumace, § III. — Cour de justice criminelle et spéciale. — Cour spéciale. — Crime, § II. — Délit, § VI et suiv. — Délit militaire, n. 6. — Effet rétroactif, sect. III, § VII. — Effraction. — Faux, sect. I, § XII. — Incendie. — Mandat de dépôt. — Menaces. R. — Peine, § I. — Question d'état, § II. Q. — Rébellion, § III. — Vagabond. — Vol, sect. II, § III et suiv.; et § III. Q.

— 4 ventose (25 février 1801). *Loi* qui affecte des rentes et des domaines nationaux aux besoins des hospices. V. Fondation. — Hôpital, § I et suiv. R. — Hospices. Q. — Rente foncière, § I. R.

— 16 ventose (7 mars 1801). *Loi* qui proroge, en faveur des créanciers d'individus inscrits sur la liste des émigrés, le délai accordé pour l'inscription des droits d'hypothèque ou de priviléges. V. Hypothèque, sect. II, § II, et sect. VII. Q.

— 18 ventose (9 mars 1801). *Loi* portant que les départemens de la Roer, de la Sarre, de Rhin - et - Moselle et du Mont-Tonnerre sont partie intégrante du territoire français. V. Rente foncière. — Rente seigneuriale, § XIV. Q.

— 19 ventose (10 mars 1801). *Loi* portant que les bois et forêts nationaux ne payeront point de contributions. V. Bois, § II. — Contributions publiques. R.

— 21 ventose (12 mars 1801). *Loi* portant fixation des contributions foncière et personnelle pour l'an 10. V. Contributions publiques. R.

— 24 ventose (15 mars 1801). *Loi* qui autorise l'établissement de trois ponts à Paris. V. Travaux publics. R.

— 27 ventose (18 mars 1801). *Loi* relative à la perception des droits d'enregistrement. V. Avocat, § IV. R. — Avoué, § VI. Q. — Dépens. — Effet rétroactif, sect. II. — Enregistrement (droit d'), § I et suiv. — Mutation, § IV et suiv. — Péremption, sect. I, § II. R. — Résolution, § II. Q.

— 27 ventose (18 mars 1801). *Loi* portant établissement de quatre-vingts commissaires-priseurs-vendeurs de meubles à Paris. V. Cautionnement. — Délit, § IV. — Huissier priseur. — Vente, § VIII, art. 3. R. — Vente publique de meubles. Q.

— 28 ventose (19 mars 1801. *Loi* relative à l'établissement de bourses de commerce. V. Agens de change. — Délit, § IV. — Cautionnement. R.

— 29 ventose (20 mars 1801). *Loi* relative aux juges de paix. V. Appel-incident, § XI. Q. — Assesseur. — Juges de paix, § I et suiv. — Tribunal de police, sect. I, § I et suiv. R.

— 30 ventose (21 mars 1801). *Loi* relative à la dette publique. V. Caisse d'amortissement. R.

— 5 germinal (24 mars 1801). *Arrêté* relatif aux permissions nécessaires pour l'établissement de presses, moutons, laminoirs, balanciers et coupoirs. V. Balancier. — Manufacture. R.

— 7 germinal (28 mars 1801). *Arrêté* relatif aux baux à longues années des biens ruraux appartenant aux hospices, aux établissemens d'instruction publique et aux communautés d'habitans. V. Bail, § XVII. R.

An 9, 17 germinal (7 avril 1801). *Avis* sur la manière de vider les partages d'opinion dans les tribunaux de première instance et d'appel. V. Avocat, § I et suiv. Q. — Partage d'opinions. R.

— 29 germinal (19 avril 1801). *Arrêté* relatif aux créances liquidées et à liquider sur les années 6 et 7. V. Caisse d'amortissement. R.

— 29 germinal (19 avril 1801). *Arrêté* relatif à la désignation des villes où devront être établies des bourses de commerce, à l'organisation et à la police de ces bourses. V. Agens de change. — Bourse. — Cautionnement. R.

— 29 germinal (19 avril 1801). *Arrêté* qui détermine la manière dont sera régie la colonie de la Guadeloupe. V. Commissaires de justice. — Port d'armes. R.

— 7 floréal (27 avril 1801). *Arrêté* contenant des mesures pour recouvrer les bois destinés à l'approvisionnement de Paris, qui ont été entraînés par la crue des eaux. V. Bois, § IV. R.

— 9 floréal (29 avril 1801). *Arrêté* contenant des mesures relatives à la liquidation de la dette publique. V. Caisse d'amortissement. R.

11 floréal (1 mai 1801). *Arrêté* relatif au payement des dépenses des militaires malades admis dans les hospices civils. V. Hôpital militaire. R.

— 17 floréal (7 mai 1801). *Arrêté* relatif au sauvetage des bâtimens naufragés, et à la vente de ces bâtimens et des prises. V. Naufrage. R.

— 25 prairial (12 juin 1801). *Arrêté* relatif à une délibération illégalement prise par le conseil municipal de l'Ain, sur une aliénation de propriétés avec disposition du prix, sans la participation des autorités supérieures. V. Communauté d'habitans. R.

— 25 prairial (12 juin 1801). *Arrêté* relatif aux échanges du tiers consolidé contre des bons de deux tiers. V. Caisse d'amortissement. R.

— 27 prairial (16 juin 1801). *Arrêté* relatif aux maisons et usines payables en bons des deux tiers. V. Caisse d'amortissement. R.

— 27 prairial (16 juin 1801). *Arrêté* qui renouvelle les défenses faites aux entrepreneurs de voitures libres de transporter les lettres, journaux. V. Lettre. R.

— 27 prairial (16 juin 1801). *Arrêté* relatif à l'administration des biens affectés à la nourriture, à l'entretien et au logement des hospitalières et filles de charité. V. Aumône. — Fondation. R.

— 29 prairial (18 juin 1801). *Arrêté* relatif à la vérification des poids et mesures. V. Poids et mesures, § II. R.

— 7 messidor (26 juin 1801). *Arrêté* relatif aux rentes et domaines nationaux affectés aux hospices. V. Avoué, § IV et suiv. Q. — Hospices. — Sous-préfet. R.

— 7 messidor (26 juin 1801). *Arrêté* relatif aux décomptes et retenues d'hôpital des militaires attaqués de maladies vénériennes et autres. V. Hôpital militaire. R.

— 13 messidor (2 juillet 1801). *Arrêté* portant établissement d'une bourse de commerce à Marseille. V. Courtiers de marine. R.

— 17 messidor (6 juillet 1801). *Arrêté* contenant organisation du corps des gardes-pompiers de Paris. V. Préfet de police. R.

— 19 messidor (8 juillet 1801). *Arrêté* relatif à l'application d'un poinçon de recense sur les lingots d'or et d'argent affinés avant la promulgation de la loi du 19 brumaire. V. Marque et contrôle. R.

— 23 messidor (12 juillet 1801). *Arrêté* portant établisse-

ment de prud'hommes-pêcheurs à Saint-Laurent, Bages et Leucate. V. Pêche, sect. II, § XI. R.

An 9, 23 messidor (12 juillet 1801). *Arrêté* contenant organisation de la caisse d'amortissement. V. Caisse d'amortissement. — Directeurs généraux. R.

— 7 thermidor (26 juillet 1801). *Arrêté* qui règle la manière de citer en témoignage les membres du sénat-conservateur et du tribunat. V. Témoin judiciaire, § I, art. 5. R.

— 9 thermidor (28 juillet 1801). *Arrêté* portant établissement d'une bourse de commerce à Brest. V. Courtier de marine. R.

— 15 thermidor (4 août 1801). *Arrêté* qui prohibe l'importation des chevaux anglais en France. V. Cheval. R.

— 19 thermidor (7 août 1801). *Arrêté* qui règle la compétence sur les contestations relatives au payement des fournitures faites pour le compte du gouvernement. V. Pouvoir judiciaire, § VII. Q.

— 5 fructidor (23 août 1801). *Arrêté* relatif à un conflit d'attribution entre les autorités administrative et judiciaire du département de la Somme. V. Bail, § XVII. — Compétence, § III. — Effet rétroactif, sect. III, § VII. — Incompétence. — Pouvoir judiciaire, § II. R.

— 25 fructidor (12 septembre 1801). *Arrêté* relatif à la nomination des gardes champêtres. V. Sous-préfet. R.

— 29 fructidor (16 septembre 1801). *Arrêté* portant création d'un directeur général et de quatre administrateurs des douanes. V. Directeurs généraux. R.

— Troisième jour complémentaire (20 septembre 1801). *Arrêté* contenant organisation de l'administration de l'enregistrement des domaines. V. Directeurs généraux. R.

AN 10. — 1801 et 1802.

— 5 vendémiaire (27 septembre 1801). *Arrêté* portant création d'un ministre du trésor public. V. Ministre. R.

— 17 vendémiaire (9 octobre 1801). *Arrêté* relatif aux formalités nécessaires pour intenter action contre les communes. V. Communes, § II. Q. — Hôpital, § V. R.

— 13 brumaire (4 novembre 1801). *Arrêté* relatif aux conflits d'attribution. V. Biens nationaux, § III. Q. — Conflit d'attribution. — Préfet. R. — Pouvoir judiciaire, § VII. Q. — Rivière, § II. R.

— 26 brumaire (17 novembre 1801). *Arrêté* qui rétablit les communes dans la jouissance des amendes de police. V. Amende. — Commune. R.

— 19 frimaire (10 décembre 1801). *Arrêté* relatif au mode de partage des bois communaux d'affouage. V. Partage, § X. R.

— 25 frimaire (14 décembre 1801). *Arrêté* qui prolonge le délai d'entrepôt des marchandises étrangères non prohibées arrivant par le Rhin à Mayence, Cologne et Coblentz. V. Entrepôt. R.

— 8 nivose (29 décembre 1801). *Loi* relative à la peine de mort. V. Peine, n. 7. R.

— 15 nivose (5 janvier 1802). *Arrêté* relatif à l'apposition des scellés après le décès des officiers généraux ou supérieurs, des commissaires ordonnateurs, des inspecteurs aux revues et des officiers de santé. V. Inventaire, § XIII. — Scellé, § III. R.

— 15 nivose (5 janvier 1802). *Avis* sur les formalités à observer pour les rectifications à faire aux registres de l'état civil. V. État civil. R.

— 27 nivose (17 janvier 1802). *Arrêté* relatif à la consignation d'amende sur appel. V. Amende, § IV. R.

An 10, 29 nivose (19 janvier 1802). *Arrêté* qui annule une convention souscrite par le maire de Dampierre pour l'aliénation d'un terrain, sans autorisation du conseil municipal et estimation préalable. V. Communauté d'habitans. R.

— 27 pluviose (14 février 1802). *Arrêté* relatif au remplacement des préfets en cas de mort. V. Préfet. R.

— 13 ventose (4 mars 1802). *Arrêté* relatif à la formation d'un tableau quinquennal de l'état du progrès des sciences, des lettres et des arts. V. Académie. R.

— 19 ventose (10 mars 1802). *Arrêté* relatif à l'administration des bois communaux. V. Maire, sect. XIV. — Pâturage, § V. R.

— 3 germinal (24 mars 1802). *Arrêté* relatif à l'emploi des fonds provenant des centimes versés au trésor public en bons à vue. V. Caisse d'amortissement. R.

— 18 germinal (6 avril 1802). *Loi* relative à l'organisation des cultes. V. Abus. R. — Abus (appel comme d'). Q. — Abus. — Aumône. — Bénédiction nuptiale. — Célibat. — Clergé, § I et suiv. — Cloche. — Concile. — Concordat. — Confession sacramentelle. — Consistoire. — Desservans. — Dimanche. — Eglise. — Etat civil, § I. — Etranger, § I. — Evêque. — Exécution provisoire des jugemens. — Fabriques d'église. — Fêtes. — Fondations. — Français, § I. R. — Honoraires. — Jours fériés, § II. Q. — Légat. — Maire, sect. XV. — Mandement. — Préfet. R.; et § IV. Q. — Presbytères. — Processions. — Religionnaires, § X. — Saisie immobilière, § VIII. — Séminaire. R. — Serment, § I. Q. — Témoin judiciaire, § I, art. 6. R. — Tribunal correctionnel, § I. Q.

— 29 germinal (19 avril 1802). *Arrêté* qui ordonne la publication d'une bulle contenant ratification de la convention passée entre le gouvernement français et Sa Sainteté Pie VII. V. Maire, sect. XV. R.

— 6 floréal (26 avril 1802). *Sénatus-consulte* relatif aux émigrés. V. Amnistie. — Autorisation maritale, sect. VII. R. — Chose jugée, § XI. — Confiscation, § II. Q. — Confusion, § V. — Emigration, § II et suiv. R. — Emigré, § I et suiv. Q. — Institution d'héritier, sect. V, § I. R. — Légitimité, § V et suiv. Q. — Maire, sect. II, § IV. — Mariage, sect. III, § I. — Mort civile, § II. R.; et § II. Q. — Succession, sect. I, § II et suiv. R.

— 6 floréal (26 avril 1802). *Arrêté* contenant approbation du réglement pour le service du tribunal de première instance du département de la Seine. V. Assemblée, § II. R.

— 8 floréal (28 avril 1802). *Arrêté* relatif à l'admission en entrepôt des guinées bleues, et de différentes espèces de marchandises destinées pour le commerce du Sénégal. V. Entrepôt. R.

— 11 floréal (1 mai 1802). *Loi* sur l'instruction publique. V. Bourse, § I. — Université, § II. R.

— 13 floréal (3 mai 1802). *Arrêté* qui autorise l'acceptation d'un capital offert à l'Institut national par le sieur Lalande, pour la fondation d'un prix annuel d'astronomie. V. Académie. — Institut national. R.

— 14 floréal (4 mai 1802). *Loi* relative aux contributions indirectes de l'an 11. V. Amende, § III. — Bac. — Délit. — Ecluse, § IV. — Lettre. — Maire, sect. XII. — Péage, § II. — Pêche, sect. I, § I et suiv. R.; et § II. Q. — Wateringue. R.

— 18 floréal (8 mai 1802). *Loi* relative à la nomination d'adjoints de maires dans les parties de communes dont les communications avec le chef-lieu seraient difficiles, dangereuses, ou même temporairement impossibles. V. Adjoint de maire. R.

— 21 floréal (11 mai 1802). *Loi* relative aux cinq pour cent consolidés et à la dette viagère. V. Caisse d'amortissement. — Inscription sur le grand-livre, § I et suiv. R.

An 10, 23 floréal (13 mai 1802). *Loi* relative aux délits emportant peine de flétrissure, et aux tribunaux spéciaux qui en auront la connaissance. V. Action publique. — Cassation, § III. — Chose jugée, § XIV. — Compétence, § II. — Connexité, § V. — Cour de justice criminelle et spéciale. — Cour spéciale. — Délit militaire, n. 6. — Déportation. — Effet rétroactif, sect. III, § VII. — Exploit. — Faux, sect. I, § V et suiv. R.; et § XI. Q. — Faux témoignage. — Forçat. R. — Homme de loi, § IV. Q. — Incendie. — Lettre et billet de change, § VII. — Marteau. — Monnaie, § II. — Récidive.

— 24 floréal (14 mai 1802). *Loi* portant amnistie pour crime de désertion à l'intérieur, commis avant le 1 floréal an 10, par des sous-officiers et soldats des troupes françaises. V. Amnistie. R.; et § IV. Q.

— 28 floréal (18 mai 1802). *Loi* relative aux justices de paix. V. Adjoint de maire. R. — Huissier, § VIII. R. — Huissier des juges de paix, § II et suiv. Q. — Justices de paix. R. — Procès-verbal, § VI. Q. — Tribunal de police, sect. I, § I et suiv. R.

— 29 floréal (19 mai 1802). *Loi* relative au droit d'entrée sur les tabacs en feuilles, et à celui qui sera perçu pour leur fabrication. V. Tabac. R.

— 29 floréal (19 mai 1802). *Loi* relative aux taxes des douanes, aux entrepôts et aux exportations ou importations des marchandises. V. Douanes, § I et suiv. — Moulin, § VII, art. 4. R.

— 29 floréal (19 mai 1802). *Loi* portant création de la légion-d'honneur. V. Chancelier de la légion-d'honneur. — Grand conseil. — Légion-d'honneur. R.

— 29 floréal (19 mai 1802). *Arrêté* relatif à l'établissement des bureaux de pesage, mesurage et jaugeage. V. Maire, section XIV. — Poids publics. R.

— 29 floréal (19 mai 1802). *Loi* relative à l'établissement de bureaux de pesage, mesurage et jaugeage. V. Poids public, § I et suiv. Q.

— 29 floréal (19 mai 1802). *Loi* relative au poids des voitures employées au roulage et messageries. V. Chemin (grand), n. 10 et suiv. — Maire, sect. XI. — Voiture, § III. R.

— 29 floréal (19 mai 1802). *Loi* relative aux contraventions en matière de grande voirie. V. Alignement. — Canal. — Chemin (grand), n. 5 et suiv. — Chemin public, n. 6 et suiv. — Ecluse. — Ecouage. — Maire, sect. XI. — Moulin, § VII, art. 4. — Navigation, sect. II, § I. — Sous-préfet. — Voirie. R.

— 29 floréal (19 mai 1802). *Loi* relative à l'établissement d'un droit de navigation intérieure. V. Navigation, sect. II, § II. R.

— 6 prairial (26 mai 1802). *Arrêté* qui détermine la manière dont seront régies les îles de la Martinique et de Sainte-Lucie. V. Capitaine-général. — Grand-juge. — Port d'armes. R.

— 17 prairial (6 juin 1802). *Avis* du conseil d'état concernant l'amnistie prononcée le 24 floréal an 10, pour crime de désertion. V. Amnistie, § IV. Q.

— 20 prairial (9 juin 1802). *Arrêté* relatif à l'entrepôt des marchandises étrangères importées par le pont du Rhin. V. Entrepôt. R.

— 20 prairial (9 juin 1802). *Arrêté* sur le mode de payement de l'arriéré des pensions liquidées. V. Caisse d'amortissement. R.

— 27 prairial (16 juin 1802). *Arrêté* concernant les bourses de commerce. V. Délit, § IV. R. — Vente publique de meubles. Q.

An 10, 6 messidor (25 juin 1802). *Arrêté* portant établissement d'un entrepôt de marchandises étrangères dans le port de Marseille. V. Entrepôt. R.

— 6 messidor (25 juin 1802). *Arrêté* relatif à la tenue des séances du conseil de préfecture du département de la Seine pour les affaires contentieuses d'administration et de police. V. Préfet de police. R.

— 6 messidor (25 juin 1802). *Arrêté* relatif à la manière de constater l'insolvabilité ou l'absence des redevables du trésor public. V. Maire, sect I. R.

— 11 messidor (30 juin 1802). *Arrêté* relatif à l'organisation administrative et judiciaire de l'île de Tabago. V. Capitaine-général. — Port d'armes. R.

— 13 messidor (2 juillet 1802). *Arrêté* relatif à l'organisation de la légion-d'honneur. V. Chancelier de la légion-d'honneur. — Légion-d'honneur. R.

— 23 messidor (12 juillet 1802). *Arrêté* relatif à l'administration des biens affectés à la légion-d'honneur. V. Chancelier de la légion-d'honneur. — Légion-d'honneur. R.

— 4 thermidor (23 juillet 1802). *Arrêté* relatif à une convocation extraordinaire des conseils municipaux. V. Budjet des communes. — Compte des deniers publics. — Maire, sect. XIV. — Préfet de police. R.

— 7 thermidor (26 juillet 1802). *Arrêté* portant qu'il ne sera plus reçu au trésor public de signification, de transport, cession ou délégation de pensions à la charge de l'Etat. V. Pension, § III. R.

9 thermidor (28 juillet 1802). *Avis* qui annule un arrêté qui avait envoyé l'épouse d'un émigré en possession d'une partie des biens de son mari (M. Vaudemont), pour la remplir de ses créances. V. Confiscation, § II. — Emigré, § XV. — Légitimité, § V. Q.

— 11 thermidor (30 juillet 1802). *Arrêté* contenant désignation des villes où il y aura un entrepôt réel de marchandises et denrées coloniales, étrangères, etc. V. Entrepôt. R.

— 11 thermidor (30 juillet 1802). *Arrêté* relatif aux examens pour être reçu maître au petit cabotage. V. Cabotage. R.

— 16 thermidor (4 août 1802). *Sénatus-consulte* organique de la constitution. V. Censure. — Conseil du Roi. — Conseil privé. — Constitution. — Consuls. — Corps-législatif. — Déclaration de guerre. — Discipline. — Domicile, § I. — Election. — Grâce. — Grand-juge. — Hiérarchie judiciaire. R.; et § I et II. Q.—Huissier de juge de paix, § II. Q.— Juge de paix, § I et suiv. — Légion-d'honneur. R. — Maire. — Ministère public, § IV. — Ministre. R. — *Non bis in idem*. — Sénat. R. — Suspension d'un fonctionnaire public. Q.

— 18 thermidor (6 août 1802). *Arrêté* relatif à la conscription. V. Capitaine de recrutement. R.

23 thermidor (11 août 1802). *Arrêté* relatif à l'établissement d'un entrepôt réel dans les ports de Cologne et de Mayence. V. Entrepôt. R.

— 2 fructidor (20 août 1802). *Arrêté* portant établissement d'une bourse de commerce à Agde. V. Courtier de marine. R.

— 7 fructidor (25 août 1802). *Arrêté* portant établissement d'entrepôts de timbre dans les départemens. V. Entrepôt. — Timbre. R.

— 8 fructidor (26 août 1802). *Sénatus-consulte* portant réunion de l'île d'Elbe à la France. V. Elbe (île d'). R.

— 9 fructidor (27 août 1802). *Arrêté* qui annule pour incompétence des jugemens rendus par un tribunal de police

municipale relativement au défaut d'éclairage de matériaux déposés dans la rue. V. Travaux publics. R.

Au 10, 19 fructidor (6 septembre 1802). *Arrêté* relatif aux créances sur les colons de Saint-Domingue. V. Colons de Saint-Domingue. — Loi, § X. R.

— 28 fructidor (15 septembre 1082). *Arrêté* concernant les fondateurs de lits dans les hospices. V. Lit d'hôpital. R.

AN 11. — 1802 et 1803.

— 8 veudémiaire (30 septembre 1802). *Arrêté* concernant la profession de boucher à Paris. V. Boucher. R.

— 10 vendémiaire (2 octobre 1802). *Arrêté* concernant l'entrepôt accordé à la ville de Cologne. V. Entrepôt. R.

— 12 vendémiaire (4 octobre 1802). *Arrêté* relatif aux contraventions aux lois sur le commerce étranger dans les colonies. V. Capitaine-général. — Colonies. — Commission d'appel. R.

— 20 vendémiaire (12 octobre 1802). *Arrêté* qui règle le costume du grand-juge, et celui des membres du tribunal de cassation. V. Cassation. — Ministre. R.

— 26 vendémiaire (18 octobre 1802). *Sénatus-consulte* relatif à l'admission des étrangers aux droits de citoyen français, pour services rendus à l'Etat, etc. V. Naturalisation. R.

— 29 vendémiaire (21 octobre 1802). *Arrêté* concernant la recherche des arbres propres à la construction pour la marine. V. Bois, § II. R.

— 12 brumaire (3 novembre 1802). *Avis* sur les formalités à observer pour inscrire sur les registres de l'état civil les actes qui n'y ont pas été portés dans les délais prescrits. V. Etat civil § IV. R.

— 9 frimaire (30 novembre 1802). *Arrêté* relatif aux certificats de vie à délivrer aux créanciers viagers étrangers, ou domiciliés dans les pays étrangers. V. Certificat de vie. R.

— 10 frimaire (1 décembre 1802). *Arrêté* qui autorise un entrepôt réel d'eau-de-vie, rhum et tafia dans le port de Cherbourg. V. Entrepôt. R.

— 24 frimaire (15 décembre 1802). *Arrêté* qui affecte une partie du produit des octrois à des distributions de pain aux troupes. V. Octroi, § II. R.

— 27 frimaire (18 décembre 1802). *Arrêté* relatif au mode de rectification d'erreurs sur le grand-livre de la dette publique. V. Inscription sur le grand-livre, § VI. R.

— 30 frimaire (21 décembre 1802). *Arrêté* qui ordonne la démolition d'une usine construite, sans autorisation, sur un cours d'eau provenant de la rivière de Juines. V. Rivière. R.

— 2 nivose (23 décembre 1802). *Arrêté* qui règle le costume des membres des tribunaux, des gens de loi et des avoués. V. Avocat, § XVI. R.

— 5 nivose (24 décembre 1802). *Arrêté* portant établissement de chambres de commerce dans plusieurs villes. V. Chambre de commerce. R.

— 6 nivose (27 décembre 1802). *Arrêté* relatif aux baux à ferme des eaux minérales. V. Eaux minérales. R.

— 14 nivose (4 janvier 1803). *Sénatus-consulte* portant création de sénatoreries et réglement sur l'administration économique du sénat. V. Sénat. R.

— 22 nivose (12 janvier 1803). *Arrêté* qui règle les attributions du général commandant en Corse. V. Corse. R.

— 5 pluviose (25 janvier 1803). *Arrêté* concernant une nouvelle organisation de l'institut national. V. Académie. — Election. R.

An 11, 3 et 4 pluviose (23 et 24 janvier 1803): *Arrêtés* relatifs aux entrepôts de Rouen et de Strasbourg. V. Entrepôts. R.

— 13 pluviose (2 février 1803). *Arrêté* qui accorde une prime pour la pêche du hareng d'automne. V. Pêche, sect. II. § IV. R.

— 15 pluviose (2 février 1803). *Arrêté* portant établissement d'une bourse de commerce à Libourne. V. Courtier de marine. R.

— 15 pluviose (4 février 1803). *Arrêté* concernant la police de la pêche de la morue à l'île de Terre-Neuve. V. Pêche, sect. II, § VI. R.

— 30 pluviose (19 février 1803). *Avis* sur la suppression des prestations féodales par des titres constitutifs de redevances seigneuriales et droits féodaux. V. Désistement d'appel, § I. — Emphytéose, § VI. — Terrage. R.

— 14 ventose (5 mars 1803). *Arrêté* relatif aux baux des biens des hospices et des pauvres. V. Bail, § XVII. R.

— 14 ventose (5 mars 1803). *Arrêté* relatif à la navigation du petit cabotage. V. Cabotage. R.

— 14 ventose (5 mars 1803). *Arrêté* portant établissement d'un entrepôt réel de marchandises à Bruges. V. Entrepôt. R.

— 16 ventose (7 mars 1803). *Loi* qui fixe l'âge auquel on peut être juge, commissaire du gouvernement, substitut ou greffier dans les tribunaux. V. Greffier. R.

— 19 ventose (10 mars 1803). *Loi* relative à l'exercice de la médecine. V. Apothicaire. — Charlatan. — Chirurgien, § II et III. — Dentiste. — Médecin, § I et suiv. — Officier de santé. — Sage-femme. R.

— 21 et 25 ventose (12 et 14 mars 1803). *Arrêtés* qui prohibent l'exportation de toute espèce de matières d'or et d'argent. V. Argent. — Numéraire. R.

— 24 ventose (14 mars 1803). *Loi* qui prohibe la pêche dite pêche aux bœufs ou à la drége, et la pêche au ganguy. V. Pêche, sect. II. § I. R.

— 24 ventose (14 mars 1803). *Loi* relative au déplacement des fabriques et manufactures qui auraient favorisé la contrebande. V. Manufacture. — Moulin, § VII, art. 4. R.

— 25 ventose (16 mars 1803). *Loi* contenant organisation du notariat. V. Abréviation. — Apostille. R. — Actes sous seing-privé, § IV. — Arbitres, § XIV. Q. — Archives des contrats. — Authentique (acte). — Cautionnement. — Chambre des notaires. — Commandement. — Compatibilité. R. — Compensation, § IX. Q. — Compulsoire. — Date. — Donation, sect. II, § V et suiv. — Double écrit. — Etranger, § I. — Exécution parée. R.; et § I. Q. — Expédition, § I. — Faux, sect. I, § XV. R.; et § XI. — Filiation. — Hypothèque, § XVI. Q. — Hypothèque, sect. II, § III, art. 6, n. 4. — Incompatibilité. — Inscription sur le grand-livre. — Interligne. — Légalisation. — Lettre et billet de change, § II. — Maire, sect. I. — Notaire, § II et suiv. — Poids et mesures, § II. — Question d'état, § III, art. 4. — Ratification, n. 9. — Rature, n. 2. — Répertoire, § I et suiv. — Signature, § I et suiv. — Surcharge. — Témoin instrumentaire, § I et suiv. — Testament, sect. II, § III, art. 2, n. 2 et suiv. R.

— 28 ventose (19 mars 1803). *Loi* relative aux droits de pâturage, pacage et autres usages dans les forêts nationales. V. Déclaration de coupe de bois. — Feuilles mortes. — Pâturage, § I. — Usage (droit d'), sect. II, § III et suiv. R.

— 5 germinal (26 mars 1803). *Arrêté* relatif aux approvisionnemens en vivres pour le service de la marine. V. Octrois, § II. R.

— 7 germinal (28 mars 1803). *Loi* sur la fabrication et la vérification des monnaies. V. Monnaie décimale. R.

An 11, 11 germinal (1 avril 1803). *Loi* relative aux prénoms et changement de noms. V. Nom, § IV. — Promesse de changer de nom. R.

— 14 germinal (4 avril 1803). *Loi* relative aux pièces d'or et d'argent rognées ou altérées. V. Faux, sect. I, § XXVIII. — Monnaie, § I et suiv. R.

— 15 germinal (5 avril 1803). *Loi* relative aux pensions. V. Pension, § III. R.

— 17 germinal (7 avril 1803): *Arrêté* relatif aux dépenses des communes. V. Maire, sect. XIV. R.

— 19 germinal (9 avril 1803). *Loi* concernant les communes auxquelles les tribunaux ont adjugé des droits de propriété ou d'usage dans les forêts nationales. V. Usage (droit d'), sect. II. § V. R.

— 21 germinal (11 avril 1803). *Loi* contenant organisation des écoles de pharmacie. V. Apothicaire. — Charlatan. — Délit, § IV. — Drogue. — Droguiste. — Falsification des denrées, n. 4. — Maire, sect. IV. — Médecin, § IV. — Poison. — Remède. R.

— 22 germinal (12 avril 1803). *Loi* relative aux manufactures, fabriques et ateliers. V. Apprenti. — Chambre consultative des manufactures. — Congé (arts et métiers). — Délit, § IV. — Faux, sect. I, § XIV. — Maire, sect. V. — Manufacture. — Marque de fabrique. — Savons. R.

— 24 germinal (14 avril 1803). *Loi* relative à la banque de France. V. Banque. — Faux, sect. I, § XXVIII. R.

— 24 germinal (14 avril 1803). *Arrêté* relatif à la manière dont les contestations entre différentes sections d'une même commune doivent être suivies devant les tribunaux. V. Communauté d'habitans. R.

— 25 germinal (15 avril 1803). *Loi* relative aux adoptions faites avant la publication du titre 8 du Code civil. V. Abus (appel comme d'). Q. — Adoption, § III. R.; et § I et suiv. Q.

— 26 germinal (16 avril 1803). *Loi* relative aux divorces, prononcés ou demandés avant la publication du titre 6 du Code civil. V. Divorce, sect. IV. — Effet rétroactif, sect. III, § II. — Rebelles de l'Ouest. R.

— 28 germinal (18 avril 1803). *Loi* relative aux délais des assignations pour les colonies. V. Assignation, § II. Q.

— 2 floréal (21 avril 1803). *Loi* qui attribue au tribunal criminel du département de la Seine la connaissance de tous les crimes de faux dans lesquels le trésor public sera intéressé. V. Faux, sect. I, § XII. — Garantie des fonctionnaires publics. — Receveur de l'enregistrement. — Receveur des contributions. R.

— 5 floréal (25 avril 1803). *Arrêté* relatif aux biens des émigrés et aux droits de leurs créanciers. — V. Compensation, § III. — Confusion, § V. — Emigration, § VI. R. — Emigré, § VIII. — Mort civile, § VIII. Q. — Rente foncière, § I. R.

— 6 floréal (26 avril 1803). *Loi* relative à une levée des conscrits de l'an 11 et de l'an 12. V. Conscrits, § III. Q. — Responsabilité civile des délits. R.

— 8 floréal (28 avril 1803). *Loi* relative aux douanes. V. Cabotage. — Douanes, § I et suiv. — Entrepôt. — Port franc. R.

— 8 floréal (28 avril 1803). *Loi* relative au mode d'admission à la solde de retraite et au traitement de réforme. V. Pension, § III. R.

— 9 floréal (29 avril 1803). *Loi* relative au régime des bois appartenant aux particuliers, aux communes, ou à des établissemens publics. V. Déclaration de coupe de bois. — Défrichement. — Garde des bois. — Garde forestière. — Glandée. — Légion d'honneur. — Maire, sect. VI. — Pâturage, § I. — Restitution pour délit forestier, n. 5. R.

An 11, 9 floréal (29 avril 1803). Loi portant établissement de commissaires généraux de police à Brest et à Toulon. V. Commissaire général de police. R.

— 13 floréal (3 mai 1803). Loi relative au jugement des contrebandiers. V. Attroupement.—Communauté d'habitans.—Compétence, § II.—Contrebande. — Cour de justice criminelle et spéciale.—Délit, § VI et suiv.—Rébellion. R.

— 14 floréal (4 mai 1803). Loi relative au mode de règlement de l'État et des droits des enfans naturels dont les pères sont morts depuis la loi du 12 brumaire an 2 jusqu'à la publication du Code civil. V. Adoption, § III. — Bâtard, § I et suiv. R. — Filiation, § III. Q.

— 14 floréal (4 mai 1803). Loi relative au curage des canaux et rivières non navigables et à l'entretien des digues qui y correspondent. V. Cours d'eau. — Curage.—Délit, § IV. — Écluse. — Wateringue. R.

— 19 floréal (9 mai 1803). Loi qui autorise le gouvernement à faire, moyennant la concession d'un droit de péage, des traités relatifs à la navigation du Tarn. V. Péage, § II. — Rivière, § II. R.

— 28 floréal (18 mai 1803). Arrêté relatif au martelage des arbres propres au service de la marine. V. Adjudicataire, § VI. R.

— 28 floréal (18 mai 1803). Arrêté relatif aux arrêtés exécutoires pris par le ministre du trésor contre les préposés des payeurs généraux. V. Agent judiciaire du trésor public. R.

— 2 prairial (22 mai 1803). Arrêté contenant règlement sur les armemens en course. V. Armateur, Armement. — Lettres de marques.—Matelot, § II. — Prise maritime, § II et suiv. R.

— 6 prairial (26 mai 1803). Arrêté relatif à l'établissement de bureaux de pesage, mesurage et jaugeage, à Paris. V. Poids public. R., et § I et suiv. Q.

— 8 prairial (28 mai 1803). Arrêté contenant organisation des compagnies de canonniers gardes-côtes. V. Gardes-côtes. R.

— 8 prairial (28 mai 1803).—Arrêté relatif à la navigation intérieure de la France. V. Navigation, sect. II, § II. — Sous-préfet. R.

— 10 prairial (30 mai 1803). Arrêté portant règlement sur l'administration des monnaies. V. Monnaie, § III. R.

— 20 prairial (9 juin 1803. Arrêté sur le mode de délivrance des dispenses relatives au mariage. V. Dispense, § I. R.

— 24 prairial (13 juin 1803). Arrêté qui fixe l'époque à laquelle les actes publics devront être écrits en français dans les divers départemens réunis à la France. V. Langue française. R.

— 26 prairial (15 juin 1803). Arrêté relatif au versement des cautionnemens des notaires. V. Cautionnement. R.

— 26 prairial (15 juin 1803). Arrêté portant établissement d'une juridiction de prud'hommes pêcheurs à la seine. V. Pêche, sect. II, § XI. R.

— 1 messidor (20 juin 1803). Arrêté qui divise le bassin de la Seine en 9 arrondissemens de navigation. V. Navigation, sect. II, § II. R.

— 4 messidor (23 juin 1803). Arrêté relatif aux établissemens de maisons de commerce dans les Échelles du Levant. V. Commerce. R.

— 19 messidor (8 juillet 1803). Arrêté relatif aux instances ayant pour objet le payement d'engagemens de commerce contractés par des Français envers les Anglais. V. Guerre. R.

— An 11, 24 messidor (13 juillet 1803). Arrêté relatif au payement d'arrérages d'inscriptions dus aux comptables. V. Inscription sur le grand-livre, § VIII. R.

— 9 thermidor (28 juillet 1803). Arrêté concernant les dettes des départemens réunis, qui ont été mises à la charge de la France. V. Dettes des communes. R.

— 10 thermidor (29 juillet 1803). Arrêté relatif à l'organisation des chambres consultatives de fabriques, arts et métiers. V. Chambre consultative des manufactures. — Manufactures. R.

— 25 thermidor (13 août 1803). Arrêté contenant le tableau des distances de Paris aux chefs-lieux des départemens. V. Loi, § V et suiv. R.

— 29 thermidor (17 août 1803). Arrêté contenant règlement pour le tribunal d'appel de Paris. V. Opposition aux jugemens par défaut, § X. Q.

— 6 fructidor (24 août 1803). Arrêté relatif au change des écus de 3 livres et des pièces de 24, 12, et 6 sous, qui n'ont conservé aucune trace de leur empreinte. V. Monnaie, § I. R.

— 11 fructidor (29 août 1803). Arrêté contenant le tarif des droits à percevoir sur les bacs et bureaux de passage du département de la Seine. V. Bac. R.

— 11 fructidor (29 août 1803). Arrêté sur la solde de retraite et le traitement de réforme dans la marine. V. Pension, § III. R.

— 25 fructidor (12 septembre 1803). Arrêté relatif à la réserve du bois de Bourdaine pour la confection des poudres. V. Bois. R.

— 4 vendémiaire (27 septembre 1803). Traité entre la France et la Confédération suisse. V. Souveraineté, § VI. — Suisse. R.

AN 12. — 1803 et 1804.

— 19 vendémiaire (12 octobre 1803). Arrêté concernant la composition et la compétence des conseils de guerre spéciaux. V. Boulet. — Cassation, § III. — Commission. — Commissions militaires. — Condamné. R. — Connexité. Q. — Conseil de guerre. — Délit militaire, n. 6.—Désertion. — Travaux publics. R.

— 19 vendémiaire (12 octobre 1803). Arrêté relatif aux poursuites à exercer, par les receveurs des communes et des hôpitaux, pour le payement des revenus de ces établissemens. V. Hôpital, § IV. — Maire, sect. XVI. — Régie intéressée. R.

— 15 brumaire (7 novembre 1803). Arrêté qui fixe le traitement des professeurs des lycées et les pensions des élèves nationaux. V. Bourse, § I. R.

— 8 frimaire (30 novembre 1803). Sénatus-consulte relatif aux biens formant la dotation du sénat et des sénatoreries. V. Sénat. R.

— 9 frimaire (1 décembre 1803). Arrêté relatif au livret dont les ouvriers, travaillant en qualité de compagnons, doivent être pourvus. V. Congé. — Arts et métiers. R.

— 9 frimaire (1 décembre 1803). Arrêté contenant règlement sur le nouveau service de santé. V. Conseil de santé. — Hôpital militaire. R.

— 28 frimaire (20 décembre 1803). Sénatus-consulte sur l'ouverture et la tenue des sessions du corps législatif; la nomination du président, des questeurs, etc., et celles des membres du grand conseil de la légion-d'honneur. V. Corps législatif. R.

— 30 frimaire (22 décembre 1803). Arrêté relatif à la suppression de redevances à portion de fruits, mêlées de cens, dans le département du Jura. V. Rente seigneuriale, § II. R.

An 12, 2 nivose (24 décembre 1803). *Arrêté* relatif à l'organisation des chambres des notaires. V. Délibération.—Notaire, § IX. R.

—17 nivose (8 janvier 1804). *Arrêté* relatif au mode de payement des salaires des gardes des bois communaux. V. Gardes des bois. R.

—17 nivose (8 janvier 1804). *Arrêté* relatif à la pêche sur les fleuves et rivières navigables. V. Pêche, sect. I, § I et suiv. R.

—5 ventose (25 février 1804). *Loi* concernant les finances de l'an 11 et de l'an 12. V. Acquit, § III.—Amende, § V.—Avocat, § X.—Bière. — Billon. — Boissons. — Bureau des aides. — Caisse d'amortissement. — Cartes.—Cautionnement. Cidre. — Commis. —Commis aux aides. — Commission. — Commissionnaire, § V. — Communauté d'habitans. —Contravention. — Déclaration au bureau des contributions indirectes. — Directeurs généraux. — Distillateur. —Droits réunis.—Inventaire (droits réunis). — Marque et contrôle, § II. — Péremption, sect. I, § II.—Poudre.—Procès-verbal, § IV.—Question préjudicielle, n. 8. — Receveur des contributions.—Régie intéressée.—Saisie pour contravention. —Sel.—Tabac.—Usage, § II.—Vin.—Visite, § II.—Voiture, § I. R.

—7 ventose (27 février 1804). — *Loi* qui détermine la largeur des jantes pour les roues des voitures de roulage. V. Chemin (grand), n. 10.—Sous-préfet. —Voiture, § III.—Wateringue. R.

—7 ventose (27 février 1804). *Arrêté* portant établissement d'avoués près le conseil des prises. V. Conseil des prises. R.

—8 ventose (28 février 1804). *Sénatus-consulte* qui suspend les fonctions du jury pendant les années 12 et 15 pour les crimes de trahison. V. Compétence, § III. R.

—9 ventose (29 février 1804). *Loi* relative au partage de biens communaux, effectué en vertu de la loi du 10 juin 1793. V. Cassation, § V. — Communauté d'habitans. — Marais, § IV. R.

—10 ventose (1 mars 1804. *Arrêté* additionnel à celui du 9 frimaire précédent sur les livrets des ouvriers. V. Congé (arts et métiers). R.

—16 ventose (7 mars 1804). *Loi* relative au remplacement des juges de paix et de leurs suppléans en cas d'empêchement légitime. V. Juge de paix, § I et suiv. R.

—18 ventose (9 mars 1804). *Arrêté* qui accorde une gratification en cas de reprise d'un condamné aux fers ou à la détention, qui se serait échappé de prison. V. Forçat. R.

—22 ventose (15 mars 1804). *Loi* relative aux douanes. V. Acquit, § III. — Attroupement. — Commis. — Douanes, § I et suiv. — Entrepôt. — Passavant.—Port franc. R.

—22 ventose (15 mars 1804). *Loi* relative aux écoles de droit. V. Avocat, § III et suiv. R.; et § I et suiv. Q.—Avocat du roi. — Avocat-général. — Certificat de capacité. — Inspecteur des écoles de droit. R. — Hommes de loi, § IV. Q.—Procureur *ad lites*. R.

—23 ventose (14 mars 1804). — *Loi* qui attribue au tribunal criminel du département de la Seine la connaissance des crimes de contrefaçon du timbre national et de fabrication des faux billets de banque. V. Billet de banque. — Cour de justice criminelle. — Faux, sect. I, § XXVIII. R.

—24 ventose (15 mars 1804). *Loi* portant établissement d'un droit de bassin dans le port d'Anvers. V. Bassin. R.

—24 ventose (15 mars 1804). *Arrêté* relatif à la perte de la qualité et à la suspension de l'exercice des droits de membre de la légion-d'honneur. V. Dégradation civique. R.

An 12, 28 ventose (19 mars 1804). *Arrêté* qui établit un directeur général de l'administration des postes. V. Directeurs généraux. R.

—5 germinal (26 mars 1804). *Arrêté* concernant l'organisation de la régie des droits réunis. V. Amende, § V. — Cautionnement. —Commis aux aides. — Directeurs généraux. — Octrois, § II.—Voiture, § I. R.

—5 germinal (26 mars 1804). *Arrêté* relatif à la fabrication des médailles. V. Médailles. R.

—5 germinal (26 mars 1804). *Arrêté* relatif aux conseils de guerre maritimes spéciaux. V. Boulet. — Chaîne. — Connexité. — Désertion. R.

—12 germinal (2 avril 1804). *Arrêté* contenant le tableau des villes et bourgs où il sera établi des chambres consultatives des manufactures, arts et métiers. V. Chambre consultative des manufactures. R.

—16 germinal (6 avril 1804). *Arrêté* relatif au cautionnement des receveurs des hôpitaux et autres établissemens de charité. V Cautionnement. — Hôpital, § IV. R.

—1 floréal (21 avril 1804). *Arrêté* additionnel à celui du 5 germinal sur les conseils de guerre maritimes spéciaux. V. Syndic des gens de mer. R.

—8 floréal (28 avril 1804). *Arrêté* relatif aux droits de bacs et passages d'eau. V. Bac. R.

—28 floréal (18 mai 1804). *Sénatus-consulte organique* du gouvernement impérial. V. Amiral. — Apanage. — Archichancelier d'état. — Archichancelier de l'empire. — Architrésorier. — Arrestation. — Avocat du roi. — Avocat général. —Capitaine général. — Chambre des comptes. — Commission, sect. V. — Compétence, § III. — Connétable. — Conseil de la famille régnante. — Conseil du roi. — Conseillers d'état —Conspiration. — Constitution. —Consuls. —Corps législatif.—Cour de cassation. — Déclaration de guerre. — Décret impérial. — Délit, § VI et suiv. — Destitution. — Dignités de l'empire.— Domicile, § I. — Electeur (grand). — Empêchemens de mariage, § V, art. 2. — Empereur. — Forfaiture. — Gouverneur général. — Grand conseil du chef de l'état. — Grand officier de l'empire. — Haute cour impériale. — Légion d'honneur. — Liste civile. — Loi, § I et suiv. — Majorat, § VI. — Ministre. — Noblesse, § VIII. — Pouvoir judiciaire, § I. — Président, § IV.— Prince, § I.—Prise à partie, § II.— Rébellion, § III.— Régence, § I et suiv. — Rein, § II. — Religionnaires, § IX. Sacre et couronnement. — Sénat. — Serment, § I. R.; et § I. Q. — Tutelle, sect. IV, § I, art. 1. R.

—11 prairial (31 mai 1804). *Avis* sur les actes de divorce faits pendant la disparition des émigrés ou absens. V. Divorce, sect. IV, § X. R.

23 prairial (12 juin 1804). *Décret* sur un conflit d'attribution relatif à l'établissement d'un moulin à scie dans un bois communal. V. Atelier. R.

—23 prairial (12 juin 1804). *Décret* sur les sépultures. V. Cimetière. R.

—5 messidor (22 juin 1804). *Décret* sur le remplacement, en cas de perte, des extraits d'inscription au grand-livre. V. Inscription sur le grand-livre. R.

—5 messidor (22 juin 1804). *Décret* qui ordonne la dissolution de plusieurs agrégations ou associations religieuses. V. Confrérie, § III. R.

—17 messidor (6 juillet 1804). *Décret* relatif à l'établissement des commissions militaires spéciales pour le jugement des espions et des embaucheurs. V. Commission militaire. — Cour de justice criminelle. — Embauchage. R.

—21 messidor (10 juillet 1804). *Décret* qui rétablit le ministère de la police générale. V. Ministre. R.

An 12, 22 messidor (11 juillet 1804). *Décret* sur la décoration des membres de la légion-d'honneur. V. Légion-d'honneur. R.

— 24 messidor (15 juillet 1804). *Décret* sur le mode de prestation de serment des juges de paix, des membres des tribunaux de première instance, de commerce, etc. V. Serment, § I. R.

— 24 messidor (15 juillet 1804). *Décret* concernant les monts-de-piété et les maison de prêt sur nantissement. V. Mont-de-Piété. R.

— 24 messidor (15 juillet 1804). *Décret* relatif aux cérémonies publiques, préséances, honneurs civils et militaires. V. Cardinal. — Cérémonies. — Commissaire général de police. — Conseillers d'État. — Consuls des marchands. — Cour de cassation. —Cour royale.—Dignités de l'empire. — Division militaire. —Grand officier de l'empire. — Honneurs. — Légion-d'honneur. — Préséance. — Prince, § I. — Processions. R.

— 29 messidor (18 juillet 1804). *Décret* concernant le costume des membres des cours de justice. V. Cour de cassation. — Président, § II et suiv. R.

— 11 thermidor (30 juillet 1804). *Décret* concernant l'écusson à employer pour la marque des cartes à jouer et d'autres objets relatifs au service de la régie des droits réunis. V. Carte. R.

— 25 thermidor (13 août 1804). *Décret* relatif aux pièces de trois livres, vingt-quatre sous, douze sous et six sous. V. Monnaie, § I. R.

— 25 thermidor (13 août 1804). *Avis* qui applique aux actes émanés de l'autorité administrative les dispositions des lois du 11 brumaire an 7 sur le régime hypothécaire, et de l'article 2125 du Code civil qui accordent l'hypothèque aux condamnations judiciaires. V. Inscription hypothécaire, § XI. R.

— 30 thermidor (18 août 1804). *Décret* relatif au remboursement des droits sur les cartes à jouer et sur la musique gravée qui sont exportées à l'étranger. V. Carte. R.

— 30 thermidor (18 août 1804). *Décret* relatif à la compétence des tribunaux pour le jugement des contestations sur l'exercice des droits dans lesquels les émigrés rayés, éliminés ou amnistiés, ont été restitués. V. Emigration, § X.

— 7 fructidor (25 août 1804). *Avis* relatif à la compétence en matières de délits ordinaires commis par des militaires en congé ou hors de leurs corps. V. Délits militaires. R. — Militaire, § IV. Q.

— 7 fructidor (25 août 1804). *Décret* relatif à l'établissement d'entrepôt de feuilles de tabac étranger dans les villes de l'intérieur. V. Entrepôt. R.

— 14 fructidor (1 septembre 1804). *Décret* concernant les entrepreneurs de voitures publiques à destination fixe. V. Procès-verbal, § IV. — Voiture, § I. R.

— 14 fructidor (1 septembre 1804). *Décret* relatif aux distillateurs qui veulent cesser leur profession. V. Distillateur. R.

— 29 fructidor (16 septembre 1804). *Décret* additionnel à la loi du 24 ventose an 12 portant établissement d'un droit de bassin dans le port d'Anvers. V. Bassin. R.

— 29 fructidor (16 septembre 1804). *Décret* qui établit un entrepôt de marchandises et denrées étrangères à Cologne. V. Entrepôt. R.

AN 13. — 1804 et 1805.

— 3 vendémiaire (25 septembre 1804). *Décret* relatif aux distillateurs de grains suivant le procédé hollandais. V. Distillateur. R.

— 5 vendémiaire (25 septembre 1804). *Décret* qui fixe le droit de sortie des cotons filés et ouates de coton. V. Acquit. R.

— 9 vendémiaire (1 octobre 1804). *Décret* qui établit à Mayence un entrepôt réel de marchandises étrangères. V. Entrepôt. R.

An 13, 9 vendémiaire (1 octobre 1804). *Décret* sur la liquidation des dettes des quatre départemens de la rive gauche du Rhin. V. Domicile. — Fief, sect. II, § VI. — Leibgewin. — Quart, tiers ou demi-raisin. —Rente foncière et seigneuriale, § II. R.; et § XXII. Q.

— 9 vendémiaire (1 octobre 1804). *Décret* concernant l'exportation des armes de luxe de la fabrique de Liége. V. Armes. R.

— 9 brumaire 31 octobre 1804). *Décret* relatif au mode de jouissance des biens communaux. V. Vaine pâture, § V. R.

— 13 brumaire (4 novembre 1804). *Décret* qui permet l'exportation des grains pour l'Espagne et le Portugal. V. Grains. R.

— 9 frimaire (30 novembre 1804). *Décret* qui établit un entrepôt de tabac à Toulouse. V. Entrepôt. R.

— 30 frimaire (21 décembre 1804). *Décret* sur les remises et les cautionnemens des percepteurs des contributions directes. V. Amende, § I. — Maire, sect. XIV. R.

— 3 nivose (24 décembre 1804). *Décret* relatif à la déclaration et à la marque des tabacs dépourvus du type prescrit par les lois des 22 brumaire an 7 et 5 ventose an 12. V. Tabac. R.

— 5 nivose (26 décembre 1804). *Décret* relatif au mode de payement du traitement accordé aux desservans et vicaires des succursales. V. Maire, sect. XV. R.

— 17 nivose (7 janvier 1805). *Décret* relatif au mode de jouissance des droits de pâturage et parcours dans les bois et forêts. V. Usage (droit d'), sect. II, § V. R.

22 nivose (11 janvier 1805). *Décret* qui prescrit les formalités relatives au débarquement des personnes arrivées sur des navires de commerce. V. Visite, § IV. R.

— 25 nivose (15 janvier 1805). *Loi* contenant des mesures relatives au remboursement des cautionnemens fournis par les agens de change, courtiers de commerce, etc. V. Cautionnement. — Saisie-arrêt, § VI et VII. R.

— 28 nivose (18 janvier 1805). *Loi* relative aux consignations. V. Caisse d'amortissement. —Consignation.—Contrainte par corps. R.

— 1 pluviose (21 janvier 1805). *Loi* sur les douanes. V. Douanes, § I et suiv. — Entrepôt. R.

—5 pluviose (25 janvier 1805). *Loi* relative à la diminution des frais de justice en matière criminelle ou de police correctionnelle. V. Appel, sect. II, § XI. — Exécutoire. —Frais des procès criminels. R.

— 6 pluviose (26 janvier 1805). *Loi* relative au sceau de l'État. V. Sceau. R.

—11 pluviose (31 janvier 1805). *Loi* concernant la dotation de la légion-d'honneur. V. Légion-d'honneur. R.

— 12 pluviose (1 février 1805). *Loi* contenant les poursuites relatives à l'importation des sels dans les départemens de la vingt-septième division. V. Sel. R.

— 15 pluviose (2 février 1805. *Décret* qui prescrit les formalités pour les saisies-arrêts et oppositions entre les mains des préposés de l'administration de l'enregistrement et des domaines. V. Saisie-arrêt, § III. R.

— 15 pluviose (4 février 1805). *Loi* relative à la tutelle des enfans admis dans les hospices. V. Légitimité, sect. IV, § III. —Tutelle. R.

— 19 pluviose (8 février 1805). *Loi* qui attribue aux cours de justice criminelles spéciales la connaissance des crimes de rébellion envers toute force armée. V. Compétence, § II. — Cour de justice criminelle. — Rébellion, § III. R.

An 13, 23 pluviose (12 février 1805). *Décret* qui interdit la vente des poudres de guerre. V. Poudre. R.

— 29 pluviose (18 février 1805). *Loi* interprétative de l'article 36 de celle du 21 germinal an 11 sur la pharmacie. V. Apothicaire. — Délit, § IV. R.

— 30 pluviose (19 février 1805). *Avis* relatif au droit de pêche des rivières non navigables. V. Pêche. sect. I, § I. R.; et § I. Q.

— 2 ventose (21 février 1805). *Loi* relative aux finances de l'an 13. V. Maire, sect. XIV. R.

— 6 ventose (25 février 1805). *Loi* additionnelle à celle du 25 nivose au 13 relative au cautionnement. V. Cautionnement. — Saisie-arrêt, § VI et VII. R.

— 7 ventose (26 février 1805). *Avis* relatif aux jugemens des commissions militaires. V. Commission militaire. R.

— 9 ventose (28 février 1805). *Loi* relative aux plantations des grandes routes et des chemins vicinaux. V. Arbre. — Chemin public, n. 4 et suiv. — Maire, sect. XIII. — Voirie. R.

— 15 ventose (6 mars 1805). *Loi* concernant l'indemnité à payer par les entrepreneurs de voitures publiques et mes-ageries, aux maîtres des relais de poste dont ils n'emploieront pas les chevaux. V. Délit, § IV. — Poste, § IV. — Voiture, § II. R.

— 19 ventose (10 mars 1805). *Décret* qui accorde une sur-séance pour l'emploi de la langue française dans la rédaction des actes publics en Corse. V. Langue française. R.

— 19 ventose (10 mars 1805). *Décret* concernant la résidence des forçats libérés. V. Condamné. R.

— 23 ventose (14 mars 1805). *Décret* concernant la peine à infliger pour provocation à la désertion. V. Désertion. R.

— 25 ventose (16 mars 1805). *Avis* sur les décisions incompétemment rendues par les conseils de préfecture en matière de contrebande. V. Conseil de préfecture. R.

— 1 germinal (22 mars 1805). *Décret* concernant les droits réunis, la manière de procéder sur les contraventions, etc. V. Acquit, § III.—Appel, sect. II, § XI. R.; et § VIII et suiv. Q. Carte. — Cave. — Chasse, § V. — Commis. — Commissionnaire, § V. — Congé (contributions indirectes). — Contrainte (droit civil). — Contrainte (finances). — Contrainte par corps. — Déclaration aux bureaux des contributions indirectes. — Distillateur. — Droits réunis. — Huissier, § I. — Inscription de faux, § 1 et suiv. — Mari. — Moyens de faux. — Poudre. — Prescription, sect. III, § X. — Procès-verbal, § IV. R.; et § IV et suiv. Q. — Responsabilité civile des délits. — Saisie-arrêt, § IV. — Saisie pour contravention. — Serment, § I. R.; et § III. Q. — Tabac. — Tribunal de police, sect. II, § III. — Usage, § II. — Visite, § II. R.

— 1 germinal (22 mars 1805). *Décret* concernant les droits des propriétaires d'ouvrages posthumes. V. Délit, § IV. — Ouvrages posthumes. R.

— 17 germinal (7 avril 1805). *Avis* sur les preuves admissibles pour constater le décès des militaires. V. Etat civil, § IV. R.

— 12 floréal (2 mai 1805). *Avis* sur la transcription des actes de vente sous signature privée et enregistrés. V. Privilége de créance, sect. V. R.

— 16 floréal (6 mai 1805). *Décret* qui étend le rayon dans lequel l'administration des poudres est autorisée à faire couper le bois de bourdaine. V. Bourdaine. R.

An 13, 20 floréal (10 mai 1805). *Décret* contenant un nouveau tarif du prix des chevaux de poste. V. Poste, § III. R.

— 23 floréal (10 mai 1805). *Décret* contenant réglement sur la guimperie, les étoffes d'or et d'argent et les velours. V. Délit, § IV. R.

— 28 floréal (18 mai 1805). *Décret* relatif aux contraventions et délits concernant la garantie des matières d'or et d'argent. V. Marque et Contrôle, § II. R.

— 30 floréal (20 mai 1805). *Décret* concernant les entrepreneurs de diligences ou messageries qui voudraient employer les chevaux de poste. V. Poste, § IV. — Voiture, § I et suiv. R.

— 4 prairial (24 mai 1805). *Décret* concernant les contraventions aux lois sur les cartes. V. Carte. R.

18 prairial (7 juin 1805). *Décret* sur le mode de remplacement provisoire des secrétaires généraux de préfecture. V. Préfet. R.

— 25 prairial (14 juin 1805). *Décret* relatif à l'annonce et à la vente des remèdes secrets. V. Apothicaire. — Remède. R.

— 25 prairial (14 juin 1805). *Avis* sur le jour à compter duquel les décrets impériaux sont obligatoires. V. Bulletin des lois. R.

— 4 messidor (23 juin 1805). *Décret* qui ordonne la communication des registres des communes et des établissemens publics aux préposés de l'enregistrement. V. Intention. R.

— 4 messidor (23 juin 1805). *Décret* qui assujettit les marchands ou commissionnaires de tabac à prendre une licence de débitant. V. Commissionnaire. — Tabac. R.

— 6 messidor (25 juin 1805). *Décret* relatif à l'introduction des grains et farines dans les départemens de Gènes, de Montenotte et des Apennins, et à la prohibition de sortie pour l'étranger. V. Grains. R.

— 9 messidor (28 juin 1805). *Décret* concernant la peine encourue pour le recèlement des marins déserteurs. V. Délit, § IV. — Syndic des gens de mer. R.

— 13 messidor (2 juillet 1805). *Avis* sur une question relative à des redevances féodales consenties par des individus se qualifiant seigneurs. V. Directe. — Rente seigneuriale, § II. R.

— 28 messidor (17 juillet 1805). *Décret* concernant les distillateurs de pommes de terre qui emploieraient des grains dans leurs distillation. V. Distillateur. R.

— 4 thermidor (23 juillet 1805). *Décret* relatif aux autorisations des officiers de l'état civil pour les inhumations. V. Sépulture. R.

— 13 thermidor (1 août 1805). *Décret* relatif aux déclarations de transfert des cinq pour cent consolidés. V. Inscription sur le grand-livre. R.

— 13 thermidor (1 août 1805). *Décret* qui ordonne un prélèvement sur le produit de la location des bancs et des chaises dans les églises. V. Banc d'église. — Chaise. R.

— 13 thermidor (1 août 1805). *Décret* qui autorise les gardes forestiers, dans les départemens au-delà des Alpes, à continuer de rédiger leurs procès-verbaux en langue italienne. V. Langue française. R.

— 16 thermidor (4 août 1805). *Décret* qui autorise les membres de la légion-d'honneur, payés sur revue, à déléguer leur traitement lorsqu'ils s'embarquent pour le service de l'Etat. V. Légion-d'honneur. R.

— 8 fructidor (26 août 1805). *Décret* relatif à la levée de la conscription de l'an 13. V. Amende, § VI. R. — Conscrit, § III. Q. — Conseil de recrutement. — Délit, § IV. — Escroquerie. — Maire, sect. VII. R.

An 13, 13 fructidor (31 août 1805). *Décret* concernant le prix du papier filigrané, et la prohibition des cartes fabriquées à l'étranger. V. Carte. R.

— 13 fructidor (31 août 1805). *Décret* qui règle la compétence des ministres de l'intérieur, de la guerre et de la marine, relativement aux travaux à faire aux grandes routes, aux ponts, aux canaux de navigation, aux rades, etc. V. Fortifications. — Inondation. R.

— 22 fructidor (9 septembre 1805). *Sénatus-consulte* portant rétablissement du calendrier grégorien. V. Alimens, § VI. — Ère républicaine. R.

— 23 fructidor (10 septembre 1805). *Décret* sur les commissaires généraux de police. V. Commissaire-général de police. R.

— 26 fructidor (13 septembre 1805). *Décret* qui prescrit des formalités pour le payement des arrérages de rentes et pensions non réclamés pour les deux années qui précèdent le dernier semestre. V. Inscription sur le grand-livre. R.

— 26 fructidor (13 septembre 1805). *Avis* sur l'époque à compter de laquelle sont valables les actes faits par des émigrés amnistiés, avant la délivrance du certificat d'amnistie. V. Emigré, § XV. Q. — Succession, sect. I, § II, art. 3. R.

— Quatrième jour complémentaire (21 septembre 1805). *Avis* sur les formalités à observer pour la célébration du mariage des militaires résidant sur le territoire de l'Empire. V. Domicile, § IX. R.

— Quatrième jour complémentaire (21 septembre 1805). *Décret* additionnel à celui du 9 ventose an 12 sur le partage des biens communaux. V. Marais, § IV. R.

AN 14. — 1805.

— 1 vendémiaire (23 septembre 1805). *Décret* relatif au payement du droit d'inventaire, aux déclarations de transport, à la vente et au recolement des vins, cidres et poirés. V. Dégustation. — Inventaire. — Droits réunis. R.

— 2 vendémiaire (24 septembre 1805). *Sénatus-consulte* qui ordonne la réorganisation des gardes nationales. V. Garde nationale. R.

— 8 vendémiaire (30 septembre 1805). *Décret* sur l'organisation de la garde nationale sédentaire. V. Garde nationale. R.

— 8 vendémiaire (30 septembre 1805). *Décret* relatif à la désertion. V. Désertion. R.

— 8 vendémiaire (30 septembre 1805). *Décret* concernant les bassins de l'Orne et de la Somme, et le droit de navigation sur ces rivières. V. Navigation, sect. II, § II. R.

— 8 vendémiaire (30 septembre 1805). *Décret* relatif à la fabrication des armes. V. Armes, § I. R.

— 8 vendémiaire (30 septembre 1805). *Décret* concernant le mode de jugement des contraventions relatives aux chemins de hallage dans la ci-devant Belgique. V. Chemin de hallage. R.

— 16 vendémiaire (8 octobre 1805). *Sénatus-consulte* organique concernant la réunion de l'arrondissement de Gênes et autres au territoire français, et les députations à fournir au corps-législatif par les départemens de Gênes, de Montenotte et des Apennins. V. Ligurie, § I et suiv. R.

— 10 brumaire (1 novembre 1805). *Décret* concernant le bassin de la Meuse et le droit de navigation sur les rivières dont il est composé. V. Navigation, sect. II, § II. R.

— 10 brumaire (1 novembre 1805). *Décret* relatif aux constructions, reconstructions et réparations de bâtimens appartenant aux hospices et autres établissemens de charité. V. Mainmorte (gens de), § IX. R.

An 14, 10 brumaire (1 novembre 1805). *Décret* relatif à l'exécution de la loi concernant les droits à payer par les entrepreneurs de voitures publiques. V. Poste, § IV. — Voiture, § II. R.

— 10 brumaire (1 novembre 1805). *Avis* sur la question de savoir si les actes qui transfèrent la propriété ou l'usufruit d'immeubles situés en pays étrangers, ou dans les colonies françaises où l'enregistrement n'est pas établi, passés en pays étranger ou dans les colonies, doivent, lorsqu'ils sont produits en France, être traités comme les actes sous seing privé passés en France, c'est-à-dire être assujettis au droit proportionnel. V. Enregistrement (droit d'). R.

— 16 frimaire (7 décembre 1805). *Décret* concernant la publication des ordonnances de prise de corps, et de la tenue des assemblées du jury d'accusation. V. Juré, Jury, § III. R.

— 16 frimaire (7 décembre 1805). *Avis* sur plusieurs questions relatives aux droits de pâturage et de parcours dans les bois et forêts. V. Amende, § I. — Pâturage, § I. — Usage (droits d'), sect. II, § V. R.

— 16 frimaire (7 décembre 1805). *Décret* qui annule un arrêté contenant autorisation pour l'établissement d'une verrerie. V. Verrerie. R.

— 17 frimaire (8 décembre 1805). *Décret* relatif au Jugement des délits commis par les prisonniers de guerre. V. Prisonnier de guerre. R.

— 21 frimaire (12 décembre 1805). *Décret* sur la police des théâtres. V. Commissaire général de police. — Spectacle. R.

— 2 nivose (23 décembre 1805). *Décret* concernant l'idiome dans lequel pourront être rédigés, jusqu'en 1810, les procès-verbaux des gardes forestiers des quatre départemens de la rive gauche du Rhin. V. Langue française. R.

— 2 nivose (23 décembre 1805). *Décret* qui interdit l'usage et le port des fusils et pistolets à vent. V. Armes, § II. — Arquebusier. R.

1806.

— 17 janvier. *Décret* contenant des dispositions réglémentaires pour l'exécution des actes des constitutions de l'empire des 22 frimaire an 8, 16 thermidor an 10 et 28 floréal an 12, en ce qui concerne les assemblées de canton. V. Carte civique. — Election. R.

— 31 janvier. *Avis* sur une réclamation contre des jugemens qui ont déclaré un testament nul. V. Cassation, § II. R.

— 10 février. *Décret* concernant les vacances des écoles de droit, des cours d'appel et des tribunaux de première instance. V. Vacances. R.

— 18 février. *Avis* sur l'opposition et l'appel considérés relativement aux jugemens rendus par défaut en police correctionnelle. V. Appel, § I et VIII. Q. — Contumace, § I. R. — Opposition aux jugemens par défaut, § III, art. 2. R.; et § XX. Q.

— 20 février. *Décret* qui règle la destination des églises de Saint-Denis et de Sainte-Geneviève. V. Cardinal. — Sépulture. R.

— 22 février. *Sénatus-consulte* relatif aux grands-officiers, commandans, officiers et membres de la légion-d'honneur qui sont membres des colléges électoraux de département et d'arrondissement. V. Légion-d'honneur. R.

— 12 mars. *Décret* qui ordonne l'impression de la déclaration du 23 mars 1728, concernant le port d'armes. V. Armes, § II. — Arquebusier. R.

1806, 18 mars. *Loi* portant établissement d'un conseil de prud'hommes à Lyon. V. Conseil de prud'hommes. — Manufactures. R.

— 21 mars. *Décret* qui ordonne, pour la formation d'un fonds commun de travaux publics, un prélèvement sur le produit des coupes des quarts en réserve des bois communaux. V. Maire, sect. XIV. R.

— 21 mars *Sénatus-consulte* qui autorise la caisse d'amortissement à acquérir du sénat les domaines affectés à sa dotation, dans les départemens du Douro et Marengo, etc., moyennant une concession de rente à cinq pour cent constitués. V. Sénat. R.

— 24 mars. *Loi* relative au transfert d'inscription de cinq pour cent consolidés appartenant à des mineurs ou des interdits. V. Inscription sur le grand-livre, § III. — Prescription, sect. III, § IX. R.

— 29 mars. *Loi* qui prescrit des mesures pour la répression des délits commis dans les établissemens militaires. V. Démolition. — Fortifications. R.

— 30 mars. *Décret* contenant règlement pour la police et la discipline des cours et tribunaux. V. Assemblée, § II. R. — Avocat, § III. — Cour royale, § II et suiv. Q. — Discipline. — Ministère public, § II. — Opinion. — Président, § IV. — Vacations (chambre des). R.

— 30 mars. *Statut* sur l'état de la famille impériale. V. Archichancelier de l'empire. R. — Conseil de la famille régnante. — Dignités de l'empire. — Domaine privé du Roi. — Grand-juge. — Prince, § I. R.

— 22 avril. *Loi* relative à la banque de France. V. Banque de France. R.

— 24 avril. *Loi* relative au budget de l'État pour l'an 14 et 1806. V. Amende, § VI. — Apothicaire. — Barrière. — Bureau des aides. — Cabaretier, § II. — Cave. — Chemin (grand), n. 7. — Commis aux aides. — Commis aux droits sur le sel. — Commission. — Commissionnaire, § V. — Congé (contributions indirectes).—Contraintes (finances).—Contributions publiques. — Crû.— Déclaration aux bureaux des contributions indirectes.—Dégustation.—Détail (droit de).—Droits réunis. R. — Faux, § XIII. Q. — Fraude. — Gabelle. — Hôtelier, § II. — Inventaire (droits réunis). — Lettre. — Passavant. — Passe (droit de). — Péage, § II. — Port-franc. R. — Procès-verbal, § VI. Q. — Question préjudicielle, n. 8. — Rouanne. — Saisie pour contravention. — Sel. — Tabac. R. — Taxe d'entretien des routes. Q. — Usage, § II. — Vin. — Visite, § II. R.

— 29 avril. *Loi* qui prescrit des mesures relatives à la procédure en matière criminelle et correctionnelle. V. Appel, § XIV. Q. — Témoin judiciare, § I. art. 4. R.

— 30 avril. *Loi* sur les Douanes. V. Cheval. — Déclaration aux bureaux des douanes. — Douanes, § I et suiv. — Entrepôt. — Manufactures. — Moulin, § VII, art. 4. R.

— 5 mai. *Décret* contenant règlement sur les boissons, etc. V. Acquit, § III. — Apothicaire. — Appel, sect. II, § XI. — Bail, § I. — Boissons. — Bouchon. — Cabaretier, § II. — Cave. — Commissionnaire, § V. — Congé (contributions indirectes). — Contrainte (finances). — Contravention. — Crû. — Déclaration aux bureaux des contributions indirectes. — Dégustation. — Détail (droit de). — Domestique, n. 15. — Droits réunis. — Fraude. — Passavant. — Procès-verbal, § IV. — Question préjudicielle, n. 8. — Rouanne. — Usage. — Vin. R.

— 5 mai. *Décret* relatif au logement des ministres du culte protestant et à l'entretien des temples. V. Presbytère. R.

— 8 mai. *Décret* qui place le conseil des prises dans les attributions du grand-juge, ministre de la justice. V. Conseil des prises. R.

1806, 10 mai. *Loi* relative à la formation d'un corps enseignant, sous le nom d'université. V. Université, § III. R.

— 12 mai. *Loi* contenant des dispositions pénales relativement aux menaces d'incendie. V. Compétence, § II. — Incendie. — Menaces. R.

— 13 mai. *Règlement* pour l'exécution des actes des constitutions de l'empire des 22 frimaire an 8, 16 thermidor an 10 et 28 floréal an 12, en ce qui concerne les collèges électoraux. V. Élection. R.

— 18 mai. *Décret* concernant le service des églises et des convois funèbres. V. Banc d'église. — Chaise. — Maire, section XV. — Préfet. — Sépulture. R.

— 23 mai. *Décret* qui établit près l'administration générale des bois et forêts douze inspecteurs généraux. V. Chevauchée. R.

— 30 mai. *Décret* portant sursis à l'exécution des jugemens rendus en faveur des Juifs contre des cultivateurs non négocians de plusieurs départemens. V. Juif, sect. V. R.

— 30 mai. *Décret* qui réunit aux biens des fabriques les églises et presbytères supprimés. V. Maire, sect. XV. — Préfet. R.

— juin. *Décret* qui rapporte les arrêtés des 9 messidor an 8 et 2 pluviose an 9, relatifs aux conseils municipaux. V. Adjoint de maire. — Conseil municipal. R.

— 4 juin. *Avis* sur le recouvrement des amendes prononcées par des tribunaux français contre des étrangers avant la réunion de leur pays à la France. V. Jugement, § IX. R.

— 4 juin. *Décret* qui donne aux présidens des sections de la cour de cassation la faculté de porter l'épitoge. V. Cassation. R.

— 8 juin. *Décret* concernant les théâtres. V. Comédien. R.

— 11 juin. *Décret* concernant les sels. V. Acquit, § III. — Commis aux droits sur le sel. — Sel. R.

— 11 juin. *Décret* sur l'organisation et les attributions du conseil d'état. V. Commission de la comptabilité. — Compétence, § II. — Conseil du Roi. — Décision. — Expédition, § III. — Haute-police administrative. — Incompatibilité. — Liste civile. — Maîtres des requêtes. — Prise maritime, § VIII. R.

— 19 juin. *Décret* concernant l'acquit des services religieux dus pour les biens dont les hospices et les bureaux de bienfaisance ont été envoyés en possession. V. Fondations. — Maire, sect. XV. R.

— 25 juin. *Décret* concernant le poids des voitures et la police du roulage. V. Chemin (grand), n. 10 et suiv. — Maire, sect. XI. — Voiture, § III. — Sous-préfet. R.

— 24 juin. *Décret* qui prohibe les maisons de jeu de hasard. V. Délit, § IV. — Jeu. R.

— 30 juin. *Décret* concernant l'administration du bureau des nourrices de la ville de Paris. V. Nourrice. R.

— 3 juillet. — *Décret* contenant règlement sur le mode de nomination des membres destinés à composer le conseil de prud'hommes de la ville de Lyon. V. Conseil des prud'hommes. R.

— 4 juillet. *Décret* concernant le mode de rédaction de l'acte par lequel l'officier de l'état civil constate qu'il lui a été présenté un enfant sans vie. V. Sépulture. R.

— 6 juillet. *Décret* concernant le droit à payer par les entrepreneurs de voitures publiques qui s'écartent de la ligne de poste pour parcourir une route de traverse. V. Poste, § IV. — Voiture, § II. R.

— 8 juillet. *Décret* qui remplace le comité des revues et de la conscription et les inspecteurs en chef aux revues par un conseiller d'état, directeur général des revues et de la conscription militaire. V. Directeurs-généraux. R.

1806, 17 juillet. *Décret* qui fixe le renouvellement de la chambre des avoués. V. Chambre des avoués. R.

— 17 juillet. *Décret* concernant les forçats libérés. V. Condamné. — Forçat. R.

— 22 juillet. *Décret* contenant réglement sur les affaires contentieuses portées au conseil d'état. V. Commission.— Conseil du roi. — Défaut, § V.— Délai, sect. I, § I.— Désaveu, n. 11.— Exécution provisoire des jugemens. — Huissier, § II. — Liste civile.— Ministère public, § IV. — Opposition à un jugement, § III, art. 4. — Prise maritime, § VIII. — Reprise d'instance, n. 7. R.

— 22 juillet. — *Décret* relatif aux actes concernant l'état civil des Français professant le culte luthérien. V. Religionnaires, § IX. R.

22 juillet. — *Décret* relatif à l'organisation des conseils de marine, à l'exercice de la police et de la justice à bord des vaisseaux. V. Boulet. R. — Conseil de guerre, § III. Q. — Conseil de guerre maritime.— Conseil de justice. — Conseil martial. R. — Militaire, § IV. Q. — Révision de procès, § III. — Vol, sect. III, § II. R.

— 51 juillet. — *Décret* concernant la fixation des amendes dans les lieux où il n'est pas imposé de contribution mobilière. V. Amende. R.

— 51 juillet. — *Décret* concernant les biens des fabriques des églises supprimées. V. Maire, sect. XV. R.

— 4 août. — *Décret* relatif au temps de nuit pendant lequel la gendarmerie ne peut entrer dans les maisons des citoyens. V. Maire, sect. VIII. R.

— 4 août. — *Décret* qui ordonne le remplacement du receveur de la ville de Marseille pour payemens illégalement faits. V. Budget des communes. R.

— 9 août. *Décret* relatif aux formalités pour la mise en jugement des agens du gouvernement. V. Garantie des fonctionnaires publics. — *Non bis in idem*, § I. Q.

— 14 août. — *Sénatus-consulte* relatif à la principauté de Guastalla. V. Baron. — Majorat, § VI.— Noblesse, § VIII. R.

— 24 août. — *Décret* portant que les certificats de vie, nécessaires pour le payement des rentes viagères et pensions sur l'état, seront délivrés par les notaires. V. Certificat de vie. — Chanceliers des consuls de France. R.

— 26 août. — *Avis* sur la correspondance des magistrats de l'ordre judiciaire avec les maires et les commissaires de police. V. Officiers de police judiciaire. R.

13 septembre. *Décret* contenant réglement sur les pensions. V. Pension, § III. R.

— 18 septembre. — *Décret* sur le mode de remboursement du cautionnement des titulaires décédés ou interdits. V. Cautionnement. R.

— 25 septembre. — *Décret* concernant les attestations à délivrer aux rentiers viagers et pensionnaires de l'état qui ne peuvent se transporter au domicile du notaire certificateur. V. Certificat de vie. R.

— 12 novembre. *Décret* relatif à l'organisation de la garde nationale. V. Garde nationale. R.

— 12 novembre. *Décret* contenant création et organisation des tribunaux maritimes. V. Chaîne.— Connexité, § IV. — Cour martiale maritime. — Forçat. — Galère. — Ministère public, § IV. — Tribunal maritime. — Vol, sect. II, § III. R.

— 12 novembre. *Avis* sur la question de savoir si, sur l'appel émis par la partie civile, les cours criminelles peuvent réformer les dispositions non attaquées des jugemens rendus en matière correctionnelle. V. Appel, § V. Q.

1806, 20 novembre.—*Avis* sur la compétence en matière de délits commis, à bord des vaisseaux neutres, dans les ports et rades de France. V. Compétence, § II. R.

— 20 novembre. — *Décret* concernant la vente des chevaux, mulets, etc., saisis pour contravention à la loi sur le sel. V. Sel. R.

— 21 novembre. *Décret* qui déclare les îles britanniques en état de blocus. — V. Interdiction de commerce. — Séquestre de guerre. R.

— 12 décembre. *Décret* contenant réglement sur le service du pilotage. V. Commission, sect. V. — Lamaneurs. R.

1807.

— 24 janvier. *Décret* concernant les monnaies fabriquées à l'effigie de l'empereur dans le royaume d'Italie. V. Monnaie décimale. R.

— 25 janvier. *Avis* sur la manière de compter les votes pour établir la majorité absolue dans un collège électoral. V. Élection. R.

— 25 janvier. *Décret* concernant la surveillance des douanes sur la circulation intérieure des sels. V. Sel. R.

— 25 janvier. *Décret* relatif au flottage des bois. V. Bois, § IV. — Chômage d'un moulin. — Flottage des bois. R.

— 16 février. *Décret* contenant le tarif des frais et dépens pour le ressort de la cour d'appel de Paris. V. Cassation, § XLII. Q. — Chambre des tiers. — Concussion. R. — Copie, § IV. Q. — Dépens. — Exécutoire. — Expert, n. 8.— Frais et salaires.— Huissier, § I et suiv. — Scellés. — Témoin judiciaire, § VI. — Vacation extraordinaire. R.

— 16 février. *Avis* sur l'instruction des affaires commencées. V. Effet rétroactif, § XI. R.

— 16 mars. *Avis* sur les comptables destitués par ordre de sa majesté. V. Comptabilité. R.

— 23 avril. — *Avis* relatif aux parentés et alliances entre les membres de l'ordre judiciaire dans un même tribunal. V. Opinion. Q.

— 23 avril. *Décret* qui ordonne l'établissement des magasins de sel près les côtes de la ci-devant Ligurie. V. Sel. R.

— 23 avril. *Décret* qui supprime, sans indemnité, des redevances provenant des concessions faites à titre féodal par une abbaye de Dijon. V. Directe. — Rente seigneuriale, § II. R.

11 mai. *Décret* qui prohibe l'introduction des monnaies de cuivre et de billon de fabrique étrangère. V. Monnaie, § I. R.

11 mai. *Avis* sur les tarifs d'octroi. V. Octroi. R.

— 20 juin. *Décret* qui fixe l'époque jusqu'à laquelle il sera sursis à toutes poursuites pour le payement des créances antérieures à 1792, et relatives à Saint-Domingue. V. Loi, § X. R.

— 2 juillet. *Avis* sur les extraits des registres de l'état civil délivrés par des employés des mairies, qualifiés de secrétaires. V. Maire, sect. I. R.

— 7 juillet. *Traité de paix* conclu entre l'empereur des Français et l'empereur de toutes les Russies. V. Esclavage, § I. R.

— 12 juillet. *Avis* sur les établissemens de monts-de-Piété. V. Mont-de-Piété. R.

— 12 juillet. *Décret* concernant les droits à percevoir par les officiers publics de l'état civil. V. État civil (actes de l'), § VI. R.

1807, 12 juillet. *Décret* qui met à la disposition des bureaux de bienfaisance les biens et revenus qui ont appartenu à ces établissemens sous le nom de *caisses de secours de charité ou d'épargne.* V. Aumône. Q.

— 20 juillet. *Avis* sur le mode de partage des biens communaux dont deux sont propriétaires par indivis. V. Communaux. — Partage, § X. R. et Q.

— 29 juillet. *Décret* sur les Théâtres. V. Spectacles. R.

— 12 août. *Décret* concernant les baux à ferme des hospices et des établissemens d'instruction publique. V. Bail, § XVII. R.

— 12 août. *Décret* sur le mode d'acceptation des dons et legs faits aux communes et aux établissemens publics. V. Donation, sect. III, § II et suiv. — Ferme (bail à). — Maire, sect. XIV. — Préfet. R.

— 12 août. *Avis* portant que l'on peut former opposition sur les fonds des communes déposés dans la caisse d'amortissement. V. Caisse d'amortissement. — Communes. — Saisie-arrêt, § V et VI. R.

— 18 août. *Avis* sur l'exécution de l'art. 545 du Code civil. V. Loi, § III. R.

— 18 août. *Avis* sur les expéditions d'actes émanés des autorités administratives. V. Expédition, § III. R.

— 18 août. *Décret* sur la manière de constater les enlèvemens d'eaux salées dans le département de la Meurthe, etc. V. Sel. R.

— 19 août. *Sénatus-consulte* concernant l'organisation du corps législatif. V. Loi, § I. R.

— 5 septembre. *Loi* sur le taux de l'intérêt de l'argent. V. Cassation, § XXVI et suiv. — Contribution foncière, § I. Q. — Intérêt, § VI. — Rente constituée, § II, art. I. — Usure, n. 2. R.

— 5 septembre. *Loi* relative aux inscriptions hypothécaires en vertu de jugemens rendus sur des demandes en reconnaissance d'obligations sous seing privé. V. Hypothèque, § XVI. Q. — Inscription hypothécaire. R. et Q.

— 4 septembre. *Loi* qui détermine le sens et les effets de l'art. 2148 du Code civil sur l'inscription des créances hypothécaires. V. Hypothèque, § XVI. Q. — Interprétation. R.

— 5 septembre. *Loi* relative aux droits du trésor public sur les biens des comptables. V. Comptable. — Frais des procès criminels. — Privilège de créance. R.

— 7 septembre. *Loi* sur les douanes. V. Pêche, sect. II, § III. R.

— 10 septembre. — *Loi* relative à la contrainte par corps contre les étrangers non domiciliés en France. V. Contrainte par corps, n. 20. — Etranger, § I. R.; et § IV. Q. — Mainmise. R.

— 15 septembre. *Loi* relative au budget de l'état. V. Cadastre. — Monnaie décimale. R. — Payement, § III. Q.

— 16 septembre. *Loi* relative à l'organisation de la cour des comptes. V. Caution, § III. Q. — Chambre des comptes. — Compte des deniers publics. — Hypothèque, sect. II, § III, art. 4, n. 4. — Maire, sect. XIV. — Président, § III. R.

— 16 septembre. *Loi* qui détermine le cas où deux arrêts de la cour de cassation peuvent donner lieu à l'interprétation de la loi. V. Interprétation. — Lettre et billet de change, § IV. R. — Contrainte par corps, § X. Q. — Opposition à une ordonnance de chambre du conseil, n. 11. R. — Procédure criminelle (frais de). Q. — Société, sect. II, § III. R.

— 16 septembre. *Loi* relative au desséchement des marais.

V. Alignement. — Carrière. — Commission, sect. V. — Desséchement. R. et Q. — Expert, n. 4. — Maire, sect. XIII. — Marais, § VI. — Péage, § II. R.

1807, 17 septembre. *Loi* qui proroge l'exécution des lois par lesquelles la connaissance du crime de faux avait été attribuée au tribunal criminel et à la cour de justice criminelle spéciale du département de la Seine. V. Receveur de l'enregistrement. R.

— 18 septembre. *Décret* concernant les passe-ports. V. Passe-port. R.

— 21 septembre. *Décret* contenant réglement pour la fabrication des draps destinés au commerce du Levant. V. Consul français, § II. — Manufacture. R.

— 28 septembre. — *Décret* contenant organisation de la cour des comptes. V. Chambre des comptes. — Préséance. — Président, § III. R.

— 30 septembre. *Décret* qui augmente le nombre des succursales. V. Annexes. — Maire, sect. XV. R.

— 2 octobre. *Décret* concernant les officiers de justice auxquels les infirmités donnent droit à une pension de retraite. V. Honoraires. — Pension. R.

— 12 octobre. *Sénatus-consulte* concernant l'ordre judiciaire. V. Destitution. R.

1808.

— 7 janvier. *Décret* portant que l'autorisation de sa majesté est nécessaire à tout ecclésiastique français pour suivre la collation d'un évêché *in partibus.* V. *In partibus.* R.

— 11 janvier. *Avis* portant que le recours au conseil d'Etat contre une décision du conseil des prises n'a pas d'effet suspensif. V. Prise maritime, § VIII. R.

— 11 janvier. *Décret* portant que nul canonnier garde-côte sédentaire ne peut, sous prétexte de changement de domicile, se soustraire à son service. V. Gardes-côtes. R.

— 16 janvier. *Décret* qui arrête définitivement les statuts de la banque de France. V. Banque de France. R.

— 22 janvier. *Décret* qui déclare l'art. 7 du titre XXVIII de l'ordonnance de 1669 applicable à toutes les rivières de la France. V. Halage (chemin de). R.

— 22 janvier. *Avis* sur la durée des inscriptions hypothécaires prises, soit d'office, soit par les femmes, les mineurs et le trésor public, sur les biens des maris, des tuteurs et des comptables. V. Inscription hypothécaire. R.

— 2 février. *Avis* sur l'inaliénabilité des soldes de retraite, des traitemens de réforme, et des pensions militaires et de la légion-d'honneur. V. Pension, § III. R.

— 19 février. *Sénatus-consulte* organique sur l'admission des étrangers aux droits de citoyen français. V. Naturalisation. R.

— 21 février. *Décret* sur l'emploi des pièces de dix centimes. V. Payement, § III. Q.

— 1 mars. *Décret* concernant les majorats. V. Légion-d'honneur. — Livrée. — Majorat, § VI. — Ministère public, § II. — Noblesse, § VIII. — Prince, § II. — Serment, § I. — Substitution fidéicommissaire, sect. V, § II. R.

— 4 mars. *Avis* sur le mode de transcription et la délivrance des actes rectifiés, portant rectification des actes de l'état civil. V. Etat civil. R.

— 4 mars. *Décret* concernant les alimens des débiteurs de l'Etat détenus en prison. V. Aliment. R.

— 7 mars. *Décret* concernant les condamnés aux travaux

publics ou au boulet, qui, ayant obtenu leur grâce, ne se rendraient pas à leur destination. V. Travaux publics. R.

1808, 7 mars. *Avis* sur une question relative aux redevances emphytéotiques. V. Rente seigneuriale, § II. — Terrage. R.

— 14 mars. *Décret* concernant les gardes du commerce. V. Gardes du commerce. R.

— 14 mars. *Avis* sur la compétence en matière de contestations relatives à la féodalité ou non-féodalité des rentes nationales transférées par l'Etat. V. Biens nationaux, § II. Q. — Fief, sect. II, § VII. — Pouvoir judiciaire, § II. R.

— 16 mars. *Décret* portant création d'un corps de juges-auditeurs près de chaque cour d'appel. V. Juge-auditeur. — Préséance. R.

— 17 mars. *Décret* portant organisation de l'université. V. Maire, sect. XVI. — Université, § III. R.

— 17 mars. *Décret* concernant les Juifs. V. Cassation, § XXXVI. Q. — Effet rétroactif, sect. III, § IX. — Juifs, sect. V. — Preuve, sect. II, § III. — Serment, § II. Q.

— 17 mars. *Décret* qui ordonne l'exécution d'un réglement du 10 décembre 1806 sur les Juifs. V. Juifs. R.

— 19 mars. *Décret* sur la délivrance des certificats de vie exigés des militaires pour le payement de leur solde de retraite. V. Certificat de vie. R.

— 4 avril. *Avis* sur une question relative au droit du timbre proportionnel auquel les reconnaissances de dépôt sont assujetties. V. Dépôt, § I. R.

— 26 avril. *Avis* sur le mode de partage des bois possédés en indivis par plusieurs communes. V. Communaux. R.

— 24 mai. *Sénatus-consulte* organique qui réunit à la France les duchés de Parme, de Plaisance, et les états de Toscane. V. Rente foncière. — Rente seigneuriale, § XIV. Q.

— 16 juin. *Décret* concernant le mariage des militaires en activité de service. V. Mariage militaire. R.

— 16 juin. *Décret* qui fixe les droits de pesage, mesurage, et jaugeage, à Paris. V. Poids publics. R. ; et § I et suiv. Q.

— 24 juin. *Décret* concernant les droits d'enregistrement et de transcription des actes relatifs à l'institution des majorats. V. Majorat, § VI. R.

— 5 juillet. *Décret* sur l'extirpation de la mendicité. V. Mendicité. R.

— 12 juillet. *Décret* concernant les droits de greffe. V. Droits de greffe. R.

— 17 juillet. *Avis* sur l'application de l'art. 9 de la loi du 9 ventose an 12 aux biens communaux non partagés. V. Usage (droit d'), sect. II, § I. R.

— 5 août. *Décret* contenant des dispositions pénales pour refus de voitures et de chevaux destinés aux transports militaires. V. Prises. R.

— 28 août. *Décret* qui prescrit les formalités pour l'acquisition d'un privilége de la part des prêteurs de fonds pour cautionnemens. V. Cautionnement. R.

— 28 août. *Décret* concernant les voitures publiques allant à destination fixe. V. Sous-préfet. R.

— 10 septembre. *Décret* qui modifie l'art. 26 de la loi du 15 fructidor an 5 relative aux poudres et salpêtres. V. Poudre. R.

— 25 novembre. *Loi* relative au budjet de l'Etat. V. Bière. — Boissons. — Cidre. — Inventaire (droits réunis). — Question préjudicielle, n° 8. — Saisie pour contravention. — Vin. R.

1808, 21 décembre. *Décret* concernant les boissons. V. Saisie pour contravention. — Vin. R.

— 21 décembre. *Avis* sur le mode de remboursement des rentes et des créances des communes et des fabriques. V. Commune. R.

1809.

— 2 février. *Avis* sur deux questions relatives à la contribution foncière des héritages possédés à titre d'emphytéose. V. Rente foncière et seigneuriale, § II. R. ; et § XIV. Q.

— 18 février. *Décret* relatif aux congrégations ou maisons hospitalières des femmes. V. Religieux. R.

— 20 février. *Décret* concernant les manuscrits des bibliothèques et autres établissements publics. V. Manuscrit. R.

— 17 mars. *Décret* qui prescrit les formalités relatives à la naturalisation des étrangers. V. Naturalisation. R.

— 24 mars. *Avis* sur les intérêts à payer par la caisse d'amortissement. V. Cautionnement. R.

— 24 mars. *Décret* qui prescrit les formalités à remplir par les commissaires-priseurs et les huissiers qui réclament le remboursement de leur cautionnement. V. Cautionnement. R.

— 6 avril. *Décret* relatif aux Français qui auront porté les armes contre la France, et à ceux qui, rappelés de l'étranger, ne rentreront pas en France. V. Français, § I. — Guerre. R.

— 13 avril. *Avis* sur les formalités à remplir par les réclamans d'arrérages de rentes sur l'Etat, pour interrompre la prescription. V. Inscription sur le grand-livre. R.

— 4 mai. *Décret* relatif à la conservation des biens affectés à la dotation des majorats. V. Majorats, § VI. R.

— 17 mai. *Avis* en interprétation des art. 27 et 28 du Code de commerce relatifs aux associés commanditaires. V. Société, sect. II. — Tribunal de commerce. R.

— 17 mai. *Décret* relatif aux biens qui peuvent être constitués en majorat. V. Majorat, § VI. R.

— 17 mai. *Décret* relatif aux octrois municipaux et de bienfaisance. V. Octrois, § II. — Passe-debout. R.

— 4 juin. *Avis* sur l'exemption de l'impôt du sel en faveur des fabriques de soude. V. Sel. R.

— 4 juin. *Décret* contenant diverses dispositions pour accorder le régime des anciennes écoles avec celui de l'université. V. Université, § III. R.

— 14 juin. *Décret* contenant réglement sur les conseils de prud'hommes. V. Conseils de prud'hommes. — Marque de fabrique. R.

— 18 juin. *Décret* qui assigne une place particulière aux agens de l'administration forestière dans les audiences des tribunaux correctionnels. V. Défrichement. R.

— 4 juillet. *Décret* concernant la retenue qui se fait, dans le commerce, sous le nom de passe de sacs. V. Passe de sacs. R.

— 20 septembre. *Avis* sur la question de savoir si une demande en dommages-intérêts, formée par un particulier par suite d'une contravention à des réglemens de police, doit être jugée en conseil de préfecture comme la contravention dont elle résulte. V. Réparation civile, § VII. R.

— 20 septembre. *Décret* rendu, en exécution de la loi du 16 septembre 1807, sur la question de savoir s'il y a lieu à la contrainte par corps pour le payement des frais de justice criminelle. V. Procédure criminelle (frais de). Q.

— 15 octobre. *Décret* qui exempte de l'impôt le sel employé dans les fabriques de soude. V. Sel. R.

1809, 24 octobre. *Avis* sur plusieurs questions, relatives aux engagistes de domaines dans le ci-devant Piémont. V. Domaine public, § IV. Q.

— 22 décembre. *Décret* qui défend d'introduire dans le vinaigre des acides minéraux ou des mèches soufrées. V. Falsification des denrées. R.

— 30 décembre. *Décret* concernant les fabriques des églises. V. Conseil de fabrique. — Fabrique des églises. — Maire, sect. XV. R.

1810.

— 12 janvier. *Loi* sur les droits auxquels sont assujetties les marchandises à leur importation ou exportation. V. Douanes, § I et suiv. R.

— 15 janvier. *Loi* concernant le budjet de l'Etat. V. Cadastre. R.

— 30 janvier. *Sénatus-consulte* relatif à la dotation de la couronne. V. Apanage. R. — Domaine extraordinaire. — Domaine privé du roi. — Domaine public, § III et suiv. — Don du roi. — Liste civile. — Prince, § I. — Reine, § II. R. —

— 5 février. *Décret* contenant règlement sur l'imprimerie et la librairie. V. Cassation, § VI. — Censure. — Contrefaçon, § I et suiv. R.; et § V et suiv. Q. — Directeurs généraux. R.

— 28 février. *Décret* qui rapporte les art. 26 et 50 de la loi du 10 germinal an 10. V. Abus (appel comme d'). Q.

— 28 février. *Décret* contenant des dispositions relatives aux lois organiques du concordat. V. Bref. R.

— 5 mars. *Décret* concernant les donations qui ne sont attachées à aucun titre, l'enregistrement des lettres-patentes, la délivrance des billets ou brevets d'investiture, etc. ; les déclarations relatives aux pensions des veuves, etc. ; l'expédition des actes et titres émanés du conseil du sceau des titres, et les dotations consistant en rentes ou en actions des canaux. V. Majorat, § VI. R.

— 5 mars. *Décret* concernant les prisons d'Etat. V. Prison d'Etat. R.

— 8 mars. *Loi* sur les expropriations pour cause d'utilité publique. V. Salpêtre. R.

— 25 mars. *Décret* contenant des actes de bienfaisance et d'indulgence à l'occasion du mariage de l'empereur. V. Amnistie. R.

— 20 avril. *Loi* sur l'organisation de l'ordre judiciaire et l'administration de la justice. V. Appel, sect. I, § VI et suiv. R.; et § II et suiv. Q. — Assemblée, § II. — Atteint et convaincu. R. — Avocat, § II. Q. — Avocat général. — Chambre du plaidoyer. — Cour royale. — Démission. R.; et § II. Q. — Discipline. — Hiérarchie judiciaire. R. — Hommes de loi, § IV. Q. — Honoraires. — Juge. — Juge-auditeur. — Jugement, § I et suiv. — Ministère public, § IV. R.; et § V. Q. — Motifs des jugemens. — *Non bis in idem*, n. 5, bis. R. — Opinion. Q. — Ordonnance de juge. — Publicité de l'audience, § II. — Receveur de l'enregistrement. R. — Réparation civile. Q.

— 21 avril. *Loi* concernant les mines, les minières, et les carrières. V. Action. — Actionnaire, § IV. — Cantonnement, § VIII. Q. — Carrières. — Mines, n. 7 et suiv. R.; et § I et suiv. Q. — Partage, § X. — Tourbes. R.

— 24 avril. *Sénatus-consulte* organique qui réunit à l'empire français les pays situés sur la rive gauche du Rhin depuis les limites du département de la Roër et de la Meuse-Inférieure jusqu'à la mer. V. Hollandais. — Séquestre, § II. Q.

— 16 mai. *Avis* sur le mode de remboursement des consignations volontaires faites à la caisse d'amortissement. V. Caisse d'amortissement. — Consignation. R.

1810, 6 juillet. *Décret* contenant règlement sur l'organisation et le service des cours impériales, des cours d'assises et des cours spéciales. V. Assemblée, § II. Avocat général. R. — Avoué, § VI. Q. — Chambre du plaidoyer. — Cour royale. R.; et § II et suiv. Q. — Huissier, § I et suiv. — Jugement, § I et suiv. — Matières sommaires. — Président, § IV et suiv. R.

— 6 juillet. *Avis* portant que les répertoires des huissiers près les cours et tribunaux, doivent être cotés et paraphés par le président. V. Répertoire, § IV. R.

— 6 juillet. *Décret* portant défense à toutes personnes d'imprimer et débiter les sénatus-consultes, Codes, lois et règlemens d'administration publique, avant leur publication par le Bulletin des lois. V. Loi, § XIII. R.

— 9 juillet. *Décret* portant réunion de la Hollande à l'empire, etc. V. Séquestre. R.

— 11 juillet. *Décret* concernant la fourniture, la distribution et le prix des passe-ports et permis de port d'armes de chasse. V. Armes, § II. R.

— 19 juillet. *Décret* contenant des dispositions pénales contre les individus qui seront convaincus de se livrer à la postulation, et contre leurs complices. V. Postulation. R.

— 19 juillet. *Décret* portant que l'article 12 du titre 32 de l'ordonnance de 1669 est applicable au cas d'enlèvement des feuilles mortes. V. Feuilles mortes. R.

— 23 juillet. *Décret* sur la mise en activité du Code criminel. V. Prescription, sect. I, § III. R.

— 31 juillet. *Décret* contenant des changemens au tarif des douanes pour les droits de sortie de diverses marchandises. V. Séquestre, § II. Q.

— 3 août. *Décret* concernant la juridiction des prud'hommes. V. Conseil des prud'hommes. R.

— 13 août. *Décret* sur la manière dont il sera procédé dans les cas où des ballots, caisses, malles, paquets et autres objets confiés à des entrepreneurs de roulages ou de messageries, n'auront pas été réclamés dans les six mois de l'arrivée à leur destination. V. Messageries. R.

— 18 août. *Décret* concernant la monnaie de cuivre et de billon, et les pièces de six, douze et vingt-quatre sous. V. Monnaie, § I. R.

— 18 août. *Décret* contenant règlement sur l'organisation des tribunaux de première instance et des tribunaux de police. V. Tribunaux. R.

— 22 août. *Avis* relatif au service de la navigation au passage des ponts à Paris. V. Maîtres des ponts et pertuis. R.

— 22 août. *Avis* relatif à la prescription des amendes prononcées par la loi du 22 frimaire an 7 sur l'enregistrement, et par la loi du 22 pluviôse de la même année sur la vente publique des effets mobiliers. V. Vente, § IX. R.

— 28 août. *Avis* sur un rapport du ministre de l'intérieur, qui tendait à faire autoriser une commune du département des Apennins à accepter une rente offerte par une confrérie. V. Confrérie, § IV. R.

— 5 septembre. *Décret* contenant des dispositions tendant à prévenir ou à réprimer les contrefaçons des marques que les fabricans de quincaillerie et de coutellerie sont autorisés à mettre sur leurs ouvrages. V. Marque de fabrique. R.

— 27 septembre. *Décret* qui attribue au conseil des prises, séant à Paris, la connaissance des contestations relatives aux prises faites en Hollande, soit en exécution du décret du 12 septembre présent mois, soit en exécution des décrets rendus contre le commerce anglais. V. Séquestre, § II. Q.

1810, 50 octobre. *Décret* concernant les individus de l'un et de l'autre sexe qui sont ou voudront se mettre en service en qualité de domestiques. V. Domestique. R.

— 8 octobre. *Décret* concernant la pêche du hareng et du maquereau sur la côte comprise entre Calais et Honfleur, ainsi que la salaison et la vente de ces poissons. V. Pêche, sect. II, § IV. R.

— 15 octobre. *Décret* relatif aux manufactures et ateliers qui répandent une odeur insalubre ou incommode. V. Maire, sect. IV. — Manufacture. R.

— 15 octobre. *Décret* relatif à la contribution foncière des salins et marais salans. V. Salins. — Salines. R.

— 18 octobre. *Décret* portant création des tribunaux chargés de la répression de la fraude ou contrebande en matière de douanes, et contenant diverses dispositions relatives aux saisies et à l'emploi des marchandises de contrebande. V. Amende, § V. — Attroupement. — Cour de cassation. — Contrainte (finances). — Délit, § VI et suiv. — Douanes, § V et suiv. — Injure. — Saisie pour contravention. R.

— 8 novembre. *Décret* qui fixe de nouveau le nombre de membres et l'étendue de la juridiction du conseil de prud'hommes établi à Lyon. V. Conseil de prud'homme. R.

— 15 novembre. *Décret* qui règle le mode de recouvrement des droits d'octroi sur les régisseurs, fermiers, receveurs et autres préposés à la recette de ces droits. V. Contrainte. R.

— 18 novembre. *Décret* contenant organisation du corps des ingénieurs des mines. V. Carrière. R.

— 29 novembre. *Décret* portant que dans le département de l'Ems oriental les actes, soit publics, soit sous signature privée, pourront être écrits en langue allemande. V. Langue française. R.

— 9 décembre. *Avis* portant que les tribunaux civils sont seuls compétens, à l'exclusion des tribunaux de commerce, pour connaître de la vente des immeubles des faillis, etc. V. Faillite. — Tribunaux de commerce. R.

— 14 décembre. *Décret* contenant réglement sur l'exercice de la profession d'avocat, et la discipline du barreau. V. Avocat, § IV et suiv. R. ; et § I et suiv. Q. — Avocat du Roi. — Chambre des consultations. — Plaidoyer. — Radiation du tableau. R.

— 14 décembre. *Avis* sur la question de savoir si les communes qui obtiennent une annexe ou une chapelle doivent contribuer aux frais du culte paroissial. V. Annexes. R.

— 20 décembre. *Décret* portant que le droit d'aubaine ne sera exercé sur la succession d'aucun sujet de l'Autriche, mort en France pendant la guerre. V. Succession, sect. I, § II, art. 4. R.

— 29 décembre. *Décret* relatif aux tabacs existant, soit chez les cultivateurs, soit chez les fabricans et débitans. V. Amende, § V. — Intention. — Tabac. R.

— 29 décembre. *Décret* portant que la présomption de la durée de la vie des émigrés pendant cinquante années, établie en faveur de l'État, ne pourra plus être opposée à ceux qui rapporteront la preuve de leur décès. V. Succession, sect. I, § II, art. 5. R.

1811.

— 11 janvier. *Décret* relatif aux biens provenans des saisies réelles faites avant la loi du 11 brumaire an 7. V. Saisie réelle. R.

— 12 janvier. *Avis* portant que l'arrêt du conseil du 9 juin 1718, relatif aux salpêtriers, ne doit plus avoir force de loi en France. V. Salpêtre. R.

— 14 janvier. *Décret* relatif à l'établissement d'une taxe pour l'entretien de la route du Mont-Cenis. V. Religieux. R.

— 28 janvier. *Décret* relatif à la vente du poisson d'eau douce amené à la halle de Paris. V. Maître des ponts et perluis. R.

— 50 janvier. *Avis* sur la manière de pourvoir à l'administration et à l'emploi du revenu des majorats pendant la minorité des titulaires. V. Majorat, § VI. R.

— 2 février. *Décret* contenant des dispositions relatives à la procédure en matière de saisie immobilière. V. Abus (appel comme d'). Q.

— 2 février. *Décret* qui charge les gardes généraux des forêts du recouvrement des amendes pour délits forestiers. V. Gardes généraux des bois. R.

— 6 février. *Décret* relatif au commerce de la boucherie dans le département de la Seine. V. Boucherie. R.

— 25 février. *Décret* sur l'organisation des prisonniers de guerre. V. Prisonnier de guerre. R.

— 27 février. *Décret* qui règle le privilége des facteurs de la halle aux farines, à Paris, sur le dépôt de garantie des boulangers. V. Boulanger. R.

— 27 février. *Avis* sur diverses questions relatives aux fonctions et au rang des conseillers-auditeurs près les cours. V. Auditeur. R.

— 5 mars. *Avis* relatif à la formation d'un fonds commun de pensions et de secours en faveur des salariés de l'État. V. Pension, § III. R.

— 8 mars. *Décret* contenant de nouvelles dispositions pour prévenir ou réprimer l'introduction des marchandises prohibées. V. Douanes, § IV et suiv. — Saisie pour contravention. R.

— 25 mars. *Avis* portant qu'il y a lieu à l'application du Code pénal ordinaire dans le cas où les auteurs et complices de vols commis dans les ports ou arsenaux, sont étrangers au service de la marine. V. Vol, sect. II, § III. R.

— 25 mars. *Décret* contenant réglement sur l'organisation de la police de la France. V. Directeurs généraux de police. R.

— 29 mars. *Avis* relatif au loyer d'occupation des lits fournis par l'habitant aux troupes en garnison. V. Logement des gens de guerre. R.

— 1 avril. *Décret* tendant à prévenir ou à réprimer la fraude dans la fabrication des savons. V. Savons. R.

— 5 avril. *Décret* qui défend aux préfets de faire aucune acquisition pour les départemens, les arrondissemens et les communes sans autorisation du gouvernement. V. Communauté d'habitans. R.

— 15 avril. *Décret* sur l'organisation de l'Illyrie. V. Gouverneur. R.

— 19 avril. *Sénatus-consulte* portant réunion des départemens du Golo et du Liamone, en un seul département, sous le nom de département de la Corse. V. Corse. R.

— 2 mai. *Décret* concernant les boursiers des lycées. V. Bourse, § I. R.

— 6 mai. *Avis* sur le mode de remplacement des membres des cours et des tribunaux qui sont ou seront appelés aux fonctions de député. V. Incompatibilité. R.

— 6 mai. *Décret* relatif à l'assiette des redevances fixes et proportionnelles sur les mines. V. Mines. R.

— 17 mai. *Avis* relatif à la faculté de porter des armes en voyage. V. Armes, § II. R.

— 11 juin. *Décret* relatif à l'établissement du siége des majorats. V. Majorat, § VI. R.

1811, 18 juin. *Décret* contenant règlement pour l'administration de la justice en matière criminelle, de police correctionnelle et de simple police, et tarif général des frais. V. Avoué, § VI. Q. — Exécuteur de la haute-justice. — Exécutoire. — Greffier. — Honoraires des médecins. — Huissier, § I. — Témoin judiciaire, § VI. R.

— 22 juin. *Décret* relatif aux princes de la famille régnante, qui ont été ou qui seraient appelés à une couronne étrangère. V. Prince, § I. R.

— 22 juin. *Décret* portant création d'un ministère des manufactures et du commerce. V. Ministre. R.

— 4 juillet. *Décret* concernant l'organisation générale des départemens anséatiques. V. Gouverneur. — Langue française. R.

— 15 juillet. *Loi* contenant le budget de l'État pour 1811 et la fixation des contributions pour 1812. V. Caisse d'amortissement. R.

— 4 août. *Décret* relatif aux travaux d'entretien et de réparation des routes et chemins qui traversent les fortifications. V. Fortifications. R.

— 6 août. *Avis* relatif à l'acquisition du mesurage, et de portion de halles par les communes. V. Halage (droit de). R.

— 13 août. *Décret* qui assujettit les théâtres du second ordre, petits théâtres, spectacles de tout genre, et ceux qui donnent des bals ou des concerts dans la ville de Paris, à payer une redevance à l'académie de musique. V. Opéra. R.

— 18 août. *Décret* relatif au service des inhumations, et tarif des droits et frais à payer pour le service et la pompe des sépultures à Paris. V. Sépulture. R.

— 18 août. *Décret* relatif aux individus condamnés au bannissement d'après l'ancien Code pénal de la Hollande. V. Bannissement, § II. R.

— 26 août. *Décret* concernant les Français naturalisés en pays étranger, avec ou sans autorisation de l'empereur, et ceux qui sont déjà entrés, ou qui voudraient entrer à l'avenir au service d'une puissance étrangère. V. Français, § I. — Mort civile, § II. R.

— 1 septembre. *Avis* relatif à l'acquisition faite par un maire d'une maison destinée à loger le desservant de la succursale de la commune. V. Presbytère. R.

— 5 septembre. *Avis* portant que les demandes d'acquisition de maisons ou terrains nécessaires à l'embellissement ou à l'utilité des villes ou communes doivent être précédées d'un plan ou projet de plan d'alignement. V. Alignement. R.

— 16 septembre. *Décret* qui règle le mode d'administration des bâtimens militaires appartenant aux communes dans les places de guerre. V. Logement des gens de guerre. R.

— 18 septembre. *Décret* qui détermine la marque des savons. V. Savons. R.

— 26 septembre. *Décret* qui déclare applicable aux fermiers du droit de pesage et mesurage le décret du 15 novembre 1810 relatif aux octrois. V. Contrainte (finances). — Poids publics. R.

— 30 septembre. *Décret* sur l'organisation administrative et judiciaire des provinces illyriennes. V. Langue française. R.

— 5 octobre. *Décret* qui ordonne la perception d'un droit de vingt-cinq francs sur chaque prestation de serment des avocats reçus à la cour d'appel de Paris. V. Avocat, § IV. R.

1811, 14 octobre. *Décret* relatif aux dotations créées sur le domaine extraordinaire. V. Majorat, § VI. R.

— 19 octobre. *Décret* qui détermine les cas où la gendarmerie française peut faire des arrestations sur le territoire du royaume d'Italie, et réciproquement la gendarmerie italienne sur le territoire de l'empire. V. Extradition. — Souveraineté, § VI. R.

— 12 novembre. *Avis* sur une requête de la commune de Brest tendant à faire annuler, comme incompétent, un arrêt rendu par la cour d'appel de Rennes dans une cause en instance entre la commune et les héritiers Lemayen. V. Inscription hypothécaire, § XI. R.

— 15 novembre. *Décret* concernant le régime de l'université. V. Bourse, § I. — Université, § III. R.

— 22 novembre. *Décret* portant que les ventes publiques de marchandises pourront être faites dans tous les cas par les courtiers de commerce. V. Vente, § VIII, art. 3. R.

— 30 novembre. *Décret* relatif à la subordination des officiers de santé militaires. V. Officiers de santé. R.

— 30 novembre. *Décret* relatif aux sous-officiers ou soldats accusés de désertion, qui seront arrêtés ou se représenteront après le délai fixé par l'arrêté du 19 vendémiaire an 12. V. Désertion. R.

— 9 décembre. *Décret* portant abolition de la féodalité dans les départemens des Bouches de l'Elbe, etc. V. Bac. R. — Banalité, § I. Q. — Corvée. — Langue française. R.

— 9 décembre. *Décret* qui détermine les limites dans lesquelles il ne peut être élevé aucune construction dans les places de guerre. V. Fortification. R.

— 16 décembre. *Décret* contenant règlement de police des polders dans les départemens de l'Escaut, de la Lys, etc. V. Garde-digues. R.

— 16 décembre. *Décret* contenant règlement sur la construction, la réparation et l'entretien des routes. R.

— 24 décembre. *Décret* relatif à l'organisation et au service des états-majors des places. V. Gouvernement. — Logement des gens de guerre. R.

1812.

5 janvier. *Décret* relatif à la transmission des dotations de sixième classe accordées pour cause d'amputation, de blessures graves, etc. V. Majorat, § VI. R.

— 3 janvier. *Décret* portant suppression des corporations de religieux et de religieuses, et des ordres monastiques qui existent dans divers départemens réunis. V. Religieux. R.

— 19 janvier. *Décret* qui fixe les attributions du ministère des manufactures et du commerce. V. Consuls français, § II. — Ministre. R.

— 24 janvier *Avis* portant solution de diverses questions relatives aux Français naturalisés étrangers, ou servant en pays étranger. V. Français, § I. R.

— 8 février. *Décret* qui charge l'administration des droits réunis de la perception des octrois municipaux. V. Octrois, § II. R.

— 8 février. *Avis* du conseil d'État portant que l'art. 2 de la loi du 22 floréal an 2 relatif à ceux qui, après l'exécution des actes émanés de l'autorité publique, emploieraient soit des violences, soit des voies de fait pour interrompre cette exécution, ou en faire cesser l'effet, doit être considéré comme abrogé par l'art. 484 du Code pénal. V. Bois, § II. — Vol, sect. II, § III. R.

1812, 12 février. *Décret* concernant les poids et mesures. V. Poids et mesures, § II. R.

— 15 mars. *Sénatus-consulte* concernant la division de la garde nationale, et l'appel de cent cohortes sur le premier ban. V. Garde nationale. R.

— 24 mars 1812. *Avis* sur la question de savoir si les arrêtés des préfets, fixant les débets des comptables des communes et des établissemens publics, sont exécutoires sur les biens de ces comptables sans l'intervention des tribunaux. V. Débet. R.

— 12 avril. *Décret* relatif aux digues construites à travers une rivière. V. Rivière, § II. R.

— 17 avril. *Décret* qui détermine le mode d'exécution de celui du 22 novembre 1811 relatif aux ventes de marchandises. V. Vente, § VIII, art. 3. R.

— 25 avril. *Décret* concernant les pêches de la morue, du hareng et du poisson frais dans les arrondissemens de Hollande et d'Anvers. V. Pêche, sect. II, § I et suiv. R.

— 1 mai. *Décret* qui détermine les cas où les généraux ou commandans militaires peuvent capituler, et la manière dont seront jugés et punis ceux qui capituleront hors les cas où la capitulation est permise. V. Capitulation. R. — Information. Q. — Trahison. R.

— 4 mai. *Décret* relatif à la circulation des grains et farines, à l'approvisionnement et à la police des marchés. V. Grains. R.

— 4 mai. *Avis* relatif au jugement des officiers faits prisonniers de guerre qui, après avoir faussé leur parole, sont repris les armes à la main. V. Prisonniers de guerre. R.

— 4 mai. *Décret* relatif au cas de citation en témoignage des ministres, des grands-officiers de l'empire et autres principaux fonctionnaires de l'Etat. V. Témoin judiciaire, § I, art. 5. R.

— 4 mai. *Décret* contenant des dispositions pénales contre ceux qui chassent sans permis de port d'armes de chasse. V. Armes, § II. — Maire, sect. II, § IV. — Port d'armes. R.

— 2 juillet. *Décret* sur la plaidoirie dans les cours et les tribunaux. V. Plaidoyer. R.

— 2 juillet. *Décret* portant annulation de deux arrêtés du préfet de la Creuse sur une question de propriété d'un biez de moulin entre particuliers. V. Moulin, § XIII. — Rivière, § II. R.

— 24 août. *Décret* qui charge la régie des droits réunis de la recherche des poudres fabriquées hors des poudrières du gouvernement. V. Poudre. R.

— 24 août. *Décret* concernant la pension des veuves de titulaires, de majorats et dotations. V. Majorat, § VI. R.

— 22 septembre. *Avis* portant que la règle prescrite par l'art. 10 du décret du 1 mai dernier ne doit être suivie que dans les cas non prévus par les lois pénales existantes, soit militaires, soit civiles. V. Vol, sect. II, § III. R.

— 22 décembre. *Décret* contenant diverses dispositions ayant pour objet d'empêcher que les majorats et dotations provenant du domaine extraordinaire soient diminués sans cautions. V. Majorats, § VI.—Substitution fidéicommissaire, sect. XVIII. R.

— 22 décembre. *Décret* qui détermine les cas où les actes tant publics que privés, faits ou passés dans les départemens réunis, en langue du pays, ne pourront être présentés à l'enregistrement, s'ils ne sont accompagnés d'une traduction française, et qui statue en outre sur l'usage de la langue française dans les journaux. V. Langue française. R.

1813.

— 5 janvier. *Décret* relatif à la concession du droit d'exploiter des mines. V. Mines. R.

— 17 janvier. *Décret* qui statue sur le pourvoi des habitans de la commune de Tourmont contre un arrêté du préfet du Jura par lequel il était enjoint à ladite commune de comprendre dans la distribution de son affouage de 1811 les habitans du hameau des Soupois. V. Réunion, § II. R.

— 23 janvier. *Décret* qui modifie les dispositions des décrets portant suppression des corporations et ordres religieux dans plusieurs départemens réunis. V. Religieux. R.

— 5 février. *Sénatus-consulte* concernant la régence de l'empire, le sacre et le couronnement de l'impératrice et du roi de Rome. V. Régence. — Sacre et Couronnement. R.

— 13 février. *Proclamation* du concordat de Fontainebleau comme loi de l'Etat. V. Abus (appel comme d'). Q.

— 16 mars. *Décret* qui charge la régie des droits réunis de surveiller la fabrication, la circulation et la vente des Salpêtres. V. Poudre. — Salpêtre. R.

— 25 mars. *Décret* relatif à l'exécution du concordat de Fontainebleau. V. Abus (appel comme d'). Q. — Exécution provisoire des jugemens. R.

— 26 mai. *Avis* sur le mode à suivre pour obtenir le payement de sommes dues par les communes. V. Saisie-arrêt, § V. R.

— 14 juin. *Décret* portant réglement sur l'organisation et le service des huissiers. V. Exploit. — Huissier, § VIII. — Répertoire, § IV. R.

— 15 décembre. *Décret* portant réglement sur le commerce des vins à Paris. V. Falsification de denrées. R.

1814.

— 17 janvier. *Décret* qui annule l'adjudication faite au sieur Dehagre d'une portion de biens à lui vendue comme appartenant à la caisse d'amortissement. V. Biens nationaux, § III. Q.

— 6 avril. *Acte* du sénat conservateur. V. Roi, § IV. R.

RESTAURATION.

1814, 30 mai. *Traité* conclu à Paris entre Louis XVIII et les puissances alliées. V. Pays réunis. — Quart, tiers, ou demi-raisin. R.

— 4 juin. *Charte constitutionnelle.* R. V. Biens, § V. R.—Biens nationaux, § I et suiv. Q. — Bieus, § V. — Boulet. R. Cassation, § XLVIII. Q. — Célibat, n. 3. — Codes, § IV. — Commencement de preuve par écrit, § II. Q. — Commission. — Commutation. — Confession sacramentelle. — Confiscation. — Connexité, § IV et VII. R. ; § IV et XII. Q. — Conscription. — Conseil de guerre. — Conspiration. — Constitution. — Contumace, § III. — Cour de Paris. — Délit, § VI et suiv. — Désertion. — Destitution. — Douaire, sect. I, § II. — Embauchage. — Évocation. — Français, § I. — Incendie, § II, n. 1. — Interprétation des lois. — Inviolabilité. — Juge.—Juge de paix. — Légion-d'honneur. — Loi, § I et suiv. —Marquis. — Ministre. — Monnaie, § II. — Noblesse, § IX. —Pouvoir judiciaire, § I et suiv. — Prince, § V. — Prison d'Etat. — Rébellion, § III. —Religionnaires, § IX. R.

— 4 juin. *Ordonnance* du roi relative aux étrangers et à leur naturalisation. V. Naturalisation. R.

1814, 29 juin. *Ordonnance* concernant l'organisation du conseil d'Etat. V. Abus (appel comme d'). Q. — Conseil du roi. R.

— 50 juin. *Ordonnance* qui autorise indistinctement tous les notaires de Paris à délivrer des certificats de vie aux rentiers et pensionnaires de l'Etat, et maintient les réglemens antérieurs. V. Certificat de vie. R.

— 15 juillet. *Ordonnance* portant création d'une commission du sceau. V. Majorat, § VI. — Sceau. R.

— 29 juillet. *Ordonnance* concernant la prestation du serment des comptables directement justiciables de la cour des comptes. V. Chambre des comptes. R.

— 21 août. *Ordonnance* portant que toutes les inscriptions sur les listes d'émigrés, et encore subsistantes à défaut d'élimination, de radiation, ou à quelque autre titre que ce soit, sont abolies à compter du jour de la publication de la Charte constitutionnelle. V. Emigration, § II et suiv. — Institution d'héritier, sect. V, § I. R.

— 25 septembre. *Ordonnance* portant réglement sur les pensions de retraite à accorder aux magistrats de l'ordre judiciaire, ainsi qu'aux fonctionnaires et employés des bureaux de la chancellerie de France. V. Pension, § III. R.

— 14 octobre. *Loi* relative à la naturalisation des habitans des départemens qui avaient été réunis à la France depuis 1791. V. Naturalisation. R.

— 21 octobre. *Ordonnance* qui supprime le directoire central des hôpitaux créé par arrêté du 4 germinal an 8 (25 mai 1800). V. Conseil d'administration. R.

— 8 novembre. *Loi* relative à la liste civile et à la dotation de la couronne. V. Apanage. R. — Domaine public, § III. — Don du roi. — Liste civile. — Usage (droit d'), sect. II, § V, art. 6. R.

— 18 novembre. *Loi* relative à la célébration des fêtes et dimanches. V. Cabaretier, § I. R. — Jours fériés. Q. — Fête. Pêche, sect. I, § II. R.

— 5 décembre. *Loi* relative aux biens non vendus des émigrés. V. Action. — Actionnaire, § V. — Cassation, § XXXI.— Confiscation, § II. Q. — Emigration, § II et suiv. R. — Emigré, § XV. — Héritier, § VI. Q. — Présuccession. R. — Succession, § X. Q.

— 8 décembre. *Loi* sur les boissons. V. Péremption, sect. I, § II. — Vin. — Visite, § II. R.

— 16 décembre. *Loi* qui rétablit la franchise du port, de la ville et du territoire de Marseille. V. Port franc. R.

— 17 décembre. *Loi* relative aux douanes. V. Douanes, § I et suiv. R.

— 24 décembre. *Loi* sur les tabacs. V. Tabac. R.

1815.

— 9 janvier. *Ordonnance* additionnelle à celle du 23 septembre 1814 sur les pensions des fonctionnaires de l'ordre judiciaire, et de la chancellerie de France. V. Pension, § III. R.

— 27 février. *Ordonnance* contenant institution des membres composant la cour des comptes. V. Chambre des comptes. R.

— 23 août. *Ordonnance* portant organisation du conseil d'Etat. V. Abus (appel comme d'). Q. — Conseil du Roi. R.

— 19 septembre. *Ordonnance* relative à la formation d'un conseil privé. V. Conseil privé. R.

— 9 novembre. *Loi* relative à la répression des cris séditieux et des provocations à la révolte. V. Alarmiste. R. — Lettre, § III. Q.

1815, 29 novembre. *Ordonnance* concernant l'organisation du corps des officiers de la marine. V. Conseil de justice. R.

— 15 décembre. *Ordonnance* concernant les élèves vice-consuls, et le mode d'admission et d'avancement dans la carrière des consulats. V. Consuls français. R.

— 20 décembre. *Loi* qui rétablit les juridictions prévôtales. V. Cas prevôtaux. — Compétence, § II. R. — Militaire, § V. Q.

— 23 décembre. *Ordonnance* qui décide que les arrêtés des conseils de préfecture non contradictoires, sont susceptibles d'opposition devant le conseil même qui a rendu l'arrêté. V. Motifs des jugemens. R.

— 25 décembre. *Loi* relative à la suppression des places de substituts des procureurs généraux faisant fonctions de procureurs criminels dans les départemens. V. Procureur criminel impérial. R.

1816.

— 10 janvier. *Ordonnance* portant rétablissement du conseil de santé militaire. V. Conseil de santé. R.

— 12 janvier. *Loi* qui accorde, sauf les exceptions y contenues, une amnistie pleine et entière à tous ceux qui, directement ou indirectement, ont pris part à la rébellion et à l'usurpation de Napoléon Buonaparte. V. Amnistie, § IV. Q.

— 8 février. *Ordonnance* relative aux primes pour la pêche de la morue et de la baleine. V. Pêche, sect. II, § VII. R.

— 24 février. *Ordonnance* ayant pour objet de prévenir les conflits de juridiction auxquels peut donner lieu l'incertitude de la jurisprudence en matière de législation répressive de la désertion. V. Amende, § VI. — Désertion. R.

— 25 février. *Ordonnance* relative à la fixation des pensions des instituteurs, professeurs et répétiteurs des écoles d'artillerie et du génie, etc., et à la quotité des retenues pour fonds de retraite. V. Pension, § III. R.

— 21 mars. *Ordonnance* concernant la nouvelle organisation de l'institut. V. Académie. R.

— 26 mars. *Ordonnance* concernant l'organisation, la composition et l'administration de la légion-d'honneur, sous le titre d'*ordre royal de la légion-d'honneur*. V. Légion-d'honneur. R.

— 27 mars. *Ordonnance* concernant les fonds de retenue, et les pensions de l'administration de l'octroi des villes. V. Pension, § III. R.

— 28 avril. *Loi* sur les finances. *Première partie.* V. Caisse d'amortissement. — Carte. — Cautionnement. — Consignation. — Enregistrement (droit d'), § I et suiv. — Huissier-priseur. — Timbre. — Vente, § VIII, art. 5. R. — *Deuxième partie.* V. Action. — Actionnaire, § IV. Q. — Amende, § V. — Armes, § II. — Bail, § I. — Barrière. — Boissons. — Bouchon. — Bureau des aides. — Cabaretier, § II. — Commissionnaire, § V. — Congé (contributions indirectes). — Crû. — Détail (droit de). — Distillateur. — Droits réunis. — Fraude. — Hôtelier, § II. — Octrois, § III. — Passavant. — Passe-debout. — Tabac. — Vin. — Visite, § II. R. *Troisième partie.* V. Douanes, § I et suiv. R.

— 1 mai. *Ordonnance* qui prescrit l'exécution de l'arrêt du conseil du 13 novembre 1778, concernant les ventes publiques de meubles. V. Vente, § VIII, art. 5. R.

— 8 mai. *Loi* sur l'abolition du divorce. V. Divorce, sect. IV. — Effet rétroactif, sect. III, § II et XIV. — Empêchemens de mariage, § V, art. 10. R.

— 22 mai. *Ordonnance* qui détermine la composition et les attributions, en ce qui concerne la désertion, des conseils de guerre et des conseils de révision. V. Connexité, § IV. Q.

1816, 11 juin. *Ordonnance* concernant les élèves vice-consuls. V. Consuls français. R.

— 26 juin. *Ordonnance* qui établit, en exécution de la loi du 28 avril 1816, des commissaires-priseurs dans les villes chefs-lieux d'arrondissement, qui sont le siége d'un tribunal de première instance, et dans celles qui, n'ayant ni sous-préfecture ni tribunal, renferment une population de cinq mille ames et au-dessus. V. Huissier priseur. R.

— 17 juillet. *Ordonnance* qui supprime dans différens Codes les dénominations, expressions et formules qui ne sont plus en harmonie avec les principes du gouvernement établi par la charte constitutionnelle, et porte qu'il sera fait une nouvelle édition de ces Codes. V. Code, § IV. R.

— 14 août. *Ordonnance* relative aux fonctionnaires de l'ordre judiciaire et du ministère de la justice qui, après avoir été admis à la pension de retraite, sont remis en activité. V. Pension, § III. R.

— 25 septembre. *Ordonnance* relative au cautionnement des préposés de l'administration des contributions indirectes. V. Cautionnement. R.

— 27 novembre. *Ordonnance* concernant la publication des lois et des ordonnances. V. Loi, § V. R.

1817.

— 2 janvier. *Loi* sur les donations et legs aux établissemens ecclésiastiques. V. Mainmorte (gens de), § VIII. R.

— 2 janvier. *Ordonnance* contenant de nouvelles dispositions relatives aux pensions des magistrats. V. Pension, § III. R.

— 13 janvier. *Loi* relative aux moyens de constater le sort des militaires absens. V. Absent. R.; et § IV et suiv. Q. — Etat civil, § II. R.

— 5 février. *Loi* sur les élections. V. Domicile, § I. — Election française, § II. — Légion-d'honneur. R.

— 19 mars. *Loi* relative aux lettres de change. V. Lettre et billet de change, § IV. — Protêt, § III. R.

— 25 mars. *Loi* sur les finances. V. Pension, § III. — Voiture, § I. R.

— 19 avril. *Ordonnance* portant réglement pour le conseil d'Etat. V. Conseil du Roi. R.

— 29 juillet. *Ordonnance* portant création d'un corps d'administrateurs militaires sous la dénomination d'*intendans militaires*. V. Commissaire des guerres. R.

— 27 août. *Ordonnance* qui déclare incessibles et insaisissables les pensions affectées sur les fonds de retenue. V. Pension, § III. R.

— 10 septembre. *Ordonnance* relative à l'exécution des lois et réglemens généraux sur le service des douanes à Marseille. V. Port-franc. R.

1818.

— 10 mars. *Loi* sur le recrutement de l'armée. V. Amende, § VI. — Engagement. — Maire, sect. VII. — Préfet. R.

— 25 mars. *Ordonnance* sur la vente des poudres de chasse, de mine, de commerce et de guerre. V. Poudre. R.

— 15 mai. *Loi* sur les finances. V. Majorat, § VI. — Pension, § III. — Vente, § VIII, art. 3. R.

— 16 septembre. *Ordonnance* qui prescrit le mode de reddition et de vérification des comptes à rendre à la cour des comptes par le caissier de la caisse centrale et de service du trésor royal. V. Chambre des comptes. R.

1818, 21 octobre. *Ordonnance* relative aux primes d'encouragement pour la pêche de la morue. V. Pêche, sect. II, § VI. R.

1819.

— 9 avril. *Ordonnance* concernant les ventes publiques de marchandises par le ministère des courtiers. V. Vente, § VIII, art. 3. R.

— 5 mai. *Ordonnance* relative au nouveau poinçon des matières d'or et d'argent. V. Marque et contrôle, § II. R.

— 17 mai. *Loi* sur la répression des crimes et délits commis par la voie de la presse, ou par tout autre moyen de publication. V. Appel, § V. Q. — Injure. — Reproche. R.

— 26 mai. *Loi* relative à la poursuite et au jugement des crimes et délits commis par la voie de la presse, ou par tout autre moyen de publication. V. Appel, § V. Q. — Compétence, § III. — Motifs des jugemens, n. 16. R.

— 14 juillet. *Loi* relative à l'abolition du droit d'aubaine et de détraction. V. Aubaine. — Détraction. — Etranger, § I. — Français, § I. — Héritier, sect. VI, § III, n. 3. — Institution d'héritier, sect. V, § I. R.

— 15 octobre. *Ordonnance* concernant le payement des arrérages de la dette publique et des pensions. V. Inscription sur le grand-livre, § VII. R.

1820.

— 29 juin. *Loi* sur les élections. V. Election. R.

— 4 octobre. *Ordonnance* additionnelle à celle du 21 octobre 1818, relative aux primes d'encouragement pour la pêche de la morue. V. Pêche, sect. II, § VI. R.

— 23 novembre. *Ordonnance* portant qu'il sera envoyé en Corse un lieutenant-général commandant supérieur. V. Corse. R.

1821.

— 22 février. *Ordonnance* concernant les pensions de retraite assignées sur les fonds de retenue du ministère de la justice. V. Pension, § III. R.

— 8 juin. *Ordonnance* relative à la forme des comptes à rendre à la cour des comptes par le caissier du trésor royal. V. Chambre des comptes. R.

— 26 juillet. *Ordonnance* concernant la légalisation des certificats de vie délivrés aux rentiers viagers et pensionnaires de l'Etat, dans les pays où il n'existe pas de consuls français, ou autres agens d'une puissance amie. V. Certificat de vie. R.

— 19 septembre. *Ordonnance* relative à l'horlogerie. V. Marque et contrôle, § II. R.

— 11 décembre. *Ordonnance* relative à la pêche de la baleine et du cachalot. V. Pêche, sect. II, § VII. R.

— 12 décembre. *Ordonnance* relative aux conflits entre les tribunaux et l'administration. V. Conflit d'attribution. R.

1822.

— 20 février. *Ordonnance* relative aux primes d'encouragement pour la pêche de la morue. V. Pêche, sect. II, § VI. R.

— 5 mars. *Loi* relative à la police sanitaire. V. Quarantaine. R.

— 25 mars. *Loi* relative à la répression et à la poursuite des délits commis par la voie de la presse ou par tout autre moyen de publication. V. Compétence, § III.—Motifs des jugemens, n. 16. — Reproche, n. III. R.

1822, 7 août. *Ordonnance* qui détermine des mesures relatives au régime et à la police sanitaires. V. Quarantaine. R.

— 18 septembre. *Ordonnance* portant formation du cadre de l'intendance militaire. V. Commissaires des guerres. R.

— 2 octobre. *Ordonnance* concernant les indemnités temporaires à accorder aux employés réformés des ministères. V. Pensions, § III. R.

— 15 novembre. *Ordonnance* contenant un nouveau tarif du prix des chevaux de poste, approprié à la nature des voitures, et au nombre de chevaux dont elles doivent être attelées. V. Poste, § III. R.

— 20 novembre, *Ordonnance* contenant réglement sur l'exercice de la profession d'avocat, et la discipline du barreau. V. Avocat, § IV et suiv. R.; et § I et suiv. Q. — Radiation du tableau. R.

— 20 novembre. *Ordonnance* portant approbation d'un réglement pour l'exploitation des carrières. V. Carrières. R.

1823.

— 25 juin. *Ordonnance* portant approbation du réglement spécial concernant l'exploitation des ardoisières. V. Carrière. R.

1824.

— 10 janvier. *Ordonnance* qui déclare qu'il y a abus dans la lettre patostorale de M. l'archevêque de Toulouse en date du 15 octobre 1823, et supprime en conséquence ladite lettre. V. Abus (appel comme d'). Q.

— 16 juin. *Loi* relative aux droits d'enregistrement et de timbres. V. Enregistrement (droit d'), § I et suiv. — Prescription, sect. III, § IX. R.

— 25 juin. *Loi* contenant diverses modifications au Code pénal. V. Vol, sect. II, § III et suiv. R.

— 7 juillet. *Ordonnance* qui fixe, pour la promulgation des lois, la distance de Paris à Ajaccio. V. Loi, § V. R.

— 17 août. *Ordonnance* relative aux pensions et secours qui peuvent être accordés aux veuves et orphelins des magistrats, et des chefs et employés du ministère de la justice et du conseil d'Etat. V. Pensions, § III. R.

1824, 26 août. *Ordonnance* relative à l'organisation du conseil d'Etat. V. Conseil du Roi. R.

1825.

— 12 janvier. *Ordonnance* portant réglement général sur les pensions et retraites des fonctionaires et employés du ministère des finances. V. Pension, § III. R.

— 24 février. *Ordonnance* concernant les primes d'encouragement pour la pêche de la morue et celle de la baleine. V. Pêche, sect. II, § VI et VII. R

— 10 avril. *Loi* pour la sûreté de la navigation et du commerce maritime. V. Echouement. — Pilotage. — Pirate. R.

— 20 avril. *Loi* pour la répression des crimes et délits commis dans les édifices ou sur les objets consacrés à la religion catholique, ou aux autres cultes légalement établis en France. V. Sacrilége. — Vol, sect. II, § III et suiv. R.

— 12 mai. *Loi* concernant la propriété des arbres plantés sur le sol des routes royales et départementales, et le curage et l'entretien des fossés qui bordent ces routes. V. Arbre. R.

— 24 mai. *Loi* relative à l'autorisation et à l'existence légale des congrégations et communautés religieuses de femmes. V. Mainmorte (gens de), § VIII. R.

1826.

— 17 mai. *Loi* sur les substitutions. V. Substitution fidéicommissaire, sect. III, § II; sect. V, § II et suiv.; sect. X, § III, IX. R.

— 1 août. *Ordonnance* pour l'exécution du Code forestier. V. Souchetage. — Sous-préfet. R.

1827.

— 27 septembre. *Ordonnance* portant réglement sur la police et le roulage des voitures publiques. V. Voiture. § I. R.

1828.

— 16 juillet. *Ordonnance* portant réglement sur les voitures publiques. V. Voiture § I. R.

CHAPITRE II. — *Code civil.*

TITRE PRÉLIMINAIRE. *Publication, effets et application des lois.* Art. 1. V. Bulletin des lois. Loi, § IV et suiv. R. — 2. V. Communauté de biens entre époux, § I. Q. Intérêt, § VI. R. Péremption, § VI. Succession vacante, § I. Velléien (sénatus-consulte), § III. Q. — 5. V. Action, actionnaire, § VII. Adoption, § II et suiv. Q. Capacité. Renonciation à une succession future, § VI. Souveraineté, § V. R. — 4. V. Opposition (tierce), § I. R.—5. V. Arrêt, n. 8. Cour royale, § II. Q. — 6. V. Acquiescement, § XIX et suiv. Adoption, § VIII et suiv. Q. Dérogation. Loi, § VIII. Marché à terme, § II. Prodigue, § VIII. Renonciation, § I. R. Testament, § XV et suiv. Q.

LIVRE I. — DES PERSONNES.

TIT. I. *Jouissance et privation des droits civils.* Art. 7. V. Domicile français. Naturalisation. Témoin instrumentaire,

§ I. R. — 8. V. Adoption, § II et suiv. Q. Souveraineté, § VI. R. — 10. V. Adoption, § II et suiv. Q.—11. V. Adoption, § II et suiv. Q. Aubaine, n. 15. Contrainte par corps. Étranger. Gains nuptiaux et de survie, § XI. Prescription, sect. I, § VIII. Renonciation à une succession future, § VI. R. — 12. V. Adoption, § II et suiv. Q. — 13. V. Adoption, § II et suiv. Q. Contrainte par corps. Domicile. Témoin instrumentaire, § II. R. — 14. V. Souveraineté, § V. R. — 15. V. Déclaration de naissance. R. — 16. V. Caution, *Judicatum solvi.* Q. — 17. V. Absent. Français. Loi, § VI. R. — 18. V. Absent. Mort civile, § I. R. — 21. V. Français, R. — 22. V. Mariage, sect. II et suiv. Mort civile, § I. R. — 23. V. Condamné, R. 24. V. Dégradation civique. Déportation. Français, R. — 25. V. Alimens, § VIII. Autorisation maritale, sect. VII. Communauté, § III et IV. Convention, § IV. Curateur, § X. Don mutuel. Douaire. Gains nuptiaux et de survie, § XI. Héritier, sect. VI. R. Mort civile, § III. Q. Prescription, sect. I, § VIII. Témoin judiciaire, § III. Testament, sect. I, § IV. Usufruit paternel, § V. R. — 27. V. Annotation. Contumace, § II et suiv. Mort civile, § I. R. Sequestre par contumace. Q. — 28. V. Annotation. Séquestre pour contumace. R. et Q. — 52. V. Mort civile, § III. Q. Prescription, sect. III, § VII. Convention, § IV. R.

Tit. II. *Actes de l'état civil.* Art. 54. V. État civil. R. — 55. V. Naissance (acte de), § I. R. — 56. V. Mariage, sect. IV, § I. R. — 59. V. Naissance (acte de). R. — 40. V. Naissance (acte de). R. — 42. V. Abréviation. R. — 45. V. Compulsoire, § I. Représentation d'actes. R. — 46. V. Décès, § I. Maternité. Q. Naissance (acte de). R. — 47. V. Authentique, § II. Q. Loi, § VI. R. — 48. V. Consuls français, § III. R. — 55. V. État civil. R. — 55. V. Déclaration de naissance. — 57. V. Naissance (acte de), § I. — 58. V. Enfant abandonné. Naissance (acte de). R. — 59. V. Naissance (acte de), § I. R. — 65 et 64. V. Bans de mariage, n. 1 et suiv. R. — 66 et 67. V. Bans de mariage. Opposition à un mariage. R. Tableau des interdits, § I. Q. — 68. V. Mariage, sect. IV, § I. Testament, sect. II, § III. R. — 70. V. Notoriété (acte de). R. — 73. V. Mariage, sect. IV, § I. R. — 74. V. Domicile. R. — 75. V. Mariage, sect. IV. R. — 76. V. Mariage, sect. V, § II. R. — 77. V. Cadavre, n. 9. Sépulture. R. — 78. V. Déclaration de décès. — 80. V. Décès. Blessé, § I. R. — 81. V. Cadavre, n. 1. — 84. V. Retrait successoral. Q. — 85. V. Cadavre, n. 6. Extension des jugemens criminels. R. — 88. V. Domicile. État civil. Naissance (acte de). R. — 92. V. Naissance (acte de). — 95. V. Abréviation. R. — 94 et 95. V. Domicile. R. — 99 et suiv. V. Baptême. Naissance (acte de). R. Question d'état, § III. Q. — 100. V. Opposition à un jugement, § I. R. Question d'état, § III. Q. — 101. V. Question d'état, § III. Q.

Tit. III. *Domicile.* Art. 102. V. Domicile. Récusation péremptoire, § I. Q. — 105 et 104. V. Récusation péremptoire, § I. Q. — 106. V. Receveur des contributions directes. R. — 108. V. Adultère, § VII. Q. Mariage, sect. II, § II. R. — 111. V. Accepter à juge. Ajournement. Commandement. R. Récusation péremptoire. Q.

Tit. IV. *Absens.* Art. 112. V. Absent. R. et Q. Curateur, § V. Notaire, § II. R. — 115. V. Absent. R. Acquiescement, § IX. Q. Inventaire, § V. R. — 114 et 115. V. Absent. Déclaration d'absence. — 118 et 119. V. Accessoire. R. — 121, 122, 125 et 124. V. Absent. R. Gains nuptiaux et de survie, § V. — 125. V. Absent. Renonciation à un succession future, § VI. R. — 126. V. Absent. Inventaire, § VIII. R. — 128. V. Absent. Hypothèque, sect. II, § III, art. 6. R. — 129 et suiv. V. Absent. — 154. V. Hypothèque, sect. II, § III, art. 6. R. — 155. V. Décès, § I. Q. Enregistrement, § XXXII. R. Héritier, § III. Q. Réserve, section I, § I. R. — 150. V. Mariage, sect. II et suiv. R. — 141 et suiv. V. Absent. R.

Tit. V. *Mariage.* Art. 144. V. Acquiescement, § XVIII et suiv. Q. Dispense. Femme. Impubère. Mariage, sect. IV, § I. R. — 145. V. Loi, § X. R. — 146. V. Empêchement de mariage. Impuissance. Mariage, sect. III et suiv. R. — 147. V. Bigamie, § II. Q. Mariage, sect. IV, § I. R. — 148. V. Acte respectueux, § III et suiv. Divorce, § VIII. Q. — 149. V. Absent. R. — 150. V. Absent. R. Divorce, § VII. Q. Puissance maritale, sect. II, § II. R. — 151. V. Acte respectueux, § II et suiv. Q. Sommation respectueuse. — 152. V. Acte respectueux, § II et suiv. Q. — 155. V. Acte respectueux, § II et suiv. Adultère, § X. Q. Notaire, § I. R. — 155. V. Absent. R. Acte respectueux, § III et suiv. Adultère, § X. Q. Notoriété (acte de). R. — 156. V. Adultère, § X. Q. Autorisation maritale, sect. III et suiv. R. — 159 et 160. V. Empêchement de mariage. Avis de parens. Curateur, § I. R. — 161 et suiv. V. Dispense. Empêchement de mariage. Mariage, sect. IV,

§ I. R. — 162. V. Loi, § X. R. — 165. V. Adultère. Mariage, sect. IV, § II. R. — 164. V. Loi, § X. R. — 165 et suiv. V. Domicile. Mariage, sect. IV. R. — 167 et suiv. V. Bans de mariage, n. 4 et suiv. R. — 169. V. Loi, § X. R. — 170. V. Domicile. R. — 171. V. Mariage, sect. IV. R. — 172 et suiv. V. Opposition à un mariage. R. — 174. V. Ministère public, § VII. R. — 179. V. Dommages-intérêts. R. — 180 et suiv. V. Empêchement de mariage. R. Hypothèque, § IV. Légitimité, § V. Q. Mariage, sect. VI, § I et suiv. R. — 181. V. Légitimité, § V. Q. Mariage, sect. III et suiv. R. — 182. V. Légitimité, § V. Q. — 185. V. Légitimité, § V. Q. — 184. V. Bail, § II. R. Bigamie, § II. Légitimité, § V. Q. Nullité, § VIII. R. — 186. V. Nullité, § III. R. — 187. V. Légitimité, sect. I, § II. Quest. 14. R. — 188. V. Bigamie, § II. Q. — 189. V. Adultère, § X. Q. Bigamie. R., et § II. Q. — 191. V. Mariage, sect. IV, R. — 192. V. Bans de mariage, n. 2. R. — 195. V. Mariage, sect. IV, § I. R. — 194. V. Décès, § I. Q. Légitimité, sect. I, § II. Quest. I. et suiv. Mariage, sect. V, § II. R. — 195. V. Décès, § I. Q. Mariage, sect. V, § II. R. Navire, § II. R. — 196. V. Mariage, sect. III et suiv. R. — 198. V. Bigamie. R. — 201. V. Légitimité, § V et VII. Q. — 202. V. Légitimité, § V. Q. — 205. V. Alimens, § I. R. — 204. V. Réserve, sect. III. R. — 205 et suiv. V. Alimens, § II. R. — 209, 210 et 211. V. Alimens, § I. R. — 212. V. Simulation, § II. — 215 et 214. V. Appel, § X. Bureau de paix, § IX. Q. Mari, § II. R. Adultère, § VII. Q. — 215. V. Autorisation maritale, sect. I et suiv. R. Mariage, sect. V, § II. R. — 216. V. Accusé. R. Appel, § X. Q. Autorisation maritale, sect. VII. R. Commune, § VI. Q. Injure, § V. R. — 217. V. Autorisation maritale, sect. I. et suiv. R., et § I. Q. Bureau de conciliation. Hypothèque, sect. II, § III, art. 6. Séparation de biens, sect. II. R. Velléien (sénatus-consulte, § III. Q. — 218. V. Autorisation maritale, sect. VI, § IV, et sect. VIII. R., et § I. Q. Caution, § II. Mariage, sect. V, § II. R. — 219. V. Autorisation maritale, § I. Séparation de biens, § V. Q. — 220. V. Autorisation maritale, sect. VII. Dot. R. — 221. V. Autorisation maritale, sect. VII et VIII. R. — 222. V. Autorisation maritale, sect. VII. R. — 225. V. Autorisation maritale, sect. VI, § II, et sect. VIII. Procuration, § II. R. — 224. V. Autorisation maritale, sect. V, § I. R. — 225. V. Autorisation maritale, sect. III et VI. R. Q. Titres, § XIV. Q. Divorce. R. Hypothèque, § IV. Q. Mariage, sect. V, § II. R. — 226. V. Autorisation maritale, sect. I. R. Prescription, sect. I, § XI. Testament, sect. I, § II. R. — 227 et suiv. V. Mariage, sect. II et suiv. R. — 228. V. Curateur, § IX. R.

Tit. VI. *Divorce.* Art. 229. V. Adultère, § V. Q. Communauté, § V. R. — 250. V. Adultère. R. et § V. Q. — 251 et suiv. V. Divorce. Séparation de biens, sect. II. Séparation de corps, § I et suiv. R. — 254. V. Autorisation maritale, sect. VIII. Q. Divorce. R. — 254 et 255. V. Chose jugée, § XV. R. — 257 et suiv. V. Audience, § IV. R. Nullité, § XI. R. — 242 et 245. V. Adultère, § X. Q. Enquête. Interruption de prescription. R. — 244. V. Serment, § II. R. — 246 et suiv. V. Divorce. R. — 247. V. Adultère, § X. Q. Nullité, § XI. R. — 249 et suiv. V. Enquête. R. — 250. V. Succession, § XIV. Q. — 255. V. Dommages-intérêts. R. — 262. V. Divorce. R. — 268. V. Alimens, § III. — 269. V. Inventaire, § X. R. — 270. V. Inventaire, § IX. R. *Non bis in idem.* R. — 272. V. Adultère. R. et § V et IX. Q. Séparation de corps, § II. R. — 275. V. Divorce. R. — 278. V. Divorce, § VII. Q. — 279. V. Divorce, § VII. Q. *Non bis in idem.* R. — 281 et 282. V. Audience, § IV. R. — 285. V. Divorce, § VII. Q. — 284 et suiv. V. *Non bis in idem.* R. — 285. V. Divorce, § VII. Q. Indivis. R. — 286, 287, 288, 289 et 290. V. Divorce, § VII. Q. — 291. V. Appel, § VIII. Q. — 295. V. Adoption, § VIII et suiv. Q. — 298. V. Adultère. R. et § V. Q. Empêchement de mariage. R. — 299. V. Adultère. R. Don mobile. Indignité. Institution contractuelle, § IX. R. Séparation de corps, § IV. R. et Q. — 301. V. Alimens, § III. Divorce. R. — 502 et 505. V. Alimens, § I. Éducation. R. — 505. V. Divorce,

§ VII. Q. Portion indisponible. Réserve, sect. V. — 506. V. Séparation de biens, sect. II. Séparation de corps, § I et suiv. R. — 507. V. Appel, § XIV. — 509. V. Adultère, § V. Q. — 510 et 511. V. Séparation de corps, § IV. R.

Tit. VII. *Paternité et Filiation.* Art. 512. V. Légitimité, Sect. II, § 1 et suiv. R. Paternité. Q. — 513. V. Faux, § III. Paternité. Q. — 516. V. Légitimité, § V. Q. — 517 et 518. V. Légitimité, § II. Q. — 519. V. Appel, § XIV, Compensation, § IX. Q. Légitimité, sect. I, § II. Q. Art. 8. Maternité. R. Question d'état, § I et suiv. Q. Séparation de corps, § IV. R. — 520. V. Question d'état, § I et suiv. Q. — 521. V. Faits justificatifs, R. Question d'état, § I et suiv. Q. — 523. V. Légitimité, § II. Maternité. Q. Naissance (Acte de). R. Paternité. Question d'état, § I et suiv. R. Suppression d'état, § II. Q. — 524. V. Maternité. Question d'état, § II. Q. — 525. V. Chose jugée, § XV. R. Légitimité, § II. Paternité. Q. — 526 et 527. V. Bigamie. Naissance (Acte de). Question d'état. R. § I et suiv. Q. Supposition de part, § II. R. Suppression d'état, § II. Q. — 527. V. Délit. État civil. *Non bis in idem.* R. Question d'état, § I et suiv. R. V. Suppression d'état, § II. Q. — 528. V. Appel, § XIV. — 550. V. Décès, § I. Q. — 551 et 552. V. Légitimation, sect. II, § II. Mariage, sect. V, § II. Réserve, sect. I, § I. R. — 552. V. Bâtard, sect. II, § II et suiv. R. Filiation, § III. R. Maternité. Q. — 555. V. Cassation, § XXXVI. Q. Filiation. R. Maternité. R. — 556. V. Maternité. Q. — 557. V. Adoption, § IX. Q. Bâtard, sect. II, § II et suiv. R. — 558. V. Réserve, sect. IV. R. — 559. V. Paternité. Q. — 540. V. Alimens, § I. Filiation. R. et § II. Paternité. Q. — 541 et 542. V. Maternité. R. et Q. Paternité. Q. — 542. V. Paternité. Q.

Tit. VIII. *Adoption et Tutelle officieuse.* Art. 543. V. Adoption, § IV. R; § I et suiv. Q. — 545. V. Adoption, § I et suiv. Q. — 546. V. Adoption, § I et suiv. Q. — 547. V. Adoption, § IV. R; et § II et suiv. Q. — 548. V. Adoption, § IV. R; § II et suiv. Q. Empêchement de mariage. R. Séparation de corps. Q. — 549. V. Adoption, § IV. R; § II et suiv. Q. Rapport à succession, § V. R. — 550. V. Acquiescement, § V. Q. Adoption, § II et suiv. Q. — 551. V. Adoption, § II et suiv. — 551 et 552. V. Réversion, sect. II, § II, art. 4. R. — 552. V. Adoption, § II et suiv. Q. — 553. V. Adoption, § II et suiv. Q. 554. V. Adoption, § VIII. Q. Substitution fidéicommissaire, § XII. Q. — 555. V. Adoption, § VIII. Q. Juridiction gracieuse. R. — 556. V. Adoption, § VIII. Q. Motifs des jugemens. R. Substitution fidéi-commissaire, § XII. Q. — 557. V. Adoption, § IV. R. et § VIII. Q. Substitution fidéicommissaire, § XII. Q. — 559. V. Adoption, § VIII et suiv. Q. — 560. V. Action révocatoire. R. Adoption, § VIII et suiv. Q. — 561. V. Adoption, § II et suiv. Q. Tutelle officieuse. R. — 566. V. Adoption, § II et suiv. Q. — 568. V. Adoption, § II et suiv. Q. — 569. V. Serment en plaids. R.

Tit. IX. *Puissance paternelle.* Art. 571 et suiv. V. Puissance paternelle, sect. II. R. — 574. V. Puissance paternelle, sect. III, § VI. R. — 575 et suiv. V. Correction. Puissance paternelle, sect. III, § I. R. — 585. V. Puissance paternelle, sect. II. R. — 584. V. Puissance paternelle, sect. IV. R. — 585 et 586. V. Usufruit paternel, § III. R. — 587. V. Puissance paternelle, sect. V. Usufruit paternel, § II. R.

Tit. X. *Minorité, Tutelle et Émancipation.* Art. 589. V. Tutelle, sect. II, § II. R. — 591 et 592. V. Conseil de Tutelle. Contrat de mariage, § III. Dot. Tutelle, sect. II, § II. R. — 593. V. Avis de parens. Curateur, § IX. R. — 595. V. Motifs des jugemens. R. — 397. V. Éducation. Q. Tutelle, sect. II, § I et suiv. R. — 402 et suiv. V. Tutelle, sect. II, § II. R. et suiv. V. Tutelle, sect. II, § III. R. — 406. V. Curateur, § V. Ministère public, § VII. Saisie immobilière, § I. Transcription, § III. R. — 407 et suiv. V. Avis de parens. Tutelle, sect. II. § III. R. — 412. V. Divorce. R. — 415. V. Séparation de biens, sect. II. R. — 414 et 415. V. Avis de parens. R. — 415. V. Audience, § IV. R. — 417. V. Avis de parens, R. —

420 et suiv. V. Subrogé-tuteur. R. — 424. V. Interdiction, § V. Q. — 427 et suiv. V. Tutelle, sect. IV, § I et suiv. — 458 et 459. V. Prescription, sect. II, § II. Tutelle, sect. IV. § V. R. — 442 et suiv. V. Avis de parens. Éducation. Femme. V. Tutelle, sect. III. R. — 447. V. Avis de parens. Motifs des jugemens. R. — 448. V. Appel, § I. Q. Conseil de famille. Homologation. — 450. V. Bail, § XIX. Éducation. R. Interdiction, § V. Q. Tutelle, sect. V, § I. R. — 451. V. Inventaire, § V. *Non bis in idem.* R. — 454 et 455. V. Avis de parens. Bail, § XX. R. — 455 et 456. V. Intérêt, § II. Mineur, § IV. R. — 457 et 458. V. Aliénation. Hypothèque, sect. II, § III. Art. 6. Mineur, § III et IX. R. Saisie immobilière, § I. Transcription, § III. R. — 458. V. Homologation. R. — 459. V. Saisie immobilière, § I. R. Vente, § VIII. Q. — 461. V. Inventaire, § V. R. — 465. V. Mineur, § VII. R. — 464. V. Appel, § I. Q. Partage, § II. R. — 466. V. Partage provisionnel. R. — 467. V. Consultation. Homologation. R. — 469 et suiv. V. Tutelle, sect. V, § II. R. — 470 et 471. V. Compte. R. — 472. V. Tuteur, § III. Q. — 474. V. Compte. Intérêt, § II. R. — 476. V. Mariage, sect. V, § II. Puissance paternelle, sect. VI, § IV. R. — 477. V. Impubère. — 478. V. Avis de parens. Émancipation. R. — 480. V. Compte. Curateur, § I. R. — 481. V. Bail. § XIX. R. — 482. V. Ajournement. Mariage, sect. V, § II. R. — 484. V. Hypothèque, sect. II, § III, art. 6. Transcription, § III. R. — 487. V. Mineur, § IX. R.

Tit. XI. *Majorité, interdiction et conseil judiciaire.* Art. 488. V. Acte respectueux, § III et suiv. Q. Émancipation. Majorité, § VI. R. — 489 et suiv. V. Interdiction. Prodigue, § VII et suiv. R. et Q. Testament, sect. I, § I. R. — 490. V. Blessé, § III. Vente, § VII. R. — 492. V. Transaction, § V. R. — 493. V. Opposition à un mariage. R. — 495. V. Avis de parens. R. — 497. V. Appel, § I. Q. — 499. V. Conseil judiciaire. Hypothèque, sect. II, § III, art. 6. Interdiction. Prodigue, § VIII. R. — 500. V. Tutelle, sect. II, § I. R. — 501. V. Interdiction, § VI. Notaire, § V. R. Tableau des interdits, § I. Q. — 502. V. Tableau des interdits, § I. Q. — 503 et 504. V. Mariage, sect. VI, § II. Prodigue, § VII et suiv. Testament, sect. I, § I et suiv. R. — 504. V. Testament, sect. II, § III. R. et § XIII et suiv. Q. — 505. V. Hypothèque, sect. II, § III. Art. 6. Interdiction. Tutelle, sect. II, § I. R. — 507. Avis de parens. R. — 509 et suiv. V. Interdiction, § VI. R. et § V. Q. Intérêt, § II. R. Requête civile, § I. Q. Tutelle, sect. II, § I. R. — 510 et 511. V. Avis de parens. R. — 512. V. Interdiction, § V. Prodigue. Q. — 515 et suiv. V. Conseil judiciaire. Dou mutuel. Hypothèque, sect. II, § III, art. 6. Prodigue, § VII et suiv. R. et Q.

LIVRE II. — Des biens et des différentes modifications de la propriété. Tit. I. *Distinction des biens.* Art. 516. V. Hypothèque, sect. II, § III. R. — 517. V. Expropriation forcée. R. — 520. V. Biens, § I. Fruits. Meubles. V. Taillis. R. — 521. V. Bois, § III. R. — 524. V. Abeilles. Biens, § I. Colombier. Pressoir. R. — 526. V. Expropriation forcée. Nantissement, § I. Servitude, § XXXV. R. — 529. V. Action, actionnaire, § II et suiv. Q. Biens, § I. Billet, § I. Communauté, § II et IV. Complainte, § III et suiv. Rente foncière, § II. Rente viagère. R. Séparation de corps. Q. — 551. V. Biens, § I. R. — 554 et suiv. V. Biens, § I. R. — 535 et 556. V. Meubles (Legs de). R. — 557 et 558. V. Hypothèque, Sect. II. § III. Chemin public. Lais et relais de la mer. R. Rivages de la mer. Q. Rivière, § I. R. — 559. V. Biens, § IX. R. — 540. V. Hypothèque, Sect. II, § III. R. — 542. V. Partage, § X. R. — 543. V. Service foncier. R.

Tit. II. *Propriété.* Art. 544. V. Propriété. Voisinage, § IV. R. — 545. V. Biens nationaux, § I. Q. Loi, § IV. R. — 546. V. Accession. Bornage. R. — 547. V. Accession. R. — 549 et 550. V. Fruits. R. — 551. V. Accession. R. — 552. V. Cave. Voisinage. § V. R. — 553. V. Contre-feu. Contre-mur. R. — 554. V. Arbre, n. 10. Dommages-intérêts. R. — 555. V. Amélioration. Arbre, n. 10. Bâtiment. R. — 556 et 557. V. Alluvion.

R.—559 et suiv. V. Attérissement. R.—560 et suiv. V. Ile. R. — 564. V. Étang. R. — 565 et suiv. V. Accession. R. — 574 et suiv. V. Accession. R.

Tit. III. *Usufruit, usage et habitation.* Art. 579. V. Legs, sect. IV, § III. Tiers détenteur. Usufruit, § I et suiv. R. — 585 et suiv. V. Fruit. R. — 584 et suiv. V. Douaire. R. — 590 et suiv. V. Bois, § III. Pépinière. R. — 591. V. Dot. R. —595. V. Bail, § II et XIV. R.—596. V. Alluvion. R.—598. V. Communauté, § II. R. — 600. V. Legs, sect. IV, § III. *Non bis in idem.* R. — 601. V. Don mutuel. Douaire. Usufruit, § II. R. — 604. V. Don mutuel. Legs, sect. IV, § III. R. — 605 et suiv. V. Don mutuel. R. — 612. V. Don mutuel. R. — 617 et suiv. V. Habitation, sect. I. Douaire. Mort civile, § I. R. — 622. V. Douaire. R. — 625 et suiv. V. Usage (droit d'), Sect. I et suiv. R. — 626. V. *Non bis in idem.* R. — 655 et suiv. V. Prescription, sect. I, § III. R. — 636. V. Usage (droit d'), § VII. Q.

Tit. IV. *Servitudes* ou *services fonciers.* Art. 657 et suiv. V. Servitude, § I et suiv. R. Usage (Droit d'), § VII. Q. — 640. V. Bornage. Eaux pluviales. Juge de paix, § XV. Servitude, § XXXV. Voisinage. R. — 641 et suiv. V. Cours d'eau. R. — 642. V. Bief. R. — 644. V. Hypothèque, sect. II, § III. Q. V. Juge de paix, § XV. R. — 645. V. Cours d'eau, § III. Q. — 646. V. Cerquemanage. Servitude, § III. R. — 650. V. Voisinage. R. — 653 et suiv. V. Mitoyenneté, § I et suiv. R. —654. V. Armoires. R. — 656. V. Servitude, § III. Q. — 657 et suiv. V. Clôture, § III. Q. — 658. V. Servitude, § III. Q. — 665. V. Clôture, § I. R. — 664. V. Bâtiment. Cave. Comble. R. — 665. V. Servitude, § III. Q. — 666 et suiv. V. Fossés. R. — 670. V. Haie. R. — 671. V. Arbre, n. 5. R. — 672. V. Arbre, n. 6. R. — 675. V. Arbre, n. 9. R. — 674. V. Aisance. Cave. Cheminée. Contre-feu. Contre-mur. Fossé. Fumiers. R. — 676. V. Servitude, § III. Q. Vue, § II et IV. R. — 677, 678 et 679. V. Servitude, § III. Q. — 682 et suiv. V. Voisinage, § IV. R. — 686 et suiv. V. Servitude, § III et suiv. R. — 688 et suiv. V. Tour de l'échelle, § II. Usage (droit d'), sect. II, § III. R. et § VIII. Q. — 690 et suiv. V. Servitude, § XIX et XXVIII. R. et § V. Q. — 694. V. Prescription, sect. I, § III et XI. Séparation de patrimoine, § II. Servitude, § V. Usage (droit d'), § VII. Q. — 697 et suiv. V. Servitude, § XXIX. R. — 701. V. Servitude, § III. Q. Transcription, § III. R. — 703 et suiv. V. Servitude, § XXX et suiv. — 706 et suiv. V. Servitude, § XXXIII. R. et § III et suiv. Q. — 707. V. Servitude, § III et suiv. Q.

LIVRE III.—Des différentes manières dont on acquiert la propriété. — *Dispositions générales.* Art. 712. V. Accession. R.

Tit. I. *Successions.* Art. 718 et 719. V. Succession, sect. I, § IV. — 720 et suiv. V. Mort, § II. R. — 724. V. Héritier, sect. I. R. et § II. Q. Succession, sect. I, § II. R. — 725. V. Renonciation à une succession future. Succession, sect. I, § II. R. Vie, § II. Q. — 726. V. Adoption, § II et suiv. Q. — 727 et suiv. V. Indignité. R. — 730. V. Indignité. R. — 732. V. Biens, § I. Dénaturer. Emphytéose. Héritier, sect. IV. Succession, sect. I, § III. R. — 733. V. Succession, § XIV. — 755 et suiv. V. Degrés de parenté. R. — 439. V. Adoption, § VII. Q. Représentation (droit de), sect. III, § III et sect. IV. R. — 740. V. Adoption, § VII. Q. — 744. V. Réserve, sect. I, § I. R. — 745. V. Adoption, § VII. Q. Dévolution coutumière. Emphytéose. R. Exclusion coutumière, § V. Q. Succession, sect. I, § III. R. — 746. V. Réserve, sect. I, § II. R. Succession, § XIV. Q. — 747. V. Partage d'ascendant. Réserve, sect. II, § II. Réversion, sect. II, § II, art. 4. R. — 748. V. Succession, § XIV. Q. — 749. V. Succession, § XIV. Q. — 750. V. Donation. Réserve, sect. I, § II. Succession, sect. I, § III. R. et § XIV. Q. — 751. V. Succession, § XIV. Q. — 752. V. Adultère. R. Succession, § XIV. Q. — 753. V. Paternité. Q. Réserve, sect. I, § II.

R. Succession, § XIV. Q. Usufruit paternel, § V. R. — 755. V. Degrés de parenté. Succession, sect. I, § II. R. — 756. V. Adoption, § I et suiv. Q. Bâtard, sect. II, § I et suiv. R. Institution contractuelle, § IV. Maternité. Réserve, sect. IV. R. et Q. Succession, sect. II, § II. R. — 757 et 758. V. Filiation. R. Inscription hypothécaire, § II. Réserve (droit de). Q. Héritier, sect. I. R. et Q. — 759. V. Adoption, § VII. Q. — 761. V. Réserve (droit de). Q. — 762. V. Adoption, § IV. Bâtard, sect. II, § I et suiv. Filiation. R. Paternité. Réserve (droit de). Q. — 765. V. Adultère. R. Réserve (droit de). Q. — 764. V. Réserve (droit de). Q. — 766. V. Réversion, sect. II, § II, art. 4. R. — 767. V. Héritier, sect. I. R. Inscription hypothécaire, § II. Q. Saisie immobilière, § VIII. Succession, sect. II, § II. R. — 768. V. Hôpital, § V. R. — 769. V. *Non bis in idem.* Succession, sect. II, § II. R. — 770. V. Héritier, sect. I. R. Inscription hypothécaire, § II. Q. —772. V. Dommages intérêts. R. — 774. V. Acceptation d'une succession. R. Héritier, § II. Q. — 775. V. Renonciation à une succession échue, § I. R. — 778 et suiv. V. Héritier, § XI. Q. — 780. V. Légitimité, § VII. Q. Réserve, sect. I, § I. R. — 785. V. Héritier, § II. Q. — 784. V. Légitimité, § VII. Q. Renonciation. R. — 785 et suiv. V. Renonciation à une succession échue, § I. R. Réserve, sect. I, § I. R. — 788. V. Créanciers. R. — 789. V. Héritier, § II. Q. — 790. V. Curateur, § III. Déguerpissement, § IX. Opposition (tierce), § II. R. — 791. V. Contrat de mariage, § II. Renonciation à une succession future, § II et VI. R. — 795. V. Bénéfice d'inventaire, n. 1. R. — 794 et 795. V. Bénéfice d'inventaire, n. 5, 8 et 20. Inventaire, § X. Notaire, § II. R. — 795. V. Héritier, § VIII. Q. — 797 et 798. V. Saisie immobilière, § II. R. — 798 et suiv. V. Bénéfice d'inventaire, n. 5. R. Héritier, § VIII. Q. — 800. V. Héritier, § VIII. Q. — 801. V. Bénéfice d'inventaire, n. 2 et 8. R. — 802. V. Bénéfice d'inventaire, n. 15. R. et § V. Q. — 805 et 806. V. Bénéfice d'inventaire, n. 7. Saisie immobilière, § I. Transcription, § III. — 807. V. Bénéfice d'inventaire, n. 6. R. — 808 et 809. V. Bénéfice d'inventaire, n. 12. R. — 810. V. Bénéfice d'inventaire, n. 14. R. — 811 et suiv. V. Curateur, § III. R. Transcription, § III. R. — 815. V. Acte respectueux, § III et suiv. Q. Notaire, § II. R. Saisie immobilière, § II. R. — 815. V. Loi, § VIII. R. — 816 et suiv. V. Partage, § I et suiv. Prescription, sect. II et suiv. R.—819 et suiv. V. Bail, § VII. Partage, § IV. R.— 820. V. Notaire, § II. Scellé, § III. R. — 822. V. Transcription, § III. R. — 824 et suiv. V. Estimation. R. Action, § III. R. — 827. V. Appel, § I. Q. Licitation, § I et suiv. Partage d'ascendant. R. — 828. V. Notaire, § II. R. — 852 et suiv. V. Transcription, § III. R. Partage d'ascendant. R. — 854. V. Intérêts, § V. Q. — 859. V. Appel, § I. Q. Don de baptême. R. — 840. V. Partage provisionnel. R. — 841. V. Droits successifs. R. et § II. Q. — 845. V. Contrat de mariage, § II. R. Donation, § V. Q. Partage d'ascendant. Rapport à succession, § II et suiv. R. — 844. V. Donation, § V. Q. Réserve, sect. I, § I. R.—847. V. Donation, § V. Q.—848. V. Donation, § V. Q. Rapport à succession, § V. R.—849. V. Donation, § V. Q.—850. V. Rapport à succession, § III et suiv. Réserve, sect. I, § I. R. — 855. V. Donation, § V. Q. Réserve, sect. III, § II. R. — 856 et suiv. V. Rapport à succession, § IV et suiv. R. — 857. V. Réserve, sect. I, § I. R. et Q. — 858 et suiv. V. Rapport à succession, § VIII et suiv. R. — 861 et 862. V. Dépense. R. — 865 et suiv. V. Réserve, sect. III, § I. R. — 870. V. Dette. Privilège de créance, sect. IV, § VI. R. — 871. V. Légataire, § VII. Tiers détenteur. — 872. V. Société, sect. VIII. R. — 875. V. Avantages aux héritiers présomptifs, § VII. Q. — 874. V. Légataire, § VII. Tiers détenteur. R. — 877. V. Abandonnement. Commandement. Consul des marchands, § I et suiv. Exécution parée. R. — 878. V. Privilège de créance, sect. IV, § VI. R. Séparation de patrimoine, § III. R. — 879 et suiv. V. Séparation de patrimoine, § III. R. et § II. Q. — 880. V. Privilège de créance, sect. IV, § VI. R. Séparation de patrimoine,

§ II. Q. — 882. V. Licitation, § III. Partage, § VI. R. — 885 et suiv. V. Conseil de famille. Réserve, sect. III, § I. R. — 884 et suiv. V. Partage, § VI. R. — 887 et suiv. V. Lésion, § IV et VI. R. Partage d'ascendant. Substitution fidéicommissaire, sect. I, § XIV. R. — 889. V. Droits successifs. R. — 891. V. Partage d'ascendant. R. — 892. V. Lésion, § VI. R.

Tit. II. *Donations entre vifs et testamens.* Art. 893. V. Don mutuel. Donation. R. et § V et VI. Q. Institution contractuelle, § V. Testament, sect. IV, § III. R. — 895. V. Testament, sect. II, § III. R. — 896 et 897. V. Contrat de mariage, § V. Institution d'héritier, sect. I, § V. Substitution directe, § I et suiv. Substitution fidéicommissaire, sect. I et suiv. R. et § XIII. Q. Testament, sect. IV, § III. R. — 900. V. Condition, sect. I, § II et suiv. Legs, sect. III. Testament, § XV et suiv. Q. — 901 et suiv. V. Donation. Interdiction, § VI. Légataire, § II. Testament, sect. I, § I et suiv. R. § XIII et suiv. Q. — 902. V. Avocat, § XIV. Domestiques. Institution contractuelle, § IV. Procureur *ad lites.* Réduction de legs. Sourd-muet. R. Testament, § XIII et suiv. Q. — 915. V. Testament, sect. I, § I. R. — 904. V. Don mutuel. R. — 905. V. Autorisation maritale, sect. I. R. — 906. V. Institution d'héritier, sect. V. R. Substitution fidéicommissaire, § IV. Q. — 907 et suiv. V. Avantages prohibés par la qualité des personnes. R. — 908. V. Adultère. R. Avantages aux héritiers présomptifs. Q. Bâtard, sect. II, § I et suiv. R. Cassation, § XXXVI. Q. Institution contractuelle, § IV. R. Paternité. Q. Réserve, sect. IV. R. — 909. V. Apothicaire. Confesseur. Médecin, § IV. Simulation, § II. R. — 910 et suiv. V. Donation. R. Adoption, § IV. Apothicaire. Avantage simulé par interposition de personne, par déguisement de contrat. R. Avantages aux héritiers présomptifs. Donation, § V. Q. Simulation, § V. R. — 912. V. Adoption, § II et suiv. Q. Étranger. Succession, sect. I, § II. Renonciation à une succession future, § VI. R. — 913. V. Institution contractuelle, § X. Portion disponible. Réserve, sect. I, § I et suiv. R. et Q. — 915. V. Institution contractuelle, § X. R. Réserve (droit de). Q. — 916. V. Réduction de legs. R. Réserve (droit de). Q. — 918. V. Avantages aux héritiers présomptifs. Q. Rapport à succession, § II et suiv. R. Donation, § V. Q. — 919. V. Bénéfice d'inventaire, n. 5. R. — 920. V. Donation, § V. Q. Réduction de legs. R. — 921. V. Réserve (droit de). Q. — 950. V. Sourd-muet. R. — 951. V. Authentique, § II. Q. Don mutuel. Donation. R. et § V et VI. Q. — 933. V. Bénéfice d'inventaire, n. 4. R. Donation, § VI. Q. Procuration, § II. R. — 934. V. Autorisation maritale, sect. I. R. — 935. V. Mineur, § VII. R. — 938. V. Clause de constitution. Donation. R. Transport (cession et), § VI. Q. — 959. V. Gains nuptiaux et de survie, § III. Q. — 942. V. Mineur, § VII. R. — 943 et suiv. V. Donation. R. — 951. V. Contrat de mariage, § V. Dot. Partage d'ascendant. Réversion, sect. II, § II, art. 4. R. — 952. V. Résolution, § I. Q. — 953 et suiv. V. Donation. R. Résolution, § I. Q. — 954. V. Révocation de donation, § I. R. Résolution, § I. Q. — 953 et suiv. V. Ingratitude. R. Séparation de corps. Q. — 957. V. Résolution, § I. Q. — 958. Résolution, § I. Q. Révocation de donation, § I. R. — 959. V. Dot. Institution contractuelle, § IX. R. Séparation de corps. Q. — 960. V. Adoption, § IV et suiv. Q. Donation. R. Révocation de Donation, § I. Q. — 964 et suiv. Transcription, § III. R. — 967. V. Date, § II. Testament, § XV et suiv. Q. — 968. V. Partage d'ascendant. Testament, sect. II, § I. R. et § III. Q. — 969. V. Testament, sect. II, § IV, et sect. IV, § III. R. et § XVII et suiv. Q. — 970. V. Loi, § VI. Prescription, sect. II, § VI. Testament, sect. II, § I. R. — 971. V. Loi, § V. Testament, sect. II, § III. R. et § XVII et suiv. Q. — 972. V. Testament, sect. II, § II. R. ; et § XI et suiv. Q. Transcription, § III. R. — 975. V. Signature, § III. R. — 975 et 976. V. Témoin instrumentaire, § II. R. Testament, § XIV et suiv. Q. Testament, section II, § II et III. R. — 979. V. Sourd-muet. Testament, sect. II, § I et § III. R. — 980.

V. Adoption, § II et suiv. Q. Souveraineté, § VI. Témoin instrumentaire, § II. Testament, sect. II, § III. R. et § XVII et suiv. Q. — 981 et suiv. V. Testament, sect. II, § III. R. — 983 et suiv. V. Bénéfice d'inventaire, n. 6. Donation. R. — 984. V. Révocation de Testament, § VI. R. — 985 et suiv. V. Testament, sect. II, § III. — 988. V. Bénéfice d'inventaire, n. 8. Révocation de testament, § VI. Testament, sect. II, § III. R. — 996. V. Révocation de testament, § VI. R. — 999. V. Authentique, § II. Q. Loi, § VI. R. Testament, sect. II, § II. R. et § XII et suiv. Q. — 1001. V. Testament, sect. II, § III. R. et § XI et suiv. Q. — 1002. V. Clause codicillaire. Institution d'héritier, sect. I. R. — 1005. V. Confiscation, § II. Q. Légataire, § I. Révocation de legs, § II. R. Testament, § XIII et suiv. Q. — 1006. V. Testament, § XIII et suiv. Q. — 1009. V. Don mutuel. Légataire, § VII. R. — 1010. V. Légataire, § I. R. — 1011 et 1012. V. Don mutuel. R. — 1014. V. Don mutuel. Testament, sect. II, § III. R. — 1015. V. Légataire, § VII. Legs, sect. IV, § III. R. — 1017. V. Don mutuel. Légataire, § VIII. Transcription, § V. R. — 1019. V. Bâtiment. R. — 1020. V. Légataire, § VII. R. — 1021. V. Caution, § IV. R. Confiscation, § II. Q. Legs, sect. III, § III. R. — 1022. V. Choix, § II. R. — 1023 et 1024. V. Légataire, § VII. R. Testament, § XIII et suiv. Q. — 1026. V. Chose jugée, § XVIII. Q. Exécuteur testamentaire. R. — 1031. V. Exécuteur testamentaire. Notaire, § II. R. — 1033 et 1054. V. Exécuteur testamentaire. R. — 1035. V. Don mutuel. Notaire, § II. Révocation de codicille, § IV. R. — 1037. V. Révocation de testament, § I. Testament, sect. II, § III. R. — 1038. V. Révocation de legs, § II. R. — 1044. V. Accessoire. R. Testament, § XIII et suiv. Q. — 1045. V. Accessoire. R. — 1047. V. Subrogation de chose, § II. R. — 1048. V. Majorat, § VI. R. — 1049. V. Institution d'héritier, sect. I. Mort civile, § I. Substitution fidéicommissaire, sect. I, § XIV, sect. VI. R. — 1050. V. Choix, § I. R. — 1053. V. Mort civile, § I. R. — 1055 et suiv. V. Substitution fidéicommissaire, sect. XI, § VI et suiv. R. — 1058. V. Notaire, § II. Substitution fidéicommissaire, sect. XI, § I et suiv. R. — 1060 et 1061. V. Notaire, § I. R. — 1065 et 1064. V. Substitution fidéicommissaire, sect. VI. R. — 1069 et suiv. V. Donation. Substitution fidéicommissaire, sect. VIII, art. 7. R. — 1074. V. Don mutuel. R. — 1075. V. Donation, § V. Q. Partage d'ascendant. R. — 1076. V. Donation, § V. Q. — 1078. V. Donation, § V. Q. — 1079. V. Partage d'ascendant. R. — 1081 et 1082. V. Contrat de mariage, § II. R. Gains nuptiaux et de survie, § VIII. R. — 1082. V. Adoption, § VII. — 1085. V. Institution contractuelle, § XII. R. — 1086. V. Donation. R. — 1088. V. Bagues et joyaux. R. — 1090. V. Dot. Institution contractuelle, § X. R. — 1091 et suiv. V. Avantages entre époux. Contrat de mariage, § IV. Don mobile. R. — 1092. V. Bagues et joyaux. Contre-augment. Gains nuptiaux et de survie, § VIII. R. — 1094. V. Adoption, § V. et suiv. Q. Don mutuel. Simulation, § II. R. — 1096. V. Contrat de mariage, § V. Q. — 1097. V. Bagues et joyaux. Contrat de mariage, § II. R. Dernier vivant tout tenant. Q. Don mutuel. Donation. Entravestissement, sect. III, § III. R. — 1098. V. Communauté, § II. Contrat de mariage, § III. Noces (secondes), § VII, art. 1. Portion indisponible. Réserve, sect. V. Viduité, § I. — 1099. V. Aliénation. Avantage simulé par interposition de personne, par déguisement de contrat. R. Avantages aux héritiers présomptifs. Q. Simulation, § V. R. — 1100. V. Aliénation. Avantages aux héritiers présomptifs. Q.

Tit. III. *Contrats ou obligations conventionnelles en général.* Art. 1102 et suiv. V. Convention, § IX. R. — 1108. V. Capacité. Convention, § II. Hypothèque, sect. II, § III, art. 6. R. — 1109 et suiv. V. Consentement. Crainte. Vente, § I, art. 5. R. — 1110. V. Erreur. R. — 1111 et suiv. V. Convention, § VI. R. — 1114. V. Crainte, § I. Q. — 1116. V. Dol. R. Donation, § V. Q. Escroquerie. R. — 1117 et suiv. V. Rescision. R. — 1119 et suiv. V. Convention, § IV. R. Donation, § VI. Q. Renonciation. R. — 1120. V. Convention, § III. R. — 1121. V. Institution contractuelle, § V. Lettre et billet de change, § IV. Révocation de substitution. R. Stipulation pour autrui. Q. — 1125. V. Arbitres, § XIV. Q. Sénatus-consulte Velléien, § III. R. Velléien (sénatus-consulte), § III. Q. — 1125 et 1126. V. Convention, § II et § IV. R. Velléien (sénatus-consulte), § III. Q. — 1127 et suiv. V. Convention, § III. R. — 1129. V. Indéterminé. R. — 1150. V. Emphytéose. R et § III. Q. Institution contractuelle, § III. R. Légitimité, § VII. Q. Renonciation, § I. Renonciation à une succession future, § VI. R.—1151. V. Acquiescement, § XIX et suiv. Q. Consul des marchands, § I et suiv. Convention, § VI. Marché à terme, § II. R. — 1132 et 1155. V. Convention, § II. Acquiescement, § XIX et suiv. Q. — 1154. V. Acquiescement, § XIX. Donation, § V. Loyers et fermages, § I. Q. Promesse de changer de nom. Ratification. R. — 1141. V. Navire, § I. R. — 1142. V. Fait. R. — 1146 et suiv. V. Dommages-intérêts. R. — 1148. V. Cas, § VII. Motifs des jugemens. R. — 1155. V. Aval, § II. Q. Commandement. Dommages-intérêts. Intérêt, § II, III et IV. R. — 1154. V. Anatocisme. R. — 1156. V. Acceptation de lettre de change. R. Contrat pignoratif, § II. Q. Convention, § VII. R. Légitimité, § VII. Vente, § X. Q. — 1157. V. Sous-location. R. Vente, § X. Q. — 1158. V. Vente, § X. Q.— 1159. V. Loi, § VI. R. Vente, § X. Q. — 1160. V. Clause. R. Vente, § X. Q. — 1161, 1162 et 1163. V. Vente, § X. Q. — 1164. V. Bail, § VI. R. Vente, § X. Q. — 1165. V. Inscription hypothécaire, § XII. Q. — 1166. V. Autorisation maritale, sect. IX. Créanciers. Expropriation forcée. R. Hypothèque, § IV. Q. Prescription, § VI. Q. Subrogation de personne, sect. II. R.— 1167. V. Créancier. R. — 1172 et suiv. V. Condition, sect. I, § II et suiv. R. — 1174. V. Hypothèque, sect. II, § III, art. 6. R. et § III. Q. — 1179. V. Communauté, § IV. Hypothèque, § III. Q. — 1181 et suiv. V. Condition, sect. I, § II et suiv. Lettre et billet de change, § IV. Ordre de créanciers, § IV. R. — 1185 V. Emphytéose, § III. Q. Expropriation forcée. R. — 1184. V. Clause résolutoire. R. Emphytéose, § III. Q. Rente de don et legs. R. — 1188. V. Bail, § XII. Lettre et billet de change, § IV. Rente constituée, § X. R. — 1189. V. Convention, § VII. Emphytéose. R. — 1190. V. Choix, § II. R. Donation, § XI. Q. — 1195 et suiv. V. Vente, § IV. R. — 1197 et suiv. V. Créancier. R. Donation, § XI. Q. Solidarité. R. — 1200. V. Solidarité, § V. Q. — 1203. V. Caution, § IV. R. Solidarité, § V. Q. — 1204. V. Solidarité, § V. — 1206. V. Indivis. Interruption de prescription. R. Péremption, § VI. Q. — 1207. V. Intérêt, § III et IV. R. — 1212. V. Saisie immobilière, § V. R. — 1217 et 1218. V. Notaire, § VI. Succession, sect. I, § VI. R. — 1222. V. Notaire, § VI. R. — 1225. V. Société, § X. Q. — 1226 et suiv. V. Peine contractuelle. R. Garantie. R. — 1251. V. Tiers détenteur. R. — 1254. V. Bâtard, sect. II, § II et suiv. R. — 1255. V. Cassation, § XXXI. Ignorance. Q. — 1256 et suiv. V. Payement. Rente de don et legs. R. — 1238. V. Cassation, § XXXI. Q. 1241 et suiv. V. Payement. R. — 1245 et 1244. V. Créancier. R. Billet à domicile. Q. Saisie immobilière, § III. R. — 1248. V. Timbre (droit de). Transcription, § VII. R. — 1249 et suiv. V. Subrogation de personne, sect. II. R. Privilége de créance, sect. IV, § II. R. Rente de don et legs. Tiers détenteur. R. Transport (cession et), § VII. R. et Q. — 1253 et suiv. V. Imputation de payement. R. — 1257. V. Transcription, § VII. R. — 1258. V. Offres réelles. Rente de don et legs. R. — 1259. V. Consignation. Transcription, § VII. R. — 1261 et 1262. V. Transcription, § VII. R. — 1265 et suiv. V. Cession de biens. R. — 1267. V. Abandonnement. Intérêt, § VII. — 1269. V. Abandonnement. Saisie immobilière, § I. Transcription, § III. R. — 1270. V. Cession de biens. Saisie mobilière, § III. R. — 1271 et suiv. V. Novation, § II et suiv. R. — 1278 et suiv. V. Novation, § VI. R. Délégation de dette. R. — 1282. V. Hypothèque, § XIX. Q. Présomption. R. — 1283. V. Expédition R. — 1290 et suiv. V. Compensation, § I. Louage. R. Cassation, § XXXVI. Compensation, § IX. Q. — 1293. V. Alimens, § VIII. R. — 1297. V. Compensation, § I. R. — 1299. V. Compensation, § I. R. — 1500 et 1501. V. Confusion. R. — 1502. V. Cas, § VII. R. — 1504 et 1505. V. Convention, § VI. Mineur, § IX. R. Nullité, § VIII. Prescription, sect. II, § VIII. Transaction, § V. R. — 1506. V. Hypothèque, § IV. Q. Lésion, § VI. R. — 1508. V. Banquier, n. 4. Mineur, § IX. R. — 1511. V. Lésion, § VI. R. — 1512. V. Mineur, § I. R. — 1514. V. Homologation. R. — 1515 et 1516. V. Preuve, sect. II, § III. R. Serment, § II. R. — 1517. V. Filiation, § III. Q. Preuve, sect. II, § II et suiv. R.—1518. V. Contrat judiciaire, § II. Q. Double écrit. Notaire, § VII. R. — 1519. V. Confession, § IV. Date, § V. Faux, § XVI. Filiation, § III. Q. Testament, sect. II, § V. R. — 1320. V. Commencement de preuve par écrit, § II. Q. — 1521. V. Contre-lettre, § III et § V. Q. Testament, sect. II, § V. R. — 1522. V. Confession, § IV. Date, § V. Double écrit, § II. Tiers, § II. Q. — 1524. V. Contre-lettre. R. — 1525. V. Autorisation maritale, sect. VI, § III. Double écrit. R. et § II. Q. Légitimité, § VII. *Non bis in idem.* Signature, § I. Société, sect. III. R. — 1526. V. Blanc-seing. Lettre et billet de change, § II. R. — 1527 et suiv. V. Preuve, sect. II, § II et suiv. R. Acte sous seing privé, § I. Contre-lettre. R. Date, § V. Inscription hypothécaire, § XII. Préparatoire (jugement). Privilége, § I. Tiers, § I et II. Q. — 1531. V. Cassation, § XXXVI. Q. — 1533. V. Cassation, § XXXVI. Taille de marchand. R. — 1554 et suiv. V. Copie, § V. R. Preuve, sect. II, § II et suiv. R. Collation de pièces. R. — 1558. V. Acquiescement, § V et IX. Q. Autorisation maritale, sect. IX. Conventions matrimoniales, § I. R. Hypothèque, § III. Q. Lésion, § VI. Marché à terme, § II. Nullité, § III. Ratification. R. Testament, § XVIII. Q. — 1540. V. Nullité, § III. Testament, sect. II, § V. R. et § XVIII. Q. — 1541. V. Charte partie. R. Commencement de preuve par écrit, § II. Q. Consuls des marchands, § III. R. Contrat pignoratif, § II. Q. Convention, § IX. Double écrit. Exception d'argent non compté. Lettre et billet de change, § II. Opposition aux jugemens par défaut, § VI. Q. Preuve, sect. II, § II et suiv. Serment, § II. Société, sect. III. Testament, sect. I, § I. R. Testament, § XVI et suiv. Q. — 1542 et suiv. V. Preuve, sect. II, § III. R. — 1547. V. Commencement de preuve. R. et § I et suiv. Q. Exception d'argent non compté. Lettre et billet de change, § II. R. Maternité. Q. Serment, § II. Testament, sect. I, § I. — 1348. V. Cas, § VII. Testament, sect. IV, § II. R. Testament, § XVI et suiv. Q. — 1549. V. Présomption. Puissance maritale, sect. II, § III. R. — 1550. V. Appel, § I. Arbitres, § XIV. Cassation, § XXXI. Délai, § VI. Hypothèque § XIX. Faux, § VI. Q. — 1551. V. Acquiescement, § IX. Q. Appel, § I et XV. Appel incident, § VI. Q. Arbitres, § XIV. Chose jugée, § XVIII. Délai, § VI. Faux, § VI. Hypothèque, § XIX. Mort civile, § III. Q. Motif des jugemens. *Non bis in idem.* Rente seigneuriale, § II. R. Testament, § XVII et suiv. Tribunal de police, § X. Q. — 1552. V. Appel, § I. Cassation § XXXI. Q. Testament, sect. I, § I. R. — 1555. V. Adultère, § X. Q. Avantage simulé par déguisement de contrat. Circonstances. R. Commencement de preuve par écrit, § II. Confession, § II et suiv. Contrat pignoratif, § II. Faux, § VI. Hypothèque, § XIX. Q. Lettre et billet de change, § II. R. Paternité. Pignoratif (contrat). Q. Serment, § II. Simulation, § III. Usure. R. — 1554 et suiv. V. Confession. R. Confession, § III. Q. Preuve, sect. II, § I. Testament, sect. IV, § III. R. — 1556. V. Adultère, § X. Q. Chose jugée, § XV. R. Commencement de preuve par écrit, § II. Confession, § II et suiv. Légitimité, § V. Suppression de titres, § I. Q. — 1557 et suiv. V. Serment, § II. R. Endossement. R. — 1560. V. Endossement. R. — 1565. V. Affirmation. Serment, § II. R. — 1564. V. Contrat judiciaire. R. — 1565. V. Chose jugée,

§ XVIII. Q. — 1566. V. Confession, § III. Q. Serment, § II. R. — 1567. V. Motif des jugemens. R.

Tit. IV. *Engagemens qui se forment sans convention*, Art. 1570. V. Motifs des jugemens. R. — 1571 et suiv. V. Quasi contrat. R. — 1572 et suiv. V. Affaires. R. Cassation, § XIX. Cassation, § XXXI. Q. — 1575. V. Cassation, § XIX. Q. Inscription hypothécaire, § V. et suiv. R. — 1577. V. Saisie immobilière, § VII. R. — 1579. V Cassation, § VII. R. — 1581. V. Amélioration. R. — 1582. V. Contrat pignoratif, § II. Q. Quasi-délit. R. Réparation civile, § II et suiv. R. Réparation civile, § II. Q. Renonciation à une succession future, § VI. R. Testament, sect. IV, § II. R. — 1585. V. Contrat pignoratif, § II. Dépôt nécessaire. Mari, § II. Réparation civile, § II. Q. — 1584. V. Appel, § X. Q. Blessé, § III. Contrebande. Délit. R. Dépôt nécessaire. Q. Domestiques. R. Mari, § I. Mari, § II Q. Puissance paternelle, sect. III, § III. — 1585. V. Gibier. — 1586. V. Bâtiment. Ignorance. R.

Tit. V. *Contrat de mariage, et droits respectifs des époux.* Art. 1587 et suiv. V. Contrat de mariage, § I. Gains nuptiaux et de survie, § IV. Renonciation. Tiers détenteur. R. — 1588. V. Blessé, § III. R. — 1589. V. Attérissement. Contrat de mariage, § II. Emphytéose. Institution contractuelle, § IV. Réalisation, § I. R. — 1590. V. Communauté, § IV. Contrat de mariage, § IV. Contrat de mariage, § V. Douaire. Gains nuptiaux et de survie, § IV. R. Gains nuptiaux et de survie, III. Q. Habitation, sect. I. R. Testament, § XV et suiv. Q. — 1592. V. Dot. R. Velléien (sénatus-consulte), § III. Q. — 1594. V. Articles de mariage. R. Contrat de mariage, § I. Donation. R. Hypothèque, § III. Q — 1595. V. Contrat de mariage, § V. Séparation de biens, § V. Séparation de corps. Q. — 1596 et 1597. V. Contre-lettre. R. Contre-lettre, § III. Substitution Fidéicommissaire, § XII. Q. — 1597 et 1598. V. Institution contractuelle. § IV. Réalisation, § I. R. — 1599. V. Aliénation. Communauté, § IV. R. — 1400. V. Communauté, § VI. Contrat de mariage, § V. Q. — 1401. V. Communauté, § II. R. — 1403. V. Communauté, § II. Récompense, sect. I, § IV. R. — 1405. V. Contrat de mariage, § II. R. — 1407. V. Conquêt. Institution contractuelle, § VII. R. — 1409. V. Communauté, § III. R. — 1410. V. Autorisation maritale, sect. IV. R. — 1411 et suiv. V. Communauté, § III. Inventaire, § V. R. — 1414. V. Notaire, § III. R. — 1421 et suiv. V. Communauté, § V. R. — 1423. V. Communauté, § III. Legs, sect. III, § III, et suiv. R. — 1424. V. Accusé. Autorisation maritale, sect. VII. R. Communauté, § III. Délit. R. Mari, § I. Q. Séparation de biens, sect. II. R. — 1425. V. Communauté, § V. R. — 1426. V. Autorisation maritale, sect. VII. Caution, § II. R. — 1428. V. Aliénation. R. Bureau de paix, § IX. Q. Communauté, § IV. Puissance maritale, sect. II, § II. R. Velléien (sénatus-consulte), § III. Q. — 1429. V. Bail, § II. Communauté, § III. R. — 1430. V. Bail, § II. R. — 1451. V. Transcription, § V. R. — 1453. V. Communauté, § III. R. — 1454 et suiv V. Remploi, § II. R. — 1456. V. Inventaire, § V. — R. 1457. V. Bâtiment. Communauté, § III. Q. Récompense, sect. I, § IV. R. — 1458. V. Dot. Récompense, sect. I, § V. R. — 1440. V. Dot. R. — 1441. V. Communauté, § V. Séparation de biens. Sect. II. R. — 1442. V. Contrat de mariage, § III. Inventaire, § IV. R. Notaire, § II. R. — 1443. et suiv. V. Séparation de biens. Sect. II. R. — 1544 et 1445. V. Séparation de biens, sect. II. R. — 1448. V. Mari, § III. R. Séparation de biens, sect. II. R. — 1449. V. Bail, § II. R. — 1450. V. Remploi, § II. — 1451. V. Communauté, § IV. Séparation de biens, sect. II. R. — 1452. V. Don mutuel. Douaire. R. — 1453. V. Acceptation de communauté. R. Commencement de preuve par écrit, § II. Q. Communauté, § V. Renonciation à la communauté. R. — 1454. V. Acceptation de communauté. R. — 1455 V. Acceptation de communauté. R. — 1456. V. Notaire, § II Renonciation à la communauté. R. — 1457 et suiv. V. Inventaire, § V. R. — 1459. V. Inventaire, § V. R. — 1460. V. Recélé. R. — 1461. V. Notaire, § II. R. — 1465. V. Habitation, sect. I. Renonciation à la communauté. R. — 1467 et suiv. V. Partage, § VIII. R. — 1471 et 1472. V. Remploi, § II. R. — 1477. V. Recélé. R. — 1481. V. Communauté, § III. R. — 1482. V. Inventaire, § VI. R. — 1483. V. Acceptation de communauté. Notaire, § II. R. — 1492. V. Renonciation à la communauté. R. — 1494 et 1495. V. Renonciation à la communauté. R. — 1495. V. Inscription hypothécaire, § III. R. — 1497. V. Communauté, § IV. R. — 1498 et 1499. V. Notaire, § II. — Société d'acquêts. R. — 1500 et suiv. V. Réalisation, § I. R. — 1505 et suiv. V. Inventaire, § V. R. — 1505 et suiv. V. Ameublissement. R. — 1510. V. Communauté, § IV. Contrat de mariage, § II. Notaire, § II. R. — 1515. V. V. Communauté, § IV. R. — 1514. V. Contrat de mariage, § II. Renonciation à la communauté. R. — 1515 et suiv. V. Contrat de mariage, § II. Gains nuptiaux et de survie, § XII. Préciput conventionnel. R. — 1518. V. Séparation de corps, § IV. R. — 1520 et suiv. V. Communauté, § IV. Contrat de mariage, § II. R. — 1525 et suiv. V. Noces (secondes), § VII, art. 1. Contrat de mariage, § III. — Gains nuptiaux et de survie, § XII. R. — 1529. V. Communauté, § IV. R. — 1550. V. Contrat de mariage, § II. Séparation de biens, sect. I et suiv. R. — 1552. V. Notaire, § II. R. — 1555. V. Velléien (sénatus-consulte), § III. Q. — 1556. V. Bail, § II. Communauté, § IV. Inscription hypothécaire, § III. R. — 1557. V. Séparation de biens, sect. II. R. Séparations de biens, § V. Q. — 1558. V. Velléien (sénatus-consulte), § III. Q. — 1540. V. Inscription hypothécaire, § III. Aliénation. R. — 1542 et suiv. V. Dol. R. — 1549. V. Dot. Payement. R. — 1551. V. Dot. R. — 1555 et suiv. V. Dot. R. — 1554 et suiv. V. Aliénation. Dot. Partage d'ascendant. R. Régime dotal, § II. Velléien (sénatus consulte), § III. Q. — 1555. V. Régime dotal, § II. Q. — 1556. V. Régime dotal, § II. Confession, § IV. Q. — 1557. V. Régime dotal, § II. Q. — 1559. V. Subrogation de chose, § II. R. — 1562. V. Dot. R. — 1565. V. Hypothèque, § IV. Q. — 1564 et suiv. V. Dot. R. — 1566. V. Paraphernal, sect. I, § III. Trousseau. R. — 1570. V. Habitation, sect. I. An du deuil. Dot. Viduité, § I. R. — 1574. V. Dot. Paraphernal, sect. I, § II. R. — 1575 et suiv. V. Inscription hypothécaire, § III. Paraphernal, sect. I, § V. Séparation de biens, sect. II. R. — 1578. V. Bureau de paix, § IX. Q. — 1580. V. Essai (vente à l'). R. — 1581. V. Société d'acquêts. R.

Tit. VI. *Vente.* Art. 1582. V. Contrat pignoratif, § II. Donation, § V. Pignoratif (contrat). Q. Vente, § I et suiv. R. — 1585. V. Biens nationaux, § III. Q. Clause de constitution. R. Contrat pignoratif, § II. Pignoratif (contrat). Q. Tradition. R. Transcription au bureau des hypothèques, § V. Transport (cession et), § VI. Vol, § IV. Q. — 1585. V. Pignoratif (contrat). Q. Vente, § IV. R. — 1589. V. *Non bis in idem.* R. — 1590. V. Arrhes. R. — 1591. V. Vente, § I, art. 2. R. — 1592 et 1495. V. Hôtelier. R. — 1596. V. Droits litigieux. R. — Appel, § I. Q. — 1597. V. Greffier. Notaire, § V. — Procureur *ad lites.* R. — 1599. V. Hypothèque, § IV et IV *bis.* Q. Legs, section III, § III. R. — 1601 V. Vente, § X. Q. — 1602. V. Hypothèque, § IV *bis.* Q. Institution d'héritier, sect. I. R. — 1604 et suiv. V. Vente, § II et IV, R. — 1619. V. Bail, § IX. R. — 1622. V. Surmesure. R. — 1625. V. Bail, § IX. R. — 1626. V. Éviction. Tiers détenteur. Transcription, § VI. R. — 1628 et 1629. V. Garantie. R. — 1650 et suiv. V. Garantie. R. Hypothèque, § IV *bis.* Q. Tiers détenteur. R. — 1655. V. Tiers détenteur. R. — 1654. V. Amélioration. R. Donation, § V. Q. — 1656. V. Amélioration. R. — 1640. V. Éviction. R. — 1648. V. Cheval. Rédhibitoire. R. — 1650 et 1651. V. Tribunal de commerce. R. — 1652. V. Faculté de rachat, § VI. Q. Vente, § III. R. — 1654. V. Intérêts, § V. Option, § I. Revendication, § VII. Q. — 1655. V. Option, § I. Revendication, § VII. Q. — 1656 et 1657. V. Clause résolutoire. R. Emphytéose, § III. Revendication, § VII. Q. — 1661. V. Contrat pignoratif, § II. Q. — Faculté de rachat. R. — 1662.

V. Contrat pignoratif, § II. Q. — 1663. V. Garantie. R. — 1665 et 1666. V. Faculté de rachat, § VI. Q. — 1675. V. Faculté de rachat. R. — 1674. V. Caution, § I. Lésion, § I et suiv. R. — 1676. V. Absent. R. Hypothèque, § IV. Q. Prescription, sect. I, § VII. R. — 1678 et suiv. V. Expert. R. Mort civile, § III. Q. — 1679. V. Mort civile, § III. Q. — 1680. V. Mort civile, § III. Q. — 1689 et suiv. V. Transport. R. Privilége, § I. Q. — 1690. V. Expropriation forcée. R. Transfert, § II. Q. — Transport (cession et), § VI. Q. — 1691. V. Transfert, § II. Transport (cession et), § VI. Q. — 1693 et suiv. V. Garantie des créances. R. — 1696 et suiv. V. Droits successifs. R. — 1699 et 1700. V. Droits litigieux. R.

Tit. VII. *Echange.* Art. 1704 et suiv. V. Echange. R. — 1707. V. Hypothèque, § IV bis. Q.

Tit. VIII. *Contrat de louage.* Art. 1709. V. Donation, § V. Q. — 1712. V. Bail, § XVII. R. — 1713. V. Bail, § I. R. — 1715. V. Opposition aux jugemens par défaut, § VI. R. — 1716. V. Bail, § V. R. — 1717. V. Bail, § III. R. Bail, § IX. Sous-location. R. — 1718. V. Bail, § II. R. — 1719 et 1720. Bail, § VI. R. — 1721. V. Bail, § XII. Q. — 1722. V. Bail, § XIV. R. — 1727. V. Bornage. R. — 1728 et 1729. V. Bail, § III. Bail, § VII. R. — 1730 et 1731. V. Bail, § VIII. R. — 1733 et 1734. V. Bail, § VIII. Incendie, § II. R. — 1736. V. Bail, § IV. R. — 1737. V. Bail, § XIV. Q. — 1738. V. Tacite-réconduction. Enregistrement, § XVIII. R. — 1739. V. Bail, § XIV. R. — 1740. V. Tacite-réconduction. R. — 1741. V. Bail, § VI. Bail, § VII. R. — 1743. V. Airures. Bail, § VI. Bail, § XII et XIII, R. Tiers, § II. Q. Tiers détenteur. R. — 1744 et suiv. V. Bail, § XV. R. — 1748. V. Bail, § XIV. Q. — 1752. V. Bail, § VII. R. — 1753. V. Bail, § VII. Tiers détenteur. R. — 1754 et suiv. V. Bail, § VIII. R. — 1757 et 1758. V. Bail, § IV. R. — 1759. V. Tacite-réconduction. R. — 1760. V. Sous-location. R. — 1761 et 1762. V. Bail, § XII. R. — 1765. V. Bail, § IX. R. — 1766. V. Bail, § XII. Q. Bail, § VII. R. — 1767. V. Bail, § VII. R. — 1768. V. Complainte, § III. Q. — 1769 et suiv. V. Bail, § X. Cas, § VII. R. Loyers et fermage, § I. Q. — 1772 et 1775. V. Bail, § XI. Cas, § VII. R. — 1772. V. Loyers et fermages, § I. Q. — 1775. V. Enregistrement, § XVIII. R. Loyers et fermages, § I. Q. — 1774 et 1775. V. Bail, § IV. Tacite-réconduction. R. — 1776. V. Aubaine, n. 15. R. — 1778. V. Fumiers. R. — 1779 et suiv. V. Louage. R. — 1780. V. Salaire. R. — 1781. V. Affirmation. R. Juge-de-paix, § XVII. R. — 1782 et suiv. V. Voiturier. R. — 1784. V. Cas, § VII. R. — 1792. V. Architecte. Bâtiment. Cheminée. Comble. Prescription, sect. II, § XV. R. — 1793. V. Architecte. Louage. R. — 1795. V. Louage. R. — 1799. V. Bâtiment. R. — 1800 et suiv. V. Cheptel. R. — 1807. V. Cas, § VIII. R. — 1811 et suiv. V. Cheptel, § I. R. — 1815 et 1816. V. Cheptel, § I. R. — 1818 et suiv. V. Cheptel, § II. R. — 1821 et suiv. V. Cheptel, § III. R. — 1827 et suiv. V. Cheptel, § IV. R. — 1829. V. Cheptel, § I. R. — 1831. V. Cheptel, § V. R.

Tit. IX. *Contrat de société.* Art. 1833. V. Société, sect. I. R. — 1836 et suiv. V. Société, sect. II. R. — 1837. V. Renonciation à une succession future, § VI. R. — 1841 et 1842. V. Société, sect. II. R. — 1843 et suiv. V. Société, section IV. R. — 1845 et suiv. V. Société, sect. VI. R. — 1855 et suiv. V. Société, sect. IV. R. — 1856 et suiv. V. Société, sect. IV. R. — 1861 et suiv. V. Société, sect. V et VI. R. — 1865 et suiv. V. Société, sect. VII. R. — Société, § IX. Q. — 1869. V. Société, sect. IV. R. — 1872. V. Partage, § IX. R. — 1875. V. Société, sect. VIII. R. — 1874 et suiv. V. Prêt. R.

Tit. X. *Prêt à usage, ou de consommation.* Art. 1888. V. Bail, § XII. Q. — 1904. V. Commandement. R. — 1905. V. Intérêt, § III. R. — 1907 et suiv. V. Intérêt, § VI et VII. R. — 1909. V. Offres réelles et Rentes de don et legs. — 1911 et suiv. V. Rente constituée, § III et suiv. R. — 1912. V. Clause irritante. R. Emphytéose, § III. Q.

Tit. XI. *Dépôt et séquestre.* Art. 1915. V. Cassation, § XXXVI. Q. — Vol, sect. I. R. — 1917. V. Vol, sect. II, § III, art. 4. R. — 1920. V. Suppression de titres, § I. Q. — 1922 et suiv. V. Dépôt. R. — 1924. V. Présomption. R. — 1929. V. Cassation, § XXXVI. Q. — 1932. V. Cassation, § XXXVI. Q. — 1935. V. Cassation, § XXXVI. Q. — 1936 et suiv. V. Dépôt. R. — 1938. V. Intérêt, § IV. R. — 1942 et suiv. V. Dépôt. R. — 1949 et suiv. V. Vol, sect. II, § III, art. 4. R. — 1950 et suiv. V. Dépôt. R. — 1952. V. Dépôt nécessaire. Q. V. Hôtellerie. R. — 1953. V. Dépôt nécessaire. Q. — 1955 et suiv. V. Séquestre, § I. R. Vol, sect. I. R. — 1961 et suiv. V. Séquestre, § II. V. Vol, sect. I. R. — 1963. V. Cassation, § XXXVI. Q.

Tit. XII. *Contrats aléatoires.* Art. 1965. V. Gageure. V. Jeu. R. — 1969. V. Donation, § V. Q. Rente viagère. R. — 1970. V. Donation, § V. — 1973. V. Donation, § V. Q. — 1980 et suiv. Rente viagère. R. — 1981. V. Rente viagère. R. — 1982. V. Mort civile, § I. R.

Tit. XIII. *Mandat.* Art. 1984. V. Arbitres, § XIV. Q. — Notaire, § VI. R. — 1985 et suiv. V. Mandat. R. — 1988. V. Acquiescement, § XVIII et suiv. Q. — 1989. V. Société, section VIII. R. — 1990. V. Arbitres, § XIV. Q. — 1992. V. Faute. R. — 1996. V. Intérêt, § II. — Intérêt, § IV. R. — 1997. V. Lettre et Billet de change, § IV. R. — 1998. V. Vol, sect. II, § III, art. 4. R. — 1999. V. Marché à terme, § II. Notaire, § VI. R. — 2000. V. Intérêt, § II. R. — 2001. V. Boucher. Frais funéraires. R. — 2002. V. Notaire, § VI. R. — 2005. V. Arbitres, § XIV. — Intérêts, § V. Q. — 2007. V. Arbitres, § XIV. Q. — 2008. V. Intérêts, § V. Q. Opposition (tierce), § II. R.

Tit. XIV. *Cautionnement.* Art. 2011. V. Lettre et Billet de change, § IV. R. — 2012. V. Autorisation maritale, sect. III, § II. Caution, § I. Caution, § II et V. R. — Hypothèque, § IV. Q. — 2013. V. Aval, § II. Q. — 2014. V. Caution, § II. R. — 2016. V. Caution, § I. R. — 2017. V. Avantages aux héritiers présomptifs, § VII. Q. — 2018 et suiv. V. Caution, § II. Transcription, § V. R. — 2021 et suiv. V. Caution, § IV. R. — 2023. V. Discussion. R. — 2025. V. Caution, § I. R. — 2028 et suiv. V. Caution, § VI. R. — 2029. V. Interruption de prescription. Subrogation de personne, sect. II. R. — 2032. V. Caution, § III. Q. — 2036. V. Autorisation maritale, sect. III, § II. R. Caution, § IV. — Caution, § V. R. — Chose jugée, § XVIII. Q. — 2037. V. Solidarité, § V. Q. — 2038 et 2039. V. Caution, § V. R. — 2040. V. Transcription, § V. R. — 2042. V. Caution, § IV. R.

Tit. XV. *Transactions.* Art. 2044 et suiv. V. Transaction. R. — 2045. V. Acquiescement, § XIX. Q. Substitution fidéicommissaire, sect. XII. R. Tuteur, § III. Q. — 2046. V. Accusation. R. — 2048 et 2049. V. Compte, § I. Q. — Domaine public. R. — 2052. V. Caution, § VII. R. Tuteur, § III. Q. — 2054. V. Testament, sect. II, § V. R. — 2058. V. Compte, § I. Q.

Tit. XVI. *Contrainte par corps en matière civile.* Art. 2059. V. Contrainte par corps, § X. Q. Escroquerie. Stellionat. R. — 2060 et suiv. V. Contrainte par corps. Notaire, § V. Vol, sect. II, § III, art. 4. R. — 2062. V. Bail, § IX. R. — 2063. V. Contrainte par corps. Lettre et Billet de change, § II. Notaire, § V. R. — 2066. V. Clain, § I. Contrainte par corps. R. Contrainte par corps, § X. Q. — Stellionat. R. — 2067. V. Arrestation, § VI. R. — 2068. V. Clain, § I. R. — 2069. V. Contrainte par corps, § X. Q. Stellionat. R. — 2070. V. Arrestation, § VI. Contrainte par corps. R. Contrainte par corps, § X. Q.

Tit. XVII. *Nantissement.* Art. 2071 et 2072. V. Nantissement, § I et suiv. R. — 2073 et suiv. V. Gage. R. — 2074 et 2075. V. Motifs des jugemens. R. — 2078. Expropriation forcée, § VIII. Q. — Pacte commissoire. R. — 2083. V. Pignoratif (contrat). Q. — 2085 et suiv. V. Antichrèse. R. Contrat pignoratif, § II. Faculté de rachat, § VI. Q. —Tiers détenteur. R. — 2088. V. Pignoratif (contrat). Q. —2091. V. Transport (cession et), § XII. R. et Q.

Tit. XVIII. *Privilèges et hypothèques.* Art. 2095. V. Saisie immobilière, § VI. Clain, § II. Inscription hypothécaire, § II et suiv. R. — 2095. V. Concurrence. Privilège de créance, sect. I et suiv. R. Revendication, § VII. Q.—2098. V. Amende, § VIII. Comptable. Frais de procès criminels. R. — 2100. V. Amélioration. R. — 2101. V. Apothicaire. Bail, § VII. Chirurgien, § I. Comptable. Dot. Inscription hypothécaire, § III. Inscription hypothécaire, § IV et suiv. Pension, § I. Transcription, § IV. Transcription, § V. R. — 2102. V. Bail, § XII. Q. Cheptel, § III. Cloche. R. Privilège, § I. Q. — 2105. V. Amélioration. Architecte. Bâtiment. Consignation. Contre-lettre. R. Intérêts, § V. Q. Mine, R. —2104. V. Apothicaire, R. —2105. V. Apothicaire. Chirurgien, § I. R. — 2106. V. Amélioration. Inscription hypothécaire, § II et suiv. R. Intérêts, § V. Succession vacante, § I. Q. —2107. V. Inscription hypothécaire, § III. Transcription, § III. Transcription, § IV. R. — 2108 et 2109. V. Inscription hypothécaire, § IV. R. — 2109. V. Partage, § VI. R. —2110. V. Architecte. Bâtiment. Contre-lettre. R. — 2111. V. Ordre des créanciers. Séparation de patrimoine, § IV et V. R. Séparation de patrimoine, § II. Q. — 2113. V. Amélioration. Expropriation forcée. R. Frais de procès criminels. Hypothèque, sect. II, § III, art. 2 et suiv. Inscription hypothécaire, § II et suiv. R. — 2114. V. Émigrés, § X. Hypothèque, § III. Q. Rente constituée, § X. Tiers détenteur. R. — 2117. V. Succession vacante, § I. Q. — 2118. V. Succession vacante, § I. Q. Tiers détenteur. Rente seigneuriale, § II. R. —2121. V. Don de baptême. Comptable. Hypothèque, sect. II, § III, art. 4. Transcription, § V. Université, § III. R. —2123. V. Amende, § VIII. Billet, § I. R. Jugement, § XIV. Q. — Inscription hypothécaire, § IV. Souveraineté, § VI. R. Succession vacante, § I. Q. Transcription, § III. R. — 2124. V. Hypothèque, § IV. Q. — 2125. V. Cassation, § XXXI. Héritier, § III. Revendication, § VII. Résolution, § II. — 2126. V. Hypothèque, § IV. Q. — 2127. V. Inscription hypothécaire, § XII. Q. Transcription, § III. R. — 2128. V. Jugement, § XIV. Q. Souveraineté, § VI. R. — 2129. V. Hypothèque, § IV bis. Inscription hypothécaire, § XII. Q. Loi, § V. R. — 2132. V. Hypothèque, § III. Q. Inscription hypothécaire, § V et suiv. R. — 2133. V. Contre-lettre. R. — 2134. V. Acte sous seing privé, § I. Amende, § VIII. Comptable. R. Faux, § VI. Hypothèque, § XIX. Q. Ordre des créanciers. R. Succession vacante, § I. Q. — 2135. V. Contrat de mariage, § II. Deuil. Douaire. Gains nuptiaux et de survie, § VI. Inscription hypothécaire, § III. R. Succession vacante, § I. Q. — 2145 et suiv. Inscription hypothécaire, § IV. Transcription, § V. R. — 2146. V. Inscription hypothécaire, § II et suiv. Inscription hypothécaire, § V et suiv. R. Inscription hypothécaire, § III. Succession vacante, § I. Q. — 2147. V. Concurrence. Date, § X. R. — 2148. V. Appel, § X. Assignation, § XVI. Q. Bordereau d'hypothèque. Comptable. Domicile élu. R. Hypothèque, § III. Inscription hypothécaire, § IV et XII. Q. Rente seigneuriale, § III. R. — 2151. V. Arrérages, n. 2. R. — Hypothèque, § XIX. Q. Inscription hypothécaire, § V et suiv. R. Inscription hypothécaire, § II, II bis, et III. Intérêts, § V. et VI. Q. — 2152. V. Inscription hypothécaire, § XII. Q. — 2153. V. Bordereau d'hypothèque. R. — 2155. V. Inscription hypothécaire, § III. Rente seigneuriale, § III. Transcription, § III. R. — 2156. V. Domicile élu. R. — 2157. et suiv. V. Radiation des hypothèques. R. — 2161. V. Rente constituée, § X. R. — 2165. V. Enregistrement, § XIX. Saisie immobilière, § III. R. —2166. V. Hypothèque, § XIX. Q. Inscription hypothécaire, § II et suiv. Rente seigneuriale, § II. Tiers détenteur. R. Transport (cession et), § VII. Q. — 2167. V. Inscription hypothécaire, § IV. R. —2168 et suiv. V. Tiers détenteur. R. — 2169. V. Expropriation forcée. R. — 2170 et 2171. V. Discussion. Légataire, § VII. R. — 2174. V. Bénéfice d'inventaire, § V. Q. Délaissement par hypothèque. Saisie immobilière, § II. R. — 2176. V. Transport (cession et), § VII. Q. — 2177. V. Ordre des créanciers. R. Transcription, § III. R. — 2180. V. Hypothèque, § XIX. Q. Inscription hypothécaire, § III. Partage, § VI. Prescription, sect. II, § XIII et XVI. Saisie immobilière, § VI. R.— 2181. V. Prescription, sect. I, § III. Transcription, § II, III. R. —2182. V. Cassation, § XXXI. Héritier, § III. Q. Rente seigneuriale, § II. Transcription, § VII. R. Transcription au bureau des hypothèques, § V. Q. — 2183 et suiv. Inscription hypothécaire, § IV. Saisie immobilière, § VI. R. Surenchère. Transcription, § I et suiv. R. — 2184. V. Inscription hypothécaire, § III. R. — 2185 et Transcription, § V et VII. R. —2187. V. Saisie immobilière, § VI. Transcription, § VI. R. — 2188. V. Loyaux coûts. R. — 2190. V. Surenchère. R. — 2191. V. Tiers détenteur. 2186. V. Transcription, § VI. R. — 2193 et suiv. V. Douaire. Inscription hypothécaire, § III. Transcription, § V. R.—2194. V. Saisie immobilière, § VI. R.—2195. V. Prescription, sect. I, § VII. Transcription, § VII. R. — 2196. V. Compulsoire, § I. R. — 2197 et 2198. V. Transcription, § VII. R. — 2198. V. Cassation, § XXXI. Q. Transcription, § III. Saisie immobilière, § VI. R. — 2199 et suiv. Transcription, § VII. R. — 2200. V. Inscription hypothécaire, § V et suiv. Saisie immobilière, § VI. R.

Tit. XIX. *Expropriation forcée et ordre entre les créanciers.* Art. 2204 et suiv. V. Décret d'immeubles, § V. Expropriation forcée. Saisie immobilière, § VI. R. — 2205 et suiv. V. Saisie immobilière, § III. R. — 2206. V. Expropriation forcée, § VII. Q. Saisie immobilière, § I. R. — 2208. V. Autorisation maritale, sect. V, § I. R. Saisie immobilière, § III. R. — 2209. V. Discussion. Expropriation forcée. R. — 2210. V. Action, § III. Saisie immobilière, § IV et VI. R. — 2212. V. Contrainte (droit civil). R. — 2215. V. Acte sous seing privé, § IV. Q. Saisie immobilière, § V. R. Saisie immobilière, § VI. R. — 2215. Enregistrement, § V. R. Expropriation forcée. R. — 2216 et suiv. V. Saisie immobilière, § V et suiv. R. — 2218. V. Hypothèque, § XIX. Q.

Tit. XX. *Prescription.* Art. 2219 et suiv. V. Prescription, sect. I, § I et suiv. R. — 2220. V. Appel, § VIII. Q. —2223. V. Délit forestier. R. —2224. V. Chose jugée, § II bis. Hypothèque, § XIX. Q. — 2225. V. Prescription, sect. I, § IV. R. — 2326. V. Prescription, sect. III, § VI. R. — 2227. V. Arrérages, n. 2. Comptable. Épier. Prescription, sect. II, § VI. Prescription, sect. II, § XXIII et suiv. R. Requête civile, § I. Q. — 2229. V. Prescription, sect. I, § V et suiv. R. —2250. V. Prescription, sect. I, § V et suiv. R. — 2254 et suiv. V. Prescription, sect. I, § V et suiv. R. — 2256. V. Complainte, § III. Q. Prescription, sect. I, § VI. R. — 2237. V. Complainte, § III. Q. — 2258. V. Complainte, § III. Q. — 2259. V. Complainte, § III. — 2240 et suiv. V. Prescription, sect. I, § VI. R. — 2243. V. Testament, sect. V. Interruption de Prescription. R. — 2244. V. Commandement. R. — 2247. V. Cassation, § XX. Q. — 2249. V. Chose jugée, § XVIII. Q. Indivis. Interruption de prescription. R. — 2250. V. Chose jugée, § XVIII. Q. — 2252. V. Interdiction, § VI. Inscription hypothécaire, § III. Prescription, sect. I, § VII. R. — 2254 et suiv. V. Prescription, sect. I, § VII et VIII. R. — 2257. V. Gains nuptiaux et de survie, § X. Prescription, sect. I, § VII et VIII. — 2258. V. Contradiction (prescription). R. — 2259. V. Protêt, § VI. R. — 2260. V. Prescription, sect. II, § II. Prescription, sect. II, § IV. R. — 2262. V. Hérédité. Prescription, sect. I, § V, VIII, IX, XIII et suiv.; sect. III, § II et VII. R. Séparation de patrimoine, § II. Q. — 2263. V. Titres. R. — 2265. V. Absent. Hérédité. Prescription, sect. II, § VII et suiv. R. — 2266. V. Absent. R. — 2267. V. Appel, sect. I, § V. R.; § VII et IX. Q. Nullités, § IV. Prescription, sect. I, § V et suiv. R. — 2270. V. Architecte. Bâtiment. Cheminée. Chirurgien, § I. Comble. R. Prescription, sect. II, § XV. R. — 2271. V. Appel, § VI. Q. Cabaretier, § I. Prescription, sect. II, § I et suiv. — 2272. V. Apothicaire. R. Appel, § VI. Q. Boulanger. Juge de paix, § XVII. Prescription, sect. II, § III et IV. R. — 2273. V. Arrêt de réglement, § II. Q. Avocat aux conseils. Frais et Salaires. Prescription, sect. II, § V. R. — 2274. V. Apothicaire. Chirurgien. Prescription, sect. II, § III. R. — 2276. V. Prescription, sect. II, § VIII. R. — 2277. V. Bail, § XVI. Domaine public. Prescription, sect. II, § XI et XIII. Rente de don et legs. Rente viagère. R.

— 2278. V. Prescription, sect. I, § VII. R. — 2279 et suiv. V. Action. Actionnaire, § V. Q. Cheptel, § I. R. Donation, § VI. Q. Juge de paix, § IX. Navire, § 1. Prescription, sect. II, § III et VI. R. Privilége, § I. Revendication, § VII. Q. Vol, sect. III, § I. R. — 2281. V. Arrêt de réglement, § II. Péremption, § VI. Q. Rente seigneuriale, § II. R. Séparation des patrimoines, § II. Q.

CHAPITRE III. — *Code de procédure civile.*

PREMIÈRE PARTIE.—PROCÉDURE DEVANT LES TRIBUNAUX.—LIVRE PREMIER. *De la justice de paix.* Art. 2 et suiv. V. Juge de paix, § XXII et XXIII. R. — 3. V. Dégradation d'un bien. R. Usufruit, § VI. Q. — 4. V. Huissier, § I et VIII. R. — 5. V. Défaut, § II. Délai, sect. I, § I. Saisie immobilière, § I. R. — V. Appel, § X. Q. — 7. V. Arbitre, § XIV. Q. Signature, § II. R. — 8. V. Audience, § I. — 10 et suiv. V. Audience, § III. Autorités constituées. Injure. R. — 11. V. Arrestation, § II. R. — 15. V. Appel, § IX. Q. Péremption, § III. R. — 16 et 17. V. Appel, § I et VI. Q. Caution, § I. Exécution provisoire des jugemens. R. — 19. V. Appel, § I. Q. Cour de cassation. Défaut, § II. Délai, sect. I, § I. R. — 20. V. Appel, § I. Défunt, § VIII. Q. Opposition à un jugement, § III. R. — 25. V. Complainte, § II et suiv. R. Complainte, § III. Servitude, § V. Q.—24 et 25. V. Pétitoire. R. — 27. V. Pétitoire. R. — 31. V. Appel, sect. I, 5, § I. R. — 34 et suiv. V. Déposition. Enquête. R. — 28. V. Expédition. R. — 59 et 40. V. Fait. R. — 41 et suiv. V. Expert. R. — 44 et suiv. V. Récusation, § II. R.

LIVRE DEUXIÈME. *Des tribunaux inférieurs.* — TITRE I. *Conciliation.* Art. 48. V. Appel, § XIV. Bureau de paix, § I. Q. — 49. V Intervention, § I. R. Légitimité, § II. Q.—49. V. Offres réelles. Séparation de biens, sect. II. R. — 51. V. Appel, § I. Q. Délai, sect. I, § I. R.—52. V. Appel, § I. Q. — 55. V. Action, § III. R. — 57. V. Bureau de paix, § I. Q. Interlocutoire. R.

TIT. II. *Ajournemens.* Art. 59. V. Accepter à juge. Action, § III. R. Faillite, § V. Lettre de change, § IV. Q. Servitude, § XXXV. Société, sect. VI. R. — 61. V. Ajournement. R. Appel, § X, art. 1. Assignation, § VI et X. Q. Cassation, § XX. Q. Constitution de procureur. R. Exploit, § I. Q. Mariage, sect. V, § II. Nullité, § III. Présentation. Requête. Société, sect. VI. R. — 63. V. Notaire, § V. R. — 65. V. Ajournement. Communication. R. — 66. V. Huissier, § I. R. — 68. V. Absent. Affiche. Ajournement. R. Assignation, § XII et XIII. Exploit, § I. Q. Saisie immobilière, § VI. Voisinage, § II. R. — 69. V. Absent. Ajournement. R. Assignation, § XII et XIII. Q. Contradicteur. Société, sect. VI. R. — 70. V. Absent. Ajournement. R. — 71. V. Dommages-intérêts. Huissier, § I. R. —72 et suiv. V. Délai, sect. I, § I. R.

TIT. III. *Constitution d'avoués et Défenses.* Art. 75. V. V. Délai, sect. I, § I. Présentation. Evocation de procureur, § II. R. Appel, § X, art. 1. Q. Défense. R. — 79 et 80. V. Avenir. Défaut, § II. R. — 82. V. Avenir. R.

TIT. IV. *Communication au ministère public.* Art. 83. V. Ministère public, § II. Publicité de l'audience. Substitution fidéicommissaire, sect. XVIII. R. Substitution fidéicommissaire, § XII. Q. — 84. V. Avocat du Roi. R.

TIT. V. *Publicité et police des audiences.* Art. 85. V. Défenseur. R. — 86. V. Avocat du Roi. R. — 87. V. Audience, § I. R. — 88 et suiv. V. Audience, § III. R. — 89 et suiv. V. Arrestation, § II. Autorités constituées. R. — 94 et suiv. V. Injure. R.

TIT. VI. *Délibérés et instructions par écrit.* Art. 95 et suiv. V. Contredits. R. — 96 et 97. V. Inventaire de production. Production. R. — 97. V. Contredits. R. — 107. V. Avenir. R. Avoué, § VIII. Q. Déni de justice. Dommages-intérêts. Interdiction d'officiers. R. — 109. V. Forclusion. R. — 110. V. Ordonnance de juge. R. — 111. V. Audience, § I. Commissaire. R. — 113. V. Opposition à un jugement, § III. R.

TIT. VII. *Jugemens.* Art. 116. V. Délibéré. R. — 118. V. Avocat, § III. Q. Commissaire. R. Partage d'opinions, § II. Q. — 121. V. Affirmation. R. — 122 et 125. V. Délai, § VI. Q. —126 et 127. V. Contrainte par corps. R. — 128. V. Dommages-intérêts. R. — 129. V. Fruits. Mercuriales. Registres des gros fruits. R. — 150 et suiv. V. Dépens. R. Serment, § II. Q. — 152. V. Bénéfice d'inventaire, n. 14. Dommages-intérêts. Interdiction d'officiers. R. — 155. V. Distraction de dépens. Réparation civile, § II et suiv. R. — 154. V. Provisoire. R. — 155 et suiv. V. Caution, § I. Exécution provisoire des jugemens. R. — 158. V. Arrêt. Jugement, § II. R. — 141. V. Appel, § XIII. Q. Cassation, § VI. R. Fait. Motifs des jugemens. R. — 142 et suiv. V. Qualités d'un jugement. R. —146. V. Commandement. R. — 147. V. Appel, § VIII. Q. Signification. R.

TIT. VIII. *Jugemens par défaut et Oppositions.* Art. 149. V. Appel, § I. Q. Défaut, § II. R. Opposition aux jugemens par défaut, § VI. Q. — 151. V. Péremption, § VI. Q. — 155 et suiv. V. Opposition à un jugement, § III. R. Péremption, § VI. Q. — 154. V. Délai, sect. I, § I. R. — 155 et suiv. V. Saisie immobilière, § V. R. — 156. V. Appel, § VIII. Q. Assignation, § X. Cassation, § XXXVI. Défaut, § VIII. Tribunal de commerce, § X. Q. — 157. V. Appel, § VIII. Q. Opposition à un jugement, § III. R. Opposition aux jugemens par Défaut, § VI. Q. — 158. V. Appel, § VIII. Défaut, § VIII. Tribunal de commerce, § X. Q. — 159. V. Appel, § VIII. Défunt, § VIII. Tribunal de commerce, § X. Q. — 160. V. Avoué, § VII. Opposition aux jugemens par défaut, § VI. Q. — 161. V. Ajournement. R. — 162. V. Opposition à un jugement, § III. R. — 165. V. Opposition à un jugement, § III. R.

TIT. IX. *Exceptions.* Art. 166. V. Caution *judicatum solvi.* Q. — 168. V. Tribunal d'appel, § VI. Q. — 169. V. Déclinatoire, § I. Déni de renvoi. R. Hypothèque, § XXIX. Tribunal d'appel, § VI. Q. — 170. V. Appel, § VIII. Q. Fins de non procéder. R. Tribunal d'appel, § VI. Q. — 171 et 172. V. Litispendance. R. Tribunal d'appel, § VI. Q. — 172 V. Déclinatoire, § I. R. — 173. V. Acte respectueux, § III et suiv. Appel, § VIII et IX. Assignation, § XVI. Bureau de paix, § I. Hypothèque, § XIX. Q. Nullité, § III. R. — 175 et suiv. V. Garantie, § X. R. Péremption, § VI. Q. — 179. V. Dommages-intérêts. R. —181. V. Lettre de change, § IV. Q. — 182. V. Appel incident, § V. Q. — 185. V. Appel incident, § V. Q. — 184. V. Appel incident, § V. Q. Ordre (billet à), § I. R. — 185. V. Appel, § I. Appel incident, § V. Avoué, § VII. Q.—186 et 187. V. Exception. R. Hypothèque, § XIX. Q.—188 et suiv. V.

Communication. R. — 192. V. Dommages-intérêts. R.

Tit. X. *Vérification des écritures.* Art. 195 et suiv. V. Vérification d'écriture. R. — 196 et suiv. V. Commissaire. R. — 199. V. Ordonnance de juge. R. — 204. V. Avoué, § VII. Q. — 213. V. Dommages-intérêts. R.

Tit. XI. *Faux incident civil.* Art. 214. V. Chose jugée, § XV. R. Faux, § XVI. Q. Inscription de faux, § I et IV. Moyens de faux. R. — 218 et 219. V. Commissaire. R. — 228. V. Faux, § XVI. Q. — 229. V. Moyens de faux. R. — 232 et 233. V. Moyens de faux. R. — 239. V. Faux, § VI. Inscription de faux, § XI. Q. Prescription, sect. III, § VII. R. — 241. V. Dommages-intérêts. Interdiction d'officier. R. — 250. V. Faux, § XVI. Q.

Tit. XII. *Enquêtes.* Art. 252 et suiv. V. Enquête. R. — 253. V. Motifs des jugemens. R. — 255. V. Commissaire. R. — 260 et suiv. V. Déposition. R. — 261. V. Nullité, § III. Témoin judiciaire, § III. R. — 262 et suiv. V. Dénonciation. R. Injure, § II. Serment, § II. Q. — 263 et suiv. V. Serment, § III. R. — 268. V. Témoin judiciaire, § I. R. — 277. V. Témoin judiciaire, § VII. R. — 283. V. Témoin judiciaire, § I. R. — 285. V. Témoin judiciaire, § I et III. R. — 289. V. Dommages-intérêts. Reproche. R. — 292. V. Nullité, § V. R.

Tit. XIII. *Descentes sur les lieux.* Art. 295. V. Avoué, § VII. Q. Descente sur les lieux. Expert. R. — 296. V. Commissaire. R. — 299 et 300. V. Descente sur les lieux. R. — 301. V. Appel, sect. II, § III. R.

Tit. XIV. *Rapports d'experts.* Art. 302 et suiv. V. Expert. R. — 314. V. Dommages-intérêts. R. — 316. V. Serment, § II. R. — 319 et suiv. V. Expert. Opposition à une taxe de dépens. R. — 522. V. Cerquemanage. R. Expert, § X. Union de créanciers, § II. Q. — 522. V. Expert, § X. Q.

Tit. XV. *Interrogatoire sur faits et articles.* Art. 324 et suiv. V. Interrogatoire sur faits et articles. R. — 525. V. Commissaire. R.

Tit. XVI. *Incidens.* Art. 537. V. Appel incident, § I et suiv. Prodigue. Q. Requête. R. — 539 et suiv. V. Intervention, § I. R.

Tit. XVII. *Reprise d'instance et Constitution de nouvel avoué.* Art. 542. V. Opposition aux jugemens par défaut, § VI. Q. Reprise d'instance. R. — 543. Opposition aux jugemens par défaut, § VI. Q. — 544. Opposition aux jugemens par défaut, § VI. Q. — 546 et suiv. V. Reprise d'instance. R.

Tit. XVIII. *Désaveu.* Art. 552 et suiv. V. Désaveu. R. — 554. V. Exécution de jugemens écrits. R. — 559. V. Appel, § IX. Q. — 560. V. Interdiction d'officier. R.

Tit. XIX. *Réglemens de juges.* Art. 563. V. Conflit de juridiction. R. Consuls des marchands, § III. R. Cour de cassation. R. Réglement de juges. R. Tribunal d'appel, § VI. Q. — 567. V. Dommages-intérêts. R.

Tit. XX. *Renvoi à un autre tribunal pour parenté ou alliance.* Art. 568. V. Cour de cassation. R. — 574. V. Dommages-intérêts. R.

Tit. XXI. *Récusation.* Art. 378 et suiv. V. Récusation, § II. R. Récusation, § V. Q. Suspicion légitime, § II. Q. — 380. V. Déport d'un juge. R. — 382. V. Récusation, § IV. R. Récusation, § V. Q. — 585. V. Commissaire. R. Descente sur les lieux. R. — 587. V. Commissaire. R. — 590. V. Dommages-intérêts. R. — 592. V. Appel, sect. I, § V. R.

Tit. XXII. *Péremption.* Art. 397 et suiv. V. Péremption, § II et suiv. R. Péremption, § VI. Q. — 598. V. Prescription, sect. I. § VII. R. — 400 et suiv. V. Péremption, § I. R. — 401. V. Péremption, § VI. Q.

Tit. XXIII. *Désistement.* Art. 402 et suiv. V. Désistement. R. Péremption, § VI. Q. — 403. V. Péremption, § VI. Q.

Tit. XXIV. *Matières sommaires.* Art. 405. V. Appel, sect. I, § V. R. — 407 et suiv. V. Enquête. R. Opposition aux jugemens par défaut, § VI. Q. — 410. V. Serment, § I. Q. — 411. V. Serment, § I. Q. — 412. V. Serment, § I. Q.

Tit. XXV. *Procédure devant les tribunaux de commerce.* Art. 414. V. Contrainte par corps, § X. Q. Tribunal de commerce. R. — 415. V. Requête. R. — 416 et suiv. V. Consuls des marchands, § III. Délai, sect. I, § I. R. — 417. V. Avoué, § VII. Q. Ordonnance du juge. R. — 420. V. Action, § III. Lettre et billet de change, § IV. Tribunal de commerce. R. — 421. Consuls des marchands, § III. Consuls des marchands, § V. R. — 422. V. Appel, § VIII. Q. — 423. V. Caution *judicatum solvi.* Q. — 424. V. Appel, § XIV. Q. Déni de renvoi. Lettre et billet de change, § II. R. — 425. V. Appel, § VIII. Q. Déclinatoire, § I. R. — 426. V. Inventaire, § IV. R. — 427. V. Faux, § VI. Q. — 428 et 429. V. Consuls des marchands, § III. Consuls des marchands, § II et suiv. R. — 431. V. Consuls des marchands, § II et suiv. R. Opposition aux jugemens par défaut, § VI. Q. — 433. V. Enquête. Opposition (tierce), § I et suiv. R. Serment, § I. Q. — 434. V. Défaut, § II. Délai, sect. I, § I. Consuls des marchands, § III. — 435. V. Domicile élu. R. — 436. V. Défaut, § VIII. Q. Opposition à un jugement, § III. R. — 437. V. Domicile élu. R. — 439. V. Caution, § I. Consuls des marchands, § III. R. — 441. V. Contrainte par corps. § X. Q. — 442. V. Opposition (tierce), § I et suiv. Consuls des marchands, § III. R. Contrainte par corps, § X. Q.

LIVRE III. — DES COURS ROYALES.

Titre unique. *De l'appel et de l'instruction sur l'appel.* Art. 443. V. Acquiescement, § X et suiv. Q. Appel, sect. I, § V et VI. R.; et § I, VIII. Q. Appel incident, § I et suiv. Hypothèque, § XIX. Q. Opposition à un jugement, § III. R. — 444. V. Appel, § VIII et IX. Q. Prescription, sect. I, § VII. R. — 445. V. Appel, § I. Q. — 447. V. Appel, sect. I. § V. R. — 449. V. Appel, sect I, § V. R. Appel, § VIII. Q. — 450. V. Acquiescement, § IX. Q. — 451. V. Appel, sect. I, § J, R. Appel, § VI et VIII. Q. Interlocutoire. R.; et § V. Q. Ordre (billet à), § I. R. Préparatoire (jugement). Réparation civile, § II. Q. — 452. V. Appel, sect. I, § I. R.; et § XIV. Q. Arrêt, n. 9. Cassation, § II. R. Préparatoire (jugement). Réparation civile, § II. Testament, § XIV et suiv. Q. — 453. V. Appel, § I. Appel incident, § XI. Q. — 454. V. Acquiescement, § X et suiv. Appel, § I. Q. — 455. V. Appel, § I et VIII. Q. Opposition à un jugement, § III. R. Serment, § I. Q. — 456. V. Anticipation. Appel, sect. I, § IV; sect. II, § XI. R.; et § X. Q. Appel incid nt, § I et suiv. Q. Assignation, § V et XVI. Désertion d'appel. Exploit, § I. Gibier, § II. Q. Intimation. Requête. R. — 457 et suiv. V. Consuls de marchands, § III. R. — 458. V. Saisie immobilière, § I. R. — 459. V. Arrêt, n. 10. R. — 460. V. Arrêt, n. 10. R. Compensation, § IX. Q. — 461. V. Appel, sect. I, § IX. Appointement, n. 9. R. — 462. V. Appel, § X, art. 1. Q. — 464. V. Appel, sect. I, § IX. R.; et § II, XIII et XIV. Q. Contrat pignoratif, § II. Q. Testament, sect. V. R. — 465. V. Appel, § XIII. Q. — 466. V. Appel, § X. Q. Délai, sect. I, § I. R. — 468. V. Avoué, § VII. Q. Partage d'opinions. R.; et § II. Q. — 469. V. Cassation, § XX. Q. Péremption, § II. R. — 470. V. Appel, § X et XIII. Appel incident, § X. Défaut, § VIII. Q. Motifs des jugemens. Opposition à un jugement, § III. R. — 471. V. Amende, § IV. R. Amende de fol appel, § II. Q. — 472. V. Action, § III. Appel, sect. I, § IX. R.; et § XIV. Q. Cassation, § LII. Q. Exécution de jugemens civils. R. — 473. V. Appel, sect. I, § IX. R., § XIV. Q. Evocation. R.

LIVRE IV. DES VOIES EXTRAORDINAIRES POUR ATTAQUER LES JUGEMENS. — TIT. I. *Tierce opposition.* Art. 474. V. Adoption, § XI. Appel, § II. Interdiction, § V. Q. Opposition (tierce), § I et suiv. R. Option, § I. Transport (Cession et), § VI. Q. — 475 et suiv. V. Opposition (tierce), § IV, V, et VI. R. — 478. V. Opposition (tierce), § I et suiv. R. — 479. V. Dommages-intérêts. R.

Tit. II. *Requête civile.* Art. 480. V. Cassation, § II. R.; et § XXXVII. Q. Compte, § I. Q. Contradiction (jugement). Contrariété d'arrêts. R. Étranger, § IV. Q. Requête civile, § III. R.; et § I. Q. — 481. V. Requête civile, § I. Q. — 482. V. Acquiescement, § VI. Q. — 483. V. Requête civile, § I. Q. — 484. V. Requête civile, § I. Q. — 485 et suiv. V. Substitution fidéicommissaire, sect. XVIII. R. — 494. V. Amende, § IV. R. Cassation, § XIX. Q. Dommages-intérêts. R. Interdiction, § V. Requête civile, § XII. Q. — 495. V. Amende, § IV. R. Cassation, § XX. Q. — 496. V. Présentation. R. — 498. V. Interdiction, § V. Q. — 499. Cassation, § XX. Q. — 500. V. Amende, § IV. Dommages-intérêts. R. — 503. V. Dommages-intérêts. R. — 504. V. Cassation, § II. R.; et § XXXVII. Q. Contrariété d'arrêts. R.

Tit. III. *Prise à partie.* Art. 505. V. Prise à partie, § I. R. Tribunal d'appel, § VI. Q. — 506. V. Déni de justice. R. — 507. V. Déni de justice. R. Faux, § XVI. Q. Huissier, § I. R. — 509. V. Justice de paix, § IV. Q. Prise à partie, § II. R. Tribunal d'appel, § VI. Q. — 510. V. Justice de paix, § IV. Tribunal d'appel, § VI. Q. — 511. V. Tribunal d'appel, § VI. Q. — 513. V. Dommages-intérêts. R. — 514. V. Inscription de faux, § I et suiv. R. Tribunal d'appel, § VI. Q. — 515. V. Tribunal d'appel, § VI. Q. — 516. V. Amende, § IV. Dommages-intérêts. R.

LIVRE V. De l'exécution des jugemens. — Tit. I. *Réceptions de cautions.*

Tit. II. *Liquidation des dommages-intérêts.* Art. 523. V. Dommages-intérêts. R.

Tit. III. *Liquidation des fruits.*

Tit. IV. *Redditions de comptes.* Art. 527. V. Comptable. Compte. Exécuteur testamentaire. R. — 529. V. Compte courant, § II. Q. — 552. V. Compte courant, § II. Q. — 533. V. Affirmation de compte. R. — 535. V. Compte. R. — 536. V. Compte courant, § II. Q. — 537. V. Compte. R. — 538. V. Débats de compte. R. — 540 et suiv. V. Compte. R. — 541. V. Compte, § I. Compte courant, § II. Q. Jugement, § III. R.

Tit. V. *Liquidation des dépens et frais.* Art. 543. V. Taxe des dépens, § I. Q.

Tit. VI. *Règles générales sur l'exécution forcée des jugemens et actes.* Art. 545. V. Commandement. R. — 546. V. Authentique, § II. Jugement, § XIV. Q. Souveraineté, § VI. R. — 547. V. Arrêt. Commandement. R. Compensation, § IX. Q. Expropriation forcée. R. — 548 et suiv. V. Exécution de Jugemens civils. R. — 551 et 552. V. Commandement. R. Acte sous seing-privé, § IV. Q. — 553. V. Exécution de jugemens civils. R.

Tit. VII. *Saisies-arrêts ou Oppositions.* Art. 557 et suiv. V. Saisie-arrêt, § II. R. — 559. V. Domicile élu. Ordonnance de juge. R. — 561. V. Consignation. R. — 562. V. Dommages-intérêts. Interdiction d'officiers. R. — 565. V. Dénonciation. R. — 569. V. Consignation. R. — 572. V. Affirmation. R. — 575. V. Dénonciation. R. — 580. V. Pension, § III. R. — 581. V. Alimens, § VIII. R.

Tit. VIII. *Saisies-Exécutions.* Art. 583. V. Commandement. Saisie-exécution, § II. Saisie immobilière, § III. R. — 584. V. Appel, sect. I, § IV. R. Assignation, § X et suiv. Q. Domicile élu. R. Exploit, § I. Q. Rente de don et legs. R. — 586. V. Date, § X. R. — 587. V. Juge de paix, § XXI. R. — 592. V. Bibliothèque, n. 7. Charrue. Cheptel, § I. Lit, § III. R. — 593. V. Transcription, § V. R. — 594. V. Juge de paix, § XXI. R. — 596 et suiv. V. Gardiens. R. Tiers-détenteur. Vol, sect. I. R. — 600 et suiv. V. Gardiens. Vol, sect. I. R. — 605. V. Dommages-intérêts. R. — 608. V. Cheptel, § I. Dommages-intérêts. Opposition à une vente de meubles saisis. R. — 625. V. Concussion. Consignation. R.

Tit. IX. *Saisie-brandon.* Art. 626 et suiv. V. Saisie-brandon. R. — 634. V. Appel, § VIII. Q. Domicile élu. R.

Tit. X. *Saisies des rentes constituées sur particuliers.* Art. 636 et suiv. V. Saisie de rentes constituées. R. — 637. V.

Date, § X. Domicile élu. R. — 643. V. Cahier des charges. R. — 645. V. Cahier des charges. R. — 646. V. Appel, § VIII. Q. — 648. V. Serment, § I. Q. — 651. V. Enchère. R. — 652. V. Consignation. R.

Tit. XI. *Distribution par contribution.* Art. 657. V. Privilége de créance, sect. III, § I. R. — 660. V. Présentation. R. — 662. V. Privilége de créance, sect. III, § I. R. — 663. V. Dénonciation. R. — 669. V. Appel, sect. I, § V. R.; et § VIII. Q. — 672. V. Intérêt, § VII. R.

Tit. XII. *Saisie immobilière.* Art. 673. et 674. V. Commandement. Domicile élu. Rente de don et legs. Saisie immobilière, § III. Saisie immobilière, § VI. R. — 675. V. Date, § X. R. — 676. V. Faux, § XVI. Q. — 680 et suiv. V. Saisie immobilière, § VI. R. — 681. V. Dénonciation. R. — 682. V. Transcription, § VI. R. — 683 et 684. V. Ferme (bail à). Inscription hypothécaire, § III. Opposition (tierce), § II. Saisie immobilière, § VI. Transcription, § VI. R. — 686. V. Grosses, § II. R. — 688 et suiv. V. Saisie immobilière, § VI. R. — 689. V. Tiers-détenteur. R. Transport (cession et), § VII. Q. — 690. V. Dommages-intérêts. R. — 691. V. Tiers détenteur. R. Transport (Cession et), § VII. Q. — 693. V. Saisie immobilière, § VI. R. — 695 et suiv. V. Saisie immobilière, § VI. R. — 696. V. Opposition (tierce), § II. R. — 697. V. Cahier des charges. Expropriation forcée. Saisie immobilière, § VI. R. — 699. V. Cahier des charges. R. — 704 et suiv. V. Opposition (tierce), § II. R. — 706. V. Adjudicataire, § IV. R. — 707. V. Enchère. Transcription, § VI. R. Appel, § I. Q. Bougies. Saisie immobilière, § I. R. — 709. V. Command. Enregistrement, § X. R. — 710. V. Surenchère. R. — 711. V. Dénonciation. R. — 713. V. Adjudicataire, § IV. Dommages-intérêts. Enchère. Transcription, § VI. R. — 714. V. Appel, § I. Q. — 715. V. Consignation. R. — 716. V. Privilége de créance, sect. III, § I. R. — 717. V. Faux, § XVI. Q. Saisie immobilière, § VI. R.

Tit. XIII. *Incidens sur la poursuite de saisie immobilière.* Art. 719 et suiv. V. Saisie immobilière, § VI. R. — 720. et suiv. V. Subrogation de personne, sect. I. R. — 722. V. Dommages-intérêts. R. — 727. V. Saisie immobilière, § VI. R. — 730. V. Appel, sect. I, § V. R. — 731. V. Cassation, § XXXI. Q. Décret d'immeubles, § VI. Expropriation forcée. R. — 751. V. Motifs des jugemens. Servitude, § XXXI. R. — 753. V. Cassation, § XXXI. Q. — 754. V. Appel, § VIII. Q. — 755. V. Cassation, § XXXI. Q. — 756. V. Appel, sect. I, § V. R. — 737 et suiv. V. Enchère. R. — 743. V. Consignation. R. — 744. V. Contrainte par corps. R. — 746. V. Acte judiciaire. R. — 747. V. Adjudicataire, § IV. R. Appel, § I. Expropriation forcée, § VIII. Q. Saisie immobilière, § I. — 748. V. Adjudicataire, § IV. R.

Tit. XIV. *De l'ordre.* Art. 749. V. Hypothèque, § XIX. Q. Saisie immobilière, § VIII. R. — 752. V. Ordonnance de juge. R. — 755. V. Cassation, § XIX. Q. — 759. V. Privilége de créance, sect. III, § I. R. — 760. V. Cassation, § XIX. Q. — 763. V. Appel, sect. I, § V. R.; § VIII et X. Q. — 767. V. Intérêt, § VII. R. — 768. V. Privilége de créance, sect. III, § I. R. — 771. V. Consignation. Transcription, § VII. R. — 775. V. Transcription, § VII. R. — 778. V. Inscription hypothécaire, § V et suiv. R. — 779. V. Subrogation de personne, sect. I. R.

Tit. XV. *Emprisonnement.* Art. 780. V. Commandement. R. Contrainte par corps, § X. Q. Emprisonnement. Signification. R. — 781. V. Clain, § III. R. Étranger, § IV. Q. Vol, sect. II, § III, art. 4. R. — 782. V. Étranger, § IV. Q. — 783. V. Domicile élu. Écrou. R. — 786 et suiv. V. Audience, § IV. R. — 789. V. Domicile élu. Écrou. R. Étranger, § IV. Q. — 790. V. Dégradation d'aubain, § 792. V. Recommandation. R. — 794. V. Arrestation, § VI. R. — 795. V. Étranger, § IV. Q. — 796. V. Recommandation. R. — 799. V. Contrainte par corps, § X. Q. Dommages-intérêts. R. — 800. V

Contrainte par corps. R. Contrainte par corps, § X. Q. Elargissement. R. — 801. V. Contrainte par corps, § X. Q. — 804. V. Contrainte par corps, § X. Q. Signification. R. — 805. V. Contrainte par corps, § X. Etranger, § IV. Q.

Tit. XVI. *Référés.* Art. 806 et suiv. V. Audience, § IV. Référé. R. — 808. V. Audience, § IV. R. — 809. V. Appel, § I. Q. Opposition à un jugement, § III. R.

DEUXIÈME PARTIE. — procédures diverses.

LIVRE I. — Tit. I. *Offres de payement et Consignation.* Art. 812 et suiv. V. Offres réelles. Transcription, § VII. R. — 815. V. Offres réelles. R. — 816. V. Intérêt, § VII. R.

Tit. II. *Droits des propriétaires sur les meubles, effets et fruits de leurs locataires et fermiers, ou Saisie-gagerie et Saisie-arrêt sur débiteurs forains.* Art. 819 et suiv. V. Saisie-gagerie. R. — 820 et 821. V. Bail, § VII. Gardiens. Tiers-détenteur. R. — 822. V. Saisie-arrêt, § VIII. R. — 824. V. Succession vacante, § I. Q.

Tit. III. *Saisie-revendication.* Art. 826. V. Dommages-intérêts. R.

Tit. IV. *Surenchère sur aliénation volontaire.* Art. 832 et 833. V. Surenchère. Transcription, § V. R. — 834. V. Contrainte par corps. Déclaration d'hypothèque. Inscription hypothécaire, § II et suiv. Ordre des créanciers. Rente seigneuriale, § II. Saisie immobilière, § VI. R. Succession vacante, § I. Q. Transcription, § III. Transcription, § IV. R. Transport (Cession et), § VI. Q. — 835. V. Transcription, § V. R. — 836 et suiv. V. Transcription, § VI. R.

Tit. V. *Voies à prendre pour avoir expédition ou copie d'un acte, ou pour le réformer.* Art. 839 et suiv. V. Expédition. R. — 841 et suiv. V. Compulsoire, § I. R. — 849 et suiv. V. Collation de pièces. R. — 851. V. Notaire, § VI. R. — 853. V. Compulsoire, § I. R.

Tit. VI. *Envoi en possession des biens d'un absent.*

Tit. VII. *Autorisation de la femme mariée.* Art. 861. V. Autorisation maritale, sect. VIII. R. — 863 et 864. V. Autorisation maritale, sect. VII. R.

Tit. VIII. *Séparation de biens.* Art. 865. V. Autorisation maritale, sect. VII. Séparation de biens, sect. II. R. — 866 et suiv. V. Séparation de biens, sect. II. R. — 867. V. Notaire, § V. R. — 872. V. Notaire.

Tit. IX. *Séparation de corps et Divorce.* Art. 878. V. Autorisation maritale, sect. VII. Provision. R. — 881. V. Enquête. R.

Tit. X. *Avis de parens.* Art. 882 et suiv. V. Avis de parens. R. — 883. V. Tutelle, sect. II, § IV. R. — 885. V. Motifs des jugemens. R. — 885 et suiv. V. Homologation. R. — 888. V. Interdiction, § V. Q.

Tit. XI. *Interdiction.* Art. 896. V. Interdiction, § V. Q.

Tit. XII. *Bénéfice de cession.* Art. 898. V. Cession de biens. R. 899. V. Cession de biens. Transcription, § III. R. — 901 et 902. V. Cession de biens. R. — 904. V. Saisie immobilière, § I et II. R. Serment, § I. Q. Transcription, § III. R. — 906. V. Stellionnat. R.

LIVRE II. Procédures relatives a l'ouverture d'une succession. — Tit. I. *Apposition des scellés après décès.* Art. 907 et suiv. V. Scellé, § III. R. — 916. V. Interdiction d'officiers. R. — 921. V. Mariage, sect. V, § II. R.

Tit. II. *Oppositions aux scellés.* Art. 926 et 927. V. Domicile élu. Opposition au scellé. R.

Tit. III. *Levée du scellé.* Art. 928 et suiv. V. Scellé, § III. R. — 929. V. Inventaire, § IV. R. — 935. V. Exécuteur testamentaire. Inventaire, § III et IV. R. *Non bis in idem.* R.

Tit. IV. *Inventaire.* Art. 941. V. Inventaire, § II. R. —

942. V. Exécuteur testamentaire. Inventaire, § IV et V. Notaire, § II. R. — 943. V. Crue. Inventaire, § I. R.

Tit. V. *Vente du mobilier.* Art. 945 et suiv. V. Partage, § V. R.

Tit. VI. *Vente des biens immeubles.* Art. 954. V. Conseil de famille. Transcription, § III. R. — 955. V. Appel, § I. Q. Homologation. Transcription, § III. R. Vente, § VIII. Q. — 957 et suiv. V. Expropriation forcée, § VIII. Q. — 962. V. Vente, § VIII. Q. — 963. V. Affiche. R. — 964. V. Conseil de famille. R. Vente, § VIII. Q. — 965. V. Saisie immobilière, § I. R. Vente, § VIII. Q.

Tit. VII. *Partages et Licitations.* Art. 969 et suiv. V. Estimation. R. — 972 et 975. V. Cahier des charges. Transcription, § III. R. — 976 et 977. V. Notaire, § II R. — 979 et 980. V. Bénéfice d'inventaire, n.º 7. R. — 981. V. Notaire, § II. R. — 982. V. Homologation. R. — 984. V. Appel, § I. Q.

Tit. VIII. *Bénéfice d'inventaire.* Art. 986. V. Saisie immobilière, § I. R. — 988 et 989. V. Héritier, § XI. Q. Transcription, § III. R. — 991. V. Saisie immobilière, § I. Transcription, § III. R. — 992. V. Exécuteur testamentaire. R. — 995. V. Saisie immobilière, § I. R. — 996. V. Curateur, § IV. Saisie immobilière, § II. R.

Tit. IX. *Renonciation à la communauté ou à la succession.*

Tit. X. *Curateur à une succession vacante.* Art. 999 et suiv. V. Curateur, § III. R. — 1001. V. Saisie immobilière, § I. Transcription, § III. R.

LIVRE III. — Tit. unique. *Arbitrages.* Art. 1005. V. Appel, § XIV. Q. Arbitrage, n. 42. R. Arbitre, § XV. Q. Compromis. R. Société, sect. VIII. R. — 1004. V. Arbitrage, n, 42. R. — 1006. V. Arbitres, § XV. Q. — 1008. V. Appel, § XIV. Q. Arbitrage, n. 18. R. — 1009. V. Arbitrage, n. 4, 19 et 45. R. Arbitres, § III et XIV. Q. — 1010. V. Arbitrage, n. 14 et 59. R. Arbitres, § XIV. Q. — 1012. V. Appel, § XIV. Q. Arbitrage, n. 15 et 18. R. Arbitre, § XIV. Q. Date, § V. Q. — 1015. V. Arbitre, § XIV. Q. — 1014. V. Arbitrage, n. 18. R. — 1015. V. Arbitrage, n. 4. R. — 1016. V. Opposition à un jugement, § III. R. — 1017. V. Arbitrage, n. 28. R. — 1018. V. Arbitre, § XVIII. Q. — 1019. V. Arbitrage, n. 19. R. Arbitre, § IV. Q. — 1020. V. Arbitrage, n. 11, 53 et 35. R. Date, § V. Q. Ordonnance de juge. R. — 1021. V. Arbitrage, n. 4 et 38. R. — 1022. V. Enregistrement, § II. R. — 1023. V. Arbitrage, n, 59. R. Arbitre, § IV. Q. — 1024. V. Arbitrage, n 41. R. — 1026. V. Arbitrage, n. 26. R. Arbitre, § III et IV. Q. — 1027. V. Arbitrage, n. 45. R. Arbitre, § III. Q. Requête civile, § III. R. — 1028. V. Appel, § I et XIV. Q. Arbitrage, n. 44 et 45. R. Arbitre, § IV et XIV. Q. Jugement, § XIV. Q. — 1030. V. Ajournement. R. Appel, § X, art. 1. Appel, § X et XIII. Q. Délai, sect. I, § I. Signification. R. — 1031. V. Dommages-intérêts. Nullité, § V. R. — 1032. V. Commune, § VI. Q. — 1053. V. Acte respectueux, § II et suiv. Cassation, § XXI. Q. Délai, sect. I, § I. Testament, sect. I, § I. R. — 1054. V. Sommation. Joindre. R. — 1055. V. Commissaire. R. — 1056. V. Audience, § III. R. — 1057. V. Clain, § III. Fête. Ajournement. Asile, n. 8. Signification. R. — 1040. V. Audience, § IV. R. — 1041. V. Abus. Q. Action, § III. Ajournement. R. Appel, § XIII. Q. Appel incident, § XI. Q. Arbitrage, n. 47. R. Arbitre, § XIV. Q. Bénéfice d'inventaire, n. 7. Cassation, § XXXVII. Q. Cerquemanage. Cession de biens. Clain, § I et suiv. Clameur. Collocation. Commandement. R. Commune, § II. Q. Comparution. Compellation. Compulsoire, § II. Consuls des marchands, § III. R. Contrainte par corps, § X. Q. Contredits. R. Contre-lettre, § III. Q. Conversion. Crue. Curateur, § I. Descente sur les lieux. Enquête par turbes. Enregistrement (droit d'), § LVIII. Interrogatoire sur faits et articles.

Interruption d'instance. Inventaire de production. Notoriété (acte de). Opposition à un jugement. Péremption , § II. Prescription, sect. I, § V; sect. III, § VIII. Présentation. Récusation péremptoire. Relief précis. Requête civile , § XII. Q.

CHAPITRE IV. — *Code de commerce.*

LIVRE I. Du Commerce en général. — Tit. I. *Commerçans.* Art. 4 et suiv. V. Marchande publique. R. — 7. V. Dot. R.

Tit. II. *Livres de commerce.* Art. 8 et suiv. V. Livre de commerce. R. — 10. V. Huissier, § VII. R.

Tit. III. *Sociétés.* Art. 19. V. Société, sect. II. R. — 20 et suiv. V. Société, sect. II. R. — 22. V. Société, sect. VI. R. — 25 et suiv. V. Société, sect. II. R. — 29 et suiv. V. Société, sect. II. R. — 30. V. Prescription, sect. I, § VIII. R. — 52 et 53. V. Société, sect. VI. R. — 57. V. Action. Actionnaire, § VII. Q. Tontine. R. — 59 et suiv. V. Société, sect. III. R. — 42 et suiv. V. Société, sect. VI. R. — 47. V. Société, sect. II. R. — 54 et suiv. V. Arbitre, § IV. Q. Société, sect. VI. R. — 55. V. Action. Actionnaire , § V. Q. — 61. V. Arbitrage, n. 57. V. — 64. V. Société, sect. VI. R.

Tit. IV. *Séparation de biens.* Art. 67. V. Notaire, § V. R. — 70. V. Notaire, § V. R.

Tit. V. *Bourses de commerce, Agens de change et Courtiers.* Art. 74 et suiv. V. Mandat, § VI. R. — 85. V. Lettre et Billet de change, § III. R. — 90. V. Marché à terme, § II. R.

Tit. VI. *Commissionnaires.* Art. 93. V. Commissionnaire, § II. Motifs des jugemens. R. Révendication, § VII. Q. — 99. V. Commissionnaire, § III. Q. — 103 et suiv. V. Voiturier. R.

Tit. VII. *Achats et Ventes.* Art. 109. V. Preuve, sect. I, § III. R.

Tit. VIII. *Lettre de change, Billet à ordre , et Prescription.* Art. 110. V. Endossement, § I. Q. Lettre et Billet de change, § II et suiv. R. Lettre de change, § VII. Protêt, § VIII. Q. — 112. V. Faux, § VI. Q. — 115. V. Protêt, § VII. Q. Provision de lettre de change. R. — 116. V. Protêt, § VII. Q. — 117. V. Billet à domicile. Protêt, § VII. Q. — 118. V. Billet à domicile. Q. Lettre et billet de change, § IV. R. — 120. V. Protêt, § VII. Q. — 122. V. Acceptation de lettre de change. R. — 124. V. Acceptation de lettre de change. V. — 125. V. Acceptation de lettre de change. R. — 126 et suiv. V. Intervention à protêt. R. — 135. V. Protêt, § III. R. — 136. V. Confession, § IV. Q. Endossement. R. Lettre et Billet de change, § IV. Ordre (billet à), § I. R. — 157. V. Confession , § IV. Endossement , § I. Protêt, § VIII. Q. — 158. V. Endossement, § I. Q. — 159. V. Endossement , § I. Q. — 140 et suiv. V. Let re et billet de change, § IV. Ordre (billet à), § I. R. Protêt, § VII. Q. — 141. V. Aval, § II. Q. — 142. V. Aval, § II. Q. — 143 et suiv. V. Lettre et Billet de change, § IV. R. — 145. V. Protêt, § VI. R. — 147. V. Protêt, § VIII. Q. — 148. V. Protêt, § VIII. Q. — 150. V. Protêt, § VIII. Q. — 153. V. Protêt, § V. R. — 155. V. Lettre et Billet de change, § II. R. — 160. V. Protêt, § VIII. Q. — 161 et suiv. V. Protêt, § III. R. ; § VIII. Q. — 162. V. Protêt, § VIII. Q. — 163. V. Lettre et Billet de change, § IV. R. — 164. V. Billet à domicile. Q. Endossement. R. — 168. V. Aval, § II. Q. Protêt, § V. R. Protêt, § VII. Q. — 169. V. Billet à domicile. Protêt, § VII. Q. — 170. V. Billet à domicile. Aval, § II. Protêt, § VII. Q. — 173. V. Billet à domicile. Q. Protêt. R. — 174. V. Acte respectueux, § III et suiv. Q. — 177 et suiv. V. Lettre et Billet de change, § V. R. — 179. V. Protêt, § VIII. Q. — 183. V. Protêt, § VIII. Q. — 184. V. Aval, § II. Q. Intérêt, § IV. R. — 187. V. Aval, § II. Billet à

domicile. Q. Intérêt, § IV. R. Lettre et Billet de change, § II. R. — 189. V. Lettre de change, § V, Q. Lettre et Billet de change , § II. R.

LIVRE II. Du commerce maritime.

Tit. I. *Navires et bâtimens de mer.* Art. 190 et suiv. V. Navire, § I. R. — 195. V. Faux, § VI. Q.

Tit. II. *Saisie et vente des navires.*

Tit. III. *Propriétaires de navires*

Tit. IV. *Capitaine* Art. 228. V. Lettre de mer. R. — 239 et 240. V. Pacotille. R.

Tit. V. *Engagement et loyers des matelots et gens de l'équipage.* Art. 250 et suiv. V. Matelot, § I. R.

Tit. VI. *Chartes-parties, Affrétemens au nolisemens.* Art. 275 et suiv. V. Frét. R.

Tit. VII. *Connaissement.*

Tit. VIII. *Frét ou nolis.*

Tit. IX. *Contrats à la grosse.* Art. 311 et suiv. V. Grosse aventure. R.

Tit. X. *Assurances.* Art. 332. V. Estimation. R. — 333 et suiv. V. Police et contrat d'assurance, § II. R. — 336. V. Estimation. R. — 339. V. Estimation. R. — 353. V. Baraterie. R. — 362. V. Agent d'affaire Q. — 373. V. Prescription, sect. II, § IV. R. — 393. V. Prescription, sect. II, § III. R.

Tit. XI. *Avaries.*

Tit. XII. *Jet et contribution.* Art. 410 et suiv. V. Jet à la mer. R. — 417. V. Appel, § I. Q. — 426. V. Question d'état. R.

Tit. XIII. *Prescriptions.* Art. 433 et 434. V. Prescription, sect. II, § IV. R.

Tit. XIV. *Fins de non-recevoir.* Art. 455. V. Abordage. Prescription, sect. II, § I. R. — 456. V. Abordage. R.

LIVRE III. Des faillites et banqueroutes. — *Dispositions générales.* Art. 457 et suiv. V. Faillite. R.

Tit I. *Faillite.* Art. 441. V. Cassation, § XLVII. Appel, § I. Q. — 442. V. Bail, § XII. Q. — 445. V. Tiers-détenteur. R. — 448. V. Bail, § XII. Cassation, § XLVII. Q. Lettres et billet de change, § IV. R. — 449. V. Appel, § I. Q. Cassation, § XLVII. Q. Scellé, § II. R. — 451. V. Ordre (billets à), § I. R. — 454. V. Cassation, § XLVII. Q. — 455. V. Appel, § I. Q. — 457. V. Appel, § I. Q. — 458. V. Atermoiement, n. 1. R. — 486. V. Notaire, § II. R. — 490. V. Cassation, § XLVII. Q. — 491. V. Bail, § XII. Q. — 494. V. Appel, § XIV. Q. — 496. V. Bail, § XII. Q. — 497. V. Bail, § XII. Q. — 501. V. Atermoiement, n. 2. R. Cassation, § XLVII. Q. — 503. V. Cassation, § XLVII. Q. — 505. V. Cassation, § XLVII. Q. — 509. V. Cassation, XLVII. Q. — 516. V. Inscription hypothécaire, § II et suiv. R. — 519. V. Atermoiement, n. 2. R. — 520. V. Atermoiement, n. 5. R. — 521. V. Cassation, § XLVII. Q. — 522. V. Atermoiement, n. 2. R. — 523. V. Cassation, § XLVII. Q. — 524. V. Atermoiement, n. 5. R. Vente, § VIII. Q. — 526. V. Cassation, § XLVII. Q. — 527. V. Bail, § XII. Q. — 528. V. Vente, § VIII. Q. — 552. V. Faillite, § III. Q. Saisie immobilière, § I. Transcription, § III. R. — 533. V. Bail, § XII. Q. — 555 et suiv. V. Gage. R. — 541. V. saisie immobilière, § I. R. — 543. V. Tribunal de commerce, § X. Q. — 544 et suiv. V. Inscription hypothécaire, § II. R. — 552. V. Ordre (billet à), § I. R. — 558. V. Privilège de créance, sect. III, § I. R. — 564. V. Faillite, § III. Q. Transcription, § III. R. Vente, § VIII. Q.

Tit. II. *Cession de biens.* Art. 575. V. Stellionnat. R.

Tit. III. *Révendication.* Art. 576. V. Révendication, § I. R.; et § VII. Q. — 577. V. Révendication, § VII. Q. — 578. V. Révendication, § VII. Q. — 581. V. Compte courant, § III. Q. — 585. V. Endossement, § I. Q.

Tit. IV. *Banqueroute.* Art. 593. V. Vol, sect. I. R. Complice, § V. Q. — 597. V. Vol, sect. I. R.

Tit. V. *Réhabilitation.* Art. 604 et suiv. V. Réhabilitation. R.

LIVRE IV. De la juridiction commerciale.
Tit. I. *Organisation des tribunaux de commerce.* Art. 615 et suiv. V. Tribunal de commerce. R. — 621. V. Estimation. R. — 625. V. Contrainte par corps, § X. Q. — 627. V. Suppléant (juge), § I. Q. — 629. V. Serment, § I. R.

Tit. II. *Compétence des tribunaux de commerce.* Art. 651. V. Privilège, § I. Commerce (acte de), § I et suiv. Q. — 652. V. Bil et à domicile. Commerce (acte de), § I et suiv. Q. Lettre et billet de change, § II et suiv. R. Privilège, § I. Tribunal de commerce, § VI. Q. — 653. V. Commerce (acte de) § III et suiv. Q. — 634. V. Atermoiement, n. 4. R. Commerce (acte de), § VII et suiv. Q. — 636. V. Faux, § VI. Q. Lettre et billet de change, § II. R. Ordre (billet à), § I. R. — 637. Endossement. R. — 638. V. Commerce (acte de), § IX. Q. — 639. V. Acquiescement, § XI et suiv. Appel, § VII. Arbitres, § XIV. Q.

Tit. III. *Forme de procéder devant les tribunaux de commerce.* Art. 642. V. Appel, § VIII. Défaut, § VIII. Q. Opposition (tierce), § I et suiv. R. Tribunal de commerce, § X. Q. — 645. V. Appel, § VIII. Défaut, § VIII. Q.

Tit. IV. *Forme de procéder devant les cours royales.* Art. 645. V. Acquiescement, § XI et suiv. Appel, § VIII. Q. — 647. V. Opposition (tierce), § I et suiv. R. — 648. V. Appel, § VIII. Q.

CHAPITRE V. — *Code d'instruction criminelle.*

Dispositions préliminaires. Art. 1. V. Adultère, § III et suiv. Appel, § V. Chasse, § V. Q. — 2 V. Action publique. R. Révocation de donation, § II. Q. Cadavre, n. 5. R. Contumace, § III. Révocation de donation, § III. Q. — 3. V. Action publique. R. Adultère, § II. Commune, § VI. Q. Délit. Intervention, § II. *Non bis in idem.* R. Réparation civile, § II. Révocation de donation, § II. Q. — 4. V. Accusation, § I. Adultère, § IV. Q. — 5. V. Délit, § VIII. Étranger, § VIII. Q. — 6. V. Délit, § VIII. Q. — 7. V. Délit, § VIII. Q.

LIVRE I. De la police judiciaire, et des officiers de police qui l'exercent. — Chap. I. *De la police judiciaire.* Art. 9 et suiv. V. Officiers de police judiciaire. R.

Chap. II. *Des maires, des adjoints de maires, et des commissaires de police.* Art. 11 et suiv. V. Commissaires de police. R.

Chap. III. *Des gardes champêtres et forestiers.* Art. 16 et suiv. V. Garde champêtre. R. — 17. V. Garde champêtre, § I. Q. — 18 et 19. V. Délit forestier. — 20. V. Délit forestier. R.

Chap. IV. *Des procureurs du Roi et de leurs substituts.* Art. 22. V. Adultère, § III et suiv. Délit, § VIII. Q. Procureur du Roi. R. — 23. V. Compétence, § II. R. Délit, § VIII. Q. — 29 et suiv. V. Anonyme. Dénonciateur. Ordonnance de juge. Sous-préfet, § IV. R. — 51. V. Dénonciateur. Plainte. Procuration, § II. R. — 52 et suiv. V. Blessé, § I. Crime, § II. Déclaration. Procès-verbal, § II. R. — 56 et suiv. V. Scellé, § I. R. — 59. V. Blessé, § I. R. — 42 et suiv. V. Blessé, § I. R.

Chap. V. *Des officiers de police auxiliaire du procureur du Roi.* Art. 48 et suiv. V. Commissaires de police. R. — 55 et suiv. V. Plainte. R.

Chap. VI. *Des juges d'instruction.* Art. 55 et suiv. V. Juge d'instruction. R. — 63. V. Compétence, § II. R. Délit, § VIII. Q. Plainte. R. Réparation civile, § II. Q. — 65. V. Procuration, § II. R. — 66 et 67. V. Partie civile. R. Réparation civile, § II. Q. — 67. V. Intervention, § II. R. — 69. V. Délit, § VIII. Q. — 74. V. Déclaration. R. — 79. V. Témoin judiciaire, § I et III. R. — 80. V. Serment, § II. R. — 84. V. Opposition à un jugement, § I. R. — 87 et suiv. V. Blessé, § I. R. — 88. V. Plainte. R. — 89. V. Crime, § II. R.

Chap. VII. *Des mandats de comparution, de dépôt, d'amener et d'arrêt.* Art. 91 et suiv. V. Assigné pour être oui. Mandat de comparution et de dépôt. Plainte. R. — 94 et suiv. V. Plainte. R. — 97. V. Arrestation, § III et suiv. R. — 98. V. Arrestation, § IV. R. — 101. V. Arrestation, § IV. R. — 104 et suiv. V. Arrestation, § IV. R.

Chap. VIII. *De la liberté provisoire et du cautionnement.* Art. 114. V. Appel, § V. Q. Audience, § IV. Élargissement. R. — 125. V. Chose jugée, § XVIII. Q.

Chap. IX. *Du rapport des Juges d'instruction, quand la procédure est complète.* Art. 127. V. Garde-champêtre, § I. Q. — 128. V. Bigamie, § II. Q. Crime, § IV. Démence. Opposition à une ordonnance de chambre de conseil. R. — 130. V. Appel, § V. Q. Pêche, sect. I, § II. R. — 133 et suiv. V. Renvoi après cassation. R. — 135. V. Bigamie, § II. Q.

LIVRE II. De la justice. — Tit. I. *Des tribunaux de Police.* Art. 137 et suiv. V. Crime, § IV. Délit forestier. R. et § XII. Q. Délit rural. R. Garde-champêtre, § I. Q. Tribunal de police, sect. I, § III. R. — 139. V. Délits forestiers, § XII. Q. Injure. R. — 144. V. Réparation civile, § II. Q. — 146. V. Cédule de citation. R. — 149 et suiv. V. Défaut, § III. R. — 152. V. Contumace, § I. R. — 154. V. Appel, § XIII. Gibier, § II. Q. Procès-verbal, § VI. R. — 155. V. Serment, § II. Témoin judiciaire, § III. R. — 156. V. Témoin judiciaire, § I. R. — 158. V. Opposition à un jugement, § I. R. — 150. V. Réparation civile, § II. Q. — 160 et 161. V. Pêche, sect. I, § II. R. — 163. V. Atteint et convaincu. R. — 165. V. Délit forestier. Exécution des jugemens criminels. R. — 172. V. Appel, § I et suiv. Q. Procès-verbal, § II. V. Sortilège. R. — 173. V. Appel, § V. Q. — 174. V. Amende de fol appel, § II. Q. Appel, sect. II, § II, art. 2. R. Appel, § X et XII. Q. Appel incident, § XII. Q. — 175 et 176. V. Appel, § V et XIII. Q. — 177. V. Appel, § I, II et X. Q. Commune, § VI. Q. Cassation, § IV et V. R. et LII. Q. — 178. V. Crime, § V. R. — 179. V. Délit. Délit forestier, R. Délits forestiers, § XIII. Q. Délit rural. Inutiles. Tribunal de police, sect. II, § III. R. — 180 et suiv. V. Plainte. R. — 182. V. Appel, § II et suiv. Q. Gardes généraux des bois. Intervention, § II. Pêche, sect. I, § II. R. — 185. V. Contumace, § I. Délinquant. R. — 186 et suiv. V. Opposition à un jugement, § III. R. — 187. V. Appel, § VIII. Q. Motifs des jugemens. R. Opposition aux jugemens par défaut, § XX. Q. — 189. V. Appel, § XIII. Q.

Pêche, sect. I, § II. R. Procès-verbal, § VI. Serment, § III. R. Témoin judiciaire, § I et III. R. — 190. V. Appel, sect. II, § VIII. Interrogatoire. R. — 191 et suiv. V. Jugement, § III. R. — 192. V. Délit forestier. R. Délits forestiers, § XII. Q. — 195. V. Atteint et convaincu. Fait. Défaut, § III. Jugement, § II. Motifs des jugemens. R. — 197. V. Amende, § VIII. Exécution des jugemens criminels. R. — 198. V. Crime, § V. R. — 200. V. Appel, sect. II, § III. R. — 201. V. Appel, sect. II, § III. R. — 202. V. Appel, § II et suiv. Q. — 203. V. Appel, sect. II, § III. R. et § V, VIII, X et XIII. Q. Caution, § I. Surséance. R. — 204. V. Appel, § X et XIII. Q. Défaut, § III. Procuration, § II. Procureur *ad lites*. R. — 205. V. Appel, § V, X et XIII. Q. Appel incident, § XI. Q. Serment, § II. R. — 208. V. Appel, § XIII. Q. Défaut; § III. Opposition à un jugement, § III. R. Opposition aux jugemens par défaut, § XX. Q. — 209. V. Jugement, § I. R. — 211. V. Appel, sect. II, § VIII. R. et § XIII. Q. Jugement, § II. Serment, § II. R. — 212. V. Réparation civile, § II. Q. — 215. V. Appel, § XIII et XIV. Q. — 214. V. Appel, § V, XIII et XIV. Q. Renvoi après cassation. Vol, sect. II, § III, art. 4. R. — 215. V. Appel, § XIII et XIV. Q. — 216. V. Cassation, § IV. R. et LII. Q. Commune, § VI. Q.

Tit. II. *Affaires qui doivent être soumises au jury.* Art. 217. V. Contumace, § III. Subornation. R. — 219. V. Accusation, § IV et suiv. Q. — 221. V. Acte d'accusation. R. Accusation, § I et II. Q. Motifs des jugemens. Subornation. R. — 226. V. Accusation. R. et § I. Q. Connexité, § II. R. — 227. V. Accusation. R. Délit, § II. Q. — 229. V. Accusation R. et § I et II. Q. Bigamie. Duel. Q. Motifs des jugemens. R. *Non bis in idem.* Renvoi après cassation. Subornation. R. — 231. V. Accusation. R. et § II et IV. Q. Bigamie. Q. Excuse. R. Jury, § IV. Q. Motifs des jugemens. Vol, sect. II, § III, art. 4. R. — 234. V. Motifs des jugemens. R. — 255. V. Contumace, § III. R. — 257. V. Déclaration. R. — 238. V. Contumace, § III. R. — 259. V. Contumace, § III. R. — 241. V. Circonstances. R. — 246 et suiv. V. *Non bis in idem.* R. — 249. V. Crime, § V. R. Faux, § VI. Q. — 250. V. Renvoi après cassation. R. — 255. V. Arrêt. Procureur-général. R. — 269. V. Témoin judiciaire, § III. R. — 271. V. Acte d'accusation. Procureur-général. R. — 276 et suiv. V. Motifs des jugemens. R. — 277. V. Appel, § I. Q. — 279. V. Commissaires de police. R. — 294 et 295. V. Conseil des accusés. R. — 299. V. Accusation, § IV et suiv. Q. Contumace, § III. R. Duel. Q. — 302. V. Communication. R. — 303. V. Déclaration. R. — 312. V. Serment, § II. R. — 315 et suiv. V. Déposition. Témoin judiciaire, § III. R. — 317. V. Serment, § II. Témoin judiciaire, § III. R. — 319. V. Interpellation. R. — 521. V. Témoin judiciaire, § IV. R. — 522. V. Désistement. Témoin judiciaire, § I. R. — 525. V. Cassation, § IV. R. — 525. V. Interpellation. R. — 526. V. Témoin judiciaire, § III. R. — 350. V. Arrestation, § II. Faux témoignage. Subornation. R. — 552. V. Interprète. R. — 555. V. Sourd-muet. R. — 347 et suiv. V. Circonstance. R. Complice, § IV. Q. *Non bis in idem.* Questions. Procédure par jurés. R. Réparation civile, § II. Q. Tentative de crimes. R. — 558. V. Complice, § IV. Délit, § II. Q. — 559 et 540. V. Excuse. R. — 541. V. Déposition. R. — 545. V. Accusation, § II. Faux, § VI. Jury, § IV. Réparation civile, § II. Suicide. Q. — 546. V. Excuse. R. — 547. V. Partage d'opinions. R. — 350 et suiv. V. Révision de procès, § II. R. — 552. V. Jury, § IV. Q. *Non bis in idem.* R. — 353. V. Complice; § IV. Q. — 355. O. Serment, § II, R. — 356. V. Opposition à un jugement, § I. R. — 558. V. Anonyme. *Non bis in idem.* Ordonnance de prise de corps. V. Réparation civile, § I et suiv. R. et § II. Q. — 559. V. Réparation civile, § II. Q. — 560. V. Commune, § VI. Contumace, § IV et suiv. Délit, § II. Q. *Non bis in idem.* Rébellion, § III. R. — Réparation civile, § II. Q. Révision de procès, § III. R. — 561. V. Délit, § II. Q. — 565 et suiv. V. Ordonnance de juge. R. — 564 et 565. V. *Non bis in idem.* Révision de procès, § II. Tenta-

tive de crimes. R. — 565. V. Peine. R. — 566. V. Partie civile. Réparation civile, § I et suiv. Restitution de chose volée. R. — 567. V. Excuse. R. — 568. V. Réparation civile, § II et suiv. R. — 570. V. Arrêt. Motifs des jugemens. R. — 571. V. Motifs des jugemens. R. — 572. V. Serment, § II. R. — 575. V. Cassation, § VI. R ; et LII. Q. — Commune, § VI. Q. — 574. V. *Non bis in idem.* R. — 577. V. Cassation, § LII. Q. — 578. V. Exécution des jugemens criminels. R. — 579. V. *Non bis in idem.* Peine. R. — 581. V. Arbitres, § XIV. Q. — 595 et suiv. V. Juré, Jury. R. — 597. V. Opposition à un jugement, § I. Souveraineté, § VIII. R. — 599 et suiv. V. Récusation, § III. R. — 401. V. Appel, § V. Q.

Tit. III. *Manière de se pourvoir contre les arrêts ou jugemens.* Art. 408. V. Acquiescement, § XVIII et suiv. Appel, § II et suiv. Q. Cassation, § II et IV. R. et LII. Q. Délits Forestiers, § XII. Préfet, § IV. Réparation civile, § II. Q. Souveraineté, § VIII. Vol, sect. II, § III, art. 4. R. — 409. V. Cassation, § X. Q. — 410. V. Amnistie, § VI. Q. Cassation, § IV. R. et XLVIII. Q. Chasse, § V. Complice, § V. Q. Délits forestiers, § XIII. Garde Champêtre, § I. Lettre, § III. Q. Motifs des jugemens. Ordonnance de juge. Prescription, sect. III, § VII. R. Suicide. Q. — 411. V. Cassation, § XLVIII. Délits forestiers, § XIII. Q. — 412. V. Appel, § II. Q. Cassation, § IV. R. — 415. V. Appel. § II et suiv. Cassation, § IV. R.; et LII. Délits forestiers, § XII. Garde champêtre, § I. Réparation civile, § II. Q. — 415. V. Acquiescement, § XVIII et suiv. Q. Nullité, § V. R. — 416. V. Appel, § V et X. Q. Excuse. Interlocutoire. R. Préfet, § IV. Q. Révision de procès, § III. Subornation. Vol, sect. II, § III, art. 4. R. — 417. V. Appel, § X. Q. Cassation, § V. Procureur *ad lites*. R. — 418. V. Opposition aux jugemens par défaut, § XX. Q. — 419. V. Cassation, § XIX. Q. — 420. V. Cassation, § V. R.; et § XIX. Q. — 421. V. Vol, sect. I. R. — 422. V. Carcan. R. — 425. V. Opposition aux jugemens par défaut, § XX. Q. — 424. V. Cassation, § V. R. Opposition aux jugemens par défaut, § XX. Q. — 425. V. Opposition aux jugemens par défaut, § XX. Q. — 426. V. Cassation, § VI. R. — 429. V. Acte d'accusation. Cassation, § VII. R. Contumace, § V. Q. *Non bis in idem.* Renvoi après cassation. R. — 456. V. Cassation, § XIX. Q. — 441. V. Cassation, § X. Conseil de guerre, § III. Q. Cour de cassation. Délit forestier. R.; et § XIII. Q. Garde champêtre, § I. Mari, § I. Ministère public, § X. Q. — 442. V. Cassation, § IV. R. et § X. Q. Délits forestiers, § XIII. Ministère public, § X. Réparation civile, § II. Q. Sortilége. Souveraineté, § VIII. R. Tribunal de police, § IV. Q. — 445. V. Contumace. Faux, § VI. Q. Révision de procès, § I, III. R. — 444. V. Contumace. Q, Curateur, § VIII. R. — 445. V. Contumace. Q. Subornation. R. — 447. V. Curateur, § VIII. R.

Tit. IV. *Procédures particulières.* Art. 451. V. Simulation, § I. Q. — 452 et suiv. V. Vérification d'écriture. R. — 456. V. Représentation d'actes. R. — 460. V. Faux, § VI. Inscription de faux, § I et XII. Q. — 465. V. Faux. R ; et § VI. Q. Prescription, sect. III, § VII. R. — 464. V. Délit, § VIII. Q. — 465. V. Annotation. Contumace, § I et III. Sequestre pour contumace. R. — 466. V. Annotation. R. — 468 et suiv. V. Contumace, § I. Crime, § IV. Grossesse. R. — 470. V. Contumace, § II et suiv. R. — 471. V. Annotation. R. Appel, § II. Q. — 472. V. Annotation. Contumace, § I. R. — 475. V. Annotation. Mariage, sect. II et suiv. R. — 476. V. Contumace, § III. R.; et § IV et suiv. Q. Prescription, sect. III, § VII. R. — 478. V. Contumace, § III. R. — 479 et suiv. V. Compétence, § II. Université, sect. III. R. — 485 et suiv. V. Cour de cassation. Prise à partie, § III. R. — 494. V. Cour de cassation. R. — 501. V. Connexité, § II. R. — 504 et suiv. V. Arrestation, § II. Audience, § III. Compétence, § II. R. — 506 et suiv. V. Audience, § III. R.

Tit. V. *Réglemens de juges, et renvois d'un tribunal à un autre.* Art. 525 et suiv. V. Réglement de juges. R. Délit,

§ VIII. Injure, § IX. Q. Timbre national. R.—527. V. Conseil de guerre, § III. Désertion, § II. Militaire, § IV. Q. — 529. V. Appel, § II et suiv. Q.—533. V. Opposition aux jugemens par défaut, § XX. Q.—535. V. Appel, § II et suiv. Q. 536. V. Appel, § V. Q.—537. V. Opposition aux jugemens par défaut, § XX. Q. —539. V. Règlement de juges. R.—541 et suiv. V. Récusation, § IV. R. Évocation. Renvoi (demande en). R. — 543. V. Récusation, § IV. R. — 545. V. Récusation, § IV, R.

Tit. VI. *Cours spéciales.* Art. 555 et suiv. V. Connexité, § V. Délit. Faux. Vagabond. R. Militaire, § V. Q. Rébellion, § III. R. — 556. V. Arrêt. R. — 583. V. Partage d'opinion.

R. — 584 et suiv. V. Réparation civile, § VII. R. — 593. V. Arrêt. R. — 594. V. Défaut, § III. R.

Tit. VII. *Objets d'intérêt public et de sûreté générale.* Art. 605 et suiv. V. Prison. R. — 616. V. Arrestation, § VI. R. — 618. V. Cachot. R. — 619 et suiv. V. Réhabilitation. R. — 650. V Prescription, sect. III, § VII. R. — 635. V. Abstention de lieu. Prescription, sect. III, § VII. R. — 636, V. Contumace, § V. Q. — 637. V. Adultère. Injure, § VI. Prescription, sect. III, § VII. R. — 638. V. Adultère. R. — 639. V. Amende, § VIII. R. — 641. V. Contumace, § V. Q. — 643. V. Amende, § VIII. Délit forestier. R.

CHAPITRE VI. — *Code pénal.*

Dispositions préliminaires. Art. 1. Acte d'accusation. Avortement, n. 5. Compétence, § II. Conseil. Parricide. Tentative de crime. R. — 4. V. Contravention. Délit. Réparation d'honneur. R.

Livre I. Des peines en matière criminelle et correctionnelle, et de leurs effets. Art. 6 et suiv. V. Peine. R. — 7. V. Travaux forcés. R. — 8. V. Bannissement, § II. Carcan. Dégradation civique. R. — 11. V. Amende, § VIII. R.

Chap. I. *Peines en matière criminelle.* Art. 12. V. Décapiter. R. — 14. V. Cadavre, n. 6. Exécution des jugemens criminels. R. — 15 et 16. V. Travaux forcés. R. — 20. V. Flétrissure. R. — 21. V. Réclusion. R. — 25. V. Arbitres, § XIV. Q. — 26. V. Exécution des jugemens criminels. R. — 28. V. Arbitres, § XIV. Q. Dénonciateur. Témoin instrumentaire, § II. Témoin judiciaire, § I et suiv. R. — 29. V. Ajournement. R. Rescision, § III. Q. — 52 et suiv. Bannissement, § II. R. — 54. V. Dégradation. R.

Chap. II. *Peines en matière correctionnelle.* Art. 40. V. Mois. R. Notaire, § IX. Q. — 42. V. Témoin judiciaire, § III. R.

Chap. III. *Peines et autres condamnations qui peuvent être prononcées pour crimes ou délits* Art. 44 et suiv. V. Surveillance de la haute police. R. — 47 et suiv. V. Condamné. Délit. Faux témoignage. R. — 48. V. Calomniateur. R. — 52. V. Amende, § VIII. R. Contrainte par corps. R. — 54. V. Amende, § VIII. R.

Chap. IV. *Peines de la récidive pour crimes et délits.* Art. 56. V. Flétrissure. R. Mari, § I. Q. Récidive. R. — 57. V. Mari, § I. Q. — 58. V. Mari, § I. Q.

Livre II. Des personnes punissables, excusables ou responsables pour crimes ou pour délits. Art. 59. V. Chemin. Complice. Délit. Receleur. R. Suicide. Q. Subornation. Tentative de crimes. — 60. V. Complice, § V. Q. Conseil. Provocation. R. — 62. V. Accusation, § VII. Q. Receleur. R. — 65. V. Excuse. R. — 66 et suiv. V. Age. Commutation. Excuse. Peine. Hôtelier. R. — 73. V. Vol, sect. II, § III, art. 4. R. — 74. V. Blessé, § III. R.

Livre III. Des crimes, des délits et de leur punition. — Tit. I. *Crimes et délits contre la chose publique.* — Chap. I. *Crimes et délits contre la sûreté de l'État.* Art. 75 et suiv. V. Confiscation, § I. Matelot, § III. R. — 76 et suiv. V. Trahison. R. Connexité, § VII. R. — 80 et suiv. V. Confiscation, § I. Trahison. R.—86 et 87. V. Conspiration. Q. Provocation. Rébellion, § II. R. — 88. V. Cour spéciale. Q. — 89. V. Conspiration. Cour spéciale. Q. — 90. V. Conseil. Provocation. R. — 91 et suiv. V. Confiscation, § I. R. Cour spéciale. Q. Rébellion. R. — 96 et suiv. V. Pillage, § III. R. Cour spéciale. Q. —101. V. Rébellion, § III. R. — 103. V.

Ajournement à ban. Confession sacramentelle. Dénonciateur. Révélation. R.

Chap. II. *Crimes et délits contre la Chartre constitutionnelle.* Art. 114 et suiv. V. Lettre de cachet. R. —127. V. Arrêt, n. 8. R. —131. V. Monnaie. Q.

Chap. III. *Crimes et délits contre la paix publique.* — Sect. I. *Du faux.* Art. 132 et suiv. V. Confiscation, § I. Monnaie, § II. R. et Q. — 134. V. Monnaie. Q. — 139. V. Faux. R. — 140 et suiv. V. Faux. Marteau. Timbre national. R. — 142. V. Marque de fabrique. R. — 145 et suiv. V. Faux, § II. Jury, § IV. Q. — 146. V. Bigamie. Délit, § II. Q. — 147 et suiv. V. Faux. R. — 148. V. Faux, § VII. Q. — 149. V. Jury, § IV. Q.—151. V. Faux, § VII. Q. —153 et suiv. V. Partie civile. R. — 154. V. Hôtelier. Vol, sect. II, § III, art. 4. R. — 160. V. Jury, § IV. Q. — 161 et suiv. V. Faux. R. — 162. V. Corruption. Q.—164. V. Amende, § VIII. R. — 165. V. Flétrissure. R.

Sect. II. *De la forfaiture, et des crimes et des délits des fonctionnaires publics dans l'exercice de leurs fonctions.* Art. 166 et suiv. V. Forfaiture. R. — 167. V. Dégradation. R. — 169 et suiv. V. Comptable. Vol, sect. II, § III, art. 4. R. — 172. V. Amende, § VIII. R. — 173. V. Suppression de part. R. — 174. V. Amende, § VIII. Concussion. R. — 175. V. Délit, § II. Notaire, § XI. Q. — 177. V. Bornage. Concussion. Corruption. R. et Q. Huissier, § I. Motifs des jugemens. Serment, § II. R. — 179. V. Subornation. R. — 186. V. Commis. R. — 187. V. Lettre. R. — 192. V. Bigamie. R. Corruption. Q. État civil. R. — 197. V. Interdiction d'officiers. Subornation. R. — 198. V. Commis. R. Corruption. Q. Délit forestier. R.

Sect. III. *Troubles apportés à l'ordre public par les ministres des cultes dans l'exercice de leur ministère.* Art. 202 et suiv. V. Provocation. R. — 203 et suiv. V. Autorités constituées. R.

Sect. IV. *Résistance, désobéissance et autres manquemens envers l'autorité publique.* Art. 209. V. Arrêt. Offense à la loi. Rébellion, § II. Vol, sect. II. R. — 210 et 211. V. Rébellion, § III. R. — 212. V. Rébellion, § III. Vol, sect. I. R. — 222 et 223. V. Audience, § III. R. Injure. R. — 223. V. Injure, § IX. Q. — 224. V. Avocat, § VII. Commis. R. — 226 et suiv. V. Réparation d'honneur. R. — 227. V. Avocat, § VII. R. — 228 et suiv. V. Audience, § III. Vol, sect. I. R. — 229. V. Infamie. R. — 230 et suiv. V. Avocat, § VII. Vol, sect. I. R. — 231 et suiv. V. Blessé, § I. Rébellion, § III. R. — 237 et suiv. V. Évasion de prisonnier. — 244 et 245. V. Bris de prison. R. — 249. V. Scellé, § IV. R. — 253 et suiv. V. Vol, sect. II, § III, art. 4. R. — 254 et 255. V. Vol, sect. I. R. — 255. V. Soustraction de titres. R. — 258. V. Concussion. R. — 262. V. Blasphème. R.

SECT. V. *Associations de malfaiteurs, vagabondage et mendicité.* Art. 268: V. Receleur. R. — 269 et suiv. V. Vagabond. R. — 280. V. Flétrissure. R.

SECT. VI. *Délits commis par la voie d'écrits, images ou gravures distribuées sans nom d'auteur, imprimeur ou graveur.* Art. 283 et 284. V. Colporteur, § I. Crieur. R. — 287 et 288. V. Colporteur, § I. Estampe. R.

TIT. II. CRIMES ET DÉLITS CONTRE LES PARTICULIERS. — CHAP. I. *Crimes et délits contre les personnes.* — SECT. I. *Meurtre et autres crimes capitaux, menaces d'attentats contre les personnes.* Art. 295. V. Accusation, § III. Bigamie. Duel. Q. Homicide. R. Infanticide, § I et II. Q. Parricide. R. Suicide. Q. — 296. V. Duel. Suicide. Q. — 297. V. Duel. Q. — 299. V. Adoption, § II et suiv. Infanticide, § I et II. Q. Parricide. R. — 500 et suiv. V. Infanticide, § I et II. Q. — 502 et suiv. V. Parricide. Poison. R. Suicide. Q. — 304. V. Accusation, § III. Connexité, § IV. Duel. Infanticide, § I et II. Q. Receleur. R. — 305 et suiv. V. Menaces. R. — 506. V. Adultère, § V. Q.

SECT. II. *Blessures et coups volontaires, non qualifiés meurtre, et autres crimes et délits volontaires.* Art. 509 et suiv. V. Blessé, § I et II. Blessé, § II. Crime, § III. Violence. R. — 511. V. Appel, § V. Q. Blessé, § II. Injure. Puissance paternelle, sect. III, § I. R. Code Pénal. — 517. V. Avortement, n. 5. R. — 518. V. Bière. R.

SECT. III. *Homicide, blessures et coups involontaires, crimes et délits excusables, et cas où ils ne peuvent être excusés; homicide, blessures et coups qui ne sont ni crimes ni délits.* Art. 519 et 520. V. Blessé, § II. R. Duel. Q. Ordonnance de juge. R. — 520. V. Blessé, § III. R. — 521. V. Appel, § V. Q. Commutation. R. Duel. Q. Excuse. Indignité. R. — 523. V. Duel. Q. — 524. V. Adultère, § X. Q. — 526. V. Accusation, § III. Appel, § V. Duel. Q. Indignité. R. — 528. V. Accusation, § IV. Q. Blessé § II. Défense. R.

SECT. IV. *Attentats aux mœurs.* Art. 551. V. Défloration. Viol. R. — 532. V. Adultère, § V. Contumace, § IV et suiv. Q. — 533. V. Domestiques. R. — 534 et suiv. V. Maquerellage. R. Rapt. R. — 556. V. Adultère. R. — 537. V. Adultère, § III et suiv. Q. — 558. V. Adultère. R. Adultère, § X. Q. Indices. R. — 539. V. Adultère. R.; et § VII. Q. — 540. V. Bigamie. R.; et § II. Q. Prescription, sect. III, § VII. R.

SECT. V. *Arrestation illégales et séquestrations de personnes.* Art. 541 et suiv. V. Plagiat. R.

SECT. VI. *Crimes et délits tendant à empêcher ou détruire la preuve de l'État civil d'un enfant, ou à compromettre son existence; enlèvement de mineurs; infractions aux lois sur les inhumations.* Art. 545. V. Supposition de part, § II. Suppression de part. R. — 546. V. Déclaration de naissance. R. — 547 et suiv. V. Exposition de part. R. — 554 et 555. V. Plagiat. R. — 556. V. Ordonnance de juge. R. — 558. V.

Cadavre, n. 9. R. — 559. V. Cadavre, n. 4. R. — 560. V. Cadavre, n. 8. R.

SECT. VII. *Faux témoignage, Calomnie, Injures, Révélation de secrets.* Art. 561. V. Calomniateur. Faux témoignage. Subornation. R. — 565. V. Subornation. R. — 566. V. Parjure. R. — 567. V. Injure. Motifs des jugemens. R. — 571. V. Injure. R. — 575. V. Délit forestier. Injure. R. — 578. V. Apothicaire. Confesseur. R.

CHAPITRE II. — CRIMES ET DÉLITS CONTRE LES PROPRIÉTÉS. SECT. I. *Vols.* Art. 579 et suiv. V. Vol, sect. I. R.; et § IV. Q. — 380. V. Parricide. R. — 581. V. Effraction. Vol, sect. II, § III, art. 4. R. — 584. V. Appel, § V. Q. — 386. V. Acte d'accusation. R. Bureau de paix, § IX. Dépôt nécessaire. Q. Ouvrier. Récidive. R. — 588. V. Maraudage. R. — 589. V. Bornage. R. — 591. V. Clos. R. — 597. V. Vol, § II. Q. — 599. V. Adultère, § IX. Q. — 400. V. Tentative de crime. R. — 401. V. Maraudage. R. Vol, § IV. Q.

SECT. II. *Banqueroutes, Escroquerie, et autres espèces de fraude.* Art. 402. V. Faillite. R. — 405. V. Sortilége. R. — 408. V. Vol, sect. I. — 411. V. Maison de prêt. Motifs des jugemens. R. — 412. V. Enchère. R. — 414 et suiv. V. Papeterie. R. — 419 et 420. V. Tentative de crime. R. — 421 et 422. V. Marché à Terme, § II. R. — 425. V. Vol, sect. I. R. — 425 et suiv. V. Contrefaçon, § II. R. Contrefaçon, § V et suiv. Q. — 427. V. Contrefaçon, § V et suiv. Q.

SECT. III. *Destructions, Dégradations, et Dommages.* Art. 454. V. Bigamie. Q. — 437. V. Démolition. R. — 438. V. Chemin. R. — 459. V. Suppression de part. R. — 440 et suiv. V. Pillage, § III. R. — 445. V. Amende, § I. Arbre, n. 15. Charme. R. Corruption. Délit forestier. Q. — 446. V. Amende, § I. R. — 455. V. Amende, § I. Arbre, n. 15. Délit forestier. R. — 456. V. Bornage. Vol, sect. I. R. 450 et suiv. V. Délit forestier. R. — 459 et suiv. V. Epizootie. R. — 462. V. Corruption. Q.

LIVRE IV. CONTRAVENTIONS DE POLICE ET PEINES. — CHAP. I. *Des peines.* Art. 464 et suiv. V. Peine. R. — 465. V. Hôtellier. Jour. R. — 467. V. Amende, § VIII. — 469. V. Amende, § VIII. R.

CHAP. II. *Contraventions et peines de première, deuxième et troisième classes.* Art. 471. V. Boucs. Chemin. Etalage. Fumiers. Illumination. Injure. R. Mari, § I. Q. Réparation d'honneur. Rue. Sortilége. Voie de fait, § I. Voie publique. Voirie, R. — 474. V. Mari, § I. Q. — 475 et suiv. V. Bière. Colporteur, § I. Injure. Loterie, § II. R. Préfet, § IV. Q. Voirie. Vol, sect. II, § III, art. 4. R. — 476. V. Crieur. R. — 479. V. Attroupement. Bâtiment. Bohémiens. Dégât. Poids et Mesures, § III. R. — 485. V. Mari, § I. Q. — 484. V. Appel, § X. Q. Bois, § I. Boucher. R. Boucher. Boulanger. Q. Cloche. Délit. Etang. Incendie, § I. Inutiles. Maraudage. Offense à la loi, Port d'armes. R. Tribunal de police, § IV. Q. Vol, sect. I. R.

<hr>

CHAPITRE VII. — *Code forestier.*

TIT. III. *Bois et forêts qui font partie du domaine de l'État.* Art. 21. V. Usage (droit d'), sect. II, § IV. — 25. V. Tiercement. — 50. V. Souchetage. — 45. V. Souchetage. — 45 et 46. V. Réponse de vente. — 47 et suiv. V. Recolement de bois, n. 4. — 52. V. Surmesure. — 65. V. Usage (droit d'), sect. II, § VI. R.

TIT. VIII. *Bois des particuliers.* Art. 118. V. Usage (droit d'), sect. II, § VI. R.

TIT. XI. *Poursuites et réparations de délits et contraventions.* Art. 160 à 167 et suiv. V. Procès-verbal, § VI. — 172. V. Procès-verbal, § VI. — 175 à 181. V. Procès-verbal, § VI. — 182. V. Question préjudicielle, n. 5 et suiv., n. 9. R.

TIT. XII. *Peines et condamnations pour tous les bois et forêts en général.* Art. 192 et suiv. V. Vol, sect. II, § III. — 202. V. Restitution pour Délit forestier, n. 1. — 207. V. Surmesure. R.

TIT. XIII. *Exécution des jugemens.* Art. 218 et 219. V. Restitution pour Délit forestier, n. 4. R.

Alger. V. Prises. Q.

Allemagne. V. Aboutissans. — Absent. — Acte de garant. R. — Action *ad exhibendum*. Q. — Affiche. — Alleu. — Année. R. — Authentique (acte). — Bar et Barrois. — Bourgeois, § II. — Cens, § V. — Chemin. — Colonat. — Concordat germanique.—Condition de manbournie, § I.—Consistoire. — *Contractus censiticus*. R. — Coutume, § II et III. Q. — Démembrement de fief. — Double lien, sect. II. R. — Féodalité, § V. Q. — Fief, § VII. — Gains nuptiaux et de survie, § XI. R. — Inscription hypothécaire, § I et suiv. Q. — Institution contractuelle, § I. — Jeu de fief. — Légitimité, sect. IV. — Leibgewin. — Majorat. — Mariage de la main gauche. — Ministre public. — Prise maritime, § III. R. —Rente foncière, § XI. Q. — Rente seigneuriale, § III. R. — Restitution en entier contre les jugemens. R. — Réunion. Q. — Roi, § I. — Succession future, n. 5.

Amérique (îles d'). V. Cabotage. — Colonies, § I. — Esclavage. — Prise maritime, § V. — Protêt, § III. — Succession, sect. I, § II, art. 2.

Angleterre, *Écosse*, et *Irlande*. V. Adultère, n. 1. R. — Amnistie, § IV. Q. — Anglais. — Arrêt de prince.—Aubaine, n. 11. — Bigamie. — Cabotage. — Capitation. — Charte partie. — Conseil des prises. — Consuls français. R. — Contrefaçon, § VII. Q. — Dénization. — Divorce, sect. IV, § X. — Double lien, sect. II. — Droit naturel, § II, art. 1. — Dunkerque. — Étranger, § III. R.; et § I et suiv. Q. — Français, § I. — Gageure. — Gros d'or. — Guerre. — Jeu de fief. R. — Jugement, § XIV. Q. — Légitime. — Lettre et Billet de change. — Marchandises anglaises. R. et Q.— Ministre public. — Prise maritime, § III. R. — Propriété littéraire, § II. Q. — Protêt, § IX. — Reine. — Religionnaires, § X. — Représailles. — Roi, § I. — Société, sect. II. — Souveraineté, § V. — Succession, sect. I, § II, art. 4. — Vol, sect. II, § II. R.

Chine. V. Année. — Droit naturel, § I. — Vol, sect. II, § II. R.

Dannemarck. V. Cabotage. — Lettre et Billet de change.— Ministre public. R. — Prises maritimes, § II. Q.

Espagne. V. Adultère, n. 1. — Année. — Aubaine, n. 8. — Cabotage. — Conseil des prises. R. — Délit, § VII. Q. — Effet rétroactif, sect. III, § II, art. 3. — Lettre et Billet de change. — Majorat. — Ministre public.—Prise maritime, § III. Protêt, § IX. R.; et § VIII. Q. — Religionnaires, § X. — Séquestre de guerre. R.

États-Unis d'Amérique. V. Congrès. — État civil, § II. R. — Étrangers, § IV. — Jugement, § XIV. Q. — Prise maritime, § III. R. — Propriété littéraire, § II. Q.

Gênes. V. Contrariété de jugement, § III. Q. — Lettre et Billet de change, § IV, n. 10 *bis*. — Ligurie. — Ministre public. — Prise maritime, § IV. — Renonciation d'une succession future, § VI.—Rente seigneuriale, § II, n. 9. — Réunion, § I. — Rote. R.

Grèce (la). V. Adoption. — Asile. — Augment, n. 1 et 2. — Avortement. — Bordel. — Brandon (saisie). — Célibat. — Charlatan. — Chasse, § II. — Chemin. — Divorce. — Droit naturel. — Esclavage. — Tour de l'échelle, § I. — Vol, sect. II, § I. R.

Hambourg et villes anséatiques. V. Cabotage. — Prise maritime, § III. R.

Hollande. V. *Ab irato*, sect. IV. — Acceptation de communauté. — Autorisation maritale, sect. III. R. — Biens nationaux, § III. Q. — Cabotage. — Consuls français. R. — Douanes, § V. Q. — Effet rétroactif, sect. III, § II, art. 9. R. — Enregistrement (droit d'), § XX. Q. — Institution contractuelle, § I et III. — Lettre et Billet de change. — Ministre public. R. — Monnaie, § II. Q. — Prise maritime, § III. — Promesse de changer de nom. R. — Protêt, § II. Q. — Représentation (droit de), sect. II, § V. R. — Revendication, § I. — Révocation de testament, § I et suiv. Q. — Séquestre de guerre. — Succession, sect. I, § II, art. 2. — Terrage. R.

Liége. V. Action *ad exhibendum*.—Dévolution coutumière, § I. — Jugement, § XVI. — Purgement de saisine. Q.

Milanais. V. Aubaine, n. 10. R.

Malte (ordre de). V. Aliénation, n. 8. — Héritier, sect. VI, § II. — Prescription, sect. III, § IV, art. 2. R.

Mexique. V. Année. R.

Naples et Deux-Siciles. V. Aubaine, n. 8. — Bordel. R. — Cantonnement, § VIII. — Jugement, § XIV. Q.—Ministre public. R.

Parme et Plaisance. V. Asile. R.

Pays-Bas autrichiens, *Belgique*, *Brabant*, *Flandre*, *Hainaut*, etc. V. Abandon. — *Ab irato*. — About. — Aboutissant. — Absent. R. — Abus (appel comme d'). Q. — Acceptation de communauté. — Accourtillage. — Accusé. — Acte de garant. — Acte sous seing privé. — Action. — Action Pauliane. — Adhéritance. — Adjoints réviseurs. — Adjudicataire. — Affouage. — Ajournement. Alsace. — Amant, Amman. R. — Appel, § I. Q. — Arbitrage, n. 6. — Arrérages. — Assignation, § I. R. — Avantages aux héritiers présomptifs, § II. — Avantages entre époux, § II. Q. — Avis. — Avis de père et mère. — Bar. — Bâtard. — Béguines. — Bénéfice d'inventaire. R. — Biens nationaux, § I. Q.— Bourgeois. — Bretèque. — Cabaret. — Calenge. R. —Causes des obligations, § I. Q. — Caution *judicatum solvi*. — Cens. — Cerquemanage. — Champart, n. 15. — Charbon. — Chasse, § VIII et IX.—Clain, § I.—Clause privative. — Colombier, n. 15. — Command. — Communauté de biens, § VI. R.; et § I. Q.—Compellations. R. — Concubinage. R.—Condition de manbournie. R.; et § I et suiv. Q. —Conditionner un héritage. — Confraternité de coutumes. — Confusion. —Conjure. R. — Conquêts, § I. Q. — Conseil privé de Bruxelles.—Conseil provincial d'Artois. R. — Continuation de communauté, § I. R. — Contrat de mariage. R.; et § I. Q. — Conventions matrimoniales. — Coterie. — Couler en droit et en avis. — Coutume, § V. R.; et § II. Q.—Décret du conseil privé de Bruxelles.—Déshérence.—Déshéritance.—Dette, § IV.—Devoirs de loi.—Dévolution coutumière, § II. R. et Q. —Dicage. R.—Divorce, § VII. Q. —Domaine public, § III et suiv. Q.—Don de baptême. —Douaire, sect. V, § II. R.— Double écrit, § I. Q. — Droits litigieux, § II. Q.—Effet rétroactif, sect. III, § I et III, art. 5.—Enfant chéri. — Enquête, § II. — Enquête à futur. — Entravestissement. — Entrecens. —Épier. —Équivalent. —État civil. — État honorable. — Exécution parée.—Exposition. — Départ, n. 4. R. — Féodalité, § III et V. Q.—Ferme.—Feuillie.—Feumain. R.—Fief, § III et suiv. Q. — Fourmorture. R.; et § I et VII. Q. — Franc barrois. — Franc-alleu. — Franc alloétier. — Frapper les coups. — Garde orpheline. —Glanage.—Grand bailli. — Grand conseil de Malines. —Héritier. — Hommes cottiers. — Homme de fief. —Hoofman.— Houille.— Humiers.— Hypothèque, sect. I, § VII.; sect. II, § II. — Inaliénabilité, § III.—Incendie, § I. — Institution contractuelle, § I. R. — Intérêts, § II. Q. — Interruption d'instance. R. — Jugement, § XIV et XVI. Q.—

Jugement de loi. — Jurés. — Jurés de Cattel. — Keure. — Lalœu (pays de). — Langue française. — Lausager. — Légitimation, § III. — Légitime, sect. VIII. — Légitimité, sect. I et III. — Lésion. — Lettre et Billet de change. — Licitation. — Livre numéraire. — Loer. — Loi portative. — Madelaer. — Maineté. — Main-ferme. — Main-mise. — Mainmorte (gens de), § V. — Main-plévie. — Maison mortuaire. — Majorat. — Majorité, § II, III et suiv. — Maubour et Maubournie. — Marché à terme, § II. R. — Mariage, § II. Q. — Majeur. R. — Mines, § I. Q. — Mise de fait. — Moëres. R. — Monnaie, § I. Q. — Monopole. — Mort. — Gage. — Moulin, § VII. — Nantissement, § I et II. R. — Nantissement (pays de). Q. — Nécessité jurée. — Nullité, § VII. — Obligation. — Pain de père et mère. — Pairs de Hainaut. R. — Papier-monnaie, § III. Q. — Parchon. — Partageurs. — *Paterna paternis*, sect. II, § III. R. — Pays réunis, § I et suiv. Q. — Pignoratif (contrat). Q. — Placards. — Plainte en matière civile. — Prescription, sect. I, § III, VII, art. 2, quest. 13; sect. II, § V, VI, IX, XIII, XIV R.; et § VI et XV. Q. — Preuve, sect, II, § II, art. 2, § III. art. 4. R. — Privilége, § I. Q. — Prodigue, § II. — Profession monastique, § I, n. 6. — Propre. — Puissance maritale, sect. II. — Puissance paternelle, sect. II, III et suiv. R.; et § II. Q. — Purge. — Quart, Tiers, et Demi-raisin. — Quint, Demiquint, Quote et Masure. — Rapport à loi. — Rapprochement de ligne. — Record de loi. — Recours. — Règlement *ab intestat*. — Relief précis. — Rembannissement. — Remploi, § I. R.; et § IV et suiv. Q. — Rencharge. — Renonciation à une succession future, § III, IV. — Rente constituée, § X, XI. — Rente seigneuriale, § II, n. 8, 10. — Renvoi de biens. — Représentation (droit de), sect. II, § IV. R.; et sect. II, § III. Q. — Requête civile, § II. — Requête civile (petite). — Rescision, n. 5. — Réserve coutumière, § VI, art. 5. R. — Restitution en entier contre les jugemens. Q. — Réunion. Q. — Revendication, § I. Q. — Révision de procès, § I. — Révocation de testament, § III, n. 3. — Sainteur. — Saisine. R. — Secondes noces, § IV. Q. — Séparation de biens, sect. II, § III; art. 1, n. 2. R.; et § I. Q. — Séparation de corps, § III, n. 2. — Séparation de patrimoine, § I. R.; et § II. Q. — Serment, § II, art. 1. — Servitude, § XXV, art. 3. R.; et § II. Q. — Signature, § III, art. 5, n. 2. R. — Société, § V et suiv. Q. — Subrogation de chose, § II. — Substitution fidéicommissaire, sect. VII, § III, art. 4; sect. X, § IV. R.; et § X et suiv. Q. — Succession, sect. I, § II, art. 2. — Succession future, n. 3. R. — Succession future (pacte sur une), § I. Q. — Tenue par loi. — Terrage. R.; et § III. Q. — Testament, sect. I, § I, art. 5, § II, art. 2, 3; § V, art. 1, 2; sect. II, § III, art. 5, n. 5 et suiv.; art. 8. R.; et § I et suiv. — Testament conjonctif, § I. Q. — Tutelle, § III, § II. — Tuteurs en chef. — Usage (droit d'), § II. — Usufruit, § III. — Usufruit paternel. — Vaine pâture, § I. R.; et § I et suiv. Q. — Viduité (droit de), § II. — Ville d'arrêt. R. — Wateringue. — Wissembourg (statut du mandat de). Q.

Pays-Bas (royaume des). V. Abatage. — Absent. — Accises. — Ajournement, n. 14. — Apothicaire. — Armes, § II. — Auditeur et Auditeur général. — Bénéfice d'inventaire. — Bourguemestre. — Bourse. — Brevet d'invention. — Canardière. — Cassation. — Certificat d'indigence. — Chambre des comptes. — Chasse, § IV, V et VII. — Chemin, n. 14. — Collation (droit de). — Compétence. — Conflit d'attribution. — Congé. — Conseil de guerre. — Consignation. — Contrefaçon. — Corps législatif. — Correction. — Cour de cassation. — Curateur. — Délit militaire. — Désertion, n. 6. — Dicage. — Dispense de mariage, § I et III. — Drogues. — Echevins, § IV. — Effet rétroactif, sect. III, § II, art. 4. — Embauchage. — Etat civil, § I. — Etranger. — Faillite et Banqueroute. — Fortifications. — Garence. — Gouverneur. — Haute cour. — Injure. — Jugement. — Juré; Jury. — Lamaneur. — Légitimation, sect.

III. — Lettre de mer. — Loi, § I. — Loterie. — Marché à terme. — Marque et contrôle, § II. — Médecin. — Milice nationale. — Mine, § VII. — Mineur, § III. — Monnaie, § III. — Motifs des jugemens. — Moulin. — Naturalisation, n. 4. — Navire. — Noblesse. — Notaire. — Officier de police judiciaire. — Partage, § V. — Passe (droit de). — Patentes, § I, n. 8. — Pauvre, n. 3. — Peine, n. 11. — Poids et Péremption. — Mesures, § II. — Portes et Fenêtres. — Poudre de guerre, n. I. — Pouvoir judiciaire. — Prescription, sect. III. — Propriété, n. 4. — Règlement de juges, § III. — Remploi. — Sel, n. 15. — Témoin instrumentaire, § II, n. 3, 1°. — Timbre. R.

Pologne. V. Lettre et Billet de change. — Ministère public. R.

Portugal. V. Cabotage. R. — Jugement, § XIV. Q. — Ministre public. — Prise maritime, § III et V. R.

Prusse. V. Condition. — Prise maritime, § III. — Renonciation à une succession future, § VI. — Servitude, § XXI, n. 4. — Succession, sect. I, § II, art. 2. R.

Rome (cour de). V. Abus (appel comme d'). Q. — Année. — Annexe. — Appel, sect. I, § X. — Attache. — Authentique (acte). — Avignon. — Bref. — Bulle. — Cardinal. — Célibat. — Clergé. — Code, § III. — Evêché. — Impuissance. — *In partibus* (Evêque). — Légat. — Légitimation. — Liberté de l'Eglise gallicane. — Ministre public, sect. I. — Profession monastique. — Révision de procès, § III, art. 4. — Rote. — Souveraineté, § VIII. — Vœux. R.

Russie. V. Année. — Ecu de mer. — Etranger, § I. — Jugement, § VII *bis*, R.; et § XIX. Q. — Prise maritime. — Renonciation à une succession future, § VI. — Roi, § I. — Vol, sect. II, § II. R.

Sardaigne, Savoie et Piémont. V. Acte sous seing privé, § I et II. — Aliénation. — Arrérages. — Aubaine, n. 9. R. — Cassation, § II. R. — Divorce, § VI. — Domaine public. Q. — Effet rétroactif, sect. III, § III, art. 5. — Emphytéose, § VII. — Institution contractuelle, § I. R. — Jugement, § XIV et XV. — Juifs. R.; et § IX. Q. — Légitimité, sect. I. — Légitimité, § I. — Mariage, § VIII. Q. — Ministre public. — Piémont. — Primogéniture. R. — Prise maritime, § IV. Q. — Rente constituée, § XII. R.; et § IX. Q. — Rente seigneuriale, § II, n. 9. — Réversibilité des fiefs. — Révision de procès, § I. — Souveraineté, § VI. — Succession, sect. I, § II, art. 4. R.

Suède. V. Alleu. — Bigamie. — Lettre et Billet de change. — Ministre public. — Monnaie, § V. — Prise maritime, § III. R.

Suisse. V. Bigamie. R. — Cassation, § II. Q. — Caution *judicatum solvi*. R. — Genève, § I et suiv. Q. — Inscription hypothécaire, § II. Q. — Jugement, § VIII. — Lettre et Billet de change. — Ministre public. — Succession vacante. — Religionnaires, § X. — Suisses. — Témoin instrumentaire, § II, n. 3. R. — Testament, § VIII. Q.

Toscane. V. Archives des contrats. — Prise maritime, § III et IV. R. — Rente foncière, § XIV. Q.

Turquie. V. Adultère, n. 1. — Année. — Commerce. — Consuls français. — Drogman. — Esclavage. — Etat civil, § II. Etranger, § III. — Ministre public. R.

Venise. V. Ministre public. — Prise maritime, § IV. — Protét, § IX. R.

Wurtemberg. V. Effet rétroactif, sect. III, § II, art. 9. R.

Nota. Les traités d'alliance, de commerce, etc., avec les puissances étrangères se trouvent, à leur ordre de date, dans la Troisième table des lois françaises avant et depuis 1789.

TABLE V. — AUTEURS.

A

Abraham Wesel. — *Commentarius ad novellas ultrajecti constitutiones.* V. Gains nuptiaux et de survie. — Légitimation. — Lois. — Majorité. — Renonciation. — Testament. R. V. Wesel.

Accursius (B). — *Justiniani codex cum glossis.* — *Thesaurus, Dictiones et sententiæ.* V. Héritier. — Hypothèque. — Institution d'héritier. Q. — Légitime. — Noces (secondes). — Règle catonienne. — Représentation (droit de). R. — Succession future (pacte de). Testament, § XVII. Q. — Usufruit paternel. R.

Acosta (Jér.). — *Histoire et progrès des revenus ecclésiastiques.* V. Cartulaire. R.

Aggenus urbicus. — *De limitibus agrorum.* V. Servitude. R.

Agier. — *Supplément au journal du palais de Toulouse.* V. Quarte de conjoint pauvre. R.

Aguesseau (le chancelier d'). — *OEuvres contenant ses discours* pour l'ouverture des audiences, ses *mercuriales*, ses *plaidoyers*, etc. V. *Ab irato*, sect. I, IV et V. R. — Acte sous seing-privé, § II. — Action. — Actionnaire. Q. — Alimens, § I. — Appel, sect. I et suiv. — Assiette de rente. — Autorisation maritale, sect. V et X. — Avortement. — Bannissement, § I. — Bar. — Bretagne. — Cassation, § V. — Champart. — Chirurgien, § I. — Clameur, § I. — Code, § III. — Communauté, § V. — Confirmation. — Continuation de communauté. R.; et § III et suiv. Q. — Contrainte par corps, § V. Q. — Démission de biens. R.; et § II. Q. — Divorce, VI. Q. — Donation. R.; et § VI. Q. — Dot. — Droit naturel. — Effet rétroactif, sect. III. R. — Endossement, § I. Q. — Exhérédation, § VII. R. — Faux, § XIII. Q. — Grosses des actes judiciaires. — Héritier. — Hors de cours. — Inscription de faux. — Institution d'héritier. R. — Intérêts, § II. Q. — Jeu. — Jugement. R.; et § III. Q. — Légitimation. R. — Légitimité, sect. II, § II. R.; et § II. Q. — Légitime. — Légitimité. — Legs, sect. IV. — Majorat. — Mariage, sect. III et suiv. R. — Maternité. Q. — Mineur. — Ministère public. — Noces (secondes). — Nom. — Nullité. — Occupation. — Opinion. — Preuve. — Propre. — Puissance paternelle. — Quarte trébellianique. — Prétérition, § I. — Rente foncière et seigneuriale, § XXII. Q. — Représentation (droit de). — Réserve coutumière. R. — Révocation de testament. — Rivière. — Séparation de corps. R. — Servitude, § II. Q. — Signature. R. — Société, § I. Q. — Sourd-muet. — Subrogation de personne, sect. II, § VIII. — Substitution fidéicommissaire, sect. IX. — Succession, sect. I, § II, art. III. — Suggestion, § I. — Syndic des gens de mer. — Témoin instrumentaire, § II. — Témoin judiciaire, § I, art. 5. — Témoin judiciaire, § I, art. 1. — Testament, sect. I, § I et suiv. R.; et § VI et suiv. Q. — Testament. — Tribunal de police, sect. II, § III. — Usage. — Vol, sect. II. R.

Aguesseau (l'avocat-général d'), fils du chancelier. — *Plaidoyers et réquisitoires.* V. *Ab irato.* — Adultère, § II. Q. — Alimens, § IV. R. — Biens nationaux, § II. — Continuation de communauté, § III et suiv. — Conquêts. — Engagement, § I. — Etranger, § I. — Ignorance. Q. — Rappel à succession. — Rapport à loi. — Récusation. — Testament. R. et Q.

Aquirre (Jos., card. d'). — *Collectio maxima conciliorum hispan.* V. Clandestinité. R.

Aignan. — *De l'état des protestans en France, depuis le seizième siècle jusqu'à nos jours.* V. Religionnaires. R.

Aimar (René). — *Explication de l'ordonnance de 1735,* concernant les testamens. V. Testamens. R.

Aimoin. V. Baron. — Roi. — Sacre. — Trésorier de France. R.

Albéric. V. Légitimation. — Prétérition. R. et Q.

Albert (d'). — *Recueil des arrêts notables du Parlement de Toulouse.* V. Arbitrage. — Augment. — Cession de biens. — Choix, § I. — Déguerpissement. — Education. — Gains nuptiaux et de survie. — Jugement. — Légataire. — Péremption. — Représentation (droit de). — Révocation de procureur. — Substitution fidéicommissaire, sect. I, § VIII. — Testament, sect. I, § II, art. 2. — Testament, sect. I, § I, art. 1. — Virile, § III. R.

Alciat (André). — *Opera omnia.* V. Alleu. — Dot. R. — Légitimité, § II. — Présomption. — Prétérition, § I. — Substitution fidéicommissaire, § VIII et suiv. Q.

Alexandre. V. Autorisation maritale, sect. VI, § I. — Institution d'héritier. — Légitimation. — Légitime. R. — Légitimité, § II. Q. — Prescription. — Question d'Etat. — Rappel à succession. — Substitution fidéicommissaire, § III et suiv. Q. — Vente, § I. R.

Alteserra (Ant. David). — *De fictionibus juris.* V. Subrogation de chose, sect. II, § II. R.

Amyrault. — *De la souveraineté du Roi.* V. Roi. — Souveraineté. R.

Ancharanus. V. Légitime.

Ancillon. — *Traité de la différence des biens dans le ressort de la coutume de Meaux.* V. Démission de biens, § III. Q.

André (Jean). V. Légitimation. R. — Mariage, § VIII. Q.

Angelus. V. Légitimation. — Légitime. R. — Substitution fidéicommissaire, § VIII et suiv. Q.

Anselmus Tribonianus belgicus. V. Coutume, § III. — Papier monnaie, § IV. Q. — Rente constituée. R.

Anselmo. — *Commentaire sur l'Edit perpétuel.* V. Simulation. — Succession future. — Substitution fidéicommissaire, sect. VII, § III, art. 4. — Testament, sect. II, § I et suiv. R.

Antoine Mathieu. — V. Tenue par la loi, § IV. R.

Antoine (le père). — *Theologia moralis.* V. Témoin judiciaire, § I, art. 6. R.

Arétin. V. Prescription. — Question d'état. R.

Argentré (Bertrand d'). — *Commentarii in patrias Britonum leges.* V. *Ab irato.* — Alimens, § V. — Alluvion. — Apparagement, § II. — Appropriance, § I et suiv. — Autorisation maritale, sect. II. — Autorisation maritale, sect. VI, § I. R. — Avantages entre époux, § II. Q. — Bannie. — Bar. — Bâtard, sect. I. — Bénéfice d'inventaire. — Biens, § I. — Bretagne. — Caution *Judicatum solvi*, § II. — Cens, § II. — Communauté, § I. R. — Compétence. R. — Conquêts, § I. Q. — Contradiction. R. — Déclaration de command. Q. — Démembrement de fief. R. — Démission de biens, § III. Q. — Déposition. R. — Domaine congéable. Q. — Douation. — Douaire. — Élection d'ami. — Gains nuptiaux et de survie. — Hérédité. — Héritier. — Incendie. — Indices. — Interruption de prescription. — Jeu de fief. — Légitimation. — Légitime. — Lésion. — Majorité. — Mineur. — Moulin. — Novation. R. — Partage, § VI. Q. — Prescription. R. et Q. — Prix. R. — Propres, § III. Q. — Puissance maternelle. — Quarte de conjoint pauvre. — Question d'état. — Rapport à loi. — Rapport à succession. R. — Remploi, § III. Q. — Représentation (droit de). — Réserve coutumière. — Simulation. Q. — Substitution fidéicommissaire, sect. VII, § III, art. IV. — Succession, sect. I, § II, art. V. — Suggestion, § I. — Terrage. — Testament, sect. I, § V, art. 4. R. — Tiers coutumier. Q. — Tutelle, sect. II et suiv. — Usage. R.

Argou. — *Institution au droit français.* V. Continuation de communauté, § V. — Contrat de mariage, § II. — Dette concomitante. Q. — Donation. — Fief. — Franc-alleu. R. — Légitimité, § V. Q. — Mineur. — Préciput conventionnel. R. — Rente foncière et seigneuriale, § XIV. Q. — Subrogation de chose, sect. II, § III. R.

Arius Pinellus. V. Transaction, § I. R.

Astruc. — *Traité des servitudes.* V. Servitudes. R.

Aufrerius. V. Institution contractuelle. R.

Augeard (Math.). — *Arrêts notables de différens tribunaux du royaume.* V. Aubaine. — Autorisation maritale, sect. VI et IX. R. — Avantages entre époux, § I. Q. — Bourgeois, § V. — Clandestinité, sect. II, § II. — Complainte. R. — Condition, § I. Q. — Douaire. — Hôtellerie. R. — Hypothèque, § XII. — Institution contractuelle, § II. Q. — Institution d'héritier. — Légitimité. R. — Monnaie décimale. Q. — Rappel à succession. — Réversion, sect. I. R.; et § I. Q. — Séparation de biens. — Séparation de corps. — Substitution fidéicommissaire, sect. XII, § III, art. 2. — Témoin judiciaire, § I, art. 5. — Testament, sect. I, § II, art. 2. — Usufruit, § I et suiv. — Vœux, sect. I. R.

Auroux des Pommiers. — *Commentaire sur la coutume de Bourbonnais.* — *Notes sur le Traité des substitutions de Ricard.* V. Continuation de communauté, § I. Q. — Franc-alleu. — Institution contractuelle. — Moulin. — Noces (secondes). — Partage d'ascendant. — Propres. — Représentation (Droit de). — Révocation de donation, § I. R.

Authomne. — *Commentaire sur la coutume de Bordeaux.* — *Conférence du droit français avec le droit romain.* V. Ban de vendange. — Cabal. — Chasse, § IV. — Diffamation. R. — Hypothèque, § IV *bis.* Q. — Légitime. — Réversion, sect. I. — Sacrilége. — Séparation de patrimoine. — Substitution directe, § III. — Testament, sect. III. — Tutelle, sect. II et suiv. — Vol, sect. I. R.

Auzanet. — *Commentaire sur la coutume de Paris.* V. Augment. — Bail, § VII. — Bâtiment. — Clôture d'inventaire. — Code, § III. — Compérage. R. — Démission de biens, § III. Q. — Dette concomitante. Q. — Douaire. — Franc-alleu. — Héritier. R. — Hypothèque, § XIII. Q. — Indivis. — Institution contractuelle. — Légataire. — Légitimation. — Légitime. R. — Paraphernal. Q. — Puissance paternelle. — Rapport à succession. — Réserve contumière. — Réversion, sect. II. — Révocation de codicille, § V. — Révocation de legs, § I et suiv. — Séparation de biens. — Servitude. — Succession, sect. I, § II, art. 5. R. — Succession vacante, § II. Q. — Subrogation de choses, sect. II, § I, art. 2. — Tenement de cinq ans, § VI. Testament, sect. II, § IV, art. 2. R.

Aventin (Jean). — *Glossaire.* V. Alleu. R.

Aymon. — *Commentaire sur la coutume d'Auvergne.* V. Légitime administration. — Terrage, § I et suiv. Q.

Ayrault. — *L'ordre, formalité, et instruction judiciaire, dont les Grecs et les Romains ont usé ès accusations publiques, conféré au style et usage de France.* V. Péremption, § II et suiv. Q. — Preuve. R.

Azon. V. Légitime. R.

Azuni. — *Droit maritime de l'Europe.* V. Prise maritime. R.; et § IV. Q.

B

Back (de). V. Progation de juridiction. R.

Bacquet (Jean). — OEuvres contenant divers traités sur les droits de justice, d'aubaine et de déshérence, sur la chambre du trésor. V. Abolition. — Ajournement. — Alluvion. — Autorisation maritale, sect. VI, § I. — Autorisation maritale, sect. X. R. — Avantages entre époux, § IV. Q. — Avignon. — Bénéfice d'inventaire. R. — Billet de commerce, § II. Q. — Caution *Judicatum solvi*, § I. — Caution *Judicatum solvi*, § II. — Cession de biens. — Chasse, § III et X. — Clain, § I. — Continuation de communauté. — Conventions matrimoniales. — Dédit. — Domicile élu, § II. — Dot. — Garantie des créances. — Habitation. — Héritier. R. — Hypothèque, § XIII. Q. — Institution contractuelle. — Jeu de fief. — Légataire. — Légitimation. — Légitime. — Licitation. — Mainmorte. — Moulin. Locatairie perpétuelle. Q. — Mainmorte. — Mariage, sect. IV et suiv. R. — Pignoratif (contrat). — Prescription. — Quarte trébellianique. — Rente seigneuriale. — Réserve coutumière. — Réversion, sect. I. — Rivière. R. — Terrage, § I et suiv. — Tiers coutumier. Q. — Séparation de patrimoine. — Subrogation de personne, sect. II, § VIII. — Subrogation de chose, sect. II, § I, art. 2. R. — Succession vacante, § II. Q. — Testament, sect. II, § II, art. 4. R.

Balbus. V. Prescription. R.

Balde. Sur la loi *de summâ trinitate.* V. Avantages entre époux, § II. Q. — Autorisation maritale, sect. VI, § I. — Caution, § IV. — Héritier. — Légitimation. — Légitime. R. — Légitimité, § II. Q. — Noblesse. — Noces (secondes). — Peine testamentaire. — Prescription. — Question d'Etat. R. — Prétérition, § I. Q. — Simulation. — Souveraineté, § V. — Testament, sect. I, § IV. R. — Testament, § XII. Q. — Vente, § I. R.

Baluze. Capitularia regum francorum. V. Adoption, § III. R.

Bannelier. — *Traité des cheptels.* — *Notes sur les traités de droit français, a l'usage de la Bourgogne, par Davot.* V. Autorisation maritale, sect. VII *bis.* — Banalité. — Ban de vendange. — Servitude. — Testament, sect. II, § III, art. 4 —

Testament, sect. II, § III, art. III. R. — Testament, § VI et suiv. — Testament, § IX. Q. — Tour de l'échelle. R.

Baralle.—Recueil. V. Substitution fidéicommissaire, sect. X, § VII. R.

Barbatia. V. Légitimité, § II. Q.

Barbeyrac. — Le droit de la nature et des gens, traduit du latin de Samuel Puffendorf.—*Traité philosophique des lois naturelles, etc. Le Droit de la guerre et de la paix* de Grotius. V. Droit naturel. — Ministre public. R.

Barbin. V. Barbines. R.

Barbosa (Pierre).—*Commentaire sur les Pandectes. — De potestate episcopali.* V. Clocher. — Légitime. — Nullité. — Profession monastique. R. — Mariage, § VIII. Q.

Barbier. Annotateur d'Argou. V. Continuation de communauté, § V. Q.

Bardet. — Recueil d'arréts du parlement de Paris avec les notes de Cl. Berroyer. V. Adultère, § II. Q. — Arbitrage. — Bannissement, § I. — Bans de mariage. — Cession de biens. — Complainte. R. — Confession, § II. — Dédit. — Démission de biens, § IV. — Douaire. — Héritier. R. — Hypothèque, § XII. Q. — Légataire. R. — Légitimité, § V. Q. — Meubles (legs de). R. — Papier monnaie, § V. Q. — Puissance paternelle. — Réalisation. — Récompense. — Renonciation. R. — Réversion, § I. Q. — Révocation de codicille, § V. — Séparation de corps. — Subrogation de chose, sect. II, § I, art. 1. — Substitution fidéicommissaire, sect. XII, § VI. — Succession, sect. I, § III, art. 2. — Succession, sect. I, § III, art. 3. R. — Suppression de titres, § I. Q. — Testament, sect. I, § I, art. 5. — Testament, sect. I, § II, art. 3. R.

Bargereau. — Diverses leçons sur l'ordonnance de 1613. V. Subrogation de personne, sect. I. R.

Barraud. — Commentaire sur la coutume de Poitou. V. Servitude. R.

Barri. (Fr.). — *Tractatus de successionibus testati et intestati.* V. Choix, § I. R.—Légataire, § III. Q.—Légitimation. — Légitime. R. — Mariage, § VIII. Q. — Noces (secondes). — Puissance paternelle. — Quarte de conjoint pauvre. — Quarte trébellianique. — Renonciation à une succession future. — Substitution directe, § I. — Substitution directe § II. —Testament, sect. II, § III, art. 8. R.

Barthole. — Questiones in materiam arbitrorum, etc. V. Accusé. R. — Avantages aux héritiers présomptifs, § II. — Avantages entre époux, § II. Q.—Autorisation maritale, sect. X. — Bail, § VII. — Bail, § XI. R. — Confession, § II. Q. — Conventions matrimoniales. — Déguerpissement. — Dot. — Double lien. — Effet rétroactif, sect. III, § III et suiv. — fidéicommis tacite. — Héritier. R.; et § III. Q. — Hypothèque, § IV et suiv. Q. — Légataire. — Légitimation. — Légitime. R. — Légitimité. R.; et § II. Q. — Legs. R. — Loyers et fermages, § I. Q. — Mariage, sect. IV, § III. R.; et § VIII. Q. — Mitoyenneté. — Peine testamentaire. — Prescription, sect. I et suiv. R. — Prétérition, § I. Q. — Preuve. — Puissance paternelle. — Quarte trébellianique. — Rapport à succession. — Représentation (droit de). — Révocation de legs, § I et suiv. R. — Stipulation pour autrui. Q. — Subrogation de personne, sect. II, § IV. — Substitution directe, § IV. R. — Témoin judiciaire, § I, art. 3. R. — Terrage, § I et suiv. Q. — Testament, sect. II, § III, art. 8. R. — Vente, § I et suiv. R.

Basmaison (de).—*Commentaire sur la coutume de Normandie.* V. Donation. — Légitime administration. — Terrages, § I et suiv. Q.

Basnage.—Coutume de Normandie.—Traité des hypothéques. V. Adultère. — Amélioration. — Aînesse. — Arbre. — Autorisation maritale, sect. VI, § I. — Autorisation maritale, sect. VII. — Autorisation maritale, sect. VIII. R. — Avantages entre époux, § I et IV. Q. — Avers. — Bail, § VII. R. — Bail, § III. Q. — Banalité. — Banon. — Bar. — Bassin (droit de). — Bâtard, sect. I. — Bénéfice d'inventaire. — Bois, § III. — Catteux, sect. III, § I. — Cession de biens. — Chirurgien, § I. — Clameur, § I. — Concubinage. — Contrat de mariage. — Débat de tenure. — Déguerpissement. — Démission de biens, § II, III et VI. Q. — Douaire. R. — Empêchemens, § IV. — Gains nuptiaux et de survie. R. — Garantie, § VI. Q. — Héritier, — Hypothèque. R.; et § XIII. Q. — Incendie. — Institution contractuelle. — Inventaire. — Légataire. R. — Légitime. — Légitimité. — Meuble. — Moulin. — Novation. — Nullité. — Paraphernal. — *Paterna paternis.* R. — Partage, § VI. Q. — Prescription, § XI. Q. — Propre. R. — Puissance maritale. — Puissance paternelle. — Rappel à succession. — Rapport à succession. — Récompense. R. — Remploi, § III. Q. — Représentation (droit de). — Réserve coutumière. — Retrait de mi-denier. — Réversion, sect. II. — Sénatus-consulte velléien. — Séparation de biens. — Séparation de patrimoine. — Servitude. — Subrogation de chose, sect. II, § II. — Subrogation de personne, sect. II, § IV. — Succession, sect. I, § II et suiv. — Testament, sect. I, § IV et suiv. — Tiers coutumier. R.; et § I. Q. — Transfert, § I. — Tribunal d'appel, § V. — Tribunal de commerce, § VI. Q. — Tutelle, sect. IV et suiv. R. — Tuteur, § III. Q. — Vaine pâture. R. — Velléien, § I et III. Q. — Vente, § I et suiv. — Viduité (droit de), § II. — Vue, § II et suiv. R.

Basoches. — Recueil. V. Usage (droit d'), sect. II. R.

Basset. — Plaidoyers et arrêts de la cour du parlement de Dauphiné. V. Avantages entre époux.—Bagues et joyaux. R.— Caution *judicatum solvi,* § I. — Caution *judicatum solvi,* § II. — Cession de biens. — Champart. — Charivari. — Choix, § I. — Confesseur. — Déguerpissement. — Faux. — Imputation par échelette. R. — inscription de faux, § I. Q. — Légataire. R. — Papier-monnaie, § IV. — Payement, § II. Q. — Prescription. — Puissance paternelle. R. — Prétérition, § II. Q. — Réversion, sect. I. — Substitution directe, § IV. — Terrier. — Tutelle, sect. IV et suiv. R.

Bastin. V. Testament conjonctif, § I. Q.

Baudouin.— Sur la coutume d'Artois. V. Baillée. —Quint datif. — Quint naturel. R.

Beaumanoir. — Coutume de Beauvoisis contenant les assises et bons usages du royaume de Jérusalem. V. Abattre. — Araisonner. — Bourgeois, § V. — Catteux, sect. I. — Chevance. — Combat judiciaire. — Communes. — Complainte. — Démembrement de fief. — Entre-cours. — Fondalité. — Francfief. — Franc-homme. — Honoraires. — Réunion féodale. R. Suzeraineté. R. — Usage (droit d'), § V et suiv. Q. — Voisinage, § I. R.

Beaudouin (François). V. Code, § I. R.

Bechet. — Commentaire sur la coutume de Saintonge. V. Champeaux. — Noces (secondes). R.

Beck. Précis sur le droit de change. V. Lettre et billet de change, § II et suiv. R.

Becmann. V. Prorogation de juridiction. R.

Belair-Poulain. V. Baillée. R.

Bellemera (Jean). V. Légitimation. R.

Belordeau. — Commentaire sur la coutume de Bretagne; recueil des arréts notables du parlement de Bretagne. V. Alimens, § VIII. — Appropriance, § VII. — Arbitrage. — Autorisation maritale, sect. VII. — Baillée. — Cession de biens. — Date. R. — Démission de biens, § III. — Domaine congéable, § I. Q. — Voisinage, § II. R.

Benedictus (Benoît). V. Bar. — Contre-augment. — Double lien. — Héritier. — Institution contractuelle. — Légitimation. — Légitime. — Renonciation à une succession future. R. —

Retrait successorial. — Révocation de testament, § II. Q. — Substitution directe, § I. R. — Terrage, § I et suiv. Q. — Testament, sect. II, § IV, art. 2. R.

Benvenutti Straccha.—Tractatus de mercaturá. V. Vente, § I. R.

Berault.—Commentaire sur la coutume de Normandie. V. Arrière-panage. R. — Avantages aux héritiers présomptifs, § II. Q. — Bail, § III. Q. — Bâtard, sect. I. — Bénéfice d'inventaire. — Cession de biens. R. — Démission de biens, § VI. Q. — Douaire. — Empéchemens, § IV. — Interdiction. — Paraphernal. — Prescription. — Récusation. —Servitude. — Subrogation de personne, sect. II, § IV. — Testament, sect. II, § II, art. 1. — Vue, § II et suiv. R.

Bergier.—Notes sur le Traité des substitutions de Ricard. V. Donation. — Dot. — Institution contractuelle. — Mineur. R. — Légitime, § II. — Paraphernal. Q. — Substitution fidéicommissaire, sect. XIII. — Testament, sect. I, § II, art. 2 et suiv. R.

Berlichius. V. Compulsoire, § II. — Légitime. R.

Bernard. —Code des Paroisses. V. Chevalier. R. Tenement de cinq ans, § I. Testament, sect. I, § II, art. II. R.

Berriat de Saint-Prix.—Cours de Droit criminel fait à la faculté de Grenoble. V. Légitimité. R.

Berriat de Saint-Prix. — Cours de procédure civile. V. Bureau de conciliation. R.

Berroyer. — Arrêts notables du Parlement de Paris.— Bibliothèque des coutumes. — Commentaire sur la coutume du Bourbonnais. — Commentaire sur la coutume de Paris. — Notes sur les Lois civiles par Domat. V. Confession, § II. Q. Héritier. Légitime. Prescription, sect. I. R. Succession, § V. Q. Testament, sect. I, § II, art. III. R.

Berton de Fromental. — Décisions du Droit civil, canonique et français, avec des observations sur la jurisprudence des pays qui se régissent par le Droit écrit. V. Servitude. R.

Bertrand. — Sur la coutume de Metz. V. Démission de biens, § III. Q.

Besoldus. — De jure territoriali. V. Prise maritime. R.

Betsius. V. Autorisation maritale, sect. VI, § I. R.

Besieux (le président de). — Arrêts notables du Parlement de Provence, pour servir de suite aux compilations de Boniface. V. *Ab irato*, sect. I. R. Adultère, § II. Q. Atermoiement. Cession de biens. Clocher. R. Dot. R. et Q. Faillite et Banqueroute. Légitime, § VIII. R. et § VIII. Q. Prescription. Puissance paternelle. R.

Bignon (l'avocat général). *— Plaidoyers et réquisitoires.* V. *Ab irato.* Alleu. Témoin judiciaire, § 1, art. V. R.

Billecart. — Commentaire de la coutume de Châlons. V. Remploi, § IV. Q. Servitude. Suggestion, § II. Testament, sect. II, § II, art. IV. R.

Biscay (Martin). V. Infançon. R.

Blakstóne. — Commentaire sur les lois anglaises. V. Divorce, sect. IV, § X. R.

Blondeau (le professeur). V. Effet rétroactif, sect. III, § III et suiv. R.

Blye (le président de). V. Subrogation de chose, sect. II, § III. R.

Bobé (Jean).—*Sur les coutumes de Meaux et de Pons.* V. Servitude. — Tour de l'échelle. R.

Bodreau. — Commentaire sur la coutume du Maine. V. Avantages entre époux, § I. Q.

Bodin (Jean). — *Du droit de la guerre et de la paix.* V. Droit naturel.

Boehmer (Just. Kenning). *— Consultations sur le droit de change.—Exercitationes ad Pandectas in quibus præcipua digestorum capita explicantur. — Introductio in jus publicum universum.—Jus ecclesiasticum protestantium.* V. Légitimation. — Lettre et billet de change, § II et suiv. R. — Rente foncière et seigneuriale, § XIV. Q. — Terrage. — Succession, sect. I, § II, art. 3. R.

Boërius (Boyer).—*Consuetudines Biturigum.—Decisiones Burdigalenses* V. Autorisation maritale, sect. VII. — Bail, § IV. — Bourgeois. — Contradiction. — Franc-alleu — Héritier. — Interdiction. — Institution contractuelle. — Légataire. — Subornation. R.

Bognet.— Sur la coutume de Bourgogne. V. Représentation (droit de). R.

Boiceau. — Traité de la preuve par témoins en matière civile. V. Emphytéose. R. — Preuve, § VII. — Succession, § XI. Q. — Taille de marchand. R.

Boich. (Henry). *— Commentari in Decretales.* V. Légiti mation. R.

Boivin. V. Prescription. R.

Boniface (Hyacinthe de).—*Recueil des arrêts notables de la cour du parlement de Provence.* V. *Ab irato.—Accedit.—* Adultère, § II. Q. — Apothicaire. — Arbitrage. — Arbres. — Arrérages. — Arrhes. — Bénéfice d'inventaire. — Blanc-seing. — Blessé, § I. — Caution. — Cession de biens. — Chevalier. — Choix, § I. — Compensation. R. — Crainte, § I. Q. — Déguerpissement. — Domestique. — Dot. — Education. R. — Endossement, § IV. Q. — Expert. — Faux. — Gains nuptiaux et de survie. — Gibier. R. — Imputation par échelette. Q. — Injure. — Jugement. — Prescription, § VI. Q. — Preuve, § VII. Q. — Légitime. — Legs. — Nullité. — Paraphernal. — Prescription. R.; et § VI. — Preuve, § VII. Q. — Puissance paternelle. — Quarte trébellianique. — Rapport à succession. — Récusation. — Renonciation à une succession future. — Rente seigneuriale. — Retrait d'utilité publique. — Réversion, sect. I. — Révocation de legs, § I et suiv. R. — Révocation de testament, § II. Q. — Séparation de patrimoine. — Stellionat. — Subrogation de personne, sect. II, § IV. — Substitution directe, § V. — Substitution fidéicommissaire, sect. VIII. — Substitution fidéicommissaire, sect. X, § IV, art. 4. — Signature. R. — Signature, § III. Q. — Testament, sect. I, § I, art. 4 et suiv. R.; et § XVI. Q. — Transaction, § I. — Usage (droit d'), sect II. R. — Virile, § III. R. — Voisinage, § III. — Vol, sect. I. R.

Bonnet. — Collection. V. Légitime. R.

Boort (Pierre). V. Légitimation. R.

Borel. V. Carrière (voierie). R.

Bornier. — Conférence des nouvelles ordonnances de Louis XIV pour la réformation de la justice. V. Aval. R. et Q. — Blasphème. — Civiliser. — Compensation. — Consuls des marchands. — Interrogatoire sur faits et articles. R. — Opposition aux jugemens par défaut, § IX et suiv. Q. — Requête civile. — Réversion, sect. I. R. — Solidarité, § II. R.

Bort. — De feudis Holland. V. Légitime. — Terrage. R.

Bossus (de). *— De dote filiarum.* V. Dot. R.

Bouault. — Sur la coutume de Touraine. V. Tenement de cinq ans, § I. R.

Bouchain. — Plaidoyers. V. Charivari. R.

Bouchaud. — Essais historiques sur les lois traduites de l'anglais. V. Héritier. R.

*Bouchel.—Bibliothèque canonique.—Bibliothèque ou trésor du droit français.—*Commentaire sur la coutume de Senlis.* —*Somme bénéficiale.* V. Appel, § IX. Q. — Arrérages. — Bestialité. — Bordel. — Cession de biens. — Chasse, § X. — Chicane. — Complainte. — Commerce, § I. R. — Continuation de communauté. R.; et § I. Q. — Dénonciation de nouvel œuvre. — Douaire. R. — Hypothèque, § XIII. Q. — Jugement, § VII. — Légataire. — Légitimation. — Légitime. R. — Litispendance, § I. Q. — Office. — Procureur *ad lites*. — Promesse de changer de nom. — Puissance paternelle. — Quarte trébellianique. — Sacrilége. — Séparation de biens. — Séparation de corps. — Souveraineté, § VI. — Témoin judiciaire, § V. — Tutelle, sect. III et suiv. — Vavassorie. R.

Boucher d'Argis. — *Recueil des principales ordonnances.* —*Traité des gains nuptiaux et de survie.* V. Affirmation. — Apôtres. — Bagnes et joyaux. — Date. — Dévolution coutumière. R. — Gains nuptiaux et de survie, § III et suiv. Q. — Habitation. — Légitime. R.; et § IV. Q. — Lettres de ratification. R. — Mines, § 1. Q. — Paraphernal. — Puissance paternelle. — Quarte de conjoint pauvre. — Virile, § III. R.

Boucheul (Jos.). Corps et compilation de tous les commentateurs sur la coutume de Poitou. — *Traité des conventions de succéder, ou successions contractuelles.* V. Avantages entre époux. — Banalité. — Basse-justice. — Caution *judicatum solvi*, § II. R. — Contrat de mariage, § II. Q. — Cumul. — Désaveu. — Double lien. — Droits successifs. — Héritier. — Institution d'héritier. — Légitime administration. — Moulin. — Représentation (droit de). — Servitude. — Surenchère. R. — Vaine pâture, § II. Q. — Voie de fait, § I. R.

Boug (le président de).—*Recueil des édits, déclarations de la province d'Alsace.* V. Aubaine. — Bourgeois, § I. — Juifs. — Moulin. — Serment. — Usage (droit d'), sect. II. R.

Bouguier. — *Arrêts célèbres et mémorables du parlement de Paris.* V. Douaire. R. — Hypothèque, § IV *bis*. Q. — Institution contractuelle. — Légataire. R. — Papier-monnaie, § V. Q. — *Paterna paternis.* — Rappel à succession. — Surenchère. R. — Triage. Q. — Voisinage, § V. R.

Bouhier (le président). — *Coutumes du duché de Bourgogne avec des observations.* V. Acceptation de communauté. — Ancien, § I et II. — Assemblée, § III. — Autorisation maritale, sect. II et suiv. R. — Avantages entre époux, § II. Q. — Bailli seigneurial. — Banalité. — Ban de moisson. — Ban de vendange. R. — Cautonnement, § VIII. Q. — Chasse, § IV. — Code, § III. — Colombier. — Communaux, § IV. — Contradiction. — Conventions matrimoniales. — Corvée seigneuriale. — Dénonciation. — Dette. — Divorce. — Domicile. — Douaire. — Effet rétroactif, sect. III, § II et suiv. — Enclave. — Etat civil, § II. — Franc-alleu. — Garenne. — Héritier. — Hypothèque. — Légitime. — Légitime administration. R. — Mariage, § VII. Q. — Moulin. — Notoriété (acte de). — Puissance paternelle. — Rappel à succession. R. — Remploi, § III. Q. — Représentation (droit de). — Révocation de codicille, § IV. R. — Révocation de donation, § IV. Q. — Révocation de testament. — Révocation de testament, § I et suiv. — Société, § I. Q. — Substitution directe, § II. — Substitution fidéicommissaire, sect. VII, § III, art. 4. — Témoin instrumentaire, § II. — Testament, sect. I, § II, art. 5. — Testament, § VI et suiv. — Tiers coutumier. Q. — Tutelle, sect. II. et suiv. — Usage (droit d'), § VII et suiv. Q. — Usufruit, § V. R. — Vaine pâture, § I et suiv. Q. — Valenciennes. R.

Boulainvilliers. — *Œuvres traitant de plusieurs points d'histoire relatifs au droit public de la France.* V. Communes. — Démembrement de fief. — Prince. — Roi. — Signature. — Viguier. R.

Boulé (le présid.). — *Institutions au droit coutumier du Hainaut.* V. Communauté de biens entre époux, § I et suiv. — Dévolution coutumière, § III. Q. — Rente constituée. R. — Terrage, § III. Q. — Testament, sect. I, § II, art. 5. R.

Boullay. — *Commentaire sur la coutume de Tours.* V. Tenement de cinq ans, § IV. R.

Boullenois. — *Questions sur les démissions des biens.* — *Traité des statuts personnels et réels.* V. Améliorations. — Autorisation maritale, sect. X. R. — Avantages entre époux, § II. Q. — Catteux, sect. III, § II. R. — Communauté, § I. — Conventions matrimoniales. — Démission de biens. R.; et § II. Q. — Dette. — Domicile élu, § II. — Douaire. — Effet rétroactif, sect. III, § II et suiv. — Gains nuptiaux et de survie. — Héritier. — Hypothèque. R.; et § IV. Q. — Ignorance. — Institution d'héritier. — Jugement. R.; et § XIV. Q. — Légitime. — Lettre et Billet de change, § II et suiv. — Main-plévie. — Majorité. R. — Mariage, § VII. Q. — Nécessité jurée. — Prescription.; et § XV. Q. — Puissance paternelle. — Rappel à succession. — Récompense. — Remploi. — Renonciation. — Subrogation de chose, sect. II, § I, art. 4. — Subrogation de personne, sect II, § V. — Succession, sect. I, § II et suiv. — Tenue par la loi, § II. — Testament, sect. I, § V et suiv. R.; et § XII. — Tiers coutumier. Q. — Viduité (droit de), § II. — Ville d'arrêt. R.

Bouquet (Dom.).—*Historiens de la France et des Gaules.* V. Roi. R.

Bourdin. V. Apôtre. R.

Bourdot de Richebourg. — *Coutumier général.* V. Double lien. — Herbage. — Quint datif. — Rappel à succession. R. — Succession, § V. Q.

Bourjon. — *Commentaire sur la coutume de Paris.* — *Droit coutumier de la France.* V. Arrérages, § I. Q. — Autorisation maritale, sect. VI, § I. — Bail, § III. — Bail, § XIII. — Caution *judicatum solvi*, § I. — Complainte. — Chemin. — Donation. R.; et § VI. Q. — Douaire. R. — Enregistrement (droit d'), § XX. Q. — Habitation. — Habitation (droit d'). — Hérédité. — Héritier. — Institution contractuelle. — Interdiction. — Jeu de fief. — Légataire. — Légitimation. — Légitime. R. — Légitimité, § V. Q. — Legs. — Meuble. — Mitoyenneté. — Noces (secondes). — Office. — Préciput conventionnel. — Propres. — Puissance paternelle. R. — Remploi, § IV. Q. — Servitude. R. — Servitude, § V. Q. — Société, sect. III. — Société d'acquêts. — Sous-location. — Subrogation de chose, sect. II, § 1, art. 2. — Subrogation de personne, sect. II, § I. — Substitution directe, § II. — Testament, sect. II, § III, art. I. R. — Testament, § XVII. Q. — Voisinage, § V. — Vue, § II et suiv. R.

Boussut. V. Terrage, § III. Q.

Boutaric. — *Institutes de Justinien conférées avec le droit français.* — *Traité des droits seigneuriaux.* V. Arrière-cens. — Bail, § IV. — Banalité. — Chasse, § X. R. — Cours d'eau, § I. — Déclaration de command, § 1 et suiv. Q. — Déguerpissement. — Election d'ami. — Etang. — Légataire. — Légitime. — Licitation. — Moulin. R. — Opposition aux jugemens par défaut, § IX et suiv. Q. — Présomption. R. — Rente foncière et seigneuriale, § IX et suiv. Q. — Rente seigneuriale. — Représentation (droit de). R. — Rescision, § IV. Q. — Simulation. — Substitution fidéicommissaire, sect X, § IV, art. 3. — Tabac. R. — Terrage, § I et suiv. Q. — Testament, sect. II, § III, art 2. — Tutelle, sect. II et suiv. — Vente, § I et suiv. R.

Boutcillier. — *Somme rurale, ou le Grand Coutumier général de la pratique civile et canonique.* V. Banalité. — Carrière (voierie). — Catteux, sect. I. — Chasse, § IV. — Complainte. R. — Cours d'eau, § I. Q. — Dénonciation de nouvel œuvre. — Franc-homme. — Gens de poste. — Légitimité. — Moulin. — Vasseur. — Voisinage, § I. R.

Bourot. — *Commentaire sur la coutume de Bourgogne* — *Recueil des arrêts notables du parlement de Dijon.* V. Adultère. — Affouage. — Arbitrage. — Autorisation maritale, sect. II. R. — Avantages entre époux, § II. Q. — Banquier. — Caution *judicatum solvi*, § I. — Cession de biens. — Charivari. — Cimetière. R. — Conquêts, § I. — Consuls des marchands. R. — Crainte, § I. — Date, § V. Q. — Dot. — Inventaire. — Jugement. Légitime. — Legs. — Lésion. — Mariage, sect. IV, § III. — Moulin. — Novation. — Pressoir. — Puissance paternelle. — Retrait lignager. R. — Retrait successorial. Q. — Séparation de corps. — Servitude. — Substitution directe, § V. — Témoin instrumentaire, § II. — Testament, sect. II, § II, art. 4. — Tutelle, sect. IV et suiv. — Usage (droit d'), sect. II. R.

Boyer (le président). — *Recueil d'arrêts*. V. Adultère. — Banalité. — Charte partie. — Education. R. — Inscription hypothécaire, § II. Q. — Légitime. — Noces (secondes). — Nom. — Prescription. — Preuve. — Testament, sect. II, § I, art. 6. R.

Bracton's (Henry de). — *Treatise of the laws and customs of England*. V. Bordage. R.

Brederodius. — *Repertorium sententiarum et regularum, itemque definitionum, denique omnium ex universo juris corpore collectarum*. V. Dernier ressort, sect. VII. R.

Bréquigny (de). — *Collection des ordonnances du Louvre*. V. Communes. R.

Brétonnier. — *Recueil des principales questions de droit qui se jugent diversement dans les différens tribunaux du royaume, avec des réflexions pour concilier la diversité de la jurisprudence*. V. Abénévis. — Ab irato. — Augment. — Autorisation maritale, sect. I. — Bagues et joyaux. — Bénéfice d'inventaire. — Blairie. — Caution, § IV. — Cens, § II. — Champart. — Choix, § I. — Code, § I et III. — Cours d'eau. R.; et § I. Q. — Diffamari. — Enchère. — Habitation (droit d'). R. — Hypothèque, § XIII. — Légitimité, § V. Q. — Légitime. — Novation. — Paraphernal. R. et Q. — Prescription. — Puissance paternelle. — Quarte trébellianique. — Rappel à succession. — Rapport à succession. — Retrait lignager. — Réversion, sect. I. R. — Réversion, § I. Q. — Révocation de codicille, § V. — Servitude. — Subrogation de personne, sect II, § VIII. — Substitution directe, § II. — Substitution fidéicommissaire, sect. X, § IV, art. 2. — Succession, sect. I, § II, art. 5. — Suicide. R. — Terrage, § I et suiv. Q. — Testament, sect. I, § II, art. 2. R.

Britton (P. S.). — *Dictionnaire des arrêts, ou Jurisprudence universelle des parlemens de France et autres tribunaux*. V. Ab irato, sect. IV. — Affiche. — Adultère. — Appropriance, § IX. — Arbitrage. R. — Arrérages, § I. Q. — Arrhes. — Articles de mariage. — Autorisation maritale, sect. VI et suiv. — Avantages entre époux. — Avignon. — Banc d'église. — Cardinal. — Caution judicatum solvi, § I. — Cession de biens. — Chirurgien, § II. — Compensation. R. — Date, § V. Q. — Déguerpissement. — Dernier ressort. — Dot. — Douaire. — Empêchemens, § IV. R. — Exploit, § I. Q. — Faillite et Banqueroute. — Garenne. — Honoraires. R. — Fait du souverain, § I. — Fruits, § III. — Héritier, § VIII. Q. — Institution d'héritier. — Légataire. — Legs. — Ministère public. R. — Mort civile, § III. Q. — Moulin. — Notoriété (acte de). Office. R. — Opposition aux jugemens par défaut, § VI. Q. — *Paterna paternis*. — Prescription. R.; et § VI. Q. — Profession monastique. — Promesse de changer de nom. — Propres. — Puissance paternelle. — Quarte falcidie. — Quarte trébellianique. — Rappel à succession. — Rapport à succession. — Représentation (droit de). — Réserve coutumière. — Révocation de codicille, § V. — Révocation de procureur. — Séparation de biens. — Séparation de patrimoine. — Servitude. — Société, sect. III. R. — Société, § I. Q. — Subrogation de personne, sect. II, § II. — Substitution directe, § II. — Substitution fidéicommissaire, sect. I, § V. R. Succession, § V. Q. — Surenchère. — Témoin judiciaire, § V. — Testament, sect. I, § I, art 5. — Tutelle, sect. III et suiv. — Vaine pâture. R.

Brissonii (Barn.). — *De formulis et solemnibus verbis populi romani*. — *Lexicon juridicum, ex Brissonio, Hottomanno, et Cujacio*. V. Code, § III. R. — Papier-monnaie, § IV. Q. — Servitude. R.

Brodeau. — *Arrêts célèbres du parlement de Paris*. — *Commentaire sur la coutume de Paris*. V. Alimens, § I. — Arbitrage. — Assemblée, § III. — Autorisation maritale, sect. VII. — Avantages entre époux. R.; et § III. Q. — Bail, § XII. — Basse justice. — Bâtonnier des avocats. R. — Billet de commerce, § II. Q. — Bois, § II. — Bourgeois. — Caution, § II. R.; et § IV. Q. — Chevance. — Chirurgien, § I. — Clain, § I. — Compensation. — Complainte. — Concubinage. R. — Concubinage. Q. — Consignation. R. — Continuation de communauté, § I. Q. — Conventions matrimoniales. — Crue. — Déclaration au profit d'un tiers. — Déguerpissement. — Démission de biens, § III et IV. Q. — Discussion. — Domicile élu, § II. — Dot. — Douaire. — Double lien. R. — Droit litigieux (cession de), § II. Q. — Droits successifs (cession de). R.; et § I et suiv. Q. — Faculté de rachat, § I. — Franc-alleu. — Gains nuptiaux et de survie. — Héritier. — Honoraires. — Hypothèque. R. — Hypothèque, § II.; et § XIII. Q. — Institution contractuelle. R.; et § II. Q. — Intérêt. — Jeu de fief. — Jugement, § VII et XIV. — Légitimation. — Légitime. — Légitimité. — Lésion. — Licitation. — Meubles. — Mineur. — Mort civile. — Moulin. — Nécessité jurée. — Noces (secondes). — Nullité. R. — Paraphernal. Q. — *Paterna paternis*. — Peine contractuelle. — Péremption, sect. I et suiv. R.; § II et suiv. Q. — Prescription. R.; et § VI et XI. Q. — Pressoir. — Propre. — Puissance paternelle. — Quint datif. — Quint naturel. — Rappel à succession. — Rapport à succession. — Récompense. — Rente seigneuriale. — Représentation (droit de). — Réserve coutumière. — Retrait de cohéritier. — Retrait successorial. Q. — Réunion féodale. — Saisie-gagerie. — Séparation de patrimoine. R. — Servitude, § VI. Q. — Simulation. — Souveraineté, § VI. — Subrogation de chose, sect. II, § I, art. 1 et 2. — Subrogation de chose, sect. II, § III. — Subrogation de personne, sect. II, § VIII. — Substitution fidéicommissaire, sect. I, § III. — Succession, sect. II, § I. — Tenement de cinq ans, § II. — Tenement de cinq ans, § VI. R. — Terrage, § I et suiv. Q. — Testament, sect. I, § I, art. 5. — Testament, sect. II, § III, art. 8. — Transaction, § V. — Transport. R. — Tutelle, sect. II et suiv. R. — Vaine pâture, § II. Q. — Vente, § III. — Voisinage, § IV. — Vol, sect. III. R.

Brohart. V. Hypothèque, § II. Q.

Bronchorst (de). V. Dot. R.

Bruneau (M.-A.). — *Traité des criées*. — *Observations sur les matières criminelles*. V. Subrogation de personne, sect. I. — Témoin judiciaire, § I, art. 1. R.

Brunel. — *Observations sur le droit coutumier*. — *Projet pour la réformation des coutumes d'Artois*. V. Arrérages, § I. Q. — Délaissement par hypothèque. — Double lien. — Enfant. — Institution contractuelle. — Legs. — Mise de fait. — *Paterna paternis*. — Propre. — Rappel à succession. — Rapport à succession. — Rente constituée. — Séparation de patrimoine. R.; et § II. Q. — Subrogation de chose, sect. II, § I, art. 1. — Substitution fidéicommissaire, sect. VIII. — Substitution fidéicommissaire, sect. XII, § III, art. 5. R.

Brunnemann (Joan.). — *Comment. in quinquaginta libros Pandectarum et Codicem*. V. Acte sous seing privé, § II. — Bail, § X. — Bail, § XI. — Bail, § XIV, art. 2. R. — Causes des obligations, § I. — Compte, § I. Q. — Faux. R. — Féodalité, § V. Q. — Garantie. R. — Héritier, § III. — Hypothèque, § IV *bis*. Q. — Légitime. R. — Légitimité, § V. Q. — Legs, sect. IV. R. — Option, § I. Q. — Prescription. — Question d'état. R. — Substitution fidéicommissaire, § X et suiv. Q. — Tabac. R. — Usage (droit d'), § VII et suiv. Q.

Brussel. — *Nouvel examen de l'usage général des fiefs en France, pendant les onzième, douzième, treizième et qua-*

torzième siècles. V. Acapit. — Appartenance. — Appendences. — Bâtard, sect. I. — Casement ou chasement. — Chartre. — Nom. — Suzeraineté. R.

Budeo. —*Annotationes in Pendectas.* V. Alleu. R.

Bugnyonii (Philib.) — *De Legibus abrogatis et inusitatis in regno Franciæ cum additionibus Christianæi.* V. Appel, § VII. Q. — Arbitrage. — Autorisation maritale, sect. II. — Domaine public. R. — Droits litigieux (cession de), § II. Q. — Prescription. — Séparation de patrimoine. R. — Substitution fidéicommissaire, § X et suiv. — Succession future (pacte sur une), § II. Q. — Testament, sect. II, § II, art. 4. — Vol. sect. I. R.

Burgundus. — *Tractatus ad consuetudines Flandriæ.* V. Effet rétroactif, sect. III, § II et suiv. R. — Héritier. R. — Loyers et fermages, § I. Q. — Majorité. — Prescription, sect. I. R. — Remploi, § III. Q. — Succession future. — Terrage. — Testament, sect. II, § III, art. 8. R.

Buridan. — *Commentaire sur la coutume de Vermandois.* V. Contradiction. — Nantissement. — Propre. — Rapport à succession. — Servitude. — Suggestion, § II. — Testament, sect. II, § IV. — Tour de l'échelle. R.

Burlamaqui. — *Principes du droit naturel et politique.* — *Principes du droit de la nature et des gens.* V. Droit naturel. — Ministère public. R.

Busius. — V. Hypothèque, § IV *bis.* Q. — Testament, § XVIII. Q.

Bynkersoeck. — *Questiones juris privati.* V. Appel, § I. Q. — Conventions matrimoniales. — Ministre public. — Occupation. — Sequestre de guerre. R.

C

Cadecombe. — V. Appel, sect. I, § X. R.

Cagnolus. — V. Légitime. R.

Calderinus. V. Légitimation. R.

Calmet (Dom.). — *Notice de la Lorraine et du Barrois.* V. Bar. R.

Calonne (de). — *Observations et jugemens sur les coutumes d'Amiens, d'Artois, de Boulogne et de Ponthieu.* V. Blanc-seing. — Domicile, § V. R.

Calvinus (S.). — *Lexicon juridicum.* V. Lettres de ratification. R. — Mariage, § VIII. — Séparation de corps. Q.

Cambolas. — *Recueil des arrêts notables du parlement de Toulouse.* V. Autorisation maritale, sect. I. — Bagues et joyaux. — Choix, § I. — Concubinage. — Commise emphytéotique. — Dédit. — Éducation. — Enclave. — Franc-alleu. — Girouette. — Interdiction. — Légitime. — Legs. — Noces (secondes). — *Paterna paternis.* — Puissance paternelle. — Rappel à succession. — Réversion, sect. I. R. — Réversion, § I. Q. — Simulation. — Subrogation de personne, sect. II, § V. — Substitution fidéicommissaire, sect. X, § XI. R. — Substitution fidéicommissaire, § III et suiv. Q. — Testament, sect. I, § II, art. 2. — Virile, § III. R.

Cancerius. — *Collectio variarum resolutionum.* V. Appel, § IX. Q. — Cens, § II. R. — Fiduciaire. — Institution contractuelle. — Prétérition, § I. Q. — Quarte trébellianique. — Terrage. R.

Canon. — *Commentaire sur les coutumes de Lorraine.* V. Franc-alleu. R.

Capella Tholozana. — V. Testament, sect. II, § III, art. 8. R.

Capiblius. — *Quæst. prat. super pragmaticâ Baronum.* V. Vaine pâture, § I et suiv. Q.

Carnot. — *Commentaire sur le code d'instruction criminelle.* V. Compétence. — Embauchage. — Faux témoignage. — Marché à terme. — Opposition à une ordonnance de la chambre du conseil. R.

Carondas le Caron (Louis). — *Commentaire sur la coutume de Paris.* —*Grand coutumier de France.* V. Acceptation de communauté. — Amparlier. — Époux. — Autorisation maritale, sect. VII. —Avantages entre époux. — Bâtard. — Bâtimens. R. — Bénéfice d'inventaire. — Biens. R. — Causes des obligations, § I. Q. — Cession de biens. — Chasse, § IV et suiv. — Clain de rétablissement. — Compensation. R. — Conquêts, § I. Q. — Date. R.; et § V. Q. — Déguerpissement. — Domestique. — Don mutuel. — Dot. — Douaire. — Double lien. R. — Droits successifs (cession de), § I et suiv. Q. — Fief. — Franc-alleu. — Fraude. R. — Garantie, § VI. — Héritier, § XI. — Hypothèque, § XIII. Q. — Institution contractuelle. — Légataire. — Légitimation. — Légitime. — Novation. — Prescription. — Preuve. — Propre. — Quarte trébellianique. — Rapport à loi. — Rapport à succession. — Récusation. — Renonciation à une succession future. — Rente seigneuriale. — Servitude. R. — Terrage. — Testament, sect. II, § IV et suiv. — Tutelle, sect. IV et suiv. — Usufruit, § V.

Carpanus. — *Commentaires sur les statuts de Milan.* V. Renonciation à une succession future. R.

Carpentier (Dom.). — *Supplément de Ducange.* — *Glossaire français.* V. Abeuvrage. — Affidez. — Amassemens. — Amparlier. —Apprise.— Avalage.—Bassin (droit de).—Casement ou Chasement. — Cheptel. — Charme. — Cheintre. — Cher cens, cher prix. R.

Carpzovius (Bened.) — *Practica nov. rer. criminalium definitiones forenses.* V. Adultère. R. — Appel, § IX. Q. — Habitation (droit d'). — Quarte falcidie. —Usufruit paternel. R.

Carré.—*Analyse et Conférences sur le Code de procédure civile.* V. Opposition à un jugement. — Péremption, section I et suiv. — Saisie immobilière. — Subrogation de personne. R.

Carvelli.—*Disquisitiones juridicæ.* V. Renonciation à une succession future. R.

Casaregis.—*De Commercio et mercaturâ discurs.* V. Prise maritime. — Avaries.—Capitaine de vaisseau marchand. R.

Caseneuve (Pierre de).— *Comment. sur la coutume de Toulouse. Franc-alleu de la province de Languedoc établi et défendu.*—*Origines françaises.* V. Abergeage.—Alleu.—Aumailles.—Bar.—Franc-alleu.—Gruerie. R.

Castro (Paul de). V. Héritier, § III. Q.

Catelan (Jean et Jacques de).— *Arrêts notables du parlement de Toulouse.* V. Adultère, § II. Q. — Atermoiement. R. — Atermoiement, § I. Q. — Augment. — Avignon. — Bénéfice d'inventaire. — Cession de biens. — Choix. — Commise emphytéotique. R. — Concubinage. Q. — Condition. — Déguerpissement. — Deuil. — Dot, § IV. Q. — Éducation. — Émancipation. — État civil, § II. R. — Faculté de rachat, § I. — Fiançailles. — Gageure. — Gains nuptiaux et de survie. R. — Garantie. § VI. Q. — Hypothèque. R. et Q. — Institution contractuelle. — Institution d'héritier. — Interruption de prescription. — Légataire. — Légitime. — Legs. — Lésion. R. — Lettres de change, § V. Q. — Lettres de ratification. — Noces (secondes). — Novation. — Paraphernal. — Péremption. — Pignoratif (contrat). — Prescription. R.; et § VI. Q. — Profession monastique. — Puissance maritale. — Puissance paternelle. — Quarte de conjoint pauvre. — Quarte falcidie. — Quarte trébellianique. — Représentation (droit de). — Rescision. — Retrait lignager. R. — Remboursement, § I. Q. — Réversion, sect. I. R.; et § I. Q. — Révocation de testament. — Servitude. R. — Signature, § III. Q. — Subrogation de personne, sect. II, § IV. — Substitution directe, § II. —Substitution fidéicommissaire, sect. X, § VII. R. — Substitution fidéicommissaire, § III et suiv. Q. — Succession, sect. I, § III, art. 2. — Témoin judiciaire, § I, art. 2. — Testament, sect. I, § I, art. 2. — Tutelle, sect. II et suiv. — Usufruit, § II et suiv. — Vente, § I et suiv. — Virile, § I et suiv. R.

Cavalcanus. V. Légitimation. R.

Cayron. V. Baile. R.

Celdas. V. Légitimation. R.

Chabot (de l'Allier). — *Questions transitoires.* — Commentaire sur les successions. V. Alimens, § I. — Effet rétroactif, sect. III, § II et suiv. — Filiation. — Partage, § I et suiv. — Rapport à succession, § IV. — Représentation (droit de). — Séparation de patrimoine. — Succession. R. — Succession, § XIV. Q.

Chabrol. — *Commentaire sur la coutume d'Auvergne.* V. Institution contractuelle, § V. R. — Terrage, § I et suiv. Q. — Testament, sect II, § V. R.

Challand. — *Dictionnaire des eaux et forêts.* V. Pâturage. — Usage (droit d'), sect. II. R.

Challines (Paul)). — *Méthode pour l'intelligence des coutumes.* — *Notes sur les institutes coutumières de Loysel.* V. Conquêts, § I. Q. — Dévolution coutumière. — Hypothèque. R.

Champy. — *Commentaire sur la coutume de Meaux.* V. Servitude. R.

Chantereau Lefebvre. — *Traité des fiefs.* V. Terrage, § III. Q. — Vasseur. R.

Chapel. V. Appropriance, § IX. R. — Séparation de corps. Q. — Testament, sect. I, § I, art. 3. R.

Charondas. — *Corpus juris civilis.* V. Révocation de substitution, § II. R. — Stipulation pour autrui. Q. — Viduité. R.

Chartier. V. Conventions matrimoniales.

Chassanœus (Chasseneux). — *Consuetudines ducatús Burgundiæ.* V. Ancien, § III. — Autorisation maritale, sect. II. R. — Avantages entre époux, § II. — Cantonnement, § VIII. Q. — Charivari. — Chasse, § IV. — Chasse, § X. — Douaire. — Nom. — Propre. — Puissance paternelle. — Représentation (droit de). R. — Mariage, § V. — Retrait successorial. Q. — Réversion, sect. II. R. — Usage (droit d'), sect. II.

Chauffourt (Jac. de). — *Sur le fait des eaux et forêts.* V. Arrière-panage. R.

Chauvelin (l'avocat-général). — *Plaidoyers et Réquisitoires.* V. *Ab irato.* R.

Chenu (J.-J.). — *Recueil d'arrêts notables des cours souveraines de France.* V. *Ab irato.* — Adultère. — Autorisation maritale, sect. VII. R. — Avantages entre époux, § III et suiv. Q. — Consuls des marchands. — Dédit. R. — Droits successifs (cession de), § I et suiv. Q. — Education. — Institution contractuelle. — Jugement. — Légataire. — Quarte trébellianique. — Représentation (droit de). — Testament, sect. I, § IV. — Tutelle, sect. II et suiv. R.

Cholet. — *Traité d'entre le neveu et l'oncle dans la coutume de Paris.* V. Bagues et joyaux. — Représentation (droit de). R.

Chopin (Réné). — *Commentaire sur la coutume d'Anjou.* —*Commentaire sur la coutume de Paris, et Traité des priviléges des rustiques personnes vivant aux champs.* — *Traité du domaine de la couronne.* V. Abeilles. — Acquêt. — Autorisation maritale, sect. VII. — Bail, § XIII. — Banalité. — Ban de moisson. — Barbines. — Biens, § I. R. — Billet de commerce, § II. Q. — Gens, § III. — Champart. — Chasse, § IV. — Chasse, § X. — Chevalier. — Choix, § I. — Dé-

boutes à éteintes de chandelles. R. — Démission de biens, § III et suiv. Q. — Dot. — Double lien. — Enclave. R. — Engagement, § I. Q. — Fief. — Franc-alleu. — Héritier. R. — Hypothèque, § XIII. Q. — Incendie. — Institution contractuelle. — Jeu de fief. — Légitimation. — Légitime. — Mainmorte. — Moulin. — *Paterna paternis.* — Prescription. — Quarte trébellianique. — Rappel à succession. — Rapport à succession. — Réalisation. — Rente foncière et seigneuriale, § XIII. Q. — Représentation (droit de). — Réserve coutumière. — Réversion, sect. II. — Saisie gagerie. — Séparation de biens. — Servitude. — Subrogation de personne, sect. II, § VIII. — Succession, sect. I, § II, art. 5. — Testament, sect. I, § IV. — Werp. — Villé d'arrêt. — Voisinage, § IV. R.

Chorier. — *Remarques sur la jurisprudence de Guy-Pape.* V. Appel, § IX. Q. — Arbitrage. — Bénéfice d'inventaire. R. —Billet de commerce, § III. Q.—Cession de biens.—Compensation. R.—Donation. — Dot, § IV. Q.—Franc-alleu. —Grossesse. — Occupation.—Paraphernal. — Pignoratif (contrat). — Prescription. R; et § VI. Q. — Puissance maritale. — Puissance paternelle. — Substitution directe. — Jurisprudence de Guy-Pape, § V. R. — Substitution fidéicommissaire, § X et suiv.—Succession, § XI. Q.—Témoin judiciaire, §. I, art. 111. — Vol, sect. III. R.

Christyn (J.-B.). —*Consuetudines Bruxellenses et Gallicæ redditæ commentariis illustratæ.* — *Droits et coutumes de la ville de Bruxelles.* V. Alimens, § IV. R. — Appel, § IX. Q. — Arbitrage. R. — Avantages entre époux, §. II. — Concubinage. Q.—Confraternité de coutumes. R. — Coutume, § III. Q. — Déshérence. — Dette. — Education. — Droits successifs. R. — Féodalité, § V. Q. — Incendie. — Institution d'héritier. — Légataire. — Légitimation. — Meubles (legs de). — Nom. — Nullité. — Prescription. — Prodigue. R. et Q. — Puissance paternelle. — Quarte trébellianique. — Renonciation à une succession future. — Représentation (droit de). — Séparation de biens. — Subrogation de chose, sect. II, § I, art. 11. — Subrogation de personne, sect. II, § IV. — Substitution fidéicommissaire, sect. XII, § VI. R. — Substitution fidéicommissaire, § X et suiv. Q. — Succession future. — Tenue par la loi, § IV. — Testament, sect. II, § IV, art. 11. R.

Cicéron. — *Traité des Offices.* — *Topiques.* V. Dot. — Droit naturel. R.

Clapier. V. Usage (droit d'), sect. II. R.

Clapperies (Nicolas de). V. Bail, § X. R.

Claproth. — *Traité sur la Procédure.* V. Lettre et billet de change. R.

Clarke. — *Traité de la Religion naturelle.* V. Droit naturel. R.

Clarus (Julius). V. Prétérition, § I. — Succession future (pacte surané), § I. Q.

Cnobaert. — *Ad jus civile Gandensium.* V. Nantissement. — Nullité. R.

Cocceius (Sam.). — *De jure belli.* V. Droit naturel. — Prise maritime. R.

Cochin (Henri). — *OEuvres complètes, contenant ses plaidoyers, factum, mémoires, etc.* V. Avantages entre époux. — Bâtard, sect. II, § IV. R. — Héritier, § III. Q. — Légitimité, sect. I, § II et suiv. — Révocation de codicille, § V. — Suggestion, § I. R.

Cœpolla (Barth.). — *Tract. de servitudibus.* V. Cours d'eau, § I. Q. — Servitude. R. ; et § II. Q. — Simulation. — Tour de l'échelle, R. — Usage (droit d'), § VII et suiv. Q.

Cœvallos. V. Légitimation. R.

Cogniaux. — *Pratique du retrait pour le Hainaut.* V.

Délai, sect. I. — Consignation. — Franc-alleu. — Nantissement. R. — Nantissement (pays de). Q.

Collet. (P). — *Traité des dispenses en général et en particulier.* V. Ban de cour. R.

Collet (Philibert). — *Explication des statuts, coutumes et usages observés dans les provinces de Bresse, Bugey, Valromey et Gex.* V. Mainmorte. — Moulin. R.

Coloma (Alph. comte de). — *Recueil d'arrêts du grand conseil de Malines.* V. Coutume, § III. Q. — Subrogation de personne, sect. II, § VII. R.

Colombel (Cl.). — *Paratitla in Pandectas.* V. Mainmorte. R.

Conrad. — *Thesaurus juris Teudici.* V. Rente foncière et seigneuriale, § XIV. Q.

Constant. — Sur la *Coutume de Poitou.* V. Avantages entre époux, § II. Q.

Contius (Antoine). — *Corpus juris civilis.* V. Révocation de testament, § II. Q.

Coquille (Guy). — *Institution en droit français.* — *Annotation et Commentaire sur la coutume de Nivernais.* V. Autorisation maritale, sect. II. — Blairie. — Bordage. — Cadet (fils). — Chasse, § IV. — Chasse, § X. — Cheptel, § I. R. — Communauté de biens entre époux, § I et suiv. Q. — Démembrement de fief. R. — Démission de biens, § III. Q. — Donation. — Dot. — Douaire. — Double lieu. — Effet rétroactif, sect. III, § II et suiv. — Fossé. — Franc-alleu. — Héritier. R.; et § VII. Q. — Institution contractuelle. — Légataire. — Légitimation. — Légitime — Licitation. — Mort civile. — Préciput conventionnel. — Prescription. — Puissance paternelle. — Quarte trébellianique. — Rapport à succession. R. — Remploi, § IV. Q. — Représentation (droit de). — Reversion, sect. II. — Révocation de codicille, § V. — Séparation de biens. — Servitude. — Subrogation de chose, sect. II, § I, art. 1. — Substitution fidéicommissaire, sect. I, § VII. — Succession, sect. I, § II, art. 5. R. — Succession, § V. Q. — Suggestion, § I. — Testament, sect. III. — Tour de l'échelle. — Tutelle, sect. IV et suiv. — Usage (droit d'), sect. II. — Usage (droit d'), § VII et suiv. — Usufruit paternel. — Voisinage, § IV. R.

Corapius. V. Alleu. R.

Coras (Jean de). V. Dot. — Servitude. R.

Corbin. — *Traité des droits de patronage, honorifiques et utiles.* V. Autorisation maritale, sect. V, § I. — Baron. — Code, § III. — Moulin. R. — Rente foncière et seigneuriale, § XIV. Q.

Coren (Jacques.) V. Concubinage. Q. — Education. — Loi, § XI. — Rente constituée. R. — Révocation de testament, § II. Q.

Cormenin (le baron de). V. Abus (appel comme d'). Q.

Cormis (Fr. de). — *Recueil de consultations.* V. Dation en payement.

Corneus. V. Autorisation maritale, sect. I. — Légitimation R. — Légitimité, § II. Q.

Corvin. V. Légataire. R.

Costalius. — *De probationibus.* V. Causes des obligations, § I. Q.

Costedero (Guillaume). V. Légitimation. R.

Cottereau (père et fils). — *Le Droit de la France particulier à la Touraine.* V. Déparagement. — Douaire. R. — Exploit, § I. Q. — Prescription. — Représentation (droit de). — Substitution fidéicommissaire, sect. XVIII. — Surenchère. — Tenement de cinq ans, § II. — Tenement de cinq ans, § IV. R.

Couard. — *Commentaire sur la coutume de Chartres.* V. Douaire. — Servitude. R.

Covarruvias. — *Practicæ quæstiones.* V. Conventions matrimoniales. — Dot. R. — Héritier, § VIII. Q. — Institution contractuelle. — Légitimation. — Pacte commissoire. — Renonciation à une succession future. — Rente constituée. — Révocation de substitution, § II. R. — Révocation de testament, § II. Q. — Souveraineté, § V. — Substitution directe, § I. — Témoin judiciaire, § I, art. 5. — Testament, sect. I, § IV. R. — Testament, § XVIII. Q.

Cujacius (Jac.). — *Opera omnia in decem tomos distributa, curâ Caroli-Annibalis Fabroti.* — *Comment. ad instit. juris.* — *Ad instituta.* — *Paratitla in Pendectas, et IX lib. Codicis.* — *Lexicon juridicum.* V. Accusé. — Acte sous seing-privé, § II. — Accroissement. — Adultère. — Alleu. — Amélioration. — Arrérages. — Augment. — Avantages entre époux, § IX. Q. — Bail, § IV. Choix, § I. — Conquets, § I. Q. — Conventions matrimoniales. R. — Date, § V. Q. — Dénonciation de dette. — Dot. — Double lien. — Education. — Empêchemens, § IV. — Fidéicommis tacite. — Gambages. R. — Héritier. — Hypothèque, § III. Q. — Institution contractuelle. R. — Jugement, § XIV. Q. — Légataire. — Légitime. — Legs. R. — Mariage, § VIII. Q. — Novation. — Pécule. — Peine contractuelle. — Prescription. — Quarte trébellianique. — Question d'état. — Représentation (droit de). — Révocation de testament. — Révocation de substitution, § I et suiv. — Séparation de patrimoine. — Servitude. — Substitution fidéicommissaire, section VII, § I. R. — Substitution fidéicommissaire, § X et suiv. Q. — Testament, sect. II, § I et suiv. R.; et § XVII. Q. — Transaction, § V. — Tutelle, sect. IV et suiv. R. — Vente, § X. Q. — Vue, § III. R.

Cumberland (Richard). — *Traité philosophique des droits naturels.* V. Droit naturel. R.

Cuneo (Pierre de). V. Légitimation. R.

Curtius (J.). — *Théophili antecessoris paraphrasis græca institutionum Cesarearum.* V. Légitime. R.

Cuvelier. — *Recueil d'arrêts du grand conseil de Malines.* V. Coutume, § III. Q. — Déshérence. — Dévolution coutumière. R. — Féodalité, § V. Q. — Majorité. — Nécessité jurée. — Paterna paternis. — Quint naturel. — Rente constituée. — Retrait de reconsolidation. — Subrogation de chose, sect. II, § III.

Cuypers. V. Révocation de procureur.

Cynus. V. Légitimation. — Légitime. R. — Testament, § XVIII. Q.

D

Damhaudere (Josse). — *Pratique civile.* V. Requête civile. R.

Damours. — *Conférence de l'ordonnance des donations,* V. Mineur. R. et Q.

Danthoine (J.-B.). — *Règles du droit civil et du droit canonique.* — *Commentaires sur le Digeste.* V. Actes légitimes. — Autorisation maritale, sect. VII *bis* et IX. — Banalité. R.

Danti. — *Notes sur le traité des droits de patronage.* — *Questions et observations sur le traité de la preuve par témoin en matière civile.* V. Institution contractuelle. — Présomption. — Preuve. — Simulation. — Servitude. R. — Succession, § XI. Q. — Taille de marchand. — Voie de fait, § I. R.

Dareau. — *Traité des injures.* V. Affiches. — Autorisation maritale, sect. VI, § III. — Légataire. — Voie de fait, § I — Servitude. R.; et § II. Q.

Davot. — *Traité du droit français à l'usage du duché de Bourgogne.* V. Ban de moisson. R. — Caution, § III. Q. — Cours d'eau. — Légitime administration. — Opposition au sceau des lettres de ratification. — Rente constituée. — Servitude. R. — Testament, § VI et suiv. Q.

Decianus. V. Avortement. R.

Decius. V. Autorisation maritale, sect. I. — Institution d'héritier. — Légitimation. R. — Légitimité, § II. Q. — Prescription. — Quarte de conjoint pauvre. — Testament, sect. III. R.

Decker. — *Dissert. juris.* V. Succession future. R. — Testament conjonctif, § I. Q.

Declerck. — *Traité des fiefs.* V. Nécessité jurée. R.

Decormis. — *Recueils d'arrêts.* V. Signature, § III. Q. — Testament, sect. II, § II et suiv. R.

Deghewiet. — *Institution au droit Belgique.* V. Appel, § VII. Q. — Appel, sect. I, § V, art. 6. — Arbitrage. — Autorisation maritale, sect. VII. R. — Bénéfice d'inventaire. R. — Causes des obligations, § I. Q. — Caution, § VI. — Curateur. R. — Divorce, § VII. Q. — Enquête. — État honorable. — Interruption d'instance. — Légitime. — Lésion. — Licitation. R. — Litispendance, § I. Q. — Monnaie. — Nantissement. — Nécessité jurée. — Payement. — Peine contractuelle. — Péremption. — Placards. — Puissance paternelle. — Purge. — Rencharge. — Requête civile. R. — Servitude, § II. Q. — Subrogation de chose, sect. II, § I, art. 11. R. — Substitution fidéicommissaire, sect. VIII. R.; et § X et suiv. Q. — Témoin judiciaire, § I, art. 5. — Tenue par loi, § II. R. — Testament conjonctif, § I. Q. — Transaction, § II. — Tutelle, sect. II et suiv. R.

Deheu. — *Sur la coutume d'Amiens.* V. Chasse. — Continuation de communauté, § I. Q. — Quint naturel. — Représentation (droit de).

Dejuin. — *Journal du palais de Toulouse.* V. Garantie, § VI. — Légitime, § VIII. Q. — Rente constituée. R. — Substitution fidéicommissaire, § III et suiv. Q.

Delaunay. — *Traité de la chasse.* V. Chasse, § X. R.

Delevarde (le père). — *Histoire du Hainaut.* V. Terrage, § III. Q.

Delvincourt (C.-S.). — *Cours de droit civil.* V. Caution *judicatum solvi.* R.

Demerville (Pierre). V. Jeu de fief. R.

Denesius. — *Ad jus cumerale.* V. Dernier ressort. R.

Denisart. — *Collection de décisions nouvelles et de notions relatives à la jurisprudence.* — *Actes de notoriété donnés au Chatelet de Paris.* V. Ab irato, sect. I, et VI. — Absent. R. — Adultère, § II. — Appel, § IX. Q. — Airures. — Arrérages. — Autorisation maritale, sect. VII bis et suiv. R. — Avantages entre époux, § VIII. Q. — Bail, XIII. — Bar. — Billet. — Caution *judicatum solvi,* § II. — Clain, § III. R. — Causes des obligations, § I. Q. — Célibat. — Chemin. — Clandestinité, sect. II, § II. R. — Compensation, § IV. — Complainte, § I. Q. — Compte. R. — Concubinage. — Confession, § II. — Conquets, § I. Q. — Consignation. — Domicile. R. — Continuation de communauté, § III et suiv. Q. — Contre-lettre. — Conventions matrimoniales. R. — Cours d'eau, § I. Q. — Coutume. R.; et § II. Q. — Déclinatoire. — Délai. — Divorce, sect. IV. R. — Domaine congéable, § I. Q. — Domicile élu. R. — Don mutuel, § III. Q. — Donations. — Double lien. — Droits successifs. R. — Droits successifs (cession de), § I et suiv. Q. — Éducation. — État civil. — Faillite. — Filiation. — Fruits, § III. R. — Fumiers, § III. Q. — Gibier. — Habitation. — Impubère. — Incendie. — Indices. — Institution d'héritier. — Intérêt. — Jugement. — Légataire. — Légitimation. —

Légitime. — Légitimité. R. et Q. — Legs. R. — Lettres de ratification, § III. Q. — Mariage. R. et Q. — Mitoyenneté. — Moulin. — Novation. — Offre. — Paraphernal. — *Paterna paternis.* — Payement. — Péremption. — Prescription. — Preuve. — Prise à partie. — Prodigue. R. et Q. — Profession monastique. — Propre. — Puissance maritale. — Rapport à succession. — Rapprochement de ligne. — Rente constituée. R. — Rente foncière et seigneuriale, § III. — Réparation civile. — Représentation (droit de). — Réserve coutumière. — Retrait ducal. — Senatus-consulte Velléien. — Séparation de biens. — Séparation de corps. — Simulation. — Société, sect. III. R. — Société, § I. Q. — Subrogation de chose, sect. II, § I et suiv. — Subrogation de personne, sect. II, § V. et suiv. R. — Substitution fidéicommissaire, sect. I, § VIII et suiv. Q. — Succession, sect. I, § II, art. 5. — Témoin instrumentaire, § II. — Témoin judiciaire, § I, art. 5. — Terrage. R.; et § I et suiv. Q. — Testament, sect. II, § I, art. 6. Q. — Tour de l'échelle. — Transaction, § III. R. — Transfert, § I. Q. — Tribunal de commerce, § VI. Q. — Tutelle, sect. II et suiv. R. — Union de créanciers. Q. — Usufruit, § I et suiv. — Vaine pâture. R. — Velléien, § I. Q. — Vente, § III. — Viduité (droit de), § II. — Voie de fait, § I. — Vol, sect. III. R.

Deperray. V. Bigamie. R.

Dépringles. V. Autorisation maritale, sect. II. — Puissance paternelle. R.

Desessarts. — *Causes célèbres.* V. Témoin judiciaire, § I, art. 5. R.

Desfontaines (Pierre). V. *Ab irato.* R.

Desgodets. — *Lois des bâtimens, suivant la coutume de Paris, avec les notes de Goupy.* V. Bail, § VIII. — Bâtiment. — Cave. — Cheminée. — Citerne. — Contre-mur. — Servitude. — Tour de l'échelle. — Voisinage, § VII. — Vue, § II et suiv. R.

Desjaunaux (le président). — *Recueil des arrêts du parlement de Flandre.* V. Avantages entre époux, § I. Q. — Ajour. — Alimens, § I. — Catteux, sect. III, § I. R. — Causes des obligations, § I. Q. — Conventions matrimoniales. — Curateur. — Délai. — Dette. — Douaire. — Embref. — Exécution des jugemens. R. — Fait du souverain, § I. — Fumiers, § I. Q. — Héritier. — Majorat. — Nantissement, § I. — Nullité. — Prescription. — Preuve. — Purge. — Rapport à la loi. — Relief précis. — Rente constituée. — Requête civile. — Séparation de biens. — Subrogation de chose, sect. II, § I, art. 1. — Subrogation de personne, sect. II, § III. — Substitution directe, § I. — Substitution fidéicommissaire, sect. X, § IV, art. 11. — Testament, sect. I, § V, art 1. R. — Transaction, § I. — Tutelle, sect. II et suiv. R. — Vie, § I. Q.

Desmaisons. — *Recueil d'arrêts.* V. Adultère. — Dation en payement. R.

Desmares (Jean). — *Décisions.* V. Puissance paternelle. R.

Despeisses. — *Œuvres où toutes les plus importantes matières du droit romain sont méthodiquement expliquées et accommodées au droit français.* V. Acte notarié. — Bail, § XIII. — Blairie. — Augment. — Cabal. — Choix, § I. — Commise emphytéotique. R. — Cours d'eau, § I. Q. — Donation. — Franc-alleu. — Gageure. — Gains nuptiaux et de survie. R. — Inscription de faux, § I. Q. — Institution contractuelle. — Légataire. — Légitime. — Mineur. — Moulin. — Novation paraphernale. — Péremption, sect. II. — Prescription. R. — Preuve, § VII. Q. — Puissance paternelle. — Quarte de conjoint pauvre. — Quarte falcidie. — Quarte trébellianique. — Rente seigneuriale. — Réversion, sect. I. — Senatus-consulte *Velléien.* — Servitude. — Substitution directe, § I. — Substitution fidéicommissaire, sect. VII, § II. R. — Succession, § XI. Q. — Testament, sect. I, § I, art. 2. R.; et § XVII. Q. — Usage (droit d'), sect. II. — Vaine pâture. R.

— Velléien, § I. Q. — Virile, § III. R. — Vue, § II et suiv.

Devolant. V. Appropriance, § IX. — Arbitrage. — Bénéfice d'inventaire. — Contrainte par corps. — Retrait de préférence. R.

Dillange. — *Sur la coutume de Metz et du pays messin.* V. Démission de biens, § III. Q.

Domat. — *Lois civiles dans leur ordre naturel.* V. Arrhes. — Autorisation maritale, sect. III, § II. — Bénéfice d'inventaire. — Choix, § I. R. — Contrat de mariage, § II. — Croupier. — Démission de biens, § III. — Donation, § VI. Q. — Droit naturel. — Effet rétroactif, sect. III, § XV. — Expropriation forcée. R. — Hypothèque, § III. Q. — Licitation. — Moulin. — Opposition aux criées. — Privilége de créance. — Réversion, sect. II. — Révocation de codicille, § V. — Séparation de patrimoine. — Servitude. R. — Servitude, § II. Q. — Société, sect. III. — Substitution directe, § II. — Substitution fidéicommissaire, sect. XIII. — Testament, sect. II, § V. — Transaction, § III. — Tutelle, sect. II et suiv. — Vente, § I et suiv. R.

Dominicus. — *De prærogat. alluv.* V. Alleu. R.

Doncieu (le président). — *Traité de la mainmorte.* V. Mainmorte (droit de), § II. Q.

Doneau (*Donellus*). V. Substitution directe, § II et III. R. — Testament, § XVIII. Q.

Doutremant. — *Histoire de Valenciennes.* V. Bourgeois. R. — Terrage, § III. Q.

Doyhenard. — *Notitia utriusque Vasconiæ.* V. Infançon. R.

Drosnel. V. Succession future. R.

Duaren. — *Corpus juris civilis.* V. Dot. — Institution contractuelle. — Servitude. — Vue, § III. R.

Dubois d'Hermanville (le président). — *Recueil d'arrêts du parlement de Flandre.* V. Main-mise. — Puissance paternelle. — Substitution fidéicommissaire, sect. VII, § III, art. 4. R.

Dubos (l'abbé). — *Histoire de l'établissement de la monarchie française.* V. Noblesse. — Souveraineté, § II. R.

Dubosc (*Recueil manuscrit de*). V. Saisie réelle. R.

Dubost. — *Jurisprudence sur les francs fiefs et amortissemens.* V. Cens, § II. — Moulin. — Terrage. R.; et § I et suiv. Q.

Ducange. — *Glossaire français.* V. Abénévis. — Abergeage. — Abreuvage. — About. — Accordement. — Advocatie. — Afféreur. — Affidation. — Afforage. — Albergues. — Alleu. — Aluchier. — Amusemens. — Affidez. — Apôtres. — Apprise. — Aumailles. — Avalage. — Avenage. — Avers. — Baile. — Cabal. — Cadet (fils). — Casement ou Chasement. — Chancelier. — Cheptel. — Chevrance. — Démembrement de fief. — Gambage. — Infançon. — Libertés et libres coutumes. — Pagésie. — Sainteur. — Suzeraineté. — Vavassorie. R.

Ducastel. — *Traité de la communauté.* V. Communauté, § I. R.

Duchesne. — *Commentaire sur la coutume de Ponthieu.* V. Nécessité jurée. — *Paterna paternis.* — Prescription. — Propre. — Quint datif. — Rappel à succession. — Succession, sect. I, § VI. — Testament, sect I, § I, art 5. R.

Ducieu. V. Banalité R.

Ducocq (Jean). — *Joannes Galli.* V. Légataire. — Mariage, § V. Q.

Dufail (Noel). — *Arrêts de Bretagne.* V. Démission de biens, § III. Q. — Éducation. — Moulin. — Péremption. — Puissance paternelle. — Récusation. R. — Séparation de corps. R.

Dufief. — *Recueil d'arrêts du grand conseil de Malines.* V. Acte sous seing privé, § II. R. — Féodalité, § V. Q. — Légitimité. — Subrogation de choses, sect. II, § I, art. 2. R.

Dufresne. — *Sur la coutume d'Amiens.* V. Cession de biens. — Clôture d'inventaire. R. — Conquête, § I. — Continuation de communauté, § I. Q. — Dévolution coutumière. — Nantissement. — Quarte trébellianique. — Quint naturel. — Rapport à succession. — Représentation (droit de). — Subrogation de chose, sect. II, § I, art. 1. R. — Succession, sect. I, § II, art. 5. R. — Vente, § III. R. — Ville d'arrêt. R.

Duhaillant. — *De l'état de la France.* V. Faire. R.

Dulaury. — *Jurisprudence des Pays-Bas autrichiens établie par les arrêts du grand conseil de Malines.* V. Absent, § III. Q. — Arbitrage. — Autorisation maritale, sect. VII. R. — Avantages entre époux. R.; et § V. Q. — Clause résolutoire. R. — Causes des obligations, § I. — Conquêts, § I. Q. — Conventions matrimoniales. R. — Droits litigieux (cession de), § II. Q. — Exécution des jugemens civils. — Gageure. — Institution d'héritier. — Légitimité. — Nantissement. — Nécessité jurée. Peine contractuelle. — Péremption. — Preuve. — Réglement *ab intestat.* — Rescision. — Subrogation de personne, sect. II, § IV. R. — Testament, sect. I, § IV. R. — Testament conjonctif, § I. Q.

Duluc. — V. Avantages entre époux, § III. Q. — Clain de rétablissement. R. — Légataire. — Prescription. R.

Dumées. — *La jurisprudence du Hainaut.* — *Histoire et élémens du droit français.* — *Traité des droits seigneuriaux.* V. Accourtillage. — Autorisation maritale, sect. VI, § II, art. 2. — Champart. — Chasse, § VIII. — Communauté § VI. R. — Communauté de biens entre époux, § I et suiv. Q. — Condition de menbournie. R. — Condition de menbournie, § I et suiv. Q. — Dévolution coutumière. — Douaire. — Echevins. — Enquêtes par turbes. — Entravestissement. — Exécution parée. — Loer. — Main-ferme. — Main-mise. R. — Nantissement (pays de), § II. Q. — *Paterna paternis.* — Preuve. — Propre. — Puissance maritale. — Puissance paternelle. — Rapport à loi. — Rente constituée. — Renvoi de biens. — Représentation (droit de). — Subrogation de chose, sect. II, § II. R. — Substitution fidéicommissaire, § X et suiv. Q. — Testament, sect. I, § II, art. 5. R. — Usufruit paternel. R.

Dumoulin (Charles). — *Commentaires, annotations et observations sur les coutumes d'Anjou, d'Auvergne, du Bourbonnais, de Bourgogne, de Chartres, de Château-Neuf, de Dreux, de Lorris, de la Manche, de Meaux, de Melun, de Paris, de Poitou et de Senlis.* — *Traité des fiefs.* — *Tract. de usuris.* — *Tract. de inofficiosis donationibus.* V. *Ab irato.* — Absent. R.; et, § III. Q. — Acquêt. — Alimens, § V. — Alluvion. — Amélioration. R. — Appel, § IX. Q. — Arrérages. — Autorisation maritale, sect. V, § I et suiv. R. — Avantages entre époux, § II, III et V. Q. — Bail, § IV et suiv. R. — Baiser. — Banalité. — Bâtiment. — Biens, § I. — Bordereau. — Bourgeois. — Branche. — Bretagne. R. — Cantonnement, § VIII. — Caution, § IV. Q. — Cens, § I. — Champart. — Chef-cens. — Communauté, § I. R. — Communaux (biens), § I. Q. — Complainte. — Concubinage. — Clain de rétablissement. R. — Continuation de communauté, § III et suiv. — Conquêts, § I. Q. — Conventions matrimoniales. — Conventions des rotures en fiefs. — Copie. — Cours d'eau. — Dation en payement. R. — Croupier. Q. — Déclaration au profit d'un tiers. — Démembrement de fief. R. — Démission de tiers, § III, IV. Q. — Domaine public. — Don mutuel. — Donation. — Dot. — Douaire. — Double lien. — Droits successifs. — Election d'ami. — Enclave. — Enfans. R. — Enregistrement (droits d'), § XX. — Faux. — Fraude. — Gains nuptiaux et de survie. — Habitation. — Héritier. R.; et § VII. Q. — Honoraires. R. — Hypothèques, § XIII. Q. — Indices. — Institution contractuelle. — Intérêt. — Jeu de fief. — Légataire. — Légitime. — Lettres de notification. — Licitation. R. — Locataire perpétuelle, § I. Q. — Mainmorte. R. — Mères, § I. Q. — Mode. — Moulin. — Nantissement. — Noces (secondes). — Nullité. — *Paterna paternis.* — Peine contractuelle. — Peine testamentaire. — Prescription. R. et Q. — Preuve. R. — Prétention, § I. Q. — Prix. — Propre. — Puits. — Quarte de conjoint pauvre. — Quint naturel. — Rappel à succession. — Rapport à succession. — Réalisation. R. — Remploi, § III. Q. — Rente constituée. R. — Rente foncière et seigneuriale, § III et suiv. Q. — Rente seigneuriale. — Rescision. R. et Q. — Réserve coutumière. R. — Résolution, § II. Q. — Retrait de mi-denier. — Retrait ducal. — Droits successifs. R. — Réversion, sect. II. — Réunion féodale. — Révocation de donation, § I. — Révocation de procureur. — Séparation de biens. — Servitude. — Simulation. R. — Société, § I. Q. — Solidarité, § II. — Souveraineté, § VI. R. — Subrogation, § I. Q. — Subrogation de chose, sect. II, § I, art. 4. — Subrogation de personne, sect. II, § I. — Substitution directe, § I. — Substitution fidéicommissaire, sect. X, § IV, art. 44. R. — Substitution fidéicommissaire, § III et suiv. — Succession, § XI. Q. — Succession future. R. — Succession future (pacte suranné), § I. — Succession vacante, § II. Q. — Suggestion, § I. — Tenement de cinq ans, § II. R. — Terrage, § I et suiv. — Testament, § XVIII. — Tiers coutumier. Q. — Transport. R. — Triage, § I et suiv. Q. — Tutelle, sect. III et suiv. — Usage (droit d'), sect. II. R. — Usage (droit d'), § V et suiv. Q. — Usufruit paternel. R. — Velléien (senatus consulte), § III. Q.

Dunod du Charnage. — *Commentaire sur le titre des successions de la coutume de Bourgogne.* — *Traité de la mainmorte.* — *Traité des Prescriptions.* — *Traité des retraits.* — *Traité des aliénations des biens d'église.* V. Absent, § III. Q. — Ancien, § I. — Bail, § XVI. — Ban. — Cens, § II. — Champart. — Banalité. — Commise emphytéotique. — Consignation. — Contradiction (prescription). R. — Domaine public, § VI. Q. — Dot. R. — Hypothèque, § XIII. Q. — Interruption de prescription. — Légitimité. — Mois. — Moulins. — Nullité. — Péremption. — Pignoratif (contrat), § VI. Q. — Prescription. — Propre. — Puissance paternelle. R. — Rente foncière et seigneuriale, § XI et suiv. Q. — Servitude. R. ; et § II. Q. — Substitution fidéicommissaire, sect. XIII. — Succession, sect. I, § II, art. 5. — Surenchère. — Terrage. — Testament, sect. V. — Usage (droit de). R. ; et § VII et suiv. Q. — Vaine pâture. R. ; et § I et suiv. Q.

Duperon. — Sur la *Coutume d'Anjou.* V. Représentation (droit de). R.

Duperrai. — *Traité sur les dîmes et les biens ecclésiastiques.* V. Bail, § XIII. R.

Duperrier (Scipion). — *Questions notables de droit.* V. Accroissement. — Bail, § IV. — Bénéfice d'inventaire. — Blancseing. — Caution *judicatum solvi*, § I. — Choix, § I. — Compensation. — Dation en payement. — *Diffamari.* R. — Dot, § II. Q. — Échange. — Hypothèque. — Institution contractuelle. R. ; et § II. Q. — Institution d'héritier. — Légataire. — Légitime. — Legs. — Office. R. — Papier-monnaie, § IV. Q. — Prescription. R. et Q. — Prétérition, § I et II. Q. — Puissance paternelle. — Quarte de conjoint pauvre. — Quarte trébellianique. — Réversion, sect. I. R. — Réversion, § II. — Substitution fidéicommissaire, § III et suiv. Q. — Témoin judiciaire, § I, art. III. — Testament, sect. II, § I, art. 6. — Virile, § I et suiv. R.

Dupin. — *Commentaire sur la coutume de Bordeaux.* V. Cabal. R.

Dupin. — *Traité sur les peines des secondes noces.* V. Conquêts, § I. Q.

Dupineau. — *Observations sur la coutume d'Anjou.* V. Autorisation maritale, sect. VII. — Chapeau de rose. — Chapel d'argent. — Chasse, § IV. R. — Continuation de communauté, § I. Q. — Institution contractuelle. — *Paterna paternis.* R. — Remploi, § IV. Q. — Servitude. — Surenchère. — Tenement de cinq ans, § III. — Tour de l'échelle. R.

Duplessis. — *Commentaire sur la coutume de Paris.* —

Traité des actions. — *Des successions.* — *Des testamens.* V. Arrérages. — Autorisation maritale, sect. VI, § II, art. 44. — Avantages entre époux. R. ; et § VIII. Q. — Bail, § VII. — Biens, § I. — Cens, § XII. — Consignation. — Conventions matrimoniales. — Dation en payement. — Délai. — Dette concomitante. — *Diffamari.* — Don mutuel. R. et Q. — Entravestissement. — Franc-alleu. — Jeu de fief. — Licitation. — Meuble. — Mort civile. — Noces (secondes). — Prescription. — Prix. — Propre. — Puissance paternelle. — Rappel à succession. — Rapport à succession. — Réalisation. — Rente constituée. — Réserve coutumière. — Réversion, sect. II. — Servitude. R. ; et § V. Q. — Subrogation de chose, sect. II, § I, art. 44. — Témoin instrumentaire, § II. R.

Dupuy (P.) — *Traité de la majorité des rois.* — *Traité des apanages.* V. Avignon. — Bar. — Champagne. — Régence. R.

Dupuy de la Serra. — *L'art des lettres de change.* V. Acceptation de lettre de change. — Lettres et billet de change. R. ; et § VII. Q. — Protêt. R. ; et § VIII. Q.

Durand. — *Institutes coutumières de Bourgogne.* V. Puissance paternelle. — Testament, sect. I, § II, art. 44. R.

Duranti. — *De ritibus ecclesiæ.* V. Puissance paternelle. — Substitution fidéicommissaire, sect. VII, § II. R.

Dutillet — *Recueil des Rois de France.* V. Amiral. — Apanage. — Chevalier. — Hommes de fief. — Plaider par procureur. — Prince. — Sacre. R.

Duvair (Guill.). — *Arrêts de Provence.* V. Légitime. R.

Duval — *De rebus dubiis.* V. Cours d'eau. R.

— *Institution au droit français.* V. Institution d'héritier. — Légitimation. R.

Duveyrier — *Rapport au Tribunat sur la paternité et la filiation.* — V. Paternité. Q. — Succession, sect. I, § II, art. 5. R.

E

Eephalus. — V. Mariage, § VIII. Q.

Emberbachius. — *Epit. const. Charlemagne.* V. Alleu. R.

Emerigon — Traité des assurances. V. Arrêt de prince. — Delaissement. R. — Jugement, § XIV. Q. — Police et contrat d'assurance. — Prise maritime. R. ; et § IV. Q.

Espiard de Saux (le Président). — *Remarque sur le traité des successions; par Lebrun.* V. Abstention. R. — Héritier, § XI. Q. — Indivis. — Légitime. — Rappel à succession. — Représentation (droit de). — Reserve coutumière. — Séparation de patrimoine. — Subrogation de chose, sect. II, § I, art. 41. R.

Etienne (le Président). V. Testament, sect. I, § II, art. 2. R.

Éverard. — *Commentaire sur la coutume de Normandie.* V. Autorisation maritale, sect. VI, § I. — Puissance paternelle. R. — Testament conjonctif, § I. Q.

Everhald (Georges). V. Majorat. R.

Expilly (d'). — *Plaidoyers.* V. Augment. — Bagues et joyaux. — Choix, § I. — Domaine. — Éducation — Légitime. — Noces (secondes). — Nom. — Partage. — Péremption. — Prescription. — Puissance paternelle. — Quarte falcidie. R. — Reversion, § I. Q. — Substitution fidéicommissaire, sect. X, § IV, art. 4. — Testament, sect. II, § I, art. 4. — Virile, § I et suiv. R.

Eyben. — *Electa feudalia.* V. Rente foncière et seigneuriale, § XIV. Q.

F

Fabert (Jean). — *Commentaire sur la coutume de Lorraine.* V. Mariage, § V. Q. — Borgnes. R. — Déclaration de command, § II. — Prétérition, § I. Q.

Fabrot. — *Capitula quinque mestria et semestria.* V. Légitimité. R.

Fachinée. — *Controverses.* V. Arrhes. — Institution d'héritier-légataire. — Légitimation. — Légitime. — Prescription. — Quarte falcidie. — Rappel à succession. — Rescision, § IV. Q. — Substitution directe, § I. R.; et § VIII et suiv. Q. — Testament, sect. I, § II, art. 2. R.

Fagnari (Prosp). — *Jus canonicum sive commentaria in decretales.* V. Mariage. — Profession monastique. R.

Fail. V. Appropriance, § VI. — Arbitrage. R.

Fano (Martin de). V. Preuve, sect. I.

Farinacius. — *Prax. et Th. criminalis.* V. Avortement. — Bris de prison. — Calomnie. — Compétence. — Déposition. — Dernier ressort. — Faux. — Incendie. — Témoin judiciaire, § I, art. 5. — Souveraineté, § V. — Subordination. R.

Fauchet (Cl.) — *Origine des dignités et magistrats en France.* — V. Amiral. R.

Favart de Langlade. — *Conférence du code civil.* — *Répertoire du Notariat.* V. Absent. — Succession. — Mariage, sect. II, § II. — Tutelle, sect. IV et suiv.

Favre (Antoine). — *Opera omnia scilicet jurisprudentia Papinianæ scientia.* V. Amélioration. R. — Appel, § II, n. 1 et 9. Q. — Arbitrage. — Assiette de rente. — Augment. — Autorisation maritale. — Bagues et joyaux. — Charivari. — Choix, § I. — Code, § III. — Communaux, § IV. — Complainte. — Compulsoire, § II. — Consignation.

Favre (le président). V. Déguerpissement. — Dernier ressort. — *Diffamari.* R. — Dot. R. et Q. — Effet rétroactif. — Emphytéose. — Enfans. — Euquête par turbes. R. — Expropriation forcée, § VIII. Q. — Fruits. R. — Héritier, § III. — Hypothèque, § IV et suiv. Q. — Imputation par échelette. R. — Institution contractuelle. — Interrogatoire sur faits et articles. Légataire. — Légitime. R. et Q. — Lésion. R. — Litispendance, § I. — Loyers et fermages, § I. — Mainmorte, § II. Q. — Mariage, sect. IV. R.; et § VIII. Q. — Mineur. — Mort civile, § II. Q. — Moyens de faux. — Noces (secondes). — Nullité. R. — Option, § I. Q. — Option en matière de legs. — Peine contractuelle. — Prodigue. — Protêt. — Puissance paternelle. — Quarte falcidie. — Quarte Trébellianique. — Quint naturel. — Rapport à loi. R. — Rente constituée, § IX. Q. — Rente seigneuriale. — Représentation (droit de). R. — Rescision, § IV. Q. — Révocation de donation. — Révocation de substitution, § II. — Révocation de Testament. — Séparation de patrimoine. R. — Signature, § III. Q. — Simulation. — Subrogation de personne, sect. II, § III. — Substitution directe, § II. — Substitution fidéicommissaire, sect. XVI. — Succession, sect. I, § II, art. 5. — Témoin judiciaire, § I, art. 1. R. — Terrage, § I et suiv. Q. — Testament, sect. I, § I, art. 1. R. — Testament, § VI et suiv. Q. — Tutelle, sect. II et suiv. R. — Usufruit paternel, § I. Q. — Vente, § III. R.

Félice. — *Principes du droit de la nature et des gens.* — *Leçons de droit, de la nature, et des gens.* V. Prescription, sect. III, § III. R.

Felinus. — *Décrétales.* V. Mariage, § VIII. Q. — Présomption, § I. R.

Fernand. V. Choix, § I. — Institution contractuelle. — Légitimation. — Quarte trébellianique. R.

Ferrerius. — *Annotationes in decisiones Guydonis Papæ.* V. Augment. — Banalité. — Moulin. — Partage. R.

Ferratus. V. Succession future (pacte suranné), § I. Q. — Testament, sect. II, § III, art. 8. R.

Ferriere (Cl. de). — *Les institutes de Justinien.* — *La jurisprudence du Digeste, du Code et des Novelles.* — *Nouv. Instit. coutumières.* — *Commentaire sur la coutume de Paris.* — *Corps de compil. des commentateurs sur la coutume de Paris.*

Ferrière (Cl. Jos. de). — *Histoire du droit romain.* — *Trad. des institutes de Justinien.* — *Nova et method. juris civilis tractatio.* — *Recueil d'édits et ord. de Néron.* — *Notes sur la coutume de Paris.* — *Nouvelle introd. à la pratique.* — *Dict. de droit et de pratique.*

Ferrière (Cl. et Cl. Jos. de). — *Édit. des œuvres de J. Bacquet.* — *Science parfaite des notaires.*

Ferrière (Jos. de). — *Additions aux vies des plus célèbres jurisconsultes de toutes les nations; par Taisand.* V. *Ab irato.* — Abstension de lieu. — Appel, sect. II, § III. — Applégement. — Autorisation maritale, sect. III, § II. — Banalité. — Bourgeois, § V. — Carrière. — Caution, § IV. — Cession de biens. — Chasse, § IV. — Chasse, § X. — Choix, § I. — Confiscation. R. — Conquets, § I. Q. — Consignation. — Concession des rotures en fief. R. — Cours d'eau, § I. Q. — Curateur. — Date. — Déclinatoire. R. — Démission de biens, § III. — Deuil (années du), § I. Q. — Dévolution coutumière. — Domicile élu, § II. R. — Donation, § VI. Q. — Double lien. — Distraction de dépens. — Éducation. R. — Expropriation forcée, § VIII. — Héritier. R.; et § XI. Q. — Inscription hypothécaire, § XIII. — Légitime. — Meuble. — Office. — Péremption. — Prescription. — Privilége de créance. — Rapport à succession. R. — Remploi, § III et IV. Q. — Réversion, sect. I et II. — Séparation de patrimoine. — Servitude. R. — Servitude, § VI. — Stipulation pour autrui. Q. — Subrogation de chose, sect. II, § I, art. 2. R. — Substitution fidéicommissaire, § VIII et suiv. Q. — Succession, sect. I, § II, art. 5. — Suggestions, § I. — Témoin instrumentaire, § II. R. — Terrage, § I et suiv. Q. — Testament, sect. I, § I, art. 5. R.; et § XVII. — Tiers coutumier. Q. — Tour de l'échelle. — Tutelle, sect. II et suiv. — Usufruit paternel. R. — Vol, § IV. — Vue, § III. R.

Ferron. — *Commentaire sur la coutume de Bordeaux.* V. Cabal. R.

Fevret (Charles). — *Traité de l'abus.* V. Abus. — Baillée. — Bans de mariage. — Mariage. — Mort civile. — Prescription. — Profession monastique. R.

Fillaud. — *Commentaire sur la coutume de Poitou.* V. Héritier. R.; et § VIII. Q. — Jugement. — Pignoratif (contrat). — Triage, § I et suiv. — Tribunal de commerce. Q.

Flaust. — *Commentaire sur la coutume de Normandie.* V. Dot. — Tiers coutumier. R. — Transfert, § I. Q.

Fleury (l'abbé). — *Histoire abrégée du droit Français.* V. Célibat. R.

Flines (de). — *Commentaire sur la coutume de Tournai.* V. Réserve coutumière. R.

Fonmaur. — *Traité des lods et ventes.* V. Rente foncière et seigneuriale, § XIV. Q. — Usufruit, § I et suiv. R.

Fontanella — *De pactis dotalibus.* V. Dot. R.

Fontaines (Pierre des). V. Desfontaines.

Fontanon. — *Recueil d'ordonnances.* V. Apôtres. — Bail. — Bouillir. — Chasse, § X. R. — Tribunal de commerce, § VI. Q.

Fontanus. V. Complainte. R.

Forsterus. — *De successionibus.* V. Représentation (droit de). R.

Fortain. — *Commentaire sur la coutume de Paris.* V. Dation en payement. R.

Fournel. — *Commentaire sur le Code de commerce.* V. Lettre et billet de change, § II et suiv. R.

Fournel. — *Traité de l'adultère.* V. Adultère. R.

Fournel. — *Traité de la séduction.* V. Rapt. R.

Fournier (Henri). — *Notes sur les anciennes coutumes de Lorris.* V. Servitude. R.

Frain (Séb.). — *Recueil des arrêts notables du parlement de Bretagne.* V. Appropriance. — Domaine congéable, § I. Q. — Bénéfice d'inventaire. Q.

Franchis (Vincent de). — *Décisions napolitaines.* V. Rente constituée. R.

Frapaolo (Sarpi). — *Traité des bénéfices.* V. Dispense. R.

Freminville (de la Poix). — *Traité général du gouvernement des biens et affaires des communautés d'habitans.* — *Pratique des terriers.* V. Banalité. — Ban de moisson. — Ban de vendange. — Cens, § IV. — Chasse, § VIII et X. — Chemin. — Parcours. — Substitution fidéicommissaire, sect. XII, § I. R.

Froissard. — *Chronique.* V. Baron. — Chevalier. R.

Froland. — *Recueil des arrêts notables du parlement de Normandie.* — *Commentaire sur la coutume de Normandie.* — *Mémoire sur les statuts.* V. Douaire. — Effet rétroactif, sect. III, § II et suiv. — Institution contractuelle. — Puissance maritale. R. — Remploi, § III. Q. — Sénatus-consulte velléien. — Testament, sect. I, § V, art. 1. R. — Tiers coutumier. — Velléien, § III. Q.

Fromental (Berton de). — *Décisions de droit civil.* V. Billet de commerce, § II. Q. — Code, § III. — Dot. — Moulin. R. — Révocation de testament, § II. Q. — Servitude. — Témoin instrumentaire, § II. R.

Frontin. — *Sur la coutume de Paris.* V. Servitude. R.

Fulgose. V. Prescription. — Question d'état. R. — Testament, § XVIII. Q.

Furetière. V. Institution contractuelle. R.

Furgole. — *Commentaires et observations sur les ordonnances de Louis XV, concernant les donations et les substitutions.* — *Traité du franc-alleu.* — *Traité des testamens.* V. Accroissement. R. — Adultère, § II. — Ainesse, § II. Q. — Autorisation maritale, sect. I. — Bâtard, sect. I. — Choix, § I. R. — Concubinage. — Condition, § I. — Continuation de communauté, § I. Q. — Conventions matrimoniales. — Démission de biens. — Donation. R.; et § IV. Q. — Dot, § V. Q. Enfans. — Effet rétroactif, sect. III, § II et suiv. — Hypothèque. — Institution contractuelle. R. et Q. — Institution d'héritier. — Légataire. — Légitimation. — Légitime. R.; et § VIII. Q. — Legs. — Majorat. — Mineur. R.; et § VI. Q. — Mode. — Nullité. R. — Paternité. Q. — Peine testamentaire. — Préciput conventionnel. — Preuve. — Promesse de changer de nom. — Puissance paternelle. — Révocation de codicille, § IV et V. — Révocation de donation, § I. R. et Q. — Révocation de legs, § I et suiv. — Révocation de substitution, § II. — Révocation de testament. R.; et § I et suiv. Q. — Stipulation pour autrui. Q. — Substitution directe, § I. — Substitution fidéicommissaire, sect. VIII, X, XI. R.; et § III et suiv. Q. — Succession, sect. I, § II, art. 5. — Suggestion, § I et II. R. — Succession future (pacte suranné), § II. Q. — Testament, sect. I, § IV; sect. II, § II, III, IV et V. R.; et § IX et suiv. Q.

Fusarius. — *De substitutionibus.* V. Choix, § I. — Institution d'héritier. — Substitution directe, § II. — Substitution fidéicommissaire, sect. X, § XIII. R. et § III et suiv. Q.

G

Gabriel. — *Observations sur les coutumes et usages du parlement de Metz.* V. Conventions matrimoniales. — Démission de biens. R.; et § III. Q. — Donation, § VI. — Mutation, § III. Q. — Pignoratif (contrat). — Testament, sect. II, § I.

Galeehair. — *Usement de Brouërec.* V. Domaine congéable, § I. Q.

Galland. — *Traité du Franc-alleu.* V. Ban. — Bassin (droit de). — Franc-alleu. — Pagésie. — Vasseur. R.

Galli (Joannes). V. Réalisation, § I. — Révocation de procureur. R.

Gallon. — *Conférence de l'ordonnance de 1669 sur les eaux et forêts.* V. Chasse, § X. R.

Garnier (l'abbé). — *Histoire de France.* V. Domaine public. R.

Garsias. — *De expensis.* V. Conjugum acquis. — Amélioration. R. — Conquêts, § I. Q. — Conventions matrimoniales. R.

Gaius. V. Vol, § IV. Q.

Gayl. — *Observ. patrica.* V. Délai. — Dernier ressort. — Dot. — Enquête. — Incendie. — Légitime. R. — Légitimité, § II. Q. — Quarte trébellianique. R. — Rente foncière et seigneuriale, § XXII. Q. — Succession, sect. I, § VI. — Terrage. — Usufruit paternel. R.

Gentil (Albéric). — *De legationibus.* V. Ministre public. R.

Gayot de Pitaval. — *Recueil de causes célèbres et intéressantes.* V. Ab irato, sect. II, IV, V et VI. — Absent. — Réparation civile. R.

Gérard de Rayneval. — *Institution du droit de la nature et des gens, avec un Appendice contenant des idées sur la politique.* V. Ministre publique. — Prescription. R.

Géraud. — *Traité des droits seigneuriaux.* V. Abergeages. — Albergues. — Blairie. — Moulin. R.

Gilken. — *De præscript.* V. Puissance paternelle. R.

Gillet. — *Traité des tutelles, curatelles et minorités.* V. Prodigue. R.

Gluch. — *Jurisprudentia forensis de Herfeld.* V. Loi, § IX. — Succession, sect. I, § II. R.

Godefroy (D.). — *Corpus juris civilis, cum glossis et notis.* — *Manuale juris, seu parva juris mysteria ubi quatuor sequentia continentur, juris civilis romani : 1° historia, 2° Bibliotheca, 3° Florilegium sententiarum, 4° Series librorum et titulorum in Digestis et in Codice.* — *Pandectæ Justinianæ.* — *Commentaire sur la coutume de Normandie.* — *Commentaire sur la coutume de Paris.* V. Acte sous seing privé. — Adoption, § III. — Ainesse. — Autorisation maritale, sect. X. R. — Avantages aux héritiers présomptifs, § II. — Bail, § III. Q. — Célibat. — Code, § I. R. — Compte, § I. Q. — Consignation. R. — Dernier ressort, § XI. Q. — Discipline. — Domaine public, § V. — Entravestissement. R. — Féodalité, § V. Q. — Hypothèque, § IV et suiv. Q. — Institution contractuelle. — Institution d'héritier. — Légitime. — Légitimité. — Mainmorte. R. — Mariage, § VIII. Q. — Occupation. — Plagiat. — Puissance paternelle. — Rente constituée. — Réversion, sect. I. R. — Révocation de testament, § II. Q. — Sénatus-consulte velléien. R. — Serment, § I. Q. — Servitude. — Subrogation de personne, sect. II, § II. — Substitution fidéicommissaire, sect. XII, § III. art. 4. R. — Succession future (pacte sur une), § I. Q. — Testament, sect. II, § III et suiv. —

Tour de l'échelle. — Tutelle, sect. IV et suiv. R. — Tuteur, § I. Q.

Godet. — *Sur la coutume de Châlons.* V. Suggestion, § II. R.

Goetzman. — *Traduction du droit commun des fiefs d'Alsace.* V. Fief. R. — Rente foncière et seigneuriale, § XIV. Q. — Retrait lignager. R.

Goffredus. — *Somme.* V. Mariage, § VIII. Q.

Gomez. — *Var. résolut.* V. Alimens, § V. R. — Causes des obligations, § I. Q. — Légitimation. — Légitime. — Prescription. — Question d'état. R. — Prétérition, § I, Q. — Substitution directe, § III et IV. R.

Gonzalès. V. Transaction, § I. R.

Goris (Lambert). — *Tr. adversar. juris subcis.* V. Peine compromissoire, § I. Q. — Rente constituée. R.

Gouget. — *Traité des criées.* V. Affiche. — Amende, § VIII. — Discussion. R. — Hypothèque, § V. Q. — Séparation de patrimoine. — Servitude. R.

Goupy. — *Notes sur les lois des bâtimens* (par Desgodets). V. Bail, § VIII. — Bâtiment. — Cave. — Cheminée. — Citerne. — Servitude. — Voisinage, § VII. — Vue, § II et suiv. R.

Gousset. — *Sur les coutumes de Chaumont et du Maine.* V. Communauté, § I. R. — Remploi, § III. Q. — Réserve coutumière. — Séparation de biens. R.

Goveau, I. V. Choix. R.

Grassus. V. Institution d'héritier. — Légitime. — Quarte trébellianique. R. — Prétérition, § I. Q. — Substitution directe, § I et suiv. — Substitution fidéicommissaire, sect. X, § VII. R.

Gratianus. — *Discept. for.* V. Appel, § II. Q. — Légitime. R.

Graverol — (de) *Recueil des arrêts notables du parlement de Toulouse.* — *Traité des droits Seigneuriaux.* V. Champart. — Commise emphytéotique. — Contradiction (prescription). — Partage. — Prescription. — Puissance paternelle. — Réversion, sect. I. R. — Terrage § I et suiv. Q.

Gréard. — *Sur la coutume de Normandie.* V. Apparagement, § I. R.

Grégoire de Toulouse. V. Tutelle, sect. II et suiv. R.

Grégoire de Tours. V. Trésorier de France. R.

Gregorius. V. Dernier ressort, sect. VII. R.

Grenier. — *Commentaire sur l'édit de 1771.* V. Lettres de ratification. R.

Grenier. — *Traité des donations.* V. Domicile élu § I. — Filiation. — Institution contractuelle, § V. V. Légataire. — Legs, sect. III. R. — Mineur, § VII. R. — Révocation de testament. — Sourd-muet. R. — Stipulation pour autrui, Q. — Substitution fidéicommissaire, sect. VIII. — Témoin instrumentaire, § II. — Testament, sect. I, § I, art. 1, § II. art. 2 et suiv. R.; et § VI et suiv. Q. — Transcription § III. R.

Grimaudet. — *Traité des monnaies.* — *Traité des retraites.* V. Monnaie. — Rente constituée. — Représentation (droit de). — Papier-monnaie, § V. Q. — Surenchère. R.

Grivel. — *Decisiones senat. Dol.* V. Communaux, § IV. — Gageure. — Légitime. — Succession, sect I, § II, art. 5. R. — Prétérition, § I. Q. — Usage (droit d'), sect. II. R.

Groenewghen — *Tractatus de legibus abrogatis.* V. Concubinage. Q. — Donation. — Dot. R. — Droits litigieux (cession de). — Éducation. R. — Expropriation forcée, § VIII. Q. — Femme. — Gageure. R. — Hypothèque, § IV *bis.* Q. — Institution contractuelle. R. — Intérêt, § II. Q. — Légitimation. — Nullité. — Peine compromissoire. R. et Q. — Peine contractuelle. — Prodigue. — Puissance paternelle. — Quarte

falcidie. — Rente constituée. — Rente seigneuriale, § II. — Subrogation de personne, sect. II, § III. R. — Revendication, § I et suiv. Q. — Substitution directe § II. — Testament conjonctif, § I. — Transaction, § II. — Vol, sect. I. R. — et § IV. Q. — Usufruit paternel. R.

Grotius. (Hugon.). — *De jure belli ac pacis.* — *Manud. jurisprud. Hollandiæ* V. Appel, § IX. — Avantage entre époux, § II. Q. — Condition. — Délai, sect. I. R. — Féodalité, § V. Q. — Ignorance. — Institution contractuelle. — Légataire. — Ministre public. — Prescription. — Prise maritime. — Prodigue. — Quarte falcidie. R. — Revendication, § I et suiv. Q. — Séquestre de guerre. — Terrage. — Testament, sect. II, § III, art. 8. R.; — et § XVI. Q. — Transaction, § II. R.

Gudelin. — *Tract. de jure novissimo.* V. Révocation de testament, § II. Q. — Substitution directe, § II. R. — Substitution fidéicommissaire, § X et suiv. Q. — Testament, sect. II, § II. R.

Gueidan (l'avocat général de). V. Témoin judiciaire, art. 5. R.

Guenoys (P.). — *Conférences des coutumes de France.* V. Héritier. R. — Tribunal de commerce, § VI. Q.

Gueret. — *Journal du Palais ou Recueil des décisions des parlemens et cours souveraines de France.* — *Questions notables décidées par arrêts de la cour du parlement de Paris.* V. Arrêté. — Autorisation maritale, sect. III, § I. R.

Guérin. — *Commentaire sur la coutume de Paris.* V. Causes des obligations, § I. Q. — Prescription. R.

Guichenon (Sam.) — *Usages de Bresse.* V. Assec. R.

Guillaume. — *Remarques sur la coutume de Bourgogne.* V. Autorisation maritale, sect. II. R.

Guillimanus. V. Bar. R.

Gundling. — *Jus naturæ et gentium.* V. Ministre public. R.

Guttierrez. — *De matrimonio pract. quæst.* V. Dot. R. — Mariage, § VIII. Q. — Preuve, sect. II. R.

Guymier (Côme). — V. Pragmatique sanction. R.

Guyné. — *Traité de la Représentation.* V. Double lien. — Paterna paternis. — Représentation (droit de). R. — Succession, § VIII. Q.

Guyot (G. A.). — *Commentaire sur la coutume de Mantes, sur la coutume de la Marche.* — *Traité des matières féodales, tant pour le pays coutumier, que pour le pays de droit écrit.* V. Abandonnement. — Affaire. — Affiliation. — Affinité. — Antichrèse. — Banalité. — Champartage. — Chasse, § X. — Dation en payement. — Prix. — Déclaration au profit d'un tiers. — Fraude. — Moulin. R. — Pêche, § I. Q. — Pressoir. — Servitude. R. — Succession vacante, § II. — Terrage, § I et suiv. — Usufruit, § I et suiv. R.

Guy-Pape. — *Recueil des arrêts notables du parlement de Dauphiné.* V. Abergeage. — Adultère. — Apôtres. R. — Appel, § VII et IX. Q. — Arbitrage. — Augment. — Banalité. — Bénéfice d'inventaire. R. — Billet de commerce, § II. Q. — Choix, § I. — Compensation. — Complainte. — Démembrement de fief. R. — Démission de biens, § VII. Q. — Donation. — Légataire. — Moulin. — Paraphernal. — Prescription. R. — Prétérition, § I. Q. — Prodigue. — Propre. — Puissance maritale. — Puissance paternelle. — Quarte falcidie. — Quarte trébellianique. — Rapport à la loi. — Réversion, sect. I. — Servitude. — Testament, sect. III. — Substitution fidéicommissaire, sect. X, § VII. — Témoin judiciaire, § I. — Terrage, § I et suiv. Q. — Tutelle, sect. II et suiv. — Usufruit, § V. — Vol. sect. III. R.

H

Hadrianus Juinus. V. Alleu. R.

Halnius. — *Notes sur le Digeste.* V. Compulsoire, § II. R.

Haillan (du). V. Noblesse. R.

Harcher. — *Traité des fiefs.* V. Election d'ami-garenne. R.

Hardouin (le père). — *Recueil.* V. Légitimation. R.

Harprecht. — *Comment. sur les institutes.* V. Amélioration. R.

Hartemannus. — *Observat.* V. Légitime. R.

Hauteserre. — *Eccles. jurisdict. Vindiciæ.* V. Alleu. R.

Hay Duchâtelet. — *Maximes politiques.* V. Noblesse. R.

Hébert. — *Sur le Dict. des domaines de Bosquet.* V. Catteux, sect. I. R.

Hébert. — *Sur la coutume d'Artois.* V. Vente, § III. R.

Heeswick. — *Controve for.* V. Dévolution coutumière, § I. — Testament conjonctif, § I. Q.

Hegius. V. Légitime. R.

Heineccius. — *Élémens du droit civil romain, selon l'ordre des Institutes de Justinien.* V. Aval. — Condition. — Juridiction volontaire. — Servitude. R.; et § II. Q. — Testament, § XVII. Q.

Hénault (le président). — *Abrégé chronologique de l'Histoire de France.* V. Apanage. — Bien. — Prince. — Régence. — Reine. R.

Hennequin. — *Guidon des finances.* V. Noblesse. R.

Henrion de Pensey. — *Traité des fiefs de Dumoulin, analisé et conféré avec les autres feudistes. — Compétence des juges de paix. — De l'autorité judiciaire dans les gouvernemens monarchiques.* V. Banalité. — Blâme. R. — Cantonnement, § VIII. Q. — Cens, § II. — Champart. — Communaux, § IV. — Complainte. R. — Cours d'eau, § I. — Dernier ressort, § XI. Q. — Franche aumône. — Jeu de fief. — Juridiction volontaire. — Hypothèque. — Jurisconsulte. R. — Locatairie perpétuelle, § I. — Mainmorte (droit de), § II. Q. — Rente seigneuriale. R. — Rente foncière et seigneuriale, § IX et suiv. Q. — Terrage. R. — Servitude, § V. — Terrage, § I et suiv. Q. — Triage. R. — Usage (droit d'), § V et suiv. Q.

Henrys (Claude). — *OEuvres contenant son recueil d'arrêts, ses plaidoyers, ses harangues, etc., avec les observations de B. Jos. Bretonnier.* V. Abénévis. — *Ab irato.* — Aborire. — Absent, § III. Q. — Alluvion. — Arbitrage. — Arrérages. — Avortement. — Ban de vendange. — Banalité. — Bief. — Blairie. — Choix, § I. — Clause condicillaire. R. — Confession, § II. Q. — Virile, § III. R. — Contradiction (prescription). — Cours d'eau. — Dénonciation de nouvel œuvre. — *Diffamari.* — Dotation. — Dot. — Enfans. — Fiduciaire. R. — Hypothèque, § XIII. Q. — Incendie. — Indignité. — *In partibus.* — Institution contractuelle. — Légataire. — Légitime. — Légitimité. — Mariage, § VII. Q. — Mort civile. — Noces (secondes). — Novation. — Office. — Pagésie. — Prescription. R. — Prétérition, § I. Q. — Rappel à succession. — Rente seigneuriale. — Réserve coutumière. — Révocation de procureur. — Révocation de testament. — Servitude. — Substitution directe, § IV. — Substitution fidéicommissaire, sect. X, § IV. — Testament, sect. II, § III. R. — Usage (droit d'), § VII et suiv. Q. — Vente, § I et suiv. — Virile, § III. — Vue, § II et suiv. R.

Herbraius. V. Autorisation maritale, sect. VII. R.

Herculanus. V. Preuve, sect. I. R.

Héricourt (d'). — *Lois ecclésiastiques de France.* V. Clandestinité, sect. II, § II. — Délai, sect. I. — Deuil. — Institution d'héritier. — Mariage, sect. IV et suiv. R.; et § V. Q. — Péremption, sect. I et suiv. — Témoin judiciaire, § V. — Vœux, sect. I. R.

Héricourt (d'). — *Supplément aux lois civiles de Domat. — Traité de la vente des immeubles.* V. Affiche. — Ajournement. — Autorisation maritale, sect. III, § II. — Bail, § XIII. — Cahier de distribution. — Décret d'immeubles. R. — Hypothèque, § XIII. Q. — Interdiction. — Lettres de ratification. — Renvoi de biens. — Servitude. R. — Signification de jugemens, § III. — Stipulation pour autrui. Q. — Subrogation de personne, sect. II, § VIII. R. — Union de créanciers, § I. Q.

Heringius. — *De Molendinis.* V. Appel, sect. II, § VIII. — Banalité. — Moulin. — Novation. — Pressoir. R.

Hermanville (Dubois d'). — *Jurisprudence de Flandre.* V. Clain, § II. — Défaut. R.

Hermenopule. V. Augment. R.

Hertius. — *Tractatus de matrimonio putativo. — De fide diplomatum. — De collisione legum. — De feudis oblatis.* V. Bar. — Migration, § XIX. — Institution d'héritier. — Légitimité, sect. I, § I. — Main-plévie. R. — Mariage, § VII. — Terrage, § III. Q. — Succession, sect. I, § II. — Testament, sect. I, § V et suiv. R.

Hervé. — *Théorie des matières féodales.* V. Cens, § II. — Fief. R. — Rente foncière et seigneuriale, § XIV. Q.

Herzberg (le comte de). — *Recueil des déductions.* V. Majorat. R.

Hervin. — *Commentaire sur la coutume de Bretagne. — Recueil des arrêts notables du Parlement de Bretagne.* V. Abienneurs. — Afféagiste. — Apparagement, § II. — Appropriance, § I et suiv. — Autorisation maritale, sect. VI, § I. R. — Bâtard, sect. I. — Cens, § II. — Décret d'immeubles. — Discussion. — Douaire. Péremption. R. et Q. — Prescription. R. — Propre, § II et suiv. Q. — Rente seigneuriale, § II. — Retrait de présence. R. — Séparation de corps. Q. — Subrogation de chose, sect. II, § II. R.

Hickesius. — V. Alleu. R.

Hincmar. — V. Chancelier. R.

Hœberlin. — *Comm. sur le texte de Pütter.* V. Majorat. R.

Hœping. — *De jure insignium.* V. Nom. R.

Hofacker. — *Principia juris romani germanicis.* V. Gains nuptiaux et de survie, § III et suiv.

Hommeau (P. de l'). — *Maximes du droit français. — Jurisprudence fr. sur la coutume d'Anjou.* V. Chasse, § IV. R. — Démission de biens, § III. Q.

Hommel. — *Rapsodies.* V. Lettre et billet de change, § II et suiv. R.

Hong. — V. Succession future. R.

Hoppius. — *Comment. Instit.* V. Témoin instrumentaire, § II. R.

Horix. — V. Succession, sect. I, § II, art. 11. R.

Hornius. — *Jurisprudentia feudalis.* V. Fief. R. — Rente foncière et seigneuriale, § XIV. Q.

Hotman (Jean). — *Traité de l'ambassadeur.* V. Ministre public. R.

Hottomannus. — *Lexicon juridicum. — De verbis feudalibus.* V. Alleu. — Conventions matrimoniales. R. — Hypothèque, § V bis. Q. — Quarte trébellianique. R. — Testament, § XVII. Q.

Houard.— *Dictionnaire du droit normand.*— *Anciennes lois des Français conservées dans les coutumes anglaises, recueillies par Littleton, avec des observations historiques et critiques.* V. Abattement. Abayance.—Airures. — Aliments, § VIII.— Apparagement, § I.—Appartenances.—Appel, sect. II, § I.—Arbitrage.—Autorisation maritale, sect. VIII. R.—Bail, § III.—Avantages aux héritiers présomptifs, § II.—Avantages entre époux, § I. Q.—Bar.—Bénéfice d'inventaire.—Bordage. —Clameur, § I.—Clandestinité, sect. II; § II.—Communauté, § I. R.—Concubinage. Q.—Consignation.—Démission de biens. — Dot. — Enquête. — Jeu de fief. — Légataire. — Légitimité. — Opposition au sceau des lettres de ratification. R. —Opposition (tierce), § I.—Paternité. Q.—Péremption, § III et suiv. Q.— Prescription.—Puissance maritale.—Rente constituée. —Sénatus - consulte velléien. — Sommation respectueuse.—Succession, sect. I, § V. R.—Tribunal d'appel, § V. Q.—Tutelle, sect. IV et suiv.— Usage (droit d'), sect. II. R.— Usage (droit d'), § V et suiv. Q.—Usufruit, § I et suiv.—Velléien (sénatus-consulte), § I.—Viduité (droit de), § II. R.—Vie, § I. Q.—Voie de fait, § II. R.

Huber.—*De jure civitatis.* ● Ministre public. R.

Huber.—*Jurisprudentia universa.* V. Prescription. R.— Testament, § XVII. Q.

Hubrier. — *Essais sur l'histoire du droit naturel.* V. Droit naturel. R.

Huerne de la Mothe. — *Essais de jurisprudence.* V. Douaire. — Séparation de corps. —. Sénatus-consulte velléien. — Testament, sect. I, § I, art. 5. R.

Hulot. — *Institutes de l'empereur Justinien, traduites en français, etc.* V. Héritier, § III. Q.

Hume. — *Essais de morale.* V. Droit naturel. R.

Hunnius. — *Encyclop. juris.* V. Substitution directe, § II. R. ●

Husson. — *Mémoire sur la baronnie de Montmirail.* V. Douaire public. R.

Hutcheson (François). V. Droit naturel R.

I

Ienichen. — *Thes. jur. feud.* V. Terrage, § III. Q.

Imbert. — *Enchiridion juris scripti Galliæ.*— *Institutes forenses.* — *Pratique judiciaire.* V. Autorisation maritale, sect. VII. R.— Avantages entre époux, § II. Q. — Bigamie. — Calomnie. — Complainte. — Domicile élu, § II.— Eutravestissement. — Légitime. — Prescription. — Sacrilége. — Servitude. R.

Isernius. — *Ord. des Deux-Siciles.* V. Cautionnement, § VIII. Q.— Usage (droit d'), sect. II. R.

J

Jacob. V. Bordage. R

Jacquet. — *Sur la coutume de Tours.* V. Représentation (droit de). R.

Jannety (de). — *Recueil d'arrêts du parlement de Provence.* V. Ab irato, sect. I. R. — Vérification d'écriture, § I. Q.

Jason. V. Légitime. R. — Légitimité, § II. Q. — Puissance paternelle. — Quarte trébellianique. R. — Terrage, § I et suiv. Q. — Testament, sect. I, § IV et suiv.; et § XVIII. Q.

Jean André. V. Témoin judiciaire, § I. R.

Jean des Mares. V. Assemblée, § III. R.

Jenichen. — *Thesaurus juris feud.* V. Cens, § V. — Terrage. R.

Jerôme. V. Légitimation. R.

Joli et Labbé. — *Observations sur la coutume de Paris.* V. Chasse, § X. R.

Joly (Clau.) — *Remarques sur les œuvres de Loiseau, contenant ses traités des offices, des seigneurs, des hypothèques, des rentes, etc.* V. Bâtonnier des avocats, R.

Joly de Fleury (l'avocat général). — *Plaidoyers et réquisitoires.* V. Action.—Actionnaire. Q. — Chirurgien, § I. R. — Substitution fidéicommissaire, sect. I, § IX et suiv. — Succession, sect. I, § II et suiv. — Testament, sect. I, § I. et suiv. R.

Jousse. — *Commentaire sur l'ordonnance civile.* V. Appel, sect. II. § I. — Caution *judicatum solvi,* § II. — Civiliser. — Date. — Déclinatoire. R. — Délai, § I. — Exploit, § I. — Héritier, § VIII. — Hypothèque, § II. — Opposition aux jugemens par défaut, § IX et suiv. — Opposition (tierce), § I. Q. — Preuve. — Transaction, § II. R. — Usage (droit d') § V et suiv. Q.

Jousse. — *Commentaire sur l'ordonnance de commerce.* V. Acceptation de lettre de change. — Aval. R. et Q. — Consuls des marchands. R. — Contrainte par corps, § IV. Q. — Faillite, § II. — Lettre et billet de change, § IV. R. — Lettre de change, § V. — Prescription, § XI. Q. — Société, sect. III. R. et § I. Q.

Jousse. — *Commentaire sur l'ordonnance des eaux et forêts.* V. Baliveau. — Chasse, § III. R.

Jousse. — *Commentaire sur l'ordonnance criminelle.* — *Traité de la justice criminelle en France, où l'on traite tout ce qui concerne les crimes et peines tant en général qu'en particulier.* V. Adultère. — Appel, sect. II, § VIII. — Assemblée, § IV. — Commutation. — Contumace. — Démence. — Preuve. —Réparation civile. — Sédition. — Subornation. — Suggestion, § I. — Témoin judiciaire, § I, art. 5. — Testament, sect. V. R.

Jousse. — *Traité des commissaires enquêteurs.* V. Inventaire. R.

Jovet. — *Bibliothèque des arrêts.* V. Bigamie. — Cession de bien. — Rapport à succession. R.

Julien. — *Commentaire sur les statuts de Provence.* V. Banalité. — Bois, § II. — Donation. R. — Hypothèque, § II et suiv. Q.— Jugement. R.; et § XIV. Q. — Légitime, § VIII. — Opposition aux jugemens par défaut, § IX et suiv. Q. — Péremption, sect. I et suiv. — Prescription. R. — Prétérition, § II. Q. — Renonciation à une succession future. R. — Réversion, § I. — Révocation de testament, § II. — Servitude, § II. Q. — Usage (droit d'), sect. II. R.

Julius Clarus. — *Pract. criminalis.* V. Abolition. — Alimens, § V. — Adultère. — Avortement. — Bris de prison. — Institution d'héritier. — Légitime. R. — Mariage, § VIII. Q.—Preuve. R. — Révocation de Testament, § II. Q. — Souveraineté, § V. — Subornation. — Témoin judiciaire, § I, art. 5. — Testament, sect. II, § III, art. 8. R.; et § VIII. Q.

Juste Lipse. — *Glossaire.* V. Alleu. R.

K

Kall ou *Calvinus.* — *Lexicon juridicum.* V. Testament, sect. II, § III, art. 8. R.

Kaysersberg (statut de). V. Dévolution coutumière, § II. Q.

Kéron. — *Glossaire.* V. Alleu. R.

Khoval. V. Champart. R.

Kinschot. — *De Rescriptis grat.* V. Coutume, § III. — Testament conjonctif, § I. Q.

Klock. V. Bar. R.

Knobaert. — *Ad jus civile Gaudensium.* V. Amant ou Amman. — Exécution parée. — Testament, sect. I, § V, art. 1. R.

Kœnick. — *Sur les lettres de change.* V. Lettre et Billet de change. R.

Kuricke. V. Avarie. — Baraterie. — Charte-partie. R.

L

Labour. — *Ms. sur le Style de la justice.* V. Péremption. R.

Lacombe. — *Jurisprudence civile.* V. Acquêt. — Bail, § XVI. R.

Lacombe. — *Traité des matières criminelles.* V. Adultère. — Contumace. — Faits justificatifs. R.

Laïsné. — *Jurisprud. des chasses.* V. Chasse, § IV. R.

Lalande (J. de). — *Commentaire sur la coutume d'Orléans.* V. Arrière-foncière. — Bail, § VII. — Bailli seigneurial. — Chasse, § IV et suiv. — Cheintre. R. — Dette concomitante. — Double lien. — Franc-alleu. — Fraude. — Gibier. R. — Locatairie perpétuelle, § I. Q. — Propre. — Rente constituée. — Rente seigneuriale. — Réversion, sect. II. — Subrogation de chose, sect. II, § I. art. 2. R. — Succession vacante, § II. Q. — Servitude. — Testament, sect. II, § II, art. 4. — Tour de l'échelle. — Vol du chapon. R.

Lalaure. — *Traité des servitudes réelles.* V. Abreuvoir. — Cimetière. — Servitude. R. et § II et suiv. Q. — Tour de l'échelle. R.

Lamare (le commissaire de). — *Traité de la police.* V. Abattis. — Abreuvoir. R. — Bannières. — Bordel. — Cession de biens. — Moulin. R.

Lamoignon (le président de). — *Mémoires et Arrêtés.* V. Absent. — Adultère. — Autorisation maritale, sect. VII. R. — Continuation de communauté, § IV. Q. — Contre-lettre. — Franc-alleu. — Habitation. — Institution contractuelle. — Novation. — Péremption. — Propre. — Réalisation. — Réserve coutumière. — Séparation de biens. — Subrogation de chose, sect. II. § I, art. 2. — Subrogation de personne, sect. II, § VIII. — Succession, sect. I, § II, art. V. — Témoin judiciaire, § I, art. 5. — Testament, sect. I. § I, art. 1. R.

Lamotte (de). — *Commentaire sur la coutume de Bordeaux.* V. Affazenduire. — Double lien. R.

Lamy. — *Comment. sur les cout. d'Étampes.* V. Servitude. — Tour de l'échelle. R.

Lange. — *Nouvelle pratique civile criminelle et bénéficiale.* V. Bénéfice d'inventaire. — Péremption, sect. I et suiv. — Subrogation de personne, sect. II, § VIII. R.

Langlet. — *Méthode pour étudier l'histoire.* V. Cartulaire. R.

Langlois. — *Principes généraux de la coutume de Paris.* V. Colombier. R.

Lapeyrère. (Abraham de). — *Recueil des arrêts notables du parlement de Bordeaux.* V. Arbitrage. — Augment. — Avantage entre époux. — Bagues et joyaux. — Billet de commerce, § II. Q. — Cargaison. — Caution, § IV. — Caution ju-*dicatum solvi,* § I. — Cession de Biens. — Chirurgien, § I et II. — Clain, § I. R. — Concubinage. — Contradiction (Prescription). — Déguerpissement. — Deuil. — Dot. R. et § IV. Q. — Douaire. — Droits successifs. — Éducation. R. — Garantie, § IV. — Hypothèque, § II et suiv. — Inscription de Faux, § I. — Institution contractuelle, § II. Q. — Légataire. — Légitimation. — Légitime. R. — Mort civile, § III. Q. — Noces (secondes). — Novation. — Office. R. — Payement, § II. Q. — Parapharnal. — Péremption, sect. I et suiv. — Prescription. R. et Q. — Prodigue. R. — Protêt, § VIII. Q. — Puissance paternelle. — Réversion, sect. I. — Sénatus-consulte Velléien. — Servitude. R. et § V. — Société, § I. — Société d'acquêts. Q. — Substitution directe, § III. — Substitution fidéicommissaire, sect. XII, § I. — Succession, sect. I, § III et suiv. — Testament, sect. I. § II et suiv. R.; § VI et suiv. Q. — Transaction, § II. — Virile, § III. R.

Laroche. — *Traité des droits seigneuriaux.* V. Contradiction (prescription). — Franc-alleu. R.

Laroche Flavin (B. de). — *Recueil des arrêts notables du parlement de Toulouse.* V. Adultère. — Alimens, § IV. — Bail, § IV. — Bénéfice d'inventaire. — Bestialité. — Baron. — Cession de biens. — Chasse, § IV. — Chasse, § X. — Commise emphytéotique. — Déclaration au profit d'un tiers. — Deuil. — Injure. — Légitime. — Mort civile. — Moulin. — Noces (secondes). — Paraphernal. — *paterna paternis.* — Puissance paternelle. — Quarte trébellianique. — réversion, sect. I. R. et § I. Q. — Saisie-exécution. R. Terrage, § I et suiv. Q. — Tutelle, sect. II. et suiv. — Virile, § III. — Voisinage. § III. — Vol, sect. III. R.

Laroque. — *Traité de la Noblesse.* — V. Chevalerie. — Décapiter. — Noblesse. R.

La Rouvière. — *Traité des droits de retour.* V. Réversion, sect. I. R.

Lathaumassière (G. Thomas de la). — *Commentaires, notes, et observations sur les coutumes de Beauvais et de Berry et de Lorris, etc.* V. Abattre. — Accense. — Accorde. — Bar. — Bourgeois, § V. — Cheintre. — Cheptel. — Communés. — Démembrement de fief. — double lien. — Foudalité. — Haie. — Hypothèque. — Institution contractuelle. — Licitation. — Pressoir. — Révocation de Codicille, § V. — Servitude. R. — Terrage, § I et suiv. Q.

La-Touloubre (de). — *Actes de notoriétés donné au parlement de Provence.* — *Jurisprudence observée en Provence, sur les matières féodales.* V. Albergues. R. — Appel, § VII. Q. — Arbitrage. — Ban de vendange. — Bar. — Commise emphytéotique. — Dation en payement. — Déguerpissement. — Jurisprudence féodale. — Nullité. — Puissance paternelle. — Testament, sect. II, § III, art. 8. — Usage (droit d'), sect. II. — Usufruit paternel. R.

Latournerie. — *Commentaire sur la coutume de Normandie.* — Bail, § III. Q.

Laurière (Eusèbe de). *Ordonnances des rois de France.* — *Instit. coutume de Loysel.* — *Bibliothèque des coutumes.* — *Notes sur les coutumes de Paris.* — *Traité des institutions contractuelles.* — *Glossaire du droit français.* V. Abattre. — Abénévis. — Abergeage. — About. — Aînesse. — Albergues. — Allotement. — Arrière-foncière. — Arrière-parage. — Assiette de rente. — Augment. — Avalage. R. — Avantage entre époux, § III. Q. — Avers. — Ban. — Baron. — Bassin (droit de) — Borgnes. — Cabal. — Cadet (fils). — Charme. — Chef-seigneur. — Code, § III. — Communauté, § I. — Continuation de communauté. — Corvée. — Démembrement de fief. — Double lien. — Droit successifs. — Entrecours. R. — Faculté de rachat, § IV. Q. — Garenne. — Héritier. — Institution contractuelle. — Nullité. — Prescription. — Quarte trébellianique. R. — Remploi, § IV. — Rente foncière et seigneuriale, § XIV. Q. — Sainteur. R. — Succession, § V. Q.

Lanterback. — *De domicilio.* V. Convocatious matrimoniales. R.

Lebret. — *De la souveraineté du Roi.* — *Recueil d'arrêts.* V. *Ab irato.* — Banquier. — Chasse, § IV. — Coutre-augment. — Institution contractuelle. — Légitimation. — Moulin. — Office. — Perprendre. — Prescription. R.

Lebrun. — *Essai sur la prestation des fautes.* V. Faute. R.

Lebrun (Denis). — *Traité la communauté.* — *Traité des successions.* V. Abeilles. — *Ab irato.* — Abstention, — Acceptation de communauté. — Acquêt. — Apparagement, § II. — Apport. — Arrérages. — Articles de mariage. — Autorisation maritale, sect. III, § II et suiv. R. — Avantages entre époux, § VIII. Q. — Bénéfice d'inventaire. — Biens, § I. — Cabal. — Choix, § I. — Communauté, § III. — Partage, § I et suiv. — Communauté tacite. — Confusion de droits et d'actions. R. — Continuation de communauté. R.; et § III et suiv. Q. — Conventions matrimoniales. — Corvée. — Dation en payement. — Démission de biens. R.; et § II. Q. — Deuil. — Dévolution coutumière. — Don mutuel. — Douaire. — Double lien. R. — Droits successifs (cession de), § I et suiv. Q. — Enfant. — Habitation. — Héritier. — Hypothèque. — Institution contractuelle, § V. — Légitimation. — Légitime. R.; et § VIII. Q. Légitimité, § V. Q. — Legs, sect. IV. — Licitation. — Noces (secondes). — Office. — Partage d'ascendant. — *Paterna paternis.* R. — Pignoratif (contrat), § VI. Q. — Propre. — Puissance paternelle. — Quarte de conjoint pauvre. — Rappel à succession. — Rapport à succession. — Réalisation. — Représentation (droit de). — Réserve. — Réserve coutumière. — Remploi, § III et suiv. Q. — Réversion, sect. I. R. — Réversion, § II. Q. — Séparation de biens, — Séparation de patrimoine. — Subrogation de chose, sect. II, § I et suiv. — Subrogation de personne, sect. II, § VIII. — Succession, sect. I, § II et suiv. — Testament, sect. I, § I et suiv. — Usufruit, § IV. — Vol du chapon. R.

Le Camus d'Houlouve. — *Commentaire sur la coutume de Paris.* — *Traité de l'intérêt des créances.* V. *Advestures.* R. — Conquêts. § I. — Contrat pignoratif. Q. — Délai, sect. I. — Légitimation. — Légitime R. — Lettres de ratification, § III. Q. — Nécessité jurée. — *Paterna paternis.* —. Pignoratif (contrat). — Prescription. — Quint datif. — Rappel à succession. — Rapprochement de ligne. — Rente foncière et seigneuriale, § III. Q. — Subrogation de chose, sect. II, § I et suiv. — Vaine pâture. R.

Le Caron. — *Sur la coutume de Péronne.* V. Réversion, sect. II. R.

Leclercq. — *Droit Romain dans ses rapports avec le droit français.* V. Effet rétroactif, sect. III, § III et suiv. R.

Lecomte. — *Commentaire sur la coutume de Normandie.* V. Tour de l'échelle. R.

Lefèvre de La Planche. — *Traité des domaines.* V. Aubaine. — Bâtard, sect. I. — Domaine public. — Testament, sect. I, § III. R.

Leféron. — *sur la coutume de Bordeaux.* V. Indices. — Pignoratif (contrat). Q. — Puissance paternelle. R.

Legrand. — *Commentaire sur les coutumes de Chartres.* — *Paris.* — *Troyes.* V. Alluvion. — Autorisation maritale, sect. II. R. — Avantages entre époux, § III. Q. — Bail, § XIX. — Banalité. — Bannissement, § I. — Chasse, § IV et suiv. — Communaux, § IV. — Commutation. — Contrat de mariage. — Double lien. — Franc-alleu. — Gibier. R. — Hypothèque, § XIII. Q. — Interdiction. — Légitimation. — Légitime. — Licitation. — Mainmorte. — Mort civile. — Moulin. — Nullité. R. — Papier-monnaie, § IV. Q. — *Paterna paternis.* — Prescription. — Propre. — Puissance paternelle. R. — Remploi, § IV. Q. — Représentation (droit de). Séparation de patrimoine. — Servitude. — Succession, sect. I, § II, art. 5. — Testament, sect. II, § I, art. 6. — Usage (droit d'), sect. II. — Vaine pâture. — Voisinage, § IV. — Vue, § II et suiv. R.

Legraverend. — *Sur la législation criminelle.* V. Ministère public, § X. Q.

Le Laboureur. — *Histoire du gouvernement de la France; de l'origine de l'autorité des pairs du royaume, et du parlement.* V. Gibier. R.

Lelet. — *Commentaire sur la coutume de Paris.* V. Mariage, sect. IV; § III. R.

Lemaistre. — *Commentaire sur la coutume de Paris.* V. Arrérages, § I. Q. — Autorisation maritale, sect. VI, § II, art. 2. — Consignation. R. — Dette concomitante. Q. — Don mutuel. — Entravestissement. — Héritier. — Hypothèque, § V. Q. — Institution contractuelle. — Légitimation. — Meuble. — Réalisation. — Réserve coutumière. — Signature. R.; et § II Q. Subrogation de chose, sect. II, § I, art. 2. — Supposition de part, § III. R. — Tiers coutumier. Q. — Vue, § III. R.

Le Nain (avocat-général). — *Plaidoyers et réquisitoires.* V. *Ab irato*, sect. IV. R.

Lenoble. — *Plaidoyers.* V. Légitime. R.

Léon de Modène. — *Cérémonies et coutumes des Juifs.* V. Divorce, sect. III.

Lepage. — *Sur la coutume de Bar.* V. Double lien. R.

Lépine de Grainville. — *Recueil d'arrêts de la quatrième chambre des enquêtes.* V. Autorisation maritale, sect. VIII. — Caution, § VI. — Coutume, § II. R. — Crainte, § II. Q. — Enquête. — Institution contractuelle. — Révocation de testament. — Séparation de corps. — Séparation de biens. R.

Leprestre. — *Questions notables de droit, décidées par arrêts de la cour du parlement de Paris.* V. Acte notarié. — Arrêt. — Arrêtés. — Augment. — Autorisation maritale, section II et suiv. — Ban de vendange. — Cession de biens. — Chasse, § IV et suiv. R. — Continuation de communauté. § I. Q. — Contrat de mariage. — Coutume. — Délit. — Dégradation. — Faits du souverain. — Fraude. — Héritier. — Hypothèque. — Lésion. — Office. — *Paterna paternis.* — Peine contractuelle. — Péremption. R.; et § II. Q. — Preuve, § II. Q. — Puissance paternelle. — Représentation (droit de) — Réversion, sect. II. — Séparation de patrimoine. — Subrogation de chose, sect. II, § I, art. 1. — Subrogation de personne, sect. II, § VIII. — Testament, sect. I, § I et suiv. — Transaction, § II. — Vente, § I et suiv. R.

Leroi. — *Dissertation sur l'origine de l'Hôtel-de-Ville de Paris.* V. Défenseur de la cité. R.

Le Roy de Lozembrune. — *Commentaire sur la coutume de Boulenois.* V. Continuation de communauté, § I. Q. — Rappel à Succession. R.

Lesage. V. Augment. R.

Levasseur. — *Traité de la portion disponible.* V. Réserve. R.

Leuwen. — *Censura forensis.* V. Rente constituée. — Tenue par la loi, § IV. R.

Levest. — *Recueil des arrêts célèbres du parlement de Paris.* V. Avantages entre époux, § III. Q. — Communaux, § IV. — *Paterna paternis.* — Propre. — Rapport à succession. R.

Leyser. — *Meditationes ad Pandectas.* — Appel, sect. II § VIII. R. — Légitimité. R.; et § II. Q. — Rente foncière et seigneuriale, § XIV. Q. — Rente seigneuriale, § II. — Usage (droit d'), sect. II. — Voie de fait, § I. R.

L'Hommeau (Pierre de), sieur Duverger. — *Deux livres de la jurisprudence française rapportés sur chaque article de* la coutume d'Angers. V. Adjudicataire, § IV. — Amende, § VIII. R.

L'Hoste. — Sur la coutume de Montargis. V. Servitude. — Ville d'arrêt. R.

Lobineau. — Sur les mouvances de Bretagne. V. Bar. — Bretagne. R.

Loccenius. — De jure maritimo. V. Avaries. — Baraterie. — Charte-partie. R.

Locke. — Essai sur l'entendement humain. V. Droit naturel. — Occupation. R.

Locré. — Esprit du Code civil. V. Absent. — Domicile, § V. — Education. — Etat civil, § II. — Filiation. — Légitimité, sect. I, § II et suiv. — Mariage, sect. IV et suiv. — Motifs des jugemens. — Noces (secondes). — Opposition à un jugement. — Opposition à un mariage. R. — Paternité. Q. — Péremption. — Succession. R.

Locré. — Esprit du Code de procédure. V. Péremption, sect. I et suiv. R.

Locré. — Esprit du Code de commerce. V. Acceptation de lettre de change. — Dot. — Faillite, § II. — Lettre et billet de change, § II et suiv. R. — Protèt, § VII. Q. — Société. R. — Tribunal de commerce, § X. Q.

Loiseau. — Traité des enfans naturels. V. Empêchemens, § IV. — Filiation. R.

Lomel. V. Bénéfice d'inventaire. R.

Lopès (Grégoire). V. Mariage, § VIII. Q.

Losœus. — De jure univ. V. Prescription, sect. II, § XXIII.

Louet. — Recueil d'arrêts. V. Arbitrage. — Augment. — Autorisation maritale, sect. VII. — Bénéfice d'inventaire. — Caution, § II. — Caution, § VI. — Clameur, § I. — Chirurgien, § I. — Communauté, § I. — Concubinage. — Consignation. — Continuation de communauté. R.; et § I. Q. — Conventions matrimoniales. — Curateur, § I. Q. — Dédit. — Déguerpissement. — Discussion. — Dot. — Douaire. — Droits successifs (cession de), § I. Q. — Effet rétroactif, sect. III, § III et suiv. R. — Enregistrement (droit d'), § XX. Q. — Entravestissement. — Franc-alleu. — Garantie de créances. — Héritier. — Hypothèque, R.; et § XIII. Q. — Intérêt. — Légataire. — Légitimation. — Légitime. — Légitimité, sect. I, § I. — Monnaie. — Noces (secondes). — Novation. R. — Papier-monnaie, § V. Q. — Partage. — Peine contractuelle. — Prescription. — Privilége de créance. — Rapport à succession. — Rente constituée. — Retrait de cohéritier. — Subrogation de chose, sect. II, § I et suiv. — Subrogation de personne, sect. II, § IV. — Testament, sect. II, § II et suiv. — Transaction. § II. R.

Louvet. — Commentaire sur la coutume de Beauvoisis. V. Servitude. R.

Louvrex. — Notes sur Méan. V. Testament conjonctif, § I. Q.

Loyseau (Charles). — OEuvres contenant les traités des offices. — Des seigneuries. — Du déguerpissement par hypothèque. — De la garantie des rentes et des abus des justices de Village. V. Admonition. — Amélioration. R. — Arrérages, § I. Q. — Assiette de rente. — Aubaine. — Autorisation maritale, sect. VIII. R. — Bail à rente, § I. Q. — Bailli seigneurial. — Bar. — Basse justice. R. — Billet de commerce, § II. Q. — Bourgeois. — Cens, § III. — Cens, § XII. — Chemin. — Chevalier. — Commise emphytéotique. — Commission. — Communes. R. — Cours d'eau, § I. Q. — Déguerpissement. — Délaissement par hypothèque. — Gageure. R. — Garantie, § VI. Q. — Garantie des créances. — Hypothèque. R. et § V. Q. — Inscription hypothécaire, § II. Q. — Jeu de fief. — Jurisconsulte. — Légitimation. — Légitime. R. — Jurisconsulte.

— Légitimation. — Légitime. — Moulin. — Noblesse. — Nom. — Novation. — Office. — Paraphernal. — Rapport à succession. — Rente constituée. — Rente viagère. — Lettres de ratification, § III. Q. — Mariage, sect. IV. — Moulin. — Noblesse. — Nom. — Novation. — Office. — Paraphernal. — Rapport à succession. — Saisie-exécution. — Rente constituée. — Rente viagère. — Seigneur. — Serment. — Servitude. R. — Subrogation, § I. Q. — Subrogation de chose, sect. II, § I. art. 4. — Subrogation de personne, sect. II, § III. R. — Succession vacante, § II, Q. — Suzeraineté. R. — Terrage, § I, et suiv. Q. — Testament, sect. II, § II, art. 4. — Werp. R.

Loysel. — Iustitutes coutumières avec des notes (par Challines). V. Alimens, § I. — Baiser. — Bâtonnier des avocats. — Ballistre. — Chasse, § X. — Clameur, § I. — Clôture, § II. — Convenance. R. — Démission de biens, § III. Q. — Deuil. — Double lien. — Emancipation. — Franc-homme. — Gage-mort. — Garenne. — Haie. — Héritier. — Moulin. — Puissance paternelle. — Rapport à loi. — Règles de droit. R. — Retrait successorial. Q. — Succession, sect. I, § II, art. V. R. — Succession, § VIII. Q. — Succession future. — Testament, sect. I. § III. — Tour de l'échelle. — Usufruit paternel. R.

Lublerus. — De incendio. V. Incendié. R.

Lucas de Penna. — Tract. de Judiciis. V. Triage, § I et suiv. Q.

Lycurgue. V. Droit naturel. R.

M

Mabillon (Dom). — De re diplomaticâ. V. Cartulaire. — Bar. R.

Mably (l'abbé de). — De la Législation ou Principe des lois. — Le Droit public de l'Europe fondé sur les traités. — Observations sur l'histoire de France. V. Agraire. — Commerce, § II. — Fief. — Noblesse. — Roi. — Testament, sect. II, § III, art. 8. R.

Machiavel (Nicol.). — Il principe. V. Droit naturel. R.

Maële. V. Bourgeois, § V. R.

Magnien. V. Amende, § VIII. R.

Maschain. — Summa juris civilis. V. Autorisation maritale, § VII. — Dot. R.

Maillard. — Commentaire sur la coutume d'Artois. V. Advestures. R. — Affiche. — Agés. R. — Arrérages, § I. Q. — Autorisation maritale, sect. I et suiv. R. — Avantages entre époux, § II et suiv. Q. — Bail, § IV. — Bâtard, sect. II, § IV. — Cahier de distribution. — Catteux, sect. I et suiv. — Charge d'enquête. — Collocation. — Communauté, § VI. R. — Conquêts, § I. Q. — Coterie. — Délai. — Dévolution coutumière. — Domicile, § V. — Donation. — Double lien. — Entravestissement. R. — Féodalité, § III. — Fumiers, § I. — Garantie, § VI. Q. — Habitation. — Légataire. — Légitime. — Livre numéraire. — Mise de fait. — Nantissement. — Nécessité jurée. — Office. — Opposition aux criées. — Prescription. R.; et § XI. Q. — Propre. — Puissance paternelle. — Quint datif. — Quint naturel. — Rappel à succession. — Rapport à succession. — Rapprochement de ligne. — Réserve coutumière. — Retrait. R. — Signature, § II. Q. — Substitution fidéicommissaire, sect. X, § IV et suiv. — Testament, sect. II, § I et suiv. — Vente, § III. R.

Maleville. — Analyse raisonnée de la discussion du Code civil. V. Empêchemens, § IV. — Indignité. — Filiation. — Indignité. — Légataire. — Mariage, sect. VI. — Réserve. R. — Réserve (droit de). Q. — Révocation de codicille, § IV. — Succession, sect. I, § II, art. 5. R.; et § XIV. Q. — Tableau des Interdits. Q. — Testament, sect. I, § I et suiv. R.; et XIII et suiv. Q. — Transcription, § III. R.

Malicotles (M. L. des). — *Commentaire sur la coutume du Maine.* V. Autorisation maritale, sect. VII, § I. — Contrat pignoratif. Q. — Succession, sect. I, § II, art. 5. R.

Malumbra (Ricardus de). — V. Légitimation. R.

Maltica. — *Tract. de tacitis et ambiguis conventionibus.* V. Date, § V. Q. — Dot. — Habitation. — Institution contractuelle. — Institution d'héritier. — Légitimation. — Légitime. — Quarte trébellianique. — Substitution directe, § II et suiv. — Substitution fidéicommissaire, sect. X, § IV, art. 11. R.

Mansius. — *De testamento.* V. Institution d'héritier. Q. — Suggestion, § II. — Témoin instrumentaire, § II. R.

Maranta. — *Disput.* V. Dernier ressort, sect. VII. — Peine contractuelle. R.

Marc (Fr.). — *Recueil des arrêts notables du parlement de Dauphiné.* V. Chasse, § IV. — Faux. R.

Marcellus. V. Quarte falcidie. — Servitude. R.

Marculfe. — *Formules.* V. Adoption, § II. — Rappel à succession. R.

Maréchal. — *Traité des droits de patronage.* V. Bailes. — Bâtonnier des avocats. — Représentation (droit de). — Voie de fait, § I. R.

Marillac. V. Bénéfice d'inventaire. R.

Martinius Laudensis. — *Elementa juris publici.* V. Mines, § IV. Q. — Prescription, sect. III, § II. — Servitude. R.

Marselaer (Frédéric de). V. Ministre public. R.

Mascardus. — *Tract. de probationibus.* — V. Autorisation maritale, sect. X. — Incendie. — Interrogatoire sur faits et articles. R. — Mariage, § VIII. Q. — Moyens de faux. — Révocation de substitution, § I et suiv. R.

Masse. — *Statuts de Provence.* V. Légitime.

Masuer. — *Practica forensis.* V. Apôtres. — Bouillir. — Institution contractuelle. — Légataire. — Prescription. — Preuve. — Quarte trébellianique. R. — Succession future (pacte suranné), § II. Q. — Témoin judiciaire, § I et suiv. R. — Terrage, § I et suiv. Q. — Testament, sect. III. R.

Mathæus de afflictis (Mathieu des Affligés). — *De actionibus.* — *De usibus feudorum.* V. Autorisation maritale, section I et suiv. — Bail, § XVI. R. — Cantonnement, § VIII. Q. — Clain de rétablissement. — Conventions matrimoniales. R. — Expropriation forcée, § VIII. Q. — Habitation. — Incendie. — Légitimation. — Légitime. — Opposition. — Prescription. — Rappel à succession. R. — Rente foncière et seigneuriale, § XIV. Q. — Représentation (droit de). R. — Retrait successorial. — Révocation de testament, § II. Q. — Substitution directe, § II. — Témoin instrumentaire, § II. R. — Terrage, § I et suiv. Q. — Testament, sect. I, § V, art. 1. — Usage (droit d'), sect. II. — Usufruit paternel. R.

Maurice. — V. Bar. R.

Maynard. — *Recueil d'arrêts notables au parlement de Toulouse.* V. Absent. — Arrhes. — Alluvion. — Autorisation maritale, sect. I. — Ban de vendange. R. — Causes des obligations, § I. Q. — Caution, § IV. — Cession de biens. — Choix, § I. — Chirurgien, § I. — Clain de rétablissement. — Commise emphytéotique. — Concubinage, R. et Q. — Contreaugment. — Délai. — Domaine public. — Donation. — Douaire. — Double lien. R. — Faculté de rachat, § I. Q. — Franc-alleu. R. — Héritier, § I. — Hypothèque, § XIII. Q. — Institution contractuelle. — Légataire. — Légitimation. — Légitime. — Legs. — Mort civile. — Noces (secondes). — *Paterna Paternis.* — Prescrip-

tion. — Privilége de créance. — Puissance paternelle. — Quarte de conjoint pauvre. — *Quarte trébellianique.* — Rappel à succession. — Représentation (Droit de). — Retrait lignager. — Réversion, sect. I. R.; et § I. Q. — Révocation de testament, § II. Q. — Saisie-exécution. — Servitude. — Substitution directe, § IV. — Substitution fidéicommissaire, sect. VII, § II et suiv. R.; et § III et suiv. Q. — Succession, sect. I, § II et suiv. R. — Succession vacante, § I. Q. — Suggestion, § II. — Témoin judiciaire, § I, art. 3. — Testament, sect. I, § II et suiv. — Tutelle, sect. II et suiv. — Viduité. — Vœux, sect. II. R.

Mazeri. — V. Appel. sect. I, § X.

Mazuer. — V. Bail, § V. — Complainte. — Voisinage, § I. R.

Mean. — *Ad jus civile Leodiensium.* — V. Dernier ressort. — Dévolution coutumière. R.; et § I. Q. — Gains nuptiaux et de survie, § III et suiv. — Huissier. — Institution contractuelle. — Main morte (gens de) — Main-plévie. — Substitution fidéicommissaire, sect. XII, § VI. R. — Testament conjonctif, § I. Q.

Meiller. — *Traité du droit de voirie.* — V. Code, § III. R.

Ménage. — *Dictionnaire Etymologique.* — V. Alleu. — Aumailles. — Cartulaire. — Faultrage. R.

Menelet. — *Traité des péremptions d'instance, augmenté par Bridou.* — V. Appel, § IX. Q. — Péremption, sect. I et suiv. R. — Péremption, § II et suiv. Q. — Tribunal de commerce, § X. R.

Ménétrier (le père) — *Traité des usages des Pays-Bas et des chap. d'Allem.* — V. Nom. R.

Menochius. — *De arbitr. judic.* V. Compulsoire, § II. — Dot. — Faux. — Habitation. R. — Inscription de faux, § I. Q. — Institution d'héritier. — Légataire. — Légitime. R. — Légitimité, § II. Q. — Legs. — Présomption. — Puissance paternelle. — Réparation civile. — Substitution directe, § I. — Suggestion, § I et II. — Testament, sect. II, § I et suiv. R.

Merenda. — *Controverse.* — V. Avantages entre époux, § II. Q.

Merlinus. — V. Légitime. — R.; et § VIII. Q.

Merville (R. de). — *Commentaire sur les coutumes de Chartres.* — *de Normandie.* V. Bois, § III. R. — Continuation de communauté, § I. R.

Mevius. — *Recueil d'arrêts.* — *Ad jus lubecense.* V. Autorisation maritale, sect. I et suiv. R. — Héritier, § VIII. Q. — Institution contractuelle. — Majorité. — Ministre public. R.

Meyer. — *Esprit, origine et progrès des institutions judiciaires des principaux pays de l'Europe.* — *Principes sur les questions transitoires.* — V. Effet rétroactif, sect. III, § II et suiv. R.

Mézeray. — *Histoire de France.* V. Champagne. R.

Michalor de fratribus. V. Représentation (droit de). R.

Mignot. — *Sur la coutume de la Rochelle.* V. Double lien. R.

Miles (Thomas). V. Noblesse. R.

Mirabeau (le comte de). V. Mines § IV. Q.

Morac. — *Observationes in 24 libros Pandectarum, et 4 codicis libros.* V. Ab irato, sect. III, IV. R. — V. Action ad exhibendum. Q. Affiche. — Affouage. — Amende. — Arbitrage. — Articles de mariage. — Autorisation maritale, sect. I et suiv. R. — Avantages entre époux, § III. — Billet de de commerce, § II. Q. — Carrière. — Cloche. — Compensation. R. — Continuation de communauté, § I. Q. — Conventions matrimoniales. R. — Date, § V. Q. — Déclinatoire. — Dégerpissement. — Domicile élu, § II. — Dot. R. — Droits litigieux (cession de), § II. — Droits successifs (cession de), § I et suiv. Q. — Empêchemens, § IV. = Etranger. — Gageure. — Habitation. — Héritier. — Hypothèque, R. et § II et suiv. Q.

— Inscription de faux, § I. Q. — Interdiction. — Légitime. — Légitimité. — Lésion. —Lettre et billet de change. — Mariage, § V, et suiv. Q.—Ministre public.—Moulin. — Novation. — — Nullité. — Prescription. R.; et § VI. Q. — Rapport à loi. R. — Récision, § IV. Q. — Révocation de testament. — Séparation de patrimoine. R. — Signature, § III. Q. — Suggestion, §'I. — Témoin judiciaire, § I, art. 5. — Testament, sect. I, § 1 et suiv. — Tutelle, sect II et suiv. — Vente, § I et suiv. — Viduité. R.

Modestin. V. Hypothèque, § IV *bis.* Q. — Testament, sect. II, § I et suiv. R.

Molina. — *De Hispan. primogen. origine ac naturâ.* V. Légitimation. — Majorat. R.

Montanus. — *De tutelis.* V. Education. R.

Montesquieu. — *Esprit des lois, ou rapport que les lois doivent avoir avec la constitution de chaque gouvernement.* V. Asile. — Célibat. — Code, § III. — Coutume. — Démembrement de fief. — Fief. — Impuissance. — Inalienable. — Intervention. — Ministre public. — Noblesse. — Office. — Peine. R. — Protêt, § VIII. Q. — Roi. R.

Montholon (J. de). — *Arrêts célèbres du parlement de Paris.* V. Bail, § XII. — Colombier. — Conventions matrimoniales. R. — Hypothèque, § XII. Q. — Legs. — Prescription. — Rapport à succession. — Réalisation. — Représentation (droit de). — Substitution directe, § III. R. — Terrage, § I et suiv. Q.

Montluc (Jean de). V. Barbines. R.

Montvallon. — *Précis des ordonnances du parlement de Provence.* V. Endossement, § I. Q.—Légataire.—Légitime.—Signature. R.; et § III. Q.—.Testament, sect. II, § III et suiv. R.

Moreau. — *Discours sur l'histoire de France.* V. Cardinal. — Justice. R.

Mourgues (S.). — *Commentaire sur la coutume de Provence.* V. Appel, § VII. Q. — Légitime. — Parcours. — Prescription. R. ; et § VI. Q. — Prétérition, § II. Q. — Puissance paternelle. — Retrait lignager. R. — Réversion, § I. Q. — Usage (droit d'), sect. II. R.

Mudœus. — *Tract. de Pignoribus.* V. Légataire, § III. Q.

Muraire. V. Testament, sect. I, § I, art. 4. R.

Muyard de Vouglans. — *Instruction criminelle.* — *Lois criminelles de France.* V. Civiliser. — Contumace. — Faux. — Réparation civile. — Tabac. — Témoin judiciaire, § I, art. 5. — Voie de fait, § II. — Vol, sect. II. R.

Myler de Ehrenbach. V. Conventions matrimoniales.—Légitimation. R.

Mynsinger.—Commentarius in titulum de fide instrumentorum. Lib. II Decretalium. V Appel, § VII et IX.—Dernier ressort. — Dévolution coutumière, § I. — Domicile élu, § I. Q. —Enquête. — Incendie. — Légitime. R. — Prétérition, § I. Q. — Représentation (droit de). R. — Testament conjonctif, § I. Q.

N

Nangis. V. Baron. R.

Naudé. V. Chancelier. R.

Neapodanus. V. Retrait successorial. Q.

Neny (le comte de).—*Mémoires historiques des Pays-Bas Autrichiens.* V. Substitution fidéicommissaire, sect. VII, § III, art. 4. R.

Neostade.—*De pactis ante nuptialibus.* V. Institution contractuelle. — Nullité. R. — Révocation de testament, § I et suiv. Q. — Séparation de biens. — Terrage. R.

Nerguzentius. V. Amélioration. R.

Néron. — *Recueil d'édits et d'ordonnances royaux.* V. Chasse, § X. — Office. R. — Triage, § II. Q.

Noodt (Gerardus).—*Comment. Pand.* V. Hypothèque, § IV *bis.* Q.

Nowarius.—*Tr. de gravaminibus vassallorum.* V. Vaine pâture, § I et suiv. Q.

Novion (le présid. de). V. Témoin judiciaire, § I, art. 5. R.

O

Obrien Macmahon. — *Méchanceté de la nature humaine.* V. Droit naturel. R.

Oldradus. — *De ponte Lodensi.* — *Conseils.* V. Légitimation. R.

Oliva (Félicien d').—*De foro ecclesiæ.* V. Ministre public. R.

Olive (Simon d'). — *Questions notables de droit, décidées par divers arrêts de la cour du parlement de Toulouse.* V. Abergeage. — Albergues. — Augment. — Caution, § IV. — Cession de bien. — Concubinage. — Choix, § I. — Déguerpissement. — Double lien. — Héritier. — Hypothèque. — Institution contractuelle. — Légitime. — Meuble (legs de). — Noces (secondes). — Office. — Prescription. — Prodigue. — Rente constituée. — Réversion, sect. I. — Subrogation de personne, sect. II, § VII. — Substitution directe, § II et suiv. — Testament, sect. I, § IV et suiv. R.; et § VI et suiv. Q. — Terrage, § I et suiv. Q. — Viduité. — Vœux, sect. II. R.

Olivier de Saint-Vaast. — *Commentaire sur les coutumes d'Anjou et du Maine.* V. Délai, sect. I. — Douaire. — Tenement de cinq ans, § IV.

Olivier-Etienne. V. Caution, § III. R. — Transfert, § I. Q.

Orose (Jérôme). — *De nobilitate civili.* V. Noblesse. R.

Ostie (le cardinal d'). V. Mariage, § VIII. Q.

Overdatz. — *Traité des successions des mains-fermes.* V. Dévolution coutumière. R.

P

Paillet. — *Manuel du droit français.* V. Autorisation maritale, § VIII. — Domicile, § V. — Motifs des jugemens. — Péremption, sect. II. — Prescription. R. — Testament, § XVII et suiv. Q.

Palcota (le cardinal de). — *Tractatus de nothis.* V. Alimens, § I. R. — Légitimité, § II. Q.

Palerme (l'abbé de). — *De arbitris.* V. Cantonnement, § VIII. Q. — Légitimation. — Usage (droit d'), sect. II. R.

Palu. — *Commentaire sur la coutume de Tours.* V. Avantages entre époux, § II. Q. — Chasse, § IV. — Licitation. — Prescription. — Représentation (droit de). — Servitude. — Succession, sect. I, § II, art. 5. — Tenement de cinq ans, § IV. R.

Panorme (le cardinal de). V. Bigamie. — Conventions matrimoniales. R.

Papin. — *Rec. manuscrit.* V. Testament, sect. I, § II, art. 2. R.

Papon. (J.) — *Recueil d'arrêts notables des cours souveraines de France.* V. Adultère. — Affouage. — Assemblée,

§ IV. — Autorisation maritale, sect. III, § I. — Ban de vendange. — Bâtiment. R. — Causes des obligations, § I. Q. — Caution, § III. — Caution *judicatum solvi.* — Cession de biens. — Chasse, § X. — Clain, § I. — Clain de rétablissement. — Communaux, § IV. — Complainte. — Confesseur. — Curateur. — Déclinatoire. — Déguerpissement. R. — Démission de biens, § VII. Q. — Dénonciation de nouvel œuvre. — Domaine public. — Douaion. — Enquête à futur. — Hypothèque. — Institution contractuelle. — Jugement. — Légataire. — Légitime. — Novation. — Nullité. — Paraphernal. — Peine contractuelle. — Prescription. — Procureur *ad lites.* — Propre. — Quarte de conjoint pauvre. — Quarte trébellianique. R. — Remploi, § III. Q. — Révocation de procureur. — Réversion, sect. I. — Sacrilége. — Sénatus-consulte velléien. — Servitude. — Subrogation de personne, sect. I. — Succession, sect. I. R.; et § XI. Q. — Succession future (pacte sur une), § II. Q. — Témoin judiciaire, § I. — Testament, sect. III. — Tutelle, sect. II et suiv. — Usage (droit d'), sect. II. — Usufruit, § 1 et suiv. R. — Velléien, § I. Q. — Voisinage, § II. R.

Pardessus. — Cours de droit commercial. V. Aval, § II. Q. — Droits successifs. — Opposition (tierce). — Requête civile, § III. R.

Pardessus. — Traité des servitudes. V. Servitude. R.

Pardessus. — Traité du contrat de change. V Lettre et billet de change, § II et suiv. R.

Pardulphus Plateius. V. Code, § I. R.

Parladorius. — Collect. rerum quotidianarum. V. Appel, § IX. Q.

Pascal (Charles). — *Legatus.* V. Ministre public. R.

Paschalis. — De viribus patr. potestat. V. Représentation (droit de). R.

Pasquier. — Recherches de la France. V. Chambre du Plaidoyer. — Noblesse. — Offices. R.

Pastour. — Traité des fiefs. V. Prescription. R.

Patou. — Sur la coutume de Lille. V. Réserve coutumière. R. Substitution fidéicommissaire, § X et suiv. Q.

Paul (le jurisconsulte). — *Sentences.* V. Double lien. — Faux. R. — Hypothèque, § IV *bis.* — Intérêts, § II. — Légitimité. — Legs. — Meuble. — Novation. R. — Papier-monnaie, § IV. — Sénatus-consulte velléien. — Servitude. — Substitution fidéicommissaire, § III et suiv. — Testament, § XVII. — Vol, § IV. Q.

Paul de Castre. — Sur le Digeste. V. Caution, § IV. — Institution d'héritier. — Légitimation. — Légitime. R. — Légitimité, § II. Q. — Peine testamentaire. — Prescription. — Preuve. — Puissance paternelle. — Quarte trébellianique. — Révocation de testament, § II. Q. — Stipulation pour autrui. R. — substitution fidéicommissaire, § III et suiv. — Testament, § XII. Q.

Peckius. — De testam. conjug. V. Autorisation maritale, sect. II et suiv. R. — Féodalité, § V. Q. — Habitation. — Légataire. — Séparation de biens. R.

Pecquet. — Lois forestières. V. Bois, § II. — Chasse, § III. — Pâturage. — Triage. R.

Peleus. V. Complant. Q. — Hypothèque. — Légitime. — Représentation (droit de). — Séparation de biens. R.

Perchambaut. — Sur la coutume de Bretagne. V. Accusé. — Appropriance, § II et suiv. — Arbres. — Avers. — Bagues et joyaux. — Baillée. — Bannie — Chasse, § IV et suiv. — Cours d'eau. R. — Démission de biens, § I. Q. — Douaire. — Novation. — Prodigue. R. — Propre, § II et suiv. Q. — Rente seigneuriale, § II. R.

Peregrinus. — De fideicommiss. V. Légitimation. — Légi-

time. R.; et § VIII. Q. — Quarte falcidie. — Quarte trébellianique. R. — Révocation de substitution, § II. — Substitution fidéicommissaire, sect. X, § VII et suiv. R.; et § III et suiv. Q. — Testament, sect. IV, § I. R.

Perez (Antoine). — *Annotationes in Pandectas et Codicem.* V. Acte sous seing privé. — Empêchemens, § IV. — Incendie. — Légitime. — Puissance paternelle. — Révocation de donation, § I. — Révocation de substitution, § II. — Séparation de biens. — Séparation de patrimoine. — Servitude. R. — Servitude, § II. Q. — Substitution directe, § I. R.

Perrier (François). — *Arrêts notables du parlement de Dijon avec des observations sur chaque question; par Guill. Rariot.* — *Commentaire sur la coutume de Bourgogne.* V. Acceptation de communauté. — Ancien, § I et § II. — Arbitrage. — Avignon. — Ban de moisson. R. — Caution, § IV. Q. — Caution *judicatum solvi,* § I et II. — Education. R. — Réversion, § I. Q. — Révocation de codicille, § V. R. — Révocation de donation, § IV. Q. — Révocation de procureur. — Séparation de patrimoine. — Subrogation de personne, sect. II, § VIII. — Substitution fidéicommissaire, sect. II, § I. — Témoin judiciaire, § I, art. 5 et suiv. Q. — Testament conjonctif, § II. Q. — Tutelle, sect. II et suiv. R.

Persil. — Régime hypothécaire. V. Saisie immobilière. R.

Pesnelle. — Comment sur la coutume de Normandie. V. Bail, § III. Q. — Douaire. — Grosse. — Mariage. R. — Partage, § VI. Q. — Tiers coutumier. R. et Q. — Servitude. R. — Transfert, § I. Q. — Vue, § II et suiv. R.

Petit. — Droit public ou gouvernement des colonies françaises, d'après les lois faites pour ces pays. V. Colonies, § I. — Testament, sect. I, § II, art. 3. R.

Petra. — De fideicommissis. V. Légitimité, § II. Q.

Petremaud (J.). — *Recueil des édits, ordonnances et coutumes de Franche-Conté et de Bourgogne.* V. Admodiateur. R.

Pfeffel. — Histoire d'Allemagne. V. Démembrement de fief. R.

Philibert Collet. — Traité sur les statuts de Bresse. V. Abénévis. R.

Philippi. V. Blairie. R.

Phoonsen. — Us et coutumes d'Amsterdam. V. Lettres et billets de change. R.

Phoouten. V. Protêt, § VIII. Q.

Piales. — Traité des collations et provisions de bénéfices. V. Communaux. R.

Pierata (Sylvestre). V. Légitimation. R.

Pigeau. — Traité de la procédure civile. V. Bureau de conciliation. R. — Interlocutoire, § V. — Locations. — Mort civile, § III. Q. — Péremption, sect. I et suiv. — Requête civile, § III. — Saisie immobilière, § VI. — Testament, sect. I, § I, art. 4. R.

Pinellus. V. Diffamari. — Prescription. R.

Pithou. — Commentaire sur les coutumes de Paris et de Troyes. — Glossaire sur les Capitulaires. V. Afféagement. — Alleu. — Alviner. — Aumailles. R. — Avantages entre époux, § III et suiv. Q. — Banalité. — Chasse, § IV et suiv. — *Paterna paternis.* — Représentation (droit de). — Servitude. R.

Pithou — Traité des droits et des libertés gallicanes. V. Libertés de l'Église gallicane. R.

Platon. V. Droit naturel R.

Plutarque. V. Divorce, sect. III. — Droit naturel. R.

Pocquet de Livonière. — Commentaire sur la coutume d'Anjou. — Règles du droit français. — Traité des fiefs. V. Abandonnement. — Communauté de biens entre époux, § V. — Cours d'eau, § I. Q. — Déclaration au profit d'un tiers. — Dette concomitante. — Franc-alleu. R. — Hypothèque, § XIII. Q. — Légiti-

mation. — Mères, § I. Q.—Partage.—Prix.—Puissance paternelle.—Réalisation.— Règles de droit.—Remploi.—Servitude.
—Tenement de cinq ans, § IV. R.

Poitevin. V. Tenement de cinq ans, § II. R.

Pollet. — *Arrêts du parlement de Flandre.* V. Absent.
— Appel, sect. I, § V, art. 6. R.— Arrérages, § I. Q. — Autorisation maritale, sect. VI, § I. R.— Avantages entre époux.
§ VI. Q. — Bâtard, sect. I. — Bail, § IV.— Bourgeois, § II.
— Cabaret. — Catteux, sect. III, § III et § IV. — Caution,
§ VI. — Clain, § II. — Devoirs de loi. —Donation.— Entravestissement. — Fruits. — Héritier. — Interdiction. — Légitime. — Légitimité. — Mort. — Gage. — Nullité. — Opposition aux jugemens par défaut, § IX et suiv. Q.— Peine testamentaire. — Prescription. R.; et § XV. Q. — Propre. — Puissance maritale. — Puissance paternelle. — Rapport à loi. —
Rapport à succession. — Réserve coutumière. — Séparation
de patrimoines. R. — Séparation de patrimoines, § II. Q. —
Subrogation de chose, sect. II, § I, art. 1. — Subrogation de
chose, sect. II, § I, art. 2.— Subrogation de personne, sect. II,
§ V. — Subrogation de personne, sect. II, § III. — Substitution fidéicommissaire, sect. VII, § III, art. 4. — Substitution
fidéicommissaire, sect. XII, § III, art. 5. — Signature. R. —
Société, § I. Q. — Tenue par la loi, § II. R. — Testament
conjonctif, § II. Q. — Transport. — Tutelle, sect. IV et suiv.
R.

Pomerole. — *Traité des erreurs vulgaires de la médecine.* V. Légitimité. R.

Ponce (Basile). V. Légitimation. R.

Pontanus. — *Commentaire sur la coutume de Blois.* V.
Autorisation maritale, sect. II. — Civerage. — Garance. — Li-
citation. — Mariage, sect. IV et suiv. — Rappel à succession.
— Testament, sect. II, § II, art. 1. — Usufruit paternel.
R.

Pont-Oppidan. — *Histoire de Norvége.* V. Alleu.
R.

Pothier. — *Commentaire sur les coutumes du Bourbon-
nais, de Brétagne, d'Orléans, etc.* V. Absent, § III. Q. —
Bénéfices d'inventaire. — Caution, § IV. — Champart. R. —
Démission de biens, § II.— Don mutuel, § III. Q.— Douaire.
— Double lien. — Propre. — Rapport à succession. — Ré-
serve. R. — Résolution, § II. Q.— Séparation de patrimoine.
— Servitude. — Stipulation pour autrui. — Subrogation, § I.
Q. — Subrogation de personne, § VIII, sect. II. — Suren-
chère. R.

Pothier. — *Pandectæ Justinianæ in novum ordinem di-
gestæ, cum legibus Codicis, etc.* V. Faux. — Délai, sect. I. R.
— Héritier, § III. — Hypothèque, § IV. bis. — Juridiction
volontaire. — Substitution fidéicommissaire, sect. XV, § III.
R.

Pothier. — *Traité de procédure civile et criminelle.* V.
Délai. R. — Exploit, § I. Q. — Servitude. R.; et § VI. Q. —
Stipulation pour autrui. Q. — Témoin judiciaire, § I, art. 5.
R.

Pothier. — *Traité des contrats de bienfaisance, prêts à
usage précaire, prêt de consomption, dépôt et mandat, nantissement, aléatoire, assurance de prêts à la grosse aventure,
et jeu.* V. Délaissement. — Distraction de dépens. — Po'ice et
contrat d'assurance. — Alimens, § I. R. — Arrêt de prince.
— Charte partie. — Lettre et billet de change, § IV. —
— Opposition à un jugement. — Séquestre de guerre.
R.

Pothier. — *Traité de la communauté et de la puissance
de mari.* V. Acceptation de communauté. — Ameublement.
— Apport. — Autorisation maritale, sect. V, § II et suiv. —
Avantages entre époux.—Communauté, § II. R.—Continuation

de communauté. R.; et § V. Q. —Deuil. — Mariage. — Meubles, § II. Q. — Préciput conventionnel. — Puissance maritale.—Récompense.—Remploi, § II. Q.—Séparation de biens,
— Séparation de corps. R.

Pothier. — *Traité du contrat de change.* V. Acceptation
de lettre de change. — Aval. R. et Q. — Endossement. —
Lettre et billet de change, § II et suiv. R.— Lettre de change,
§ VII.—Monnaie décimale. Q.— Ordre (billet à).—Protêt. R.;
et § II et suiv. Q. — Rescription. R.

Pothier. — *Traité du contrat des constitutions de rente.*
V. Péremption, sect. I et suiv. — Prescription et rente constituée. R. — Remboursement, § I. Q.

Pothier. — *Traité du contrat de louage, et du contrat
de bail à rente.* V. Affrétement. — Bail, § I et suiv. R. —
Bail à rente, § I. Q. — Cheptel. — Déguerpissement. — Domestiques. R. — Lettres de ratification, § III. — Loyers et
fermages, § I. — Opposition (tierce), § I. Q. — Rente viagère.
— Servitude. — Usufruit, § I et suiv.

Pothier. — *Traité du contrat de mariage.* V. Célibat. —
Clandestinité, sect. II, § II. — Distraction de dépens. — De-
pens. — Domicile, § V. — Douaire. — Empêchemens, § IV
et suiv. — Légitimation. R. — Légitimité, § V. Q. — Mari.
— Mariage, sect. IV. R. — Mariage, § V. Q. — Noces (secondes). — Préciput conventionnel. — Prescription, sect.
I. — Révocation de Procureur. R.

Pothier. — *Traité du contrat de société.* V. Mitoyenneté.
— Société, sect. II. R.

Pothier. — *Traité du contrat de vente, et traité
des retraits.* V. Communauté, § III. — Consignation.
— Délai, sect. I. — Droits litigieux (cession de), § II. Q. —
Droits successifs. R. — Droits successifs (cession de), § I et
suiv. — Effet rétroactif de la loi du 17 nivose au 2.— Fa-
culté de rachat, § I. — Fait du souverain, § I. Q. — Mines, §
V. R.; et § IV. Q.—Pacte commissoire. R.—Rente foncière et
seigneuriale, § III. Q. — Rente viagère. — Rescision. R.; et §
IV. Q. — Résolution. R.; et § II. Q. — Simulation. R. —
Stipulation pour autrui. Q. — Subrogation de personne, sect.
II, § VIII. — Vente, § I et suiv. R.

Pothier.—*Traité du domaine de propriété.* V. Abandonné.
— Abeilles. R.

Pothier. — *Traité de donations entre-vifs.* V. Accroissement. R. — Avantages entre époux, § III et suiv. Q. — Conventions matrimoniales. R.—Donation, § VI. Q.—Don mutuel.
R. et § III. Q. — Legs, sect. IV. — Mort civile. — Rapport à
succession. — Renonciation. — Révocation de codicille, § IV.
— Révocation de donation, § I. — Témoin instrumentaire,
§ II. — Testament, sect. II et suiv. R.

Pothier. — *Traité des fiefs.* V. Arrière-foncière. — Cens,
§ II et suiv. — Fief. — Servitude. R.

Pothier — *Traité des obligations.* V. Achat. — Adjudicataire, § IV.— Arrérages. R.; et § I. Q. — Arrhes. — Caution, § IV, V et VI. — Communaux (biens) § VII. Q. —
Compensation. — Condition. — Concubinage. — Consignation.
R.; et § I. Q. — Contre-lettre. R. — Crainte, § II. Q. — Délé-
gation de dette. — Distraction de dépens. R. — Double écrit,
§ I. Q. — Droits successifs. — Échange. — Inscription de
Faux. — Lettre et billet de change, § IV. — Novation.— Op-
position (tierce). R. — Papier-monnaie, § IV. — Peine com-
promissoire, § I. Q. — Peine contractuelle. R. — Péremption,
§ III et suiv. — Preuve. R.; et § VII. Q. — Récompense. —
Rente foncière. — Révocation de procureur. — Serment. —
Simulation. — Solidarité, § V. — Subrogation de personne,
sect. II, § V et suiv. — Succession, sect. I, § II, art. 5. —
Taille de marchand. — Témoin judiciaire, § I et suiv. R.
— Transcription au bureau des hypothèques, § III. — Triage

§ I et suiv. Q. — Vente, § I et suiv. — Vœux, sect. I. — Vol, sect. II. R.

Pothier. — *Traité de la possession.* V. Biens, § I. — Voie de fait, § I. — Tenement de cinq ans, § I et suiv. R.

Pothier. — *Traité des propres, et des donations testamentaires.* — V. Propre. — Substitution fidéicommissaire, sect. X, § X et suiv. R.

Pothier. — *Traité des successions.* V. Legs, sect. V. — Partage. — Rappel à succession. — Rapport à succession. — Représentation (droits de). — Révocation de legs, § I et suiv.

Pothier. — *OEuvres posthumes.* V. Hypothèque.

Poulain de Belair. — V. Bannie. — Cens, § II. — Terrage. R. — Succession, sect. I, § II, art. 5. R.

Poulain du Parc. — *Commentaire sur la coutume de Bretagne.* — *Recueil des arrêts notables du parlement de Bretagne.* V. Arbitrage. — Appropriance, § I et suiv. — Autorisation maritale, sect. VI, § I. — Bail, § XVI. — Bail à domaine congéable. — Congément. — Date. — Délai. — Démission de biens. R.; et § IV. Q. — Domaine congéable, § I. Q. — Douaire. R. — Expert, § III. Q. — Partage. — Prescription. R.; et § XIII. Q. — Prix. R. — Propre, § II et suiv. Q. — Récusation. — Retrait de préférence. — Réversion, sect. II. — Séparation de biens. R. — Séparation de corps. Q. — Société, sect. II. R. — Société, § I. Q. — Subrogation de personne, sect. II, § VIII. — Succession, sect. I, § II, art. 5. — Terrage. — Testament, sect I, § I, art. 3. R. — Tuteur, § I. Q.

Pratreius Pardulphus. — *Jurisprudentia vetus sive Draconis et Solonis, nec non Romuli ac XII Tabularum leges, collectæ, interpretatæque.* V. Papier-monnaie, § IV. Q.

Prévot de la Jannès. — Commentaire sur la coutume d'Orléans. — V. Révocation de donation, § IV. Q.

Prohet. — *Commentaire sur la coutume d'Auvergne.* — V. Chapeau de rose, chapel d'argent. — Puissance paternelle. —

Prost de Royer. — *Dict. des arrêts.* V. Ministre public. R. Testament, sect. II, § III, art. 8. R.

Proudhon. — *Cours de droit français.* V. Absent. — Alimens, § I. — Domicile, § V. — Donation, sect. IV. — Effet rétroactif, sect. III, § III et suiv. — Étranger. — Mineur, § VII. R.

Proust de Beaulieu. — *Commentaire sur la coutume de Loudun.* — Chemin voisinal. — Tenement de cinq ans, § II. R.

Puffendorf. — *Traité du droit de la nature et des gens.* — V. Droit naturel. R.

Pütter. — *Instit. juris publici Germanici.* — V. Majorat. R.

Putmann. — *Principes du droit en matière de lettre de change.* — V. Lettre et billet de change. R.

Puttman. — *Elem. juris feudalis.* V. fief. R. — Rente foncière et seigneuriale, § XIV. Q.

R

Radeland. — *Décis. du conseil d'Utrecht.* V. Avantages entre époux, § II. Q.

Rævardus. V. Servitude. R.

Ragueau (Franc.). — *Commentaire sur la coutume de Berri.* — *Indice des droits royaux, et Glossaire du droit français* V. Abont. — Advestures. — Alleu. — Amparlier. — Applégement de refus de pièce. — Assiette de rente. — Ban de vendange. — Cabal. — Cadet (fils). — Chef-parageur. — Cher-cens, cher-prix. — Civerage. — Comptant. — Double lien. — Gayves.

R. — Faculté de rachat. § IV. Q. — Légataire. — Servitude. — Vavassorie. R.

Branchin. — *Miscellanea decisionum.* V. Banalité. — Bestialité. R. — Démission de biens, § VII. — Prétérition, § I. Q. — Prescription. — Prodigue. — Substitution directe, § IV. R.

Raparlier. — *Observations sur les chartes générales de Hainaut.* V. Champart. — Réserve coutumière. — Santeur. R.

Rassicod. — *Comment. de feudis.* V. Bénéfice d'inventaire. — Puissance paternelle. R.

Rastal. V. Afféreur. R.

Ravenna (Jacques de). V. Légitime. R.

Raviot (Guillaume). — *Arrêts notables du parlement de Dijon, recueillis par Fr. Perrier, avec des observations sur chaque question.* V. *Ab irato*, sect. I. — Abus. — Acceptation de communauté. R. — Adultère, § II. Q. — Ancien, § I. — Augment. — Autorisation maritale, sect. VII. — Avignon. — Banc d'église. R. — Caution, § III. Q. — Caution *judicatum solvi*, § I et suiv. R. — Conventions matrimoniales. — Curateur. — Déclinatoire. — Deuil. — Donation. — Douaire. R. — Double écrit, § I. Q. — Education. — Hypothèque. R.; et § XIII. Q. — Imputation par échelette. Q. — Intérêt. — Interruption de prescription. — Légataire. — Mariage, sect. IV, § III. R. — Office. — Partage d'ascendant. — Prescription. — Réversion, sect. II. — Révocation de procureur. — Séparation de biens. — Séparation de patrimoine. — Servitude. — Signature. R. — Signature, § II. Q. — Subrogation de personne, sect. II, § III et suiv. — Substitution fidéicommissaire, sect. II, § I et suiv. — Suggestion, § I. — Témoin instrumentaire, § II. — Témoin judiciaire, § I et suiv. R. — Terrage, § I, et suiv. Q. — Testament, sect. II, § II et suiv. — Transaction, § III. R.

Raynutius. V. Bar. — Renonciation à une succession future. R.

Rebuffe. — *Recueil d'ordonn.* — *Concordata cum Commentariis.* — *De litteris obligatoriis.* V. Autorisation maritale, sect. II. — Bulle. R. — Causes des obligations, § I. Q. — Dernier ressort, § VII. — Héritier. — Interrogatoire sur faits et articles. — Testament, sect. III. — Tutelle, sect. II et suiv. R.

Regnerus. — *Censura Belgica.* V. Séparation de patrimoine. — Substitution directe, § II. R.

Régusse (le prés. de). V. Atteint et convaincu. — Bannissement, § I. — Honoraires. — Jugement. R.

Reinhart (Tobias Jacob). — *De differentiâ juris civilis et Saxonici.* V. Loi, § IX. — Vol, sect. I. R.

Renusson. — *OEuvres complètes, contenant les traités de la communauté, du douaire, de la garde noble et bourgeoise, des propres et de la substitution.* V. Acceptation de Communauté. — Acquêt. — Alluvion. — Augment. — Autorisation maritale, sect. III, § II, et suiv. R. — Avantages entre époux, § VIII. Q. — Cabal. — Clain de rétablissement. — Clôture d'inventaire. — Communauté, § III. — Communauté de biens entre époux, § V. — Condition de manbournie, § I et suiv. — Conquêts, § I. Q. — Continuation de communauté. R.; et § V. Q. — Conventions matrimoniales. — Continuation de communauté, § V. Q. — Dette concomitante. Q. — Douaire. — Droits successifs. R. — Garantie, § VI. Q. — Héritier. — Institution contractuelle. — Légataire. — Légitime. — Legs. R. — Lettres de ratification, § III. Q. — Noces (secondes). — *Paterna paternis.* — Propre. — Rappel à succession. — Réalisation. — Remploi. R.; et § IV. Q. — Renonciation à une succession future. R. — Rente foncière et seigneuriale, § III. Q. — Réserve coutumière. — Réversion, sect. I. — Subrogation. — Subrogation de chose, sect. II, § I et suiv. — Subrogation de personne, sect. II, § I et suiv. — Testament, section III. R. — Tiers coutumier. Q.

Revel (Charles). — *Usage des pays de Bresse, Bugey, et Gex ; leurs statuts, styles, et édits.* V. Assec. — Augment. — Bagues et joyaux. — Etang. R.

Rheinking. — *De retracta.* V. Représentation. R.

Rhetius. — *Comment. juris feudalis.* V. Fief. R. — Rente foncière et seigneuriale, § XIV. Q.

Ricard (Œuvres de). — *Contenant les Traités des donations , du don mutuel , des dispositions conditionnelles , des substitutions , de la représentation , et du rappel.* V. Adultère, § II. Q. — *Ab irato.* — Accroissement. — Acte sous seing-privé, § II. — Alimens, § V. R. — Arrérages, § I. Q. — Augment. — Autorisation maritale, sect. II et suiv. — Avantages entre époux. R. — Avantages entre époux, § III et suiv. Q. — Bagues et joyaux. — Cabal. — Cens, § XII. — Chirurgien, § I. — Choix, § I. — Clause codicillaire. — Concubinage. — Confesseur. R. — Conquêt, § I. — Contrat de mariage, § II. Q. — Conventions matrimoniales. — Date. — Déclaration au profit d'un tiers. R. — Démission de biens, § III et suiv. Q. — Don mutuel. R. ; et § III. Q. — Donation, sect. IV. — Douaire. — Droits successifs. — Effet rétroactif, sect. III, § II et suiv. — Indices. — Institution contractuelle. — Institution d'héritier. — Interdiction. — Légataire. — Légitimation. — Légitime. — Legs. — Majorité. — Meubles (legs de). R. — Mineur, § VI. Q. — Mode. — Mort. — Noces (secondes). — Option en matière de legs. — Peine testamentaire. — Prescription. R. — Prétérition, § I. Q. — Propre. — Puissance paternelle. — Quarte trébellianique. — Quint naturel. — Rappel à succession. — Rapport à succession. — Réalisation. R. — Remploi, § IV. Q. — Rente seigneuriale. — Représentation (droit de). — Réserve. — Réserve coutumière. — Retrait de mi-denier. R. — Reversion, § II. Q. — Révocation de codicille, § V. — Révocation de donation, § I. — Révocation de donation, § IV. Q. — Révocation de substitution, § II. — Révocation de testament. — Saisie-gagerie. — Signature. R. — Signature, § II. Q. — Stipulation pour autrui. Q. — Subrogation de chose, sect. II, § I, art. 11. — Substitution directe, § I et suiv. — Substitution fidéicommissaire, sect. I, § XII et suiv. R. ; et § VIII et suiv. Q. — Succession, sect. I, § II, art. 5. — Suggestion, § I et suiv. R. — Suppression de titres, § I. — Testament, sect. I, § I et suiv. R. ; § VI et suiv. Q. — Témoin instrumentaire, § II. — Testament, sect. I, § IV. R. — Testament conjonctif, § II. Q. — Vaine pâture. — Valenciennes. — Viduité. R.

Richard. — *Commentaire sur la coutume d'Amiens.* V. Ainesse, § II. — Dation en payement. — Héritier. R.

Richer. — *Traité de la mort civile.* V. Légitimité , § V. Q. — Mort civile. R. — Mort civile , § III. Q. — Réversion , sect. I. R.

Richeri. — *Recueil d'arrêts du sénat de Turin.* V. Emphytéose. R.

Riminald. V. Légitime. R.

Ripa. V. Légitime. — Révocation de donation , § I. R.

Robert. — *Rerum judicatarum.* V. Déposition. — Education. — Viduité. R.

Robles. — *De representatione.* V. Représentation (droit de). R.

Rochette. — *Commentaire sur la coutume de Troyes.* V. Mainmorte. R.

Rodenburg. — *De jure quod oritur ex statutorum diversitate.* — *Tract. de jure conjugum.* V. Autorisation maritale, sect. II et suiv. R. — Avantages entre époux, § II et suiv. Q. — Concubinage. Q. — Conventions matrimoniales. — Douaire. — Effet rétroactif, sect. III, § II et suiv. — Entravestissement. R. — Féodalité, § V. Q. — Hypothèque. — Institution d'héritier. — Légataire. — Légitime. R. — Para-

phernal. Q. — Prodigue. — Puissance paternelle. R. — Revendication, § I et suiv. Q. — Séparation de biens. — Subrogation de chose, sect. II, § I, art. 11. — Testament, sect. I, § V et suiv. Q.

Rodier. — *Questions sur l'ordonnance de 1667.* V. Appel, § IX. Q.

Rodier. — *Consuls des marchands.* V. Domaine public. — Exécution provisoire des jugemens. R. — Exploit, § I. Q. — Opposition aux jugemens par défaut , § VII et suiv. Q. — Péremption, sect. I et suiv. R. — Péremption ; § III et suiv. Q. — Testament, sect. II, § III. R.

Rogéville (de). — *Dictionnaire historique des ordonnances de Lorraine.* V. Bar. R.

Rogues. — *Jurisprudence consulaire.* V. Endossement. — Lettre et billet de change , § IV. R. — Protêt, § VIII. Q.

Romanus (*Ludovicus*). V. Puissance paternelle, sect. III, § IV. — Représentation (droit de). R.

Rommelius. — *Sur l'édit perpétuel.* V. Preuve. R.

Rosellis (*Antonius* de). V. Bigamie. — Légitimation. R.

Rosenthal (Henri de). V. Légitimation. R.

Roupnel. — *Observations sur la coutume de Normandie.* V. Bail, § III. — Partage, § VI. — Tiers coutumier. Q.

Rousseau de Basoches. — *Ord. des eaux et forêts.* V. Restitution pour délit forestier. Q.

Rousseau de Lacombe (Gui). — *Recueil de jurisprudence canonique et bénéficiale.* V. Appel, sect. II, § VIII. R. ; et § VIII, n. 5. Q. — Autorisation maritale, sect. VII et suiv. — Avantages entre époux. R. ; et § III et suiv. Q. — Bannissement, § I. — Biens, § I. — Cartulaire. — Civiliser. — Clain de rétablissement. R. — Cours d'eau, § I. Q. — Délai, sect. I. — Distinction de dépens. — Donation. — Double lien. — Droits successifs. — Eaux pluviales. — Franc-alleu. — Garantie, § VI. Q. — Habitation. — Héritier. R. — Hypothèque, § II. Q. — Incendie. — Institution contractuelle. — Institution d'héritier. — Interdiction. — Légitimation. — Légitimité. — Mariage. — Mort civile. — Nautissement. — Novation. — Office. — Péremption, sect. I et suiv. R. ; et § III et suiv. Q. — Prescription. R. — Preuve, § VII. Q. — Quarte trébellianique. — Rapprochement de ligne. — Réparation civile. — Représentation (droit de). — Réserve coutumière. — Réversion, sect. II. — Révocation de procureur. — Révocation de testament. R. — Servitude, § V. Q. — Simulation. — Subrogation de personne, sect. II, § V. — Substitution directe, § I et suiv. R. — Succession, § XI. — Succession vacante , § I. Q. — Témoin instrumentaire, § II. — Témoin judiciaire, § I et suiv. — Testament, sect. II, § I et suiv. R. — Testament, § XVII. Q. — Usage (droit d'), sect. II. — Usufruit, § V. R.

Roussel de Bouret. — *Commentaire sur la coutume d'Artois.* V. Autorisation maritale, sect. V, § II et suiv. — Catteux, sect. I. R.

Roussilhe. — *Traité des donations.* V. Donation, § VI. Q. — Légitime. R.

Roye (de). — *De juribus honorificis.* V. Voie de fait, § I. R.

Rubys (de). — *Histoire de Lyon.* V. Lettre et billet de change. R.

Runde. — *Principes du droit civil d'Allemagne.* V. Majorat. R.

Rustal. V. Appartenances. R.

S

Sabarot. — *Consultation.* V. Avantages entre époux, § III. Q.

Saint-Augustin. — *De bono viduitatis.* V. Mariage. § V. Q.

Saint-Georges (Jean-Antoine de). V. Légitimation.

Saint-Jean (le président de). — *Décisions.* V. Choix, § I. R. — Crainte, § I. Q.

Saint-Just (Jean de). V. Barbines. R.

Saint-Yon (de). — *Recueil des édits et ordonnances concernant les eaux et forêts, avec des observations.* V. Affouage. — Bois, § I. R.

Salicetti. V. Légitimité, § II. Q.

Saligny (Ch. de). — *Commentaire sur la coutume de Vitry-le-Français.* V. Clef. — Licitation. R.

Sallé. — *Esprit des ordonnances de Louis XV sur les donations et les testamens.* V. Avantages entre époux, § I. — Mineur, § VI. Q. — Substitution fidéicommissaire, sect. X, § IV, art. 2. — Testament, sect. II, § III et suiv. R.

Salvaing. — *Traité de l'usage des fiefs et des autres droits seigneuriaux.* V. Abergeage. — Alluvion. — Avers. — Ban de Vendange. R. — Cantonnement, § VIII. Q. — Champart. — Chasse, § X. — Colombier. — Communaux, § IV. — Contradiction (Prescription). — Déguerpissement. — Démembrement de fief. — Enclave. — Fait du souverain, § I. Q. — Franc-Alleu. — Moulin. — Prescription. — Rente foncière et seigneuriale, § XIV. Q. — Rivière. R. — Terrage, § I et suiv. Q. — Terres vaines et vagues. — Usage (droit d'), sect. II. R.

Salviat. — *Jurisprudence du parlement de Bordeaux.* V. Absent, § III. — Adultère, § II. Q. — Bigamie. — Caution, § IV. — Déclinatoire. — Deuil. — Domaine public. — Dot. R.; et § II. Q. — Double écrit, § I. Q. — Fiduciaire. — Hypothèque, § II. — Institution contractuelle, § II. Q. — Intérêt. — Lettre et billet de change, § II et suiv. R. — Opposition aux jugemens par défaut, § VII et suiv. — Payement, § II. — Preuve, § VII. Q. — Puissance maritale. — Puissance paternelle. R. — Réversion, § I. Q. — Sénatus-consulte velléien. R. — Signature, § II. Q. — Société d'acquêt. R. — Suppression de titres, § I. Q.

Samuel Petit. — *Commentaire sur les lois de Solon.* V. Droit naturel. — Tour de l'échelle. R.

Sanchez. — *De sancto matimonio.* V. Légitimation. R. — Mariage, § VIII. Q.

Sande (J. A.). — *Recueil d'arrêts du conseil de Frise.* V. Alimens, § IV. R. — Appel, § IX. Q. — Arbitrage. R. — Concubinage. — Coutume, § III. Q. — Déclinatoire. — Double lien. — Droits successifs. — Effet rétroactif, sect. III, § III et suiv. R. — Expropriation forcée, § VIII. — Féodalité, § V. Q. — Héritier. R. — Prétérition, § I. Q. — Révocation de substitution, § I et suiv. — Sénatus-consulte velléien. — Subrogation de chose, sect II, § I, art. 2. — Subrogation de personne, sect. II, § III. — Succession future. — Témoin judiciaire, § I, art. 5. — Testament, sect. II, § I et suiv. R.

Sanfourche-Laporte. — *Annales de jurisprudence.* V. Intervention. — Motifs des jugemens. — Opposition à un jugement. — Péremption. — Prescription. — Question d'état. R.

Sarmientus. V. Légitimation. R.

Sauvageau. — *Commentaire sur la coutume de Bretagne.* — *Recueil des arrêts notables du parlement de Bretagne.* V. Apparagement, § II. — Appropriance, § III et suiv. — Arbitrage. — Autorisation maritale, sect. VI, § I. — Cession de biens. — Congément. — Dot. — Procureur *ad lites.* — Séparation de corps. — Révision, sect. II. R. — Séparation de corps.

Sauval. V. Bouillir. R.

Savary. — *Dictionnaire du commerce.* — *Le parfait négociant.* V. Abatellement. — Acceptation de lettre de change. — Atermoiement, § II. Q. — Aval. — Commissionnaire, § VI. — Endossement. R.; et § I et suiv. Q. — Faillite et banqueroute. — Lettre et billet de change, § IV. R. — Lettre de change, § VII. — Parère. — Protêt. R.; et § III. Q. — Société, sect. II. R.

Schaderus. — *De feudis.* V. Légitime. — Représentation (droit de). R.

Schenechius. — *Tr. de observationibus medicis raris ac novis.* V. Légitimité. R.

Scherer. — *Du droit de change.* V. Lettre et billet de change. R.

Schiller. V Colonat. R.

Schneydevin. — *Institutes.* V. Prétérition, § I. Q.

Schneidt. — *Jurisprudentia forensis.* V. Renonciation à une succession future. R.

Schraderus. V. Légitime. R.

Schurff. V. Légitimation. R.

Scipio Gentilis. V. Transaction, § I. R.

Selchow. — *Elem. juris. publ. Germ.* V. Majorat. R.

Scobier (Jean). — *Traité et comportement des armes.* V. Nom. R.

Seguier (avocat général). — *Réquisitoires et plaidoyers.* V. Adultère. — Alimens, § I. R. — Appel, § I, n. 1. Q. — Bulle. R. — Étranger, § I. — Faux, § II. — Propre, § II. — Témoin, § III. Q.

Selden. — *Tract. de jure naturali.* V. Droit naturel. R.

Sérieux. — *Traité des contrats de mariage.* V. Aînesse, § II. Q. — Autorisation maritale, sect. III, § II. R. — Continuation de Communauté, § V. — Dette concomitante. Q. — Propre. — Renonciation. — Réserve coutumière — Subrogation de personne, sect. II, § VIII. — Voie de fait, § I. R.

Serpillon. — *Commentaire sur les ordonnances de 1667, de 1670 et de 1757.* V. Appel, sect. II, § I et suiv. — Cassation, § V. — Caution *judicatum solvi,* § II. — Civiliser. — Contumace, § III. — Délai. R. — Délit, § X. — Expert, § I. Q. — Légitimité. R. — Opposition aux jugemens par défaut, § X et suiv. Q. — Puissance paternelle. — Réparation civile. — Requête civile. — Témoin judiciaire, § I et suiv. R.; et § III. Q. — Transaction, § II. — Voie de fait, § II. R.

Serres (Claude). — *Institution au droit fançais.* V. *Ab irato,* sect. I. R. — Causes des obligations, § I. Q. — Caution, § IV. — Caution *judicatum solvi,* § I et II. — Clandestinité, sect. II, § II. — Conventions matrimoniales. — Dot. R.; § IV. Q. — Hypothèque, § V et suiv. Q. — Incendie. R. — Institution contractuelle, § II. Q. — Légitimation. — Légitime. R.; et § VIII. Q. — Noces (secondes). — Nullité. R. — Papier-monnaie, § IV. Q. — Prescription. — Privilége de créance. — Puissance paternelle. — Quarte falcidie. — Rente constituée. — Réserve. R. — Révocation de donation, § I et suiv. — Révocation de testament. § II. Q. — Sénatus-consulte velléien. — Simulation. R. — Société, § I. Q. — Substitution fidéicommissaire, sect. VII, § II et suiv. R. — Substitution fidéicommissaire, § III et suiv. Q. — Succession, sect. I, § II et suiv. R. — Tabac. — Testament, sect. I § II, et suiv. — Transport. — Tutelle, sect. II et suiv. — Usufruit, § II et suiv. — Usufruit paternel. — Ville d'arrêt. — Vol, sect. I. R. — Vol, § IV Q.

Servin (Louis). — *Plaidoyers.* V. Assemblée, § III. R. — Démission de biens, § III. — Droits successifs (cession de), § I et suiv. — Légitimité, § V. Q. — Prescription, § XIII. — Révocation de codicille, § IV. — Testament, sect. I, § I, art. 5. R.

Shafthesbury (le comte). — *Caractéristiques.* V. Droit naturel. R.

Sichardus. V. Légataire. — Témoin judiciaire, § I, art. 5. R. — Testament, § XVIII. Q.

Simon. — *Hist., Orig. Des revenus ecclésiastiques.* V. Cartulaire. R.

Simoncellas. — *Trac. de decret.* V. Absent, § III. Q.

Sirey. — *Recueil général des lois et des arrêts.* V. Autorisation maritale, sect. VI. — Billet. — Effet rétroactif, sect. III, § II et suiv. — Filiation. R. — Héritier, § XI. — Hypothèque, § III. — Lettre et billet de change, § II. — Ministère public, § X. Q. — Motifs des jugemens. R. — Moulin. R. — Nantissement (pays de), § IV. Q. — Péremption, sect. II. — Prescription. — Usage (droit d'). R.

Sleidanus. V. Bar. R.

Socin (Socinus). V. Conventions matrimoniales. — Peine contractuelle. R. — Prétérition, § I. Q.

Soefve. — *Arrêts notables du parlement de Paris.* V. Autorisation maritale, sect. VI, § II et suiv. — Avantages entre époux. — Bail, § XII. — Banc d'église. — Bigamie. — Blessé, § III. — Cession de biens. — Chirurgien, § I. — Clandestinité, sect. II, § II. R. — Concubinage. — Conquêts, § I. — Conventions matrimoniales. — Démission de biens, § III et suiv. Q. — Droits litigieux (cession de), § II. Q. — Héritier. — Institution contractuelle. — Institution d'héritier. — Légitimité. — Office. — Puissance paternelle. — Révocation de codicille, § IV. — Révocation de legs, § I et suiv. — Subrogation de chose, sect II, § I, art. 1. — Suggestion, § I. — Surenchère. — Supposition de part, § II. R. — Testament, § IX. Q.

Sohet. — *Instituts de droit pour les pays de Liége*, etc. V. Délai, sect. I. R. — Dévolution coutumière, § I. Q. — Mainmorte (gens de). — Nullité. R. — Testament conjonctif, § I. Q.

Sola. V. Diffamari. R.

Sommeren. — *De jure novercarum.* V. Éducation. — Institution d'héritier. — Représentation (droit de). R.

Souchet. — *Sur la coutume d'Angoumois.* V. Continuation de communauté, § III et suiv. Q. — Moulin. — *Paterna paternis.* R. — Pêche, § I. Q.

Soulatges (de). — *Commentaire sur la coutume de Toulouse.* — *Traité des crimes divisés en deux parties.* V. Contrat de mariage, § III. — Signification de jugemens, § III. Q.

Spelman. — *Archæologia.* V. Abayance. — Alleu. — Avenage. R.

Spencerus. — *De legib. Hebræorum.* V. Terrage. R.

Spiegel. — *Introduction au droit de change.* V. Lettre et Billet de change, § II et suiv. R.

Spigelius. V. Papier-monnaie, § IV. Q.

Stiernhook (Jean). — *De jure Sueonum vetusto.* V. Alleu. R.

Stockmans. — *Recueil des arrêts du conseil de Brabant.* V. Acte sous seing privé, § II. — Attache. — Autorisation maritale, sect. III, § I et suiv. R. — Avantages entre époux, § VI. Q. — Clain, § II. — Clain de rétablissement. — Conventions matrimoniales. — Décret d'immeubles. — Dévolution coutumière. R. — Droits litigieux (cession de), § II. Q. — Gageure. Gains nuptiaux et de survie. — Institution contractuelle. R. — Intérêts, § II. Q. — Légitime. — Legs. — Majorité. R. — Mariage, § V. Q. — Novation. — Nullité. — Peine testamentaire. — Quarte falcidie. — Quarte trébellianique. — Rapport à loi. R. — Remploi, § III. — Servitude, § II. Q. — Simulation. — Subrogation de chose, sect. II, § I, art. 2. — Subrogation de personne, sect. II, § VIII. — Substitution fidéicommissaire, sect.

VIII et suiv. — Succession future. R. — Succession future (pacte sur une), § II. Q. — Testament, sect. II, § III, art. 8. R. — Testament, § XVIII. Q. — Tutelle, sect. II et suiv. R. — Wissembourg (statut du mundat de), § I. Q.

Stracha. — *Tract. de mercatura.* V. Avaries. — Baraterie. — Capitaine de vaisseau marchand. — Charte-partie. R.

Stryckius. — *De jure famil.* — *Leges forenses Mosaïcæ.* V. Colonat. — Prescription, sect. I, § VI. R.

Strube. — *De jure villicorum.* V. Colonat. R.

Struvius. — *De feodis.* V. Contradiction (prescription). — Preuve. R. — Révocation de testament, § II. Q.

Stypmanus. — *Jus maritimum.* V. Baraterie. — Capitaine de vaisseau marchand. R.

Sudre. — *Sur le traité des droits seigneuriaux*, par Boutaric. V. Déguerpissement. R.

Superior (Joannes). V. Servitude. R.

Surdis (Louis). V. Légitimation. R.

Surdus. — *De alimentis.* V. Aliments, § I. — Légitime. — Peine testamentaire. — Vente, § I. R.

T

Tacite. V. Prince, § I. R.

Tahon (le président). — *Recueil Ms.* V. Autorisation maritale, sect. VII. — Entravestissement. R.

Taisand. — *Commentaire sur la coutume de Bourgogne.* V. Ancien, § I et § II. R. — Contribution entre créanciers. — Démission de biens, § III. Q. — Douaire. — Institution contractuelle. — Légitime. — Prescription. — Puissance paternelle. — Renonciation à la communauté. — Rente foncière et seigneuriale, § XIII. Q. — Réversion, sect. I. — Révocation de testament. — Séparation de biens. — Succession, sect. I, § II, art. 5. — Témoin instrumentaire. — Testament, sect. I, § I et suiv. — Vaine pâture. — Vol, sect. III. R.

Talon (l'avocat général). — *Réquisitoires et Plaidoyers.* V. *Ab irato,* sect. III. — Adultère. — Autorisation maritale, sect. VII. R. — Avantages entre époux, § III. Q. — Caution *judicatum solvi,* § I. — Célibat. — Civiliser. R. — Concubinage. — Prétérition, § I. Q. — Témoin judiciaire, § I, art. 5. R.

Terrasson (Antoine). — *Histoire de la jurisprudence romaine contenant son origine et ses progrès.* V. Citation en jugement. — Code, § I. R.

Terrien. — *Commentaires sur la coutume de Normandie.* V. Interdit en matière possessoire. — Vavassorie. R.

Tessaurus. — *Quæst.* V. Avantages entre époux, § II. Q. — Institution contractuelle. — Puissance paternelle. R.

Thaon. V. Autorisation maritale, sect. VI, § II, art. 2. R.

Thaumas de la Thaumassière. V. La Thaumassière.

Theveneau. — *Commentaire sur la coutume de Poitou.* V. Apôtres. — Avortement. R. — Péremption, § II et suiv. Q. — Voie de fait, § I. R.

Thevenot (d'Essaules). — *Traité des substitutions fidéicommissaires.* V. Substitution fidéicommissaire, § VIII et suiv. R. ; et § III et suiv. Q.

Thibault. — *Traité des criées.* V. Attache. — Clain, § I. — Décret d'immeubles. — Exécution parée. — Servitude. — Subrogation de personne, sect. I et suiv. — Surenchère. R.

Tholosanus (Gr.). — *De beneficiis ecclesiasticis.* V. Appel, § VII. Q.

Tobias.—V. Effet rétroactif, sect. III, § I et suiv. R.

Thomasius. — *Fundamenta juris naturalis et gentium.* V. Droit naturel. R.

Thomassin (le père). — *Discipline de l'Eglise.* V. Célibat. R. — Mariage, § V. Q.

Thomingius. V. Légitime. R.

Thou (de). V. Domaine public. R.

Thouret. — *Abrégé des révolutions de l'ancien gouvernement français.* V. Condition, § I. Q.

Thourette. — *Sur la coutume de Montfort-Lamaury.* V. Servitude. R.

Tiraqueau. (Aud.).— *Comment. in Pictonum consuetudines.* — *De jure primogenit.* — *De retractu gentilitio.* V. Adultère.— Autorisation maritale, sect. I et suiv. — Bail, § IV. — Chevalier. — Délai, sect. I. — Donation. — Double lien. — Droits successifs. — Indices. — Légataire. — Légitimation. — Noblesse. R. — Pignoratif (contrat). Q. — Propre. — Puissance paternelle. — Quarte trébellianique. R. — Retrait successorial. Q. — Révocation de substitution, § II. — Subrogation de chose, sect. II, § I et suiv. R. — Stipulation pour autrui. Q.

Torre. (Jean). — *Traité des majorats.* V. Majorat. R.

Toubeau. (J.). — *Institutes du droit consulaire ou juridiction des marchands.* V. Aval. Q. — Consuls des marchands. R. — Endossement, § IV. Q.

Toullier. — *Droit civil français.* V. Absent — Accroissement. R. — Autorisation maritale, sect. VII et suiv. — Billet, § I. — Caution *judicatum solvi* — Célibat. — Concubinage. — Domicile, § V. — Donation, sect. IV. R.; et § VI. Q. — Double écrit. — Droits successifs (cession de), § II. Q. — Empêchemens, § IV, V. R. — Faux, § VI. Q. — Filiation. R. — Héritier, § III. — Hypothèque, § III. Q. — Impuissance. — Intérêt. — Interprétation. — Légitimité, sect. I, § II et suiv. R.; et § VII. Q. — Legs, sect. III et suiv. — Mariage, sect. II, § II et suiv. — Maternité. — Mineur, § VII. — Mort civile, § I et suiv. — Moyens de faux. — Offre. — Opposition à un mariage. R. — Peine compromissoire, § II. Q. — Peine contractuelle. — Prescription. — Question d'état. R. — Retrait successorial. Q. — Révocation de legs. — Révocation de testament. R. — Séparation de corps. R. — Servitude, § V. Q. — Signature. — Témoin instrumentaire, § II. — Testament, sect. II et suiv. R.; et § XVII. — Tiers, § II. — Usage (droit d'), § VII et suiv. — Usufruit paternel, § I. Q.

Tronchet. — *Discussion du Code civil.* V. Exclusion coutumière, § I. — Paternité. Q. — Testament, sect. I, § I, art. 4. R.

Tournet. — *Commentaire sur la coutume de Paris.* V. Double lien. — Prescription. — Vœux, sect. II. R.

Tronçon. — *Droit français et coutume de Paris.* V. Bénéfice d'inventaire. — Chasse, § X. — Conversion des rotures en fief. R. — Démission de biens, § IV. Q. — Don mutuel. — Dot. — Double lien. — Enfant. — Fraude. — Légitime. — Meubles. — Prescription. — Réversion, sect. II. — Servitude. R. — Signature, § II. Q. — Subrogation de chose, sect. II, § III. R. — Terrage, § I et suiv. Q. — Tour de l'échelle. — Vol du chapon. R.

Tulden. — *Commentaire sur le Code.* V. Acte sous seing privé, § II. R. — Compte, § I. — Droits litigieux (cession de), § II. Q. — Dot. R. — Hypothèque, § IV et suiv. — Légataire, § III. Q. Nullité. R. — Stipulation pour autrui. Q. — Substitution fidéicommissaire, sect. XII, § III, art. 5. R. — Substitution fidéicommissaire, § VIII et suiv. —Testament, § XVIII. Q. — Vol, sect. I. R.; et § IV. Q.

U

Ulpien. — *Fragmenta et collatio legum Mosaïcarum.* V. Bail, § X.—Dot. — Faux. — Gambage. — Héritier. — Institution d'héritier. — Légitimité. — Legs. — Mariage, sect. II, § II. — Meuble (legs de). — Ministre public. — Nullité. — Occupation. — Peine testamentaire. — Puissance paternelle.— Quarte trébellianique. — Réunion. — Réversion, § I. Q. — Substitution fidéicommissaire, sect. V, § II. — Testament, sect. II, § III, art. 2. R.; et § XVII. Q.

Ulric Huber. — *Tract. de jure civili.* V. Testament, sect. II, § III, art. 8. R.

Umeau.—*Traité du double lien.* V. Double lien. — Honoraires. R.

Upton (Nicolas). V. Noblesse. R.

Usserius. V. Code, § II. — Code, § I. R.

V et W

Waimel Dupareq. — *Consultat.* V. Témoin judiciaire, § I, art. 5. R.

Valbonay. V. Baile. R.

Valdaura (Crespo de). V. Légitime. R.

Valin. — *Commentaire de l'ordonnance de la marine.* V. Arrêt du prince. — Affrétement. — Bordigue. — Bouée. — Cale. — Capitaine de vaisseau marchand. — Charte-partie — Délaissement.—Etat civil, § II. — Grosse aventure.—Police et contrat d'assurance. Prises maritimes. R.; et § IV. Q.

Valin. — *Commentaire sur la coutume de La Rochelle.* V. Appointement. — Autorisation maritale, sect. VI, § II et suiv. — Avantages entre époux. — Ban de vendanges. — Conventions matrimoniales. — Délai. — Double lien. R. — Faculté de rachat, § I, Q.—Franche aumône.—Prescription. R. § XIV. Q.—Servitude. — Surenchère.—Testament, sect. I, § I, art. 3. — Vue, § II. R.

Valla. — *De rebus dubiis.* V. Usage (droit d'), § VII et suiv. Q.

Wamès. V. Conventions matrimoniales. — Testament, section I, § IV. R. — Testament conjonctif, § I. Q.

Vandenhaer. — *Sur la coutume d'Ypres.* V. Bourgeois. — Décret d'immeubles. — Séparation de corps. R.

Vandepol. V. Légitime. R.

Vandermeulen. — *Commentaire sur les coutumes de Vianam et d'Ameyden* V. Avantages entre époux, § II. Q.

Van-Espen (B. Z.). — *Jus ecclesiasticum universum.* V. Assemblée, § IV. — Légitimation. — Mariage, sect. IV, § III, et suiv.—Sainteur. R.

Vanleuven. — *Censura forensis.* V. Concubinage. Q. — Ignorance. — Légitime. — Peine contractuelle. — Prodigue. — Quarte falcidie. R. — Revendication, § I, et suiv. — Révocation de testament, § II. Q. — Séparation de patrimoine. R.

Warburton. — *Divine légation de Moïse.* V. Droit naturel. R.

Varicourt. V. Bail, § XIII. R.

Varron. V. Chicane. R.

Varsavaux. — *Traité des droits des communes et des bourgeois.* V. Usage (droit d'), § V et suiv. Q.

Vasquez. — *Traité des successions.* V. Légitime. — Prescription. — Testament, § XII et suiv. Q.

Wassenaer. — *Edit. Analysis institut. Jul. Pacii. à Beriga.* V. Diffamari. R.

Vattel.—*Le droit des gens.* V. Bar.—Loi, § VI.—Héritier.— Ministre public.—Prescription.—Séquestre de guerre. R.

Vedel (Gab. de).—*Observations sur les arrêts notables du parlement de Toulouse, par Catelan.* V. Absent, § III. Q.—Augment.—Bénéfice d'inventaire.—Education.— Gains nuptiaux et de survie. R.—Garantie, § VI. Q.— Héritier.—Légitime.— Lettres de ratification.—Prescription. R.; et § VI. Q.—Présomption.—Puissance maritale.—Puissance paternelle.—Quarte de conjoint pauvre.—Retrait lignager.—Réversion, sect. I.—Sénatus-consulte velléien. R.—Substitution fidéicommissaire, sect. VIII et suiv. R.; et § III et suiv. Q.—Témoin instrumentaire, § II.—Témoin judiciaire, § I, art. 3. — Testament, sect. I, § I et suiv. R.

Wehner. — *Observat. practicæ.* V. Rente foncière et seigneuriale, § XIV. Q.

Welembecius. V. Litispendance, § I. Q.

Vély (l'abbé). V. Domaine public. — Nom. — Reine. R.

Vendekinden. — *Diss. de vanitate juris regrediendi collateralium.* V. Majorat.

Venulejus. V. Novation. R.

Vera (*Antonio de*). — *Parfait ambassadeur.* V. Ministre public. R.

Verroux. — *Sur la coutume de Berry.* V. Cheptel, § I. R.

Vertot (l'abbé de). — *Traité mouv. de Bretagne.* V. Bretagne. R.

Vesel (Abraham de). — *Commentarius ad novellas Ultrajecti constitutiones.* V. Autorisation maritale, sect. VII. R. — Conquêts, § I. Q. — Entravestissement. — Institution contractuelle. — Institution d'héritier. R. — Légataire, § III. — Loyers et fermages, § I. Q. — Majorité. R. — Papier-monnaie, § IV. Q. — Réglement *ab intestat* — Séparation de biens. — Subrogation de chose, sect. II, § I, art. 2. — Testament, sect. I, § V, art. 4. R. — Testament, § XII. Q. — Usufruit paternel. R.

Wesember. V. Arrhes. R.

Vicat (Ant.). — *Vocabularium utriusque juris.* V. Papier-monnaie, § IV. Q.

Wicquefort (de). — *L'ambassadeur et ses fonctions.* V. Ministre public. R.

Wièse. — *Man. du dr. ecol. allem.* V. Succession, sect. I, § II, art. 2. R.

Vigier. — *Commentaire sur la coutume d'Angoumois.* V. Continuation de communauté, § I. Q. — Double lien. R.

Viglius. V. Prétérition, § I. Q.

Vincentius. — *Decrétal.* V. Mariage, § VIII. Q.

Vinchant. — *Annales du Hainaut.* V. Terrage, § III. Q.

Villaret. — *Histoire de France.* V. Champagne. R.

Vinnius (Arn.). — *Comment. in quatuor libros institutionum cum notis Heineccii.* — *Quæstiones juris.* V. Amélioration. R. — Arrhes. — Bail, § XI. R. — Expropriation forcée, § VIII. Q. — Dot. — Ignorance. — Instititution d'héritier.R. — Légataire, § III. — Loyers et fermages, § I. Q. — Moyens de faux. R. — Novation. — Nullité. R.— Peine contractuelle. R. — Rente foncière et seigneuriale, § XII. Q. — Révocation

de substitution, § I et suiv. — Substitution directe, § I et suiv. — Substitution fidéicommissaire, sect. XV § III. — Testament, sect. II, § III, art. 8. R. ; et § XVII. Q. — Usufruit paternel. — Vente, § I et suiv. — Vol, sect. I. R. ; et § IV. Q.

Wissenbach. — *Comment. ad Pand.* V. Hypothèque, § IV bis. Q. — Quarte falcidie. R.

Voetius (J.). — *Commentarius ad Pandectas.* — *De erciscundâ familiâ libr.* — *Voetius* (Paul). — *De statutis et eorum concursu.* V. Abirato, sect. IV. — Abolition.—Acceptation de communauté. — Accroissement. R. — Action, actionnaires. Q. — Agé. — Alimens, § IV et suiv. R. — Appel, § I et suiv. Q. — Autorisation maritale, sect. III et suiv. R. — Avantages entre époux, § II et suiv. Q. — Bail.—Cabaret. — Choix, § I. — Clause résolutoire. R.—Concubinage. — Confession, § I et suiv. Q. — Consignation. — Conventions matrimoniales. — Curateur. R. — Date, § V. Q. — Déclinatoire. — Déguerpissement. — Délai, sect. I. R. — Délit, § X. Q. — Discipline.—Dernier ressort, sect. VII. R.; et § XI. Q. — *Diffamari.* — Domaine public. — Domicile élu, § II. — Dot. — Education. — Effet rétroactif, sect. III, § II et suiv. — Emphytéose. — Enquête. — Entravestissement. — Faux. — Féodalité, § V. — Garantie, § I et suiv. — Habitation. — Hérédité. — Héritier, § III. Q. — Hypothèque. R.; et § III et suiv. Q. — Ignorance. — Incendie. — Institution contractuelle, § V. — Institution d'héritier. R. — Intérêts, § II. Q. — Interrogatoire sur faits et articles. — Jours bissextiles. — Juridiction volontaire. R. — Légataire. R.; et § III. Q. — Légitimation. — Légitimité. R.; et § II. Q. — Legs. — Lettre et billet de change, § II et suiv. R. — Litispendance. R.; et § I. Q. — Loi, § II. — Majorité. — Mariage, sect. II, § II. R. — Mères, § I. Q. — Meuble. R. — Mineur, § I. Q. — Monnaie. — Nantissement. — Nullité. — Pacte commissoire. R. — Papier monnaie, § IV. Q. — Partage, § I et suiv. R. — Peine compromissoire, § I. Q. — Peine contractuelle.—Peine testamentaire. — Prescription. — Prodigue. — Puissance maritale. — Puissance paternelle. — Quarte falcidie. — Question d'état. — Rapport à succession. — Réglement *ab intestat.* — Renonciation. R. — Renonciation à une succession future. — Rente foncière et seigneuriale, § XXII. — Rescision, § IV. Q. — Réserve coutumière. R. — Revendication, § I et suiv. — Réversion, § I. Q. — Révocation de testament. R.; et § I et suiv. Q. — Séparation de patrimoine. R. ; et § II. Q. — Serment. R. — Servitude, § II. Q. — Sourd-muet. — Stipulation. R. — Stipulation pour autrui. Q. — Subrogation de chose, sect. II, § I, art. 2. — Substitution directe, § I et suiv. — Substitution fidéicommissaire, sect. VII, § III et suiv. R.; et § V et suiv. Q. — Témoin judiciaire, § I, art. 5.—Tenue par la loi, § IV. — Terrage. — Testament, sect. II, § III et suiv. R.; et § IV et suiv. Q. — Testament conjonctif, § I Q. — Transaction, § II. R. — Usage (droit d'), § VII et suiv. Q. — Usufruit paternel. — Vente, § III. — Vol, sect. I. R. — Vol, § IV. Q.

Wolf.—*De Feud. Imperii origine.* V. Fief. R. — Rente foncière et seigneuriale, § XIV. Q.

Vossius. V. Alleu. R.

Vrevin. — *Sur la coutume de Chaulny.* V. Double lien. — Simulation. R.

Vulson. — *Questions singulières.* V. Choix, § I. Q.

Winantz. — *Brabantiæ Curiæ decisiones.* V. Dot. R. — Droits litigieux, § II. Q. — Éducation. — Fait du souverain, § I. Q. — Ignorance. R. — Intérêts, § II. — Légataire, § III. Q.—Legs. R.—Papier-monnaie, § IV.—Pignoratif (contrat). Q. — Preuve. — Rente constituée. — Taille de marchand. — Transaction, § I. R.

Z

Zachias. — *Questiones medico-legales.* V. Héritier. — Impuissance. R.

Zangerus. — *Tractatus de exceptionibus.* V. Appel, § IX. Q. — Caution, § IV. — Litispendance. — Succession, sect. I. § II, art. 5. R.

Zanz. — *Comm. sur le traité de Runde.* V. Majorat. R.

Zoesius (Henr.). — *Comment. in Pandectas et Codicem.* — *Comment. in jus canonicum.* V. Confession, § II. Q. — Déguerpissement. — *Diffamari.* — Éducation. — Enquête. R. — Hypothèque, § IV *bis.* Q. — Incendie. — Légitime. R. — Prétérition, § I. — Retrait successorial. Q. — Subrogation de chose, sect. II, § I, art. 2. — Substitution directe, § II. — Succession, sect. I, § VI. R.

Zype (Zipæus). — *Notitia juris Belgici.* V. Conventions patrimoniales. — Éducation. — Gageure — Indices. — Nullité. Placards. — Prescription. — Rente constituée. — Séparation de patrimoine. — Testament, sect. II, § III, art. 8. — Vol, sect. I. R.

RÉCAPITULATION NUMÉRIQUE

DES LOIS ROMAINES, FRANÇAISES ET ÉTRANGÈRES, DES ARTICLES DES SIX CODES, ET DES AUTEURS, CITÉS PAR M. MERLIN DANS LE RÉPERTOIRE DE JURISPRUDENCE ET LES QUESTIONS DE DROIT, ET QUI SONT L'OBJET DES TABLES PARTICULIÈRES COMPOSANT LA CINQUIÈME LIVRAISON. — PAGES 805 A 990.

Lois romaines............................... 716	— Code de commerce........... 145
Lois françaises avant 1789. 2519	— Code d'instruction criminelle... 240
Coutumes................................... 228	— Code pénal................. 159
Lois françaises depuis 1789................... 1727	— Code forestier 29
Articles des Codes. — Code civil................ 1180	Lois étrangères. — 52 puissances environ.......... 200
— Code de procédure civile...... 475	Auteurs.................................. 916

FIN DES TABLES.

RÉPERTOIRE

UNIVERSEL

DE LÉGISLATION ET DE JURISPRUDENCE,

OU

ADDITIONS

AUX CINQ ÉDITIONS DU RÉPERTOIRE DE JURISPRUDENCE,
ET AUX QUATRE ÉDITIONS DES QUESTIONS DE DROIT;

CONTENANT

UN GRAND NOMBRE DE DISPOSITIONS LÉGISLATIVES ET DE QUESTIONS JUDICIAIRES, EN MATIÈRES
CIVILE, CRIMINELLE, COMMERCIALE ET FORESTIÈRE,

RECUEILLIES, ANALYSÉES, ET MISES DANS L'ORDRE ALPHABÉTIQUE,

PAR L. RONDONNEAU;

D'après le Bulletin des Lois et celui de Cassation; et d'après plus de 250 commentaires, manuels, traités, etc., sur le nouveau
droit français, publiés depuis 1789 jusqu'en 1829.

Deux volumes in-4, à deux colonnes, mêmes format et caractères que le Répertoire de Jurisprudence.

COLLECTION GÉNÉRALE

DES

LOIS, DÉCRETS, ARRÊTÉS, SÉNATUS-CONSULTES, AVIS DU CONSEIL D'ÉTAT,
RÉGLEMENS D'ADMINISTRATION ET ORDONNANCES DU ROI;

PUBLIÉS DEPUIS 1789 JUSQU'EN 1830

DANS LA COLLECTION DU LOUVRE IN-4, LE BULLETIN DES LOIS, LE MONITEUR, ET AUTRES RECUEILS OFFICIELS;

RECUEILLIE ET MISE EN ORDRE

PAR L. RONDONNEAU.

Cette collection, dont il a déjà paru 16 volumes in-8, imprimés à l'imprimerie royale, avec l'autorisation du ministre de la
justice, et qui comprend une période de 39 années, depuis 1789 jusqu'au 1er janvier 1819, va recevoir son complément jusqu'à
1830, par les tomes 17, 18, 19 et 20, imprimés mêmes format et caractères que les seize précédens.

TABLE GÉNÉRALE

PAR ORDRE ALPHABÉTIQUE DE MATIÈRES

DES

LOIS, DÉCRETS, SÉNATUS-CONSULTES, ARRÊTÉS, AVIS DU CONSEIL D'ÉTAT, ORDONNANCES DU ROI, ET RÉGLEMENS D'ADMINISTRATION,

PUBLIÉS

DANS LA COLLECTION DU LOUVRE, IN-4, LE BULLETIN DES LOIS, LE MONITEUR, ET AUTRES RECUEILS OFFICIELS,

Depuis 1789 jusqu'à 1830;

PAR L. RONDONNEAU.

Dans cette nouvelle Table sera refondue entièrement celle que M. Rondonneau a publiée en 4 volumes in 8, pour les lois depuis 1789 jusqu'à la restauration; et en un cinquième volume pour les lois depuis le 1er avril 1814, jusqu'au 1er janvier 1819.

Elle se composera de 4 forts volumes in-8, à deux colonnes, et en petit texte.

On peut s'inscrire, sans rien payer d'avance, chez M. J.-P. *Roret*, éditeur, qui adressera à chaque Souscripteur l'avis de la mise en vente de chaque ouvrage.

Prix des Ouvrages pour les Souscripteurs :

Répertoire universel. 2 volumes in-4 . . . .   56 fr.
Collection générale des lois. 4 volumes in-8   24
Table alphabétique des matières. 4 volumes in-8   24

9 782019 296001